„Arisierung“ von Privatbanken am Beispiel des Bankhauses E. J. Meyer in Berlin

Rechtshistorische Reihe

Band 453

Zur Qualitätssicherung und Peer Review der vorliegenden Publikation

Die Qualität der in dieser Reihe erscheinenden Arbeiten wird vor der Publikation durch den einen Herausgeber der Reihe geprüft.

Notes on the quality assurance and peer review of this publication

Prior to publication, the quality of the work published in this series is reviewed by one of the editors of the series.

Maximilian Elsner von der Malsburg

„Arisierung“ von Privatbanken am Beispiel des Bankhauses E. J. Meyer in Berlin

PL ACADEMIC RESEARCH

Bibliografische Information der Deutschen Nationalbibliothek
Die Deutsche Nationalbibliothek verzeichnet diese Publikation in der Deutschen Nationalbibliografie; detaillierte bibliografische Daten sind im Internet über http://dnb.d-nb.de abrufbar.

Zugl.: Regensburg, Univ., Diss., 2013

Die vorliegende Arbeit wurde von
Prof. Dr. Hans-Jürgen Becker
zur Aufnahme in die Reihe empfohlen.

Umschlagabbildung:
Justitia. Allegorie der Gerechtigkeit.
Druck aus dem 17. Jahrhundert.

D 355
ISSN 1615-0344-290X
ISBN 978-3-631-66040-9 (Print)
E-ISBN 978-3-653-05331-9 (E-Book)
DOI 10.3726/978-3-653-05331-9

PL Academic Research ist ein Imprint der Peter Lang GmbH.

Peter Lang – Frankfurt am Main · Bern · Bruxelles · New York · Oxford · Warszawa · Wien

Diese Publikation wurde begutachtet.

www.peterlang.com

Danksagung

Die vorliegende Arbeit wurde von der Juristischen Fakultät der Universität Regensburg als Dissertation angenommen.

Mein besonderer Dank gilt meinem Doktorvater Prof. Dr. Hans-Jürgen Becker für das entgegengebrachte Vertrauen sowie die fortwährende Unterstützung in der Zeit der Erstellung der Arbeit. Ebenfalls danke ich Prof. Dr. Martin Löhnig für die Erstellung des Zweitgutachtens.

Weiterhin danke ich besonders Dr. Henning Kahmann, Kanzlei v. Trott zu Solz & Lammek, für die Anregung, diese Arbeit zu erstellen sowie für die Herstellung der Verbindung zu den Erben des Bankhauses E. J. Meyer. Ebenfalls großen Dank schulde ich Nils Fiebig, Vorstand der Richard M. Meyer-Stiftung (vormals Stiftung Bankhaus Wölbern), für unermüdlichen fachlichen Austausch, zahlreiche Quellen und nicht zuletzt die Förderung der Publikation der Arbeit. Gleicher Dank geht auch an das Bankhaus B. Metzler seel. Sohn & Co., welches ebenfalls den Zugang zu wichtigen Quellen ermöglichte und die Publikation der Arbeit unterstützte. Der Fondation de Palézieux danke ich für ihre Unterstützung während der Entstehung der Arbeit.

Mein größter Dank gilt meiner Frau, die mich während der Erstellung der Arbeit stets unterstützt hat und ohne die diese Arbeit nicht entstanden wäre. Ihr und meiner Tochter widme ich diese Arbeit.

Inhaltsverzeichnis

1 Einleitung

In diesem Kapitel wird die Aufgabenstellung dargelegt (1.1) und anschließend auf die erforderlichen Definitionen (1.2) eingegangen, um darauf den Stand der rechtshistorischen Forschung (1.3), die Quellenlage (1.4) und den Gang der Untersuchung darzustellen (1.5).

1.1 Aufgabenstellung

Das Bankhaus E. J. Meyer wurde im Jahre 1816 vom jüdischen Kaufmann Elias (Ely) Joachim Meyer in Berlin gegründet. In der vierten Generation der Familie Meyer, deren Mitglieder bis dahin stets als persönlich haftende Gesellschafter an der Bank beteiligt waren, ist das Bankhaus Mitte 1938 an den „arischen" Kaufmann Kurt Richter-Erdmann[1] veräußert worden. Nachdem Letzterer im Jahr 1941 überraschend starb, wurde das Bankgeschäft von den Bankiers Albert von Metzler und Hans Wilhelm von Tümpling unter stiller Beteiligung der Witwe Richter-Erdmann bis 1945 weitergeführt. Nach Kriegsende wurde das Bankhaus E. J. Meyer geschlossen, per Verfügung des Magistrats der Stadt Berlin vom 05.06.1945 als „ruhend" bezeichnet und später abgewickelt. In Hamburg wurde 1943 eine Zweigniederlassung unter der Firma E. J. Meyer – Geschäftsstelle Hamburg errichtet, welche 1945 mit allen Aktiven, Passiven und dem Recht auf Fortführung der Firma auf Hans Wilhelm von Tümpling übertragen worden ist und heute als Bankhaus Wölbern firmiert.

In der vorliegenden Arbeit werden die Entwicklung und sowie die rechtlichen, ökonomischen und sozialen Rahmenbedingungen des Bankhauses E. J. Meyer und seiner Bankiers im Lichte der allgemeinen Entwicklung der

---

1 Nachdem seine Mutter 1938 verstorben war, wurde Kurt Richter mit Urkunde des Polizeipräsidenten von Berlin vom 15.08.1939 gestattet, den Namenszusatz „-Erdmann" für sich, seine Frau und Kinder anzunehmen, vgl. Amtsgericht Schöneberg, Grundbuchamt, Grundstück Am kleinen Wannsee 13, Bl. 167; Dies war der Familienname der Mutter, welcher nicht mangels männlicher Nachkommen verloren gehen sollte, vgl. Hans-Dieter von Flotow, Sohn des Hans von Flotow, Auskunft an Verfasser vom 14.08.2009; Interview von Karin Eickhoff-Vigelahn mit Dorothee Schröder, Tochter von Kurt Richter-Erdmann, im September 1998. Der Einheitlichkeit halber werden Kurt Richter sowie seine Frau und Kinder in der vorliegenden Arbeit stets „Richter-Erdmann" genannt, auch wenn es sich um Zeiten handelt, zu denen sie diesen Namenszusatz noch nicht geführt haben.

Privatbankiers untersucht, um festzustellen, inwiefern die Veräußerung des Bankhauses E. J. Meyer an den „Arier" Kurt Richter-Erdmann den rechtlichen, ökonomischen und sozialen Rahmenbedingungen geschuldet war. Dabei soll zentral die Frage stehen, ob es bei der Veräußerung des Bankhauses im Jahre 1938 zur Übervorteilung der veräußernden jüdischen Bankiers im Sinne eines sittenwidrigen „auffälligen Missverhältnisses" zwischen den Leistungen der Vertragsparteien gem. § 138 BGB gekommen ist. Dafür sind sowohl die Entwicklung des Bankhauses bis und der status quo bei Vertragsschluss des „Arisierungsvertrages" als auch die Umstände der Vertragsverhandlungen, der Vertrag selbst, die Prognose der Geschäftsentwicklung des „arisierten" Bankhauses aus Sicht der Vertragsparteien beim Abschluss des Kaufvertrages sowie die dann erfolgte tatsächliche Entwicklung des „arisierten" Bankhauses zu untersuchen. Zur Abrundung und weil die Verbindungen von Richter-Erdmanns zu Hans Wilhelm von Tümpling und Albert von Metzler in der folgenden Zeit auch Rückschlüsse auf den „Arisierer" Kurt Richter-Erdmann erlauben, wird auch auf den erneuten Inhaberwechsel nach dem Tode Kurt Richter-Erdmanns eingegangen, um am Ende kurz auf die Entwicklung des Bankhauses nach Ende des Nationalsozialismus einzugehen, wobei auch kurz auf die durchgeführten Rückerstattungs- und Entschädigungsverfahren eingegangen wird.

1.2 Definitionen

Um diese Arbeit in den Kontext anderer Arbeiten einreihen zu können, ist es erforderlich, die verwendeten Definitionen „Privatbank"/ „Privatbankier" (1.2.1) sowie diejenigen der „Arisierung" und „Liquidation" (1.2.2) zu erläutern.

1.2.1 „Privatbank"/ „Privatbankier"

Der in der vorliegenden Arbeit verwendete Terminus „Privatbankier" bzw. „Privatbank" ist nicht lediglich als privatrechtlich organisiertes Bankgewerbe zu verstehen, sondern bezeichnet diejenigen privatrechtlich organisierten Bankgewerbe, die in Form eines Einzelunternehmens oder einer Personengesellschaft (GbR, OHG, KG) betrieben werden. Diese Verwendung des Terminus hat sich zwischenzeitlich in der wissenschaftlichen Aufarbeitung der Geschichte der Privatbanken im Dritten Reich durchgesetzt, auch wenn einerseits sehr große Bankgeschäfte dieser Rechtsformen unter den Terminus „Großbank" anstelle von „Privatbank" subsumiert werden (beispielsweise die Darmstädter und Nationalbank KGaA, sog. DANAT-Bank) und andererseits beispielsweise das Bankhaus Hardy & Co. GmbH trotz seiner Gesellschaftsform zu den „Privatbanken" gezählt wurde[2]. Weitere Charakteristika einer „Privatbank" sind die Geschäftsführung durch die Eigentümer(-familie), die persönliche und unbegrenzte Haftung der Geschäftsführer sowie eine Konzentration des Geschäfts auf die Betreuung vermögender Privat- und Industriekunden sowie das Investmentbanking.

1.2.2 „Arisierung" und „Liquidation"

Für die Untersuchung einer „Arisierung" ist es unerlässlich zuerst zu definieren, was in dieser Untersuchung mit dem Terminus „Arisierung" bezeichnet werden soll. Danach muss die „Arisierung" von der „Liquidation" abgegrenzt werden, da Letztere eintrat, sofern es nicht zu einer „Arisierung" kam.

1.2.2.1 „Arisierung"

Der Begriff „Arisierung" tauchte verbreitet erstmals in den 1920er Jahren auf; teilweise wurde synonym der Begriff „Entjudung" gebraucht um hervorzuheben, dass es sich in erster Linie um gegen Juden gerichtete Maßnahmen handelte[3]. Der Begriff „Arisierung" war amtlich nicht definiert[4], sondern allgemeiner Sprachgebrauch.

Als nach der Übernahme der Macht durch die Nationalsozialisten ein Prozess wirtschaftlicher Verdrängung der jüdischen Gewerbetreiben begann, wurde mit dem Begriff „Arisierung" die Überführung jüdischen Vermögens in die Hände von „Ariern" oder auch des Staates, mithin ein Ent- und Aneignungsprozess, bezeichnet[5]. Dem folgend wird in der vorliegenden Arbeit der Begriff „Arisierung" als Synonym für den Prozess der Ent- und Aneignung eines (zumindest annähernd) vollständigen Unternehmens verwandt, wie dies auch insbesondere in der jüngeren Forschung zur „Arisierung" von Privatbanken gehandhabt wird[6].

---

2 Diese Definition wurde zeitgenössisch auch von der Reichsbank sowie in der nach dem Kreditwesengesetz von 1934 geschaffenen „Fachgruppe Privatbankiers" verwendet und wird auch in heutiger Zeit von der wissenschaftlichen Literatur in diesem Sinne gebraucht, vgl. Köhler, Die „Arisierung" der Privatbanken im Dritten Reich, S. 14ff.; Kahmann, Die Bankiers von Jacquier & Securius, S. 14f.; Weyhe, A. E. Wassermann, S. 12.

3 Bajohr, „Arisierung" als gesellschaftlicher Prozess, in: Fritz Bauer Institut (Hrsg.), „Arisierung" im Nationalsozialismus, S. 15f.; Köhler, Die „Arisierung" der Privatbanken im Dritten Reich, S. 38; Weyhe, A. E. Wassermann, S. 12f.

4 Vgl. Weyhe, A. E. Wassermann, S. 12 m.w.N.

5 Köhler, Die „Arisierung" der Privatbanken im Dritten Reich, S. 38.

6 Vgl. Kahmann, Die Bankiers von Jacquier & Securius, S. 14; Köhler, Die „Arisierung der Privatbanken im Dritten Reich, S. 39; Weyhe, A. E. Wassermann, S. 12f.,

Dabei ist in manchen Fällen kein exakter Zeitpunkt für die „Arisierung" zu bestimmen, denn bisweilen hat erst eine Abfolge mehrerer einzelner Transaktionen zu einer im Wesentlichen vollständigen Enteignung der vormaligen jüdischen Eigentümer zu Gunsten einer im Wesentlichen vollständigen Aneignung des Unternehmens durch die neuen „arischen" Eigentümer stattgefunden[7].

Korrespondierend zu den Begriffen „Arisierung", „Arier", etc. wird der Begriff „jüdisch", „Jude", „jüdisches Unternehmen" verwendet, sofern an die Eigenschaft „Jude" aufgrund dieser nationalsozialistisch-rassischen Kategorisierung Verfolgungsmaßnahmen geknüpft waren, wobei in der Regel unerheblich war, ob die Familie seit Generationen einer anderen Konfession angehört hat[8].

Der Begriff „Arisierung" wird teilweise mit Adjektiven kombiniert, so beispielsweise „freundschaftliche", „loyale", „faire"[9]. Diese Ergänzungen sind lediglich auf das Innenverhältnis zwischen dem jeweiligen jüdischen Unternehmer und dem jeweiligen „Arisierer" bezogen und sollen das Verhältnis dieser beiden Vertragsparteien zueinander verdeutlichen. Bei der Kombination des Begriffes „Arisierung" mit positiv besetzten Adjektiven ist jedoch nie zu vergessen, dass es vielleicht einen „fairen Arisierungsvertrag" etc. gegeben haben kann, aber wohl jeder noch so „fairen Arisierung" die „unfaire" sozioökonomische Behandlung des jüdischen Gewerbetreibenden durch Staat und Parteistellen sowie

---

Biggeleben/ Schreiber/ Steiner (Hrsg.), „Arisierung" in Berlin, S. 10; Bajohr, „Arisierung" als gesellschaftlicher Prozess, in: Fritz Bauer Institut (Hrsg.), „Arisierung" im Nationalsozialismus, S. 15. Die vorgenannten Quellen führen auch Nachweis, dass der Begriff „Arisierung" bisweilen auch in dem Sinne benutzt wird, dass er jegliche Umstände der Vertreibung der jüdischen Gewerbetreibenden aus dem Wirtschaftsleben umfassen soll, also alle sozioökonomischen Begebenheiten, die zur Verdrängung der jüdischen Gewerbetreibenden führten, wie beispielsweise die Zwangsabgaben für Juden, Verdrängung von Juden aus Vorständen und Aufsichtsräten, und nicht nur der Prozess von Ent- und Aneignung. Mit einer solchen Verwendung des Begriffes „Arisierung" findet jedoch eine Vermischung von zivilrechtlichem und öffentlich-rechtlichem Vermögenstransfer sowie arbeitsrechtlichen und steuerrechtlichen Gegebenheiten statt, weshalb sie im Einklang mit der genannten Literatur abzulehnen ist.

7 So auch Schreiber, „Arisierung" in Berlin 1933 - 1945, in: Biggeleben/ Schreiber/ Steiner (Hrsg.), „Arisierung" in Berlin, S. 34.

8 Beispielsweise auch Biggeleben/ Schreiber/ Steiner (Hrsg.), „Arisierung" in Berlin, S. 10; Bajohr, „Arisierung" in Hamburg, S. 9; Medert, Die Verdrängung der Juden von der Berliner Börse: kleine und mittlere Unternehmen an der Wertpapier-, Produkten- und Metallbörse (1928 - 1938), S. 21.

9 Vgl. Köhler, Die „Arisierung" der Privatbanken im Dritten Reich, S. 39.

viele Bürger in der Zeit des Nationalsozialismus vorangegangen ist. Es kann also stets nur eine „unter den damaligen politischen und sozialen Rahmenbedingungen faire Arisierung“ gegeben haben. Dieser Zusatz wird im Folgenden nicht expressis verbis genannt, versteht sich aber von selbst.

1.2.2.2 „Liquidation“

Unter „Liquidation“ ist in der vorliegenden Arbeit – korrespondierend zur derzeitigen Forschung[10] - der Übergang von einem aktiv tätigen Unternehmen in ein zwecks Geschäftseinstellung lediglich die bestehenden Geschäfte abwickelndes Unternehmen zu verstehen. Die „Liquidation“ war damit also das Gegenstück zur „Arisierung“, bei welcher das Unternehmen als (annähernd) Ganzes weitergeführt wurde.

Der Unterschied zwischen „Arisierung“ und „Liquidation“ ist ein quantitativer, so dass eine genaue Differenzierung nicht immer möglich ist, da bisweilen der Fall auftrat, dass vor einer Liquidation noch einzelne werthaltige Bestandteile eines Bankhauses veräußert wurden, jedoch nicht von einer Übertragung des Unternehmens als Ganzem gesprochen werden kann[11].

Zwar sind an die Differenzierung zwischen „Arisierung“ und „Liquidation“ keine juristische Auswirkungen geknüpft, so dass diese Bezeichnungen lediglich deskriptiv sind[12], aber dennoch ist die Unterscheidung zwischen „Arisierung“ und „Liquidation“ sinnvoll, denn eine solche charakterisiert das Ziel der Nationalsozialisten, prosperierende jüdische Betriebe in „arische“ Hände zu überführen; lediglich wo dies Ziel durch die schwache wirtschaftliche Lage der jeweiligen Bank, meist in Folge der – im Weiteren näher zu betrachtenden – immer schwieriger gewordenen ökonomischen Situation für jüdische Firmen, nicht mehr zu

---

10 Stellvertretend Kahmann, Die Bankiers von Jacquier & Securius, S. 14; Köhler, Die „Arisierung der Privatbanken im Dritten Reich, S. 399ff.

11 Als Beispiele seien aus der Arbeit von Köhler genannt das Bankhaus Gebr. Dammann, bei welchem er aufgrund der „Qualität und Quantität der Vermögenstransaktionen“ vor der Liquidation noch einen – einer Geschäftsübernahme i.S.d. „Arisierung“ sehr ähnlichen – Liquidationsfall annimmt, während er im Falle des Bankhauses Jacquier & Securius eine „Arisierung“ annimmt, obwohl auch dort nur die wesentlichen Aktiva und Passiva übernommen wurden und das „entkernte“ Bankhaus als „Alfred Panofsky & Co. in Liquidation“ liquidiert werden sollte, vgl. Köhler, Die „Arisierung“ der Privatbanken im Dritten Reich, S. 271ff., 315ff., insbesondere S. 318, Fn. 404; zur „Arisierung“ von Jacquier & Securius vgl. ausführlich Kahmann, Die Bankiers von Jacquier & Securius.

12 Kahmann, Die Bankiers von Jacquier & Securius, S. 14.

erreichen war, musste ein Bankhaus liquidiert werden. Bis zum 01.01.1939, ab dem Juden nach der Verordnung zur Ausschaltung der Juden aus dem deutschen Wirtschaftsleben[13] nicht mehr Inhaber oder geschäftsführender Leiter eines Betriebes sein durften, wurden nahezu achtzig Prozent der jüdischen Bankhäuser liquidiert[14]. Daraus folgt, dass die ökonomische Lage der jüdischen Privatbanken so schlecht geworden war, dass eine Weiterführung in „arischem“ Besitz nur bei rund 20% der jüdischen Privatbanken erfolgte.

1.3 Stand der rechtshistorischen Forschung zur „Arisierung“ von Banken

Die erste umfassende Arbeit über den generellen Ablauf von „Arisierungen“ stammt von Genschel aus dem Jahre 1966. Darin hat er u. a. festgestellt, dass die Verdrängung der Juden aus der Wirtschaft eher unkoordiniert und stoßweise erfolgte[15]. Rund 20 Jahre später gelangt jedoch die Wissenschaft zu der Auffassung, der sich auch die jüngere Forschung angeschlossen hat, dass die Verdrängung der Juden aus dem Wirtschaftsleben ein kontinuierlich verfolgtes Ziel der Nationalsozialisten gewesen ist[16]. Dreh- und Angelpunkt der wissenschaftlichen Arbeiten waren aber stets die Maßnahmen von Partei und Staat. Die jüngere Forschung hat sich dann vermehrt auf die einzelnen Akteure (beispielsweise Gauleitungen und Gauwirtschaftsämter der NSDAP, regionale Verwaltungsbehörden, Industrie- und Handelskammern, Finanzämter, etc.) sowie regionale Unterschiede konzentriert – sowie auch beginnend die „Arisierung“ in Nachbarländern[17]. Es

13 vom 12.11.1938, RGBl. I, S. 1580, sowie die zugehörigen Durchführungsverordnungen vom 23.11.1938, RGBl. I, S. 1642, und vom 14.12.1938, RGBl. I, S. 1902.

14 Köhler, Die „Arisierung“ der Privatbanken im Dritten Reich, S. 399.

15 Vgl. Genschel, Die Verdrängung der Juden aus der Wirtschaft im Dritten Reich.

16 Als herausragende Beispiele seien hier genannt die Zusammenstellung von gezielt gegen die Juden gerichteten Rechtssätzen durch Walk, Das Sonderrecht für die Juden im NS-Staat. Eine Sammlung der gesetzlichen Maßnahmen und Richtlinien. Inhalte und Bedeutungen, von 1981 sowie Barkai, Vom Boykott zur „Entjudung“. Der wirtschaftliche Existenzkampf der Juden im Dritten Reich 1933 - 1945 von 1988.

17 Medert, Die Verdrängung der Juden von der Berliner Börse: kleine und mittlere Unternehmen an der Wertpapier-, Produkten- und Metallbörse (1928 - 1938); Jančík/ Kubu/ Šouša, Arisierungsgewinnler: Die Rolle der deutschen Banken bei der „Arisierung“ und Konfiskation jüdischer Vermögen im Protektorat Böhmen und Mähren (1939 - 1945); Franke, Legalisiertes Unrecht: Devisenbewirtschaftung und Judenverfolgung am Beispiel des Oberfinanzpräsidiums Hannover 1931 - 1945; Balz, Verdrängung und Profit: die Geschichte der „Arisierung“ jüdischen Eigentums in

stellte sich heraus, dass die Repressionen gegen jüdische Gewerbetreibende auf regionaler Ebene sehr verschieden stark ausgeprägt waren und oft nicht mit „von oben" oktroyierten staatlichen Maßnahmen einhergingen[18]. Vielmehr sind die Repressionen von regionalen beziehungsweise lokalen Stellen ausgegangen – oft bevor es überhaupt von oberen Stellen staatlich „verordnete" Repressionsakte gab. Es wird deshalb bisweilen davon gesprochen, dass die Radikalisierung nicht von oben, sondern „von unten" angestoßen worden sei. Die jüngste Forschung hat dann herausgestellt, dass „Arisierer" bei einer „Arisierung" zwar nicht völlig autark agieren konnten, ihre Handlungsspielräume aber auf einer Bandbreite lagen zwischen „skrupellosem Profiteur" (ergreift über die diskriminierenden Rahmenbedingungen hinaus persönlich Initiative, um die Zwangssituation der

---

Lüneburg 1933 - 1943; Berlin, Ro 19 – „Arisierung" in Hamburg?; Kingreen, Die Stadtverwaltung Frankfurt am Main und ihre „Arisierung" der Stiftungen jüdischer Bürger: ein Beutezug, in: Ludwig (Hrsg.), Jüdische Wohlfahrtsstiftungen: Initiativen jüdischer Stifterinnen und Stifter zwischen Wohltätigkeit und sozialer Reform, S. 241ff.; Fleischhauer, Der NS-Gau Thüringen 1939 - 1945: eine Struktur- und Funktionsgeschichte; Füllberg-Stolberg, „Wie mir bekannt geworden ist, beabsichtigen Sie auszuwandern…": die Rolle der Oberfinanzdirektion Hannover bei der Vertreibung der Juden, in: Perels (Hrsg.), Auschwitz in der deutschen Geschichte, S. 25ff.; Fleitner, Die Verfolgung der Juden und die hannoversche Stadtverwaltung, in: Perels (Hrsg.), Auschwitz in der deutschen Geschichte, S. 46ff.; Sparkassen-Kulturstiftung Hessen-Thüringen (Hrsg.), „Arisierung" in Thüringen: Ausgegrenzt. Ausgeplündert. Ausgelöscht; Gruner, Judenverfolgung in Berlin 1933 - 1945. Eine Chronologie der Behördenmaßnahmen der Reichshauptstadt; Drecoll, Der Fiskus als Verfolger: die steuerliche Diskriminierung der Juden in Bayern 1933 - 1941/42; Bräu, Arisierung in Breslau: die „Entjudung" einer deutschen Großstadt und deren Entdeckung im polnischen Erinnerungsdiskurs; Kleining, M. Kempinski & Co.: Die „Arisierung" eines Berliner Traditionsunternehmens; Okroy, Volksgemeinschaft, Erbkartei und Arisierung: Ein Stadtführer zur NS-Zeit in Wuppertal; Kuller, Finanzverwaltung und Judenverfolgung: die Entziehung jüdischen Vermögens in Bayern während der NS-Zeit; Jungius, Der verwaltete Raub: die „Arisierung" der Wirtschaft in Frankreich in den Jahren 1940 bis 1944; Weisberg, Vichy Law and the Holocaust in France; Weyhe, A. E. Wassermann. Eine rechtshistorische Fallstudie zur „Arisierung" zweier Privatbanken; Kahmann, Die Bankiers von Jacquier & Securius 1933 - 1945; sowie Köhler, Die „Arisierung" der Privatbanken im Dritten Reich, S. 19ff. m.w.N.

18 Dabei boten Großstädte durch ihre Anonymität oft günstigere Bedingungen für die Betroffenen, da in kleinstädtischen und ländlichen Gebieten Boykotte durch soziale Kontrolle leichter durchgeführt und in Großstädten durch die Etablierung eines „jüdischen Wirtschaftssektors" sinkende Umsätze zumindest teilweise aufgefangen werden konnten, vgl. Bajohr, „Arisierung" als gesellschaftlicher Prozess, in: Fritz Bauer Institut (Hrsg.), „Arisierung" im Nationalsozialismus, S. 19.

jüdischen Eigentümer zu verstärken und diese ökonomisch ausnutzen zu können), „stiller Teilhaber des Nationalsozialismus" (nutzt den Gewinn durch die diskriminierenden Rahmenbedingungen, unternimmt jedoch nichts, um weiteren Druck auf die jüdischen Eigentümer auszuüben, sondern versucht, die „Arisierung" formell korrekt durchzuführen) und „freundschaftlichem Erwerber" (versucht, die jüdischen Eigentümer angemessen zu entschädigen und umgeht dabei gezielt Genehmigungshindernisse, beispielsweise durch verborgene Zahlungen auf den Goodwill[19] eines jüdischen Unternehmens)[20]. Dabei waren auch ausländische „Arisierer" „skrupellose Profiteure" wie beispielsweise die amerikanischen Unternehmen Woolworth, Chemical Bank & Trust Company sowie schweizerische Zigarettenunternehmen[21].

Durch die rechtshistorische Aufarbeitung der „Arisierung" des mittelständischen jüdischen Bankhauses E. J. Meyer soll ein Beispiel für die Entwicklung und „Arisierung" eines Bankhauses mit ihren rechtlichen, wirtschaftlichen und sozialen Aspekten gegeben werden. In diesem Zusammenhang wird die „Arisierung" von E. J. Meyer zu den „Arisierungen" im Allgemeinen und zu denjenigen anderer mittelständischer jüdischer Bankhäuser in Bezug gesetzt. Insgesamt soll durch diese Arbeit der Stand der rechtshistorischen Erforschung der „Arisierung" jüdischer Privatbanken in der Zeit von 1933 - 1945 erweitert werden.

1.4 Quellenlage

Originalakten des Bankhauses E. J. Meyer sind kaum noch erhalten, insbesondere kaum Akten über Geschäftszahlen und keine Gesellschaftsverträge aus dem 20. Jahrhundert.

Es konnte jedoch mit Hilfe von Akten aus Rückerstattungs- und Entschädigungsverfahren, welche sich sowohl beim Bundesamt für zentrale Dienste und offene Vermögensfragen (BADV) in Berlin, beim Landesamt für Bürger- und Ordnungsangelegenheiten - Entschädigungsamt in Berlin (LEA) und beim Landesarchiv Berlin (LAB) befinden, sowie weiteren Unterlagen aus dem Bundesarchiv

19 Vgl. dazu Kap. 5.1.3.2.

20 Vgl. beispielsweise Bajohr, „Arisierung" als gesellschaftlicher Prozess, in: Fritz Bauer Institut (Hrsg.), „Arisierung" im Nationalsozialismus, S. 25ff.; sowie speziell in Bezug auf Privatbanken Kahmann, Die Bankiers von Jacquier & Securius 1933 - 1945; Weyhe, A. E. Wassermann. Eine rechtshistorische Fallstudie zur „Arisierung" zweier Privatbanken.

21 Bajohr, „Arisierung" als gesellschaftlicher Prozess, in: Fritz Bauer Institut (Hrsg.), „Arisierung" im Nationalsozialismus, S. 27 m.w.N.

Berlin (BAB), dem Brandenburgischen Landeshauptarchiv (BrandLHA), dem Hessischen Hauptstaatsarchiv (HHStA), dem Staatsarchiv Hamburg, dem Staatsarchiv Nürnberg, dem Leo Baeck Institute New York, dem Bundesarchiv deutscher Banken, den Firmenarchiven des Bankhauses Wölbern, des Bankhauses M. M. Warburg & Co., des Bankhauses Metzler und Auskünften von Nachfahren der Bankiers sowie diverser amtlicher Register ein zwar lückenhaftes aber dennoch umfassendes Bild des Bankhauses E. J. Meyer gewonnen werden. Trotz der teilweise lückenhaften Quellenlage ein solches Bild zu gewinnen war jedoch nur möglich, indem intensiv auf die Situation der (jüdischen) Privatbanken und -bankiers im Allgemeinen und bei „Arisierungen" eingegangen wurde, so dass anhand der gefundenen „Mosaiksteinchen" zum Bankhaus E. J. Meyer vor diesem Hintergrundbild der generellen Entwicklungen und „Arisierungen" von Privatbanken ein insgesamt umfassendes Bild gezeichnet werden konnte. Insbesondere in Bezug auf Akten aus Rückerstattungs- und Entschädigungsverfahren sowie auf Quellen aus der Zeit des Nationalsozialismus ist zu konstatieren, dass diese Quellen teilweise „im rechten Licht" betrachtet werden müssen, da die Aussagen durch das Interesse des jeweiligen Emittenten die Tatsachen entfremdet darstellen können.

1.5 Gang der Untersuchung

Die Verdrängung der Juden aus dem Wirtschaftsleben zur Zeit des Nationalsozialismus war ein sukzessiver Prozess, der mit der Machtübernahme der Nationalsozialisten 1933 einsetzte, sich bis zur „Arisierung" verdichtete und mit Flucht oder Tod und Vermögenstransfer der Juden endete. Deshalb war es für die vorliegende Untersuchung erforderlich, zunächst die Entwicklung des Privatbankensektors im Allgemeinen und des Bankhauses E. J. Meyer im Speziellen bis zum Ende der Weimarer Republik zu untersuchen, um einen status quo ante zu erstellen. Daran schließt sich die Untersuchung der Entwicklung des Privatbankensektors und des Bankhauses E. J. Meyer unter seinen jüdischen Inhabern bis zur „Arisierung" im Juni 1938 an, gefolgt von der Analyse der „Arisierungsverhandlungen" und des „Arisierungsvertrages". Danach wird die weitere Entwicklung unter dem neuen „arischen" Eigentümer Kurt Richter-Erdmann sowie der nochmalige Eigentümerwechsel nach dem Tod des „Arisierers" Richter-Erdmann im Jahre 1941 beleuchtet. In einem kurzen vierten Teil wird dann auf die Zeit nach Ende des Dritten Reiches eingegangen. Dort werden sowohl das Schicksal des alten Bankhauses E. J. Meyer in Berlin und die Entstehung der neuen rechtlichen Einheit E. J. Meyer in Hamburg, die heute unter Bankhaus Wölbern firmiert, als auch die durchgeführten Restitutions- und Entschädigungsverfahren beschrieben.

Um die Situation jüdischer Privatbankiers und der „Arisierer" zu verstehen, muss der rechtliche Rahmen dargestellt werden, in dem sich die Parteien bewegen konnten. Zwar sind die Rechtssätze einer Zeit auch stets ein Spiegel der jeweiligen sozialen und ökonomischen Verhältnisse in einer Gesellschaft dieser Zeit, aber dennoch müssen zusätzlich – insbesondere bei einer Arbeit über die ökonomische Verdrängung der Juden im Dritten Reich – die sozialen und ökonomischen Verhältnisse der Juden in dieser Zeit verstärkt dargestellt werden, um die Handlungsspielräume und -alternativen der jüdischen Geschäftsleute im Allgemeinen und der Bankiers von E. J. Meyer im Besonderen zum jeweiligen Zeitpunkt beurteilen und einordnen zu können. Wenn – wie vorliegend – lediglich Bruchstücke über die Entwicklung eines jüdischen Unternehmens vorliegen, die Lücken in der Erforschung des Tatsächlichen also mittels Rückschlüssen aus Indizien vor dem Hintergrund der Situation im Allgemeinen erfolgen müssen, muss teilweise ausführlicher auf die allgemeine Situation eingegangen werden, um vom Allgemeinen auf das Spezielle schließen zu können.

2 E. J. Meyer und Privatbankiersektor bis 1929 – Gründung und Entwicklung

Um zu beurteilen, ob eine „Arisierung“ sittenwidrig i.S.d. § 138 BGB gewesen ist, muss der wirtschaftliche Wert des Unternehmens zum Zeitpunkt der „Arisierung“ bestimmt werden. Dieser Wert setzt sich aus zwei Werten zusammen: aus der Geschäftsentwicklung bis zur „Arisierung“ und aus der prognostizierten Geschäftsentwicklung nach der „Arisierung“. Um die Geschäftsentwicklung eines Bankhauses bis zur „Arisierung“ beurteilen zu können, ist es erforderlich zu wissen, welche wirtschaftlichen, gesellschaftlichen und sozialen Aspekte einen jüdischen Gewerbetreibenden generell, einen Privatbankier allgemein und das vorliegende Bankhaus im Speziellen beeinflusst haben und welche Handlungsoptionen zu welcher Zeit bestanden. Dazu ist in einem ersten Schritt sowohl die allgemeine Entwicklung der jüdischen Privatbanken als auch die Entwicklung des Bankhauses E. J. Meyer bis zur Ernennung Hitlers zum Reichskanzler am 30.01.1933 (sog. „Machtergreifung“) zu untersuchen, da dies die Ausgangslage des Bankhauses E. J. Meyer für die folgende Verdrängung der Juden aus dem Wirtschaftsleben im Allgemeinen und aus dem Bankhaus E. J. Meyer im Besonderen ist, welche in die „Arisierung“ des Bankhauses mündete.

Im diesen Kapitel wird die Entwicklung bis zur großen Wirtschafts- und Bankenkrise 1929 untersucht, welche einen großen Einschnitt nicht nur für Wirtschaft und Banken darstellte, sondern welche Anlass für ordnungspolitische Regelungen war, welche dann von den Nationalsozialisten zur Verdrängung der Juden missbraucht wurden[22]. Dabei wird zunächst auf die Entwicklung des Privatbanksektors eingegangen (2.1), um danach die Entwicklung des Bankhauses E. J. Meyer sowie seiner Teilhaber einzugehen (2.2).

2.1 Entwicklung des Privatbankiersektors bis zur Wirtschaftskrise 1929

Die Bankiers des ausgehenden 18. und beginnenden 19. Jahrhunderts sind nicht mit den späteren oder gar heutigen Bankiers zu vergleichen, obgleich sie ebenfalls unter Einsatz ihres eigenen Kapitals, unbeschränkter Haftung und allein

22 Die Zeit der Wirtschafts- und Bankenkrise und die durch sie hervorgerufenen Änderungen werden im folgenden Kapitel 3 untersucht.

nach ihrem Gutdünken Geschäfte tätigten. Die Bankgeschäfte waren zu der Zeit in der Regel Nebengeschäfte. Der größere Teil der damaligen Bankiers waren sog. „Merchant Bankers" und betrieben als Hauptgeschäfte meist Groß-, Speditions- und Kommissionshandel. Dieser wurde durch Zahlungs- und Kreditgeschäfte gestärkt und erweitert. Daraus entwickelten sich zunehmend Anleihe- und sonstige Kapitalmarktgeschäfte. Der kleinere Teil der Bankiers waren die sog. Hofbankiers, die mit Juwelen und Immobilien handelten, an Monopolunternehmen ihres Landesherren (beispielsweise Salz- oder Tabakhandel) beteiligt waren und dem Herrscher Kredite gewährten[23].

Bedingt durch die schwachen Staatsfinanzen Ende des 18. Jahrhunderts und durch den entstehenden Kapitalmarkt konzentrierten sich viele der vormaligen Merchant Bankers auf das Staatsfinanzierungsgeschäft, welches das einträglichste gewesen ist. Diese Entwicklung machte auch das Frankfurter Bankhaus Mayer Amschel Rothschild & Söhne, welches zur Zeit der Gründung des Bankhauses E. J. Meyer 1816 das mit großem Abstand kapitalkräftigste Bankhaus in deutschen Landen war[24]. Bereits zu der Zeit waren die jüdischen Bankiers weit überproportional vertreten und hatten untereinander starke personelle und familiäre Verflechtungen, die es ihnen erlaubten, die Schwierigkeiten und Risiken der Staatsfinanzierung durch wechselseitige Unterstützung abzufangen und im engen Zusammenwirken große Mengen von Kapital mobilisieren zu können[25].

---

23 Pohl, Einführung in die deutsche Bankengeschichte, S. 12ff.; Ullmann, Nobilitierte Bankiers in Deutschland 1770 - 1850, in: Fehrenbach (Hrsg.), Adel und Bürgertum in Deutschland 1770 - 1848, S. 83ff.; Treue, Das Privatbankwesen im 19. Jahrhundert, in: Coing/ Walter, Wissenschaft und Kodifikation des Privatrechts im 19. Jahrhundert, Bd. 5, S. 94; Auch E. J. Meyer wurde in Adressbüchern aus den Jahren 1841 und 1843 sowie im Gewerbeverzeichnis 1842 als Bankhaus, Garnfabrikant und Handlung von Strick-, Baumwollen- und Wollengarn geführt, vgl. Richter, Voßstraße16 – Im Zentrum der (Ohn-)Macht, S. 43.

24 Das Kapital des Bankhauses Mayer Amschel Rothschild & Söhne stieg von 800.000 fl im Jahre 1810 auf 20 Miofl im Jahre 1818. Hauptsächlich arbeitete das Bankhaus zu der Zeit für den Landgrafen Wilhelm IX. von Hessen-Kassel, später Kurfürst Wilhelm I., der durch Überlassung hessischer Soldaten an Großbritannien für die Bekämpfung der Unabhängigkeitsbewegung in Nordamerika einer der vermögendsten deutschen Fürsten war, vgl. Ullmann, Nobilitierte Bankiers in Deutschland 1770 - 1850, in: Fehrenbach (Hrsg.), Adel und Bürgertum in Deutschland 1770 - 1848, S. 87; Kirchholtes, Jüdische Privatbanken in Frankfurt am Main, S. 15ff.

25 Ullmann, Nobilitierte Bankiers in Deutschland 1770 - 1850, in: Fehrenbach (Hrsg.), Adel und Bürgertum in Deutschland 1770 - 1848, S. 83ff.

Im Zuge der voranschreitenden Industrialisierung wurden Geldmittel in einem Maße benötigt, welche zu beschaffen auch den national und international verflochtenen Privatbankiers immer schwerer wurde. Jedoch wurde erst mit dem Gesetz über die Aktiengesellschaften vom 09.11.1843[26] in Preußen die Möglichkeit größerer Bankunternehmen geschaffen, allerdings abhängig von einer königlichen Konzession[27].

Weil den Privatbankiers im Industriekreditgeschäft als Kapital nur ihr eigenes Vermögen und das Geld ihrer in der Regel weniger zahlreichen und aus der Region stammenden Einleger zur Verfügung stand, konnten die in der zweiten Hälfte des 19. Jahrhunderts neu gegründeten Großbanken in Form von Aktiengesellschaften auf ein wesentlich höheres Eigenkapital sowie auf Einlagen aus einem überregionalen Kundenkreis zurückgreifen. So konnten nur noch die Großbanken den hohen Kreditbedarf der stetig wachsenden Großindustrie decken, weshalb sich viele Privatbankiers an der Gründung von Aktienbanken beteiligten[28]. E. J. Meyer beispielsweise beteiligte sich an der Gründung der Deutschen Bank und des Berliner Bank-Vereins[29]. Die Privatbanken verloren jedoch die Kontrolle über die von ihnen gegründeten Aktienbanken, so dass nicht die gewünschte Arbeitsteilung in funktionaler Weise erreicht wurde, sondern es zu einem Verdrängungswettbewerb zwischen Aktienbanken und Privatbankiers kam[30]. Deshalb wurde der Sektor der Privatbankiers um die Jahrhundertwende 19./ 20. Jahrhundert als aussterbend bezeichnet[31].

Der Anteil der Privatbanken am Aktivkreditgeschäft aller deutschen Kreditinstitute sank von 35,3% (1860), 18,5% (1880) und 8,6% (1900) auf 4,4% (1913)[32]. Als Folge befanden sich insbesondere kleine und nicht spezialisierte lokal tätige

---

26 Preuß. GS 1843, S. 341.

27 Kießling, Das preußische Aktiengesetz von 1843, in: Habersack, Aktienrecht im Wandel, S. 203ff.

28 Vgl. Köhler, Die „Arisierung" der Privatbanken im Dritten Reich, S. 12, Fn. 4 m.w.N.; Wixforth/ Ziegler, Deutsche Privatbanken und Privatbankiers im 20. Jahrhundert, in: Geschichte und Gesellschaft 1997, S. 213f.; Pohl, Einführung in die deutsche Bankengeschichte, S. 52ff.

29 Seidenzahl, 100 Jahre Deutsche Bank 1870 - 1970, S. 20, 31; siehe Kap. 2.2.5.

30 Reitmayer, Der Strukturwandel im Bankwesen und seine Folgen für die Geschäftstätigkeit der Privatbankiers im Deutschen Reich bis 1914, in: Wissenschaftlicher Beirat des Instituts für bankhistorische Forschung (Hrsg.), Der Privatbankier. Nischenstrategien in Geschichte und Gegenwart (Bankhistorisches Archiv, Beiheft 41), S. 12.

31 Köhler, Die „Arisierung" der Privatbanken im Dritten Reich, S. 12 m.w.N.

32 Walter, Jüdische Bankiers in Deutschland bis 1932, in: Mosse (Hrsg.), Jüdische Unternehmer in Deutschland im 19. und 20. Jahrhundert, S. 93.

Privatbanken aus Provinzstädten in wirtschaftlichen Schwierigkeiten[33]. Die Privatbanken konnten nur überleben, indem sie sich auf Nischengeschäfte konzentrierten. In der Regel fokussierten sie ihr Geschäft auf Vermögensverwaltung, Investmentbanking sowie das Börsen- und Emissionsgeschäft[34]. Während des Ersten Weltkrieges konzentrierte sich alles Wirtschaften in Deutschland auf die Kriegsproduktion. Dadurch machte die kriegswichtige Schwerindustrie große Gewinne, ebenso wie die Banken, welche sich aber hauptsächlich auf Staats- und Rüstungskredite und -anleihen beschränken mussten, da die zivile Wirtschaft darniederlag[35].

Obwohl insbesondere in der Zeit nach dem Ersten Weltkrieg die großen Privatbankiers bei der Vermittlung ausländischen Kapitals nach Deutschland sehr erfolgreich waren, wurde auch das Emissionsgeschäft, insbesondere mit Staatsanleihen, zusehends schwieriger für die Privatbankiers, da die zu platzierenden Summen immer größer wurden, wohingegen dabei die großen Aktienbanken naturgemäß weniger Schwierigkeiten hatten[36]. Viele Privatbankiers, die als kleine inhabergeführte Unternehmungen sehr flexibel waren, haben es geschafft, sich durch diesen Wandel den neuen Gegebenheiten anzupassen[37]. Insbesondere konnten damit diejenigen Privatbanken gut überleben, die sich in den Börsenzentren Berlin, Frankfurt a. M. und Hamburg befanden – ihre Zahl blieb von der Jahrhundertwende bis vor die Weltwirtschaftskrise 1929 in etwa

---

33 Wixforth/ Ziegler, Deutsche Privatbanken und Privatbankiers im 20. Jahrhundert, in: Geschichte und Gesellschaft 1997, S. 222, 229.

34 Die Spezialisierung im Einzelnen stellen dar Burhop, Die Kreditbanken in der Gründerzeit, insbesondere S. 50ff., 198ff.; Wixforth/ Ziegler, Deutsche Privatbanken und Privatbankiers im 20. Jahrhundert, in: Geschichte und Gesellschaft 1997, S. 213f.

35 DePew Snow, German Trade and the War: Commercial and Industrial Conditions in War Time and the Future Outlook, S. 116ff.

36 Ziegler, Geschäftliche Spezialisierungen deutscher Privatbankiers in der Zwischenkriegszeit. Ein vergeblicher Überlebenskampf?, in: Wissenschaftlicher Beirat des Instituts für bankhistorische Forschung (Hrsg.), Der Privatbankier. Nischenstrategien in Geschichte und Gegenwart (Bankhistorisches Archiv, Beiheft 41), S. 32f.; Reitmayer, Der Strukturwandel im Bankwesen und seine Folgen für die Geschäftstätigkeit der Privatbankiers im Deutschen Reich bis 1914, in: Wissenschaftlicher Beirat des Instituts für bankhistorische Forschung (Hrsg.), Der Privatbankier. Nischenstrategien in Geschichte und Gegenwart (Bankhistorisches Archiv, Beiheft 41), S. 18ff.

37 Ziegler, Geschäftliche Spezialisierungen deutscher Privatbankiers in der Zwischenkriegszeit. Ein vergeblicher Überlebenskampf?, in: Wissenschaftlicher Beirat des Instituts für bankhistorische Forschung (Hrsg.), Der Privatbankier. Nischenstrategien in Geschichte und Gegenwart (Bankhistorisches Archiv, Beiheft 41), S. 31.

stabil[38]. Die kleinen, regionalen und nicht auf Nischen spezialisierten Bankhäuser jedoch wurden zumeist von Provinzaktienbanken (die großen Privatbanken hatten infolge ihrer erfolgreichen Spezialisierung auf Nischen kein Interesse an regionalen Filialen) übernommen, wobei die Provinzbanken nach dem Ersten Weltkrieg meist von den Großbanken übernommen worden sind[39]. Der akkumulierte Anteil der Privatbankiers an den Bilanzsummen aller Kreditinstitute ging von 5,7% (1913) und 5,6% (1929) auf 2,3% (1936) zurück[40].

Trotz dieser allgemeinen Entwicklungen und diverser Geschäftsaufgaben gab es nach Beginn des Ersten Weltkrieges und bis Mitte der 1920er Jahre insgesamt einen Zuwachs an Privatbanken[41]. Diese neu entstandenen Banken – die Bezeichnung „Bank“ wurde erst durch das Kreditwesengesetz von 1934 gesetzlich normiert – waren jedoch in der Großzahl aus Lotterien entstandene Geschäftsbetriebe, die Kriegsanleihen vermittelten und es nicht geschafft haben, in das Industriegeschäft einzusteigen[42]. Insofern wird auch von einer „Scheinblüte“ des Privatbankwesens gesprochen. Dies zeigt sich insbesondere in der Tatsache, dass diese als „Winkelbanken“ bezeichneten Betriebe nie Zahlstelle eines Konzerns wurden, also nie die Auszahlung von Dividenden durch sie vorgenommen werden durfte[43]. Das Bankhaus E. J. Meyer war Zahlstelle mehrerer – auch großer – Unternehmen, wie noch zu sehen sein wird[44]. Auch die Anzahl der von Privatbankiers gehaltenen Aufsichtsratsmandate, welche von der Jahrhundertwende zum 20. Jahrhundert bis zur Wirtschaftskrise 1929 weit überproportional zu ihrer ökonomischen Bedeutung zwischen einem Drittel und 40% aller von Bankvertretern gehaltenen Anzahl ausmachte, sank[45]. Dies war auch bei den Bankiers von E. J. Meyer der Fall, wie bei dem jeweiligen Teilhaber näher erläutert wird.

---

38 Wixforth/ Ziegler, Deutsche Privatbanken und Privatbankiers im 20. Jahrhundert, in: Geschichte und Gesellschaft 1997, S. 216.

39 Wixforth/ Ziegler, Deutsche Privatbanken und Privatbankiers im 20. Jahrhundert, in: Geschichte und Gesellschaft 1997, S. 222, 229; Köhler, Die „Arisierung“ der Privatbanken im Dritten Reich, S. 45.

40 Walter, Jüdische Bankiers in Deutschland bis 1932, in: Mosse (Hrsg.), Jüdische Unternehmer in Deutschland im 19. und 20. Jahrhundert, S. 93.

41 Köhler, Die „Arisierung“ der Privatbanken im Dritten Reich, S. 45.

42 Walter, Jüdische Bankiers in Deutschland bis 1932, in: Mosse (Hrsg.), Jüdische Unternehmer in Deutschland im 19. und 20. Jahrhundert, S. 93.

43 Wixforth/ Ziegler, Deutsche Privatbanken und Privatbankiers im 20. Jahrhundert, in: Geschichte und Gesellschaft 1997, S. 214ff.

44 Siehe Kap. 2.2.4.1; 2.2.5; 4.3.4.1; 4.5; 5.3.1.2.

45 Wixforth/ Ziegler, Deutsche Privatbanken und Privatbankiers im 20. Jahrhundert, in: Geschichte und Gesellschaft 1997, S. 219. Es konnte sogar festgestellt werden, dass

Grund für die überproportional gute Vernetzung der sich erfolgreich spezialisiert habenden Privatbankiers mit Großunternehmen waren die oftmals über Generationen bestehenden Wirtschaftskontakte und Kontakte zu hochstehenden Persönlichkeiten des öffentlichen Lebens, die durch die Wirtschaftskraft der Privatbankiers, die oft zu den vermögendsten Persönlichkeiten des Landes zählten[46], und das damit verbundene gesellschaftliche Renommée trotz der Einbußen an Einfluss als Finanziers bestehen blieben. Ein weiterer Vorteil von Privatbankiers im Aufsichtsrat gegenüber Repräsentanten der die Unternehmen finanzierenden Großbanken war, dass die Privatbankiers ihr Aufsichtsratsmandat ohne eigenes Interesse als (Groß-)Gläubiger des Unternehmens wahrnehmen konnten und darüber hinaus über langjährige – und oft familiäre – Kontakte zu ausländischen Banken verfügten[47].

2.2 E. J. Meyer – Entwicklung und Teilhaber bis zur Wirtschaftskrise 1929

Die Entwicklung des Privatbankhauses E. J. Meyer ist naturgemäß sehr eng mit den Teilhabern verbunden.

Im Folgenden wird zunächst das Leben und Wirken der einzelnen Teilhaber und ihre Mitgliedschaften in Gremien und Vereinigungen untersucht (2.2.1 - 2.2.4), um dann auf die wirtschaftliche Entwicklung des Bankhauses E. J. Meyer

---

die Privatbankiers ihre Präsenz in Aufsichtsräten nicht nur halten, sondern teilweise ausbauen konnten, wobei dies – zumindest teilweise – auch den seit langer Zeit durch geschickte Heiratspolitik gewachsenen geschäftlichen Verbindungen und Netzwerken der Privatbankiers geschuldet war, vgl. Wixforth/ Ziegler, Deutsche Privatbanken und Privatbankiers im 20. Jahrhundert, in: Geschichte und Gesellschaft 1997, S. 215 ff., insbesondere S. 220. Tabelle 4: Die „Top-Ten" der deutschen Privatbankhäuser 1906 - 1932 (nach Zahlstellennennungen); Köhler, Wirtschaftsbürger und Unternehmer – Zum Heiratsverhalten deutscher Privatbankiers im Übergang zum 20. Jahrhundert, in: Ziegler, Großbürger und Unternehmer, S. 116ff., 142.

46 Sowohl Ernst Joachim Meyer als auch dessen Schwiegervater Wilhelm Herz sowie auch Max Richter, der Vater des späteren „Arisierers" Kurt Richter-Erdmann, zählten zu den vermögendsten Personen des Reiches, siehe Kap. 2.2.3.1; 5.2.1.2.

47 Wixforth/ Ziegler, Deutsche Privatbanken und Privatbankiers im 20. Jahrhundert, in: Geschichte und Gesellschaft 1997, S. 223f.; Ziegler, Geschäftliche Spezialisierungen deutscher Privatbankiers in der Zwischenkriegszeit. Ein vergeblicher Überlebenskampf?, in: Wissenschaftlicher Beirat des Instituts für bankhistorische Forschung (Hrsg.), Der Privatbankier. Nischenstrategien in Geschichte und Gegenwart (Bankhistorisches Archiv, Beiheft 41), S. 33f.

einzugehen (2.2.5) sowie kurz auf das Gebäude des Bankhauses in der Voßstraße 16 in Berlin, unweit des Potsdamer Platzes (2.2.6).

2.2.1 Elias (Ely) Joachim Meyer - der Gründer

Das Bankhaus E. J. Meyer wurde im Jahre 1816[48] in Berlin von dem Kaufmann Elias (Ely) Joachim Meyer gegründet.

Ely Joachim Meyer wurde am 25.10.1783 in Körlin als Sohn des Körliner Bürgers Joachim Meyer[49] geboren. Am 30.12.1812 erwarb er das Bürgerrecht von Körlin, am 17.08.1815 wurde er Bürger von Berlin und wohnte dort in der Neuen Friedrichstraße 53. Er war verheiratet mit Betty Abraham aus Diesen/ Neumark und Vater von fünf Kindern (Rosalie[50], Abraham[51], Friedrich[52], Moritz[53],

48 In diesem Jahre wurden die Bankiersbrüder Amschel und Salomon Rothschild bereits vom österreichischen Kaiser Franz I. in den einfachen Adelsstand erhoben (1822 in den Freiherrenstand), vgl. Ullmann, Nobilitierte Bankiers in Deutschland 1770 - 1850, in: Fehrenbach (Hrsg.), Adel und Bürgertum in Deutschland 1770 - 1848, S. 83.

49 Erster Nachweis über seine Anwesenheit in Berlin: Eintrag in den Judenbürgerbüchern der Stadt Berlin vom 17.8.1815 über Anrechnung einer Gebühr von 3 Reichstalern: „17.8.: Meyer, Eli Joachim, Kfm. aus Körlin, N. Friedr.straße 53, geb Körlin, 35 J. Brg. in Körlin 30.10.1812, Stbg. (A. Pom. 170)", vgl. Jacobson, Die Judenbürgerbücher der Stadt Berlin 1809 - 1851, S. 132 (Jahr 1815). Auf dem Grabstein Ely Joachim Meyers auf dem jüdischen Friedhof Schönhauser Allee in Berlin – wie aus Fotos rekonstruiert werden konnte – steht, dass Ely Joachim Meyer f ein „Mann von den Vornehmen der Gemeinde" war. Daraus ist zu schließen, dass die Meyers traditionell, vielleicht sogar orthodox, und in der Gemeinde aktiv waren. Auch werden dort sowohl er als auch sein Vater mit „Herr" tituliert. Dies deutet darauf hin, dass keiner von beiden rabbinisch gelehrt war; vgl. Richter, Voßstraße16 – Im Zentrum der (Ohn-)Macht, S. 40f.; Ebenso werden im Gesellschaftsvertrag zwischen Ely Joachim und seinen Söhnen Abraham und Friedrich alle als „Herr" bezeichnet, vgl. Gesellschaftsvertrag, LAB, A Rep. 216, Nr. 21.

50 Sie heiratete 1833 den Kaufmann Wilhelm Levy (später Lehfeld) aus Breslau, bekam 1835 einen Sohn namens Robert, verstarb aber selbst infolge der Geburt, vgl. Richter, Voßstraße16 – Im Zentrum der (Ohn-)Macht, S. 42; Jacobson, Die Judenbürgerbücher der Stadt Berlin 1809 - 1851, S. 132 (Jahr 1815).

51 vgl. unten 2.2.2.1.

52 vgl. unten 2.2.2.2.

53 Dr. med. Moritz Meyer (1821 - 1893) widmete sich nicht dem elterlichen Bankiersgeschäft wie seine beiden Brüder, sondern studierte in Heidelberg, Halle und Berlin Medizin und promovierte 1844 darin. Er war auf dem Gebiet der Neurologie (damals „Electrizitaets- und Nervenkrankheiten") tätig. Sein Hauptwerk hieß „Die Electricitaet in ihrer Anwendung auf die practische Medicin". Weiterhin erfand er

Feodore[54]). Nach fünf Umzügen zogen Familie und Bank 1825 in die Königsstraße 7 (heute Rathausstraße) und nach einem weiteren Umzug in die Heiligegeiststraße 39 (heute Marx-Engels-Forum) in unmittelbarer Nähe zur Börse. Betty Meyer, die Frau von Ely, starb 1839[55].

Das „Bankier und Kaufmännische Commissionsgeschäft" betrieb Ely mit seinem Sohn Abraham zunächst ohne vertragliche Fixierung. Als der zehn Jahre jüngere Friedrich auch in das Geschäft eintrat, schloss Ely Joachim Meyer zum 01.01.1847 mit seinen Söhnen Abraham und Friedrich einen Gesellschaftervertrag über das Bankhaus unter der Firma E. J. Meyer. Nach diesem Vertrag hatte Ely eine Einlage bei dem Bankhaus in Höhe von knapp 280.000 Talern, Abraham von rund 45.000 Talern und Friedrich bekam 14.500 Taler vom Vater. An Gewinn und Verlust sollten der Vater mit der Hälfte und Abraham und Friedrich mit je einem Viertel beteiligt sein.

Bereits am 23.11.1817 ist Ely Joachim Meyer in die Gesellschaft der Freunde eingetreten[56].

Ely Joachim Meyer ist am 25.05.1849 in Berlin verstorben[57].

---

mit dem „Meyer'schen Unterbrecher" ein Instrument zur Prüfung von Muskel- und Nervenreaktionen sowie entdeckte er 1854, dass der Genuss bleihaltigen Schnupftabakes zu Lähmungen führt, vgl. Pagel, Biographisches Lexikon hervorragender Ärzte des neunzehnten Jahrhunderts, S. 1127. Moritz Meyer war Mitglied der Gesellschaft der Freunde, vgl. Panwitz, Die Gesellschaft der Freunde 1792 - 1935, S. 309. Moritz' Sohn war Paul Joachim Meyer, dessen Enkel Paul Hugo Meyer in den USA 2008 starb. Vor seinem Tode nahm Dorothea Wilke, Paul Joachims Großnichte (Dorothea Wilke ist Urenkelin von Friedrich Meyer, Enkelin von Richard Moritz Meyer, Tochter von Reinhold Meyer), mit diesem Kontakt auf. Als sich Frau Wilke das erste Mal bei Paul Hugo Meyer meldete, schrieb dieser in seinem ersten Brief zurück, dass er sich freuen würde über die Kontaktaufnahme, auch wenn dieser Familienzweig sich vom Judentum abgewendet hätte (Richard Moritz Meyer hatte seinen Sohn christlich taufen lassen), was ihnen aber letztendlich ja nichts gebracht habe, vgl. Dorothea Wilke, Auskunft an Verfasser vom 03.12.2008.

54 Sie heiratete den am 08.07.1848 geborenen Robert Remak aus Posen, der sich wie ihr Bruder Moritz auf Neurologie spezialisiert hatte. Robert Remaks Nachlass wird in der Staatsbibliothek zu Berlin Preußischer Kulturbesitz verwahrt, vgl. Richter, Voßstraße16 – Im Zentrum der (Ohn-)Macht, S. 44.

55 Richter, Voßstraße16 – Im Zentrum der (Ohn-)Macht, S. 42.

56 Sebastian Panwitz, Auskunft an Verfasser vom 13.01.2012; siehe Kap. 4.3.4.8.

57 LAB, A Rep. 216, Nr. 21; Richter, Voßstraße16 – Im Zentrum der (Ohn-)Macht, S. 40, 45.

2.2.2 Abraham („Adolf") und Friedrich Meyer - zweite Generation

Abraham „Adolf" Meyer (Quelle: Privatbesitz)

Nach dem Ableben des Gründers Ely Joachim Meyer 1849 wurde das Bankhaus von seinen Söhnen Abraham und Friedrich in zweiter Generation weitergeführt.

2.2.2.1 Abraham (Adolf) Meyer

Abraham Meyer wurde am 30.06.1810 in Berlin geboren und ist am 14.02.1881 in Berlin verstorben. Bereits im Jahre 1842 wurde er als „Gehilfe des Vaters" und Bankier der Firma E. J. Meyer in der Heiligegeiststraße 39 geführt[58]. Abraham machte zur Ausbildung Reisen zu befreundeten Bankiers, ebenso sein jüngerer Bruder Friedrich, wie aus dem Testament von Ely Joachim Meyer hervorgeht[59].

Abraham heiratete um 1843 Betty Büding. Sie entstammte der jüdischen Kasseler Bankiersfamilie Büding. Im Jahre 1849 heiratete Abrahams jüngster Bruder, der Arzt Moritz Meyer, eine Schwester oder Cousine seiner Frau, Minna Büding, womit sich die Verbindung der Berliner und der Kasseler Bankiersfamilie gefestigt hat[60]. Ausweislich der Bilanz zum 31.12.1848 stand das Bankhaus Meyer mit dem Bankhaus Büding in Geschäftsbeziehungen[61]. Hier zeigt sich auch bei

---

58 Jacobson, Die Judenbürgerbücher der Stadt Berlin 1809 - 1851, S. 399 (Jahr 1842).

59 Arbeitgeberverband Gesamtmetall, Auskunft an Verfasser vom 18.11.2008 (Skript von Myriam Richter für den Verband Gesamtmetall, Voßstraße 16 – Im Zentrum der (Ohn-)Macht, Kap. 3.2).

60 Richter, Voßstraße16 – Im Zentrum der (Ohn-)Macht, S. 44, 48; Wenzel, Deutscher Wirtschaftsführer, S. 1487.

61 LAB, A Rep. 216, Nr. 1.

E. J. Meyer, dass viele Privatbankiers ihre geschäftlichen Aktivitäten durch geschickte Heiratspolitik förderten[62]. Nach seiner Hochzeit zogen Abraham Meyer und seine Frau Betty in die Kurstaße 51[63]. Sie hatten als Kinder den Sohn Ernst Joachim Meyer und die Tochter Jenny, welche später den Bankier Rudolf Philipp Goldschmidt heiratete[64].

Abraham Meyer nannte sich „Adolf", wie aus den Bilanzen von E. J. Meyer ab 1848 hervorgeht: neben den Teilhabern Friedrich und Elias (Ely) Joachim Meyer wird dort nur „Adolph Meyer" genannt[65]. Auch im sonstigen geschäftlichen Verkehr bezeichnet sich Abraham als Adolf, als welcher er beispielsweise als Mitglied des Verwaltungsrates (später Aufsichtsrat) der Deutschen Bank geführt wurde[66]. Aus welchen Beweggründen sich Abraham als Adolf Meyer bezeichnete, ist nicht bekannt, möglicherweise jedoch, weil er zu den sogenannten assimilierten Juden gehörte, deren deutsches Nationalbewusstsein höher als ihr jüdisches Religionsangehörigkeitsgefühl war.

Das geschäftliche wie persönliche Ansehen von Abraham Meyer war derart groß, dass er 1875 in den Generalrat der neu gegründeten Reichsbank gewählt wurde. Er gehörte also mit Bleichröder, Mendelssohn, Hansemann, Rothschild und Oppenheim zur Elite des deutschen Bankierstandes[67].

Als Mitbegründer der Deutschen Bank gehörte er bis zu seinem Tode im Februar 1881 dem Verwaltungsrat (später Aufsichtsrat) der Deutschen Bank AG

---

62 vgl. Köhler, Wirtschaftsbürger und Unternehmer – Zum Heiratsverhalten deutscher Privatbankiers im Übergang zum 20. Jahrhundert, in: Ziegler, Großbürger und Unternehmer, S. 116ff., 142.

63 Richter, Voßstraße16 – Im Zentrum der (Ohn-)Macht, S. 44.

64 Jenny war Miterbin mit Ernst Joachim nach ihrem Vater Abraham. Rudolf Philipp Goldschmidt wohnte mit seiner Frau Jenny in der 2. Etage des von Ernst Joachim bewohnten Hauses Königgrätzer Straße 134. Sie waren im Gegensatz zu Ernst Joachim Meyer bedeutende Kunstsammler und Mäzene und stifteten dem Berliner Museum im Jahre 1900 seinen ersten Goya „Die Junta der Philippinen". Der Bankier Rudolf Philipp Goldschmidt ist 1914, Jenny Goldschmidt ist 1927 verstorben. Nach dem Tode Jennys wurde deren umfangreiche Kunstsammlung von Paul Cassirer versteigert. Rudolf war seit 1868 Mitglied der Gesellschaft der Freude und von 1893 bis 1914 dort im Vorstand. Jenny und Rudolf hatten keine Kinder, vgl. Archiv Bankhaus Wölbern, Auskunft an Verfasser vom 25.10.2011; Richter, Voßstraße16 – Im Zentrum der (Ohn-)Macht, S. 245.

65 LAB, A Rep. 216, Nr. 15.

66 Vgl. Geschäftsberichte der Deutschen Bank 1876ff. unter http://www.bankgeschichte.de/downloads/gb/gb_1876.pdf und folgende Jahre am 30.03.2012.

67 Reichsbank, Die Reichsbank 1876 - 1900, S. 229; Burhop, Die Kreditbanken in der Gründerzeit, S. 93f.; Seidenzahl, 100 Jahre Deutsche Bank 1870 - 1970, S. 20.

an[68]. E. J. Meyer war 1872 auch Mitbegründer und weitaus größter Anteilszeichner der Internationalen Baugesellschaft in Frankfurt a. M. und es ist davon auszugehen, dass er auch diesem Aufsichtsrat angehörte. Dies auch, weil nach der Fusion der Internationalen Baugesellschaft mit Philipp Holzmann zur Philipp Holzmann AG sein Sohn Ernst Joachim deren Aufsichtsrat angehörte[69].

Ein Adolph Meyer saß 1869 - 1878 auch im Verwaltungsrat der Berliner Handels-Gesellschaft, jedoch findet sich kein Hinweis auf Firma oder Ort, so dass unklar ist, ob es Adolf Meyer vom Bankhaus E. J. Meyer gewesen ist[70].

Am 12.12.1840 ist Abraham Meyer der Gesellschaft der Freunde beigetreten[71].

2.2.2.2 Friedrich Meyer

Friedrich Meyer heiratete am 12.02.1857 Elika Jacobsen (20.02.1835 - 1903), welche die Tochter des Frankfurter Bankiers Moritz Jacobsen und seiner Frau Rebecca, geb. Goldschmidt, war. Die Goldschmidts waren alteingesessene und sehr vermögende Bankiers jüdischen Glaubens in Frankfurt a. M.[72]. Elikas Bruder war der Frankfurter Bankier Benedikt Moritz Goldschmidt, der seinen beiden Töchtern nach seinem Tode rund 18 MioRM hinterließ, eine für damalige Verhältnisse kaum vorstellbare Summe[73]. Frankfurt war zu der Zeit der wesentlich wichtigere Finanzplatz als Berlin, so dass auch diese Heirat als geschickte Heirats- und Geschäftspolitik der Privatbankiers von E. J. Meyer gesehen werden kann[74].

Nach dem Tode des Vaters erbte Friedrich Meyer das Haus in der Heiligegeiststraße 39. Dort brachte seine Frau 1858 die Tochter Bertha zur Welt (welche bereits 1865 verstarb) und am 05.07.1860 den Sohn Richard Moritz Meyer[75]. Später zog die Familie „aus hygienischen Gründen" um in die Sommerstraße 6 (heute Ebertstraße in der Nähe des Brandenburger Tores), weil insbesondere Elika sich nicht mit den einfachen Berliner Wohnverhältnissen anfreunden konnte. Neben Bankiers wie Julius Leopold Schwabach (Teilhaber des Bankhauses

---

68 http://www.bankgeschichte.de/downloads/gb/gb_1880.pdf am 30.03.2012.

69 Pohl, Philipp Holzmann, S. 38, 158.

70 Berliner Handels-Gesellschaft (Hrsg.), Die Berliner Handels-Gesellschaft in einem Jahrhundert deutscher Wirtschaft: 1856 - 1956, S. 278.

71 Sebastian Panwitz, Auskunft an Verfasser vom 13.01.2012; siehe Kap. 4.3.4.8.

72 Richter, Voßstraße16 – Im Zentrum der (Ohn-)Macht, S. 49ff.

73 Heute rund 100 MioEUR, vgl. Kohl, Bilder eines Vaters, S. 74.

74 Vgl. Köhler, Wirtschaftsbürger und Unternehmer – Zum Heiratsverhalten deutscher Privatbankiers im Übergang zum 20. Jahrhundert, in: Ziegler, Großbürger und Unternehmer, S. 116ff., 142.

75 Richter, Voßstraße16 – Im Zentrum der (Ohn-)Macht, S. 51.

S. Bleichröder) zählten auch diverse Künstler zu den Freunden der Familie, so beispielsweise Adolf von Menzel. Ebenso wie die allermeisten ihrer jüdischen und christlichen Freunde und Bekannten waren die Meyers sekulär eingestellt[76].

Friedrich Meyer gehörte mit Adelbert Delbrück (Gründer des Bankhauses Delbrück, Leo & Co.) zu den Mitgründern der Deutschen Baugesellschaft für die nach der Reichsgründung 1871 immer zahlreicher und größer werdenden Immobilienprojekte. Dort war er neben Delbrück auch im Aufsichtsrat vertreten. Unter anderem bei der Entwicklung der Voßstraße war Kapital von 2 MioTalern erforderlich, welches bereits innerhalb von drei Monaten 40% Rendite brachte[77].

Friedrich Meyer ist am 21.02.1853 der Gesellschaft der Freunde, der auch sein Vater und seine Brüder Abraham und Moritz angehörten, beigetreten[78].

2.2.2.2.1 Nachfahren von Friedrich Meyer – Wissenschaftler, Mäzene, Verfolgte

Mit dem Tode Friedrich Meyers erlosch sein Stamm im Bankgeschäft von E. J. Meyer, da ihm sein Sohn Richard Moritz Meyer nicht in das Bankgeschäft nachfolgte. Jedoch stiftete der Literaturwissenschaftler Richard Moritz Meyer den Wilhelm Scherer-Preis an der Berliner Universität, welcher 100 Jahre nach seiner Stiftung vom Bankhaus Wölbern – dem historischen Nachfolger von E. J. Meyer – wiederbelebt worden ist. Deshalb wird in einem Exkurs auf Richard Moritz Meyer sowie seinen Sohn Reinhold eingegangen.

Richard Moritz Meyer, nach dem frühen Tode seiner Schwester Bertha einziges Kind von Friedrich Meyer, wurde am 05.07.1860 in Berlin geboren. Nach Schulbesuch in Berlin wählte Richard das Studium der germanischen Philologie, welches er 1878 in Leipzig begann und in Berlin beendete. Insbesondere hat er dort bei Wilhelm Scherer gehört, bei dem er 1883 promovierte. Nach seiner Promotion ging er nach Straßburg und wurde 1886 wiederum in Berlin an der Friedrich-Wilhelms-Universität (heute Humboldt-Universität) über Jonathan Swift und Georg Christoph Lichtenberg habilitiert. Ab 1901 war er Privatdozent und später außerordentlicher unbesoldeter Professor für deutsche Literaturgeschichte an der Friedrich-Wilhelms-Universität. Unter den Studenten fanden

---

76 Richard Moritz Meyer, Aus einem Berliner Bürgerhause, in: Verein für die Geschichte Berlins (Hrsg.), Erforschtes und Erlebtes aus dem alten Berlin. Festschrift zum 50jährigen Jubiläum des Vereins für die Geschichte Berlins, Berlin 1917, S. 167ff.

77 Richter, Voßstraße16 – Im Zentrum der (Ohn-)Macht, S. 54; Glagau, Der Börsen- und Gründungsschwindel in Berlin – 10. Die Culturkämpfer, in: Die Gartenlaube 1875, S. 671.

78 Sebastian Panwitz, Auskunft an Verfasser vom 13.01.2012; siehe Kap. 4.3.4.8.

seine Veranstaltungen regen Zulauf, so dass bisweilen 500 Studenten seine Vorlesungen hörten. Jedoch wurde er nie ordentlicher Professor, obgleich er auf seinem Gebiet weit über die deutschen Grenzen anerkannt war[79]. Wie er selbst meinte, da er Jude sei und ein latenter, unausgesprochener Antisemitismus die Besetzung der geisteswissenschaftlichen Fakultäten bestimmte (er schrieb an einen Kollegen, dass er wohl „meiner Religion wegen kein Ordinariat und meiner Vermögensverhältnisse wegen kein Gehalt“ bekomme)[80]. Wohl aus diesen Gründen resultierte, dass Richard Moritz Meyer seine Kinder protestantisch taufen ließ, was innerhalb ihrer assimilierten Familie und Freunde heftige Kontroversen aufkommen ließ[81].

Forschungsschwerpunkt von Richard Moritz Meyer war insbesondere Goethe, über welchen er eine viel beachtete und in mehreren Auflagen erschienene Biographie schrieb. Auch war er Mitglied der Goethe-Gesellschaft und publizierte mehrfach in deren Jahrbuch. In diesem Zusammenhang ist zu sehen, dass neben anderen auch das Bankhaus E. J. Meyer 1895 den Ankauf des siebenbändigen Schriftwechsels zwischen Goethe und Frau von Stein durch das Goethe- und Schiller-Archiv in Weimar ermöglichte[82]. Ein weiterer Schwerpunkt seines Wirkens war Friedrich Wilhelm Nietzsche, den er finanziell unterstütze. Im Jahre 1908 wurde in Weimar das Nietzsche-Archiv gegründet, in welchem Meyer neben u. a. Harry Graf Kessler von 1910 - 1913 im Vorstand wirkte. Eine Monographie über Nietzsche vollendete Meyer 1913, ein Jahr vor seinem Tode[83].

---

79 Fiebig, Richard Moritz Meyer, die Wilhelm Scherer-Stiftung und der Scherer-Preis, in: Peters/ Schütz (Hrsg.), 200 Jahre Berliner Universität – 200 Jahre Berliner Germanistik 1810 - 2010, S. 275ff.; Kohl, Bilder eines Vaters, S. 37ff.

80 Kohl, Bilder eines Vaters, S. 38f.

81 Die Meyers waren seit langem assimiliert und feierten statt der jüdischen die christlichen Feste, vgl. Kohl, Bilder eines Vaters, S. 63; So auch noch in heutiger Zeit wie die Korrespondenz von Paul Hugo Meyer, dem Urenkel von Friedrich und Abraham Meyers Bruder Moritz, welcher 2008 in den USA starb, mit Dorothea Wilke zeigt. Um die Jahrtausendwende nahm Dorothea Wilke, Moritz‘ Ur-Großnichte (Dorothea Wilke ist Urenkelin von Friedrich Meyer, Enkelin von Richard Moritz Meyer, Tochter von Reinhold Meyer), mit diesem Kontakt auf. Als sich Frau Wilke das erste Mal bei Paul Hugo Meyer meldete, schrieb dieser in seinem ersten Brief zurück, dass er sich freuen würde über die Kontaktaufnahme, auch wenn dieser Familienzweig sich vom Judentum abgewendet hätte, was ihnen aber letztendlich ja nichts gebracht habe, vgl. Dorothea Wilke, Auskunft an Verfasser vom 03.12.2008.

82 Fiebig, Richard Moritz Meyer als Mäzen, in: Fiebig/ Waldmann (Hrsg.), Richard Moritz Meyer – Germanist zwischen Goethe, Nietzsche und George, S. 133f.

83 Fiebig, Richard Moritz Meyer, die Wilhelm Scherer-Stiftung und der Scherer-Preis, in: Peters/ Schütz (Hrsg.), 200 Jahre Berliner Universität – 200 Jahre Berliner Germanistik 1810 - 2010, S. 125ff.

Richard Moritz Meyer bewohnte mit seiner Familie die zehn Zimmer zählende Beletage in der Voßstraße 16 über dem Bankhaus E. J. Meyer. Allein drei Zimmer dienten dem Privatgelehrten als Arbeitszimmer, dazu noch ein elfeckiges Bibliothekszimmer für die über 122.000 Bände fassende Bibliothek[84].

Neben umfangreichem anderem Mäzenatentum errichtete Richard Moritz Meyer 1910 die Wilhelm Scherer-Stiftung in Erinnerung an seinen verstorbenen Sohn Fritz Joachim Wilhelm sowie seinen Lehrer Wilhelm Scherer. Diese Stiftung war mit 100.000 RM ausgestattet und wurde als Treuhandstiftung von der Universität Berlin verwaltet. Sie zeichnete alle drei Jahre herausragende Arbeiten auf dem Gebiet der deutschen Philologie aus. Jedoch wurde die Stiftung im Zuge der Inflation in den zwanziger Jahren mittellos[85].

Im Jahre 2010 wurde der Wilhelm Scherer-Preis wiederbelebt durch das Hamburger Bankhaus Wölbern. Dieses versteht sich als historischer Nachfolger von E. J. Meyer in Berlin, da es nach dem Ende des Zweiten Weltkrieges aus einer Neugründung von E. J. Meyer in Hamburg entstanden ist[86].

Richard Moritz Meyer heiratete am 23.05.1889 Estella Clara Goldschmidt (01.04.1870 - 21.07.1942)[87]. Estella stammte aus einer Kattunfabrikantenfamilie aus Berlin-Köpenick[88] und war in der Kaiserzeit und den zwanziger Jahren gesellschaftlich sehr aktiv. Insbesondere gab es fast tägliche Salons bei den Meyers, in denen sich Künstler, Wissenschaftler, Diplomaten, Mäzene und andere Mitglieder der Gesellschaft trafen[89]. Richard verstarb 1914. Die vormals sehr lebenslustige und elanvolle Estella verfiel aufgrund der plötzlichen Tode ihres ältesten

84 Kohl, Bilder eines Vaters, S. 37.

85 Fiebig, Richard Moritz Meyer als Mäzen, in: Fiebig/ Waldmann (Hrsg.), Richard Moritz Meyer – Germanist zwischen Goethe, Nietzsche und George, S. 138ff.; Fiebig, Richard Moritz Meyer, die Wilhelm Scherer-Stiftung und der Scherer-Preis, in: Peters/ Schütz (Hrsg.), 200 Jahre Berliner Universität – 200 Jahre Berliner Germanistik 1810 - 2010, S. 279ff.

86 Fiebig, Richard Moritz Meyer, die Wilhelm Scherer-Stiftung und der Scherer-Preis, in: Peters/ Schütz (Hrsg.), 200 Jahre Berliner Universität – 200 Jahre Berliner Germanistik 1810 - 2010, S. 273ff.; Fiebig, Richard Moritz Meyer als Mäzen, in: Fiebig/ Waldmann (Hrsg.), Richard Moritz Meyer – Germanist zwischen Goethe, Nietzsche und George, S. 7, 138ff.

87 BADV, 73 WGA 15461/59, Bl. 2; Degener, Wer ist's? 1911, S. 957.

88 Die Kattundruckerei Goldschmidt & Söhne war die zweitgrößte Berlins und lieferte die als „Prussian Shawls" bekannten Tücher in alle Welt, vgl. Kohl, Bilder eines Vaters, S. 39f.; Richter, Voßstraße16 – Im Zentrum der (Ohn-)Macht, S. 78f.

89 Fiebig, Richard Moritz Meyer, die Wilhelm Scherer-Stiftung und der Scherer-Preis, in: Peters/ Schütz (Hrsg.), 200 Jahre Berliner Universität – 200 Jahre Berliner Germanistik 1810 - 2010, S. 121ff.

Sohnes 1910, ihres Mannes 1914 sowie durch den Kriegstod ihres nächsten Sohnes 1918 in schwere Depressionen und lebte seit 1923 in einem Sanatorium am Nikolaisee für psychisch Kranke[90], sie stand unter Vormundschaft[91] und wurde 1942 im „KZ Cholm“ bei Lublin vergast[92]. Da Estella Meyer noch lebend die Reichsgrenze passiert hatte, was zur Folge hatte, dass ‚sie ihren gewöhnlichen Aufenthaltsort im Ausland genommen‘ hatte, musste sie Reichsfluchtsteuer zahlen und ihr Vermögen verfiel dem Reich. Der Oberfinanzpräsident von Berlin-Brandenburg stellte fest: „Wie mir meine Grundstückskartei mitteilt, ist die Jüdin lebend über die Grenze gekommen“[93].

Richard Moritz und Estella Meyer hatten drei Kinder, von denen der älteste Sohn Fritz Joachim Wilhelm[94] an Herzschlag verstarb, der zweite Sohn Konrad Joachim Max[95] vor Verdun fiel, so dass nur der dritte Sohn Reinhold Joachim Wolfgang[96] überlebte[97].

Reinhold, evangelisch getauft, heiratete 1924 die 1903 geborene Lucie, geb. Bebronnek[98]. Lucie war Tochter von Julius Bebronnek und seiner Frau Hulda

---

90 Kohl, Bilder eines Vaters, S. 95.

91 Diese hatte bis Mitte 1936 und unentgeltlich Adolf Meyer – ihr in vierter Generation das Bankhaus E. J. Meyer führender Neffe – inne, welcher auch ihr Barvermögen verwaltete und mehrte. Danach hatte der jüdische Rechtsanwalt Leo Stern die Pflegschaft inne und hat die Pflegschaftskonten Estella Meyers vom jüdischen Bankhaus E. J. Meyer auf ein „arisches“ Bankinstitut überführt, vgl. Kohl, Bilder eines Vaters, S. 137, 172.

92 BADV, 73 WGA 15463/59, Bl. 33; BADV, 73 WGA 17072/59, Bl. 4f.; BrandLHA, Rep. 36A II, Nr. 26421 sowie 36A II, Nr. 26420. Der Ort Cholm existierte nicht in Realität, sondern wurde zur förmlich korrekten Ausstellung der Todesscheine durch die nationalsozialistische Bürokratie „erfunden“. Tatsächlich handelte es sich um die psychiatrische Anstalt Chelm in der Nähe von Lublin, in welcher das „Euthanasieprogramm“ durch die „T4“ durchgeführt worden ist. „T4“ kommt von Tiergartenstraße 4, Berlin, wo die Reichsarbeitsgemeinschaft Heil- und Pflegeanstalten ihren Sitz hatte, welche die Organisation der „Euthanasie“ im Osten zur Aufgabe hatte, nachdem die gezielten Tötungen Kranker und Behinderter im Westen, beispielsweise in Hadamar, für Proteste aus der Bevölkerung geführt hatten, vgl. Kohl, Bilder eines Vaters, S. 216ff.

93 BADV, 73 WGA 15463/59, Bl 4; LEA, Reg.-Nr. 16178, Bl. D59, 77; Kohl, Bilder eines Vaters, S. 257f.; § 3 der Elften Verordnung zum Reichsbürgergesetz vom 25.11.1941.

94 Geb. 06.04.1893, gest. 11.07.1910, vgl. Degener, Wer ist's? 1911, S. 957.

95 Geb. 21.09.1895, gest. 1918, vgl. Degener, Wer ist's? 1911, S. 957.

96 Geb. 21.08.1898, vgl. Degener, Wer ist's? 1911, S. 957.

97 Fiebig/ Waldmann (Hrsg.), Richard Moritz Meyer - Germanist zwischen Goethe, Nietzsche und George, S. 17ff.

98 BADV, 73 WGA 15463/59, Bl. 7; LEA, Reg.-Nr. 16178, Bl. M14ff.; Kohl, Bilder eines Vaters, S. 90ff.; Richter, Voßstraße16 – Im Zentrum der (Ohn-)Macht, S. 115f., 250ff.

Albertine, geb. Birkenhagen[99], und war „Arierin". Reinhold Meyer musste kurz nach seinem Abitur im November 1916 in den Ersten Weltkrieg ziehen. Nach dem Krieg begann er, Literaturwissenschaften zu studieren, ging jedoch, weil er sein 1930 begonnenes Hochschulstudium 1933/34 wegen seiner jüdischen Abstammung nicht fortsetzen konnte[100], nach wenigen Semestern nach Hamburg, um dort eine Buchhändlerlehre zu machen[101]. Nachdem die Inflation 1923 nicht nur die Wilhelm Scherer-Stiftung, sondern auch die Familie von Reinhold Meyer stark in Mitleidenschaft gezogen hatte, waren sie gezwungen, sowohl verschiedene Gemälde aus der Familiensammlung zu verkaufen, als auch eine Hypothek von 120.000 Goldmark auf das Haus Voßstraße 16 einzutragen und sich von der Bibliothek seines Vaters Richard Moritz Meyer zu trennen. Auch wenn das Vermögen von Reinhold Meyer dezimiert worden war, wurde es dennoch im Jahre 1933 auf insgesamt rund 1 MioRM geschätzt[102]. Deshalb war es für Reinhold nicht zwingend, einem festen Beruf nachzugehen, jedoch begann er, die über 30.000-bändige Bibliothek seines Vaters zu katalogisieren. Da diese sehr viel Platz einnahm und viel Kapital band, tat sich Reinhold mit dem Antiquar Mittler in dem Antiquariat Meyer & Mittler zusammen, welches seine Räume in der Voßstraße 16 in der ehemaligen Bibliothek seines Vaters hatte. Hauptgeschäftszweck des Antiquariats war es, die große Bibliothek seines Vaters zu verkaufen[103].

Reinhold und Lucie Meyer hatten 1929 Sohn Klaus adoptiert[104] sowie 1934 Tochter Dorothea[105]. Weil es sich bei beiden nicht um leibliche Kinder

---

99 LAB, 73 WGA 15463/59, Bl. 96.

100 LEA, Reg.-Nr. 16178, Bl. M138; Reinhold Meyer galt als Volljude trotz seines evangelischen Glaubens, vgl. BADV, 73 WGA 15462/59, Bl. 72.

101 Kohl, Bilder eines Vaters, S. 95.

102 Kohl, Bilder eines Vaters, S. 99. Ende Oktober 1938 betrug das Barvermögen nur noch 111.000 RM, durch den Verkauf der vier Grundstücke aus dem Pflegschaftsvermögen kamen bis Ende 1940 rund 134.000 RM dazu, vgl. Kohl, Bilder eines Vaters, S. 198f.

103 Fiebig, Die Bibliothek von Richard Moritz Meyer, in: Fiebig/ Waldmann (Hrsg.), Richard Moritz Meyer – Germanist zwischen Goethe, Nietzsche und George, S. 296ff.; Kohl, Bilder eines Vaters, S. 99ff.

104 Kohl, Bilder eines Vaters, S. 107.

105 Kohl, Bilder eines Vaters, S. 248. Ihr leiblicher jüdischer Vater war Franz Hirsch, geb. 13.07.1893 in Binow in Polen, Kaufmann in Berlin. Er wurde im Juni 1938 für neun Monate im KZ Buchenwald interniert, kam wieder frei und wurde am 19.01.1942 mit 1005 anderen Juden nach Riga deportiert. Danach gab es kein Lebenszeichen mehr, vgl. Kohl, Bilder eines Vaters, S. 308.

gehandelt hatte, musste Reinhold Meyer ab März 1943 den Judenstern[106] tragen, denn ohne leibliche Kinder lag keine privilegierte, sondern nun eine einfache „Mischehe“ vor[107]. Reinhold galt trotz seines Getauftseins als „Volljude“[108]. Tochter Dorothea Elisabeth Käthe wurde 1935 von Martin Niemöller[109], einem der herausragenden Pastoren der „Bekennenden Kirche“, getauft. Gleichzeitig verweigerte sich Niemöller, getaufte Juden – wie beispielsweise Reinhold Meyer – aus seiner Gemeinde auszuschließen[110]. Im Jahre 1933 machte Reinhold Meyers Frau Lucie eine Fotografenausbildung und richtete sich zuhause ein Labor ein[111]. Im Frühjahr 1935 begann Reinhold, das Antiquariat abzuwickeln, weil der Buchhandel der Reichskulturkammer, Abteilung Reichsschrifttumskammer, zugeordnet wurde und die dortige Zwangsmitgliedschaft nur solchen Personen gestattet war, die einen „Ariernachweis“ bis zurück ins Jahr 1800 führen konnten[112]. Zu der Zeit lebte er bereits nicht mehr in der Voßstraße 16, sondern in Dahlem[113]. Im Dezember 1936 musste er die gemietete Villa in Dahlem verlassen und sich ein kleineres Haus nehmen. Dies war Auflage des Vormundschaftsgerichts, da Estella Meyer Vorerbin vor ihrem Sohn war und der Sohn aus dem Pflegschaftsvermögen – da er kein eigenes Einkommen hatte – eine monatliche Summe von 1.000 RM erhielt, welche das Gericht für zu hoch erachtete[114]. Die Familie zog in eine gemietete Wohnung nach Frohnau, in die Nähe des S-Bahnhofs. Mitte 1938 musste sie wiederum umziehen, da der Vermieter seine Wohnung keinen Juden überlassen wollte. Sie fanden einen halbfertigen Bungalow mit 3 Zimmern, den sie von einer Russin mieteten unter der Bedingung, diesen auf eigene Kosten

106 Eigentlich hätte er diesen ab dem 19.09.1941 tragen müssen, weil seine „arischen“ Kinder keine leiblichen, sondern Adoptivkinder waren. Dies wusste er jedoch nicht und wurde diesbezüglich erst im März 1943 vom Bürgermeister seines damaligen Wohnortes Hohen-Neudorf aufgefordert, vgl. LEA, Reg.-Nr. 16178, Bl. C33.

107 Kohl, Bilder eines Vaters, S. 248.

108 BADV, 73 WGA 15462/59, Bl. 72; Richter, Voßstraße16 – Im Zentrum der (Ohn-) Macht, S. 285.

109 Auch Hans Wilhelm von Tümpling, der nach dem plötzlichen Tod des „Arisierers“ Kurt Richter-Erdmann persönlich haftender Gesellschafter von E. J. Meyer wurde, hatte seine Tochter bei Pfarrer Niemöller taufen lassen, vgl. HHStA, Reg.-Nr. 520-FZ-1705, Entnazifizierungsakten Hans Wilhelm von Tümpling, Protokoll vom 25.03.1947, Bl. 51ff.

110 Kohl, Bilder eines Vaters, S. 128ff.

111 Kohl, Bilder eines Vaters, S. 107.

112 LEA, Reg.-Nr. 16178, Bl. B45.

113 Kohl, Bilder eines Vaters, S. 121, 127.

114 Kohl, Bilder eines Vaters, S. 147f.

weiter auszubauen[115]. Aufgrund der Verordnung aus dem September 1938, dass jüdische Eltern keine „arischen" Adoptivkinder mehr großziehen dürfen, fürchteten Reinhold und Lucie Meyer, dass ihnen ihr Sohn Klaus genommen würde, weshalb sie ihn nach England schicken wollten. Beraten und unterstützt wurden sie dabei – und auch in Hinsicht auf eine mögliche Auswanderung nach Brasilien – vom Verein nichtarischer Christen des ‚Büros Pfarrer Grüber', welches der Pfarrer Heinrich Grüber zur Unterstützung „evangelischer Nichtarier" gegründet hatte und welches ab Februar 1939 Büroräume beim Berliner Bankhaus Jacquier & Securius an der Stechbahn hatte[116]. Klaus wurde bei entfernten „arischen" Verwandten am Bodensee untergebracht und im Sommer 1939 nach England zu einem Pfarrer geschickt. Sie sahen ihren Sohn erst neun Jahre später wieder. Die übrige Familie konnte kurz darauf Billets für die Reise nach Brasilien bekommen, welche mit Kriegsbeginn im September 1939 aber nicht mehr möglich war[117]. Später bekam Reinhold Meyer, obwohl er mit einer „Arierin" verheiratet war, die Härten des Systems zu spüren: Radio-, Telefon-, öffentliche Fernsprecher-, Haustier-, Hygieneartikel-, Fett-, Fleisch-, Fisch-, Milchverbot, Ausgangssperre, körperliche Zwangsarbeit, diverse grundlose Verhaftungen, amtliche Nahelegung bei seiner Frau zur Scheidung vom jüdischen Ehemann, …[118]. Im November 1942 erschien ein SS-Mann in dem kleinen Bungalow der Meyers und befahl ihnen, binnen einer halben Stunde auszuziehen. Als neue Bleibe hatte er ihnen seine kleine Gartenlaube zugewiesen. Meyers mussten fast sämtliche Gegenstände inklusive des restlichen verbliebenen Mobiliars aus Familienbesitz zurücklassen[119]. Im folgenden Frühjahr verlangte der SS-Mann dann auch seine Gartenlaube heraus, so dass die Meyers in einem „Judenhaus" unterkamen. Sie hatte dort zwei Kammern, eine als Schlafzimmer für die Familie, eine als Schrankkammer, wobei sich Herd und Kochgerätschaften im Flur befanden sowie der obligatorische weiße Judenstern an der Haustür[120]. Das erste Mal wurde Reinhold Meyer am 27.02.1943 im Rahmen der „Fabrikaktion" in Berlin mit circa 11.000 anderen Juden verhaftet, darunter rund 1.500 jüdische Männer, die mit „arischen" Frauen verheiratet waren. Sie kamen nach den als Rosenstraßen-Protesten – eine der wenigen offenen Demonstration gegen das NS-Regime – bekannt gewordenen,

---

115 Kohl, Bilder eines Vaters, S. 156ff.

116 BADV, 73 WGA 15462/59, Bl. 73f.; Kohl, Bilder eines Vaters, S. 169, 182ff.; Kahmann, Die Bankiers von Jacquier & Securius, S. 156.

117 Kohl, Bilder eines Vaters, S. 189f., 193ff.

118 Kohl, Bilder eines Vaters, S. 203ff.

119 Kohl, Bilder eines Vaters, S. 223.

120 Kohl, Bilder eines Vaters, S. 234f.

mehrtägigen Protesten und Demonstrationen ihrer Frauen vor dem Haftgebäude in der Rosenstraße wieder frei, so auch Reinhold nach 14 Tagen[121]. Nach einer weiteren Inhaftierung Reinholds von Anfang Juni bis Ende Juli 1944, weil bei einer Kontrolle nicht alle der Zwangsarbeiter auf dem Anhalter-Güterbahnhof den – grundsätzlich vorgeschriebenen, von der Eisenbahnverwaltung jedoch nicht zu tragen geforderten – Judenstern trugen[122], wurde er als Zwangsarbeiter eingeteilt, Unterlagen über ermordete Juden zu zerreißen sowie – unter Androhung von Übel für seine Familie – jüdische Bewohner Berlins aufgrund von Listen zum „Mitkommen" zu bewegen. Nur durch Glück ist er selbst von der Ladefläche eines Lastwagens mit zur Erschießung vorgesehenen Juden entkommen[123].

Reinhold Meyer verstarb am 12.02.1965[124] in Marburg/ Lahn. Tochter Dorothea, verheiratete Wilke, lebt derzeit in Marburg/ Lahn.

2.2.3 Ernst Joachim Meyer – dritte Generation und erstmals fremde Teilhaber

Ernst Joachim Meyer (Quelle: Privatbesitz)

121 LEA, Reg.-Nr. 16178, Bl. M15, C1; BADV, 73 WGA 15462/59, Bl. 73; Kohl, Bilder eines Vaters, S. 229ff.

122 LEA, Reg.-Nr. 16178, Bl. C1, C11.

123 Kohl, Bilder eines Vaters, S. 262ff.

124 BADV, 73 WGA 15463/59, Bl. 50.

Nachdem das Bankhaus in der Zeit der Industrialisierung stark gewachsen war, die Seniorpartner Adolf und Friedrich jedoch beide 1881 verstorben waren, hat Abraham Meyers Sohn Ernst Joachim das Geschäft zunächst allein weitergeführt, im Jahre 1894 jedoch mit Albert Stäckel erstmals einen familienfremden Teilhaber in das Bankhaus aufgenommen.

2.2.3.1 Ernst Joachim Meyer

Ernst Joachim Meyer war der am 18.10.1853[125] geborene Sohn von Abraham Meyer, welcher nach dem Tode seines Vaters und dessen Bruders Friedrich das Bankhaus E. J. Meyer fortführte. Da wie bereits dargestellt der Sohn von Friedrich, Richard Moritz Meyer, nicht das Bankfach wählte, führte mit Ernst Joachim nur noch die Linie nach Abraham Meyer das Bankhaus E. J. Meyer weiter. Nach seinen Lehrjahren in Londoner und Pariser Bankhäusern trat Ernst Joachim Meyer 1881[126], also erst im Todesjahr seines Vaters und seines Onkels, in das Bankhaus E. J. Meyer ein[127], so dass eine lange Überleitung der alten Geschäftsbeziehungen auf den erst 28jährigen Ernst Joachim wohl kaum hat stattfinden können.

Ab 1912 wohnte der Kommerzienrat Ernst Joachim Meyer in dem Haus Königgrätzer Straße 134[128], das sein Vater rückwärtig an das Grundstück Voßstraße 16, auf dem sich das Bankhaus E. J. Meyer befand, gebaut hatte, so dass man durch den Garten in die Bank gehen konnte. Das Haus gehörte ihm seit dem Tode seiner Mutter 1892 hälftig[129].

---

125 BADV, 73 WGA 4044/55, Bl. 9.

126 Volz/ Tönnies, Reichshandbuch der deutschen Gesellschaft, S. 1237; In General-Bilanz 1879 ist Ernst Joachim Meyer noch nicht erwähnt, in der General-Bilanz 1880 ist er mit einem Credit von 7.514,55 Mark erwähnt. Er unterschreibt die Bilanz für die Erben nach Adolph Meyer, vgl. LAB, A Rep. 216, Nr. 20.

127 Wenzel, Deutscher Wirtschaftsführer, S. 1487.

128 Erstmals in Degener, Wer ist's? 1912, S. 1056 mit gleichem Text und gleicher Adresse bis 1922. Degener, Wer ist's? 1922, S. 1039.

129 Richter, Voßstraße16 – Im Zentrum der (Ohn-)Macht, S. 99.

Ernst Joachim und Anna Meyer (Quelle: Privatbesitz)

Ernst Joachim Meyer (Quelle: Privatbesitz)

Ernst Joachim Meyer gehörte wie auch schon sein Vater und sein Onkel zu den vermögendsten Personen des Reiches mit einem Vermögen von rund 5,2 MioM und einem jährlichen Einkommen von rund 360.000 Mark[130], das rund 360fache des durchschnittlichen Verdienstes eines Arbeitnehmers in Handel und Industrie im Jahr 1913[131].

Er war verheiratet mit Anna, geb. Herz (01.09.1865 - 06.09.1949[132]), Tochter des Wirklichen Geheimen Rates Wilhelm Herz, der ihr ein Millionenvermögen hinterlassen hat[133]. Wie sehr sich Berufliches und Privates bei den Privatbankiers vermischte, ist auch an dieser Ehe zu sehen[134]. Der Vater von Anna, Wilhelm Herz, saß mit Abraham Meyer, dem Vater von Ernst Joachim, u. a. im Verwaltungsrat der Deutschen Bank. Wilhelm Herz, ebenso wie Abraham Meyer, war bereits im Jahre 1876 Mitglied des Verwaltungsrates der Deutschen Bank. Im Jahre 1889 wurde Herz Stellvertretender Vorsitzender des ab dann als Aufsichtsrat bezeichneten Gremiums, um dann ab 1908 in „seltenster körperlicher und geistiger Frische und Kraft" bis zu seinem Tode als Neunzigjähriger 1914 als Vorsitzender des Aufsichtsrates zu fungieren[135].

Wilhelm Herz (26.04.1823 - 28.09.1914) entstammte einer alten jüdischen Kaufmannsfamilie. Sein Großvater Salomon Herz betrieb 1823 in Berlin eine Getreidegroßhandlung und in Wittenberge a. d. Elbe eine Rübölmühle, das erste Ölhandelshaus Deutschlands. Wilhelm Herz gründete 1896 eine Gummiwarenfabrik in Berlin und leitete die Ölmühle (S. Herz, Öl-, Gummi- und Putzextraktfabrik in Berlin), in welcher Ernst Joachim Meyer im Aufsichtsrat saß. Er war weiterhin Gründer der Schultheiß-Brauerei (in welcher ebenfalls Ernst Joachim Meyer im Aufsichtsrat saß), Direktor einer Braunkohlenbergwerksgesellschaft

---

130 Richter, Voßstraße16 – Im Zentrum der (Ohn-)Macht, S. 99.

131 Hohorst/ Kocka/ Ritter, Sozialgeschichtliches Arbeitsbuch, Bd. II – Materialien zur Statistik des Kaiserreiches 1870 - 1945, S. 107.

132 BADV, 7 WGA 423/51, Bl. 121. Lt. Bestätigung von Adolf Meyer vom 20.09.1964 an LG Berlin ist seine Mutter am 05.09.1949 in White Plains verstorben, vgl. LAB, 7 WGA 423/51, Bl. 135.

133 Aussage Adolf Meyers im Verfahren BADV, WGA 888 und 889/50, Bl. 22.

134 vgl. Köhler, Wirtschaftsbürger und Unternehmer – Zum Heiratsverhalten deutscher Privatbankiers im Übergang zum 20. Jahrhundert, in: Ziegler, Großbürger und Unternehmer, S. 116ff., 142.

135 Vgl. diverse Geschäftsberichte der Deutschen Bank aus den Jahren 1876 - 1914, http://www.bankgeschichte.de/downloads/gb/gb_1876.pdf bis http://www.bankgeschichte.de/downloads/gb/gb_1914.pdf; insbesondere http://www.bankgeschichte.de/downloads/gb/gb_1914.pdf. am 30.03.2012.

und aktives Mitglied der jüdischen Gemeinde[136]. Wilhelm Herz gehörte von 1866 bis 1902 dem Ältestenkollegium der Korporation der Kaufmannschaft von Berlin an (von 1899 ab als Erster Vizepräsident, von 1895 bis 1902 als Präsident)[137] und wurde 1902 zum ersten Präsidenten der Berliner Industrie- und Handelskammer gewählt, welche die meisten Aufgaben der Ältesten der Kaufmannschaft übernommen hat[138]. Von diesem Posten trat er Ende 1913 zurück. Zu seinem 90. Geburtstag im April 1913 wurde ihm neben seinem Titel als Königlich Preuss. Wirklicher Geheimer Rat als erstem Kaufmann von Kaiser Wilhelm II. der Titel „Exzellenz" verliehen, weil er bereits alle anderen Ehrentitel verliehen bekommen hatte[139]. Auch Wilhelm Herz zählte zu den vermögendsten Personen des Reiches[140] und ließ sich von einem Schüler Martin Gropius' eine Sommervilla in dem Gebiet „Am Großen Wannsee" bauen. In seiner Nachbarschaft befanden sich neben der Sommervilla der Meyers Am kleinen Wannsee 13[141] die Anwesen zahlreicher Wirtschafts- und Bankiersgrößen, wie der Bankiersfamilie Arnhold, das Anwesen des Industriellen Friedrich Minoux, der zeitweilig auch Teilhaber des Bankhauses Jacquier & Securius war, in welchem – nach dem Verkauf an den nationalsozialistischen Sicherheitsdienst (SD) – 1942 die sog. „Wannseekonferenz" zur „Endlösung der Judenfrage" stattfand[142]. Auch hier zeigt sich wieder, dass die Bankiers von E. J. Meyer sowohl privat als auch wirtschaftlich in den Kreisen der ökonomischen Haute Volée verkehrten und ihre Beziehungen verwandtschaftlich untermauert waren.

Als Kinder hatten Ernst Joachim und seine Frau Anna Meyer einen Sohn namens Adolf Ernst Joachim und eine Tochter namens Erna (10.01.1892 - 11.10.1955)[143].

---

136 Zielenziger, Juden in der deutschen Wirtschaft, S. 92ff.

137 Industrie- und Handelskammer zu Berlin (Hrsg.), Die Industrie- und Handelskammer zu Berlin: 1902 - 1927, S. 74.

138 Siehe auch Kap. 4.3.4.3.

139 Biggeleben, Das „Bollwerk des Bürgertums", S. 160ff.; Hertz, Die Industrie- und Handelskammer zu Berlin, S. 10ff.

140 Sein Vermögen betrug 1898 rund 6,3 MioM, 1906 rund 7 MioM und 1911 rund 6,3 MioM, vgl. Biggeleben, Das „Bollwerk des Bürgertums", S. 201.

141 Das Grundstück hatte Ernst Joachim Meyer am 09.10.1888 von der Witwe des August Friedrich Wilhelm Moritz Elsner und deren Kindern für 59.500 Mark erworben, vgl. Amtsgericht Schöneberg, Grundbuchamt, Grundstück Am kleinen Wannsee 13, Bl. 42ff.

142 Kampe (Hrsg.), Villenkolonien in Wannsee 1870 - 1945, S. 61f., 70ff.

143 BADV, 7 WGA 423/51, Bl. 161.

Anna Meyer mit Adolf und Erna (Quelle: Privatbesitz)

Erna Meyer (Quelle: Privatbesitz)

Zum engen Freundeskreis von Ernst Joachim Meyer zählten Eduard Arnhold[144], Henry Nathan[145] und auch die Familien der Unternehmer Franz Oppenheim (Agfa/ IG-Farben), Rathenau (AEG), Franz und Robert von Mendelssohn Co. und Albert Ballin[146].

Ernst Joachim Meyer verstarb am 08.10.1928 in Berlin[147]. Er hinterließ nach Erinnerung seines Sohnes Adolf, welcher der letzte Bankier aus der Familie des Bankhauses E. J. Meyer war, ein Vermögen von annähernd 1 MioRM[148]. Erben waren seine Frau Anna zur Hälfte und die Kinder Adolf und Erna zu je einem Viertel, wobei die Erbengemeinschaft auch zur Zeit der Emigration noch ungeteilt war[149].

Anna Meyer war aus der jüdischen Glaubensgemeinschaft am 24.08.1933 ausgetreten und war auch im jüdischen Adressbuch von Berlin 1930 nicht aufgeführt[150]. Sie wanderte am 30.03.1939 nach Brüssel aus[151], weil sie eine Schwester hatte, die dort lebte[152]. Erna Meyer ist am 30.03.1939 zusammen mit ihrer Mutter Anna ausgewandert[153].

---

144 1849 - 1925, Millionär durch den Handel mit schlesischer Steinkohle, Aufsichtsrat der Dresdner Bank, erster und einziger Jude im Preußischen Herrenhaus, Mäzen und Freund u. a. von Max Liebermann und Adolf von Menzel, wobei letzterer wiederum Ernst Joachims verstorbenen Onkel Friedrich Meyer, der das berühmte Menzel Gemälde „Nachmittag im Tuileriengarten“ besaß, in Kunstfragen beraten hatte, vgl. Richter, Voßstraße16 – Im Zentrum der (Ohn-)Macht, S. 73; Kampe (Hrsg.), Villenkolonien in Wannsee 1870 - 1945, S. 27f., 49ff. Zum Geschick des Gemäldes im Dritten Reich und zu seiner Restitution siehe Kap. 5.3.2.

145 Nathan war rund 30 Jahre im Vorstand der Dresdner Bank, vgl. Reitmayer, Bankiers im Kaiserreich, S. 394.

146 Kampe (Hrsg.), Villenkolonien in Wannsee 1870 - 1945, S. 28; Dorrmann, Eduard Arnhold (1849 - 1925), S. 216.

147 BrandLHA, Rep. 36A II, Nr. 26331; LAB, B Rep. 042, Nr. 46349, Bl. 3.

148 BADV, 7 WGA 888 und 889/50, Bl. 22.

149 Amtsgericht Berlin-Schöneberg, Grundbuchamt, Grundstück Am kleinen Wannsee 13, Bl. 133.

150 BADV, 72 WGA 1021/54, Bl. 1, welches sich auf das Jüdische Adressbuch von 1930 sowie auf die Konfessionsliste bezieht, in welcher Anna Meyer unter Nr. III S. 15 aufgeführt ist.

151 BrandLHA, Rep. 36A II, Nr. 26331.

152 Videoaufzeichnung der Princeton-University, Interview mit Gisela Weil vom 26.04.1992; Letzte bekannte dortige Anschrift war Brüssel, 69 rue Bosquet, dort hatte auch Erna Meyer ihren Wohnsitz, davor Fasanenstraße 32, Berlin W 15, vgl. BrandLHA, Rep. 36A II, Nr. 26413.

153 Ihr Wohnsitz war am 07.01.1943 in Brüssel, rue Sourdan 76, vgl. BrandLHA, Rep. 36A II, Nr. 26404; BADV, 7 WGA 888 und 889/50, Bl. 6.

Anna und Erna Meyer waren auch während des Krieges in Belgien. Dort lebten sie – ab Mai 1940 wieder unter dem nationalsozialistischen Regime – vom Verkauf der Möbel, die sie aus Berlin mitgenommen hatten, sowie von Schmuck, den „Camilla B." geholfen hatte nach Belgien zu schmuggeln, weil Erna keine Arbeitserlaubnis in Belgien hatte[154]. Nach Eintritt der USA in den Zweiten Weltkrieg im Dezember 1941 hatten sie keine Verbindung mehr mit der übrigen Familie in den USA. Am 13.05.1947 sind Erna und ihre Mutter Anna in New York eingewandert, wo Erna ihre bald darauf erkrankte Mutter pflegen musste[155]. Sie lebten dort ebenfalls bei ihren Verwandten Warburg in dem Warburg Estate Delabare House, White Plains in Westchester County nahe New York, wo auch Adolf Meyer mit seiner Familie lebte[156].

Mitgliedschaften

Wie auch sein Schwiegervater Wilhelm Herz und sein Vetter Richard Moritz Meyer, nahm Ernst Joachim Meyer rege am Gesellschaftsleben teil und war aus diesen Gründen Mitglied in diversen gesellschaftlichen und wirtschaftlichen Vereinigungen. So war er Mitglied der Gesellschaft der Freunde seit dem 05.02.1879[157] und des Club von Berlin[158], in welchen sich die Wirtschaftsführer und Repräsentanten der Elite trafen, sowie Mitglied der Max-Planck-Gesellschaft von 1911 bis 1927[159].

Neben diesen Mitgliedschaften, welche die für einen Privatbankier so wichtigen persönlichen Verbindungen stärkten, war Ernst Joachim Meyer auch Vorsitzender sowie Mitglied diverser Aufsichtsgremien – sowohl staatlicher als auch

---

154 LEA, Reg.-Nr. 67787, Bl. M5f.; Leo Baeck Institute, Gisela A. Weil Collection, Box 2, Folder 1, Brief von Felix Meyer an seine Eltern vom 20.09.1944. Zu der Zeit war Felix Meyer unter seinem neuen Namen Frank Mitchell als Übersetzer im Dienst der englischen Armee und dadurch viel in den Beneluxländern, Frankreich und später Deutschland unterwegs und besuchte auch seine in Brüssel lebende Großmutter Anna und Tante Erna Meyer. In Briefen an seine Eltern erwähnt er Dritte lediglich mit abgekürzten Namen, so dass nicht klar ist, wer Camilla B. gewesen ist. Aus anderen Briefen ist zu entnehmen, dass es sich dabei wohl um in Deutschland gebliebene Freude der Familie Meyer gehandelt hat.

155 LEA, Reg.-Nr. 67787, Bl. M5f.

156 LEA, Reg.-Nr. 67787, Bl. M5f.; BADV, 71 WGA 958/55, Bl. 22.

157 Panwitz, Die Gesellschaft der Freunde 1792 - 1935, S. 309; Sebastian Panwitz, Auskunft an Verfasser vom 13.01.2012; siehe Kap. 4.3.4.8.

158 Ariane Knackmuß, Auskunft an Verfasser vom 23.06.2009; siehe Kap. 4.3.4.9.

159 Vgl. Übersicht der Mitglieder aus Archiv der Max-Planck-Gesellschaft Berlin unter http://edoc.mpg.de/display.epl?mode=doc&id=60672&col=79&grp=534 am 30.03.2012.

von Unternehmen[160]. Seine herausragende Position innerhalb der deutschen Wirtschaft wird deutlich in dem Bericht des amerikanischen Department of Commerce, in welchem aufgelistet ist, welche personellen Verbindungen es in Vorständen und Aufsichtsräten der größten deutschen Banken untereinander sowie mit der Industrie gab. Dort wird Ernst Joachim Meyer diverse Male erwähnt. Eine vergleichbare Position hatte derzeit auch Max Richter inne, der Vater des späteren „Arisierers" von E. J. Meyer Kurt Richter-Erdmann[161], der als Inhaber des Bankhauses Emil Ebeling ebenfalls zu den vermögendsten Personen des Reiches gehörte[162].

Ernst Joachim Meyer, Königlich Preußischer Geheimer Kommerzienrat, war wie auch Max Richter Stellvertretendes Mitglied des Zentralausschusses der Reichsbank[163]. Der Zentralausschuss der Reichsbank war gegenüber dem Direktorium gutachterlich tätig und gab eine Empfehlung für die Wahl des Reichsbankpräsidenten[164]. Damit war auch Ernst Joachim Meyer in führender Position

160 Es können weitere als die aufgezeigten Mandate und auch längere Zeiträume gewesen sein, wofür jedoch keine Quellen auffindbar gewesen sind. Jedoch ergeben die aufgezeigten Mandate ein gutes Bild der Mandatsstruktur und Gesellschaften.

161 Siehe Kap. 5.2.1.2.

162 Die Bankiers der ebenfalls mittelständischen jüdischen Berliner Privatbankhäuser Jacquier & Securius sowie A. E. Wassermann sind dort hingegen nicht erwähnt, vgl. DePew Snow, German Trade and the War: Commercial and Industrial Conditions in War Time and the Future Outlook, S. 194ff.

163 DePew Snow, German Trade and the War: Commercial and Industrial Conditions in War Time and the Future Outlook, S. 194ff.; Arends/ Mossner (Hrsg.), Adressbuch der Direktoren und Aufsichtsräte 1907, S. 678, 729; Arends/ Mossner (Hrsg.), Adressbuch der Direktoren und Aufsichtsräte 1914, S. 758; Mossner (Hrsg.), Adressbuch der Direktoren und Aufsichtsräte 1920, S. 890; Mossner (Hrsg.), Adressbuch der Direktoren und Aufsichtsräte 1927/ 1928, S. 1144; Wenzel, Deutscher Wirtschaftsführer, S. 1487; Degener, Wer ist's? 1928, S. 1045; 1896 hatte Ernst Joachim Meyer noch kein Mandat im Central-Ausschuss der Reichsbank, 1903 war er Stellvertretendes Mitglied im Central-Ausschuss, ebenso 1920, vgl. Verlag für Börsen- und Finanzliteratur (Hrsg.), Handbuch der deutschen Aktiengesellschaften 1896/ 1897, S. 8f.; ebenda 1903/ 1904, Bd. 1, S. 4.; ebenda 1920/ 1921, Bd. 1, S. 7; Ernst Joachim Meyer war 1922 - 1924 Stellvertreter des Zentralausschusses der Reichsbank, ebenso sein Schwager Paul Herz, vgl. Reichsbank (Hrsg.), Verwaltungsbericht der Reichsbank 1922, S. 54; ebenda 1923 S. 46; ebenda 1924, S. 39; Vor 1900 waren weder Ernst Joachim Meyer noch Paul oder dessen Vater Wilhelm Herz Stellvertreter im Zentralausschuss der Reichsbank noch in einem anderen ihrer Gremien, vgl. ebenda, Jahre 1891 - 1900.

164 So hatten 1924 sowohl der Zentralausschuss als auch das Reichsbankdirektorium „einstimmig und entschieden" gegen Hjalmar Schacht gestimmt, welcher dennoch

für die Reichsbank tätig wie schon sein Vater Abraham, der ab 1875 im Generalrat der damals neugegründeten Reichsbank war.

Auch in der Bank des Berliner Cassen-Vereins nahm Ernst Joachim Meyer führende Positionen ein. Fast alle Banken bedienten sich als clearing-house der 1850 gegründeten Bank des Berliner Cassen-Vereins[165]. Ab 1898 war er Stellvertreter des Vorsitzenden des Ausschusses der Aktionäre, im Jahre 1903 war er Vorsitzender des Ausschusses der Aktionäre[166], jedoch noch nicht im Verwaltungsrat der Bank des Berliner Cassen-Vereins, in welchem Vertreter der „bedeutendsten der Berliner Privatbankhäuser" vertreten waren[167]. Nachdem er nicht mehr Mitglied des Aktionärsausschusses war, sondern Mitglied des Verwaltungsrates, wurde er später Vorsitzender des zehnköpfigen Verwaltungsrates[168]. Der Aktionärsausschuss und noch mehr der Verwaltungsrat der Bank des Berliner Cassen-Vereins war einer der zentralen Dreh- und Angelpunkte der Berliner Privatbankiers. So schreibt Achterberg: „Aus der Liste der Namen, die seinerzeit mit James Hardy [seit 1898] zum Aktionär-Ausschuss der Bank des Berliner Cassen-Vereins gehörten, ersieht man wieder die Zusammensetzung der Bankwelt Berlins um diese Zeit, man lernt die wichtigsten Persönlichkeiten des Berliner Bankwesens kennen. Es waren: Generalkonsul Arthur Zwicker von Gebrüder Schickler, Kommerzienrat Ernst Joachim Meyer von E. J. Meyer, Richard Michelet von der Bank für Handel und Industrie, Robert von Mendelssohn von Mendelssohn & Co., Ludwig Delbrück von Delbrück, Leo & Co., Geheimer Seehandlungsrat Alexander Schoeller, Geschäftsinhaber der Disconto-Gesellschaft,

---

auf Vorschlag des Reichsrates durch die Reichsregierung zum „Präsidenten des Reichsbankdirektoriums" gewählt worden ist, vgl. Schulz, Zwischen Demokratie und Diktatur, S. 100; Kopper, Bankiers unterm Hakenkreuz, S. 183.

165 Reitmayer, Bankiers im Kaiserreich, S. 198; Die Bank hatte 1915 eine Kapitalisierung von rund 2.590.000 RM, vgl. DePew Snow, German Trade and the War: Commercial and Industrial Conditions in War Time and the Future Outlook, S. 194.

166 Verlag für Börsen- und Finanzliteratur (Hrsg.), Handbuch der deutschen Aktiengesellschaften 1903/ 1904, Bd. 1, S. 21f.

167 Achterberg, Berliner Hochfinanz, S. 27f.

168 Reitmayer, Bankiers im Kaiserreich, S. 198; Mitglied des Verwaltungsrates: vgl. Arends/ Mossner (Hrsg.), Adressbuch der Direktoren und Aufsichtsräte 1907, S. 678; ebenda 1913, S. 729; ebenda 1914, S. 758; Verlag für Börsen- und Finanzliteratur (Hrsg.), Handbuch der deutschen Aktiengesellschaften 1920/ 1921, Bd. 1, S. 25f.; Mossner (Hrsg.), Adressbuch der Direktoren und Aufsichtsräte 1920, S. 890; Vorsitzender des Verwaltungsrates: vgl. Mossner (Hrsg.), Adressbuch der Direktoren und Aufsichtsräte 1927/ 1928, S. 1144 sowie Wenzel, Deutscher Wirtschaftsführer, S. 1487.

Kommerzienrat Eduard Arnhold von Caesar Wollheim und schließlich Robert Warschauer von Robert Warschauer & Co. Eine Ergänzung erfährt diese Liste, wenn man auch noch die Mitglieder des Verwaltungsrates anfügt: Julius Bleichröder von Julius Bleichröder & Co., Geheimer Kommerzienrat Ernst von Mendelssohn-Bartholdy von Mendelssohn & Co., Kommerzienrat Emil Hecker, Geschäftsinhaber der Disconto-Gesellschaft, Kommerzienrat Hugo Oppenheim von Robert Warschauer & Co., Geheimer Kommerzienrat Edmund Helfft von N. Helfft & Co., Konsul Hermann Wallich, Direktor der Deutschen Bank, Hans von Bleichröder von S. Bleichröder und Justizrat Max Winterfeldt, Geschäftsinhaber der Berliner Handels-Gesellschaft"[169].

Ernst Joachim Meyer wurde 1894, ebenso wie Max Richter, in die Finanz-Kommission der Ältesten der Berliner Kaufmannschaft gewählt[170]. Auch durch dieses Mandat mussten sich Ernst Joachim Meyer und Max Richter[171], der Vater des späteren „Arisierers" von E. J. Meyer Kurt Richter-Erdmann, geannt haben.

Weiterhin war Ernst Joachim Meyer Mitglied des Aufsichtsrates der Chem. Fabrik Grünau Landshoff & Meyer AG, Grünau[172], der Ehrich & Graetz AG,

169 Achterberg, Berliner Banken im Wandel der Zeit, S. 23 f.

170 Biggeleben, Das „Bollwerk des Bürgertums", S. 273; siehe Kap. 4.3.4.3.

171 Siehe Kap. 5.2.1.2.

172 Inhaber der am 01.01.1898 gegründeten Firma war Paul Joachim Meyer, der Sohn von Ernst Joachims Onkel Dr. Moritz Meyer. Vorstände bzw. Direktoren waren neben Vater Dr. Paul Joachim – Gründer der Chem. Fabrik Landshoff & Meyer AG – Dr. Victor Joachim Meyer, geb. 1887, sowie Dr. Theo Meyer, geb. 1888, welches die Söhne Paul Joachims waren, vgl. Mossner (Hrsg.), Adressbuch der Direktoren und Aufsichtsräte 1920, S. 890, Archiv Bankhaus Wölbern, Stammtafel II: Richard Moritz Meyer (männliche Linie) sowie Mossner (Hrsg.), Adressbuch der Direktoren und Aufsichtsräte 1927/ 1928, S. 1144 und Wenzel, Deutscher Wirtschaftsführer, S. 1498. Paul Joachim Meyer war mit Johanna Schiff, deren Mutter aus dem Hause Warburg stammte, verheiratet, vgl. Leo Baeck Institute, Gisela A. Weil Collection, Box 2, Folder 7, Elsa Warburg-Elkan-Melchior über ihre 2. Ehe.

Spätestens ab 1903 war Ernst Joachim Meyer Aufsichtsrat und E. J. Meyer Zahlstelle, ebenso 1907, vgl. Arends/ Mossner (Hrsg.), Adressbuch der Direktoren und Aufsichtsräte 1907, S. 678; ebenso 1913, vgl. Arends/ Mossner (Hrsg.), Adressbuch der Direktoren und Aufsichtsräte 1913, S. 729, ebenso 1914, vgl. Arends/ Mossner (Hrsg.), Adressbuch der Direktoren und Aufsichtsräte 1914, S. 758, ebenso 1920, vgl. Verlag für Börsen- und Finanzliteratur (Hrsg.), Handbuch der deutschen Aktiengesellschaften 1903/ 1904, S. 1018f.; 1920/ 1921, Bd. 1, S. 1719f. Zwischenzeitlich war er auch Stellvertretender Vorsitzender des Aufsichtsrates, vgl. Mossner (Hrsg.), Adressbuch der Direktoren und Aufsichtsräte 1927/ 1928, S. 1144. Die Gesellschaft hatte 1915 eine Kapitalisierung von rund 900.000 RM, vgl. DePew Snow, German

Berlin-Treptow[173], der Berliner Hagel-Assecuranz-Gesellschaft von 1832[174], der Mitteldeutschen Creditbank in Frankfurt a. M. und in Berlin[175], Mitglied

---

Trade and the War: Commercial and Industrial Conditions in War Time and the Future Outlook, S. 197. Im Jahre 1931 sind dort sowohl Ernst Joachim Meyers Sohn Adolf als auch dessen Vetter Hans Meyer und Max M. Warburg, wiederum ein Vetter von Adolf und Hans, Aufsichtsräte, vgl. Mossner (Hrsg.), Adressbuch der Direktoren und Aufsichtsräte 1931, S. 281. 2011 firmiert die Firma unter dem Namen Cognis im bayerischen Illersen, welche nach dem Zweiten Weltkrieg zur Degussa gehörte, dann eine Tochter von Henkel war und seit Ende 2010 zu BASF gehört, vgl. http://www.cognis.com/countries/Germany/ge/Standorte/Illertissen sowie http://www.cognis.com/countries/Germany/ge/Das+Unternehmen/Unternehmensgeschichte am 30.03.2012.

173 Geschäftszweck war Herstellung und Vertrieb von Metallwaren aller Art, Elektro- und Rundfunkgeräten sowie ähnlichen Erzeugnissen. Das Unternehmen ist in Verlag für Börsen- und Finanzliteratur (Hrsg.), Handbuch der deutschen Aktiengesellschaften 1920/ 1921 (noch) nicht erwähnt, jedoch in Mossner (Hrsg.), Adressbuch der Direktoren und Aufsichtsräte 1927/ 1928, S. 1144 sowie in Wenzel, Deutscher Wirtschaftsführer, S. 1487.

174 Die Gesellschaft hatte 1915 eine Kapitalisierung von rund 900.000 RM, vgl. DePew Snow, German Trade and the War: Commercial and Industrial Conditions in War Time and the Future Outlook, S. 195; 1896 war Ernst Joachim Meyer noch nicht Aufsichtsrat, vgl. Verlag für Börsen- und Finanzliteratur (Hrsg.), Handbuch der deutschen Aktiengesellschaften 1896/ 1897, S. 248f., ab 1903 war Ernst Joachim Meyer Mitglied des Aufsichtsrates, vgl. Verlag für Börsen- und Finanzliteratur (Hrsg.), Handbuch der deutschen Aktiengesellschaften 1903/ 1904, S. 389; Arends/ Mossner (Hrsg.), Adressbuch der Direktoren und Aufsichtsräte 1907, S. 678; Arends/ Mossner (Hrsg.), Adressbuch der Direktoren und Aufsichtsräte 1913, S. 729; Arends/ Mossner (Hrsg.), Adressbuch der Direktoren und Aufsichtsräte 1914, S. 758; Mossner (Hrsg.), Adressbuch der Direktoren und Aufsichtsräte 1920, S. 890; im Jahre 1920 wurde er Vorsitzender des Aufsichtsrates, vgl. Verlag für Börsen- und Finanzliteratur (Hrsg.), Handbuch der deutschen Aktiengesellschaften 1920/ 1921, Bd. 1, S. 2179f., vgl. Mossner (Hrsg.), Adressbuch der Direktoren und Aufsichtsräte 1927/ 1928, S. 1144 sowie Wenzel, Deutscher Wirtschaftsführer, S. 1487.

175 Die von E. J. Meyer 1856 mitgegründete Mitteldeutsche Creditbank zählte zur Zeit des Ersten Weltkrieges zu den fünf Berliner Großbanken neben der Deutschen Bank, Disconto Gesellschaft, Nationalbank für Deutschland und Commerz- und Discontobank. Sie hatte 1915 eine Kapitalisierung von rund 17.250.000 RM, vgl. DePew Snow, German Trade and the War: Commercial and Industrial Conditions in War Time and the Future Outlook, S. 194, 197; Bankhaus Wölbern, Meilensteine, S. 4; Die Mitteldeutsche Creditbank ist 1929 von der inzwischen umfirmierten Commerz- und Privatbank übernommen worden, vgl. Born, Die deutsche Bankenkrise

des Kuratoriums der Preuß.-Hypoth.-Actienbank[176], der Norddeutschen

1931, S. 25. Ernst Joachim Meyer war 1896 Mitglied des Aufsichtsrates der Mitteldeutschen Creditbank, genauso 1903, jedoch war E. J. Meyer nicht Zahlstelle, da die Bank eine eigene Zahlstelle in Berlin hatte, vgl. Verlag für Börsen- und Finanzliteratur (Hrsg.), Handbuch der deutschen Aktiengesellschaften 1896/ 1897, S. 61f.; ebenda 1903/ 1904, Bd. 1, S. 85f. Er blieb Aufsichtsrat bis zu seinem Tode 1928, vgl. Archiv Bankhaus Wölbern, Kondolenzschreiben der Mitteldeutschen Creditbank nach Ernst Joachim Meyer sowie Arends/ Mossner (Hrsg.), Adressbuch der Direktoren und Aufsichtsräte 1907, S. 678; Arends/ Mossner (Hrsg.), Adressbuch der Direktoren und Aufsichtsräte 1913, S. 729; Arends/ Mossner (Hrsg.), Adressbuch der Direktoren und Aufsichtsräte 1914, S. 758; Mossner (Hrsg.), Adressbuch der Direktoren und Aufsichtsräte 1920, S. 890; Mossner (Hrsg.), Adressbuch der Direktoren und Aufsichtsräte 1927/ 1928, S. 1144; Wenzel, Deutscher Wirtschaftsführer, S. 1487.

Die Mitteldeutsche Creditbank war seit Mitte 1915 kommanditistisch beteiligt an dem Bankhaus Emil Ebeling in Berlin mit 1.000.000 RM, vgl. Verlag für Börsen- und Finanzliteratur (Hrsg.), Handbuch der deutschen Aktiengesellschaften 1920/ 1921, Bd. 1, S. 100f. Der Inhaber von Emil Ebeling, Max Richter (Vater des späteren „Arisierers" von E. J. Meyer, Kurt Richter-Erdmann – siehe dazu Kap. 5.2.1.2), war am 09.03.1915 verstorben. Zu der Zeit war der einzige Sohn Kurt Richter-Erdmann (geb. 25.06.1895) noch nicht 20 Jahre alt, weshalb er das Bankhaus nicht weiterführen konnte. Da Ernst Joachim Meyer Aufsichtsrat der Mitteldeutschen Creditbank und Berliner Bankier war, wird er schon zu dieser Zeit die Familie Richter-Erdmann und das Bankhaus Emil Ebeling gekannt haben.

176 Die Bank hatte 1915 eine Kapitalisierung von rund 20.000.000 RM, vgl. DePew Snow, German Trade and the War: Commercial and Industrial Conditions in War Time and the Future Outlook, S. 197. Ernst Joachim Meyer kam nach der Umbildung des Aufsichtsrates im Dezember 1900 – infolge eines Fast-Zusammenbruchs der Bank wegen betrügerischer Geschäfte ihrer Direktoren – neu in das Kuratorium (Aufsichtsrat) und E. J. Meyer wurde Zahlstelle, vgl. Verlag für Börsen- und Finanzliteratur (Hrsg.), Handbuch der deutschen Aktiengesellschaften 1903/ 1904, Bd. 1, S. 207ff., 214.; Arends/ Mossner (Hrsg.), Adressbuch der Direktoren und Aufsichtsräte 1907, S. 678; Arends/ Mossner (Hrsg.), Adressbuch der Direktoren und Aufsichtsräte 1913, S. 729; Arends/ Mossner (Hrsg.), Adressbuch der Direktoren und Aufsichtsräte 1914, S. 758. Auch 1920 war er noch Mitglied des Kuratoriums/ Aufsichtsrates und E. J. Meyer Zahlstelle, vgl. Verlag für Börsen- und Finanzliteratur (Hrsg.), Handbuch der deutschen Aktiengesellschaften 1920/ 1921, Bd. 1, S. 238 sowie Mossner (Hrsg.), Adressbuch der Direktoren und Aufsichtsräte 1920, S. 890. Dies war er auch noch bis zu seinem Tode 1928, vgl. Mossner (Hrsg.), Adressbuch der Direktoren und Aufsichtsräte 1927/ 1928, S. 1144. sowie Degener, Wer ist's? 1928, S. 1045.

Grund-Credit-Bank in Weimar[177], der Österreichischen Südbahn-Gesellschaft in Wien[178] sowie der Pfälzischen Hypothekenbank[179].

Ein wichtiges Aufsichtsratsmandat hatte Ernst Joachim Meyer auch bei der Schultheiss-Brauerei, welche nach der Fusion mit der Patzenhofer-Brauerei 1920 Schultheiss-Patzenhofer Brauerei hieß und die größte Brauerei Berlins war[180].

---

177 Die Bank hatte 1915 eine Kapitalisierung von rund 2.100.000 RM, vgl. DePew Snow, German Trade and the War: Commercial and Industrial Conditions in War Time and the Future Outlook, S. 197. 1896 war Ernst Joachim Meyer noch nicht im Aufsichtsrat, aber 1903, wobei E. J. Meyer nicht Zahlstelle war, da die Bank selbst eine solche in Berlin hatte, vgl. Verlag für Börsen- und Finanzliteratur (Hrsg.), Handbuch der deutschen Aktiengesellschaften 1896/ 1897, S. 191f.; ebenda 1903/ 1904, Bd. 1, S. 270ff.; ebenso war Ernst Joachim Meyer 1907 Mitglied des Aufsichtsrates, vgl. Arends/ Mossner (Hrsg.), Adressbuch der Direktoren und Aufsichtsräte 1907, S. 678, ebenso 1913, vgl. Arends/ Mossner (Hrsg.), Adressbuch der Direktoren und Aufsichtsräte 1913, S. 729, ebenso 1914, vgl. Arends/ Mossner (Hrsg.), Adressbuch der Direktoren und Aufsichtsräte 1914, S. 758, ebenso 1920, vgl. Mossner (Hrsg.), Adressbuch der Direktoren und Aufsichtsräte 1920, S. 890, und wurde dann Stellvertretender Vorsitzender des Aufsichtsrates und E. J. Meyer Zahlstelle, obwohl in Berlin noch eine eigene Zahlstelle existierte, vgl. Verlag für Börsen- und Finanzliteratur (Hrsg.), Handbuch der deutschen Aktiengesellschaften 1920/ 1921, Bd. 1, S. 329ff.; Arends/ Mossner (Hrsg.), Adressbuch der Direktoren und Aufsichtsräte 1913, S. 729. Die Norddeutsche Grund-Credit-Bank in Weimar ging 1921, nachdem im Ersten Weltkrieg das Baugeschäft naturgemäß stark zurückging, in der Gemeinschaftsgruppe deutscher Hypothekenbanken auf, vgl. Albers, Handwörterbuch der Wirtschaftswissenschaft, S. 620.

178 Arends/ Mossner (Hrsg.), Adressbuch der Direktoren und Aufsichtsräte 1907, S. 678; Arends/ Mossner (Hrsg.), Adressbuch der Direktoren und Aufsichtsräte 1913, S. 729; Arends/ Mossner (Hrsg.), Adressbuch der Direktoren und Aufsichtsräte 1914, S. 758; Mossner (Hrsg.), Adressbuch der Direktoren und Aufsichtsräte 1920, S. 890. Die Gesellschaft hatte 1915 eine Kapitalisierung von rund 440.000.000 RM, vgl. DePew Snow, German Trade and the War: Commercial and Industrial Conditions in War Time and the Future Outlook, S. 197.

179 Die Bank hatte 1915 eine Kapitalisierung von rund 10.000.000 RM, vgl. DePew Snow, German Trade and the War: Commercial and Industrial Conditions in War Time and the Future Outlook, S. 197.

180 12.07.1920 Fusion von Schultheiss und Patzenhofer Brauerei und Änderung der Firma in „Schultheiss-Patzenhofer Brauerei-Aktiengesellschaft", in der Ernst Joachim Meyer weiterhin Mitglied des Aufsichtsrates war, vgl. Verlag für Börsen- und Finanzliteratur (Hrsg.), Handbuch der deutschen Aktiengesellschaften 1920/ 1921, Bd. 2, S. 1288ff.; Borkenhagen, 125 Jahre Schultheiss-Brauerei, S. 112; Fiedler, Netzwerke des Vertrauens: Zwei Fallbeispiele aus der deutschen Wirtschaftselite, in: Ziegler, Großbürger und Unternehmer, S. 96f.; Bernstein, Wirtschaft I: Finanzwesen,

Schultheiss war mitgegründet worden von Wilhelm Herz, dem Schwiegervater Ernst Joachim Meyers. In diesem Aufsichtsrat hatte Ernst Joachim von 1889 bis zu seinem Tode 1928 - also 39 Jahre - das Mandat inne[181]. Dieses Mandat ging nach Ernst Joachims Tode nicht auf seinen Sohn Adolf, der das Bankhaus E. J. Meyer weiterführte, oder einen anderen Teilhaber von E. J. Meyer über.

Jedoch ging ein anderes Aufsichtsratsmandat von Ernst Joachim Meyer auf seinen Sohn Adolf über: Ernst Joachim war bereits im ersten Aufsichtsrat der Philipp Holzmann AG, welche 1917 aus der Internationalen Baugesellschaft[182] entstanden ist. Bei der Gründung der Internationalen Baugesellschaft war E. J. Meyer der mit Abstand größte Anteilszeichner und demzufolge wohl im Aufsichtsrat durch Ernst Joachims Vater Abraham (gen. Adolf) Meyer vertreten. Nach Ernst Joachim Meyer[183] konnte sein Sohn Adolf das Mandat übernehmen, so dass es also über drei Generationen in der Familie verblieben ist, bis es im Dritten Reich abgegeben werden musste[184].

S. 728f., spricht sogar davon, dass Schultheiss-Patzenhofer nach der Fusion die größte Brauerei der Welt war.

181 Arends/ Mossner (Hrsg.), Adressbuch der Direktoren und Aufsichtsräte 1907, S. 678; Arends/ Mossner (Hrsg.), Adressbuch der Direktoren und Aufsichtsräte 1913, S. 729; Arends/ Mossner (Hrsg.), Adressbuch der Direktoren und Aufsichtsräte 1914, S. 758; Mossner (Hrsg.), Adressbuch der Direktoren und Aufsichtsräte 1920, S. 890; Mossner (Hrsg.), Adressbuch der Direktoren und Aufsichtsräte 1927/ 1928, S. 1144.; Wenzel, Deutscher Wirtschaftsführer, S. 1487; Während seiner Zeit waren auch im Aufsichtsrat u. a. die Bankiers Eugen Panofsky (Aufsichtsrat 1919 - 1922), Hermann Frenkel (1917 - 1930) und Max Landesmann (1931 - 1933) – alle Teilhaber des Bankhauses Jacquier & Securius – sowie Ernst Joachim Meyers Schwiegervater Wilhelm Herz, dem nach seinem Tode 1914 sein Sohn Paul Herz bis zu dessen Tode 1925 folgte. Vgl. zu alldem Borkenhagen, 125 Jahre Schultheiss-Brauerei, S. 202ff.

182 Die Gesellschaft hatte 1915 eine Kapitalisierung von rund 2.500.000 RM, vgl. DePew Snow, German Trade and the War: Commercial and Industrial Conditions in War Time and the Future Outlook, S. 197.

183 Verlag für Börsen- und Finanzliteratur (Hrsg.), Handbuch der deutschen Aktiengesellschaften 1896/ 1897, S. 215f.; ebenda 1903/ 1904, Bd. 1, S. 334f.; Arends/ Mossner (Hrsg.), Adressbuch der Direktoren und Aufsichtsräte 1907, S. 678; Arends/ Mossner (Hrsg.), Adressbuch der Direktoren und Aufsichtsräte 1913, S. 729; Arends/ Mossner (Hrsg.), Adressbuch der Direktoren und Aufsichtsräte 1914, S. 758; Mossner (Hrsg.), Adressbuch der Direktoren und Aufsichtsräte 1920, S. 890.

184 Pohl, Philipp Holzmann, S. 34, 158, 193ff.; zur Gründung von Philipp Holzmann siehe Kap. 2.2.2.1 und 2.2.4.1; zur im Dritten Reich erzwungenen Aufgabe des Mandates siehe Kap. 4.3.4.1.

Ernst Joachim Meyer konnte seinem 1881 verstorbenen Vater nicht in den Aufsichtsrat der Deutschen Bank nachfolgen, obwohl sein Vater Mitbegründer und zweitgrößter Anteilszeichner der Deutschen Bank bei deren Gründung gewesen ist. Hingegen konnte sein 1853 geborener Schwager Paul Herz, Sohn des Großindustriellen Wilhelm Herz, noch im Jahre 1915 den Aufsichtsratssitz seines verstorbenen Vaters „erben" und bis zum eigenen Tode 1925 innehaben. Paul Herz war kinderlos und ihm folgte auch kein anderer Verwandter in den Aufsichtsrat der Deutschen Bank[185]. Der Aufsichtsrat der Deutschen Bank hatte in den Jahren bis 1900 rund 20 Mitglieder, wobei die Zahl der dort vertretenen Privatbankiers seit der Gründung der Deutschen Bank stets abnahm, hingegen die Zahl der dort vertretenen Kaufleute, Vertreter von Großbanken, Staat und Politik stetig zunahm. Diese Tendenz ist auch in den Jahren bis zum Tode Paul Herz' 1925 zu verfolgen, wobei sich der Aufsichtsrat in dieser Zeit aus rund 30 Mitgliedern zusammensetzte[186]. Die Gründe dafür, warum Ernst Joachim Meyer 1881 nicht das von seinem Vater gehaltene Aufsichtsratsmandat „erben" konnte, sein Schwager Paul Herz jedoch 1915 den Aufsichtsratssitz seines Vaters noch „erben" konnte, sind nicht bekannt[187]. Möglicher Grund ist, dass Ernst Joachim Meyer bis zum

185 Kommerzienrat Paul Herz wurde 1853 in Berlin als Sohn von Wilhelm Herz und seiner Frau Cäcilie, geb. Marckwald, geboren. Nach dem Tod des Vaters leitete Paul Herz die Ölmühle. 1889 hatte er Ida Herz, ebenfalls geb. Marckwald, geheiratet, vgl. http://www.ghwk.de/sonderausstellung/villenkolonie/villa_herz.htm am 30.03.2012 sowie Biggeleben, Das „Bollwerk des Bürgertums", S. 162 – möglicherweise hat Paul Herz seine Cousine Ida geheiratet und deshalb keine Kinder gehabt; Geschäftsberichte der Deutschen Bank 1915 (http://www.bankgeschichte.de/downloads/gb/gb_1915.pdf) bis 1925 (http://www.bankgeschichte.de/downloads/gb/gb_1925.pdf) am 30.03.2012. Paul Herz war auch Stellvertretender Vorsitzender der Zulassungsstelle der Berliner Börse, vgl. Bernstein, Wirtschaft I: Finanzwesen, S. 734.

186 Im Jahre nach dem Tode von Paul Herz nahm der Umfang des Aufsichtsrates auf rund 60 Mitglieder zu, wobei er bis 1928 diesen Umfang hatte. 1929 wuchs der Aufsichtsrat dann auf 115 Mitglieder, hatte 1930 eine Anzahl von 92 Mitgliedern, die 1931 auf 104 Mitglieder stieg. Nach der Bankenkrise von 1931 umfasste der Aufsichtsrat der Deutschen Bank nur noch 16 Mitglieder, vgl. Geschäftsberichte der Deutschen Bank 1876 (http://www.bankgeschichte.de/downloads/gb/gb_1876.pdf) bis 1932 (http://www.bankgeschichte.de/downloads/gb/gb_1932.pdf) am 30.03.2012.

187 vgl. Geschäftsberichte der Deutschen Bank 1881 (http://www.bankgeschichte.de/downloads/gb/gb_1881.pdf) bis 1905 (http://www.bankgeschichte.de/downloads/gb/gb_1905.pdf) am 30.03.2012; Ausnahme bildet Karl von der Heydt, der Neffe des 1887 aus dem Aufsichtsrat der Deutschen Bank ausgeschiedenen Eduard von der Heydt war. Karl von der Heydt war Bankier in seinem 1895 gegründeten Bankhaus

Tode seines Vaters lediglich seine „Lehrjahre“ bei diversen Banken im In- und Ausland verrichtet hatte und 1881 mit 28 Jahren gerade erst in das Bankhaus E. J. Meyer als Gesellschafter eingetreten war, so dass er weder die für einen Aufsichtsrat wichtigen Erfahrung noch Verbindungen hatte, die sein Vater gehabt hat. Nichts desto trotz ist auch daraus zu ersehen, dass die Bedeutung des Bankhauses E. J. Meyer – wie auch diejenige anderer Privatbanken – gesunken war. Überdies dürfte Ernst Joachim Meyer durch seinen im Aufsichtsrat der Deutschen Bank vertretenen Schwiegervater Wilhelm Herz sowie später seinen nachgefolgten Schwager Paul Herz wohl immer noch über sehr gute Kontakte verfügt haben.

Nach dem Tod von Friedrich und Abraham Meyer 1881 führte Ernst Joachim Meyer das Bankhaus E. J. Meyer die folgenden 15 Jahre allein. Nach diesen Jahren als alleiniger persönlich haftender Gesellschafter von E. J. Meyer trat 1896 Albert Stäckel als persönlicher Gesellschafter in das Bankhaus ein[188].

2.2.3.2 Albert Stäckel

Albert Stäckel (26.02.1850 - 30.05.1923) war der erste familienfremde Teilhaber des Bankhauses E. J. Meyer. Die OHG Bankhaus E. J. Meyer hat am 01.01.1896 begonnen mit den persönlich haftenden Gesellschaftern Ernst Joachim Meyer, Bankier, und Albert Stäckel, Kaufmann[189]. Stäckel war Königlich Preuß. Kommerzienrat[190]. Über seinen familiären Hintergrund sowie seine berufliche Entwicklung bis zum Eintritt bei E. J. Meyer als persönlich haftender Gesellschafter ist nichts zu ermitteln gewesen.

Albert Reinhold Stäckel war seit 13.12.1898 Mitglied der Gesellschaft der Freunde[191], wie auch Ernst Joachim, Richard M. und später auch Adolf Meyer. Ob auch Stäckel jüdisch war, ist nicht festzustellen, jedoch waren in der Gesellschaft der Freunde nur rund 10% Nichtjuden, was darauf schließen ließe[192].

---

von der Heydt & Co. Berlin und war von 1891 - 1895 im Aufsichtsrat der Deutschen Bank, vgl. http://www.bankgeschichte.de/downloads/gb/gb_1891.pdf - http://www.bankgeschichte.de/downloads/gb/gb_1895.pdf am 30.03.2012.

188 LAB, B Rep. 042, Nr. 46349, Bd. 3, Handblatt Handelsregister Akte E. J. Meyer.

189 LAB, B Rep. 042, Nr. 46349, Bd. 3, Handblatt Handelsregister Akte E. J. Meyer.

190 Arends/ Mossner (Hrsg.), Adressbuch der Direktoren und Aufsichtsräte 1913, S. 1075; Arends/ Mossner (Hrsg.), Adressbuch der Direktoren und Aufsichtsräte 1917, S. 1100.

191 Panwitz, Die Gesellschaft der Freunde 1792 - 1935, S. 316; Sebastian Panwitz, Auskunft an Verfasser vom 13.01.2012.

192 Siehe Kap. 4.3.4.8.

Bereits 1904 wurde Albert Stäckel in den Börsenvorstand, Abteilung Fondsbörse, wiedergewählt. Auch wurde er vom Stellvertretenden Mitglied der Zulassungsstelle der Börse zum ordentlichen Mitglied gewählt, beides Mandate, die er noch bis nach 1917 innehatte[193]. Ebenso war er 1905 in der Finanzkommission der Ältesten der Kaufmannschaft sowie im Kuratorium der Fortbildungsschulen der Kaufmannschaft. Zeitgleich zu Albert Stäckels Aktivitäten in und für die Kaufmannschaft waren Max Richter (Bankhaus Emil Ebeling, sein Sohn Kurt Richter-Erdmann war der spätere „Arisierer" des Bankhauses E. J. Meyer[194]) sowie Hermann Frenkel (persönlich haftender Gesellschafter des ebenfalls mittelständischen Berliner Bankhauses Jacquier & Securius) Mitglieder des Ältesten-Kollegiums der Kaufmannschaft[195]. Auch 1908 war Stäckel noch in der Finanzkommission und im Kuratorium der Fortbildungsschulen[196]. Im Jahr 1909 legte Albert Stäckel sein Mandat in der Finanzkommission nieder, weil er als Mitglied in die Handelskammer aufgenommen wurde, weshalb er auch aus dem Kuratorium der Fortbildungsschulen ausscheiden musste. Jedoch gelang den Ältesten der Kaufmannschaft, trotz einer ordnungsgemäßen Nachbesetzung von Stäckels Posten durch ein Mitglied der Finanzkommission mittels einer Sondergenehmigung des Preußischen Ministers für Handel und Gewerbe für Albert Stäckel einen zusätzlichen Posten im Kuratorium zu erhalten, damit Albert Stäckel dem Kuratorium erhalten bliebe[197]. Neben Stäckel hatten auch Max Richter und Hermann Frenkel noch ihre Positionen inne, was sich auch bei der turnusgemäßen Wiederwahl 1912 nicht änderte[198]. Innerhalb der Korporation

---

193 Berliner Jahrbuch für Handel und Industrie, Bericht der Ältesten der Kaufmannschaft von Berlin, Jahrgang 1904, Bd. 1 unter http://www.archive.org/stream/berlinerjahrbuch11904korpuoft/berlinerjahrbuch11904korpuoft_djvu.txt am 30.03.2012; Diverse Unterlagen des Berliner Börsenvorstandes (Abteilung Fondsbörse), BAB, R 3101, Nr. 37; BAB, R 3103, Nr. 38.

194 Siehe Kap. 5.2.1.2.

195 Berliner Jahrbuch für Handel und Industrie, Bericht der Ältesten der Kaufmannschaft von Berlin, Jahrgang 1904, Bd. 1 unter http://www.archive.org/stream/berlinerjahrbuch11904korpuoft/berlinerjahrbuch11904korpuoft_djvu.txt am 30.03.2012.

196 Berliner Jahrbuch für Handel und Industrie, Bericht der Ältesten der Kaufmannschaft von Berlin, Jahrgang 1907, Bd. 1 unter http://www.archive.org/stream/berlinerjahrbuch11907korpuoft/berlinerjahrbuch11907korpuoft_djvu.txt am 30.03.2012.

197 Berliner Jahrbuch für Handel und Industrie, Bericht der Ältesten der Kaufmannschaft von Berlin, Jahrgang 1909, Bd. 1 unter http://www.archive.org/stream/berlinerjahrbuch11909korpuoft/berlinerjahrbuch11909korpuoft_djvu.txt am 30.03.2012.

198 Berliner Jahrbuch für Handel und Industrie, Bericht der Ältesten der Kaufmannschaft von Berlin, Jahrgang 1912, Bd. 1 unter http://www.archive.org/stream/berlinerjahrbuch11912korpuoft/berlinerjahrbuch11912korpuoft_djvu.txt am 30.03.2012.

der Kaufmannschaft war Stäckel auch im Aufsichtsgremium des Kaufmännischen Hilfsvereins zu Berlin tätig[199].

Mitglied der Industrie- und Handelskammer zu Berlin war Albert Stäckel von 1909 - 1923[200]. Mit ihm zeitgleich dort aktiv waren der Schwiegervater von Ernst Joachim Meyer, Wilhelm Herz (von 1902 - 1913 Präsident der Handelskammer) und nach dessen Ausscheiden Ende 1913 folgte ihm Sohn Paul Herz von 1914 bis zu seinem Tode 1925. Albert Stäckel wurde 1918 sowie 1920 als Stellvertreter für den Börsenausschuss Berlin vorgeschlagen. Derzeit war er Bankier, Preuss. Kommerzienrat, Stellvertretender Vorsitzender des Börsenvorstandes, Abteilung Fondsbörse, und Mitglied der Handelskammer Berlin. Als er starb, ist kein anderer Teilhaber von E. J. Meyer auf seine Posten nachgerückt[201].

Ebenfalls hielt Albert Stäckel einige Aufsichtsratsmandate, hingegen nicht so viele und bedeutende wie Ernst Joachim Meyer. So war Stäckel Vorsitzender des Aufsichtsrates der Emil Busch AG, Optische Industrie, Rathenau[202], der Victoria zu Berlin, Allgem. Versicherungs-Act. Ges. in Berlin und der Victoria, Feuer-Versicherungs-Act.-Ges. zu Berlin[203] sowie der Neu Westend Aktien-

---

199 http://library.fes.de/angestelltenpresse/servlets/MCRFileNodeServlet/jportal_derivate_00001191/DFA_1919_08.pdf am 30.03.2012 sowie LAB, A Rep 200-01, Nr. 56.

200 Industrie- und Handelskammer zu Berlin (Hrsg.), Die Industrie- und Handelskammer zu Berlin: 1902 - 1927, S. 78.

201 BAB, R 3101, Nr. 16912 und Nr. 16913.

202 Vorsitzender des Aufsichtsrates: vgl. Arends/ Mossner (Hrsg.), Adressbuch der Direktoren und Aufsichtsräte 1907, S. 1008; Arends/ Mossner (Hrsg.), Adressbuch der Direktoren und Aufsichtsräte 1913, S. 1075; Arends/ Mossner (Hrsg.), Adressbuch der Direktoren und Aufsichtsräte 1914, S. 1122; 1920 war Albert Stäckel Stellvertretender Vorsitzender des Aufsichtsrates und E. J. Meyer Zahlstelle, vgl. Verlag für Börsen- und Finanzliteratur (Hrsg.), Handbuch der deutschen Aktiengesellschaften 1920/ 1921, Bd. 2, S. 787f.; Mossner (Hrsg.), Adressbuch der Direktoren und Aufsichtsräte 1920, S. 1309.

203 Die Victoria Versicherungs AG wurde von Albert Stäckel mitbegründet, vgl. http://www.barmen2008.de/index.php/home/item/118-lekebusch am 30.03.2012. Die Feuerversicherung existierte wohl 1903 noch nicht. Albert Stäckel war zwar noch nicht 1896, aber ab 1903 im Aufsichtsrat, wobei Zahlstelle in Berlin die Deutsche Bank war, vgl. Verlag für Börsen- und Finanzliteratur (Hrsg.), Handbuch der deutschen Aktiengesellschaften 1896/ 1897, S. 258; ebenda 1903/ 1904, Bd. 1, S. 405. Die Feuerversicherung wurde am 22.02.1904 gegründet, Albert Stäckel war Mitglied des Aufsichtsrates bei beiden, vgl. Arends/ Mossner (Hrsg.), Adressbuch der Direktoren und Aufsichtsräte 1907, S. 678; Arends/ Mossner (Hrsg.), Adressbuch der Direktoren und Aufsichtsräte 1913, S. 1075; Arends/ Mossner (Hrsg.), Adressbuch der Direktoren und Aufsichtsräte 1914, S. 1122; Verlag für Börsen- und Finanzliteratur

Gesellschaft für Grundstücksverwertung in Charlottenburg[204]. Das Mandat bei der Aachener-Maastrichter Eisenbahn-Gesellschaft, Aachen, hielt er wohl nur kurzfristig[205].

1912 nahm das Bankhaus E. J. Meyer durch Albert Stäckel am IV. Allgemeinen Deutschen Bankiertag in München teil, wo Stäckel über das Bestreben einer Kommission zur Erreichung und zum Erhalt angemessener Konditionen im Bankverkehr berichtet[206].

Mit Schreiben vom 29.10.1924 teilt die OHG E. J. Meyer dem Registergericht AG Charlottenburg mit, dass der bisherige Gesellschafter Kommerzienrat Albert Stäckel durch Tod aus der Gesellschaft ausgeschieden sei und die Gesellschaft nun von Ernst und Adolf Meyer allein weitergeführt werde[207].

2.2.4 Dr. Adolf Ernst Joachim Meyer – vierte und letzte Generation

Der persönlich haftende Gesellschafter der vierten Generation der Familie Meyer war Adolf Meyer, der 1913 in das Bankhaus eintrat. In der Zeit nach der Wirtschaftskrise in den 1920er Jahren wurden mit Georg Rogalski und Leonhard Horwitz zwei neue familienfremde Gesellschafter aufgenommen. Während Georg Rogalski bereits 1931 wieder ausschied, führten Adolf Meyer und Leonhard Horwitz das Bankhaus bis zur „Arisierung“ 1938 als persönlich haftende Gesellschafter.

(Hrsg.), Handbuch der deutschen Aktiengesellschaften 1920/ 1921, Bd. 1, S. 2204ff.; Mossner (Hrsg.), Adressbuch der Direktoren und Aufsichtsräte 1920, S. 1309.

204 Arends/ Mossner (Hrsg.), Adressbuch der Direktoren und Aufsichtsräte 1913, S. 1075; Arends/ Mossner (Hrsg.), Adressbuch der Direktoren und Aufsichtsräte 1914, S. 1122; Arends/ Mossner (Hrsg.), Adressbuch der Direktoren und Aufsichtsräte 1917, S. 1100; Mossner (Hrsg.), Adressbuch der Direktoren und Aufsichtsräte 1920, S. 1309.

205 Arends/ Mossner (Hrsg.), Adressbuch der Direktoren und Aufsichtsräte 1907, S. 678.

206 Richter, Voßstraße16 – Im Zentrum der (Ohn-)Macht, S. 99f.

207 LAB, B Rep. 042, Nr. 46349, Bd. 3, Handblatt Handelsregister Akte E. J. Meyer.

2.2.4.1 Dr. Adolf Ernst Joachim Meyer

Adolf Ernst Joachim Meyer (Quelle: Privatbesitz)

Adolf Ernst Joachim Meyer wurde am 27.11.1886 geboren als Sohn von Ernst Joachim Meyer und seiner Frau Anna, geb. Herz[208]. Da alle seine Vorfahren jüdisch waren, war Adolf im Terminus der Nationalsozialisten sog. „Volljude“[209].

Anders als noch sein Vater und sein Großvater, hat Adolf Ernst Joachim Meyer studiert und auch promoviert, beides im Fach Rechtswissenschaften. Die Dissertation wurde 1909 veröffentlicht[210]. Danach war er zur Ausbildung bei befreundeten Bankhäusern in Brüssel, London und New York[211].

m Jahr 1913 ist Adolf ohne Kapitalbeteiligung als persönlich haftender Gesellschafter in die bestehende OHG E. J. Meyer aus Ernst Joachim Meyer und

208 BADV, 73 WGA 4044/55, Bl. 9.

209 LEA, Reg.-Nr. 160830, Bl. M2.

210 Meyer, Die Pflicht zur Entgegennahme von Willenserklärungen.

211 LEA, Reg.-Nr. 160830, Bl. E2.; 1910 war er in Brüssel bei Balser Frères, 1911 in London bei Besseler, Warchter & Co. im Argentinien Department sowie bei L. Messel & Co., 1912 bei Kissel, Kinnicutt & Co. in New York mit dem Schwerpunkt Eisenbahnfinanzierung, vgl. Martita Fleming (Enkelin von Adolf Meyer), Auskunft aufgrund privater Aufzeichnungen an Verfasser vom 02.06.2010.

Albert Stäckel eingetreten[212]. Damals betrieb das Bankhaus das Effektenkommissions-, Konsortial- und Kreditgeschäft und war in der Vermögensverwaltung tätig[213].

Am 20.11.1920 heiratete Adolf Meyer die aus Hamburg stammende Olga[214]. Olga wurde am 18.01.1902 als Tochter von Willy Elkan und dessen Frau Elsa, geb. Warburg, geboren, welche nach dem frühen Tode Willy Elkans den Juristen George Melchior[215] heiratete, der ihre Kinder aus 1. Ehe adoptierte[216]. Die Schwester Flora von Willy Elkan hatte Gustav Warburg geheiratet, mit dem sie die drei Kinder Ernst Elias, Fanny Zelda und Georg Julius Warburg hatte[217]. Neben dieser verwandtschaftlichen Beziehung über Olga Meyer bestanden zumindest seit 1872 auch geschäftliche Kontakte von E. J. Meyer zu M. M. Warburg & Co., weil man derzeit zusammen die Internationale Baugesellschaft in Frankfurt a. M. (später Philipp Holzmann AG) gegründet hatte[218].

212 LAB, B Rep. 042, Nr. 46349, Bd. 3, Handblatt Handelsregister Akte E. J. Meyer; LAB, 7 WGA 423/51, Bl. 23ff.

213 LEA, Reg.-Nr. 160830, Bl. E2.

214 Auszug aus Heiratsregister, vgl. Stiftung Warburg Archiv, EMW Korrespondenz, 01.07.1968 - 27.11.1972, Lasche Olga Meyer.

215 Er war der Bruder von Carl Melchior, des ersten familienfremden Teilhabers von M. M. Warburg & Co. George Melchior war Jurist am internationalen Gerichtshof in Den Haag und schrieb das erstmals 1932 erschienene Standardwerk „Die Grundlagen des internationalen Privatrechts", vgl. Leo Baeck Institute, Gisela A. Weil Collection, Box 2, Folder 7, Elsa Warburg-Elkan-Melchior über ihre 2. Ehe.

216 Olga war das erste Kind von Willy Elkan und Elsa Warburg. Am 19.04.1903 wurde Tochter Lilly geboren und am 02.11.1908 der Sohn Carl gen. Carlo. Nach dem Tode Willy Elkans 1914 und der Heirat Elsa Warburgs mit George Melchior im September 1917, wurde am 28.08.1918 die gemeinsame Tochter Ruth geboren, vgl. Martita Fleming (Enkelin von Adolf Meyer), Auskunft an Verfasser vom 02.06.2010; Leo Baeck Institute, Gisela A. Weil Collection, AR 25391, Box 1, Folder 13, Geburtsurkunde Olga Melchior; Leo Baeck Institute, Gisela A. Weil Collection, Box 2, Folder 3, Stammbaum Olga (Elkan) Melchior.

217 BrandLHA, Rep. 36A II, Nr. 26636.

218 Pohl, Philipp Holzmann, S. 38.

Adolf Ernst Joachim Meyer (Quelle: Privatbesitz)

Das Ehepaar Adolf und Olga Meyer wohnte von 1925 bis September 1937 in der Margaretenstraße 2-3, Berlin-Tiergarten. Als das Haus an das Reichswehrministerium für dessen Neubau verkauft wurde, zogen sie in eine kleinere Wohnung in das Haus gegenüber, Margaretenstraße 18, wo sie bis zur Auswanderung lebten[219]. Zu der Zeit haben sie auch den langjährigen Gärtner auf dem Villengrundstück Am kleinen Wannsee kündigen müssen und hatten auch kein anderes Personal mehr, das die Villa vor der Vermietung an den französischen Botschafter 1938 hätte reinigen können[220].

Adolf und Olga hatten zwei Kinder: Felix Meyer (der sich später Felix Mitchell nannte[221]), geb. 28.02.1923 in Berlin, und Gisela A. Weil, geb. Meyer, 30.05.1925 in Berlin[222]. Die Familie war nicht besonders religiös, insbesondere

---

219 BADV, 7 WGA 423/51, Bl. 299; LEA, Reg.-Nr. 160830, Bl. M1/ M2a; LAB, 71 WGA 958/55, Bl. 34ff.; Meyers wohnten in dem Hause mit einer Familie Hans und Charlotte Mallon. Das Haus war das Elternhaus Hans Mallons, vgl. BADV, 71 WGA 958/55 Bl. 2; Meyers sind (auch) aus finanziellen Gründen in die kleinere Wohnung umgezogen, vgl. BADV, 7 WGA 423/51, Bl. 259 sowie Videoaufzeichnung der Princeton-University, Interview mit Gisela Weil vom 26.04.1992. Die Margaretenstraße heißt heute Scharounstraße.

220 LEA, Reg.-Nr. 160830, Bl. D5ff.

221 Wobei er offiziell Frank E. J. Mitchell hieß, vgl. LEA, Reg.-Nr. 67787, Bl. D38.

222 LEA, Reg.-Nr. 67787, Bl. M54.

der Meyer'sche Zweig der Familie fühlte sich mehr preußisch als jüdisch, wie auch auf alten Fotografien zu sehen ist. Während Adolf Meyers Vetter Reinhold Meyer, der in der Voßstraße 16 lebende Sohn von Richard Moritz Meyer, protestantisch getauft worden war, blieb Adolf jüdischen Glaubens, hatte jedoch keine Bar Mitzwa gefeiert. Die aus Hamburg stammende Olga Meyer, die insbesondere in erster Ehe ihrer Mutter mit Willy Elkan religiöser aufgewachsen war und der das Preußentum fremd blieb, sorgte jedoch dafür, dass Sohn Felix die Bar Mitzwa erhielt. An Feiertagen ging die Familie in die Synagoge und war auch mit Leo Baeck, dem maßgeblichen Vertreter des liberalen Judentums in Deutschland und Präsidenten der Reichsvereinigung der Deutschen Juden, gut bekannt[223].

Adolf Ernst Joachim Meyer (Quelle: Volz/Tönnies, Reichshandbuch der deutschen Gesellschaft)

Nachdem Teilhaber Albert Stäckel am 29.10.1924 verstorben war, führten Ernst Joachim und sein Sohn Adolf Ernst Joachim das Bankhaus E. J. Meyer gemeinsam bis am 31.03.1927 Georg Rogalski und Dr. Leonhard Horwitz

223 Videoaufzeichnung der Princeton-University, Interview mit Gisela Weil vom 26.04.1992; Bei dieser Bar Mitzwa Anfang 1937 in Berlin brachte sein Onkel Max Warburg in einem Trinkspruch auf ihn: „Denke stets daran, dass Du ein Deutscher bist!", vgl. Chernow, Die Warburgs, S. 522, welcher dies von Felix Meyer selbst erfuhr.

zusätzlich als persönlich haftende Gesellschafter in das Bankhaus eintraten. Nach dem Tode Ernst Joachim Meyers am 08.10.1928 übernahm Sohn Adolf Ernst Joachim dessen Anteile am Bankhaus E. J. Meyer als persönlich haftender Gesellschafter. Seine Mutter sowie seine Schwester Erna waren stille Gesellschafter[224].

Erna hatte Kunstgeschichte und Literatur studiert und von 1914 bis 1933 soziale Arbeit in der Zentrale der Hausfrauenvereine Groß-Berlin – seit 1918 als Vorstandsmitglied – geleistet. Dieser Verein war eine Vereinigung konservativer Hausfrauen, welche als Gegenentwurf zur Emanzipation ein konservatives Frauenbild sowie Rationalisierung und Professionalisierung im Haushalt zum Inhalt hatte. Dort arbeitete sie unter Gräfin Schwerin-Löwitz und Charlotte Mühsam-Werther, welche auch Mitglied im Reichswirtschaftsrat war. 1924 erhielt sie die Verdienstmedaille der Stadt Berlin für ihre Tätigkeit. 1933 wurden alle jüdischen Mitarbeiterinnen jedoch entlassen[225].

Tochter Giesela von Adolf und Olga Meyer war einziges volljüdisches Kind auf der von Adelheid Mommsen begründete Mommsen-Schule in Charlottenburg, auf welche vornehmlich dem Nationalsozialismus kritisch gegenüber eingestellte Eltern aus höheren Kreisen ihre Töchter schickten. So war beispielsweise die Tochter des vormaligen und von den Nationalsozialisten ermordeten Reichskanzlers Kurt von Schleicher Schulfreundin von Giesela[226]. Neben weiteren halbjüdischen Mädchen besuchten diese Schule die Töchter des britischen Botschafters sowie die Enkelin des jüdisch stämmigen Koksmagnaten Fritz von Friedländer-Fuld und die mit dieser befreundete Bettina von Ribbentrop[227] – Tochter des späteren nationalsozialistischen Außenministers, der mit der „Dienststelle Ribbentrop" sein Büro wie E. J. Meyer im Gebäude der Voßstraße 16 hatte[228]. Nachdem jüdische Kinder nicht mehr auf eine öffentliche Schule gehen durften, kam Giesela in die Amerikanische Schule und wurde im Sommer 1938 zu den Hamburger Großeltern Melchior nach Amsterdam geholt, weil Melchior dort Jurist am Ständigen Internationalen Gerichtshof in Den Haag war. Sohn Felix war bereits 1937 in das schottische Internat Gordonstoun[229] geschickt

---

224 BADV, 7 WGA 423/51, Bl. 158, 161; BADV, 7 WGA 423/51, Bl. 121; BrandLHA, Rep. 36A II, Nr. 26413.

225 LEA, Reg.-Nr. 67787, Bl. M5f.

226 Videoaufzeichnung der Princeton-University, Interview mit Gisela Weil vom 26.04.1992.

227 Ruppel, Erinnerungen, S. 19ff.

228 BAB, R 43 II, Nr. 1053.

229 Dieses Internat wurde zeitgleich vom britischen Prinzgemahl Philip und später von dessen Söhnen Charles, Andrew und Edward besucht, vgl. Leo Baeck Institute,

worden, welches von dem jüdischen Kurt Hahn, einem Cousin und Schulfreund Adolf Meyers und gleichzeitig Schwager einer Warburg-Cousine seiner Frau, gegründet worden war, nachdem Hahn als Gründer des Internates Schloss Salem bereits 1933 aufgrund von Verhaftung infolge öffentlicher Kritik am Nationalsozialismus ins Exil gehen musste[230].

Nachdem Adolf Ernst Joachim sowie Leonhard Horwitz das Bankhaus E. J. Meyer im Juni 1938 an den „Arisierer" Kurt Richter-Erdmann veräußert hatten, traf die Familie Meyer die letzten Vorkehrungen für ihre Auswanderung.

Olga Meyer ist am 10.11.1938 per Flugzeug von Berlin nach Amsterdam ausgewandert[231], wo Adolfs Vetter Hans Meyer[232] Mitinhaber des Bankhauses Warburg & Co. gewesen ist[233].

Adolf Meyer ist knapp einen Monat nach seiner Mutter Anna und seiner Schwester Erna am 24.04.1939 per Flugzeug nach Amsterdam ausgewandert[234]. Am Tage seiner Auswanderung musste Adolf Meyer noch 400 RM bei der Deutschen Golddiskontbank (Dego) einzahlen, was wohl die Abgabe auf sein Umzugsgut gewesen sein wird[235]. Diese Abgabe war gerade eine Woche alt, denn sie wurde per Erlass des Reichswirtschaftsministers vom 17.04.1939 festgesetzt[236],

---

Gisela A. Weil Collection, AR 25391, Box 2, Folder 7, Elsa Warburg Melchior – Memoir.

230 Videoaufzeichnung der Princeton-University, Interview mit Gisela Weil vom 26.04.1992; Kurt Hahn hatte bereits 1932 öffentlich erklärt, dass die Grundsätze der Nationalsozialisten nicht mit denen der Schule vereinbar seien, vgl. Chernow, Die Warburgs, S. 369f., 506ff.

231 LEA, Reg.-Nr. 67787, Bl. D9a; Der Polizeipräsident von Berlin bescheinigte, dass sie vom 10.10.1918 bis zum 11.11.1938 in Berlin gemeldet war, vgl. Leo Baeck Institute, Gisela A. Weil Collection, AR 25391, Box 1, Folder 13, Führungszeugnis Olga Meyer vom 06.03.1939.

232 Siehe Kap. 5.2.1.1.

233 BADV, 7 WGA 423/51, Bl. 299, LEA, Reg.-Nr. 160830, Bl. M7. Bei Warburg & Co. arbeitete auch Carlo Melchior, der 1908 geborene jüngere Bruder von Olga, geb. Melchior, der Ehefrau von Adolf Meyer, vgl. Martita Fleming (Enkelin von Adolf Meyer), Auskunft an Verfasser vom 02.06.2010.

234 LEA, Reg.-Nr. 303536, Bl. D9; BrandLHA, Rep. 36A II, Nr. 26314.

235 LEA, Reg.-Nr. 160830, Bl. D30.

236 Dies sollte besonders scharf kontrolliert werden, um unerlaubter Verbringung von Vermögen ins Ausland vorzubeugen. Die Gründlichkeit, mit welcher bereits bei der Schaffung des Gesetzes zu Werke gegangen wurde, zeigt sich in § 57 Abs. 2 Devisengesetz vom 12.12.1938, RGBl. I, S. 1734ff., der die Genehmigung der Verbringung von Umzugsgut ins Ausland behandelt: „Anträge auf Genehmigung sind vor der Verpackung und Verladung des Umzugsgutes und der sonstigen Sachen unter

betrug 100% des Anschaffungswertes des Umzugsgutes und war an die Dego zu zahlen[237].

Adolf und Olga Meyer nahmen nur einen Teil ihrer Möbel nach Amsterdam mit, die restlichen wurden vor der Ausreise „für Spottpreise" verkauft[238]. Die Transportkosten betrugen 3.000 RM, also ein Betrag von rund einem Jahresgehalt eines Bilanzbuchhalters in einer Bank[239], ein kleiner Teil der Möbel konnte dann später mit nach New York genommen werden, der Rest sei von deutschen Besatzern in Holland verschleudert worden[240]. Aus der – trotz des Krieges – hohen Summe von 3.000 RM für Umzugskosten sowie aus der Erklärung, dass lediglich ein kleiner Teil 1940 von Amsterdam nach New York mitgenommen, der Rest aber von den deutschen Besatzern in Amsterdam verschleudert worden sei, kann man den Rückschluss ziehen, dass es den Meyers gelungen ist, diverse – und dann wohl auch die werthaltigsten – Möbelstücke von Deutschland mit nach Holland zu nehmen. Auch konnten sie nach dem Krieg allerhand Bilder von Amsterdam nach New York holen[241].

Beifügung eines Verzeichnisses der zur Ausfuhr bestimmten Gegenstände zu stellen."; vgl. dazu auch Banken, Das nationalsozialistische Devisenrecht als Steuerungs- und Diskriminierungsinstrument 1933 - 1945, in: Bähr/ Banken (Hrsg.), Wirtschaftssteuerung durch Recht im Nationalsozialismus, S. 213f.

237 Um die Auswanderung nicht zu erschweren, wurden die Devisenstellen ermächtigt, in Einzelfällen Erleichterungen zu gewähren, wobei tatsächlich aber an manchen Stellen noch höhere Abgaben verlangt wurden. Die Mitnahme bestimmter Gegenstände wie wertvolle Briefmarkensammlungen, Radiogeräte, Schreib- und Nähmaschinen und dergleichen wurde verboten, vgl. Walk, Das Sonderrecht für die Juden im NS-Staat, S. 291; Blumberg, Die Zollverwaltung und die Devisenstelle im Dritten Reich, in: Leesch/ Birkwald/ Blumberg, Geschichte der Finanzverfassung und -verwaltung in Westfalen seit 1815, S. 257; Banken, Das nationalsozialistische Devisenrecht als Steuerungs- und Diskriminierungsinstrument 1933 - 1945, in: Bähr/ Banken (Hrsg.), Wirtschaftssteuerung durch Recht im Nationalsozialismus, S. 206, 214.

238 LEA, Reg.-Nr. 303536, Bl. D4; Archiv Bankhaus Wölbern, Durchschrift zum Antrag auf Erteilung einer Genehmigung zur Einzahlung auf ein Sperrkonto durch E. J. Meyer betreffend Auktionshaus Dr. Walter Achenbach vom 18.01.1940.

239 Vgl. Petzina/ Abelshauser/ Faust, Sozialgeschichtliches Arbeitsbuch Bd. III – Materialien zur Statistik des Deutschen Reiches 1914 - 1945, S. 100.

240 LEA, Reg.-Nr. 160830, Bl. M7.

241 Felix Meyer, der Sohn von Adolf Meyer, schreibt an seine Eltern: „How nice, that you managed to get the things from Amsterdam sent on. I can well imagine that you enjoy having all your Lesser Urys and Xaver Fuhrs again. What else came over? Mostly the old German classigs, I suppose. Where are they all going to be put? Surely there will never be enough room in the living room.", vgl. Leo Baeck Institute, Gisela

In Amsterdam[242] lebten Meyers zwar sparsam, mussten sich jedoch keine finanziellen Sorgen machen und hatten gelegentlich noch jemanden, der für sie kochte. Während Sohn Felix weiterhin im schottischen Internat Gordonstoun lebte, besuchte Tochter Giesela eine niederländische Schule in Amsterdam und war befreundet mit ihrer Klassenkameradin Margot Frank, der Schwester von Anne Frank. Auch nahm die Familie am kulturellen Leben der Stadt teil, insbesondere durch den verwandtschaftlich verbundenen Ary Bob De Vries, Direktor des berühmten Museums Mauritshuis[243].

Nach einer eidesstattlichen Erklärung Adolf Meyers war Amsterdam aufgrund der Tatsachen, dass sie keine Auslandsvisa hatten, nur als Zwischenziel gedacht, wie er sagt, „um von dort aus die Auswanderung meiner Familie und mir selbst weiter zu behandeln", „da uns auch die für diese Auswanderung weiter erforderlichen Mittel erst im Ausland zur Verfügung gestellt werden sollten"[244]. Welche Mittel den Meyers dort zur Verfügung gestellt werden sollten, war nicht zu ermitteln. In Betracht kommen sowohl Mittel vom „Arisierer" des Bankhauses E. J. Meyer Kurt Richter-Erdmann[245], weil dieser ebenso wie der „Arisierer" Rudolf Brinckmann des Hamburger Bankhauses M. M. Warburg & Co. extra nach Amsterdam gereist ist, um sich von den Meyers zu verabschieden[246] und Brinckmann maßgebliche finanzielle Aufwendungen für die Ermöglichung der Ausreise getätigt hatte[247] sowie Kurt Richter-Erdmann andere jüdische Freunde und Bekannte beim Vermögenstransfer ins Ausland unterstützt hat[248]. Eine andere – oder weitere – Möglichkeit ist, dass von dem 1927 E. J. Meyer durch

---

A. Weil Collection, AR 25391, Box 1, Folder 2, Brief von Felix an seine Eltern vom 11.05.1949.

242 Dort wohnten sie in der Honthorststraße 16, vgl. BrandLHA, Rep. 36A, Nr. 26314.

243 Videoaufzeichnung der Princeton-University, Interview mit Gisela Weil vom 26.04.1992.

244 Laut Adolf Meyers Enkelin Martita Flemming in einer Auskunft an den Verfasser vom 29.03.2010 waren ihre Großeltern nach Amsterdam gegangen, weil sie sich dort vorerst sicher glaubten und dort bleiben wollten, bis die Gefahr in Deutschland für sie gebannt war, um dann zurückzukehren. Sie hätten bei ihrer Flucht nicht gedacht, dass sie nie wieder nach Deutschland zurückkehren würden.

245 Siehe Kap. 5.2.1.2.

246 LAB, 7 WGA 423/51, Bl. 66f. mit diesbezüglichem Schreiben von Hans Meyer an Rechtsanwalt Sarre.

247 Chernow, Die Warburgs, S. 608ff.

248 Hans-Dieter von Flotow, Sohn des Hans von Flotow, Auskunft an Verfasser vom 14.08.2009; Interview von Karin Eickhoff-Vigelahn mit Dorothee Schröder, Tochter von Kurt Richter-Erdmann, im September 1998.

das verwandtschaftlich verbundene Londoner Handelshaus Brandeis, Goldschmidt & Co. gewährten Darlehen über 200.000 RM nicht wie 1938 in der Korrespondenz mit den nationalsozialistischen Behörden angegeben erst 50.000 RM zurückgezahlt worden waren, sondern wie in der eidesstattlichen Versicherung Adolf Meyers im nach dem Kriege durchgeführten Rückerstattungsverfahren schon 100.000 RM zurückgezahlt worden waren, also nun auf diese Weise weitere 50.000 RM „zu viel“ an Brandeis, Goldschmidt & Co. „getilgt“ werden sollten, welche dann Meyers in Amsterdam weitergegeben werden sollten[249]. Es existieren keine weiteren Akten zu diesem Vorgang – sofern ein solches Verfahren zu der Zeit und unter den Umständen überhaupt schriftlich festgehalten worden wäre.

Darüber hinaus hatte Adolf Meyer in Holland lediglich eine Monat für Monat zu verlängernde Aufenthalts- und keine Arbeitserlaubnis, welche nur solange gültig war, bis er seine Papiere um das Land zu verlassen in Ordnung gebracht hatte[250]. Nach dem Überfall Deutschlands auf die Niederlande am 10.05.1940 wurde es noch schwieriger, Visa zu bekommen und Adolf Meyer bemühte sich zunächst über Freunde und seinen Vetter Hans, ein Visum nach Santo Domingo zu erhalten, jedoch erfolglos[251].

Kurz nach dem Überfall der Deutschen auf die Niederlande 1940 haben diese 14 Verwandte und jüdische Angestellte des von Hans Meyer, dem Vetter Adolf Meyers, geleiteten Bankhauses Warburg & Co. festgenommen. Derartige

---

249 Archiv Bundesverband deutscher Banken, Bestand „gelb“, E. J. Meyer; Im Rückerstattungsverfahren wird unstreitig vorgetragen, dass zwischen 1930 und 1932 100.000 RM an einen ausländischen Darlehensgeber zurückgezahlt worden seien, vgl. BADV, 7 WGA 423/51, Bl. 256ff. Die Angaben aus dem Archiv des Bundesverbandes deutscher Banken beruhen auf Korrespondenz von E. J. Meyer mit nationalsozialistischer Administration, da Adolf Meyer einen Reisepass beantragt hatte, um nach London zu Brandeis, Goldschmidt & Co. zu fahren, weil diese 1927 einen Kredit über 200.000 RM gegeben hätten, wovon bis 1938 lediglich 50.000 RM getilgt worden seien. Jedoch stand in den Bilanzen von E. J. Meyer 1940 noch ein Kredit von Brandeis, Goldschmidt & Co. in Höhe von 150.000 RM, vgl. Archiv Bankhaus Metzler, Auskunft an Verfasser vom 19.01.2012, Niederschrift „Besprechung der Bilanz E. J. M. per 31.12.1940“.

250 LEA, Reg.-Nr. 303536, Bl. D6ff.; Sein Vetter Hans Meyer, Mitinhaber des Bankhauses Warburg & Co. in Amsterdam, welcher Adolf und dessen Familie viel geholfen hat, bestätigt in einer eidesstattlichen Erklärung diesen Sachverhalt und führt aus, dass Adolf vor jedem Besuch bei der Polizei geradezu gezittert habe und ihm anschließend immer berichtet hatte, dass die Polizei ihn gefragt hätte „Wann gehen Sie weg?“ oder „Wann gehen Sie endlich weg?“, vgl. LEA, Reg.-Nr. 160830, Bl. D22f.

251 LEA, Reg.-Nr. 303536, Bl. D6ff.

Festnahmen geschahen gezielt zum Zweck von „Arisierungen". Gegen hohes Lösegeld und die von den Nationalsozialisten gewollte Übernahme der holländischen Bank Warburg & Co. durch die „arisierte" deutsche M. M. Warburg & Co. wurde den 14 Juden freies Geleit ins Ausland zugesagt[252]. Maßgeblich hatte diese Flucht Adolfs Vetter Hans Meyer durch Beziehungen seiner Firma sowie eigene Beziehungen organisiert. Eigentlich wollten die Behörden lediglich Hans Meyer die Ausreise gewähren, jedoch konnte dieser mit der Weigerung, das Land ohne die anderen Verhafteten zu verlassen sowie mit viel Geld für den wohl dubiosen „Vermittler" und Rechtsanwalt Fritz Fenthol die Ausreisemöglichkeit erreichen[253]. Weil durch den Krieg keine Verbindungen von Amsterdam in die USA möglich waren und trotz des generellen Ausreiseverbotes dieser kleinen Gruppe von Juden die Ausreise gestattet wurde, mussten Meyers und die anderen Mitglieder der Gruppe bei ihrer Flucht am 29.03.1941 in einem versiegelten Eisenbahnwagon unter Begleitung von SS-Mitgliedern von Holland bis an die spanische Grenze fahren, von dort dann weiter nach Lissabon, wobei jeder (also Adolf Meyer, seine Frau Olga und seine Tochter Giesela) lediglich zwei Reisetaschen als Gepäck mitnehmen durfte[254]. Unterwegs wurden zwei Zwischenstopps eingelegt, einer in Brüssel, wo sie Adolfs Mutter Anna und seine Schwester Erna trafen und eine weitere Nacht in Paris, wo sie bei Dreyfuß-Verwandten zum Abendessen waren. An der spanisch-portugiesischen Grenze verließen die SS-Männer den Zug, nicht ohne zuvor Hans Meyer noch um eine Empfehlung für die Begleitung künftiger Züge gebeten zu haben – die Fahrt scheint wohl lukrativ für sie gewesen zu sein. Am 15.05.1941wanderte die Familie, bestehend

252 Stiftung Warburg Archiv, Akte M. M. Warburg & Co. Amsterdam, Prozess; Unabhängige Expertenkommission Schweiz – Zweiter Weltkrieg (Hrsg.), Die Schweiz und die deutschen Lösegelderpressungen in den besetzten Niederlanden, S. 39, 141.

253 LEA, Reg.-Nr. 160830, Bl. D23; Videoaufzeichnung der Princeton-University, Interview mit Gisela Weil vom 26.04.1992; Kreutzmüller, Händler und Handlungsgehilfen, S. 240; Chernow, Die Warburgs, S. 608ff.

254 Da sie nur mit Handgepäck reisen durften, wurden die noch vorhandenen Möbel so gut es ging in Amsterdam bei Freunden untergestellt, der Rest wurde einfach in der Wohnung gelassen, da ein Aufbewahren für Dritte verboten und strafbar und ein Verkauf praktisch unmöglich war. Die Möbel sind dann auf Veranlassung der deutschen Behörden in Holland versteigert worden und der Erlös wurde bei einer Filiale der Deutschen Bank in Holland eingezahlt zu Gunsten der für jüdisches Vermögen bestimmten Zentralstelle. Nach dem Krieg haben Meyers noch einige Reste der Möbel auffinden können, welche dann nach New York geschickt wurden, vgl. LEA, Reg.-Nr. 67787, Bl. D9a; LEA, Reg.-Nr. 303536, Bl. D3ff.

aus Adolf, Olga und Tochter Giesela mit der Ciudad Sevilla von Lissabon nach New York aus[255].

Neben Hans Meyer hatte maßgeblich Rudolf Brinckmann, der „Arisierer" und Sachwalter von M. M. Warburg & Co. in Hamburg durch Zahlung hoher Geldbeträge dafür gesorgt, dass die Gruppe hatte fliehen können. Brinckmann war zur deren Abreise extra nach Amsterdam gekommen und hat die Gruppe bis zur französisch-spanischen Grenze begleitet[256]. Auch Kurt Richter-Erdmann, der „Arisierer" von E. J. Meyer, kam extra nach Amsterdam als er hörte, dass Meyers würden ausreisen können, um sich von ihnen zu verabschieden[257].

Neben Hans Meyer und Rudolf Brinckmann hatte Adolf Meyer auch der Berliner Rechtsanwalt Eduard Wätjen geholfen, welcher ihn schon im Prozess gegen den Polizeipräsidenten von Berlin vertreten hatte[258]. Wätjen hatte in Berlin eine Kanzlei mit seinem Schwager Friedrich Carl Sarre[259], welcher sich Anfang 1940 der mit Wätjen befreundete Helmut James Graf von Moltke anschloss[260]. Wätjen war im Krieg wie Moltke in der „Abwehr" unter Admiral Wilhelm Canaris tätig, meistenteils in der Schweiz, wo er Kontakt mit Allen W. Dulles[261] und der amerikanischen „Abwehr", dem „Office for Strategic Services" hatte. Er gehörte zum Kreisauer Kreis, der das Attentat auf Hitler vom 20.07.1944 geplant und

255 Chernow, Die Warburgs, S. 608ff.; LEA, Reg.-Nr. 67787, Bl. D9a; LEA, Reg.-Nr. 303536, Bl. D3ff.; Videoaufzeichnung der Princeton-University, Interview mit Gisela Weil vom 26.04.1992.

256 Kleßmann, M. M. Warburg & Co., S. 108.

257 LAB, 7 WGA 423/41, Bl. 66f.

258 LEA, Reg.-Nr. 303536, Bl. D6ff.; zum Verfahren gegen den Berliner Polizeipräsidenten siehe Kap. 4.3.2 – 1938; Sarre war später auch für Kurt Richter-Erdmann tätig und meldete beispielsweise am 28.06.1939 für diesen beim Handelsregister die Otto Treiber erteilte Prokura an, vgl. LAB, B Rep. 042, Nr. 46349, Bd. 1, Bl. 55.

259 Sarre war von 1933 an mehrere Jahre in den USA bei einer großen Kanzlei tätig. Nach seiner Rückkehr war er Partner in der angesehenen jüdischen Kanzlei Frankfurter & Rosenberger, die er auch nach deren Emigration finanziell unterstützte, vgl. Jungfer/ König, 125 Jahre Rechtsanwaltskammer Berlin, S. 297f.

260 Moltke, Briefe an Freya, S. 98; Moltke, Im Land der Gottlosen, S. 152.

261 Auch Hans Wilhelm von Tümpling, der nach dem Tode von Kurt Richter-Erdmann 1942 persönlich haftender Gesellschafter von E. J. Meyer wurde, hatte Kontakte zum Widerstand unter Admiral Wilhelm Canaris und Oberst Hans Oster sowie mit Mittelsmännern von Allen W. Dulles in der Schweiz und wurde aus diesen Gründen nach dem Attentatsversuch vom 20.07.1944 für drei Monate von der Gestapo in der Prinz-Albrecht-Straße in Berlin inhaftiert, vgl. HHStA, Entnazifizierungsakte Hans Wilhelm von Tümpling; siehe dazu Kap. 5.3.1.2.

durchgeführt hat[262]. Marie-Luise Sarre, Sarres Schwester, war sehr aktiv im Solf-Kreis, zu welchem auch Albrecht Graf von Bernstorff zählte, welcher mit Kurt Richter-Erdmann, dem „Arisierer" des Bankhauses E. J. Meyer[263], befreundet war, sowie Elisabeth von Thadden, die Leiterin des Internats, in welches Kurt Richter-Erdmann seine Tochter Dorothee gegeben hatte[264].

In New York angekommen, wohnten Meyers im Delabare House auf dem Warburg Estate in White Plains, also bei ihren Verwandten Warburg[265]. Am 25.11.1946 wurde Adolf Meyer US-amerikanischer Staatsbürger[266].

In Deutschland Privatbankier gewesen, konnte der 55jährige Adolf Meyer in New York geschäftlich zwar nicht auf selber Ebene, aber zumindest etwas Fuß fassen. Er arbeitete in einer Reihe Stellungen als Buchhalter[267]. Mehrere Jahre arbeitet er für die Börsenfirma Model, Roland & Stone, aus welcher er 72jährig im Januar 1958 gesundheitsbedingt ausschied[268]. Der Namenspartner Rolf Roland der Firma Model, Roland & Stone zählte zum Freundeskreis um Moltke und Sarre[269], welche mit Wätjen in Berlin die Kanzlei betrieben, die Adolf Meyer gegen den Polizeipräsidenten vertrat und ihn bei der Beschaffung der Visa für die USA unterstützte. Es ist anzunehmen, dass Adolf Meyer den Kontakt zu dieser Firma über diese Schiene erhalten hat, wie auch andere,

---

262 Moltke, Briefe an Freya, S. 80; Gerstenmaier, Der Kreisauer Kreis, in: Vierteljahreshefte für Zeitgeschichte (VfZ) 1967, S. 245; Dulles, Verschwörung in Deutschland, S. 168ff.

263 Siehe Kap. 5.2.1.2.

264 Interview von Karin Eickhoff-Vigelahn mit Dorothee Schröder, Tochter von Kurt Richter-Erdmann, im September 1998; siehe auch Kap. 5.2.1.2; Elisabeth von Thadden hatte vor Gründung ihrer eigenen Schule bei Kurt Hahn im Internat Schloss Salem gelernt, nach dessen Idealen sie auch ihre Schule ausrichtete, vgl. Schad, Frauen gegen Hitler, S. 115ff.; Kurt Hahn war Vetter und Schulkamerad von Adolf Meyer und Schwager einer Warburg-Cousine von Olga Meyer und hatte bereits 1932 öffentlich erklärt, dass die Grundsätze der Nationalsozialisten nicht mit denen der Schule vereinbar seien, vgl. Chernow, Die Warburgs, S. 369f., 506ff.; Videoaufzeichnung der Princeton-University, Interview mit Gisela Weil vom 26.04.1992.

265 BADV, 71 WGA 958/55, Bl. 22.

266 Leo Baeck Institute, Gisela A. Weil Collection, Box 1, Folder 13, Schreiben des Generalkonsuls der Niederlande vom 29.11.1946.

267 LEA, Reg.-Nr. 160830, Bl. M1/ M2a, E1, E3f.; Aus den im Entschädigungsverfahren angegebenen Gehaltsentwicklungen ergibt sich, dass er wohl seine erste feste Stellung 1944 hatte und dann 1949 einen größeren Karrieresprung machte, wobei er jedoch weit hinter seinem Einkommen von vor 1933 zurückblieb.

268 LEA, Reg.-Nr. 160830, Bl. E12ff., E21.

269 Ruppel, Erinnerungen, S. 97.

beispielsweise die genannte Autorin Ruppel, welche auch zu diesem Freundeskreis gehörte und welcher empfohlen worden war, sich nach ihrer Flucht aus Deutschland in New York zwecks Arbeit an Rolf Roland zu wenden[270].

Adolf Ernst Joachim Meyer (Quelle: Privatbesitz)

Olga Meyer hat von 1942 bis 1974 als Analyst für die Wyler Watch Company gearbeitet und sich ab 1972 beim New York Metropolitan Committee von Unicef engagiert. 1984 wurde sie in den Vorstand des Komitees berufen und fungierte als „Chief Coordinator of Volunteers for the New York Metropolitan Committee". Als sie am 07.05.1989 in Manhattan starb[271], hinterließ sie Sohn Frank Ernest Jeffrey Mitchell[272], verheiratet mit Eva, in London und Tochter Giesela Weil, verheiratet mit Erwin, in Elmhurst, Queens, sowie zwei Schwestern Emmy Braun aus Binyamina, Israel, und Ruth, verheiratet mit Peter, Fleck in South Orleans, Mass., sowie eine Enkeltochter[273].

Adolf Meyer war bereits am 13.12.1965 in New York verstorben[274].

Mitgliedschaften

Wie schon sein Urgroßvater und Gründer von E. J. Meyer Ely Joachim Meyer, sein Großvater Abraham (gen. Adolf), sein Großonkel Friedrich, sein Vater Ernst

270 Ruppel, Erinnerungen, S. 97.

271 LEA, Reg.-Nr. 303356, Bl. M18.

272 Eidesstattliche Erklärung, dass er früher Felix Ernst Joachim Meyer hieß in Leo Baeck Institute, Gisela A. Weil Collection, AR 25391, Box 1, Folder 5.

273 New York Times vom 12.05.1989, S. B10 der New York Edition.

274 LEA, Reg.-Nr. 67787, Bl. M54, 57.

Joachim, dessen Schwiegervater Wilhelm Herz, sein Großonkel Moritz Meyer, sein Onkel Richard Moritz Meyer, sein Mitteilhaber am Bankhaus E. J. Meyer Albert Stäckel sowie Max Richter, Vater des späteren „Arisierers" Kurt Richter-Erdmann, war Adolf Ernst Joachim Meyer in vierter Generation Mitglied der Gesellschaft der Freunde[275]. Ebenfalls war er Mitglied im Club von Berlin, dem Club der Wirtschaftselite des Reiches[276].

An Mandaten in Aufsichtsgremien hatte Adolf Meyer nicht derart viele inne wie sein Vater Ernst Joachim, jedoch hat er einige Mandate von seinem Vater „übernehmen" können. An Aufsichtsratstantiemen verdiente Adolf Meyer jährlich mehrere Tausend Reichsmark[277]. Nach seiner eidesstattlichen Versicherung musste er unter dem Nationalsozialismus alle Aufsichtsratsmandate aufgeben[278].

So war Adolf Meyer Mitglied im Aktionärsausschuss der Bank des Berliner Cassen-Vereins[279] und nach seiner Zeit im Aktionärsausschuss sogar Mitglied des Verwaltungsrates[280]. Dies verlief ebenso wie bei seinem Vater Ernst Joachim, der jedoch später sogar Vorsitzender des Verwaltungsrates wurde[281]. Der Sitz im Verwaltungsrat der Bank des Berliner Cassen-Vereins war der einzige, den Adolf Meyer noch 1937 innehatte[282].

Auch konnte Adolf Meyer das Aufsichtsratsmandat seines Vaters und Großvaters bei dem damals größten deutschen Baukonzern Philipp Holzmann in der

275 Siehe dazu Kap. 4.3.4.8.

276 Knackmuß, Willkommen im Club, S. 233; siehe dazu Kap. 4.3.4.9.

277 LEA, Reg.-Nr. 160830, Bl. E2.

278 LEA, Reg.-Nr. 160830, Bl. E3.

279 Achterberg, Berliner Hochfinanz, S. 27.

280 1929 war Adolf Meyer – sowie auch Julius Schwarz (Bankhaus Schwarz, Goldschmidt & Co., später Teil der DANAT-Bank), der 1932 Teilhaber von E. J. Meyer werden sollte – Mitglied des Verwaltungsrates der Bank des Berliner Cassen-Vereins, vgl. Verlag für Börsen- und Finanzliteratur (Hrsg.), Handbuch der deutschen Aktiengesellschaften 1929, Bd. 1, S. 6f.

281 Siehe Kap. 2.2.3.1.

282 Mossner (Hrsg.), Adressbuch der Direktoren und Aufsichtsräte 1930, S. 1236; Mossner (Hrsg.), Adressbuch der Direktoren und Aufsichtsräte 1935, S. 954; Mossner (Hrsg.), Adressbuch der Direktoren und Aufsichtsräte 1936, S. 1007; Adolf Meyer war noch auf der Generalversammlung vom 09.03.1937 Mitglied des Aufsichtsrates (zusammen mit ihm saß dort Richard Lenz (für das Bankhaus Richard Lenz & Co., der spätere „Arisierer" des Berliner Bankhauses Jacquier & Securius), vgl. Verlag für Börsen- und Finanzliteratur (Hrsg.), Handbuch der deutschen Aktiengesellschaften 1937, Bd. 2, S. 1741ff. Im Februar 1940 war niemand mehr von E. J. Meyer im Aufsichtsrat, vgl. Verlag für Börsen- und Finanzliteratur (Hrsg.), Handbuch der deutschen Aktiengesellschaften 1940, Bd. 2, S. 1261.

dritten Generation „übernehmen“[283]. Dies musste er jedoch wegen seines jüdischen Glaubens 1933 niederlegen, weil die Firma wegen Juden im Aufsichtsgremium bereits von einigen öffentlichen Ausschreibungen ausgeschlossen worden war[284].

Auch das bereits von seinem Vater innegehabte Mandat bei der Chemischen Fabrik Grünau Landshoff & Meyer AG konnte Adolf Meyer bis 1934 halten, jedoch war E. J. Meyer bis mindestens 1937 noch Zahlstelle der Firma[285].

Auch war Adolf Meyer Mitglied im Aufsichtsgremium der S. Herz GmbH, welche die Holding seines Schwiegervaters Wilhelm Herz und nach dessen Tode seines Schwagers Paul Herz war[286]. Die S. Herz GmbH ging auf in der

---

283 Münzel, Die jüdischen Mitglieder der deutschen Wirtschaftselite 1927 - 1955, S. 228; Mossner (Hrsg.), Adressbuch der Direktoren und Aufsichtsräte 1930, S. 1236.

284 Pohl, Philipp Holzmann, S. 158, 193ff.; siehe dazu Kap. 4.3.4.1.

285 Adolf Meyer war Mitglied des Aufsichtsrates und E. J. Meyer Zahlstelle, vgl. Verlag für Börsen- und Finanzliteratur (Hrsg.), Handbuch der deutschen Aktiengesellschaften 1929, Bd. 2, S. 2895f.; Mossner (Hrsg.), Adressbuch der Direktoren und Aufsichtsräte 1930, S. 1236; Mossner (Hrsg.), Adressbuch der Direktoren und Aufsichtsräte 1935, S. 954; Mit dem Ende des Geschäftsjahres 1934 sind Adolf Meyer sowie der auf Max Warburg gefolgte Erich Warburg „turnusmäßig“ aus dem Aufsichtsrat ausgeschieden, Hans Meyer blieb jedoch bis Januar 1938 Mitglied des Aufsichtsrates, wobei die beiden Geschäftsführer der Firma Dr. Victor Joachim Meyer und Dr. Theo Meyer zum Ende des Geschäftsjahres 1937 ausgeschieden waren, was auf eine „Arisierung“ dieser Firma zu dem Zeitpunkt hindeutet, vgl. Geschäftsberichte Chem. Fabrik Landshoff & Meyer AG aus verschiedenen Jahren: http://zbw.eu/beta/p20/company/42008/00039/0002, http://zbw.eu/beta/p20/company/42008/00047/0002, http://zbw.eu/beta/p20/company/42008/00026/0002 jeweils am 30.03.2012; 1937 war Adolf nicht mehr Mitglied des Aufsichtsrates, aber E. J. Meyer immer noch Zahlstelle, vgl. Verlag für Börsen- und Finanzliteratur (Hrsg.), Handbuch der deutschen Aktiengesellschaften 1937, Bd. 3, S. 4039. 1940 ist niemand von E. J. Meyer im Aufsichtsrat und E. J. Meyer nicht Zahlstelle, vgl. Verlag für Börsen- und Finanzliteratur (Hrsg.), Handbuch der deutschen Aktiengesellschaften 1940, Bd. 3, S. 3233. Im Handbuch 1941 wird nur auf 1940 verwiesen wegen ausführlicher Behandlung und nur erwähnt, dass die Chem. Fabrik Landshoff & Meyer AG inzwischen zu 85% der Deutschen Gold- und Silber-Scheideanstalt vorm. Roessler (später DEGUSSA) gehört, wobei bei Degussa niemand von E. J. Meyer im Aufsichtsrat vertreten ist, vgl. Verlag für Börsen- und Finanzliteratur (Hrsg.), Handbuch der deutschen Aktiengesellschaften 1941, Bd. 1, S. 746.

286 Mossner (Hrsg.), Adressbuch der Direktoren und Aufsichtsräte 1927/ 1928, S. 1144; Mossner (Hrsg.), Adressbuch der Direktoren und Aufsichtsräte 1930, S. 1236. In Verlag für Börsen- und Finanzliteratur (Hrsg.), Handbuch der deutschen Aktiengesellschaften 1920/ 1921, war die S. Herz GmbH (noch) nicht erwähnt.

S. Herz Ölfabriken Wittenberge Aktiengesellschaft, Berlin, gegr. mit Wirkung vom 01.05.1929, bei der Adolf Meyer aber nicht mehr im Aufsichtsrat vertreten war[287]. Die S. Herz GmbH wurde 1929 von Max Herz, dem Bruder Pauls, verkauft[288]. Auch im Handbuch 1937 wird weder Adolf Meyer als Aufsichtsrat noch E. J. Meyer als Zahlstelle geführt[289].

Als für E. J. Meyer neues Aufsichtsratsmandat konnte Adolf Meyer mit dem Aufsichtsratsmandat bei der 1923 gegründeten J. Hirschhorn AG in Berlin ein Mandat akquirieren, welches sein Vater nicht innegehabt hat. Dieses Mandat hatte er zumindest in den Jahren 1927/ 1928 inne[290], jedoch schon 1929 nicht mehr[291].

Ob Adolf Meyer weitere Mandate in Aufsichtsgremien akquirieren konnte, lässt sich nicht feststellen.

Andere Mandate, die schon sein Vater und teilweise sein Großvater innegehabt haben, konnte Adolf Meyer nicht mehr halten. Ebenfalls hatte Adolf Meyer keine Positionen bei öffentlichen Institutionen wie der Industrie- und Handelskammer inne, wie es noch bei seinem Vater der Fall war. Auch konnte Adolf Meyer seinem Vater nicht als Stellvertretendes Mitglied des Zentralausschusses der Reichsbank folgen, in dem bereits sein Großvater seit der Gründung Mitglied gewesen war[292].

Gründe dafür, dass Adolf nach dem Tode seines Vaters Ernst Joachim 1928 diesem nicht in den Aufsichtsrat der Schultheiss-Patzenhofer Brauerei folgen konnte, sind nicht bekannt. Da die Schultheiss Brauerei vom Schwiegervater seines Vaters Wilhelm Herz gegründet worden war, dessen Sohn Paul aber

---

287 Verlag für Börsen- und Finanzliteratur (Hrsg.), Handbuch der deutschen Aktiengesellschaften 1929, Bd. 3, S. 4557.

288 Zielenziger, Juden in der deutschen Wirtschaft, S. 95; Firma ab 19.06.1938 war Herz Ölfabriken Wittenberge AG, Berlin, aber niemand von E. J. Meyer war im Aufsichtsrat und E. J. Meyer war nicht Zahlstelle und nicht Bankverbindung, vgl. Verlag für Börsen- und Finanzliteratur (Hrsg.), Handbuch der deutschen Aktiengesellschaften 1940, Bd. 4, S. 4409.

289 Verlag für Börsen- und Finanzliteratur (Hrsg.), Handbuch der deutschen Aktiengesellschaften 1937, Bd. 3, S. 3135.

290 Mossner (Hrsg.), Adressbuch der Direktoren und Aufsichtsräte 1927/ 1928, S. 1144.

291 Die Gesellschaft beschäftigte sich mit Fabrikation und Vertrieb von Metallwaren, insbesondere von elektrischen Kochern, Lampen, Öfen und Beleuchtungskörpern für Gas und elektrisches Licht und ist am 26.06.1923 gegründet worden, vgl. Verlag für Börsen- und Finanzliteratur (Hrsg.), Handbuch der deutschen Aktiengesellschaften 1929, Bd. 4, S. 5701.

292 Verlag für Börsen- und Finanzliteratur (Hrsg.), Handbuch der deutschen Aktiengesellschaften 1929, Bd. 1, S. 81ff.

1925 ohne Nachkommen verstorben war, könnte der Grund für den Verlust des Aufsichtsrates aber in der fehlenden familiären Bindung liegen. Jedoch war E. J. Meyer noch 1929 Zahlstelle von Schultheiss-Patzenhofer[293].

Das Aufsichtsratsmandat bei der Berliner Hagel-Assecuranz-Gesellschaft von 1832, welches sein Vater rund ein Viertel Jahrhundert – zum Schluss sogar als Vorsitzender – innegehabt hatte, konnte Adolf Meyer nicht übernehmen[294]. Jedoch war E. J. Meyer 1929 Teil eines Bankenkonsortiums für die Hagel-Assecuranz zusammen mit der Dresdner Bank und dem Bankhaus Mendelssohn & Co. In diesem Zusammenhang schrieb Adolf Meyer an seinen Vetter Max Warburg, dass sie nicht mehr im Aufsichtsrat vertreten seien, weil die Gesellschaft beabsichtige, den Einfluss der Banken im Aufsichtsrat gegenüber dem Einfluss der landwirtschaftlichen Kreise zurückzusetzen[295].

Ebenfalls konnte Adolf Meyer seinem Vater nicht folgen in die Mandate bei der Ehrich & Graetz AG, Berlin-Treptow[296], der Preuß. Hypotheken-Actien-Bank[297],

---

293 Verlag für Börsen- und Finanzliteratur (Hrsg.), Handbuch der deutschen Aktiengesellschaften 1929, Bd. 1, S. 1287ff. Im Jahr 1937 war E. J. Meyer nicht mehr Zahlstelle von Schultheiss-Patzenhofer, vgl. Verlag für Börsen- und Finanzliteratur (Hrsg.), Handbuch der deutschen Aktiengesellschaften 1937, Bd. 2, S. 1345f. Nach der Machtergreifung 1933 haben alle Großbanken freiwillig ihre jüdischen Vertreter im Aufsichtsrat von Schultheiss-Patzenhofer durch „arische" ersetzt. Für antisemitisch motiviertes Interesse der Großbanken an der Umbesetzung des Aufsichtsrates gebe es jedoch keinen Hinweis, in erster Linie sei Angst vor einem Konkurrenznachteil und damit Verlust des Aufsichtsratssitzes Motiv für das Zurückziehen der jüdischen Aufsichtsratsmitglieder durch die Großbanken gewesen. Jedoch auch das jüdische Privatbankhaus Jacquier & Securius konnte nach dem Ausscheiden des jüdischen Inhabers Max Landesmann aus dem Aufsichtsrat das Mandat nicht halten, vgl. Ziegler, Die Dresdner Bank und die deutschen Juden, S. 219.

294 Verlag für Börsen- und Finanzliteratur (Hrsg.), Handbuch der deutschen Aktiengesellschaften 1929, Bd. 1, S. 1144f.

295 Stiftung Warburg Archiv, Akte Warburg & Co., Amsterdam, Korrespondenz K - O, Schreiben E. J. Meyer an M. M. Warburg & Co. vom 05.09.1929.

296 1929 war er nicht mehr Mitglied im Aufsichtsrat, vgl. Verlag für Börsen- und Finanzliteratur (Hrsg.), Handbuch der deutschen Aktiengesellschaften 1929, Bd. 2, S. 2229.

297 Verschmelzung mit der Preußischen Pfandbriefbank, Berlin zum 01.01.1929, vgl. Verlag für Börsen- und Finanzliteratur (Hrsg.), Handbuch der deutschen Aktiengesellschaften 1929, Bd. 2, S. 3806; im Jahr 1929 war Adolf Meyer aber nicht mehr im Aufsichtsrat vertreten, jedoch blieb E. J. Meyer Zahlstelle, vgl. Verlag für Börsen- und Finanzliteratur (Hrsg.), Handbuch der deutschen Aktiengesellschaften 1929, Bd. 1, S. 1674f.

der Preuß. Pfandbriefbank[298] sowie der Mitteldeutschen Creditbank in Frankfurt a. M. und Berlin[299].

2.2.4.2 Georg Rogalski

Georg Rogalski war von 1927 bis 1929 persönlich haftender Gesellschafter bei E. J. Meyer. Er ist 1883 als Sohn einfacher Eltern in Spandau geboren, trat mit 25 Jahren bei der Norddeutschen Kreditanstalt in Königsberg seinen ersten gehobenen Posten an und war insbesondere in Geschäfte zwischen Preußen und Russland involviert. Dazu machte er auch diverse Reisen nach Russland, unter anderem in die damalige russische Handelsmetropole Nischni-Nowgorod, zehn Eisenbahnstunden nach Osten von Moskau entfernt.

Zehn Jahre später, 1915, ist Rogalski bei der Deutschen Bank Direktor der Niederlassungen Danzig. dem an der heutigen deutsch-polnischen Grenze gelegenen Stettin sowie der westlettischen Küstenstadt Libau.

1923 wechselte Rogalski von der Deutschen Bank als Finanzchef zu Hugo Stinnes und wurde zudem persönlich haftender Gesellschafter der Stinnes-Bank in Düsseldorf. 1925 ist Rogalski bei Stinnes ausgetreten, weil das damals größte deutsche Unternehmen nach dem plötzlichen Tod von Hugo Stinnes Sr. in akute Schieflage geriet. Danach war Rogalski laut einer Kundeninformation von E. J. Meyer aus dem Jahre 1927 Geschäftsinhaber des Barmer Bank-Vereins Hinsberg, Fischer & Comp. KGaA, Düsseldorf, was aber Delius nicht erwähnt. Delius hingegen erwähnt Studienaufenthalte in Genf und London und einen Eintritt als Juniorpartner[300] bei E. J. Meyer 1926[301]. Tatsächlich ist Rogalski jedoch erst zum 31.03.1927

---

298 1937 nicht mehr erwähnt in Verlag für Börsen- und Finanzliteratur (Hrsg.), Handbuch der deutschen Aktiengesellschaften.

299 Per 28.02.1929 Verschmelzung mit Commerz- und Privatbank AG, Hamburg, vgl. Verlag für Börsen- und Finanzliteratur (Hrsg.), Handbuch der deutschen Aktiengesellschaften 1929, Bd. 1, S. 141. Adolf Meyer ist nicht unter den Aufsichtsratsmitgliedern der Mitteldeutschen Creditbank, die 1929 in den Aufsichtsrat der Commerzbank gewählt wurden (sofern er da noch im Aufsichtsrat der Mitteldeutschen Creditbank gewesen ist), vgl. Verlag für Börsen- und Finanzliteratur (Hrsg.), Handbuch der deutschen Aktiengesellschaften 1929, Bd. 1, S. 153.

300 Delius schreibt einen Nachruf auf seinen wesentlich älteren Segelkameraden, weshalb wohl davon auszugehen ist, dass das „Juniorpartner“ aus Rogalskis eigener Darstellung herrührt, weil Delius diese Zeit nicht miterlebt hat. Rogalski hatte jedoch eine Kapitaleinlage bei E. J. Meyer von 300.000 RM eingebracht, vgl. BADV, 7 WGA 423/51, Bl. 256ff.

301 Delius, Georg Rogalski, in: Segelclub RHE e. V. (Hrsg.), Annalen, S. 71f.; LEA, Reg.-Nr. 161874, Bl. E5.

zu E. J. Meyer gekommen, denn eine Mitteilung der OHG E. J. Meyer von selbigem Datum besagt, dass Georg Rogalski und Dr. Leonhard Horwitz als persönlich haftende Gesellschafter der OHG beigetreten sind[302]. Mit Schreiben vom 24.08.1929 teilt die OHG E. J. Meyer mit, dass Georg Rogalski aus der Firma ausgeschieden ist[303]. Aus welchem Grunde er ausgeschieden ist, lässt sich nicht genau feststellen. Jedoch war zwischen seinem Eintritt bei E. J. Meyer und seinem Ausscheiden der Seniorpartner Ernst Joachim Meyer am 08.10.1928 verstorben. Der mit Rogalski eingetretene Horwitz blieb noch lange Jahre Gesellschafter von E. J. Meyer, so dass Rogalski mit dem Tode Ernst Joachim Meyers einen Fürsprecher verloren haben könnte. Eine andere Möglichkeit ist, dass er selbst oder auch seine Partner bei E. J. Meyer ihn und seine Fähigkeiten weniger als Privatbankierspersönlichkeit denn als Bankmanager einschätzten, der er auch zuvor gewesen war und auch wieder wurde. Jedenfalls ist Rogalski – anders als der mit ihm bei E. J. Meyer eingestiegene Horwitz – nicht in den einschlägigen Wirtschaftsführern erwähnt[304]. Eine weitere Alternative ist, dass Rogalski wieder zurück in den Osten des Reichs wollte, wo er aufgrund seiner langjährigen Tätigkeit sicherlich bessere Verbindungen hatte als im Ruhrgebiet oder in Berlin.

Von 1931 bis 1939 war Rogalski Erster Direktor der Bank der Ostpreußischen Landschaft[305] in Königsberg und dann 1942 im besetzten Paris Direktor der AERO Bank[306]. Die AERO Bank war eine im Oktober 1941 gegründete Tochter der reichseigenen Bank der Deutschen Luftfahrt, was durch die zunehmend nach Frankreich ausgelagerten Rüstungsaufträge der Luftfahrt begründet war. Alle anderen deutschen Großbanken hatten keine Tochtergesellschaften im besetzten Frankreich, im Gegensatz beispielsweise zu den besetzten Niederlanden oder Belgien, sondern unterhielten in Frankreich lediglich Repräsentanzen, die kein eigenes Geschäft machen durften[307]. Welcher Tätigkeit Rogalski zwischen 1939 und 1941 nachging, erwähnt Delius nicht und ist nicht herauszufinden. Jedoch scheint Rogalski über nicht unbeträchtliche Finanzmittel verfügt zu haben,

302 LEA, Reg.-Nr. 161874, Bl. E5; LAB, B Rep. 042, Nr. 46349, Bd. 3, Handblatt Handelsregister Akte E. J. Meyer.

303 LAB, B Rep. 042, Nr. 46349, Bd. 2, Bl. 61.

304 In Arends/ Mossner (Hrsg.), Adressbuch der Direktoren und Aufsichtsräte 1913, 1917, 1927/1928, 1931 ist Rogalski nicht erwähnt.

305 Als solcher ist er auch erstmals im Wirtschaftsführer erwähnt, vgl. Mossner (Hrsg.), Adressbuch der Direktoren und Aufsichtsräte 1936, S. 1278; ebenso in Mossner (Hrsg.), Adressbuch der Direktoren und Aufsichtsräte 1939, S. 1383.

306 Delius, Georg Rogalski, in: Segelclub RHE e. V. (Hrsg.), Annalen, S. 71.

307 Henke (Hrsg.), Die Dresdner Bank im Dritten Reich, S. 843.

denn – wie er selbst schreibt – ließ er sich nach eigenen Wünschen eine Motor-Segelyacht bauen mit allerlei gehobener Sonderausstattung[308].

Nach dem Krieg war Rogalski als Treuhänder der Medizinal Berufsverbände tätig, danach als Hauptreferent beim Senator für Finanzen in Berlin und übernahm Aufsichtsratsmandate in 23 ehemaligen Reichsgesellschaften, wo er das Reichsvermögen für die Bundesregierung abwickelte. Im Jahre 1958 – also im Alter von 75 Jahren – zog er sich zurück und widmete sich fortan der Malerei. Auch war er immer noch ein begeisterter Segler und blieb dem Segelclub RHE, welchem er 1931 in Königsberg beigetreten war und welcher nach dem Kriege in Hamburg als „Segelclub RHE e. V." bis heute als ältester deutscher Segelclub fortbesteht, treu und bedachte diesen „fürstlich" als er am 19.12.1977 starb[309].

Ob Georg Rogalski jüdisch war, ist nicht feststellbar. Da er als Direktor eine maßgebliche Position in der reichseigenen AERO Bank während des Krieges im besetzten Paris innegehabt hat, ist jedoch nicht davon auszugehen.

2.2.4.3 Dr. Leonhard Horwitz

Zeitgleich mit Georg Rogalski trat Dr. Leonhard Horwitz als persönlich haftender Gesellschafter bei E. J. Meyer ein, was er bis zur „Arisierung" des Bankhauses im Juni 1938 geblieben ist.

Leonhard Horwitz wurde am 10.04.1883[310] in Berlin als Sohn des Samuel Horwitz, damals schon wohnhaft in Taunusstraße 5, und seiner Frau Rosa, geb. Phillipsthal, geboren[311].

Er besuchte das Französische Gymnasium in Berlin, welches er mit dem Abitur abschloss. Anschließend studierte er Rechtswissenschaften an der Universität Heidelberg, wo er 1905 das Referendarsexamen ablegte. Im Rahmen des Referendariates wurde er im Dezember 1905 dem Amtsgericht Rathenow zugewiesen. Seine juristische Dissertation schrieb er im Zivilrecht und legte am 16.07.1907 die Doktorprüfung in Leipzig ab[312]. Nachdem er die große Staatsprüfung bestan-

---

308 Beispielsweise ob seiner Körpergröße zwei Meter lange extra breiten Betten auch für die Gäste, zwei Sofas je im Eignerraum und der Messe sowie eine Hundekoje – alles gepolstert, weil er viel Zeit auf dem Boot zu verbringen pflegte, vgl. Rogalski, Motorsegler?, in: Die Yacht 1939, S. 923f.

309 Delius, Georg Rogalski, in: Segelclub RHE e. V. (Hrsg.), Annalen, S. 72.

310 BADV, 71 WGA 958/55, a. E. (Anfrage JCC Dresden und Antwort BADV).

311 LEA, Reg.-Nr. 161874, Bl. M13.

312 LEA, Reg.-Nr. 161874, Bl. M16; Horwitz, Ist es nach den Bestimmungen des Bürgerlichen Gesetzbuches für den Käufer einer Speziessache möglich, Nachbesserung der empfangenen fehlerhaften Kaufsache zu verlangen?

den hatte, ist er mit Wirkung vom 21.03.1911 zum Gerichtsassessor[313] in Berlin ernannt worden[314].

Am 14.12.1913 heiratete Horwitz die jüdische Margarete Berta (gen. Margot) Loewy, geb. am 16.01.1888 in Berlin als Tochter des verstorbenen Bankiers Leopold Loewy und seiner Frau Lina, geb. Lissa[315]. Leonhard und Berta hatten drei Kinder: Willi L. Horwitz (geb. 18.12.1914[316]), Herta Gabriele Horwitz (geb. 12.11.1915) [317] und Rudolf Eduard (geb. 30.05.1917)[318].

Ende 1913 verließ Leonhard Horwitz den öffentlichen Dienst und nahm eine Stellung als Prokurist in der Grundstücksabteilung der Darmstädter Bank an. Er wurde schnell zum Abteilungsdirektor befördert und blieb bis 1922 bei der Bank. In der Zeit des Ersten Weltkrieges arbeitete er bei der Zentralstelle zur Beschaffung der Heeresverpflegung in Berlin und wurde für seine geleistete Arbeit mehrfach ausgezeichnet. Im Jahre 1922 wechselte Horwitz dann zum Bankhaus Hagen & Co. in Berlin, wo er als angestellter Syndikus und Einzelprokurist tätig war. Zuletzt war er Generalbevollmächtigter des Bankhauses Hagen & Co.[319]

Am 31.03.1927 trat Horwitz wie eingangs bereits erwähnt als persönlich haftender Gesellschafter in das Bankhaus E. J. Meyer in Berlin ein und zwar zeitgleich mit Georg Rogalski[320].

Die Familie wohnte von 1930 bis zur Auswanderung im Februar 1939 in einer sehr luxuriösen Villa mit zehn Zimmern in der Taunusstraße 5 in Berlin-Grunewald, in dem Haus, in dem bereits seine Eltern gewohnt hatten[321]. Dieses

---

313 Heutige Bezeichnung: „Richter auf Probe".

314 In der Ernennung hieß es wie damals üblich, „dass der Herr Kammergerichtspräsident Sie einem Amtsgericht zur unentgeltlichen Beschäftigung überweisen wird.", vgl. LEA, Reg.-Nr. 161874, Bl. E8.

315 Wohnhaft Berlin-Charlottenburg, Kurfürstendamm 224. Sie hatte einen Bruder (geb. ~ 1885) namens Moritz Loewy, der nach der Heiratsurkunde Kaufmann war und zur Zeit der Hochzeit in London wohnte in der Old Broad Street 65, vgl. LEA, Reg.-Nr. 161874, Bl. M13, M71.

316 Ggf. auch geb. 09.12.1914, vgl. Archiv Bankhaus Wölbern, Schreiben von Friedrich Meineke an den Oberfinanzpräsidenten Berlin-Brandenburg vom 29.09.1942.

317 LEA, Reg.-Nr. 161874, Bl. M75; BrandLHA, Rep. 36A II, Nr. 16357.

318 LEA, Reg.-Nr. 161874, Bl. A4, M4, M15, M72, M73; BrandLHA, Rep. 36A II, Nr. 16357.

319 LEA, Reg.-Nr. 161874, Bl. M16, E6.

320 LEA, Reg.-Nr. 161874, Bl. M16, E2; LAB, B Rep. 042, Nr. 46349, Bd. 3, Handblatt Handelsregister Akte E. J. Meyer.

321 LEA, Reg.-Nr. 161874, Bl. D11.

Haus jedoch haben sie bereits seit 1926 vergeblich versucht zu verkaufen, da sie es selbst als „stark verwohnt und den neuzeitlichen Wohnungsansprüchen nicht mehr genügendes" Objekt bezeichneten[322]. Dieses Haus ist am 23.12.1938 an den Reichsfiskus (Heer) verkauft worden für einen Betrag von annähernd einhunderttausend RM, wobei ein Drittel davon mit Vertragsschluss vom Reichsfiskus zur Tilgung von Grundpfandrechten an das bereits „arisierte" Bankhaus E. J. Meyer sowie an Verwandte von Horwitz ausgezahlt wurden, die übrigen Zweidrittel vertragsgemäß bis Mitte 1939[323]. Der Reichsfiskus hat für das Grundstück mehr als ein Drittel über Einheitswert gezahlt, was auch im Hinblick auf den damaligen Ertrags- und Sachwert ein sehr guter Preis war, da derartige bebaute Grundstücke wenig ertragreich waren sowie aufgrund der Größe und des Alters der Bebauung kaum verkäuflich. Auch die verpflichtend eingeschaltete Preisprüfungsstelle hat den Kaufpreis im Juni 1939 lediglich unwesentlich herabgesetzt[324]. Bereits am 24.12.1938 erging die Genehmigung des Kaufvertrages durch den Reichsfiskus, schon am 06.01.1939 die Unbedenklichkeitsbescheinigung und der Betrag wurde nicht auf ein Sperrkonto gezahlt. Die Unbedenklichkeitsbescheinigung umfasste sämtliche Steuern und Abgaben, insbesondere auch die Judenvermögensabgabe, also alles, obwohl der Kaufpreis zum Großteil erst im Laufe des Jahres 1939 gezahlt werden musste und auch wurde[325]. Daraus folgt, dass Horwitz – nach seiner Ausreise aus Deutschland im Februar 1939 vertreten durch Friedrich Meineke, Prokurist bei E. J. Meyer, der auch Adolf Meyer in rechtlichen Dingen vertrat – trotz der Zeit gut mit den Behörden umzugehen gewusst hat bzw. die Behörden ihm aus irgendeinem Grunde positiv gegenüber eingestellt gewesen sind, da er nicht nur einen angemessenen, sondern einen guten Kaufpreis direkt vom Reichsfiskus bekommen hat, diesen zur freien Verfügung und das obwohl gerade die Veräußerung von Immobilien durch Juden mit dem Ziel des Transfers von Vermögenswerten von Juden ins Ausland unterbunden werden sollte[326]. Bereits in den Jahren 1935 bis 1937 verkaufte Horwitz seine Beteiligungen an

322 BADV, 1 WGA 1739/50, Bl. 63. Möglich ist jedoch auch, dass das Haus aus finanziellen Gründen verkauft werden sollte, um als Kapital für den Einstieg von Horwitz beim Bankhaus E. J. Meyer zu dienen.

323 LEA, Reg.-Nr. 161874, Bl. D24; BADV, 1 WGA 1739/50, Bl. 8, 15, 66ff.

324 LEA, Reg.-Nr. 161874, Bl. D39; BADV, 1 WGA 1739/50, Bl. 8, 24, 52, 64.

325 LEA, Reg.-Nr. 161874, Bl. D48; BADV, 1 WGA 1739/50, Bl. 22, 8, 66ff.

326 Siehe zur Unterbindung von Vermögenstransfer durch Veräußerung von Grundstücken Kap 4.4.2.6.

anderen Grundstücken und Grundstücksgesellschaften[327]. Jedoch hielt Horwitz noch einen Anteil von nominal 2500 RM an einer Wilhelm Grundstücks- und Finanzierungsgesellschaft, in welcher Friedrich Meineke Geschäftsführer war, hatte bei der Gesellschaft aber fast 45.000 RM Schulden, welche den Wert des Anteiles wohl überwogen[328]. Möglich, dass die Gesellschaft an Horwitz Darlehen gab und diese mit dem Anteil an der Gesellschaft abgesichert waren.

Aus Sicherheitsgründen waren die drei Kinder von Leonhard Horwitz bereits in den Jahren 1936, 1937 und 1938 ins Ausland geschickt worden. Damit ging es ihnen wie vielen anderen jüdischen Kindern. Zwischen 1934 und Ende 1939 sind 18.000 Kinder und Jugendliche von ihren Familien allein ins Ausland geschickt worden[329]. Sohn Willi ist im Oktober 1936 ausgewandert nach Buenos Aires, um dort für die Firma L. Leichner[330], bei der er seinerzeit beschäftigt war, in der Filiale Buenos Aires für einige Monate tätig zu sein, blieb dann wohl aber länger[331]. Die Tochter Gabriele ist im Dezember 1935 nach New York ausgewandert, wo sie am 09.12.1934 John P. Dunn aus Manhattan geheiratet hatte[332]. Das dritte Kind Rudolf Eduard ist im Juli 1938 ausgewandert nach Amsterdam, dann

327 LEA, Reg.-Nr. 161874, Bl. D48.

328 Archiv Bankhaus Wölbern, Schreiben von Friedrich Meineke an den Oberfinanzpräsidenten Berlin-Brandenburg vom 27.05.1942.

329 Barkai, Jüdisches Leben unter der Verfolgung, in: Meyer/ Leo Baeck Institute (Hrsg.), Deutsch-jüdische Geschichte, Bd. 4, Aufbruch und Zerstörung 1918 - 1945, S. 239.

330 L. Leichner war eine Kosmetikfirma in Berlin, welche sich immer wieder durch innovative Produkte hervortat, so beispielsweise durch die ersten vitaminhaltigen Kosmetika 1927 oder auch durch den ‚Flüssigen „Natur" Seidenstrumpf'. Da die Damenwelt 1938 Seidenstrümpfe trug, man aber wegen des heraufziehenden Krieges um die Beschaffung von Seide fürchtete, war dies eine Beinschminke, welche bei korrekter Anwendung wochenlang den Effekt eines Seidenstrumpfes hervorrief. Werbespruch von Leichner war „Was die Natur nicht gibt, gibt Leichner.", Hilscher, Kurt Hilscher - Werbegrafik und Verlagsarbeiten 1925 - 1975, S. 172, 176f.

331 LEA, Reg.-Nr. 161874, Bl. D4; BrandLHA, Rep. 36A II, Nr. 16357 sowie Rep. 36A, Nr. 1543, Bl. 77; BrandLHA, Rep. 36A, Nr. 1543, Bl. 77 (Antrag von Leonhard Horwitz vom 20.10.1936 an die Devisenstelle Landesfinanzamt Berlin, dass sein Sohn die Genehmigung erhalte, sein Gehalt von 200 - 300 Pesos für seinen dortigen Unterhalt zu verwenden). Willi wurde von seiner Mutter als Erbe nach ihr ausgeschlossen, wobei der Grund dafür nicht festzustellen war, vgl. LEA, Reg.-Nr. 161874, Bl. M67.

332 LEA, Reg.-Nr. 161874, Bl. M75; BrandLHA, Rep. 36A II, Nr. 16357; In LEA, Reg.-Nr. 161874, Bl. M15, A4. steht, dass sie 1937 ausgewandert sei. Möglicherweise ist sie kurz nach New York gegangen, hat dort 1934 geheiratet, dann ihren Lebensmittelpunkt 1935 nach New York verlegt und ist offiziell erst 1937 ausgewandert.

London und im April 1940 nach New York. Ab dem 25.05.1948 hieß er Ralph E. Howard[333].

Aufgrund des „Arisierungsvertrages“ über das Bankhaus E. J. Meyer vom 15.06.1938 schied Horwitz im Zuge der „Arisierung“ Anfang Dezember 1938 aus dem Bankgeschäft E. J. Meyer aus[334].

Nachdem zwei kleinere Lifts mit Umzugsgut verpackt und versendet worden waren[335], alles andere Mobiliar in der von Horwitzens bewohnten Villa zwischen Ende 1938 und Anfang 1939 verkauft worden war[336] sowie Leonhard Horwitz endlich seine steuerliche Unbedenklichkeitsbescheinigung und seinen Reisepass erhielt[337], wanderten der 55jährige Leonhard Horwitz und seine Frau Berta per Flugzeug von Berlin nach London am 06. oder 10. oder 13.02.1939 aus[338].

In London wohnte Horwitz mit seiner Frau in 65 Ladbroke Grove in Kensington, einer gutsituierten Gegend. Er versuchte, als Kaufmann wieder geschäftlich tätig zu sein und hatte deshalb um Arbeitserlaubnis nachgesucht. Ohne diese Erlaubnis musste sich seine Tätigkeit darauf beschränken, Geschäftsinteressenten zusammenzubringen. Es gelang Horwitz auch wegen des beginnenden Weltkrieges jedoch nicht, diese sowieso schwierigen Geschäfte zum Abschluss zu bringen. Bevor er eine Arbeitserlaubnis erhalten hatte, starb Horwitz mit 56 Jahren am 31.01.1940 in London an einer Angina Pectoris, obwohl er sich zuvor stets guter Gesundheit erfreut hatte und auch nicht in ärztlicher Behandlung gewesen war, so dass erst eine Leichenschau dies Ergebnis lieferte. Im Entschädigungsverfahren wurde auch eine andere Todesursache thematisiert: am Abend vor seinem Tod habe Horwitz ein Geräusch an der Tür gehört, sich erschreckt und gesagt, er fürchte, dass die Gestapo gekommen sei. Der ärztliche Gutachter zweifelte ob der guten Gesundheit, dass ein Erschrecken über eine knarrende Tür und die Angst, die Gestapo wolle ihn aus London holen, zur kausalen Ursache für den Tod von Horwitz geworden ist und nahm einen Herzinfarkt an, weshalb im Ergebnis ein Schaden am Leben durch die nationalsozialistischen

---

333 LEA, Reg.-Nr. 161874, Bl. A4, M4, M15, M72, M73; BrandLHA, Rep. 36A II, Nr. 16357.

334 LEA, Reg.-Nr. 161874, Bl. E26; LAB, B Rep. 042, Nr. 46349, Bd. 3, Handblatt Handelsregister Akte E. J. Meyer; siehe Kap. 5.2.2.2.

335 Einer voraus nach London, einer nach New York zu Tochter Gabriele, vgl. LEA, Reg.-Nr. 161874, Bl. D4, D11.

336 LEA, Reg.-Nr. 161874, Bl. D2.

337 LEA, Reg.-Nr. 161874, Bl. M15.

338 LEA, Reg.-Nr. 161874, Bl. M1 (13.02.), M3 (06.02.); M16 (10.02.).

Verbrechen abgelehnt worden ist[339]. Margarete Horwitz starb am 18.02.1963 in New York[340].

Mitgliedschaften

Leonhard Horwitz war nicht Mitglied in der Gesellschaft der Freunde und im Club von Berlin. Ob er in anderen gesellschaftlich-wirtschaftlichen Vereinigungen aktiv war, ließ sich nicht ermitteln.

Jedoch war Leonhard Horwitz Mitglied verschiedener Aufsichtsräte, aber es waren weder besonders zahlreiche Mandate noch besonders bekannte Firmen. Der Schwerpunkt der Mandate lag in der Bauindustrie.

So war Horwitz seit 1914 Mitglied im Aufsichtsrat der Boden-Aktiengesellschaft Berlin-Nord[341], wobei dieses Mandat in den folgenden Wirtschaftsführern nicht mehr erwähnt ist. Im Jahre 1927 hatte er diverse Aufsichtsratsmandate der Baubranche inne, so der Industriebau AG Berlin[342], der Glaswerke AG, Liebau[343], Grosser und Klein Bau-Aktiengesellschaft, Berlin[344], Kaiser-Keller AG, Berlin[345],

---

339 LEA, Reg.-Nr. 161874, Bl. A2, A8, A10ff., M16.

340 LEA, Reg.-Nr. 161874, Bl. M71.

341 Arends/ Mossner (Hrsg.), Adressbuch der Direktoren und Aufsichtsräte 1914, S. 496; Arends/ Mossner (Hrsg.), Adressbuch der Direktoren und Aufsichtsräte 1917, S. 485.

342 Prospekt von E. J. Meyer, vgl. LEA, Reg.-Nr. 161874, Bl. E5.

343 Mossner (Hrsg.), Adressbuch der Direktoren und Aufsichtsräte 1927/ 1928, S. 745; gegründet 03.12.1921, Horwitz ist 1929 nicht mehr im Aufsichtsrat, vgl. Verlag für Börsen- und Finanzliteratur (Hrsg.), Handbuch der deutschen Aktiengesellschaften 1929, Bd. 2, S. 2626. In Mossner (Hrsg.), Adressbuch der Direktoren und Aufsichtsräte 1931, Bd. 2 (sortiert nach Firmen), ist diese Firma nicht mehr erwähnt. Ebenso nicht in Verlag für Börsen- und Finanzliteratur (Hrsg.), Handbuch der deutschen Aktiengesellschaften von 1937 und 1941.

344 Mossner (Hrsg.), Adressbuch der Direktoren und Aufsichtsräte 1927/ 1928, S. 745; In Mossner (Hrsg.), Adressbuch der Direktoren und Aufsichtsräte 1931, Bd. 2, ist diese Firma nicht mehr erwähnt. Auch in Verlag für Börsen- und Finanzliteratur (Hrsg.), Handbuch der deutschen Aktiengesellschaften 1920/ 1921, 1929, 1937 und 1941 ist die Firma nicht erwähnt.

345 Mossner (Hrsg.), Adressbuch der Direktoren und Aufsichtsräte 1927/ 1928, S. 745; Im Jahr 1920 war er nicht in Direktion oder Aufsichtsrat vertreten, vgl. Verlag für Börsen- und Finanzliteratur (Hrsg.), Handbuch der deutschen Aktiengesellschaften 1920/ 1921, Bd. 1, S. 2026. Im Jahr 1929 auch nicht, vgl. Verlag für Börsen- und Finanzliteratur (Hrsg.), Handbuch der deutschen Aktiengesellschaften 1929, Bd. 4, S. 6495. In Mossner (Hrsg.), Adressbuch der Direktoren und Aufsichtsräte 1931, Bd. 2 (sortiert nach Firmen), wird Horwitz nicht mehr als Aufsichtsrat geführt.

Turmhaus AG, Berlin[346] sowie der Industriebau Held & Francke, AG, Berlin[347]. Ein neues Aufsichtsratsmandat hat Horwitz in der Nowa Strumpffabrik AG, Chemnitz, akquirieren können. Dort war er 1931 noch nicht, jedoch 1936 im Aufsichtsrat und wurde auch noch 1939 dort als Aufsichtsrat geführt[348].

2.2.5 Wirtschaftliche Entwicklung von E. J. Meyer bis zur Wirtschaftskrise 1929

Das 1816 gegründete Bankhaus E. J. Meyer hatte bereits 1830 internationale Handelskontakte zum Bankhaus N. M. Rothschild in London[349]. Wie auch bei anderen Merchant Bankers in der damaligen Zeit üblich, war auch E. J. Meyer nicht allein auf das Bankgeschäft fokussiert, sondern die Firma E. J. Meyer, welche am Familienwohnsitz Ely Joachim Meyers in der Heiligegeiststraße 39 ansässig war, wurde in den Jahren 1841 und 1843 in Adressbüchern sowie im Gewerbeverzeichnis 1842 als Bankhaus sowie Garnfabrikant und -handlung für Strick-, Baumwollen- und Wollengarn geführt[350]. Auch im Gesellschaftsvertrag von Ely Joachim mit seinen Söhnen Abraham und Friedrich Meyer vom 01.01.1847 steht, dass E. J. Meyer seit einigen Jahren „Banquen & Kaufmännische Commissionsgeschäfte"[351] betrieben hat. Ebenso schreibt er in seinem Testament, dass er unter der Firma E. J. Meyer ein „Bank-Commissions-Geschäft" betreibt[352].

---

346 Mossner (Hrsg.), Adressbuch der Direktoren und Aufsichtsräte 1927/ 1928, S. 745; gegründet 07.10.1921 zur Verwaltung des Grundstücks am Bahnhof Friedrichstraße 139/ 141, Berlin, Horwitz war noch 1929 Mitglied des Aufsichtsrates, vgl. Verlag für Börsen- und Finanzliteratur (Hrsg.), Handbuch der deutschen Aktiengesellschaften 1929, Bd. 1, S. 324, sowie im Jahr 1930, vgl. Mossner (Hrsg.), Adressbuch der Direktoren und Aufsichtsräte 1930, S. 801. In Mossner (Hrsg.), Adressbuch der Direktoren und Aufsichtsräte 1931, Bd. 2 (sortiert nach Firmen), ist diese Firma nicht mehr erwähnt. Ebenso wenig in Verlag für Börsen- und Finanzliteratur (Hrsg.), Handbuch der deutschen Aktiengesellschaften von 1937 und 1941.

347 Mossner (Hrsg.), Adressbuch der Direktoren und Aufsichtsräte 1930, S. 801.

348 Mossner (Hrsg.), Adressbuch der Direktoren und Aufsichtsräte 1936, S. 655; Mossner (Hrsg.), Adressbuch der Direktoren und Aufsichtsräte 1939, Bd. 1, S. 716; gegründet 31.03.1928, Horwitz ist aber nicht im Aufsichtsrat, vgl. Verlag für Börsen- und Finanzliteratur (Hrsg.), Handbuch der deutschen Aktiengesellschaften 1929, Bd. 3, S. 4468f. Ebenso wenig 1931, vgl. Mossner (Hrsg.), Adressbuch der Direktoren und Aufsichtsräte 1931, S. 1078. Die Nowa Strumpffabrik ist im Handbuch 1940 sowie 1941 nicht mehr erwähnt.

349 Bankhaus Wölbern (Hrsg.), Meilensteine, S. 5.

350 Richter, Voßstraße16 – Im Zentrum der (Ohn-)Macht, S. 43.

351 LAB, A Rep. 216, Nr. 21.

352 Richter, Voßstraße16 – Im Zentrum der (Ohn-)Macht, S. 46ff.

Dieses Geschäft hat er erst alleine betrieben, dann ist sein ältester Sohn Abraham ohne schriftliche Vereinbarung in das Geschäft eingetreten. Als 1847 auch der jüngere Sohn Friedrich in die Firma eintrat, wurde ein Gesellschaftsvertrag zwischen Ely und seinen Söhnen geschlossen, nach welchem Ely mit ½ und die Söhne zu je ¼ an dem Geschäft beteiligt waren[353]. Aus den Bilanzen 1848/ 1849 ergibt sich, dass E. J. Meyer neben den Geschäftsverbindungen zu N. M. Rothschild in London mit diversen namhaften Bankhäusern und Bankplätzen in Europa geschäftlich in Verbindung stand, wie dem durch die Heirat Abrahams und seines Bruders Moritz Meyer verwandtschaftlich verbundenen Bankhaus Goldschmidt seel. Sohn in Kassel, dem durch die Heirat von Friedrich Meyer verwandtschaftlich verbundenen Bankhaus Goldschmidt in Frankfurt, sowie den Bankhäusern Gans in Kassel, Gebr. Oppenheim in Amsterdam, Sal. Oppenheim Jr. & Cie. in Köln, De Mattos & Godefroi in London und Ed. P. H. Kann in Paris. Derzeitige Kundenbeziehungen des Bankhauses bestanden in die Städte Amsterdam, Berlin, Braunschweig, Bremen, Breslau, Bromberg, Brüssel, Bublitz, Calau, Cassel, Cöln, Cottbus, Danzig, Dresden, Elbring, Erfurt, Eschwege, Frankfurt, Fürth, Glogau, Gotha, Groningen, Hamburg, Hamm, Herrnhut, Königsberg, Körlin, Köslin, Leipzig, Livorno, London, Lürtsin, Magdeburg, Mainz, Mannheim, Meiningen, Münster, Neustettin, Paderborn, Paris, Prag, Prenzlau, Rathenau, Sommerfeld, St. Petersburg, Stettin, Tangermünde, Tilsit, Tschicherzig, Warschau, Wien und Züllichau[354].

Die Bilanzsumme von E. J. Meyer betrug um 1850 rund 300.000 Taler, 1855 rund 600.000 Taler, 1865 rund 800.000 Taler, 1870 rund 1 MioTaler, 1874 rund 2,2 MioTaler und von 1875 bis 1880 rund 6,5 MioM wobei auffällig ist, dass in all den Jahren die Kapitalkonten der Gesellschafter zwischen einem und zwei Dritteln der Bilanzsumme ausmachten[355]. Der Umrechnungskurs von Taler zu Mark betrug 1 Taler zu 3 Mark[356]. Als ungefähre Größenordnung für einen Vergleich kann 1 Taler im Jahre 1855 als heute 22 EUR angesehen werden[357]. Insgesamt ist trotz inflationsbedingter Einflüsse eine stark steigende Tendenz in den Bilanzen auszumachen. Für die Jahre nach 1880 sind keine Bilanzen auffindbar gewesen.

Das Vermögen hatten E. J. Meyer und seine Teilhaber mit Emissionen, Aktien, Anleihen, Losen, Vermögensverwaltung und der Beteiligung an dem alle

353 LAB, A Rep. 216, Nr. 1.
354 LAB, A Rep. 216, Nr. 1.
355 LAB, A Rep. 216, Nr. 1 - 20.
356 Art. 14 § 2 Münzgesetz vom 09.07.1873, RGBl. S. 233ff.
357 Schreiben Deutsche Bundesbank an Verfasser vom 22.08.2008.

übrigen Spekulationsgeschäfte in der Einträglichkeit überflügelnden Eisenbahnlinienbau erwirtschaftet[358].

1856 war E. J. Meyer – zusammen u. a. mit dem Bankhaus Gebr. Sulzbach aus Frankfurt a. M. – an der Gründung der Mitteldeutschen Creditbank beteiligt, welche bereits im Jahr der Gründung 7% Dividende ausschütten konnte[359]. Da auch später Abrahams Sohn Ernst Joachim Meyer dort über Jahrzehnte im Aufsichtsrat saß[360], ist davon auszugehen, dass auch entweder Abraham oder Friedrich als Mitgründer der Bank Mitglied im Aufsichtsrat gewesen sind.

Abraham Meyer gründet am 09.07.1856 mit den Herren Leonor Reichenheim und Carl Daniel Wolff ein „kaufmännisches Societätsgeschäft“ unter der Firma Berliner Bank-Verein in der Rechtsform einer KGaA, da den „Mobiliarkredit-Anstalten“ in Preußen die Anerkennung als Aktiengesellschaft versagt worden war, eine KGaA aber keiner behördlichen Genehmigung bedurfte[361]. Die Gründung des Berliner Bank-Vereins erfolgte, um mit gebündelter Kraft große Emissions- und Finanzierungsgeschäfte tätigen zu können, so beispielswese Emissionen von Eisenbahnaktien und Terraingeschäfte[362]. Der Berliner Bank-Verein wurde 1875 von der Deutschen Bank übernommen[363].

Ab dem Jahr 1870 wurde das zuvor als „Banquen & Kaufmännisches Commissionsgeschäft“ auch in den Adressbüchern nur noch als „E. J. Meyer, Bankgeschäft“ geführt[364].

Ebenfalls im Jahr 1870 zeichnet Abraham Meyer, Seniorchef des Hauses und Preußischer Kommerzienrat für E. J. Meyer 494.400 Taler am Gründungskapital der Deutschen Bank und ist damit der zweitgrößte Einzelzeichner[365]. Bereits

358 Richter, Voßstraße16 – Im Zentrum der (Ohn-)Macht, S. 54, 97.

359 Bankhaus Wölbern (Hrsg.), Meilensteine, S. 4; Lerner/ Rössler, Die Mitteldeutsche Creditbank, S. 11, 20.

360 Siehe dazu auch Kap. 2.2.3.1.

361 Rachel/ Wallich, Berliner Großkaufleute und Kapitalisten, S. 286. Seidenzahl, 100 Jahre Deutsche Bank 1870 - 1970, S. 31, schreibt, der Berliner Bank-Verein sei 1871 u. a. von Adelbert Delbrück (Delbrück, Leo & Co.) und Abraham Meyer (E. J. Meyer) gegründet worden. Richter, Voßstraße16 – Im Zentrum der (Ohn-)Macht, S. 54, schreibt, Friedrich Meyer habe die Bank mit Adelbert Delbrück gegründet.

362 Richter, Voßstraße16 – Im Zentrum der (Ohn-)Macht, S. 54.

363 Seidenzahl, 100 Jahre Deutsche Bank 1870 - 1970, S. 31.

364 Richter, Voßstraße16 – Im Zentrum der (Ohn-)Macht, S. 46.

365 Größter Zeichner der fast 150mal überzeichneten Aktie war Gustav Kutter vom Frankfurter Bankhaus Gebr. Sulzbach, der mit 799.000 Talern knapp 16% zeichnete, vgl. Burhop, Die Kreditbanken in der Gründerzeit, S. 94; Seidenzahl, 100 Jahre Deutsche Bank 1870 - 1970, S. 20; Krause, Commerz- und Discontobank, S. 54; Adelbert

seit 1869 hatten Überlegungen Berliner Bankiers zur Gründung einer Bank für Überseegeschäfte bestanden, welche auch an die führenden Hamburger Bankiers herangetragen wurden. Da jedoch keine Einigkeit über die Geschäftstätigkeit der künftigen Bank erzielt werden konnte, wurde von den Hamburgern am 26.02.1870 die Commerz- und Discontobank gegründet und parallel von den Berlinern die Deutsche Bank, deren Geschäftseröffnung sich jedoch wegen der in Preußen bestehenden Konzessionierungspflicht für Aktienbanken noch einige Monate verzögerte[366]. Die Deutsche Bank war die erfolgreichste der Aktienbankgründungen in der Gründerzeit ab 1870: sie konnte ihre Bilanzsumme nach ihrer Gründung 1870 von 11,1 MioM auf 174,5 MioM 1879, also durchschnittlich um 35,8% pro Jahr steigern, was sowohl der forcierten Betätigung im noch neuartigen Depositengeschäft[367] als auch einer im Vergleich zu anderen Aktienbanken geringeren Eigenkapitalquote von rund 40% im Gegensatz zu knapp 60% bei den anderen Banken und damit einem höheren Leverage-Effekt geschuldet war[368]. Abraham (Adolf) Meyer war bereits 1872 Mitglied des Verwaltungsrates (ab 1889 „Aufsichtsrat") der Deutschen Bank und blieb dies bis zu seinem Tode im Februar 1881[369]. Sein Bruder und Geschäftsteilhaber Friedrich Meyer, der ebenfalls 1881 starb, war nicht im Aufsichtsrat. Auch konnte

---

Delbrück erinnert sich an die Gründung der Deutschen Bank: „Von Berlinern waren meine alten Freunde, mit denen wir eine Art Kartellvertrag hatten, Konsul Müller, E. J. Meyer und Anton Cohn (Cohn Bürgers), Zwicker (Gebr. Schickler & Co.) dabei, Magnus brachte Eduard von der Heydt, und dieser Gustav Kutter, mit den Auswärtigen ein Kreis von 60 bis 70 Personen, welche zu einer sehr zahlreich besuchten Konferenz nach Berlin eingeladen wurden. So entstand Anfang 1870 die Deutsche Bank mit dem Sitz in Berlin.", zitiert nach Richter, Voßstraße16 – Im Zentrum der (Ohn-) Macht, S. 54; Mitgründer bzw. erste Vorstandsmitglieder der Deutschen Bank waren Arthur von Gwinner und Georg von Siemens, vgl. Kopper, Bankiers unterm Hakenkreuz, S. 136.

366 Krause, Die Commerz- und Discontobank 1870 - 1920/ 23, S. 52ff.

367 Die Deutsche Bank bot Ihren Kunden als erste Bank an, Beträge ab 100 Talern mit ein-, drei-, vierzehntägiger, monatlicher oder dreimonatlicher Kündigungsfrist gegen Zinszahlung von 3,5% p. a. zu hinterlegen, womit sie das ihr für andere Geschäfte zur Verfügung stehende Kapital stark vergrößerte, vgl. Burhop, Die Kreditbanken in der Gründerzeit, S. 143f.

368 Burhop, Die Kreditbanken in der Gründerzeit, S. 142f.

369 Vgl. Geschäftsberichte 1872 (http://www.bankgeschichte.de/downloads/gb/gb_1872.pdf) bis (insbesondere) 1880 (http://www.bankgeschichte.de/downloads/gb/gb_1880.pdf) am 30.03.2012.

Abrahams Sohn Ernst Joachim Meyer nach dem Tod des Vaters den Sitz im Aufsichtsrat der Deutschen Bank nicht übernehmen[370].

Auch wurde Abraham Meyer Mitglied im Generalrat der neu gegründeten Reichsbank und gehörte damit zu den führenden Privatbankiers seiner Zeit[371].

Meyer [372] gehörte 1871 mit Adelbert Delbrück (Bankhaus Delbrück, Leo & Co.) zu den Mitgründern der Deutschen Baugesellschaft für die nach der Reichsgründung 1871 immer zahlreicher und größer werdenden Immobilienprojekte. In der Deutschen Baugesellschaft war Friedrich Meyer neben Adelbert Delbrück auch Mitglied des Aufsichtsrates[373].

1872 gründete E. J. Meyer mit vier weiteren Banken die „Internationale Bau- und Eisenbahngesellschaft" (Umbenennung am 28.06.1873 in „Internationale Baugesellschaft") in Frankfurt a. M. Neben E. J. Meyer, das mit 4,35 MioTalern am Gründungskapital beteiligt war, waren Anglo-Deutsche Bank (Hamburg) mit 0,7 MioTaler, M. M. Warburg & Co. (Hamburg) mit 0,9 MioTaler, Deutsche Bank (Berlin) mit 1,5 MioTaler und die Anglo-Österreichische Bank (Wien) mit 2,55 MioTaler beteiligt. Nachdem das Kapital nicht an der Börse zu platzieren gewesen war, übernahm die Deutsche Vereinsbank (Frankfurt a. M.) als Initiatorin der Gründung die Anteile der fünf anderen Bankhäuser. Jedoch behielt E. J. Meyer in diesem Zuge 4,205 MioTaler, also fast seinen vollständigen Anteil, während die anderen Bankhäuser einen Großteil ihrer Anteile an die Deutsche Vereinsbank übertrugen, so dass letztere Ende 1873 knapp 62% an der Internationalen Baugesellschaft hielt[374]. Aus der Internationalen Baugesellschaft wurde 1917 die Philipp Holzmann AG. In deren erstem Aufsichtsrat saßen wiederum die Vertreter der Banken, die die Internationale Baugesellschaft mitgegründet hatten[375], so dass anzunehmen ist, dass auch entweder Abraham oder Friedrich Meyer im Aufsichtsrat der Internationalen Baugesellschaft gesessen haben.

---

370 Siehe zu Ernst Joachim Meyer im Einzelnen Kap. 2.2.3.1.

371 Siehe zu Abraham Meyer im Einzelnen Kap. 2.2.2.1.

372 Siehe zu Friedrich Meyer im Einzelnen Kap. 2.2.2.2.

373 Ein Beispiel ist die Schaffung und Bebauung der Voßstraße von der Wilhelmstraße in Richtung Tiergarten, wo auch Friedrich Meyer sich ein Haus errichtete, in welchem später das Bankhaus E. J. Meyer bis zur Veräußerung des Gebäudes zwecks Errichtung von Hitlers Neuer Reichskanzlei residierte, vgl. zu alldem Richter, Voßstraße16 – Im Zentrum der (Ohn-)Macht, S. 54, 97; Glagau, Der Börsen- und Gründungsschwindel in Berlin – 10. Die Culturkämpfer, in: Die Gartenlaube 1875, S. 671; Kohl, Bilder eines Vaters, S. 136, 140.

374 Pohl, Philipp Holzmann, S. 38f.

375 Pohl, Philipp Holzmann, S. 158.

Nach dem Verkauf des Wohn- und Bankgebäudes in der Heiligegeiststraße verlegte das Bankhaus E. J. Meyer seinen Sitz nach Unter den Linden 14. Im Jahre 1873 befand sich das Geschäftslokal in Unter den Linden 70 und wurde 1875 nach der Errichtung des familieneigenen Hauses durch Friedrich Meyer in die Voßstraße 16 verlegt. Abraham Meyer hatte sich in der Königgrätzerstraße 134, heute Ebertstraße, ein Haus bauen lassen, von dem er durch den Garten in das Bankhaus in die Voßstraße 16 gehen konnte[376].

1875 begab E. J. Meyer in einem Konsortium mit der Württembergischen Vereinsbank eine 4% Württemberger Staatsanleihe über 18,7 MioM. An der Platzierung der Anleihe in Norddeutschland, wo württembergische Staatsanleihen zuvor nicht platziert worden waren, beteiligten sie auch das Bankhaus M. M. Warburg & Co. in Hamburg, die Württembergische Vereinsbank in Stuttgart sowie die Commerz- und Discontobank, die 1870 in Hamburg gegründet worden war[377].

Eine weitere Gründung, an der E. J. Meyer beteiligt war, erfolgte 1881 zusammen mit den Berliner Bankhäusern J. Landau und Cohn, Bürgers & Cie. sowie mit der Commerz- und Discontobank, der Anglo-Österreichischen Bank, Österreichischen Länderbank, Ungarischen Landesbank und der Breslauer Disconto-Bank Friedenthal & Co. mit der Gründung der Nationalbank für Deutschland[378]. Die Nationalbank wurde zur Abwehr gegen die – durch E. J. Meyer selbst lediglich ein Jahrzehnt zuvor mitgegründete – übermächtige Deutsche Bank gegründet, von welcher die mittelständischen Berliner Bankiers „fast an die Wand gedrückt" worden waren"[379]. Die Nationalbank für Deutschland fusionierte 1922 mit der Darmstädter Bank für Handel und Industrie zur Darmstädter und Nationalbank (DANAT-Bank), welche Jakob Goldschmidt zu einer der führenden Großbanken Deutschlands entwickelte und welche das von Goldschmidt mitgegründete Privatbankhaus Schwarz, Goldschmidt & Co. als Kommandite hatte. Schwarz, Goldschmidt & Co. ist wie die DANAT-Bank in der Bankenkrise 1931 von der Dresdner Bank übernommen worden, wobei Schwarz, Goldschmidt & Co. dann zur Abwicklung auf E. J. Meyer übertragen wurde[380].

Trotz dieser unstreitbaren Bedeutung von E. J. Meyer gehörten weder das Bankhaus noch die Teilhaber zu den 47 Banken und 9 Bankiers, die beim Start

376 Richter, Voßstraße16 – Im Zentrum der (Ohn-)Macht, S. 54ff.; Abraham Meyer wohnte mit Familie zuvor Unter den Linden 15, vgl. ebenda.

377 Krause, Die Commerz- und Discontobank 1870 - 1920/ 23, S. 98.

378 Krause, Die Commerz- und Discontobank 1870 - 1920/ 23, S. 129.

379 Lewy, Die Nationalbank für Deutschland zu Berlin 1881 - 1909, S. 14.

380 Siehe dazu Kap. 3.3.1.

des Berliner Telefonnetzes am 01.04.1881 mit einem Telefonanschluss versorgt wurden, noch zu den 82 Firmen dieser Branche, die im Folgejahr einen Anschluss bekamen[381].

E. J. Meyer war Ende des 19. Jahrhunderts Zahlstelle mehrerer mittelständischer Unternehmen sowie einiger Großkonzerne[382]. Dies ging meistens mit Posten im Aufsichtsrat des jeweiligen Unternehmens einher. So war E. J. Meyer u. a. bei der Internationalen Baugesellschaft Frankfurt a. M. (später Philipp Holzmann AG)[383], Chem. Fabrik Grünau Landshoff & Meyer AG, Grünau[384], Philipp Holzmann AG in Frankfurt a. M.[385], Norddeutsche Grund-Credit-Bank in Weimar[386], Preuß. Hypotheken-Actien-Bank in Berlin[387], Emil Busch AG, Optische Industrie, Rathenau[388], Victoria zu Berlin Allgem.

---

381 Komander, 1881: Berlins erstes Telefonbuch, S. 76ff.

382 Einige Beispiele waren zu rekonstruieren, jedoch ist es sehr gut möglich, dass E. J. Meyer noch Zahlstelle diverser anderer Unternehmen war.

383 Verlag für Börsen- und Finanzliteratur (Hrsg.), Handbuch der deutschen Aktiengesellschaften 1896/ 1897, S. 215f., 1903/ 1904, Bd. 1, S. 334f.

384 Gegründet zum 01.01.1898. 1903 war Ernst Joachim Meyer schon Aufsichtsrat und E. J. Meyer war Zahlstelle, ebenso 1920, vgl. Verlag für Börsen- und Finanzliteratur (Hrsg.), Handbuch der deutschen Aktiengesellschaften 1903/ 1904, Bd. 1, S. 1018f.; 1920/ 1921, Bd. 1, S. 1719f.

385 Gegründet mit Wirkung vom 01.01.1917 aus der Internationalen Baugesellschaft. Ernst Joachim Meyer war Mitglied des Aufsichtsrates und E. J. Meyer war Zahlstelle, vgl. Verlag für Börsen- und Finanzliteratur (Hrsg.), Handbuch der deutschen Aktiengesellschaften 1920/ 1921, Bd. 1, S. 478ff.

386 1896 war Ernst Joachim Meyer noch nicht im Aufsichtsrat, aber 1903, wobei E. J. Meyer nicht Zahlstelle war, vgl. Verlag für Börsen- und Finanzliteratur (Hrsg.), Handbuch der deutschen Aktiengesellschaften 1896/ 1897, S. 191f., 1903/ 1904, Bd. 1, S. 270ff. 1920 war Ernst Joachim Meyer Stellvertretender Vorsitzender des Aufsichtsrates und E. J. Meyer Zahlstelle, obwohl in Berlin noch eine eigene Zahlstelle existierte, vgl. Verlag für Börsen- und Finanzliteratur (Hrsg.), Handbuch der deutschen Aktiengesellschaften 1920/ 1921, Bd. 1, S. 329ff.

387 Ernst Joachim Meyer kam nach der Umbildung des Aufsichtsrates im Dezember 1900 – infolge eines Fast-Zusammenbruchs der Bank wegen betrügerischer Geschäfte ihrer Direktoren – neu in das Kuratorium (Aufsichtsrat) und E. J. Meyer wurde Zahlstelle, vgl. Verlag für Börsen- und Finanzliteratur (Hrsg.), Handbuch der deutschen Aktiengesellschaften 1903/ 1904, Bd. 1, S. 207ff., 214. Auch 1920 war er noch Mitglied des Kuratoriums/ Aufsichtsrates und E. J. Meyer Zahlstelle, vgl. Verlag für Börsen- und Finanzliteratur (Hrsg.), Handbuch der deutschen Aktiengesellschaften 1920/ 1921, Bd. 1, S. 238.

388 1920 war Albert Stäckel, persönlich haftender Gesellschafter von E. J. Meyer, Stellvertretender Vorsitzender des Aufsichtsrates und E. J. Meyer Zahlstelle, vgl. Verlag

Versicherungs-Act.-Ges. in Berlin und Victoria Feuer-Versicherungs-Act.-Ges. zu Berlin[389] involviert.

Ernst Joachim Meyer, der nach dem Tode der beiden Seniorpartner Abraham und Friedrich Meyer die Geschäfte der Bank erst alleine und ab 1896 mit Albert Stäckel führte, gehörte 1912 mit einem geschätzten Vermögen von 5,2 MioM zu den wohlhabendsten Personen im Deutschen Reich[390].

Am 30.10.1917 entstand – wie bereits oben bei der vorhergehenden Generation kurz angesprochen – aus der Internationalen Baugesellschaft die Philipp Holzmann AG, wobei in deren erstem Aufsichtsrat wiederum die Vertreter der Banken, die die Internationale Baugesellschaft mitgegründet hatten vertreten waren, so Arthur von Gwinner (Deutsche Bank), Eduard Beit von Speyer (Lazard-Speyer-Ellissen), Ernst Joachim Meyer (E. J. Meyer), Hugo von Metzler (B. Metzler seel. Sohn & Co.), Paul Stern (Jacob S. H. Stern), Max Warburg (M. M. Warburg & Co.) und Rudolf Wolfskehl (Deutsche Vereinsbank)[391].

Wie sich jedoch das gesamte, zuvor überaus florierende Geschäft von E. J. Meyer während des Ersten Weltkrieges entwickelt hat, ist nicht zu ermitteln gewesen. Doch hatte nach dem Ersten Weltkrieg Clara Richter, die Witwe des Bankiers Max Richter, welcher Inhaber des Bankhauses Emil Ebeling gewesen ist und vor dem Kriege wie Ernst Joachim Meyer und sein Schwiegervater Wilhelm Herz zu den vermögendsten Personen des Reiches gezählt hatte und ebenfalls in diversen Aufsichtsräten gesessen hatte[392], große Schwierigkeiten, das sehr groß dimensionierte Anwesen am Wannsee, in dem sie lebten, zu unterhalten[393]. Das Anwesen der Richters war ein ähnlich großes oder gar größeres gewesen wie das der Meyers Am kleinen Wannsee 13[394].

---

für Börsen- und Finanzliteratur (Hrsg.), Handbuch der deutschen Aktiengesellschaften 1920/ 1921, Bd. 2, S. 787f.

389 Albert Stäckel war zwar noch nicht 1896 aber 1903 im Aufsichtsrat, wobei Zahlstelle in Berlin die Deutsche Bank war, vgl. Verlag für Börsen- und Finanzliteratur (Hrsg.), Handbuch der deutschen Aktiengesellschaften 1896/ 1897, S. 258, 1903/ 1904, Bd. 1, S. 405. Die Feuerversicherung wurde gegründet am 22.02.1904, Albert Stäckel war 1920 Mitglied des Aufsichtsrat bei beiden, vgl. Verlag für Börsen- und Finanzliteratur (Hrsg.), Handbuch der deutschen Aktiengesellschaften 1920/ 1921, Bd. 1, S. 2204ff.

390 Bankhaus Wölbern (Hrsg.), Meilensteine, S. 11.

391 Pohl, Philipp Holzmann, S. 158.

392 Siehe dazu Kap. 5.2.1.2.

393 Interview von Karin Eickhoff-Vigelahn mit Dorothee Schröder, Tochter von Kurt Richter-Erdmann, im September 1998.

394 Kampe (Hrsg.), Villenkolonien in Wannsee 1870 - 1945, S. 20, 28, 30f.

Einen Rückschluss auf die Geschäftsentwicklung von E. J. Meyer könnte auch die Betrachtung der Geschäftsentwicklung des relativ vergleichbaren Frankfurter Bankhauses B. Metzler seel. Sohn & Co. liefern. Bis 1914 hat das Bankhaus Metzler in Frankfurt den Jahresgewinn bereits zu Jahresbeginn durch die dann fälligen Wertpapierdepot-Gebühren verdient und mit den weiteren Einnahmen im Jahresverlauf Rücklagen bzw. stille Reserven gebildet. Metzler erlitt durch den Ersten Weltkrieg empfindliche Einbußen. Da die bereits kriegsbedingten großen Verluste bei Wertpapiervermögen durch die Inflation 1923 noch gestiegen waren, sind große Einnahmen bei Metzler nicht mehr möglich gewesen, obwohl dann bis 1928 eine deutliche Verbesserung der Verhältnisse eintrat[395].

Am 17.02.1921 wurde von der Generalversammlung der Philipp Holzmann AG in Frankfurt a. M. beschlossen, das Stammkapital auf 49,8 MioM zu verdoppeln sowie 6 Mio 6%iger Vorzugsaktien mit achtfachem Stimmrecht gegen die Gefahr einer möglichen Überfremdung der Anteilseignerschaft von Philipp Holzmann zu emittieren. Der Prospekt zu dieser Emission wurde in Berlin durch ein Konsortium aus Deutscher Bank (Federführung) und E. J. Meyer sowie in Frankfurt a. M. von der Deutschen Vereinsbank (Federführung), Deutschen Bank Filiale Frankfurt, B. Metzler seel. Sohn & Co., Lazard-Speyer-Ellissen und Jacob S. H. Stern erstellt[396].

Neue Geschäftsmöglichkeiten und ein Gewinn zumindest an Reputation war die Anerkennung der Eigenschaft als Devisenbank für E. J. Meyer durch Erlass des Handelsministers vom 12.09.1923, welche es ihr erlaubte, mit Devisen zu handeln und Devisengeschäfte vorzunehmen[397].

Die Inflation von 1923 hat E. J. Meyer fast in den Ruin getrieben. So erklärten Ernst Joachim und seine Frau Anna, die von ihrem Vater Wilhelm Herz ein Millionenvermögen geerbt hatte, in ihrem gemeinsamen Testament von 1927, dass Anna Meyer in das Bankgeschäft E. J. Meyer Einlagen gemacht hatte, welche durch die Inflation aufgezehrt worden seien. Es ist anzunehmen, dass Anna Meyer die Einlagen getätigt hat, nachdem das eigene und ererbte Vermögen ihres Mannes weitgehend aufgezehrt worden war, denn sonst hätte wohl er die Einlagen in das aus seiner Familie stammende Bankhaus getätigt[398]. Auch der seit 1911 bei E. J. Meyer tätige Prokurist Lippa erklärt in einem Prozess nach

395 Holtfrerich, Albert von Metzler, in: Pohl (Hrsg.), Deutsche Bankiers des 20. Jahrhunderts, S. 266.

396 Pohl, Philipp Holzmann, S. 143f.

397 Bankhaus Wölbern (Hrsg.), Meilensteine, S. 12.

398 LAB, 7 WAG 423/51, Bl. 23ff.

dem Zweiten Weltkrieg, dass Ernst Meyer in der Inflation alles Barkapital verloren habe und lediglich das Bankhaus und das Grundstück Am kleinen Wannsee als dessen Kapitalgrundlage geblieben seien[399].

Es ist also davon auszugehen, dass das Bankhaus E. J. Meyer und die Familie durch den Ersten Weltkrieg und die anschließende große Inflation eines wesentlichen Teiles ihres Vermögens beraubt worden ist. Auch ihren Verwandten in der Voßstraße 16 ist es nicht viel besser gegangen. Nachdem die Inflation 1923 nicht nur die Wilhelm Scherer-Stiftung[400], sondern auch die Familie nach Richard Moritz Meyer stark in Mitleidenschaft gezogen hatte, waren seine Witwe Estella sowie der Sohn Reinhold gezwungen, sowohl verschiedene Gemälde aus der Familiensammlung zu verkaufen, als auch eine Hypothek von 120.000 Goldmark auf das Haus Voßstraße 16 einzutragen sowie sich von der Bibliothek Richard Moritz Meyers zu trennen. Das wesentlich verringerte Vermögen von Reinhold Meyer wurde dennoch im Jahre 1933 auf insgesamt rund 1 MioRM geschätzt[401].

Um die Schwierigkeiten infolge der Inflation bei E. J. Meyer zu überbrücken, wurde ein Konsortium gebildet, wobei unklar ist, wer Teil dieses Konsortiums gewesen ist[402]. Einzig zu ermitteln war ein Kapitalzufluss in Höhe von 200.000 RM, der dem Bankhaus E. J. Meyer 1927 durch das seit langem in Geschäfts- und auch Verwandtschaftsbeziehungen[403] stehende Londoner Handelshaus Brandeis, Goldschmidt & Co. gewährt wurde. Sowohl diese Tatsache als auch, dass von diesem Darlehen über zehn Jahre später im Juni 1938 erst 50.000 RM zurückgezahlt worden waren[404], sprechen dafür, dass die Familie Meyer auch in der Folgezeit über kein flüssiges Kapital verfügte.

---

399 BADV, 7 WGA 423/51, Bl. 73ff.

400 Siehe dazu Kap. 2.2.2.2 sowie 6.3.

401 Kohl, Bilder eines Vaters, S. 99. Ende Oktober 1938 betrug das Barvermögen nur noch 111.000 RM, durch den Verkauf der vier Grundstücke aus dem Pflegschaftsvermögen Estella Meyers kamen bis Ende 1940 rund 134.000 RM dazu, vgl. Kohl, Bilder eines Vaters, S. 198f.

402 BADV, 7 WGA 423/51, Bl. 73ff.

403 Paul Henry Kohn-Speyer war mit Olga Warburg, Schwester von Paul, Felix, Aby, Max und Fritz Warburg sowie Cousine von Elsa Warburg (Olga Meyers Mutter) verheiratet, vgl. Leo Baeck Institute, Gisela A. Weil Collection, Box 2, Folder 7, Erinnerungen von Elsa Warburg.

404 Archiv Bundesverband deutscher Banken, Bestand „gelb", E. J. Meyer; Im Rückerstattungsverfahren wird unstreitig vorgetragen, dass zwischen 1930 und 1932 100.000 RM an einen ausländischen Darlehensgeber zurückgezahlt worden seien, vgl. BADV, 7 WGA 423/51, Bl. 256ff. Die Angaben aus dem Archiv des

Wegen der „größeren Kreditschwierigkeiten" sind zum 01.04.1927 mit Leonhard Horwitz und Georg Rogalski auch zwei neue Teilhaber in das Bankgeschäft aufgenommen worden, welche jeweils 300.000 RM in das Geschäft einbrachten[405]. Rogalski selbst sah sich wohl als Juniorpartner, wie aus einem Nachruf seiner Segelkameraden auf ihn nach dem Krieg hervorgeht[406]. Rogalski hat eine Einlage von 300.000 RM getätigt, welche ihm, der bereits 1929 wieder ausgeschieden ist[407], 1930 zu 200.000 RM bereits wieder ausgezahlt worden ist sowie die restlichen 100.000 RM aufgrund besonderer Vereinbarung im Jahre 1932[408]. Ob diese „besondere Vereinbarung" aus Mangel an finanziellen Mitteln getroffen worden ist, ist nicht zu ermitteln gewesen. Die Gegenpartei in den Rückerstattungsverfahren behauptet, dass diese Mittel nicht aus dem Gesellschafterkapital sondern aus Einlagen von Kreditoren zurückgezahlt worden wären, weil nicht genügend Einlagen vorhanden gewesen seien, was von den Antragstellern bestritten wurde[409].

Ebenfalls wird der Mangel an liquidem Material deutlich durch die 1928 getätigte Veräußerung des Hauses Königgrätzerstraße 134, welches Ernst Joachims Vater Abraham 1874 bis 1877 von dem Architekten Heidecke mit einer repräsentativen Stadtvilla bebauen ließ und seitdem von Abraham und in der Folge von Ernst Joachim nebst Familie sowie Ernst Joachims 1927 verstorbener

---

Bundesverbandes deutscher Banken beruhen auf Korrespondenz von E. J. Meyer mit nationalsozialistischer Administration, weil Adolf Meyer im Sommer 1938 einen Reisepass beantragt hat, um nach London zu Brandeis, Goldschmidt & Co. zu fahren, weil diese 1927 einen Kredit über 200.000 RM gegeben hätten, wovon bis 1938 lediglich 50.000 RM getilgt worden seien. Es fehlen die weiteren Angaben zu diesem Vorgang sowie Bilanzen und Buchführung von E. J. Meyer, jedoch ist eine Möglichkeit, dass auf diese Weise weitere 50.000 RM „zu viel" an Brandeis, Goldschmidt & Co. „getilgt" werden sollten. Dies könnte auch die eidesstattliche Versicherung Adolf Meyers betreffend die Zeit in Amsterdam erklären, dass „uns auch die für diese Auswanderung weiter erforderlichen Mittel erst im Ausland zur Verfügung gestellt werden sollten.", vgl. LEA, Reg.-Nr. 303536, Bl. D6ff. Jedoch stand in den Bilanzen von E. J. Meyer 1940 noch ein Kredit von Brandeis, Goldschmidt & Co. in Höhe von 150.000 RM, vgl. Archiv Bankhaus Metzler, Auskunft an Verfasser vom 19.01.2012, Niederschrift „Besprechung der Bilanz E. J. M. per 31.12.1940".

405 BADV, 7 WGA 423/51, Bl. 73ff.

406 Delius, Georg Rogalski, in: Segelclub RHE e. V. (Hrsg.), Annalen, S. 71f.; LEA, Reg.-Nr. 161874, Bl. E5.

407 Zu Georg Rogalski siehe Kap. 2.2.4.2.

408 LAB, 7 WGA 423/51, Bl. 256ff.

409 BADV, 7 WGA 423/51, Bl. 262.

Schwester Jenny Goldschmidt mit ihrem Mann, den Bankier und Mäzen Rudolf Goldschmidt bewohnt worden war[410]. Das Meyer'sche Haus in der Königgrätzerstraße 134[411] wurde zum 01.07.1928 für 500.000 Goldmark an die Wertheim GmbH verkauft, also gerade noch zu Lebzeiten von Ernst Joachim Meyer, welcher im Oktober 1928 starb. Nach dem Verkauf des Hauses wohnte Ernst Joachim Meyer mit seiner Familie in Berlin W., Budapester Straße 15[412]. Adolf Meyer schreibt in einer eidesstattlichen Erklärung, dass sein Vater bei seinem Tode ein sehr großes Vermögen hinterlassen habe, seiner Erinnerung nach von annähernd 1 MioRM[413]. Darin wird sich wohl der Erlös für 500.000 RM veräußerte Haus in der Königgrätzer Straße befinden, ebenso wie die Sommervilla Am kleinen Wannsee 13, auf welcher eine Grundschuld zu Gunsten des Bankhauses E. J. Meyer in Höhe von ebenfalls 500.000 RM lastete, welche als Sicherheit für Darlehen der Bank an die Familie diente[414]. Da bei Adolf Meyer als Bankier von einer wohl guten Erinnerung an Zahlen auszugehen ist, er zudem selbst einen Teil dieses Vermögens geerbt hat und nicht zuletzt auf der eine gewisse Präzision ausdrückenden Wortwahl „hat ein sehr großes Vermögen hinterlassen, das meiner Erinnerung nach annähernd eine Million (1.000.000) RM betragen hat“[415] ist auszugehen, dass diese in etwa dem Tatsächlichen entspricht, die Erbschaft also maßgeblich aus dem Erlös aus dem Grundstück sowie der Villa Am kleinen Wannsee bestand.

---

410 Richter, Voßstraße16 – Im Zentrum der (Ohn-)Macht, S. 245.

411 Seit 1915 umbenannt Budapester Straße 15, wiederum umbenannt 1925 in Friedrich-Ebert-Straße 15, während des Dritten Reiches Hermann-Göring-Straße 15 und heute Eberstraße 15, vgl. Richter, Voßstraße16 – Im Zentrum der (Ohn-) Macht, S. 245f.

412 Degener, Wer ist's? 1928, S. 1045.

413 BADV, 7 WGA 888 und 889/50, Bl. 22.

414 Amtsgericht Berlin-Schöneberg, Grundbuchakten Grundstück Berlin-Wannsee, Am kleinen Wannsee 13, Grundbuch von Wannsee Bd. 5, Bl. 215, früher AG Zehlendorf; LAB, 7 WGA 423/51.

415 BADV, 7 WGA 888 und 889/50, Bl. 22.

Meyer'sche Villa Am kleinen Wannsee (Quelle: Privatbesitz)

Adolf Meyer selbst hat nach Aussage des 1911 beim Bankhaus E. J. Meyer tätigen Prokuristen Lippa seit 1928 keine Vermögenssteuer mehr zahlen müssen[416].

Jedoch haben die Aufnahme der neuen Teilhaber, die Kapitalspritze von Brandeis, Goldschmidt & Co. sowie der wohl zu Teilen auch geschäftlich eingesetzte Erlös aus dem Verkauf der Königgrätzerstraße 134 dazu geführt, dass sich der Verdienst für jeden Teilhaber aus dem Bankgeschäft im Jahr 1928 auf RM 43.000 belaufen hat[417]. Der Bruttojahresverdienst eines Angestellten lag derzeit bei rund 2.000 RM[418].

Zusammenfassend bleibt festzuhalten, dass das Bankhaus E. J. Meyer nach seiner Blütezeit von der zweiten Hälfte des 19. Jahrhunderts bis zur Jahrhundertwende nach dem Ersten Weltkrieg mit der Existenz kämpfen musste und auch das Kapital der Familie zu Großteilen aufgezehrt war, sich nach Aufnahme neuer Teilhaber und Zufuhr frischen Kapitals die Situation Ende 1928 auf einem Niveau befand, welches wieder dem einer angesehenen mittelständischen Privatbank entsprach.

---

416 BADV, 7 WGA 423/51, Bl. 73ff.

417 LEA, Reg.-Nr. 161874, Bl. E2.

418 Hessisches Statistisches Landesamt (Hrsg.), Hessen im Wandel der letzten 100 Jahre 1860 - 1960, S. 543.

2.2.6 Gebäude des Bankhauses Voßstraße 16, Berlin

Nachdem die Brüder Abraham und Friedrich Meyer mit ihren Familien bis dato zur Miete gewohnt hatten[419], erwarb Friedrich Meyer – der Mitgründer und Aufsichtsrat der Deutschen Baugesellschaft war, die das Projekt Voßstraße entwickelte – am 22.04.1872 das Grundstück Voßstraße 16. Seitlich grenzte das Grundstück an dasjenige Königgrätzerstraße 134 (heute Ebertstraße), welches Abraham Meyer 1873 erwarb. Rückseitig grenzte die Voßstraße 16 an die Ministergärten des in der Wilhelmstraße belegenen Radziwill'schen Palais, welches Amts- und Wohnsitz des Reichskanzlers Bismarck war. So konnte man vom Balkon der Voßstraße 16 aus den Kaiser sehen, „wenn er heftig gestikulierend mit dem Kanzler im Garten auf und ab schritt" wie Richard Moritz Meyer in seiner Hauschronik schreibt. Das Haus in der Voßstraße 16 wurde von den Architekten Kayser & von Groszheim im Neo-Renaissance Stil erbaut wie auch andere Gebäude in der Straße, so dass ein architektonisches Gesamtkonzept entstand. Das Haus von Abraham Meyer wurde zwischen 1874 und 1877 vom Architekten Heidecke errichtet[420]. Durch den Garten waren die Grundstücke Königgrätzerstraße 134 und Voßstraße 16 so miteinander verbunden, dass Abraham Meyer durch den Garten in das Bankgeschäft in die Voßstraße 16 gehen konnte.

In den vorderen Räumen des Parterres der Voßstraße 16 saß vom Erstbezug 1875 an das Bankhaus E. J. Meyer[421]. Die Öffnungszeiten von 8 bis 9 Uhr vormittags und 3 bis 4 Uhr nachmittags zeigen, dass sich die Haupttätigkeit der Bankiers an der Berliner Börse abspielte[422]. Seit 1894 residierte in der zweiten und ab 1910 auch in der dritten Etage der Voßstraße 16 die Niederländische Gesandtschaft[423]. Die niederländische Gesandtschaft verließ die Voßstraße 16 im Jahre 1919[424].

---

419 Richard Moritz Meyer, Aus einem Berliner Bürgerhause, in: Verein für die Geschichte Berlins (Hrsg.), Erforschtes und Erlebtes aus dem alten Berlin, S. 169.

420 Richter, Voßstraße16 – Im Zentrum der (Ohn-)Macht, S. 56f., 246.

421 Richter, Voßstraße16 – Im Zentrum der (Ohn-)Macht, S. 56, 69.

422 Öffnungszeiten nach Berliner Adressbuch 1876, S. 614; Berliner Adressbuch 1877, S. 521.

423 Richter, Voßstraße16 – Im Zentrum der (Ohn-)Macht, S. 129ff.; Am 30.08.1898 besuchte Kaiser Wilhelm II. den in der Voßstraße 16 residierenden niederländischen Gesandten – und späteren Außenminister – Dirk Arnold Willem van Tets van Goudriaan (1844 - 1930), vgl. ebenda, S. 130.

424 Richter, Voßstraße16 – Im Zentrum der (Ohn-)Macht, S. 54.

Voßstraße 16 (Quelle: Privatbesitz)

In den umliegenden Häusern der Voßstraße hatten auf den 19 nördlichen Grundstücken der Voßstraße vier Banken mit ihren Kassenräumen, das Bundesamt für Heimathwesen und Reichsjustizamt (späteres Justizministerium) sowie die Türkische Botschaft ihren Sitz[425]. Dazu hatten sechs Bankiers ihren privaten Wohnsitz in der Voßstraße, so neben anderen der königlich Württembergische Gesandte Freiherr von Spitzemberg (Voßstraße 10), der Bankier Julius Bleichröder[426] (Voßstraße 8 – Bruder des berühmten Bankiers Gerson von Bleichröder, Bankhaus S. Bleichröder), der Bankier Eduard Rosenfeld[427] (Voßstraße 13 – Bankhaus Rosenfeld & Goldschmidt) in der Voßstraße. Auf der Voßstraße 1, an der Ecke zur Wilhelmstraße, wurde 1875 das Palais Borsig für den

425 Kohl, Bilder eines Vaters, S. 41.

426 Zwei seiner Töchter waren mit Paul und Leo Arons verheiratet, welche Vettern von Estella – der Frau Friedrich Meyers – waren, vgl. Kohl, Bilder eines Vaters, S. 44; Richter, Voßstraße16 – Im Zentrum der (Ohn-)Macht, S. 80ff.

427 Seine Tochter heiratete Curt Sobernheim (1871 - 1940), bis 1896 Mitinhaber des Bankhauses J. Landau, später Vorstand diverser Banken in Berlin und von 1911 - 1932 Vorstand der Commerzbank. Sobernheim wurde 1940 von der Gestapo in Paris ermordet, vgl. Reitmeyer, Bankiers im Kaiserreich, S. 227.

Großindustriellen Albert Borsig errichtet. Die Voßstraße 3 war im Jahre 1892 von dem Architekten Walter Kyllmann als Residenz der Kgl. Bayerischen Gesandtschaft errichtet worden. Die Kgl. Sächsische Gesandtschaft residierte in der Voßstraße 19[428].

Das von Abraham Meyer errichtete Haus in der Königgrätzerstraße 134[429] diente nach dessen Tode Ernst Joachim und seiner Frau Anna Meyer als Wohnsitz. Zum 01.07.1928 wurde es für 500.000 Goldmark an die in der Voßstraße 8 ansässige Wertheim GmbH veräußert. Anna Meyer, Mutter Adolfs und seit Oktober 1928 Witwe Ernst Joachim Meyers, zog 1929 in die Voßstraße 16. Später hatte in dem Gebäude die Kanzlei des Führers ihren Sitz[430].

Ende 1932 kam mit der Gauleitung Groß-Berlin der NSDAP ein neuer Nachbar in die Voßstraße 11, deren Gauleiter bis zum Ende des Dritten Reiches Josef Goebbels war[431]. So konnten die Meyers und auch die Kunden von E. J. Meyer den aufziehenden Nationalsozialismus und das Dritte Reich aus nächster Nähe erleben und sogar von ihrem Balkon aus den Reichstagsbrand am 27.02.1933 sehen. Jedoch versuchten sie, sich mit dem neuer Regime zu arrangieren und kauften nach der Reichstagswahl Anfang März 1933 eine Fahnenstange für 9,25 RM im jüdischen Kaufhaus Wertheim, wie aus ihrer Buchführung hervorgeht[432]. Im Laufe des Jahres 1934 konzentrierten sich mehr und mehr Partei- und Staatsstellen um die Voßstraße. So wurde im vormaligen Palais Borsig an der Ecke zur Wilhelmstraße die SA-Führung untergebracht sowie in der zwei Straßen südlich gelegenen Prinz-Albrecht-Straße (heute Niederkirchnerstraße) die Gestapo[433], das Reichssicherheitshauptamt und die SS. Während das Bankhaus E. J. Meyer weiterhin seine Geschäftsräume in der Voßstraße 16 behielt, verließ Reinhold

---

428 Richter, Voßstraße16 – Im Zentrum der (Ohn-)Macht, S. 84.

429 Die Straße führt vom Potsdamer Platz zum Brandenburger Tor. Zuerst lautete die Adresse Königgrätzerstraße 134, seit 1915 umbenannt in Budapester Straße 15, wiederum umbenannt 1925 in Friedrich-Ebert-Straße 15, während des Dritten Reiches Hermann-Göring-Straße 15 und heute Eberstraße 15, vgl. Richter, Voßstraße16 – Im Zentrum der (Ohn-)Macht, S. 245f.

430 Richter, Voßstraße16 – Im Zentrum der (Ohn-)Macht, S. 245, 288; Berliner Adressbuch 1937, S. 9; Berliner Adressbuch 1938, S. 9.

431 Neubauer, Stadtführer durch Hitlers Berlin, Nr. 17; Kohl, Bilder eines Vaters, S. 90.

432 Kohl, Bilder eines Vaters, S. 103.

433 In dem Gestapo-Gefängnis in der Prinz-Albrecht-Straße waren sowohl Kurt Richter-Erdmann, der „Arisierer" des Bankhauses E. J. Meyer, inhaftiert als auch Hans Wilhelm von Tümpling, der nach dem plötzlichen Tode Kurt Richter-Erdmanns infolge einer in dieser Haft zugezogenen Grippe bei E. J. Meyer persönlich haftender Gesellschafter wurde, vgl. dazu Kap. 5.2.1.2 und 5.3.1.2.

Meyer mit seiner Familie bereits 1934 Hals über Kopf das Haus in der Voßstraße 16 und zog nach Dahlem[434]. Ein Grund mag sein, dass Meyer die ständigen Aufmärsche von SA- und SS-Bataillonen um seine Wohnung zermürbten, ebenso wie den US-Korrespondenten William L. Shirer, der unter dem 02.09.1934 in sein „Berliner Tagebuch" schrieb: „Mich zermürben die dauernden Heil-Hitler-Rufe, das Zusammenklappen der Hacken und die Aufmärsche der SA-Braunhemden oder der schwarzgekleideten SS-Abteilungen in den Straßen (...). Wir [der Autor und ein Freund] haben einige Spaziergänge unternommen, schon zweimal mussten wir in Geschäfte flüchten, um der Alternative auszuweichen, entweder die Fahnen vorbeiziehender SA- oder SS-Bataillone grüßen zu müssen oder eventuell Schläge dafür zu beziehen, dass man es nicht tut (...)"[435].

Hitler war die derzeitige Reichskanzlei zu klein und zu wenig repräsentativ. Deshalb hatte er bereits 1935 persönlich eine Skizze für einen Neubau angefertigt, welcher parallel zur Voßstraße verlaufen sollte. Dafür mussten die Häuser an der Nordseite der Voßstraße, darunter auch die Voßstraße 16, abgerissen werden, weshalb der Reichsfiskus sie sukzessive von den Eigentümern ankaufte. Die Voßstraße 16 wurde am 15.06.1936 von Estella Meyer für 480.000 RM veräußert wovon 400.000 RM in bar und 80.000 RM durch Übernahme einer Hypothek gezahlt wurden, obwohl das Grundstück ein Jahr zuvor auf 600.000 RM taxiert worden war, das Grundstück eines der größten in der Voßstraße war und für kleinere Nachbargrundstücke weit mehr gezahlt worden ist (so für die Nr. 3 der Bayerischen Gesandtschaft im Juni 1936 1,5 MioRM und für die Nr. 2 im Oktober 1935 950.000 RM)[436]. Das Bankhaus E. J. Meyer als Mieter weigerte sich nach der Veräußerung des Gebäudes durch Estella Meyer, aus der Voßstraße 16 auszuziehen, da es einen unbefristeten Mietvertrag hatte. Nach diversen Verhandlungen mit der Baukommission um Albert Speer, welche das Grundstück dringend für den Bau der Neuen Reichskanzlei benötigte, zahlte der Reichsfiskus an E. J. Meyer eine Entschädigung von 8.000 RM für den Auszug des Bankhauses aus der Voßstraße 16 bis spätestens 31.12.1937[437]. Hauptmieter des Gebäudes Voßstraße 16 war Ende 1936 die Dienststelle Ribbentrop[438], welche 12.000 RM

434 Kohl, Bilder eines Vaters, S. 121.

435 Shirer, Berliner Tagebuch, S. 22.

436 Kohl, Bilder eines Vaters, S. 135ff.; BAB, R 43 II, Nr. 1053a.

437 BAB, R 43 II, Nr. 1051c, Microfiche 2.

438 Die Dienststelle Ribbentrop war ein Hitler persönlich unterstelltes Pendant zum Auswärtigen Amt, welchem Hitler nicht traute. Sie ging am 01.06.1935 aus dem „Büro" des Sonderbotschafters Ribbentrop hervor, stand der SS sehr nahe und hatte neben außenpolitischen Spezialaufträgen die organisierte Kontaktpflege zu ausländischen

Miete im Jahr 1936 gezahlt hatte, E. J. Meyer lediglich 9.660 RM. Ab Ende Februar 1937 belegte die Dienststelle Ribbentrop zusätzlich die zuvor von Anna Meyer genutzten Räume und die Amtliche Brasil-Propaganda hat die von Dr. Stegmann genutzten Räumlichkeiten bezogen, so dass amtliche Stellen gemessen an den vorherigen Mieteinnahmen fast drei Viertel des Gebäudes nutzten[439]. Bemerkenswert ist, dass die Bankiers von E. J. Meyer und ihr Bankhaus, das noch jüdische Kundschaft hatte, in einer solchen Nähe zu den nationalsozialistischen Institutionen arbeiteten und selbst gegen die Baukommission für Hitlers Reichskanzlei Ende 1937 eine Entschädigung für das Aufgeben des Mietverhältnisses aushandeln konnten.

Das Bankhaus E. J. Meyer verlegte seinen Geschäftssitz im September 1937 von der Voßstraße 16 in neue Räume in der Französischen Straße 47 über dem Restaurant Borcharts. Mitmieter dort waren die italienische Handelskammer und das Institut für Siedlungswesen. Im Januar 1938 wurde das Haus Voßstraße 16 abgerissen und im Januar 1939 an gleicher Stelle die Neue Reichskanzlei Adolf Hitlers eingeweiht[440].

Meyers, die seit Generationen in der Voßstraße gelebt und im Bankhaus E. J. Meyer gearbeitet hatten, traf ab 1938 der „Judenbann" des Regierungsviertels, der 1938 eingeführt wurde und ihnen verwehrte, die Voßstraße zu betreten[441].

Persönlichkeiten in den Referaten „Frankreich", „England", „Osten" und „Volkstum/ Frontkämpfer" zum Inhalt. 1936 hatte die Dienststelle rund 160 Mitarbeiter, vgl. Ray, Annäherung an Frankreich im Dienste Hitlers?, S. 123ff.; Schmidt, Die Außenpolitik des Dritten Reiches, S. 69f.

439 BAB, R 43 II, Nr. 1053.

440 Kohl, Bilder eines Vaters, S. 136, 140; E. J. Meyer war noch am 04.05.1939 geschäftsansässig in der Französischen Straße 47, vgl. BrandLHA, Rep. 36A, Nr. D370.

441 Walk, Das Sonderrecht für die Juden im NS-Staat, S. 262; Kohl, Bilder eines Vaters, S. 22, 221.

3 E. J. Meyer und Privatbankiersektor 1929 bis 1932 – Zeit der Bankenkrise

Nachdem im vorherigen Kapitel die Entwicklung bis zur Wirtschaftskrise 1929 untersucht wurde, wird im nun folgenden Abschnitt die Situation der Privatbanken und des Bankhauses E. J. Meyer während der Zeit der Wirtschafts- und Bankenkrise 1929 bis 1932 untersucht, da sie den status quo des Privatbankiersektors sowie des Bankhauses E. J. Meyer vor der Machtergreifung durch die Nationalsozialisten 1933 darstellt. Dafür werden in einem ersten Schritt die Gründe, die zur Bankenkrise geführt haben, betrachtet (3.1), um dann die Auswirkungen auf die Banken selbst und insbesondere auf die Privatbanken zu untersuchen (3.2). Daran schließt sich die Untersuchung der Entwicklung von E. J. Meyer in diesem Zeitraum inklusive der Aufnahme neuer Teilhaber und ihrer Mitgliedschaften in Gremien und Vereinigungen (3.3) an, worauf die Maßnahmen geschildert werden, welche gegen diese und künftige Bankenkrisen getroffen wurden (3.4).

3.1 Gründe für die Bankenkrise

Ihre Auslöser hatte Bankenkrise von 1931 schon während der Zeit der Hyperinflation 1923, in welcher die Banken durchschnittlich mehr als zwei Drittel ihres Eigen- und Fremdkapitals verloren hatten[442].

Die Angst der Einleger vor einer erneuten Inflation führte dazu, dass trotz vergleichsweise hoher Zinsen nur ungern Einlagen mit langer Laufzeit bei Banken getätigt wurden[443]. Da die Industrie für ihren Aufschwung nach der

442 Ulrich, Aufstieg und Fall der Privatbankiers, S. 40ff.

443 Ulrich, Aufstieg und Fall der Privatbankiers, S. 44ff.; Diese Angst der Einleger sollte sich in der Weltwirtschaftskrise 1929 bewahrheiten, in welcher zahlreiche Unternehmen zusammenbrachen und in der Folge – dem Ausfall des Schuldners der Bank folgte unmittelbar ein Kapitalabzug der Einleger – auch Banken mit in den Ruin mitrissen. Hier waren insbesondere kleinere Banken betroffen, die eine schwächere Kapitaldecke aufwiesen. So schreibt die Bayerische Staatszeitung am 06.09.1929 (zitiert nach Köhler, Die „Arisierung" der Privatbanken im Dritten Reich, S. 46): „Die neuen Zusammenbrüche in Berlin haben zu einem Ansturm des Publikums auf eine Reihe *kleiner* [Originalhervorhebung] Privatbanken geführt. Man befürchtet, dass die nächsten Tage weitere Zusammenbrüche bringen". Beispielhaft sei hier der Zusammenbruch der Frankfurter Allgemeinen Versicherung (FAVAG) im Spätsommer

Wirtschaftskrise 1923 Geld von Banken benötigte, deutsches Kapital aber nicht in dem erforderlichen Maße zur Verfügung stand, liehen sich die Banken kurzfristiges ausländisches Kapital, oft sogar in Fremdwährung, um dies an die Industrie – teilweise auch als langfristiges Darlehen – weiterzureichen[444]. So betrug der Anteil der kurzfristig zur Verfügung stehenden Mittel am Fremdkapital bei den Berliner Großbanken 1929 im Durchschnitt 90%, wobei sich 40% des gesamten Fremdkapitals aus ausländischen Krediten zusammensetzte. Zugleich wiesen diese Kreditinstitute nur eine geringe Liquidität auf: 1929 betrug ihre Barliquidität im Durchschnitt nur 3,6%, die Liquidität Ersten Grades gerade einmal 39% bei einer schon oben erwähnten fast dreimal so hohen kurzfristigen Verschuldung[445]. Auch war die Eigenkapitaldecke der Großbanken von 14% im Jahr 1914 auf 3% im Jahr 1930 gesunken, so dass Kreditausfälle nur sehr schwer aufgefangen werden konnten. Darüber hinaus gab es keine staatliche Bankenaufsicht, so dass Banken eigenverantwortlich bestimmen konnten, ob Kreditengagements notleidend waren sowie ob und wie sie in einem solchen Falle Rückstellungen bildeten[446]. Schon in den ersten drei Wochen nach der Reichstagswahl 1930 – die NSDAP war mit einem Stimmenzuwachs von über 15% zweitstärkste Kraft im Reichstag geworden – zogen ausländische Kapitalgeber rund 1 MrdRM an kurzfristigen Krediten ab[447]. Somit stand den Berliner Großbanken nur großteils kurzfristiges Kapital zur Verfügung, ihre langfristigen Verpflichtungen gegenüber der deutschen Industrie konnten aber in der Regel nicht kurzfristig abgebaut werden und blieben deshalb weitgehend bestehen[448]. Da sich die Kreditinstitute bei Liquiditätsengpässen über die Reichsbank refinanzierten, schmälerten Kündigungen von ausländischen (Fremdwährungs-)Krediten auch die zur gesetzlich vorgeschriebenen Währungsdeckung vorgesehenen

---

1929 erwähnt, welchem mehr als 30 Privatbanken zum Opfer fielen, vgl. Köhler, Die „Arisierung" der Privatbanken im Dritten Reich, S. 46.

444 Ulrich, Aufstieg und Fall der Privatbankiers, S. 105ff.; Da die deutsche Wirtschaft danieder lag, mussten für diese Kredite auch wesentlich höhere Zinsen gezahlt werden, welche nur getilgt werden konnten, wenn die Wirtschaft sich nicht – wie nach der Wahl von 1930 – in einer Wirtschaftskrise befand, vgl. Kopper, Bankiers unterm Hakenkreuz, S. 9.

445 Ulrich, Aufstieg und Fall der Privatbankiers, S. 202.

446 Kopper, Bankiers unterm Hakenkreuz, S. 12f.

447 Bundesarchiv, „Akten der Reichskanzlei. Weimarer Republik", http://www.bundesarchiv.de/aktenreichskanzlei/1919-1933/0011/bru/bru1p/kap1_1/para2_4.html#d8e101 am 30.03.2012; Kopper, Bankiers unterm Hakenkreuz, S. 8 spricht von 300 MioRM zwischen dem 15.09.1930 und 10.11.1930.

448 Kopper, Bankiers unterm Hakenkreuz, S. 11f.

Devisenreserven der Reichsbank, da die Reichsbank nach dem Dawes-Plan von 1924 verpflichtet war, mindestens 40% des umlaufenden Kapitals in Form von Gold oder Devisen abzudecken, damit die Konvertierbarkeit der Reichsmark gewährleistet bleiben würde[449]. Versorgte die Reichsbank die Banken mit zusätzlichem Kapital, erhöhte sich also das umlaufende Kapital, musste sie auch höhere Devisenreserven bereithalten oder anders ausgedrückt: verlor die Reichsbank Devisen, durfte sie weniger Kredite an die Banken geben. Damit war eine Refinanzierung aufgrund Kapitalmangels strauchelnder Banken durch die Reichsbank nur in begrenztem Umfang möglich. Auch bestand für die Reichsbank nicht die Möglichkeit die Reichsmark abzuwerten, um die deutsche Wirtschaft durch bessere Exportbedingungen zu stärken, denn einer Abwertung der Reichsmark mussten die Unterzeichner des Dawes-Planes Großbritannien, Frankreich und USA zustimmen, deren Wirtschaftsunternehmen in einem solchen Falle Nachteile beim Export von Waren nach Deutschland erlitten hätten[450].

Weitere Gründe für die Wirtschaftskrise waren, dass der nach dem Ersten Weltkrieg entstandene Nachholbedarf als dauerhafte künftige Nachfrage interpretiert wurde und dadurch ein Aufbau von Überkapazitäten in neuen Industrien (beispielsweise Automobil, Foto, Kunststoffe) entstand[451].

In dieser schwierigen Situation meldete am 11.05.1931 die größte österreichische Geschäftsbank, die Österreichische Creditanstalt, immense Verluste, da ihre Aktiva zu einem großen Teil aus Industriebeteiligungen bestanden hatten, diese aber wegen der Weltwirtschaftskrise im Wert stark gefallen waren, was zu großen Abzügen von in- und ausländischem Kapital sowohl in Österreich als auch in Deutschland führte[452]. Verschärft wurde die Situation noch durch die nur wenige Tage bzw. Wochen darauf erfolgten Meldungen immenser Geschäftsverluste der Konzerne Karstadt, Nordstern Versicherung, Schultheiss-Patzenhofer

---

449 Kopper, Bankiers unterm Hakenkreuz, S. 9.

450 Kopper, Bankiers unterm Hakenkreuz, S. 9f., obwohl Kopper zurecht darauf verweist, dass eine Abwertung der Reichsmark nicht nur zu einem möglichen wirtschaftlichen Aufschwung durch erhöhten Export, sondern ebenfalls zu einer erhöhten – und dann vielleicht überhaupt nicht mehr tragbaren – Schuldenlast bei den Fremdwährungsschulden der deutschen öffentlichen Hand sowie privater Unternehmen geführt hätte, also ein wirtschaftlicher Aufschwung Deutschlands durch eine Abwertung der Reichsmark keineswegs sicher war.

451 Born, Geld und Banken im 19. und 20. Jahrhundert, S. 480.

452 Kopper, Bankiers unterm Hakenkreuz, S. 15f.; Born, Die deutsche Bankenkrise 1931, S. 64ff.; James, Deutschland in der Weltwirtschaftskrise 1924 - 1936, S. 285ff.

Brauerei[453] sowie der Deutschen Wollkämmerei und Kammgarnspinnerei („Nordwolle" - größter europäischer Wollkonzern)[454]. Insbesondere infolge des Nordwolle-Konkurses[455], der sowohl der allgemein schlechten wirtschaftlichen Lage als auch betrügerischen Spekulationsgeschäften geschuldet war, musste die Darmstädter- und Nationalbank (DANAT-Bank)[456], bis dato die drittgrößte[457] deutsche Bank, am 13.07.1931 ihre Zahlungsunfähigkeit bekannt geben, denn die DANAT-Bank ist einer der größten Gläubiger der Nordwolle gewesen[458]. Neben der DANAT-Bank war auch die Dresdner Bank sehr stark bei der Nordwolle

---

453 Ernst Joachim Meyer war bis zu seinem Tode im Oktober 1928 Mitglied des Aufsichtsrates der Schultheiss-Patzenhofer Brauerei gewesen. Sein Sohn Adolf Ernst Joachim Meyer konnte ihm nicht in dieses Mandat folgen. Nähere Ausführungen bei den genannten Personen.

454 Escher, Die Wirtschafts- und Finanzkrise in Bremen 1931 und der Fall Schröderbank, S. 96f.; Köhler, Die „Arisierung" der Privatbanken im Dritten Reich, S. 47; Born, Die deutsche Bankenkrise 1931, S. 67f.; James, Deutschland in der Weltwirtschaftskrise 1924 - 1936, S. 148, 184, 298.

455 Der Konkurs sollte durch die Ausgabe von 30 MioRM in Vorzugsaktien abgewendet werden, was jedoch durch die hernach bekannt gewordene weit größere Verschuldung der Nordwolle nicht mehr stattgefunden hat. Durchführen sollte die Ausgabe der Vorzugsaktien das Amsterdamer Bankhaus Rhodius Koenigs, an welchem sich 1940 auch das Bankhaus E. J. Meyer beteiligen sollte, vgl. Born, Die deutsche Bankenkrise 1931, S. 75ff. Zu Rhodius Koenigs siehe Kap. 5.2.3.

456 Die DANAT-Bank wurde von Jakob Goldschmidt gegründet und geleitet, der mit über 100 Aufsichtsratsmandaten die meisten in damaliger Zeit innehatte. Goldschmidt war zuvor Mitbegründer und -gesellschafter des Privatbankhauses Schwarz, Goldschmidt & Co. in Berlin, dessen anderer Gründungsgesellschafter Julius Schwarz – mit 12 Aufsichtsratsmandaten ebenfalls „Big Linker" der deutschen Wirtschaft - 1932 in das Bankhaus E. J. Meyer eintrat. Vgl. auch Jurk, Jakob Goldschmidt, in: Pohl, Deutsche Bankiers des 20. Jahrhunderts, S. 155f.

457 Größte Bank war die DeDi-Bank (Deutsche Bank und Disconto-Gesellschaft), gefolgt von Dresdner Bank, DANAT, Commerz- und Privatbank, Reichs-Kredit-Gesellschaft und Berliner Handels-Gesellschaft (BHG), vgl. Meyen, 120 Jahre Dresdner Bank, S. 86.

458 Born, Die deutsche Bankenkrise 1931, S. 74ff., 95f.; Daneben hatte die DANAT-Bank keine Rücklagen für notleidende Kredit gebildet, sondern von ihrem Eigenkapital hohe Dividenden gezahlt und eigene Aktien aufgekauft, um den eigenen Aktienkurs zu stützen, was die Eigenkapitaldecke weiter verringerte, vgl. Kopper, Bankiers unterm Hakenkreuz, S. 13ff.; Köhler, Die „Arisierung" der Privatbanken im Dritten Reich, S. 47; James, Deutschland in der Weltwirtschaftskrise 1924 - 1936, S. 288f. Zum Komplex Nordwolle vgl. auch Escher, Die Wirtschafts- und Finanzkrise in Bremen 1931 und der Fall Schröderbank, S. 96ff.

engagiert. Da die DANAT-Bank bereits seit Mitte Mai 1931 von den Betrügereien und Schwierigkeiten bei der Nordwolle wusste, dies aber der Dresdner Bank absichtlich nicht mitgeteilt hatte, geriet auch die Dresdner Bank in die Krise, womit aus der Krise des Nordwollekonzerns die allgemeine Bankenkrise entstand, da sich infolge des gegenseitigen Misstrauens der Banken diese untereinander kein Geld mehr liehen und die Reichsbank – wie bereits dargestellt - nur sehr begrenzt refinanzieren konnte[459].

Daraufhin erließ am 05.06.1931 die Reichsregierung Brüning die Zweite Notverordnung zur Sicherung von Wirtschaft und Finanzen[460], die weitreichende Einschnitte in die sozialen Sicherungssysteme vorsah. Um diese innenpolitisch abzufedern sowie um sich rechtskonservativer Stimmen zu versichern, wurden die von Deutschland zu leistenden Reparationszahlungen von der Reichsregierung als „wirtschaftlich untragbare Tribute" (sog. „Tributaufruf") bezeichnet[461]. Da die Reparationszahlungen nach dem Young-Plan[462] nur bei „abnormen wirtschaftlichen Schwierigkeiten" und auch dann nur teilweise gestundet werden konnten, wurde dieser innenpolitisch motivierte „Tributaufruf" insbesondere im Ausland als Eingeständnis der Zahlungsunfähigkeit des Deutschen Reiches gewertet[463]. Von der scheinbar drohenden Zahlungsunfähigkeit aufgeschreckt, zogen ausländische Investoren ihr Geld aus Deutschland ab, so dass das Reichsbankdirektorium am 04.07.1931 dem Reichskanzler meldete, dass die Reichsbank seit dem 30.05.1931 etwa 1,5 MrdRM an Gold und Devisen verloren habe und noch dazu am 16. des Monats einen Kredit von 420 MioRM in Gold oder Devisen zurückzahlen müsse[464]. Die Kapitalabzüge wurden derart stark, dass am 14./ 15.07.1931 „allgemeine Bankfeiertage" ausgerufen wurden, alle Banken also geschlossen bleiben mussten, damit keine weiteren Einlagen abgezogen werden konnten[465].

---

459 Kopper, Bankiers unterm Hakenkreuz, S. 16ff.

460 RGBl. I. S. 279ff.

461 Born, Die deutsche Bankenkrise 1931, S. 68f.

462 Mitglied der deutschen Delegation waren u. a. Hjalmar Schacht, Max Warburg und Hans Meyer, welcher sowohl Vetter war von Max Warburg als auch von Adolf Meyer, dem letzten Inhaber des Bankhauses E. J. Meyer, vgl. Chernow, Die Warburgs, S. 398; Pfleiderer, Deutschland und der Youngplan, S. 129.

463 Born, Die deutsche Bankenkrise 1931, S. 69ff.

464 Bundesarchiv, „Akten der Reichskanzlei. Weimarer Republik" unter http://www.bundesarchiv.de/aktenreichskanzlei/1919-1933/0000/bru/bru2p/kap1_1/para2_109.html am 30.03.2012.

465 Nach dem absoluten Auszahlungsstop durften bis zum 20.07.1931 Auszahlungen und Überweisungen lediglich für Löhne, Renten, etc. sowie Steuern getätigt

Da die Reichsbank die Stabilitätskriterien aufgrund des hohen Abzugs von Devisen nicht mehr halten konnte, musste die Bewirtschaftung der Devisen eingeführt werden, welche in der Zeit des Nationalsozialismus insbesondere zur Ausplünderung jüdischer Auswanderer und Flüchtlinge missbraucht wurde[466].

3.2 Auswirkungen der Bankenkrise

Durch die aus den vorgenannten Gründen entstandene Bankenkrise 1931 wurden alle Arten von Banken hart getroffen, insbesondere da die Wirtschaftskrise 1923 noch nicht lange zurücklag. Die entstandenen Verluste von Fremdkapital trafen insbesondere die kleinen Privatbanken sowie die Großbanken. Die kleinen Privatbanken, da sie mangels Beziehungen ins Ausland nur wenig ausländisches Kapital zur Verfügung hatten und auch kein neues akquirieren konnten. Die Großbanken kamen in arge Bedrängnis, da sie zwar über viel ausländisches Kapital verfügten, dieses aber in großem Maße abgezogen wurde und sie keine vertrauensbildenden – teilweise sogar verwandtschaftlichen – Beziehungen zu den ausländischen Kapitalgebern hatten. Lediglich die mittleren und größeren Privatbanken hatten aus letztgenannten Gründen und aufgrund der seit Generationen gewachsenen Geschäftsbeziehungen weniger Probleme mit dem Abzug ausländischen Kapitals[467]. E. J. Meyer hatte 1927 ein Darlehen des verwandtschaftlich verbundenen Londoner Handelshauses Brandeis, Goldschmidt & Co. bekommen, von dem bis 1940 noch 150.000 RM als Forderung von Brandeis, Goldschmidt & Co. in den Büchern von E. J. Meyer stand[468].

---

werden; vollständig liberalisiert wurde der Zahlungsverkehr im Inland erst wieder am 05.08.1931, vgl. Kopper, Bankiers unterm Hakenkreuz, S. 21f.; Köhler, Die „Arisierung" der Privatbanken im Dritten Reich, S. 47; Born, Die deutsche Bankenkrise 1931, S. 108.

466 Siehe dazu Kap. 4.3.3, 4.4.2.3 und 4.4.2.4.

467 Köhler, Die „Arisierung" der Privatbanken im Dritten Reich, S. 46.

468 Archiv Bundesverband deutscher Banken, Bestand „gelb", E. J. Meyer; Im Rückerstattungsverfahren wird unstreitig vorgetragen, dass zwischen 1930 und 1932 100.000 RM an einen ausländischen Darlehensgeber zurückgezahlt worden seien, vgl. BADV, 7 WGA 423/51, Bl. 256ff. Die Angaben aus dem Archiv des Bundesverbandes deutscher Banken beruhen auf Korrespondenz von E. J. Meyer mit nationalsozialistischer Administration, da Adolf Meyer einen Reisepass beantragt hatte, um nach London zu Brandeis, Goldschmidt & Co. zu fahren, weil diese 1927 einen Kredit über 200.000 RM gegeben hätten, wovon bis 1938 lediglich 50.000 RM getilgt worden seien. Jedoch stand in den Bilanzen von E. J. Meyer 1940 noch ein Kredit von Brandeis, Goldschmidt & Co. in Höhe von 150.000 RM, vgl. Archiv Bankhaus

Unter anderem der Abzug ausländischen Kapitals führte oftmals zu Konkursen oder Vergleichen. Die nachfolgende Grafik[469] zeigt die Konkurse und Vergleiche von Kreditinstituten aller Bankengruppen, also nicht lediglich der Privatbankiers. Deutlich wird, dass die Anzahl der Konkurse und Vergleichsverfahren vor der Weltwirtschaftskrise 1929 sowie 1934 nach der Banken- und Wirtschaftskrise in etwa gleich war. In der dazwischen liegenden Zeit jedoch war die Anzahl der Konkurse und Vergleiche auf das Dreifache gewachsen. Daraus ist zu entnehmen, dass dieser starke Anstieg an Konkursen und Vergleichen der Wirtschaftskrise geschuldet war, jedoch nicht alle genannten Konkurse und Vergleiche auf die Wirtschafts- und Bankenkrise zurückzuführen sind, da es auch in wirtschaftlich günstigeren Zeiten Konkurse und Vergleiche aus betriebsbedingten Gründen gegeben hatte.

Anzahl der Konkurse und Vergleichsverfahren deutscher Banken 1928 - 1932

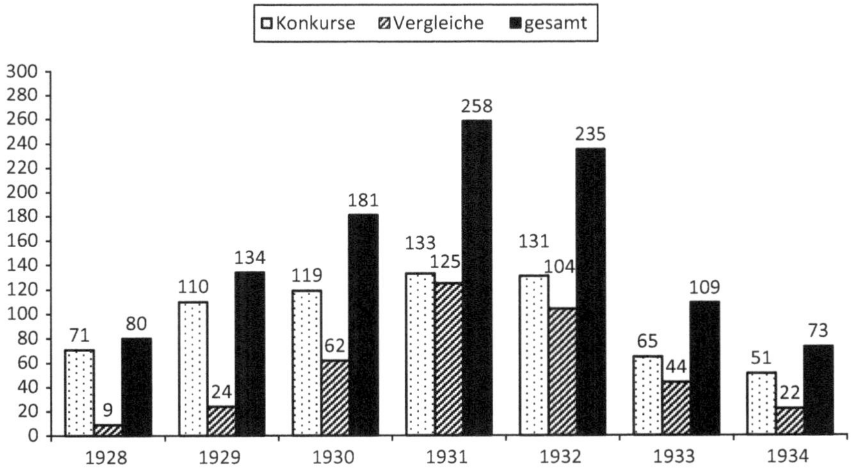

Die Auswirkungen der Bankenkrise auf die einzelnen Bankengruppen waren hingegen unterschiedlich stark. Die folgende Tabelle zeigt die Bilanzveränderungen bei den verschiedenen Bankengruppen zwischen 1930 und 1932[470].

Metzler, Auskunft an Verfasser vom 19.01.2012, Niederschrift „Besprechung der Bilanz E. J. M. per 31.12.1940".

469 Daten bei Köhler, Die „Arisierung" der Privatbanken im Dritten Reich, S. 45, übernommen von Gaedicke.

470 Daten nach Köhler, Die „Arisierung" der Privatbanken im Dritten Reich, S. 51.

	Privatbankiers	Berliner Großbanken	Sparkassen[c]	Genossen-schafts-banken
Aktiva				
Liquide Mittel[a]	-36%	-52%	-38%	-41%
Sonstige Kurzkredite	-37%	-37%	-20%	-22%
Wertpapiere und Konsortialbeteiligungen	-60%	-17%	21%	6%
Dauerbeteiligungen	-13%	25%	21%	6%
Sonstige Aktiva	-50%	27%	152%	-22%
Gesamte Anlagen	-41%	-37%	10%	-25%
Passiva				
Eigene Mittel	-59%	-44%	51%	-6%
Fremde Mittel	-40%	-38%	2%	-26%
Gesamte Mittel[b]	-45%	-39%	3%	-23%

[a] *inkl. Kasse, Nostroguthaben, Wechsel, Schecks und unverzinslichen Schatzanweisungen*
[b] *inkl. Kreditoren, Akzepten, langfristigen Schulden und stillen Beteiligungen*
[c] *bei Passiva nur preußische Sparkassen*

Diese Daten zeigen, dass die Gruppe der Privatbankiers als einzige aller Bankengruppen in jedem Bereich Verluste hinnehmen musste und dass diese Verluste – mit Ausnahme der liquiden Mittel – auch höher waren als bei den anderen Bankengruppen.

Auch die Privatbanken verloren Teile ihres Fremdkapitals – in der Regel kurzfristig fällige Kreditoren, von denen zwischen 1930 und 1932 rund 44% (875 MioRM) abgezogen wurden – und zwar insgesamt in größerem Umfang als die Großbanken. Die Verringerung des Eigenkapitals bei den Privatbanken um fast 60% ist auf die Wertverluste an Aktienbeständen und Außenständen sowie durch die Mobilisierung von Rückstellungen und stillen Reserven zurückzuführen. So kam es nach der Weltwirtschaftskrise 1923, in der die Privatbanken bereits zwei Drittel ihres Eigenkapitals verloren hatten, nach wenigen Jahren des Aufschwungs wiederum zu einem Verlust von rund zwei Dritteln des Eigenkapitals. Dies war für die Privatbankiers besonders schmerzlich, da das Eigenkapital mehr als bei anderen Bankengruppen zur Tätigung von Bankgeschäften eingesetzt werden musste. Insgesamt verringerte sich nach Einschätzung der Reichsbank das Geschäftsvolumen der Privatbanken zwischen 1930 und 1932 um rund 41% von 3,1 MrdRM auf 1,8 MrdRM[471].

471 Köhler, Die „Arisierung“ der Privatbanken im Dritten Reich, S. 50ff.

So verschwanden von 211 dem Centralverband des Deutschen Bank- und Bankiersgewerbes 1929 angehörenden Berliner Privatbankiers bis 1933 fast 40% (84 Banken) von der Bildfläche, darunter auch Banken, die noch kurze Zeit vorher zu den führenden Privatbankhäusern gezählt hatten[472].

Die wirtschaftliche Lage für die Privatbanken war zu der Zeit derart schwierig, dass bei jeder fünften Bankinsolvenz strafrechtlich relevante Unregelmäßigkeiten in Form von Depotunterschlagung bzw. Verkauf oder Verpfändung von Kundschaftsbeständen festgestellt wurden[473], was die Existenznot der Bankiers zeigt, denn das gute Renommée eines Bankiers war essentiell für dessen Geschäft.

Innerhalb der Bankengruppe der Privatbankiers ist bezüglich der Auswirkungen auf die einzelnen Privatbanken weiter zu differenzieren, je nachdem, ob sich die Banken auf Großkredite für Industrieunternehmen oder auf Börsengeschäfte spezialisiert hatten:

Banken, die sich auf wenige Großkredite für Industrieunternehmen spezialisiert hatten, erlitten Nachteile, wenn diese Industrieunternehmen in wirtschaftliche Schieflage gerieten, denn diese konnten dann ihre Kredite nicht mehr tilgen. Infolge dieser Schieflage fürchteten die Privatanleger, wieder ihr Vermögen zu verlieren und zogen deshalb präventiv ihre Einlagen von der Bank ab, so dass den Banken weniger Kapital zur Verfügung stand. Da die ausländischen Kreditgeber in dieser Situationen ebenfalls an der Rückzahlung ihrer Kredite zweifelten, zogen auch sie diese vermehrt ab bzw. gewährten keine neuen, wodurch der Industrie keine weiteren Kredite gewährt werden konnten, um sie in ihrer wirtschaftlich schlechten Lage zu unterstützen, so dass sich die wirtschaftliche Schieflage der Industrie mangels frischen Kapitals weiter verschlimmerte. Diese wirtschaftliche Schieflage der Industrie und damit des Industriekreditgeschäfts wurde zusätzlich durch den Wertverlust der von den Banken gehaltenen Aktienpakete an Industrieunternehmen, die den Banken wiederum als Sicherheiten für Auslandskredite dienten, verstärkt[474]. Es entspann sich ein tödlicher Kreislauf für die im Industriekreditgeschäft beteiligten Banken.

---

472 Eigner/ Köhler, Privatbankiers in Mitteleuropa zwischen den Weltkriegen, S. 120; als Beispiel sei das große Privatbankhaus Schwarz, Goldschmidt & Co. genannt, welches nach massiven Verlusten am 30.09.1932 von dem wesentlich kleineren Bankhaus E. J. Meyer abgewickelt worden ist, vgl. Kap. 3.3.1; Auch das Bankhaus Hardy & Co., eine Tochter der Dresdner Bank, musste im Mai 1932 von der Dresdner Bank Dresdner Bank gerettet werden, welche dazu vom Reich 17,5 MioRM zur Verfügung gestellt bekam, vgl. Bähr, Die Dresdner Bank in der Wirtschaft des Dritten Reiches, S. 56.

473 Köhler, Die „Arisierung" der Privatbanken im Dritten Reich, S. 47.

474 Köhler, Die „Arisierung" der Privatbanken im Dritten Reich, S. 46; Born, Die deutsche Bankenkrise 1931, S. 59f.

Börsenbankiers waren ebenfalls von Kreditausfällen betroffen, denn viele Anleger – insbesondere Privatleute – hatten nicht nur mit eigenem, sondern auch mit geliehenem Geld spekuliert. Als die Kurse an den Börsen fielen, konnten sie die Kredite in der Regel nicht mehr (vollständig) zurückzahlen. Auch hatten viele Bankiers selbst Kredite aufgenommen, um an der Börse zu spekulieren, so dass Verluste an den Börsen nicht nur zu einem Verlust von Eigenkapital sondern bisweilen auch zu einem Bedarf an zusätzlichem Fremdkapital führten. Nach dem Einsturz der Aktienkurse am „schwarzen Freitag" 1929 brach zudem das Börsenhandelsgeschäft ein, so dass auch Effektenprovisionen keine ausreichende Einnahmequelle für die Börsenbankiers mehr darstellten. Auch das Geschäft mit Neuemissionen als wesentliche Einkommensquelle der Börsenbankiers brach fast vollständig weg[475].

In dieser für Wirtschaft und Banken schwierigen Situation wurden Rufe nach staatlichen Rettungsaktionen laut. Um ihr Überleben zu sichern, wurden Banken direkt vom Staat unterstützt. Diese Unterstützung erfolgte bei den Großbanken sowie den Regional- und Provinzbanken, nicht aber bei den Privatbankhäusern.

Die Reichsbank hat im Herbst 1931 die angeschlagenen Großbanken derartig stark unterstützt, dass sie über 90% des Kapitals der (im gleichen Jahr mit der DANAT-Bank zwangsfusionierten) Dresdner Bank, 70% der Commerz- und Privatbank sowie etwa 35% an der 1929 fusionierten Deutschen Bank und Disconto Gesellschaft hielt[476]. Insgesamt hat der Staat für die Sanierung der drei Großbanken 678 MioRM aufgewendet, wovon allein 509 MioRM auf die Dresdner Bank (und die mit ihr fusionierte DANAT-Bank) entfielen[477]. Auch bei den Regional- und Provinzbanken haben sich Reich und Länder stark an der Sanierung beteiligt, so dass auch hier maßgebliche Geschäftsanteile der Banken bei der öffentlichen Hand lagen[478]. Im Zuge dieser hohen staatlichen

475 Köhler, Die „Arisierung" der Privatbanken im Dritten Reich, S. 46f.

476 Kopper, Bankiers unterm Hakenkreuz, S. 25; James, Deutschland in der Weltwirtschaftskrise 1924 - 1936, S. 306; Born, Die deutsche Bankenkrise 1931, S. 176; Born, Geld und Banken, S. 499f.; Kopper, Zwischen Marktwirtschaft und Dirigismus, S. 59. Als einzige der Großbanken hatte die Berliner Handels-Gesellschaft (BHG) keine existenzbedrohenden Verluste zu vermelden, weil ihre Gesellschafter grundsätzlich keine Auslandskredite mit Kündigungsfrist unter sechs Monaten aufgenommen hatten und auch bei der Vergabe von Krediten sehr vorsichtig gewesen waren, vgl. Born, Geld und Banken, S. 489f.

477 Kopper, Bankiers unterm Hakenkreuz, S. 40.

478 Köhler, Die „Arisierung" der Privatbanken im Dritten Reich, S. 281; Kopper, Zwischen Marktwirtschaft und Dirigismus, S. 139ff. – beispielsweise hielt die

Beteiligungsquoten wurden von staatlicher Seite Personalentscheidungen beeinflusst[479] – Einflussnahmen, die sich in der Zeit nach 1933 oftmals gegen Juden richteten.

Privatbankiers wurden vom Staat grundsätzlich nicht unterstützt, unabhängig davon, ob sie jüdische oder nichtjüdische Inhaber hatten[480]. Im Zuge der Bankenkrise konnten deshalb viele Privatbanken nur durch einen Zusammenschluss mit anderen Privatbankiers oder mit Großbanken wirtschaftlich überleben[481]. Um die Folgen der Ungleichbehandlung im Vergleich zu Groß- und Provinzbanken abzumildern, versuchten einige Privatbankiers, eine rediskontfähige Genossenschaft von Privatbankiers zu erschaffen, welche als Zentralinstitut die Geschäfte der Privatbanken refinanzieren sollte. Dieser Vorschlag scheiterte sowohl an der mangelnden Unterstützung durch die Reichsregierung, als auch an der Weigerung insbesondere größerer Privatbankiers, ihre Selbständigkeit einer Genossenschaft zu opfern. Diese größeren Privatbankiers strebten hingegen an, durch die Akzeptbank oder eine vergleichbare Institution Finanz- und Warenwechsel in kleineren Beträgen trassieren zu lassen. Dies wurde schließlich auch von der Akzeptbank umgesetzt, die dazu über 50 MioRM für die Gegenfinanzierung der Kreditgeschäfte von Privatbanken zu Verfügung stellte – lediglich zu spät (im August 1932, also mehr als ein Jahr nach der Bankenkrise, obwohl die Akzeptbank bereits zwei Wochen nach der Bankenkrise ihre Tätigkeit aufnahm), um die schwerwiegenden Folgen für die Privatbanken effektiv zu bekämpfen[482].

öffentliche Hand nach der Bankenkrise über 70% der Anteile an der Allgemeinen Deutschen Credit-Anstalt (ADCA).

479 Ziegler, Die Verdrängung der Juden aus der Dresdner Bank 1933 - 1945, in: Vierteljahreshefte für Zeitgeschichte (VfZ) 1999, S. 191ff.; Köhler, Die „Arisierung“ der Privatbanken im Dritten Reich, S. 56.

480 Eine der wenigen Ausnahmen bildete die J. F. Schröder Bank (Bremen), die durch den Zusammenbruch des Nordwolle-Konzerns in arge Bedrängnis geraten war. Sie wurde maßgeblich von der Reichsregierung und dem Land Bremen saniert und als Norddeutsche Creditbank AG weitergeführt, womit negative Folgen der Bankenkrise für Unternehmen im Raum Bremen verhindert wurden, vgl. Köhler, Die „Arisierung“ der Privatbanken im Dritten Reich, S. 54 sowie Escher, Die Wirtschafts- und Finanzkrise in Bremen 1931 und der Fall Schröderbank.

481 Prominenteste Beispiele hierfür sind das Zusammengehen der Privatbankiers S. Bleichröder – wohl das bekannteste Privatbankhaus Ende des 19. Jahrhunderts - und Gebr. Arnhold sowie die maßgebliche Beteiligung an und spätere Übernahme der größten Privatbank-GmbH Hardy & Co. durch die Dresdner Bank, vgl. Köhler, Die „Arisierung“ der Privatbanken im Dritten Reich, S. 52f. m.w.N.

482 Köhler, Die „Arisierung“ der Privatbanken im Dritten Reich, S. 55ff.; zur Akzeptbank siehe Kap. 3.4.

3.3 E. J. Meyer – Geschäftsentwicklung und Teilhaber in der Krise

Die Weltwirtschafts- und die ihr folgende Bankenkrise haben wie zuvor erörtert den Bankensektor sehr in Mitleidenschaft gezogen. Insbesondere die Privatbankiers hatten nahezu 60% ihres Eigenkapitals und 40% ihres Fremdkapitals eingebüßt. Staatliche Unterstützung wurde ihnen zunächst nicht und dann in geringem Ausmaß und viel zu spät zur Verfügung gestellt. Überdurchschnittlich viele Privatbankiers mussten ihr Geschäft aufgeben oder fusionieren. Auch das mit E. J. Meyer verwandtschaftlich verbundene Hamburger Bankhaus M. M. Warburg & Co. wäre in der Bankenkrise fast zusammengebrochen[483].

In diesem Abschnitt wird die Entwicklung des Bankhauses E. J. Meyer in dem zuvor dargestellten wirtschaftlich schwierigen Umfeld dargestellt (3.3.1) sowie die erfolgte Aufnahme der neuen Teilhaber Dr. Walter Flörsheimer (3.3.2) und Julius Schwarz (3.3.3).

3.3.1 Wirtschaftliche Entwicklung von E. J. Meyer in der Wirtschaftskrise

Ebenso wie beim Bankhaus E. J. Meyer in Berlin war beim Frankfurter Bankhaus Metzler bis 1928 eine deutliche Verbesserung der Verhältnisse eingetreten. Jedoch waren die traditionellen Felder der Privatbanken ausgetrocknet, weil das Debitorengeschäft durch die schlechte Wirtschaftslage und die Konkurse seit der Krise 1929 stark in Mitleidenschaft gezogen und durch die infolge der Bankenkrise im Juli 1931 eingeführte Devisenbewirtschaftung der Devisenhandel eingeschränkt war[484].

Das Bankhaus E. J. Meyer hatte sich in den Krisenjahren etwas zurückgehalten und durch diese vorsichtige und konservative Führung zwar schwere, aber immer noch aus eigener Kraft tragbare Verluste insbesondere durch Absinken

483 Kopper, Bankiers unterm Hakenkreuz, S. 73f.; Als „Ironie der Geschichte" hat das Bankhaus M. M. Warburg & Co. in der Bankenkrise 2009 das Hamburger Bankhaus Wölbern, historischer Nachfolger des Berliner Bankhauses E. J. Meyer, zusammen mit dem Einlagensicherungsfond des Bundesverbandes deutscher Banken durch Übernahme des Bankhauses aus der durch die Finanzkrise bedingten Schieflage gerettet, vgl. Handelsblatt vom 20.04.2009, S. 27; M. M. Warburg & Co. übernahm letztlich lediglich kleine Teile des Bankhauses Wölbern, der Rest verblieb beim Einlagensicherungsfonds, vgl. Handelsblatt vom 20.08.2009, S. 18.

484 Holtfrerich, Albert von Metzler, in: Pohl (Hrsg.), Deutsche Bankiers des 20. Jahrhunderts, S. 266f.

der Wertpapiere und Ausfall von Kreditoren, erlitten[485]. So haben die jährlichen Verdienste der Bankiers – Georg Rogalski war bereits 1929 wieder ausgeschieden[486] - in den Jahren 1930 bis 1933 zwischen 20.000 und 30.000 RM im Jahr für jeden der beiden Teilhaber Adolf Meyer und Leonhard Horwitz gelegen[487]. Jedoch ist im Jahre 1931 in Verlustvortrag mit in die nächsten Jahre genommen worden[488].

Im Jahr 1930 war E. J. Meyer Teil eines von Goldschmidt-Rothschild & Co. geführten Bankenkonsortiums zur Stützung von börsennotierten Gesellschaften gewesen, wobei keine Daten über die daraus resultierenden Einnahmen mehr vorliegen[489].

Ende 1932 konnte E. J. Meyer durch eine teilweise Übernahme des Privatbankhauses Schwarz, Goldschmidt & Co. die Grundlage für stetige Gewinne in der näheren Zukunft legen und auch eine strategische Neuausrichtung auf das Börsengeschäft vornehmen[490]: Im Zuge der Bankenkrise war wie bereits erwähnt die von Jakob Goldschmidt geführte DANAT-Bank von der Dresdener Bank übernommen worden[491] und damit auch ihre Kommandite, das

---

485 BADV, 7 WGA 423/51, Bl. 73ff.; BAB, R 2501, Nr. 1169, Berliner Tageblatt sowie Tempo vom 28.09.1932; LEA, Reg.-Nr. 161874, Bl. M16.

486 Siehe Kap. 2.2.4.2.

487 LEA, Reg.-Nr. 161874, Bl. M16, M65, E1; LEA, Reg.-Nr. 160830, Bl. M8, E1ff. Zwar ist an einer Stelle in den Entschädigungsverfahren erwähnt, dass das Einkommen von Horwitz durchschnittlich rund 100.000 RM jährlich betragen habe, jedoch wird an allen anderen Stellen vorgetragen, das das Einkommen aus dem Bankgeschäft sich auf 20.000 RM bis 30.000 RM belaufen habe. Möglicherweise handelt es sich bei der Differenz um Erträgnisse aus seinen Grundstücksgeschäften oder aber um eine falsche Zahl.

488 BADV, 7 WGA 423/51, Bl. 27.

489 Bankhaus Wölbern (Hrsg.), Meilensteine, S. 12.

490 Dabei wurden Aktiva und Passiva von Schwarz, Goldschmidt & Co. auf E. J. Meyer übertragen, die Grundstücke von Schwarz, Goldschmidt & Co. verblieben jedoch bei dem nicht mehr operativen Rest von Schwarz, Goldschmidt & Co. E. J. Meyer beteiligte sich laut Handelsregister von Schwarz, Goldschmidt & Co. am 30.09.1932 an dieser mit 10.500 RM. Erst am 26.11.1956 ist die nach dem Kriege in Berlin verbliebene ruhende Bank E. J. Meyer als Kommanditistin aus Schwarz, Goldschmidt & Co. ausgetreten, vgl. Archiv Bankhaus Wölbern, Auskunft an Verfasser vom 16.12.2011.

491 Die nach der Bankenkrise zum größten Teil verstaatliche Dresdner Bank musste auf Zwang der Regierung mit der DANAT-Bank fusionieren, vgl. Meyen, 120 Jahre Dresdner Bank, S. 83; Ziegler, Die Verdrängung der Juden aus der Dresdner Bank 1933 - 1945, in: Vierteljahreshefte für Zeitgeschichte (VfZ) 1999, S. 189ff.

von Goldschmidt und Julius Schwarz 1910 gegründete und vom Leiter der Hildesheimer Bank, Geheimrat Max Leeser, finanzierte Privatbankhaus Schwarz, Goldschmidt & Co. Julius Schwarz und Jakob Goldschmidt hatten in Berlin den Kali- und Kuxenmarkt aufgebaut. Goldschmidt schrieb für die Kundschaft des neu gegründeten Bankhauses gut durchdachte und journalistisch gut gemachte Wochenberichte, welche schnell bekannt wurden, was dem Bankhaus zu einem schnellen Aufstieg in den Kreis der führenden deutschen Privatbanken verhalf. wickelte beispielsweise die Liquidation des Stinneskonzerns ab und war zusammen mit der Firma Osram an der Schaffung des internationalen Glühlampensyndikats sowie an der Interessengemeinschaft der größten deutschen Reedereien Hapag und Norddeutscher Lloyd beteiligt. Auch hat Goldschmidt maßgeblich die Vermittlung von Finanzmitteln für die deutsche Wirtschaft aus Nordamerika, Schweden und Holland betrieben[492]. Ebenso war Schwarz, Goldschmidt & Co. im Jahr 1917 für das Deutsche Reich an dem geheimen Erwerb diverser Film- und Theaterorganisationen im Zusammenhang mit der Gründung der UFA beteiligt, um das Ziel der Regierung zu verschleiern, die kriegsmüde Bevölkerung durch die neuen Medien zu beeinflussen[493].

Durch die langen freundschaftlichen Beziehungen von E. J. Meyer zur Dresdner Bank wurde Schwarz, Goldschmidt & Co. per 01.10.1932 auf E. J. Meyer übertragen, weil insbesondere eine offene Liquidation des Bankhauses vermieden werden sollte. Für E. J. Meyer, das seine Schwerpunkte im Industriegeschäft und in der Vermögensverwaltung hatte, bot sich durch die Übernahme des führenden deutschen Börsenbankhauses Schwarz, Goldschmidt & Co. die Gelegenheit, diesen Geschäftszweig maßgeblich zu stärken,

---

492 Bernstein, Wirtschaft I: Finanzwesen, S. 733, 746f.; Bernstein spricht sogar davon, dass „das Ausland Goldschmidt jede Summe für die deutsche Wirtschaft zu Verfügung stellte", vgl. ebenda S. 747.

493 Jurk, Jakob Goldschmidt, in: Pohl (Hrsg.), Deutsche Bankiers des 20. Jahrhunderts, S. 155f.; Am 18.12.1917 wurde die UFA gegründet und mit einem Kapital von 25 MioM ausgestattet. Davon stellte das Reich 7 MioM in geheimer Treuhänderschaft zur Verfügung, welche die Deutsche Bank, Jacquier & Securius sowie A. E. Wassermann hielten. Weitere Anteilseigner waren die Deutsche Bank selbst, Schwarz, Goldschmidt & Co., Robert Bosch und andere, so dass der Staat mittels dieser „Kontrollgruppe" Anteile in Höhe von 13,4 MioM vertrat und so die gewünschte politische Beeinflussung gewährleistet war, vgl. Feldman, Die Deutsche Bank vom Ersten Weltkrieg bis zur Wirtschaftskrise 1914 - 1933, in: Gall/ Feldman/ James/ Holtfrerich/ Büschgen (Hrsg.), Die Deutsche Bank 1870 - 1995, S. 165.

wofür nach den zeitgenössischen Presseberichten gute Geschäftsaussichten gegeben waren. Wie verschiedene Blätter formulierten, stieg E. J. Meyer damit in die erste Reihe der Berliner Börsen- und Bankhäuser auf. Neben einigen Angestellten (die Belegschaft wuchs von zuvor rund 15 - 20 auf 40 - 50 Mitarbeiter[494]) von Schwarz, Goldschmidt & Co. kamen auch Julius Schwarz als persönlich haftender Gesellschafter zu E. J. Meyer sowie Walter Flörsheimer, welcher Vertrauensmann der Dresdner Bank bei Schwarz, Goldschmidt & Co. gewesen war[495].

Neben der angestrebten verstärkten Geschäftstätigkeit im Börsenbereich war Hauptteil des Geschäfts eine von Schwarz, Goldschmidt & Co. auf E. J. Meyer übertragene Treuhandmasse in Höhe von rund 8,1 MioRM aus offenen Forderungen von Schwarz, Goldschmidt & Co. gegen Dritte[496]. Für den Einzug dieser Forderungen bekam E. J. Meyer eine Vergütung, welche sich insgesamt über den Lauf der Jahre wohl auf rund 500-600.000 RM belaufen hat[497].

Die Bilanz von E. J. Meyer per Ende 1932 betrug rund 3,5 MioRM, wobei die Eigenkapitalkonten von Adolf Meyer, seiner Mutter sowie Schwester kumuliert ebenso wie das Kapitalkonto von Leonhard Horwitz rund 150.000 RM betrugen, die Kapitalkonten von Julius Schwarz und Walter Flörsheimer rund 75.000 RM[498]. Da Horwitz als er 1927 in das Bankhaus E. J. Meyer eingetreten ist eine Einlage von 300.000 RM tätigte, jedoch 1932 lediglich noch ein Kapitalkonto von 150.000 RM hatte, ist davon auszugehen, dass die Geschäfte von E. J. Meyer durch das Ausscheiden von Rogalski verbunden mit der Rückzahlung seiner Einlage in der Zeit von 1929 bis 1932 zusätzlich belastet waren, jedoch für das Überleben des Bankhauses ausreichten, während viele Banken in Konkurs oder Liquidation gegangen sind. So war die Ausgangslage von E. J. Meyer zwar geschwächt, durch die Übernahme von Schwarz, Goldschmidt & Co. bestanden jedoch sehr gute Zukunftsaussichten für E. J. Meyer.

---

494 BADV, 7 WGA 423/51, Bl. 73ff.

495 BAB, R 2501, Nr. 1169, BZ am Mittag, Vossische Zeitung, Berliner Tageblatt, Berliner Börsen-Zeitung, Tempo jeweils vom 28.09.1932, Frankfurter Zeitung, Berliner Börsen-Courier, Vorwärts vom 29.09.1932

496 Bankhaus Wölbern (Hrsg.), Meilensteine, S. 12.

497 In den im Archiv Bankhaus Wölbern vorhandenen Unterlagen steht die Zahl 500.000 wobei die 5 durch eine 6 überschrieben worden ist oder aber auch vice versa, vgl. Archiv Bankhaus Wölbern, Auskunft an Verfasser vom 16.12.2011.

498 LEA Reg.-Nr. 161874, Bl. D5f.

3.3.2 Dr. Walter Flörsheimer

Walter Flörsheimer (Quelle: Privatbesitz)

Walter Flörsheimer wurde geboren am 11.03.1900 in Wehrheim im Kreis Usingen[499] als Sohn des jüdischen Handelsmannes David Flörsheimer sowie der ebenfalls jüdischen Fanny, geb. Rosenthal[500]. Er hat in Frankfurt a. M. Abitur gemacht und ist daraufhin direkt in den Ersten Weltkrieg gezogen[501]. Nach dem Studium promovierte er in Würzburg in Staatswissenschaften[502].

Flörsheimer wohnte in Berlin-Grunewald[503] und war verheiratet mit Charlotte, geb. Salomon, Tochter von Max Salomon (14.06.1862 in Nakel) und seiner Frau Betty, geb. Safranski (16.09.1874 in Magdeburg). Max und Betty Salomon wurden mit dem 77. Alterstransport vom 16.12.1942 nach Theresienstadt deportiert. Ihre Vermögenserklärung ist auf den 05. bzw. 08.12.1942 zu Berlin datiert, jedoch wurde bereits am 01.10.1942 ihr gesamtes Vermögen durch die Gestapo Berlin zugunsten des Reiches als Vermögen von Reichsfeinden eingezogen[504].

---

499 BrandLHA, Rep. 36A II, Nr. 9472.

500 LEA, Reg.-Nr. 253212, Bl. M5.

501 Der Aufbau, Jg. 5 (1939), Ausg. 18, S. 21.

502 Flörsheimer, Das Recht der Option bei Gebietsabtretungen unter besonderer Berücksichtigung des Vertrags von Versailles: Eine völkerrechtliche Studie.

503 Hubertusallee 24b, vgl. FA Moabit, 906/5626 BADV, Bl. 57.

504 BrandLHA, Rep. 36A II, Nr. 33031; Charlotte Flörsheimer hatte zwei Geschwister: Rose Eschen, geb. 03.10.1905 (und deren Sohn Peter Eschen, geb. 22.01.1931) sowie Walter Salomon (während des Krieges interniert in Algier), vgl. ebenda.

Bereits im Jahre 1922 war Walter Flörsheimer Prokurist bei der Dresdner Bank und ging für diese 1924 bis 1925 in das New Yorker Büro. 1930 wurde er Stellvertretender Direktor der Düsseldorfer Niederlassung[505]. Als 1932 das in die Schieflage geratene große Bankhaus Schwarz, Goldschmidt & Co. zur Abwicklung auf das Bankhaus E. J. Meyer übertragen wurde, trat Walter Flörsheimer als Vertrauensmann der Dresdener Bank als Inhaber in das Bankhaus E. J. Meyer ein[506].

Nachdem die Abwicklung des Bankhauses Schwarz, Goldschmidt & Co. durch E. J. Meyer seitens der Dresdner Bank beendet worden war, schied Flörsheimer Ende 1936 aus dem Bankhaus aus[507], welches von den Gesellschaftern Adolf Meyer und Leonhard Horwitz fortgeführt wurde[508].

Bereits Ende 1936 war sich Flörsheimer klar geworden, dass die Situation für Juden in Deutschland unhaltbar geworden war und er hatte keine Chance mehr gesehen, eine Dauerexistenz in Deutschland zu halten, weshalb er sich zur Auswanderung entschloss[509]. Ob Flörsheimer jemals mit der nationalsozialistischen Obrigkeit in Konflikt geraten, beispielsweise inhaftiert worden, ist wie seine Partner Meyer und Horwitz, ist nicht überliefert. Auch weist sein Auszug aus dem Strafregister keinerlei Eintragungen beispielsweise in Bezug auf (angeblich begangene) Devisendelikte auf[510].

505 Als solcher hatte er ein Jahresgehalt von etwa 20.000 RM nebst Tantiemen, so dass sein Jahreseinkommen in den Jahren 1930/ 31/ 32 durchschnittlich 25-30.000 RM betrug, vgl. LEA, Reg.-Nr. 253212, Bl. M8.

506 BADV, 7 WGA 423/51, Bl. 300; BAB, R 2501, Nr. 1169, Berliner Tageblatt vom 28.09.1932; LEA, Reg.-Nr. 160830, Bl. D25; Die OHG E. J. Meyer teilte dem Registergericht AG Charlottenburg am 17.12.1932 mit, dass der Bankier Julius Schwarz und der Doktor der Staatswissenschaft Walter Flörsheimer als persönlich haftende Gesellschafter in die Gesellschaft eingetreten seien, vgl. LAB, B Rep. 042, Nr. 46349, Bd. 3, Handblatt Handelsregister Akte E. J. Meyer. Das Bankhaus Schwarz, Goldschmidt & Co. war von Jakob Goldschmidt und Julius Schwarz gegründet worden und gehörte später zur DANAT-Bank, welche in der Bankenkrise von der Dresdner Bank übernommen werden musste, vgl. Kap. 2.2.5 und 3.2.

507 LEA, Reg.-Nr. 253212, Bl. E4; Archiv Bankhaus Wölbern, Akte Schwarz, Goldschmidt & Co. ; siehe dazu auch Kap. 4.5; Köhler, Die „Arisierung" der Privatbanken im Dritten Reich, S. 386f., schreibt, dass Flörsheimer erst im Mai 1937 ausgeschieden sei.

508 LAB, B Rep. 042, Nr. 46349, Bd. 3, Handblatt Handelsregister Akte E. J. Meyer.

509 Nach dem Zweiten Weltkrieg sagt im Restitutionsprozess auch der seit 1911 bei E. J. Meyer tätige Prokurist Lippa aus, dass Flörsheimer bereits nach der ersten Boykotthetze seine Auswanderung vorbereitet hätte, vgl. BADV, 7 WGA 423/51, Bl. 73ff.

510 LEA, Reg.-Nr. 253212, Bl. M11; zur Verhaftung von Meyer und Horwitz siehe Kap. 4.3.2 – 1935, 4.3.2 – 1938.

Walter Flörsheimer hat im Rückerstattungsverfahren eine Bestätigung über Passagen durch die Reederei eingereicht für die Auswandung von Berlin nach New York für sich (03.03.1937), seine Frau (10.03.1937) und seine Mutter (21.01.1938)[511]. Da er selbst er erst nach Amsterdam und Brüssel ging, ist es möglich, dass diese auf ihn lautende Bestätigung später von anderen Verwandten genutzt worden ist, während Walter Flörsheimer sich von Belgien aus um den Transfer seines Vermögens aus Deutschland kümmerte. Auch hat Flörsheimer am 15.03.1937 Reichsfluchtsteuer für sich oder seine Angehörigen gezahlt[512]. Bereits am 23.02.1937 lebte er in Amsterdam[513].

Kurz nach seinem Ausscheiden bei E. J. Meyer ist Flörsheimer laut der Gestapo Berlin am 08.06.1937 ausgewandert[514]. Zunächst war er in Brüssel und Amsterdam für das New Yorker Bankhaus Hirsch, Lilienthal & Co. tätig, später dann in New York[515]. In Belgien blieb er bis zum 02.03.1939[516].

Es war ebenfalls nicht festzustellen, ob Walter Flörsheimer während seiner Zeit bei E. J. Meyer Sitze in Aufsichtsgremien gehalten hat. Er war nicht Mitglied des Clubs von Berlin, jedoch seit 1934 Mitglied der Gesellschaft der Freunde[517].

Laut einer Mitteilung in der jüdischen Zeitung „Der Aufbau" wurde Flörsheimer 01.10.1939 Partner des New Yorker Bankhauses Otto Fuerst & Co., das „Mitglied der New York Stock Exchange und anderer prominenter Börsen ist und als solches einen internationalen Ruf in der neuen und alten Welt genießt"[518]. Nach eigenen Angaben war er nach der Ankunft in New York zuerst „Customer's Man" bei einem Aktienmakler, wo er lediglich eine Provision auf die Umsätze des Maklers mit den von ihm angebrachten Kunden erhielt. Da diese so gering gewesen sei, habe er sich 1942 entschlossen, eine kleine Farm in der Nähe von Meddletown, New Jersey, zu kaufen. Diese konnte nur durch die ganztägige Mitarbeit seiner Frau und seines siebzehnjährigen Sohnes Stephen betrieben werden, wobei sie trotz sehr sparsamer Wirtschaft ein Verlustgeschäft blieb und er diese später verkaufte. Erst im Jahre 1944, als seine Tätigkeit als Makler erfolgreich zu werden begann, hatte er ein Einkommen erreicht, welches

511 LEA, Reg.-Nr. 254212, Bl. D5.
512 LEA, Reg.-Nr. 253212, Bl. D4.
513 LAB, B Rep. 042, Nr. 46349, Bd. 2, Bl. 87.
514 BrandLHA, Rep. 36A II, Nr. 9472.
515 Der Aufbau, Jg. 5 (1939), Ausg. 18, S. 21.
516 LEA, Reg.-Nr. 253212, Bl. M8.
517 Sebastian Panwitz, Auskunft an Verfasser vom 13.01.2012; siehe auch Kap. 4.3.4.8 sowie 4.3.4.9.
518 Der Aufbau, Jg. 5 (1939), Ausg. 18, S. 21.

seiner Familie ein finanziell sorgenfreies Dasein ermöglichte[519]. 1946 kaufte Flörsheimer einen Sitz an der New Yorker Stock Exchange und wurde zu deren Mitglied gewählt[520]. Später war er Senior Partner der Wall Street Firma Sutro Bros. & Co.

Auch war Walter Flörsheimer Philanthrop insbesondere des „American Friends of the Israel Museum in Jerusalem", wo der „Floersheimer Pavillon for Impressionist and Post-Impressionist Art" nach ihm benannt wurde. Er starb am 03.04.1989 in Zürich und hinterließ seine Frau Charlotte sowie Sohn Stephen H. Flörsheimer[521]. Stephen H. Flörsheimer hat 2000 in Erinnerung an seinen Vater das „Floersheimer Center for Constitutional Democracy" an der New Yorker Cardozo Universität gestiftet, an der sein Sohn Mark 1993 graduierte.

3.3.3 Julius Schwarz

Julius Schwarz (Quelle: Volz/Tönnies, Reichshandbuch der deutschen Gesellschaft, 1932, S. 1741)

Als Sohn eines jüdischen Kultusbeamten wurde Julius Schwarz am 26.04.1881 in Bonn geboren, arbeitete dort bis 1903 beim Bankhaus Louis David und wurde

519 LEA, Reg.-Nr. 253212, Bl. E5.

520 Der Aufbau, Friday, Feb. 8, 1946, S. 19; http://freepages.genealogy.rootsweb.ancestry.com/~alcalz/aufbau/1946/1946pdf/1946a06s19.pdf am 30.03.2012.

521 New York Times vom 06.04.1989.

im selben Jahr Prokurist bei Ernst Wilhelm Engels & Co. in Düsseldorf. Nach seiner Zeit im Rheinland arbeitete er 1905 bis 1910 als Prokurist beim Berliner Bankhaus Alexander Loewenherz Nachf., für welches er in Berlin den Kali- und Kuxenmarkt mit aufgebaut hat[522].

Gemeinsam mit dem späteren Inhaber der DANAT-Bank Jakob Goldschmidt[523] gründete Julius Schwarz am 01.01.1910 das zeitweilig zu großer Bedeutung gelangte Bankhaus Schwarz, Goldschmidt & Co., welches später Kommandite der DANAT-Bank war und einige Zeit große Bedeutung im Effekten- und Konsortialgeschäft hatte, weil es sich diesem mehr als die meisten anderen Privatbanken widmete. Damit einhergehend war Julius Schwarz neben seiner Mitgliedschaft in diversen Aufsichtsräten während mehrerer Jahre Stellvertretender Vorsitzender des Berliner Börsenvorstandes. Während der langen Krankheit des Bankiers Pohl führte Schwarz die Geschäfte des Vorsitzenden auf operativer und repräsentativer Ebene. In diese Zeit fielen insbesondere die Pläne zur Börsenreform, die er nach Kräften förderte. Er war besonderer Fachmann auf dem Gebiet der sogenannten „unnotierten Wertpapiere" und war als Mitglied der zuständigen Kommission auch nach seinem Ausscheiden aus dem Börsenvorstand noch maßgeblich tätig bei der Kontrolle dieses Marktes an der Börse[524]. So gehen zahlreiche Normen und Verbesserungen auf Anregungen zurück, mit

522 Bernstein, Wirtschaft I: Finanzwesen, S. 733; Volz/ Tonnies, Reichshandbuch der deutschen Gesellschaft, S. 1741.

523 Geb. 31.12.1882 in Eldagsen/ Hannover, gest. 23.09.1955 in New York, war nach einer Banklehre 1907 Angestellter beim Bankhaus Emil Wechsler Berlin, 1910 bis 1918 Mitgründer und Teilhaber des Bankhauses Schwarz, Goldschmidt & Co., 1918 Direktor der Nationalbank für Deutschland, Berlin, die er 1921 mit der Bank für Handel und Industrie (Darmstädter Bank) zur DANAT-Bank vereinigte. Ab 1922 bis zu deren Ende 1931 persönlich haftender Gesellschafter DANAT-Bank. 1924 war er Mitgründer und Stellvertretender Aufsichtsratsvorsitzender der Internationalen Bank Amsterdam, vgl. Röder/ Strauss, Biographisches Handbuch der deutschsprachigen Emigration nach 1933, S. 233; Berliner Börsen Courier vom 14.07.1931, BAB, R 8119F, Nr. 10385. Jakob Goldschmidt war der schillerndste Bankier seiner Zeit und hielt über 100 Aufsichtsratsmandate, darunter bei der Schultheiss-Patzenhofer Brauerei (wie Ernst Joachim Meyer) und war Mitglied im Zentralausschuss der Reichsbank (ebenfalls wie Ernst Joachim Meyer), vgl. Münzel, Die jüdischen Mitglieder der deutschen Wirtschaftselite 1927 - 1955, S. 178.

524 Bernstein, Wirtschaft I: Finanzwesen, S. 733; Nachruf in der C.V. Zeitung vom 29.11.1934, Berlin, XIII. Jahrgang, Nr. 48, 2. Beiblatt, http://edocs.ub.uni-frankfurt.de/volltexte/2008/38024/original/CVZ_1934_48.pdf am 30.03.2012.

denen Schwarz das Bank- und Börsenwesen stark verbessert hat[525]. Nach dem Tode Richard Pohls hat Schwarz eine Zeit die Geschäfte des Vorsitzenden des Gesamtbörsenvorstandes und der Effektenbörse geführt. Sein Amt als Stellvertretender Vorsitzender des Vorstandes der Berliner Effektenbörse führte er bis 1933, gleichzeitig war er Präsident der Interessengemeinschaft Berliner Privatbanken und Mitglied der Industrie- und Handelskammer[526].

Schwarz, Goldschmidt & Co. als Kommandite der DANAT-Bank blieb mit dieser auch im Untergang verbunden und so wurde Schwarz, Goldschmidt & Co. im Jahre 1932 im Zusammenhang mit der Abwicklung der DANAT-Bank durch die Dresdner Bank zur Abwicklung auf das Bankhaus E. J. Meyer übertragen und Julius Schwarz trat als Mitinhaber in das Bankhaus E. J. Meyer ein[527].

Julius Schwarz kannte Adolf Meyer bereits aus diversen Gremien und Vereinigungen, so aus dem Aufsichtsrat der Bank des Berliner Cassen-Vereins[528], dem Club von Berlin, in dem ebenfalls Hans von Flotow (der Vetter des späteren „Arisierers" von E. J. Meyer Kurt Richter-Erdmann) und Hans Meyer (Vetter von Adolf Meyer, Mitgesellschafter von Warburg & Co., Amsterdam, der die „Arisierung" von E. J. Meyer später einfädelte) Mitglieder waren[529]. Auch war Julius Schwarz Mitglied der Gesellschaft der Freunde und zwar zusammen mit Adolf Meyer, dessen Vater Ernst Joachim, Schwager Richard Moritz sowie Max Richter, dem Vater des späteren „Arisierers" Kurt Richter-Erdmann[530].

Julius Schwarz hatte zahlreiche Aufsichtsratsmandate inne, so dass Köhler ihn als „Big Linker" bezeichnet[531]. Nachdem sein Bankhaus Schwarz, Goldschmidt & Co. jedoch zur Abwicklung auf das wesentlich kleinere Bankhaus E. J. Meyer übertragen worden ist, hat Schwarz von zwölf Aufsichtsratsmandaten 1932

525 Bernstein, Wirtschaft I: Finanzwesen, S. 733.

526 Bernstein, Wirtschaft I: Finanzwesen, S. 733; Lowenthal, Juden in Preussen, S. 205; Medert, Die Verdrängung der Juden von der Berliner Börse: kleine und mittlere Unternehmen an der Wertpapier-, Produkten- und Metallbörse (1928 - 1938), S. 457.

527 Die OHG E. J. Meyer teilte dem Registergericht AG Charlottenburg am 19.12.1932 mit, dass der Bankier Julius Schwarz und der Doktor der Staatswissenschaft Walter Flörsheimer als persönlich haftende Gesellschafter in die Gesellschaft eingetreten seien, vgl. LAB, B Rep. 042, Nr. 46349, Bd. 2, Bl. 64.

528 Mossner (Hrsg.), Adressbuch der Direktoren und Aufsichtsräte 1930, S. 1744f.

529 Knackmuß, Willkommen im Club, S. 238.

530 Panwitz, Die Gesellschaft der Freunde 1792 - 1935, S. 314.

531 Köhler, Die „Arisierung" der Privatbanken im Dritten Reich, S. 124ff., insbesondere Tab. 11 auf S. 141.

binnen Jahresfrist acht Mandate verloren, aber nicht wegen seines jüdischen Glaubens, sondern weil Schwarz, Goldschmidt & Co. liquidiert worden war[532]. Es gab jedoch neben dem hier gegenständlichen Julius Schwarz noch einen weiteren[533], so dass oft nicht klar ist, welcher der beiden oder ob sogar beide Mitglied im jeweiligen Aufsichtsrat gewesen sind.

Sofern nicht eindeutig, sind die Namen der Firmen, in denen es unklar ist, ob neben oder anstelle des hier relevanten Julius Schwarz der andere Julius Schwarz das Aufsichtsratsmandat innehatte, in *kursiv* aufgeführt. *Vorsitzender des Aufsichtsrates bei der Wilhelm Hegenscheidt AG, Ratibor,*[534] *sowie der Kallenberg Mühlen AG, Langensalza*[535], Stellvertretender Vorsitzender der Carl Lindström AG[536] sowie als

---

532 Köhler, Die „Arisierung" der Privatbanken im Dritten Reich, S. 145.

533 Der für die vorliegende Arbeit gegenständliche Julius Schwarz, welcher bei Schwarz, Goldschmidt & Co. und später bei E. J. Meyer war, ist nicht zu verwechseln mit Julius Schwarz, geb. 06.12.1864 in Berlin, verheiratet mit Elise, geb. Daus am 14.10.1865, welcher Bankdirektor bei der DANAT-Bank und später Dresdner Bank war und dort im Dezember 1930 pensioniert wurde. Letzterer war Aufsichtsrat bei der Kallenberg Mühlen AG, Langensalza, Rathenower Dampfmühlen AG vorm. C. Hübener Nachf., Rathenow, Werbezentrale Lloyd Berlin-Bremen AG, Berlin, F. Dippe Maschinenfabrik AG, Schladen a. H., Habermann & Guckes-Liebold AG, Berlin, Mecklenburg-Strelitzsche Hypothekenbank, Neustrelitz, Wilhelm Hegenscheidt AG, Ratibor, G. Sauerbrey Maschinenfabrik AG, Strassfurt, Buettnerwerke AG und wohl auch Miag (Mühlenindustrie) AG. Der Bankdirektor Julius Schwarz musste, weil er Jude war, alle Aufsichtsratsmandate gleich nach der Machtergreifung niederlegen. Er verstarb am 22.10.1936 in Berlin eines natürlichen Todes, vgl. LEA, Reg.-Nr. 361874, Bl. M1, M14, E1f.; Mossner (Hrsg.), Adressbuch der Direktoren und Aufsichtsräte 1930, S. 1744.

Da in dem Entschädigungsantrag keine weiteren Informationen etwa zu Jahreszahlen der Mitgliedschaft genannt werden und die DANAT -/ Dresdner Bank sehr eng mit dem Bankhaus Schwarz, Goldschmidt & Co. verbunden war, ist es möglich, dass beide Julius Schwarz' zu anderen Zeiten oder auch gemeinsam im Aufsichtsrat der genannten Firmen Mitglied waren, weshalb hier Mandate in allen Firmen auch für Julius Schwarz von Schwarz, Goldschmidt & Co. / E. J. Meyer möglich sind. Auf den Ausgang der Untersuchung hat die exakte Zahl der Aufsichtsratsmandate keinen Einfluss.

534 Eisen-/ Stahlherstellung und Verkauf; auch 1929 im Aufsichtsrat, vgl. Verlag für Börsen- und Finanzliteratur (Hrsg.), Handbuch der deutschen Aktiengesellschaften 1929, Bd. 3, S. 4258f.

535 Auch 1929 im Aufsichtsrat, vgl. Verlag für Börsen- und Finanzliteratur (Hrsg.), Handbuch der deutschen Aktiengesellschaften 1929, Bd. 1, S. 1582.

536 Herstellung und Vertrieb von Erzeugnissen der Feinmechanik, insbesondere Phonographen, Phonogrammen, Kinematographen und Automaten sowie Import und

einfaches Mitglied des Aufsichtsrates der Film- und Bild-Reklame AG, Berlin[537], *der Mecklenburg-Strelitzschen Hypothekenbank, Neustrelitz,*[538]*der Rathenower Dampfmühlen AG, vorm. C. Hübener Nachf., Rathenow,*[539] *der G. Sauerbrey Maschinenfabrik AG, Strassfurt,*[540] *der Werbezentrale Lloyd Berlin-Bremen AG*[541], der R. Frister AG[542],

---

Export jeder Art; 1929 war er Mitglied des Aufsichtsrates (Jakob Goldschmidt war Stellvertretender Vorsitzender) und die DANAT-Bank Zahlstelle, vgl. Verlag für Börsen- und Finanzliteratur (Hrsg.), Handbuch der deutschen Aktiengesellschaften 1929, Bd. 4, S. 2450f.; Mossner (Hrsg.), Adressbuch der Direktoren und Aufsichtsräte 1930, S. 1744f.

537 Mossner (Hrsg.), Adressbuch der Direktoren und Aufsichtsräte, 1927/ 1928, S. 1621; auch 1929 im Aufsichtsrat, vgl. Verlag für Börsen- und Finanzliteratur (Hrsg.), Handbuch der deutschen Aktiengesellschaften 1929, Bd. 3, S. 4785.

538 Mitglied des Aufsichtsrates 1929, wobei die DANAT-Bank Großaktionär war, vgl. Verlag für Börsen- und Finanzliteratur (Hrsg.), Handbuch der deutschen Aktiengesellschaften 1929, Bd. 2, S. 1958ff. Am 06.07.1934 Änderung der Firma in Mecklenburgische Kredit- und Hypothekenbank. E. J. Meyer ist nicht Zahlstelle, vgl. Verlag für Börsen- und Finanzliteratur (Hrsg.), Handbuch der deutschen Aktiengesellschaften 1937, Bd. 3, S. 2443. Auch 1940 ist niemand von E. J. Meyer im Aufsichtsrat und E. J. Meyer nicht Zahlstelle, vgl. Verlag für Börsen- und Finanzliteratur (Hrsg.), Handbuch der deutschen Aktiengesellschaften 1940, S. 1547.

539 1929 war er Stellvertretender Vorsitzender des Aufsichtsrates und DANAT Zahlstelle, vgl. Verlag für Börsen- und Finanzliteratur (Hrsg.), Handbuch der deutschen Aktiengesellschaften 1929, Bd. 4, S. 6774f. 1937 war niemand von E. J. Meyer im Aufsichtsrat und E. J. Meyer nicht Zahlstelle, vgl. Verlag für Börsen- und Finanzliteratur (Hrsg.), Handbuch der deutschen Aktiengesellschaften 1937, Bd. 5, S. 6386.

540 1929 war er Mitglied des Aufsichtsrates und DANAT Zahlstelle, vgl. Verlag für Börsen- und Finanzliteratur (Hrsg.), Handbuch der deutschen Aktiengesellschaften 1929, Bd. 1, S. 635. 1937 war niemand von E. J. Meyer im Aufsichtsrat und E. J. Meyer nicht Zahlstelle, vgl. Verlag für Börsen- und Finanzliteratur (Hrsg.), Handbuch der deutschen Aktiengesellschaften 1937, Bd. 1, S. 247.

541 1929 war er Stellvertretender Vorsitzender des Aufsichtsrates und DANAT Zahlstelle, vgl. Verlag für Börsen- und Finanzliteratur (Hrsg.), Handbuch der deutschen Aktiengesellschaften 1929, Bd. 1, S. 1869. Nach Liquidation am 05.05.1937 erloschen, vgl. Verlag für Börsen- und Finanzliteratur (Hrsg.), Handbuch der deutschen Aktiengesellschaften 1937, Bd. 5, S. 7247.

542 Mitglied des Aufsichtsrates 1929, vgl. Verlag für Börsen- und Finanzliteratur (Hrsg.), Handbuch der deutschen Aktiengesellschaften 1929, Bd. 2, S. 2230f. und Mitglied des Aufsichtsrates 1930, vgl. Mossner (Hrsg.), Adressbuch der Direktoren und Aufsichtsräte 1930, S. 1744f. Seit 1933 in Konkurs, Verfahren aber 1940 noch nicht abgeschlossen. Die R. Frister AG produzierte in Berlin-Oberschönweide Gasöfen und Gasherde, hatte in den zwanziger Jahren das Unternehmen Israel Frister AG als 100%ige Tochter zur Übernahme der Lampenfabrik des jüdischen

der Kaiser-Keller AG[543], der Oscar Dörffler AG, Bünde i. Westf.,[544] der Pommerschen Eisengießerei- und Maschinenfabrik AG, Stralsund,[545] der Portland-Cementwerk

---

Ingenieurs Walter Goldberg gegründet. Die R. Frister AG musste im Herbst 1933 aufgrund schwerwiegender Managementfehler Konkurs anmelden. Die Israel Frister AG wurde im Februar 1934 unter Beteiligung der Dresdner Bank als Gesellschafterin sowie u. a. des jüdischen Geschäftsführers Goldberg von diesem bis Januar 1936 geführt bis eine vollständige „Arisierung“ erfolgen musste, um weiterhin an insbesondere staatlichen Aufträgen beteiligt zu werden. Goldberg fungierte jedoch mit gleichem Gehalt als Berater von Frister und die Dresdner Bank bemühte sich erfolgreich, durch ihre Auslandskontakte eine neue Anstellung für Goldberg zu finden, vgl. Ziegler, Die Dresdner Bank und die deutschen Juden, S. 261ff.

543 Mossner (Hrsg.), Adressbuch der Direktoren und Aufsichtsräte, 1927/ 1928, S. 1621; Bereits 1929 war er nicht mehr Mitglied des Aufsichtsrates, aber Schwarz, Goldschmidt & Co. noch Zahlstelle, vgl. Verlag für Börsen- und Finanzliteratur (Hrsg.), Handbuch der deutschen Aktiengesellschaften 1929, Bd. 4, S. 6495. Möglicherweise kannte Schwarz aus diesem Aufsichtsratsmandat Leonhard Horwitz, der sein späterer Mitinhaber bei E. J. Meyer werden sollte.

544 Herstellung von Fleisch und Wurstwaren, 1929 Mitglied des Aufsichtsrates und Schwarz, Goldschmidt & Co. Zahlstelle, vgl. Verlag für Börsen- und Finanzliteratur (Hrsg.), Handbuch der deutschen Aktiengesellschaften 1929, Bd. 1, S. 1540f.; Mossner (Hrsg.), Adressbuch der Direktoren und Aufsichtsräte 1930, S. 1744f.; 1937 war niemand von E. J. Meyer Mitglied des Aufsichtsrates, aber E. J. Meyer Zahlstelle, vgl. Verlag für Börsen- und Finanzliteratur (Hrsg.), Handbuch der deutschen Aktiengesellschaften 1937, Bd. 2, S. 1980. 1940 war weder jemand von E. J. Meyer im Aufsichtsrat noch war E. J. Meyer Zahlstelle, sondern die Dresdner Bank; die Firma war immer im Hauptbesitz der Familie Dörffler und Eugen Dörffler war 1940 noch Vorstand, also kein Jude. Er hätte seine Geschäftsbeziehung mit E. J. Meyer behalten können, vgl. Verlag für Börsen- und Finanzliteratur (Hrsg.), Handbuch der deutschen Aktiengesellschaften 1940, Bd. 1, S. 849.

545 1929 Mitglied des Aufsichtsrates und Schwarz, Goldschmidt & Co. Zahlstelle, vgl. Verlag für Börsen- und Finanzliteratur (Hrsg.), Handbuch der deutschen Aktiengesellschaften 1929, Bd. 2, S. 2418f.; Mossner (Hrsg.), Adressbuch der Direktoren und Aufsichtsräte 1930, S. 1744f.; 1937 war niemand von E. J. Meyer im Aufsichtsrat und E. J. Meyer nicht Zahlstelle, aber dafür die Dresdner Bank – wie bei den (meisten) anderen, bei denen Schwarz, Goldschmidt & Co. vorher Zahlstelle war auch, vgl. Verlag für Börsen- und Finanzliteratur (Hrsg.), Handbuch der deutschen Aktiengesellschaften 1937, Bd. 2, S. 2084. Auch 1940 war weder jemand von E. J. Meyer im Aufsichtsrat noch E. J. Meyer Zahlstelle, vgl. Verlag für Börsen- und Finanzliteratur (Hrsg.), Handbuch der deutschen Aktiengesellschaften 1940, Bd. 3, S. 2437.

Schwanebeck AG[546], der Universum Film AG, Berlin,[547] der Vereinigte Märkische Tuchfabriken AG[548], der Württembergischen Elektrizitätswerke AG in Stuttgart[549],

546 Mossner (Hrsg.), Adressbuch der Direktoren und Aufsichtsräte, S. 1621; Bereits 1929 war er nicht mehr Mitglied des Aufsichtsrates, aber Schwarz, Goldschmidt & Co. war Zahlstelle, vgl. Verlag für Börsen- und Finanzliteratur (Hrsg.), Handbuch der deutschen Aktiengesellschaften 1929, Bd. 2, S. 2660f. 1937 war niemand von E. J. Meyer Mitglied des Aufsichtsrates und E. J. Meyer nicht Zahlstelle, vgl. Verlag für Börsen- und Finanzliteratur (Hrsg.), Handbuch der deutschen Aktiengesellschaften 1937, Bd. 3, S. 3429. Ebenso 1940, Verlag für Börsen- und Finanzliteratur (Hrsg.), Handbuch der deutschen Aktiengesellschaften 1940, Bd. 4, S. 4095.

547 Mossner (Hrsg.), Adressbuch der Direktoren und Aufsichtsräte 1927/ 1928, S. 1621; Er war 1929 nicht mehr Mitglied des Aufsichtsrates, aber Schwarz, Goldschmidt & Co. Zahlstelle, vgl. Verlag für Börsen- und Finanzliteratur (Hrsg.), Handbuch der deutschen Aktiengesellschaften 1929, Bd. 1, S. 1119ff. 1937 war niemand von E. J. Meyer im Aufsichtsrat, jedoch der spätere „Arisierer" Kurt Richter von E. J. Meyer mit seiner damaligen Bank Hardy & Co. GmbH, Berlin, die u. a. neben der Dresdner Bank auch Zahlstelle war, vgl. Verlag für Börsen- und Finanzliteratur (Hrsg.), Handbuch der deutschen Aktiengesellschaften 1937, Bd. 1, S. 937. 1940 war auch Kurt Richter-Erdmann nicht mehr im Aufsichtsrat, aber Hardy & Co. Berlin noch eine der Zahlstellen, vgl. Verlag für Börsen- und Finanzliteratur (Hrsg.), Handbuch der deutschen Aktiengesellschaften 1940, Bd. 2, S. 1191.

548 1929 Mitglied des Aufsichtsrates und Schwarz, Goldschmidt & Co. Zahlstelle, vgl. Verlag für Börsen- und Finanzliteratur (Hrsg.), Handbuch der deutschen Aktiengesellschaften 1929, Bd. 1, S. 1839f. (ebenfalls war Jakob Goldschmidt Mitglied des Aufsichtsrates und DANAT Zahlstelle); Mossner (Hrsg.), Adressbuch der Direktoren und Aufsichtsräte 1930, S. 1744f.; 1940 war niemand von E. J. Meyer im Aufsichtsrat noch war E. J. Meyer Zahlstelle, aber mit Bankhaus Markiewicz und dessen Bankier Otto Kuhn war eine andere kleine Privatbank im Aufsichtsrat in den Aufsichtsrat gekommen sowie Zahlstelle, vgl.

549 1929 Mitglied des Aufsichtsrates, aber weder Schwarz, Goldschmidt & Co. noch DANAT-Bank waren Zahlstelle, vgl. Verlag für Börsen- und Finanzliteratur (Hrsg.), Handbuch der deutschen Aktiengesellschaften 1929, Bd. 2, S. 2553; Mossner (Hrsg.), Adressbuch der Direktoren und Aufsichtsräte 1930, S. 1744f.; 1937 war niemand von E. J. Meyer im Aufsichtsrat und E. J. Meyer auch nicht Zahlstelle, vgl. Verlag für Börsen- und Finanzliteratur (Hrsg.), Handbuch der deutschen Aktiengesellschaften 1937, Bd. 1, S. 762f. Ebenso 1940 und 1941, vgl. Verlag für Börsen- und Finanzliteratur (Hrsg.), Handbuch der deutschen Aktiengesellschaften 1941, Bd. 1, S. 854, wobei andere kleine und lokale Privatbanken auch schon in den Vorjahren im Aufsichtsrat vertreten und Zahlstellen waren.

der Neue Realbesitz AG, Berlin, der Gewerkschaft Reichsland sowie der Hannoverschen Bodenkredit AG, Hildesheim,[550].

Neben diesen geschäftlichen Tätigkeiten hatte sich Julius Schwarz bereits früh für das Gemeinwohl betätigt. So war er Vorsitzender der Sammlung „Jüdische Not", der Zentralwohlfahrtsstelle der deutschen Juden und Mitglied des Central-Vereins deutscher Staatsbürger jüdischen Glaubens[551], wobei er sich auch in diesem Sektor hohe Anerkennung erwarb[552].

Julius Schwarz war lange schwer krank und starb mit lediglich 53 Jahren am 24.11.1934 und hinterließ Frau Lilli und Tochter Elisabeth[553]. Nachdem Julius Schwarz durch Tod aus der OHG E. J. Meyer ausgeschieden ist[554], löste seine Witwe seine stille Beteiligung an E. J. Meyer auf, da gegenüber der Dresdner Bank noch finanzielle Verpflichtungen aus seiner Zeit bei Schwarz, Goldschmidt & Co. bestanden. Die Witwe zog an den Genfer See und heiratete einen Schweizer. Darüber hinaus erhielt die Witwe Schwarz von E. J. Meyer in den Jahren 1935 und 1936 eine garantierte Provision von 25.000 RM für die Pflege der Verbindungen zu Geschäftsfreunden ihres Mannes zu Gunsten von E. J. Meyer sowie für die Akquise neuer Kunden für E. J. Meyer[555].

3.4 Maßnahmen infolge der Bankenkrise – das Bankensystem am Ende der Weimarer Republik

Nachdem sowohl Gründe und Auswirkungen der Bankenkrise skizziert, als auch die Entwicklung des Bankhauses E. J. Meyer dargestellt wurden, müssen die rechtlichen Rahmenbedingungen der Banken am Ende der Weimarer

---

550 Volz/ Tönnies, Reichshandbuch der deutschen Gesellschaft, S. 1742; Mossner (Hrsg.), Adressbuch der Direktoren und Aufsichtsräte 1930, S. 1744f.

551 Walk, Kurzbiographien zur Geschichte der Juden 1918 - 1945, S. 337; Bernstein, Wirtschaft I: Finanzwesen, S. 733; Lowenthal, Juden in Preussen, S. 205.

552 Vgl. Nachrufe in der C.V. Zeitung vom 29.11.1934, Berlin, XIII. Jahrgang, Nr. 48, http://edocs.ub.uni-frankfurt.de/volltexte/2008/38024/original/CVZ_1934_48.pdf am 30.03.2012.

553 Todesanzeigen seiner Frau Lilli Schwarz, geb. Neuburger, sowie seiner Mitinhaber bei E. J. Meyer sowie Nachruf in der C.V. Zeitung vom 29.11.1934, Berlin, XIII. Jahrgang, Nr. 48, http://edocs.ub.uni-frankfurt.de/volltexte/2008/38024/original/CVZ_1934_48.pdf am 30.03.2012; die Tochter von Julius und Lilli Schwarz hieß Elisabeth, vgl. Volz/ Tönnies, Reichshandbuch der deutschen Gesellschaft, S. 1741.

554 LAB, B Rep. 042, Nr. 46349, Bd. 3, Handblatt Handelsregister Akte E. J. Meyer.

555 Archiv Bankhaus Wölbern, Auskunft an Verfasser vom 28.11.2008, LAB, B Rep. 042, Nr. 46349, Bd. 1, Bl. 78f.

Republik aufgezeigt werden, da diese den Handlungsrahmen für die Banken und so auch für E. J. Meyer am Beginn des Dritten Reiches vorgeben. Dazu sollen im Folgenden die Maßnahmen des Staates zur Behebung der Bankenkrise und zur künftigen Verhinderung solcher Krisen aufgezeigt werden. Diese in der Weimarer Republik aus rein ökonomischen Gründen geschaffenen Instrumente wurden – wie zu sehen sein wird – später oftmals von den Nationalsozialisten zweckentfremdet und zur scheinlegalen Ausplünderung insbesondere der Juden benutzt.

Um der Bankenkrise Herr zu werden, hatte der Staat das kurzfristige Ziel, die Kreditfähigkeit deutscher Banken zu erhalten bzw. wiederherzustellen. Dazu mussten kurzfristig die immensen Auszahlungsforderungen in- und ausländischer Anleger gebremst und die – u. a. durch die massiven Auszahlungen entstandene – Liquiditätslücke der Banken geschlossen werden. Langfristig galt das staatliche Handeln der künftigen Verhinderung ebensolcher Krisen, was durch das Kreditwesengesetz von 1934 erreicht werden sollte[556].

Zur Erreichung des ersten kurzfristigen Ziels, die massiven Kapitalabflüsse zu stoppen, wurden wie bereits erwähnt[557] „allgemeine Bankfeiertage" am 14./15.07.1931 ausgerufen, während derer alle Banken geschlossen bleiben mussten, sodass keine Einlagen abgehoben werden konnten[558].

Das zweite kurzfristige Ziel, die schnelle Versorgung der Banken mit Liquidität, wurde durch die Gründung der Akzept- und Garantiebank (sog. „Akzeptbank") erreicht, die am 28.07.1931 (also nur 14 Tage nach dem ersten „allgemeinen Bankfeiertag") ihre Geschäftstätigkeit aufnahm. Sie war mit einem Aktienkapital von 200 MioRM ausgestattet, das zur einen Hälfte von Deutscher Golddiskontbank und Reich, zur anderen Hälfte von mehreren privaten und öffentlich-rechtlichen Kreditinstituten aufgebracht worden war. Die Akzept- und Garantiebank stellte einen Mittler zwischen der Reichsbank und den privaten Kreditinstituten dar, bei der letztere eingefrorene und schwer realisierbare Buchforderungen und Finanzwechsel durch eine zusätzliche Garantie und „diskontfähige Unterschrift" in Wechselmaterial umwandeln konnten. Dieses Wechselmaterial konnte dann wiederum bei der Reichsbank zur Diskontierung eingereicht und damit zur Refinanzierung herangezogen werden. Die deutschen Kreditinstitute bekamen auf diese Weise

556 Born, Geld und Banken, S. 494, 501f.; siehe zum Kreditwesengesetz von 1934 Kap. 4.1.3.

557 siehe oben Kap. 3.1.

558 Born, Geld und Banken, S. 493; Köhler, Die „Arisierung" der Privatbanken im Dritten Reich, S. 48.

bis zum Ende des Jahres 1931 (also innerhalb von weniger als sechs Monaten) rund 1,75 MrdRM an Liquidität, wodurch die Liquiditätsengpässe überwunden wurden[559].

Um längerfristig weiteren Kapitalabzügen vorzubeugen, wurde durch die Notverordnung des Reichspräsidenten vom 01.08.1931 eine strikte Devisenbewirtschaftung eingeführt. Dadurch wurden Devisenbesitz und -handel stark reglementiert: Zahlungsmittel und Forderungen in Devisen mussten der Reichsbank angezeigt werden, Devisenverkehr mit dem Ausland unterlag der Genehmigungspflicht und durfte nur über „Devisensperrkonten" abgewickelt werden. Überwacht wurden diese Bestimmungen von den neu geschaffenen Devisenstellen der Landesfinanzbehörden[560].

Um die durch die zusätzliche Liquiditätsversorgung schon arg in Bedrängnis geratenen Finanzreserven der Reichsbank vor weiteren Kapitalabflüssen zu schonen, wurden Stillhalte-/ Stundungsabkommen mit den wichtigsten Gläubigerländern Deutschlands geschlossen, u. a. mit Großbritannien, Frankreich, der Schweiz und den USA[561].

Sowohl die Regelungen zur Devisenbewirtschaftung als auch die Stillhalteabkommen waren – wie bereits dargelegt – nur als kurzfristige Maßnahmen geplant, dauerten jedoch noch mehr als ein Jahrzehnt an[562].

Neben diesen als kurzfristig geplanten staatlichen Maßnahmen kam man in der Reichsregierung überein, dass eine erneute derartige Krise nur verhindert werden könne, wenn man auch langfristig regulierend in den Bankensektor eingreife. Durch die Notverordnung vom 19.09.1931[563] wurde eine Überarbeitung des Aktien- und Bilanzrechts festgelegt sowie das Amt des Reichskommissars für das Bankgewerbe als staatliche Aufsichtsbehörde über das Bankwesen geschaffen. Dieser Reichskommissar war dem Reichswirtschaftsministerium

559 Köhler, Die „Arisierung" der Privatbanken im Dritten Reich, S. 48; Born, Geld und Banken, S. 494ff.

560 RGBl. I, S. 421ff.

561 James, Deutschland in der Weltwirtschaftskrise 1924 - 1936, S. 306f.; Köhler, Die „Arisierung" der Privatbanken im Dritten Reich, S 49; Born, Geld und Banken, S. 496ff.; vgl. auch Verordnung des Reichspräsidenten zur Sicherstellung der Durchführung des Stillhalteabkommens vom 09.09.1931, RGBl. I, S. 489f.

562 Köhler, Die „Arisierung" der Privatbanken im Dritten Reich, S. 49.

563 Verordnung des Reichspräsidenten über Aktienrecht, Bankenaufsicht und eine Steueramnestie vom 19.09.1931, RGBl. I, S. 493ff.; colorandi causa sei angemerkt, dass dort u. a. auch vorgeschrieben wurde, die Gesamtbezüge von Vorstand und Aufsichtsrat im Jahresgeschäftsbericht zu veröffentlichen.

unterstellt und erhielt seine Weisungen von dem Kuratorium für das Bankgewerbe (letzteres war eine Kollegialbehörde der Reichsbank und des Reichswirtschafts- und -finanzministeriums, die die Aufgabe hatte, Richtlinien für die Bankenaufsicht zu entwickeln). Der Bankenkommissar hatte umfangreiche Befugnisse, um „sich über die Lage des deutschen Bankgewerbes [...] fortlaufend zu informieren und die allgemeine Bankenpolitik vom Standpunkt der deutschen Gesamtwirtschaft aus zu beeinflussen". Es sollte auf diese Weise ermöglicht werden, jederzeit Missstände im Bankensektor aufzudecken und gegebenenfalls frühzeitig darauf reagieren zu können. Dazu konnte der Bankenkommissar von den privaten Geschäftsbanken jederzeit Bilanzunterlagen und detaillierte Auskünfte über sämtliche Angelegenheiten einfordern, regelmäßige Buchprüfungen vornehmen lassen, an Sitzungen der Exekutivgremien teilnehmen oder diese Sitzungen auch selbst einberufen. Ebenfalls wurde durch diese Verordnung die Gesamtzahl der Aufsichtsratsmitglieder auf höchsten 30 festgesetzt sowie die Anzahl der Aufsichtsratsmandate pro Person auf insgesamt 20 Mandate beschränkt, da bis zur Bankenkrise die Zahl der Aufsichtsratsmandate pro Person teilweise einen Umfang angenommen hatte, bei welchem selbst bei bestem Willen eine wirksame Kontrolle des Unternehmens durch die Person nicht mehr möglich war[564].

Mit der Notverordnung vom 06.10.1931 wurden staatliche Ausgaben sowie Besoldungen und Löhne stark gekürzt sowie dem Staat weitere Eingriffsmöglichkeiten in die private Wirtschaft eingeräumt, so beispielsweise die Herabsetzung übermäßig hoher Dienstvergütungen, sofern diese mit Rücksicht auf die „Geschäfts- oder Vermögenslage oder die veränderte allgemeine Wirtschaftslage als übermäßig hoch anzusehen" waren[565].

Eine weitere Maßnahme zur Stabilisierung von Wirtschaft und Finanzsystem war die Einführung der Reichsfluchtsteuer durch die Notverordnung vom 08.12.1931[566], nach welcher Personen mit einem Vermögen von über 200.000 RM bzw. einem Jahreseinkommen von über 20.000 RM, die nach dem 31.03.1931 ihren Wohnsitz ins Ausland verlegt hatten, eine Steuer in Höhe von

564 Kopper, Bankiers unterm Hakenkreuz, S. 39. So hielt Jakob Goldschmidt, Vorstandsvorsitzender der DANAT-Bank, rund 100 Aufsichtsratsmandate, vgl. ebenda, S. 28.

565 Dritte Verordnung der Reichspräsidenten zur Sicherung von Wirtschaft und Finanzen und zur Bekämpfung politischer Ausschreitungen vom 06.10.1931, RGBl. I, S. 537ff.

566 Vierte Verordnung des Reichspräsidenten zur Sicherung von Wirtschaft und Finanzen und zum Schutz des inneren Friedens vom 08.12.1931, RGBl. I, S. 699ff., insbesondere Teil 7, Kap. 3, S. 731ff.

25% entrichten mussten. Sofern dies nicht geschah, drohte neben Geld- und Vermögensstrafe die Fahndung per Steuersteckbrief, die jeglichen Zahlungs- und Geschäftsverkehr mit dem Steuerflüchtigen untersagte und alles verbliebene inländische Vermögen beschlagnahmte[567].

567 Mußgnug, Die Reichsfluchtsteuer 1931 - 1953, S. 14ff.; Köhler, Die „Arisierung" der Privatbanken im Dritten Reich, S. 423ff.; siehe dazu auch unten Kap. 4.4.2.1.

4 E. J. Meyer und Privatbankiersektor 1933 bis 1938 – Entwicklung im Nationalsozialismus

In diesem Kapitel wird zunächst die allgemeine, verfassungsrechtliche und politische Situation am Ende der Weimarer Republik und zu Beginn des Nationalsozialismus dargestellt (4.1), um dann vertieft auf Rahmenbedingung und Entwicklung des Bankensektors im Allgemeinen und der jüdischen Banken im Speziellen einzugehen (4.2).

Da der Übergang in die Staatsform des Nationalsozialismus ein fortschreitender Prozess war, änderten sich auch die allgemeinen Rahmenbedingungen insbesondere für Juden sehr stark. So wurde von der Erfassung jüdischer Unternehmen über die verschiedensten Verdrängungsmaßnahmen aus Wirtschafts- und Gesellschaftsleben letztlich die vollständige Eliminierung der Juden aus Wirtschaft und Gesellschaft angestrebt (4.3), einhergehend mit diversen Maßnahmen zur Abschöpfung jüdischer Vermögenswerte (4.4). Auch die Bankiers von E. J. Meyer waren von diesen Maßnahmen betroffen, welche die wirtschaftliche Entwicklung des Bankhauses bestimmten (4.5) und letztlich zur „Arisierung" ihres Bankhauses führten.

4.1 Rechtliche und politische Entwicklungen

Im Jahre 1933 betrug die Gesamtzahl der Einwohner von Berlin etwas über 4,2 Millionen, von der rund 3,8% (160.564) jüdisch waren. Lediglich noch in Frankfurt a. M. betrug der jüdische Anteil der Bevölkerung auch um vier Prozent, in allen anderen Großstädten lediglich um ein Prozent. In Berlin lebte ein Drittel der jüdischen Gesamtbevölkerung Deutschlands, wobei Juden einen Anteil von rund 1% an der Gesamtbevölkerung stellten[568].

Die jüdische Bevölkerung sowie die Zahl ihrer Handelsgeschäfte in Berlin ging nach der Machtübernahme durch die Nationalsozialisten stark zurück, wobei auf die Gründe im Einzelnen in den folgenden Kapiteln eingegangen wird. Die Folgende Aufstellung dient als Überblick.

---

568 Gruner, Judenverfolgung in Berlin 1933 - 1945, S. 14; Walter, Jüdische Bankiers in Deutschland bis 1932, in: Mosse (Hrsg.), Jüdische Unternehmer in Deutschland im 19. und 20. Jahrhundert, S. 97; Mommsen, Zur Frage des Einflusses deutscher Juden auf die deutsche Wirtschaft in der Weimarer Republik, in: Institut für Zeitgeschichte (Hrsg.), Gutachten des Instituts für Zeitgeschichte, Bd. 2, S. 357.

Im Geld-, Bank-, Börsen- und Versicherungswesen von Berlin gab es 1933 insgesamt 4.561 Unternehmen mit annähernd 98.000 Beschäftigten. Darunter befanden sich 215 Privatbanken in Berlin, die zu über 70% im Eigentum oder unter Leitung von Juden standen und von denen bis 1935 25% und bis Ende 1938 alle „arisiert" oder liquidiert waren[569].

Zahl, Emigration und Deportation der jüdischen Bevölkerung sowie Einzelhandelsgeschäfte in Berlin[570]

Jahr	**Zahl jüdischer Einwohner (ohne* nach Religion/ mit* nach „Rasse")**	**Zahl Emigranten gerundet**	**Deportationen (nach Auschwitz, Litzmannstadt (Lodz), Sachsenhausen, Theresienstadt, etc.) genaue Zahl unklar**	**Jüdische Einzelhandelsgeschäfte in Berlin teilweise gerundet**
1933	160.564	13.000		6.000
1934		9.000		
1935	153.022	16.000		
1936		10.000		
1937		10.000		4.000
1938		16.000		April 3.105
1939	bis Sept. 78.713/ 82.457*	16.000		Ab 01.01.1939 waren Geschäfte von Juden nicht mehr erlaubt. Von 3.105 wurden 2.570 liquidiert und 535 an „arische" Erwerber verkauft.

569 Schreiber, „Arisierung" in Berlin 1933 - 1945, in: Biggeleben/ Schreiber/ Steiner (Hrsg.), „Arisierung" in Berlin, S. 32.

570 Gruner, Judenverfolgung in Berlin 1933 - 1945, S. 102, 120, 147, 151, 155, 159, 161, 166, 168, 172ff.

Juni 1941	64.720/ 73.842*	Am 23.10.1941 wurde die Auswanderung verboten, um die Juden der „Endlösung“ zuzuführen.		
Jan. 1942	58.637*		52.356 - 53.414 Deportationen insgesamt. Der erste Transport aus Berlin fand am 18.10.1941 statt.	
Sept. 1942	52.000*			
Dez. 1942	33.000*			
Feb. 1943	27.281*			
Juli 1944	5.978*			
März 1945	5.990*			
Juni 1945 Schätzung durch Jüdische Gemeinde	6.000 - 8.000 (incl. 4.000 „Mischlinge“, 1.900 Überlebende aus Lagern, 1.400 Versteckte aus Berlin)			

Dass und wie es zu diesen ökonomischen Entwicklungen gekommen ist, ist maßgeblich dem kurz nach Übernahme der Macht durch die Nationalsozialisten erfolgten Übergang vom austarierten System der Gewaltenteilung in der Weimarer Republik zum autoritär geführten nationalsozialistischen Führerstaat geschuldet (4.1.1), welcher die zuvor liberale Wirtschaftspolitik stark beeinflusste (4.1.2). Für die Banken und die Ausschaltung jüdischer Institute, damit auch für E. J. Meyer, war die Schaffung des Kreditwesengesetzes 1934 maßgebliche Rahmenbedingung (4.1.3) für ihr künftiges geschäftliches Handeln.

4.1.1 Von der Weimarer Republik zum NS-Staat

Mit der Ernennung Adolf Hitlers zum Reichskanzler der Weimarer Republik am 31.01.1933 begann das Ende der Weimarer Republik. An dieser Stelle soll ausgehend von einer Betrachtung des Verfassungs- und Rechtssystems der Weimarer Republik (4.1.1.1) mit seinen systemimmanenten Schwachstellen (4.1.1.1.1 und 4.1.1.1.2), die letztlich den nahtlosen Übergang vom Weimarer System zum nationalsozialistischen System ermöglicht haben, das nationalsozialistische Verfassungs- und Rechtssystem (4.1.1.2) dargestellt werden. Dabei tritt zu Tage, dass auf den ersten Blick sehr wenig verändert worden ist, jedoch durch die erfolgten kleinen Änderungen das Weimarer System als solches vollständig aufgehoben worden ist – von der Weimarer Machtbalance der Gewaltenteilung zu einer diktatorischen Allmacht des nationalsozialistischen Führers, von der sich alle Macht nachgeordneter Stellen beispielsweise für Verordnungen, Anordnungen, Erlasse, etc. ableitete (sog. „Führerprinzip").

4.1.1.1 Weimarer Verfassungssystem und dessen Schwachstellen

Der Reichstag in der Weimarer Republik hatte grundsätzlich eine starke Stellung in einem fein austarierten System der Gewaltenteilung inne: so konnte der Reichstag (als volksgewählte Legislative) sowohl den Reichspräsidenten absetzen als auch der Regierung das Misstrauen aussprechen. Jedoch konnte (gegebenenfalls zuvor) der seit 1925 ebenfalls volksgewählte Reichspräsident mit der Reichsregierung als Exekutive den Reichstag auflösen und eine Neuwahl des Reichstages ausrufen. Auch konnte der Reichspräsident, wenn er glaubte, dass Regierung und Parlamentsmehrheit kein ausreichendes Vertrauen im Volk (mehr) besäßen, die (Mehrheits-)Regierung entlassen, eine neue (Minderheits-) Regierung ernennen und – bevor die neue Regierung dem Reichstag gegenübertrat – mit Gegenzeichnung der neuen Regierung den Reichstag auflösen[571].

Sofern der Reichstag eine stabile Mehrheitsregierung zu Stande bringen konnte, so dass der Reichspräsident weder von seinem Recht der Regierungsentlassung noch der Reichstagsauflösung Gebrauch machen musste, bestanden – sofern keine weitreichenden Ermächtigungsgesetze die Gewaltenteilung hinfällig machten (s. sogleich 4.1.1.2) – keine Gefahren für Verfassung und Staat in der von den Vätern der Weimarer Reichsverfassung gewollten Form[572].

Dass mit der Machtübernahme durch Hitler dieses System dennoch ausgehöhlt und letztlich ad absurdum geführt wurde, ist neben anderen Elementen, beispielsweise den die Volkswirtschaft stark belastenden Reparationsverpflichtungen, der Inflation und der Wirtschaftskrise staatsrechtlich einerseits (4.1.1.1.1)

571 vgl. Verfassung des Deutschen Reiches vom 11.08.1919, RGBl. 1919, S. 1383ff.; Gillessen, Hugo Preuß, S. 127.

572 Huber, Deutsche Verfassungsgeschichte, Bd. 6, S. 45f. mit Einzeldarstellungen.

auf das in der Weimarer Reichsverfassung gewählte Verhältniswahlsystem in Verbindung mit der Diktaturgewalt des Reichspräsidenten aus Art. 48 Abs. 2 Weimarer Reichsverfassung und dem Institut des „destruktiven Misstrauensvotums“ zurückzuführen sowie andererseits (4.1.1.1.2) auf die Möglichkeit von Verfassungsänderungen in Form der Veränderung der Grundideen der Weimarer Verfassung.

4.1.1.1.1 Verhältniswahlsystem und Diktaturgewalt des Reichspräsidenten

Das Verhältniswahlsystem war absichtlich anstelle des im Bismarckschen Verfassungssystem gewählten Mehrheitswahlsystems eingeführt worden, um nicht lediglich die politischen Hauptströmungen im Parlament abzubilden und den unterlegenen Strömungen jeglichen Einfluss im Parlament zu versagen. Es führte aber zu einer Zersplitterung der Parteienwelt, so dass die Parteien sich maßgeblich auf ihre Parteiziele bzw. Ziele der von ihnen vertretenen Klientel und nicht auf Wohl und Auftrag des gesamten Wahlvolkes konzentrierten[573]. So wurde zwar oft Einigkeit erzielt, dass der derzeitigen Regierung das Vertrauen entzogen werden müsse (sog. „destruktives Misstrauensvotum“[574]), aber die Parteien waren nicht in der Lage, sich auf eine neue Mehrheitsregierung zu einigen, so dass der Reichspräsident schlussendlich Minderheitsregierungen bilden musste, welchen das Vertrauen des Reichstages fehlte und welche deshalb auf ein Regieren per Notverordnung[575] angewiesen waren[576]. Die Exekutive aus Reichspräsident und -regierung wandelte sich in diesem Falle vom Gegengewicht des Reichstages im Sinne einer Gewaltenbalance zu einem Ersatzorgan für den Reichstag als Legislative[577].

So erging am 28.02.1933 mit der sog. „Reichstagsbrandverordnung“ kurz nach der Machtübernahme durch Hitler eine Verordnung des Reichspräsidenten, nach der wesentliche Grundrechte – u. a. Persönliche Freiheit, Meinungsfreiheit,

---

573 Gillessen, Hugo Preuß, S. 128f.; Apelt, Geschichte der Weimarer Verfassung, S. 178ff.

574 Auch dies „destruktive Misstrauensvotum“ hat einen nicht zu unterschätzenden Einfluss auf den Niedergang der Weimarer Republik gehabt, denn 20 Regierungen sind in 14 Jahren abgewählt worden; das besonders ausgeprägte parlamentarische Regierungssystem führte also in die Krise des Parlamentarismus, vgl. Frotscher/ Pieroth, Verfassungsgeschichte, Rn. 489 – aus diesen Gründen ist im System des Grundgesetzes nur das sog. „konstruktive Misstrauensvotum“ möglich, also die Abwahl einer Regierung durch Wahl einer neuen Regierung (vgl. Art. 67 Grundgesetz).

575 vgl. dazu auch Immig, Der Begriff der Notverordnung, S. 55ff.

576 Mit der Regierung Brüning (ab 30.03.1930) wurde das Notverordnungsrecht erstmals als ständiges Legislativinstrument einer Minderheitsregierung gebraucht, vgl. Willoweit, Deutsche Verfassungsgeschichte, S. 379.

577 vgl. Weber-Fas, Deutschlands Verfassung, S. 120.

Pressefreiheit, Post- und Fernmeldegeheimnis, Vereins- und Versammlungsrecht, Unverletzlichkeit der Wohnung, Eigentum – bis auf weiteres außer Kraft gesetzt wurden sowie der Reichsregierung gewährt wurde, die nötigen Maßnahmen zur Wiederherstellung der öffentlichen Sicherheit und Ordnung zu treffen[578]. Durch diese Verordnung wurde auch die präventive Schutzhaft eingeführt „zur Abwehr kommunistischer staatsgefährlicher Akte". Sie wurde aber zusehends ausgedehnt auf „alle Elemente, die in staats- oder volksschädigender Weise die Wiederaufbauarbeit des deutschen Volkes durch ihr Verhalten gefährden"[579]. Die Reichstagsbrandverordnung war die erste gesetzliche Grundlage, die dem nationalsozialistischen Regime weitgehende Repression und Verfolgung Andersdenkender ermöglichte.

4.1.1.1.2 Verfassungsänderungen gem. Art. 76 Weimarer Reichsverfassung

Der zweite staatsrechtliche Grund für den Zusammenbruch des Weimarer Verfassungssystems war, dass in der Weimarer Reichsverfassung (im Gegensatz zum Grundgesetz, vgl. Art. 79 Abs. 3 Grundgesetz – sog. „Ewigkeitsgarantie") keine wehrhaften Bestandteile der Verfassung vorhanden waren, d. h. unter Einhaltung der formalen Voraussetzungen des Art. 76 Weimarer Reichsverfassung[580] konnten die Grundentscheidungen der Verfassung jederzeit aufgehoben werden[581]. So schreibt Anschütz, damals einer der maßgeblichen Staatsrechtler, in seinem Kommentar zur Reichsverfassung zu Art. 76 Weimarer Reichsverfassung: „Auf dem durch Art. 76 geregelten Gesetzgebungswege [...] können Verfassungsrechtsänderungen jeder Art bewirkt werden: nicht nur minder bedeutsame, mehr durch technische als durch politische Erwägungen bedingte, sondern auch bedeutsame, einschließlich solcher, die sich auf die rechtliche Natur des Reichsganzen (Bundesstaat), die Zuständigkeitsverteilung zwischen Reich und Ländern, die Staats und Regierungsform des Reiches und der Länder (Republik, Demokratie, Referendum, Parlamentarismus) und andere prinzipielle Fragen beziehen. Die durch Art. 76 den gesetzgebenden Faktoren [...] übertragene verfassungsändernde Gewalt ist gegenständlich unbeschränkt"[582]. Diese Ansicht vertrat auch

578 RGBl. I, S. 83. Die brennende Reichstagskuppel war vom Gebäude des Bankhauses E. J. Meyer aus zu sehen, vgl. Kohl, Bilder eines Vaters, Bildunterschrift nach S. 224.

579 Spohr, Das Recht der Schutzhaft, S. 14ff.

580 2/3 der Reichstagsmitglieder anwesend, von denen stimmen 2/3 der Verfassungsänderung zu sowie 2/3 der abgegebenen Stimmen im Reichsrat stimmen zu.

581 Weber-Fas, Deutschlands Verfassung, S. 116.

582 zitiert nach Aufermann, Die verfassungsmäßigen Voraussetzungen des Gesetzes zur Behebung der Not von Volk und Reich vom 24. März 1933 (Ermächtigungsgesetz), S. 29.

die Mehrheit der damals maßgeblichen Staatsrechtler[583]. Lediglich Bilfinger und Schmitt vertraten eine Gegenauffassung, nämlich dass eine Unterscheidung zwischen „Verfassung“ und „Verfassungsgesetz“ erforderlich sei; eine Verfassungsänderung im Rahmen des Art. 76 Weimarer Reichsverfassung (Schmitt nennt solches „Verfassungsgesetz“[584]) sei grundsätzlich zulässig, aber diese Kompetenz zur Verfassungsänderung bestehe nur im Rahmen der von der Verfassung vorgegebenen Grundentscheidungen (Schmitt nennt diese Grundentscheidungen „Verfassung“[585]), weshalb Grundentscheidungen der Verfassung nicht mittels eines verfassungsändernden Gesetzes gem. Art. 76 Weimarer Reichsverfassung beeinträchtigt geschweige denn abgeschafft werden dürften[586]. In der Folgezeit sind mit der herrschenden Meinung gem. Art. 76 Weimarer Reichsverfassung einige Gesetze ergangen, die Ermächtigungen für die Reichsregierung enthielten, gesetzgeberisch tätig zu werden (sog. „Ermächtigungsgesetze“)[587]. Diese Gesetze durchbrachen zwar das in der Weimarer Reichsverfassung festgeschriebene Gewaltenteilungssystem, zielten jedoch nicht darauf ab, die Grundstrukturen des Systems nachhaltig abzuschaffen.

4.1.1.2 Ermächtigungsgesetz und nationalsozialistisches System

Am 24.03.1933 – also knapp zwei Monate nach dem Hitler Reichskanzler geworden war – wurde das Gesetz zur Behebung der Not von Volk und Reich[588] beschlossen (sog. „das Ermächtigungsgesetz“). In diesem Gesetz heißt es auszugsweise:

„Der Reichstag hat das folgende Gesetz beschlossen, das mit Zustimmung des Reichsrats hiermit verkündet wird, nachdem festgestellt ist, dass die Erfordernisse verfassungsändernder Gesetzgebung erfüllt sind:

Art. 1. Reichsgesetze können außer in dem in der Reichsverfassung vorgesehenen Verfahren auch durch die Reichsregierung beschlossen werden. […]

---

583 Aufermann, Die verfassungsmäßigen Voraussetzungen des Gesetzes zur Behebung der Not von Volk und Reich vom 24. März 1933 (Ermächtigungsgesetz), S. 30 nennt: Bühler, Giese, Jellinek, Jeselsohn, Leistner, Loewenstein, Walz.

584 Bezler, Das Gesetz zur Behebung der Not von Volk und Reich, S. 16.

585 Bezler, Das Gesetz zur Behebung der Not von Volk und Reich, S. 16.

586 Aufermann, Die verfassungsmäßigen Voraussetzungen des Gesetzes zur Behebung der Not von Volk und Reich vom 24. März 1933 (Ermächtigungsgesetz), S. 31ff.

587 Beispielsweise Ermächtigungsgesetze vom 03.08.1920 (RGBl. S. 1493); 06.02.1921 (RGBl. S. 139); 24.02.1923 (RGBl. I, S. 150); 13.10.1923 (RGBl. I, S. 943); 08.12.1923 (RGBl. I, S. 1179).

588 RGBl. I, S. 141.

Art. 2. Die von der Reichsregierung beschlossenen Reichsgesetze können von der Reichsverfassung abweichen, soweit sie nicht die Einrichtung des Reichstags und des Reichsrats als solche zum Gegenstand haben. Die Rechte des Reichspräsidenten bleiben unberührt.

Art. 3. Die von der Reichsregierung beschlossenen Reichsgesetze werden vom Reichskanzler ausgefertigt und im Reichsgesetzblatt verkündet. Sie treten, soweit sie nichts anderes bestimmen, mit dem auf die Verkündung folgenden Tage in Kraft. [...]."

Durch dieses Gesetz wurde der Reichsregierung neben ihrer exekutiven Macht auch die legislative Macht gegeben – zur Schaffung von Gesetzen bedurfte es fortan weder des Reichstages noch des Reichsrates noch des Reichspräsidenten. Da es derart in die Grundideen der Weimarer Reichsverfassung einschnitt, wurde es auch als „Vorläufige Verfassung" bezeichnet[589]. Infolgedessen erweiterte sich die bereits oben erwähnte Diskussion, ob auch dieses Ermächtigungsgesetz von der Weimarer Reichsverfassung gedeckt sei[590]. Bezler schreibt dazu: „Nach dieser von Carl Schmitt aufgestellten und leidenschaftlich vertretenen Lehre müsste das Ermächtigungsgesetz vom 24.02.1933 nicht als verfassungsmäßig zustande gekommen bezeichnet werden. Darüber besteht doch kein Zweifel, dass das Ermächtigungsgesetz die „Verfassung" von Weimar in den Grundprinzipien aus den Angeln hebt. Die notwendige Folge hiervon wäre, dass die nationale Revolution und das Grundgesetz als illegal bezeichnet werden müsste"[591]. Eine Entscheidung über den Streit in dieser Frage gab es jedoch nicht, da Carl Schmitt seine Meinung – gegebenenfalls politisch motiviert – revidierte und fortan als Rechtsgrundlage für dieses Ermächtigungsgesetz Art. 76 Weimarer Reichsverfassung in Verbindung mit dem Sieg der nationalen Revolution und dem Staatsnotrecht bezeichnete. Damit war das Ermächtigungsgesetz nach damals wohl einhelliger Auffassung der Staatsrechtler legal und beendete die Weimarer Republik, wie Aufermann im Schusswort seiner Dissertation treffend schreibt: „Die Weimarer Verfassung besteht nur mehr auf dem Papier; in Wirklichkeit ist sie tot und gilt nur noch in einer Reihe von Einzelbestimmungen weiter, aber auch sie haben nicht mehr den alten liberal-rechtsstaatlichen Sinn des Weimarer Systems, sondern ihr Inhalt bestimmt

589 Bezler, Das Gesetz zur Behebung der Not von Volk und Reich, S. 19.

590 Dissertationen von Aufermann und Bezler, wobei sich Bezler im seiner Dissertation anhängenden Lebenslauf berühmt, „während der Jahre 1930 bis 1933 [...] als Stadtverordneter der NSDAP im Bürgerausschuss der Stadt Heidelberg und als Führer der Bezirksfraktion im Bezirksrat des Amtsbezirks Heidelberg tätig" gewesen zu sein, vgl. a.a.O., S. 63.

591 Bezler, Das Gesetz zur Behebung der Not von Volk und Reich, S. 16.

sich einzig und allein nach dem verfassungspolitischen Rechtfertigungsgrund der nationalen Revolution, der durch Blut und Boden gebundenen Volksgemeinschaft; sie dienen nur noch als Stützen auf dem bereits durch den Erlass einer Reihe bedeutsamer Einzelgesetze[592] bereits beschrittenen Wege, an dessen Ende die neue vom Geiste des Nationalsozialismus beherrschte Reichsverfassung[593] steht."

Im weiten Rahmen des Ermächtigungsgesetzes konnten von der Reichsregierung und allen nachgeordneten Stellen Rechtsvorschriften erlassen werden wobei Erlasse, Verordnungen, Anordnungen, etc. die formellen Gesetze zunehmend verdrängten. Dabei wurde auch die Reichsregierung als Kollegialorgan durch die Änderung der Geschäftsordnung der Reichsministerien faktisch abgeschafft, indem Gesetze aufgrund des Ermächtigungsgesetzes statt in gemeinsamer Beratung und Beschlussfassung der Reichsregierung per Umlaufverfahren durch die Ministerien erlassen werden konnten[594]. Goebbels notiert dazu am 22.04.1933 in sein Tagebuch: „Im Reichskabinett ist die Autorität des Führers nun ganz durchgesetzt. Abgestimmt wird nicht mehr. Alles geht viel schneller, als wir zu hoffen gewagt hatten"[595].

Durch das Gesetz zur Sicherung der Einheit von Partei und Staat vom 01.12.1933[596] wurde die NSDAP „Trägerin des deutschen Staatsgedankens", Körperschaft öffentlichen Rechts, „mit dem Staat unauflöslich verbunden" und es wurde der Stellvertreter des Führers „zur Gewährleistung engster Zusammenarbeit der Dienststellen der Partei [...] mit den öffentlichen Behörden" zum Mitglied der Reichsregierung bestellt. Damit war die NSDAP Teil des Staatsapparates geworden.

---

592 Aufermann, Die verfassungsmäßigen Voraussetzungen des Gesetzes zur Behebung der Not von Volk und Reich vom 24. März 1933 (Ermächtigungsgesetz), S. 31ff., nennt hier: „von den die Verwaltung betreffenden Gesetzen ganz abgesehen die Gesetze [...], die in das engere Gebiet des Verfassungsrecht und damit in den verfassungsrechtlichen Neubau gehören: Gleichschaltungsgesetz vom 31.03.1933 (RGBl. I, S. 173); Gesetz über die Neubildung von Parteien vom 14.07.1933 (RGBl. I, S. 479); Gesetz über Volksabstimmungen vom 14.07.1933 (RGBl. I, S. 479); Gesetz zur Sicherung der Einheit von Partei und Staat vom 01.12.1933 (RGBl. I, S. 1016)".

593 Eine solche Nationalsozialistische Reichsverfassung hat es nie gegeben. Es gab immer nur die Weimarer Reichsverfassung sowie das Ermächtigungsgesetz und weitere Gesetze, beispielsweise die in vorgenannter Fußnote erwähnten.

594 Tarrab-Maslaton, Rechtliche Strukturen der Diskriminierung der Juden im Dritten Reich, S. 25ff.

595 Zitiert nach Tarrab-Maslaton, Rechtliche Strukturen der Diskriminierung der Juden im Dritten Reich, S. 28.

596 RGBl. I, S. 1016.

4.1.2 Nationalsozialistische Wirtschafts- und Bankenpolitik

In der NSDAP gab es kein einheitliches Konzept für eine Wirtschafts- und Bankenpolitik, vielmehr gab es innerhalb der Partei sowohl idealistisch-sozialistische als auch pragmatisch-unternehmerfreundliche Strömungen[597].

Anfang der 1920er Jahre, als eine Regierungsbeteiligung der NSDAP nicht greifbar war, waren die volkswirtschaftlichen Konzepte der NSDAP weitgehend idealistisch-sozialistisch, dies jedoch nicht in Form eines durchdachten politischen Konzeptes, sondern vielmehr in Form antikapitalistischer Schlagwortpropaganda des NSDAP-Chefideologen Gottfried Feder („Brechung der Zinsknechtschaft"[598], „Zerstörung der anonymen Macht des internationalen Kapitals", „jüdisches raffendes Weltfinanzkapital"), die die sozialrevolutionären Forderungen der Parteibasis bedienen sollten[599]. So stellte die Reichstagsfraktion der NSDAP bereits 1924 und nochmals im Oktober 1930 den Antrag, „das gesamte Vermögen der Bank- und Börsenfürsten, der seit 01.08.1914 zugezogenen Ostjuden und sonstigen Fremdstämmigen, ihrer Familien und Familienangehörigen, um den seit diesem Tage durch Kriegs-, Revolutions-, Inflations- und Deflationsgewinne erworbenen Vermögenszuwachs [....] zum Wohle der Allgemeinheit ohne Entschädigung" zu enteignen[600]. Nach Eintritt der Wirtschafts- und Bankenkrise ab 1929 war Kritik am liberalen Wirtschaftssystem der Weimarer Republik nicht nur bei den Anhängern des Nationalsozialismus populär[601]. Als nach den Reichstagswahlen vom September 1930 eine Regierungsbeteiligung der Nationalsozialisten in greifbare Nähe rückte, wurde von Hitler die Gründung einer „Wirtschaftspolitischen Abteilung" (WPA) der NSDAP angeordnet, die Pläne für eine nationalsozialistische Wirtschaftsordnung entwerfen sollte[602]. Diese Entwürfe sahen eine ständisch-korporative Wirtschaft vor, bei der die privaten Eigentumsstrukturen von Industrie, Handel und Gewerbe erhalten bleiben

---

597 Köhler, Die „Arisierung" der Privatbanken im Dritten Reich, S. 59ff.

598 Die Veröffentlichung gleichnamigen Buches trug dazu bei, dass Staatssekretär Feder von Hjalmar Schacht entlassen wurde, vgl. Kopper, Bankiers unterm Hakenkreuz, S. 186.

599 Barkai, Das Wirtschaftssystem des Nationalsozialismus, S. 27ff.; Köhler, Die „Arisierung" der Privatbanken im Dritten Reich, S. 60, 64.

600 Fischer, Jüdische Privatbanken im „Dritten Reich", in: Scripta Mercaturae 1994, S. 6.

601 Köhler, Die „Arisierung" der Privatbanken im Dritten Reich, S. 60f.; Barkai, Das Wirtschaftssystem des Nationalsozialismus, S. 34ff.

602 Barkai, Das Wirtschaftssystem des Nationalsozialismus, S. 34ff.; Barkai, Wirtschaftliche Grundanschauungen und Ziele der NSDAP, S. 355ff.

sollten, das Bankwesen aber weitestgehend sozialisiert werden sollte[603]. Dazu sollte einerseits das Bankwesen mittelfristig unter staatliche Kontrolle gestellt werden und andererseits das Kreditgeschäft in der öffentlichen Hand monopolisiert werden, um eine Steuerung der Kreditvergabe vornehmen zu können und auf diese Weise eine weitgehende Finanz- und Kapitalkontrolle der Großindustrie zu schaffen[604]. Als Zwischenziel sollten dem Staat weitgehende Aufsichts- und Eingriffsrechte über und in das Bankwesen, gepaart mit Berichtspflichten der Banken, eingeräumt werden[605], welche teilweise seit der Bankenkrise in der Weimarer Republik mit der Installation des Reichskommissars für das Bankgewerbe im September 1931 Wirklichkeit geworden waren[606].

Diejenigen, die diese Ansätze seit langem kritisch gesehen hatten und einen eher pragmatisch-unternehmerfreundlichen Ansatz verfolgten, sahen in den von der WPA formulierten Grundsätzen ein Hindernis für die Regierungsbeteiligung der NSDAP. Zu diesen Personen gehörten u. a. Hermann Göring, der – zunächst sowohl Parteimitgliedschaft als auch Parteiamt ablehnende – ehemalige Reichsbankpräsident Hjalmar Schacht sowie Walther Funk, ab 1938 Reichswirtschaftsminister und als solcher Nachfolger Hjalmar Schachts. Schacht vertrat vehement eine pragmatische Wirtschaftspolitik und versuchte durch sein persönliches Ansehen und seine wirtschaftspolitische Integrität die Unterstützung einflussreicher Bank- und Industrievertreter zu gewinnen[607].

Dennoch waren die Banken vor 1933 der NSDAP und ihrer Wirtschafts- und Bankenpolitik gegenüber sehr skeptisch. So unterstützte beispielsweise die Dresdner Bank im Rahmen des „Hindenburg-Ausschusses" die Wiederwahl Hindenburgs anstelle Hitlers zum Reichspräsidenten mit rund 1,9 MioRM, welche über die Dresdner Bank Tochter Hardy & Co. flossen, wie sowohl der Vorstand der Dresdner Bank als auch Hans von Flotow als Geschäftsinhaber von Hardy & Co. bestätigten[608].

---

603 Köhler, Die „Arisierung" der Privatbanken im Dritten Reich, S. 62; Abdruck des Programmentwurfs „Die wirtschaftspolitischen Grundanschauungen und Ziele der NSDAP" vom 05.03.1931, in: Barkai, Wirtschaftliche Grundanschauungen und Ziele der NSDAP, S. 359ff.

604 Kopper, Bankiers unterm Hakenkreuz, S. 41.

605 Köhler, Die „Arisierung" der Privatbanken im Dritten Reich, S. 62; Barkai, Das Wirtschaftssystem des Nationalsozialismus, S. 42ff.

606 Siehe dazu Kap. 3.4.

607 Kopper, Zwischen Marktwirtschaft und Dirigismus, S. 23ff.; Fischer, Hjalmar Schacht und Deutschlands „Judenfrage", S. 74f.

608 Als im Jahr 1932 die Stichwahl um das Reichspräsidentenamt zwischen Hindenburg und Hitler stattfand und es in Hindenburgs Wahlkampf an Geld fehlte, wollte

Nach der Machtübernahme der Nationalsozialisten 1933 spielten die linksradikalen Wirtschaftsmodelle lediglich noch eine ideologische Rolle für die Parteibasis, in der Praxis hatte sich mit Göring und Schacht jedoch die pragmatische Linie durchgesetzt um die Wirtschaft zu stabilisieren, weshalb auch die privatrechtlichen Strukturen des Bankwesens von der Partei- und Staatsleitung nicht weiter in Frage gestellt wurden[609]. Jedoch sollte die Kreditwirtschaft an den staatlichen Interessen ausgerichtet werden und eine Bankenlandschaft mit möglichst großem Anteil an regionalen Banken und Privatbanken bestehen bleiben, um das „anonyme Finanzkapital" der Großbanken nicht zu stark werden zu lassen[610].

Wesentliches staatliches Interesse war die Bekämpfung der Arbeitslosigkeit sowie die Aufrüstung, wobei fast alle ab Mitte/ Ende 1934 durch Hjalmar Schachts „Deficit Spending Policy" beschafften finanziellen Mittel für Kriegsvorbereitungen genutzt wurden. Da die Aufrüstung verschleiert werden sollte, wurde auf Initiative Schachts von den vier größten Rüstungskonzernen (Krupp, Siemens, Gutehoffnungshütte, Rheinmetall) die Metallurgische Forschungsgesellschaft m.b.H. (gen. Mefo) gegründet, welche mit lediglich 1 MioRM Eigenkapital ausgestattet wurde[611]. Rüstungsaufträge, bis 1937 in Höhe von 12 MrdRM, wurden von der Mefo mittels von ihr begebener „Mefo-Wechsel" bezahlt. Da die Mefo nicht das erforderliche Kapital hatte, wurden die Mefo-Wechsel von der Reichsbank als Handelswechsel diskontiert, womit sie nicht im Reichshaushalt genannt werden mussten, jedoch „werthaltig" wurden und somit jederzeit als Zahlungsmittel bei eigenen Gläubigern eingesetzt oder bei der Reichsbank in

---

man Hindenburgs Wahlkampf mit Mitteln aus dem Reichshaushalt unterstützen. Deshalb bekam die Dresdner Bank vom Reich auf Vorschlag ihres Vorstandes Carl Goetz 2,5 MioRM zusätzliche Stützungsbeihilfe für die Sanierung der angeschlagenen Dresdner Bank Tochter Hardy & Co., wovon Hardy & Co. 1,9 MioRM in Form mehrerer Schecks an die Wahlkampfbüros der Regierungsparteien auskehrte, vgl. Bähr, Die Dresdner Bank in der Wirtschaft des Dritten Reiches, S. 81f.; Kopper, Zwischen Marktwirtschaft und Dirigismus, S. 46. Hans von Flotow war Vetter von Kurt Richter-Erdmann, welcher 1938 „Arisierer" des Bankhauses E. J. Meyer werden sollte, vgl. Kap. 5.2.1.3.

609 Barkai, Das Wirtschaftssystem des Nationalsozialismus, S. 196ff.; Köhler, Die „Arisierung" der Privatbanken im Dritten Reich, S. 64.

610 Köhler, Die „Arisierung" der Privatbanken im Dritten Reich, S. 206; Barkai, Das Wirtschaftssystem des Nationalsozialismus, S. 196ff.; James, Die Rolle der Banken im Nationalsozialismus, in: Gall/ Pohl (Hrsg.), Unternehmen im Nationalsozialismus, S. 25ff.

611 Barkai, Das Wirtschaftssystem des Nationalsozialismus, S. 150ff., 156ff.; Kopper, Zwischen Marktwirtschaft und Dirigismus, S. 164ff.

Reichsmark getauscht werden konnten. Damit wurde die Menge der im Umlauf befindlichen Zahlungsmittel erhöht, ohne dass dies von der Reichsbank oder im Reichshaushalt veröffentlicht werden musste. Um jedoch eine Diskontierung der Mefo-Wechsel in Reichsmark und damit eine Erhöhung der Geldmenge zu verhindern, wurden die Mefo-Wechsel mit 4% p.a. verzinst, damit die Wechsel als finanzielle Reserve gehalten und nicht eingelöst wurden.

4.1.3 Kreditwesengesetz – Bankenregulierung und Vorstufe zur Ausschaltung jüdischer Banken

Kurz nach der Machtübernahme der Nationalsozialisten wurde Reichsbankpräsident Hans Luther, Reichskanzler von Januar 1925 bis Mai 1926 und Reichsbankpräsident seit März 1930, am 15.03.1933 unter Verweis auf seine mangelnde Identifikation mit den wirtschaftspolitischen Vorstellungen von Hitler zum Rücktritt gezwungen und – als Folge des Obsiegens des pragmatischen Wirtschaftsflügels der NSDAP – Hjalmar Schacht zum zweiten Mal Reichsbankpräsident[612]. Schacht war 1918 Mitbegründer der linksliberalen Deutschen Demokratischen Partei (DDP) gewesen, wurde 1923 Reichsbankpräsident und war als solcher mitverantwortlich für die Eindämmung der Inflation, entfernte sich aber durch die zu großzügige Ausgabenpolitik zusehends von der DDP, trat 1926 aus der DDP aus und trat 1930 als Reichsbankpräsident zurück, weil der Reichstag den Young-Plan angenommen hatte – der zwar geringere Reparationsverpflichtungen seitens Deutschlands vorsah als der vorherige Dawes-Plan, aber dennoch von Deutschland kaum bedient werden konnte[613]. Obzwar sich Schacht politisch immer mehr nach rechts bewegt hatte und sehr mit Hitler sympathisierte, trat er im Jahre 1930 in die ehemals rein jüdische Gesellschaft der Freunde ein, einen Treffpunkt der damaligen Wirtschaftselite. Die Berufung Schachts, eines anerkannten Finanzfachmannes, in das Amt des Reichsbankpräsidenten sollte der Wirtschafts- und Finanzpolitik der Nationalsozialisten, insbesondere der geplanten „Deficit Spending Policy“ zur Ankurbelung von Wirtschaft und Aufrüstung, ein maßvolles Gesicht verleihen und weiterhin zeigen, dass mit der linksradikalen Wirtschaftspolitik von Teilen der NSDAP tatsächlich gebrochen worden sei. Ziel war auch die Verhinderung weiterer Kapitalabzüge ausländischer Kreditoren[614].

---

612 Kopper, Zwischen Marktwirtschaft und Dirigismus, S. 67ff.; Köhler, Die „Arisierung“ der Privatbanken im Dritten Reich, S. 65.

613 Kopper, Hjalmar Schacht, S. 53ff.

614 Köhler, Die „Arisierung“ der Privatbanken im Dritten Reich, S. 65; Kopper, Zwischen Marktwirtschaft und Dirigismus, S. 67ff.

Nach der großen Wirtschafts- und Bankenkrise 1931 war von verschiedenen Seiten der Ruf nach einer anderen Wirtschafts- und Bankenpolitik laut geworden. Deshalb war es eine der ersten Amtshandlungen Hjalmar Schachts als Reichsbankpräsident, im April 1933 einen Untersuchungsausschuss für das Bankwesen (sog. „Bankenenquête") einzuberufen[615], um das Kreditwesen zu reformieren, wobei insbesondere das Ob und Wie der reichseigenen Finanzinstitute, das Verhältnis zwischen privaten Banken und öffentlich-rechtlichen Sparkassen und die zunehmende Erstarkung der überregionalen Großbanken verbunden mit einer unverhältnismäßigen Kapitalkonzentration zu Lasten der regionalen Banken thematisiert wurden[616]. Ergebnis der Mitte Dezember 1933 endenden Bankenenquête war, dass das Bankensystem grundsätzlich in der bestehenden Form – insbesondere die regionalen Banken und Privatbanken – erhalten werden sollte, zwar eine Stärkung der einzelnen Bankentypen ordnungspolitisch zu begrüßen sei, aber dazu keine direkten staatlichen Eingriffe vorgenommen würden, sowie dass die Bankenkrise nicht aufgrund eines Systemfehlers entstanden sei, sondern vielmehr aufgrund unzureichender

615 Bei dem im April einberufenen Untersuchungsausschuss, der am 06.09.1933 seine Arbeit aufnahm, fällt in Bezug auf die Zusammensetzung auf, dass – neben Schacht als Vorsitzendem – Vertreter aus Bankwesen, Ministerien, Partei und Wissenschaft Mitglieder waren, diese Mitglieder aber die wirtschaftspolitische Linie Schachts vertraten und lediglich Gottfried Feder und Wilhelm Keppler als Vertreter des linksradikalen Flügels der NSDAP berufen waren, letztere aber von Schacht und den übrigen Mitgliedern in den Hintergrund gedrängt wurden, vgl. Köhler, Die „Arisierung" der Privatbanken im Dritten Reich, S. 66; Barkai, Das Wirtschaftssystem des Nationalsozialismus, S. 196ff.

616 James, Verbandspolitik im Nationalsozialismus, S. 61ff.; Barkai, Das Wirtschaftssystem des Nationalsozialismus, S. 197ff.; Kopper, Zwischen Marktwirtschaft und Dirigismus, S. 87ff., 102ff.; In Bezug auf die zunehmende Erstarkung der Großbanken wurde – aber letztlich erfolglos – die Abschaffung des Universal- und Einführung des Trennbankensystems diskutiert, ebenso die Zerschlagung der Großbanken, derart, dass jede Filiale zu einem eigenständigen regionalen Bankinstitut werden sollte – ein Vorschlag, der zwar von nationalsozialistischer Presse sowie einigen NS-Granden begrüßt wurde, aber am Widerstand von Großbanken und Privatbanken scheiterte, wobei letztere den Vorschlag wegen eines zu besorgenden Erstarkens der Landesbanken bei gleich starker Konkurrenz durch die neu zu schaffenden, selbständigen Regionalbanken ablehnten, vgl. Köhler, Die „Arisierung" der Privatbanken im Dritten Reich, S. 67f.; Kopper, Zwischen Marktwirtschaft und Dirigismus, S. 96ff., 102ff.; James, Verbandspolitik im Nationalsozialismus, S. 61ff.

staatlicher Kontrollmechanismen, Versagen einzelner Bankiers und auch struktureller Verzerrung des Wettbewerbs[617].

Dies Ergebnis der Bankenenquête mündete in das Kreditwesengesetz vom 05.12.1934, welches bereits parallel zur Enquête vorbereitet wurde, aber erst fast ein Jahr nach Ende der Enquête erlassen wurde[618].

Neben der durch das Kreditwesengesetz eingeführten erstmaligen Legaldefinition von „Bank" in §§ 1 und 10 des Gesetzes war die Schaffung einer Aufsichtsbehörde[619] sowie die Erlaubnispflicht und Möglichkeit der Untersagung des Bankgeschäfts[620] wesentlicher Bestandteil des Kreditwesengesetzes. Diese aus finanzpolitischen Gründen geschaffenen Regelungen wurden in der Folgezeit gezielt zur Ausschaltung der jüdischen Bankiers gebraucht.

4.1.3.1 Aufsichtsamt für das Kreditwesen

Das durch §§ 30ff. Kreditwesengesetz als übergeordnete Aufsichtsbehörde geschaffene Aufsichtsamt für das Kreditwesen war eine an die Reichsbank angeschlossene Behörde, die unter Leitung Schachts stand und der als weitere Mitglieder Vertreter des Reichswirtschafts-, Reichsfinanz-, Reichsinnen- und Reichslandwirtschaftsministeriums angehörten. Sie trat an die Stelle des 1931 von der Regierung Brüning per Notverordnung eingesetzten „Kuratoriums für das Bankwesen"[621] und hatte die Aufgabe, „für die Beachtung allgemeinwirtschaftlicher Gesichtspunkte in der Kredit- und Bankenpolitik und für die Beseitigung im Kreditwesen aufgetretener Missstände zu sorgen". Das Aufsichtsamt hatte weiterhin allgemeine Richtlinien für die Anwendung der bankrechtlichen Vorschriften sowie Richtlinien für den „Reichskommissar für das Kreditwesen" (bis dato „Reichskommissar für das Bankgewerbe", sog. „Bankenkommissar") aufzustellen. Die eigentliche Ausführung und Überwachung der gesetzlichen Bestimmungen unterlag jedoch nicht dem Aufsichtsamt, sondern gem. §§ 33ff. Kreditwesengesetz dem Bankenkommissar, welcher dem Reichswirtschaftsministerium unterstand. Weiterhin waren dem Bankenkommissar in den §§ 45ff.

617 Barkai, Das Wirtschaftssystem des Nationalsozialismus, S. 200ff.; James, Verbandspolitik im Nationalsozialismus, S. 74ff.; Köhler, Die „Arisierung" der Privatbanken im Dritten Reich, S. 69f.

618 RGBl. I, S. 1203ff.; Kopper, Zwischen Marktwirtschaft und Dirigismus, S. 112ff.; Hjalmar Schacht war neben seinem Amt als Reichsbankpräsident seit 30.07.1934 auch Reichswirtschaftsminister.

619 Siehe dazu sogleich Kap. 4.1.3.1.

620 Siehe dazu sogleich Kap. 4.1.3.2.

621 Köhler, Die „Arisierung" der Privatbanken im Dritten Reich, S. 71.

Kreditwesengesetz umfangreiche Zwangsmittel und Strafgewalt an die Hand gegeben.

4.1.3.2 Erlaubnispflicht und Untersagung des Bankgeschäfts

Die Einführung einer Konzessionierungspflicht für Kreditinstitute, nach der alle Banken, Bankfilialen, Depositenkassen, etc. eine Erlaubnis des Reichskommissars für das Kreditwesen bedurften, fand in § 3 Kreditwesengesetz statt. Die Erlaubnis wurde einerseits gem. § 4 Kreditwesengesetz von persönlichen und fachlichen Kriterien („charakterliche Ehrbarkeit", „fachliche Vorbildung", „zum Geschäftsbetrieb erforderliche Mittel") als auch andererseits von wirtschaftsstrukturellen Daten („örtliche und gesamtwirtschaftliche Bedürfnisse") abhängig gemacht. Dadurch sollten sowohl die Einleger vor unseriösen Kreditinstituten geschützt werden[622], als auch dem Staat die Möglichkeit gegeben werden, das Kreditwesen zu regulieren und beispielsweise auch unerwünschte Zusammenschlüsse zu verhindern[623].

Es wurde diskutiert, ob nicht sofort anhand des Kriteriums der „charakterlichen Ehrbarkeit" alle nicht-arischen Bankiers vom Bankgeschäft ausgeschlossen werden sollten. Dies sei zwar möglich, so Reichskommissar Friedrich Ernst an Reichswirtschaftsminister Kurt Schmitt am 19.03.1934, im Hinblick auf den großen volkswirtschaftlichen Schaden bei einer sofortigen Auflösung großer Bankhäuser sei aber eine pragmatische Lösung sinnvoller. In jedem Falle müsse man sich aber rechtzeitig über die Judenfrage klar werden, damit ein etwaiger Abbau planmäßig und ohne Schädigungen für die Volkswirtschaft durchgeführt werden könne. Daraufhin wurde Ernst vom Reichswirtschaftsministerium im Einvernehmen mit Hitler mitgeteilt, dass eine zwangsweise Ausschaltung von Unternehmen in jüdischem Besitz zunächst nicht betrieben werden sollte[624].

Der Reichskommissar für das Kreditwesen konnte nicht nur neue Kreditinstitute verhindern, sondern gem. § 6 Kreditwesengesetz auch bereits bestehenden Unternehmen bei Mängeln in der Betriebsführung oder „Verletzung wichtiger allgemeiner Interessen" den weiteren Geschäftsbetrieb versagen, eine Regelung, welche einen unbestimmten Rechtsbegriff darstellte und somit dem Reichskommissar einen weiten Spielraum gab. Bis ins das Jahr 1936 waren jüdische

---

622 Dem dienten auch §§ 9, 11ff., 20f. Kreditwesengesetz, welche Rahmenvorschriften zur Liquiditäts- und Kreditsicherung der Banken sowie eine Publizitätspflicht zur Kontrolle der Einhaltung dieser Vorschriften enthielten.

623 Kopper, Zwischen Marktwirtschaft und Dirigismus, S. 113.

624 Köhler, Die „Arisierung" der Privatbanken im Dritten Reich, S. 81ff.

Privatbankiers von Geschäftsuntersagungen des Bankenkommissars nach dem Kreditwesengesetz nicht überdurchschnittlich betroffen. Ab 1937 waren jüdische Privatbankiers überdurchschnittlich von Geschäftsuntersagungen bzw. Liquidation infolge einer drohenden Geschäftsuntersagung[625] betroffen, jedoch handelte der Bankenkommissar dabei nicht gezielt zur Ausschaltung jüdischer Privatbankiers, sondern reagierte mit den Mitteln des Kreditwesengesetzes auf eingeleitete Wirtschafts- oder Devisenstrafverfahren, stabilitätsgefährdende Geschäftsverluste oder große Liquiditätsschwierigkeiten. Dass diese Kriterien aber vorlagen, war in vielen Fällen Folge von Geschäftsschädigungen der jüdischen Gewerbetreibenden durch Diskriminierung, repressive Geschäftsprüfungen und willkürliche Strafverfahren[626].

4.2 Wirtschaftliche Entwicklung des Bankensektors

Um die Entwicklung des Bankhauses E. J. Meyer zu verstehen, muss die allgemeine Entwicklung des Bankensektors betrachtet werden. Die Nachwirkungen der Bankenkrise in Verbindung mit der Wirtschafts- und Finanzpolitik haben dazu geführt, dass die Banken allgemein in der Zeit nach der Machtübernahme durch die Nationalsozialisten bis Ende 1936 keinen bzw. wenig Profit gemacht haben, was sich erst ab 1937 langsam änderte[627] (4.2.1). Obwohl auch von der Entwicklung der Banken im Allgemeinen betroffen, hat die sich Anzahl der jüdischen Banken (4.2.2) sowie deren Wirtschaftskraft (4.2.3) anders entwickelt als diejenige der übrigen Banken.

4.2.1 Allgemeine wirtschaftliche Entwicklung des Bankensektors

Die Banken, insbesondere die Großbanken, haben vom wirtschaftlichen Aufschwung durch Arbeitsbeschaffungs- und Aufrüstungspolitik nach der Machtübernahme durch die Nationalsozialisten erst verspätet profitiert. Sie konnten nach der Bankenkrise von 1931 erst 1936 wieder Gewinne erwirtschaften, die aber auch zu Hochzeiten der nationalsozialistischen Kriegswirtschaft rund 6% Eigenkapitalrendite nicht überschritten[628].

Beim Geschäft mit der Industrie gab es drei Problembereiche für die Banken: in der Zeit nach der Bankenkrise haben den Banken die finanziellen Mittel

625 Oft wurde den jüdischen Inhabern vom Bankenkommissar gewährt, durch eine selbständige Liquidation einer Geschäftsuntersagung zuvor zukommen.

626 Köhler, Die „Arisierung" der Privatbanken im Dritten Reich, S. 402ff.

627 Barkai, Das Wirtschaftssystem des Nationalsozialismus, S. 204.

628 Kopper, Bankiers unterm Hakenkreuz, S. 3.

zur Vergabe neuer Industriekredite und zur Finanzierung von Fusionen und Übernahmen gefehlt, so dass ihr Einfluss auf die Industrie abnahm oder es sich gar zu einem Einfluss der Industrie auf die Banken verkehrte[629]. Eine weitere Einbuße im Kreditgeschäft der Banken entstand durch die bereits oben geschilderten Mefo-Wechsel[630] und ähnlich strukturierte Instrumente, durch welche der Industrie Zahlungsmittel zur Verfügung gestellt wurden, ohne dass sie hätte Kredite in Anspruch nehmen müssen[631]. Die dritte wesentliche Verzerrung des Industriekreditgeschäftes erfolgte dadurch, dass das Reichswirtschaftsministerium Banken bei Krediten an für die Aufrüstung wichtige Unternehmen niedrigere als die marktüblichen Zinssätze diktierte, während nicht kriegswichtige Unternehmen vermehrt von Krediten abgeschnitten und darauf verwiesen wurden, ihren Kapitalbedarf aus Gewinnen und Rücklagen zu decken[632].

Auch ging das Geschäft mit Aktienemissionen stark zurück und blieb die 1930er Jahre auf einem Niveau welches noch unter dem Niveau des Krisenjahres 1931 lag, da die Börse ab 1933 primär der Geldbeschaffung des Staates für Rüstungs- und Arbeitsbeschaffungszwecke diente, indem Neuemissionen lediglich von staatlichen Papieren sowie für die Autarkiebestrebungen wichtigen Privatunternehmen zugelassen wurden. Daraus ergab sich, dass das von den Banken anzulegende Geld ihrer Kunden fast nur in Staatspapieren angelegt werden konnte. Teilweise gab es sogar Pflichtquoten für die Banken, also eine bestimmte Quote ihrer Einlagen in Staatspapieren anzulegen, so bei den Großbanken und beispielsweise auch bei dem jüdischen Bankhaus Jacquier & Securius. Lediglich das Jahr 1938 stach positiv heraus, weil in diesem Jahr für die staatliche und halbstaatliche Industrie besonders viel Geld benötigt wurde, um die Autarkiebestrebungen und Kriegsvorbereitungen im Rahmen des Vierjahresplanes zu bestreiten. Insgesamt ist davon auszugehen, dass es nur den Großbanken möglich war, mit der Begebung von Staats- und staatsnahen Anleihen etwas Gewinn zu erwirtschaften[633].

---

629 Kopper, Bankiers unterm Hakenkreuz, S. 27f., 32.

630 Siehe Kap. 4.1.2.

631 Barkai, Das Wirtschaftssystem des Nationalsozialismus, S. 201.

632 Kopper, Bankiers unterm Hakenkreuz, S. 104.

633 Medert, Die Verdrängung der Juden von der Berliner Börse: kleine und mittlere Unternehmen an der Wertpapier-, Produkten- und Metallbörse (1928 - 1938), S. 164ff.; James, Die Deutsche Bank im Dritten Reich, S. 32f.; Kahmann, Die Bankiers von Jacquier & Securius, S. 86f.

4.2.2 Entwicklung der Anzahl jüdischer Privatbanken

Verlässliche Daten über die Entwicklung der Privatbanken sind bis zur Einführung des Kreditwesengesetzes[634] vom 05.12.1934 nur schwer zu bekommen, da bis dato nicht gesetzlich geregelt war, einerseits welche Unternehmung sich als „Bank" bezeichnen durfte und andererseits die Privatbanken in der Regel als Einzelfirmen oder Personengesellschaften organisiert waren, weshalb sie – im Gegensatz zu den in Form von Kapitalgesellschaften geführten Banken – nicht verpflichtet waren, ihre Bilanz- und Unternehmensdaten zu veröffentlichen. Erst mit der Einführung des Kreditwesengesetzes wurde definiert, welche Unternehmungen die Bezeichnung „Bank" führen dürfen (§ 1 Kreditwesengesetz) sowie dass auch Banken in der Form von Einzelfirmen und Personengesellschaften sowohl jährlich eine Rohbilanz zum 30.06. als auch eine Jahresbilanz nebst Gewinn- und Verlustrechnung bei der Reichsbank einzureichen hatten (§ 20 Kreditwesengesetz). Somit existieren erst ab der Einführung des Kreditwesengesetzes am 05.12.1934 gesichert Daten für die Beurteilung der Entwicklung der Privatbanken.

Für die Zeit davor kann die ungefähre Anzahl der Privatbanken anhand der Mitgliederzahl des Centralverbandes des Bank- und Bankiersverbandes[635] erfolgen, der ab 1935 als gleichgeschaltete Wirtschaftsgruppe Privates Bankgewerbe[636]

---

634 RGBl. I, S. 1203ff.

635 Der Centralverband des deutschen Bank- und Bankiersgewerbes war die 1901 gegründete, reichsweite, auf freiwilliger Mitgliedschaft beruhende Interessenvertretung der privaten Kreditwirtschaft. Mit dem Erlass des Reichswirtschaftsministers vom 06.03.1935 wurden die Mitglieder sowie das Vermögen des Centralverbandes des deutschen Bank- und Bankiersgewerbes auf die neu geschaffene Wirtschaftsgruppe Privates Bankgewerbe übertragen, vgl. Köhler, Die „Arisierung" der Privatbanken im Dritten Reich, S. 73f., 79.

636 Durch die Erste Verordnung zur Durchführung des Gesetzes zur Vorbereitung des organischen Aufbaus der Wirtschaft vom 27.11.1934, RGBl. I, S. 1194ff., wurden die Wirtschaftsorganisationen und die öffentlich-rechtlichen Vertretungen gem. § 1 verbunden. In § 2 wurde geregelt, dass es fortan als höchste Kategorie die sechs „Reichsgruppen" (Industrie, Handwerk, Handel, Banken, Versicherungen, Energiewirtschaft) gab. Unter den „Reichsgruppen" standen die „Wirtschaftsgruppen", darunter die „Fachgruppen" sowie ggf. „Fachuntergruppen". Die Wirtschaftsgruppe Privates Bankgewerbe wurde durch Erlass des Reichswirtschaftsministers vom 27.08.1934 gegründet und wurde eine der sechs Wirtschaftsgruppen der Reichsgruppe Banken, unter welcher wiederum sechs Fachgruppen angesiedelt waren (u. a. „Fachgruppe Privatbankiers"), vgl. James, Verbandspolitik im Nationalsozialismus, S. 282. Zum Centralverband des Deutschen Bank- und Bankiersgewerbes und Wirtschaftsgruppe Privates Bankgewerbe siehe auch Kap. 4.3.4.7.

fortgeführt wurde[637]. Danach sank die Anzahl aller Privatbanken von 1933 - 1934 um rund 16%, von 1935 - 1936 um rund 19% und von 1937 - 1938 um sogar annähernde 49 %[638].

Eine Identifikation nach ethnisch-religiöser Zugehörigkeit der Inhaber aller zwischen März 1933 und März 1939 im „Altreich" existierenden Privatbanken war bei 82,4% (= 1057 Banken) möglich[639]. Danach waren in diesem Zeitraum 46,4% (= 490) aller Privatbanken jüdisch und nur knapp mehr als die Hälfte der Privatbanken (53,6% = 567) „arisch"[640].

Die Zahl der jüdischen Privatbanken verringerte sich zwischen Dezember 1935[641] und Mai 1938 um knapp die Hälfte, wie aus den Aufstellungen der Reichsbank hervorgeht[642]. Eine Aufforderung an die verbliebenen jüdischen Privatbankiers durch die Wirtschaftsgruppe Privates Bankgewerbe – vormals die Interessenvertretung der Privatbankiers – vom 05.11.1938, ihr Geschäft

637 Zu beachten ist dabei jedoch, dass im Centralverband des deutschen Bank- und Bankiersgewerbes keine Zwangsmitgliedschaft bestand, in der Wirtschaftsgruppe Privates Bankgewerbe jedoch schon, so dass sich naturgegeben die Zahl der Banken in der ersten Erfassung durch die Wirtschaftsgruppe Privates Bankgewerbe erhöht hat. Weil keine Zwangsmitgliedschaft im Centralverband des deutschen Bank- und Bankiersgewerbes bestand, kann die Zahl nur zu den wegen Zwangsmitgliedschaft verlässlichen Zahlen der Wirtschaftsgruppe Privates Bankgewerbe ins Verhältnis gesetzt werden, wenn man das Verhältnis von Zu- und Abgängen im Vergleich zur Mitgliederzahl betrachtet, siehe Kap. 4.3.4.7.

638 Köhler, Die „Arisierung" der Privatbanken im Dritten Reich, S. 85.

639 Fischer, Jüdische Privatbanken im „Dritten Reich", in: Scripta Mercaturae 1994, S. 21ff.; Köhler, Die „Arisierung" der Privatbanken im Dritten Reich, S. 87ff., 94ff.

640 Der Anteil der „jüdischen" an der Gesamtbevölkerung betrug etwa 1 - 1,5%, vgl. Köhler, Die „Arisierung" der Privatbanken im Dritten Reich, S. 108; Gruner, Judenverfolgung in Berlin 1933 - 1945, S. 14; Walter, Jüdische Bankiers in Deutschland bis 1932, in: Mosse (Hrsg.), Jüdische Unternehmer in Deutschland im 19. und 20. Jahrhundert, S. 97; Mommsen, Zur Frage des Einflusses deutscher Juden auf die deutsche Wirtschaft in der Weimarer Republik, in: Institut für Zeitgeschichte (Hrsg.), Gutachten des Instituts für Zeitgeschichte, Bd. 2, S. 357.

641 Wie bereits dargestellt, waren die Privatbanken erst seit der Zwangsmitgliedschaft in der Wirtschaftsgruppe Privates Bankgewerbe aufgrund der Durchführungsverordnung vom 27.11.1934, RGBl. I, S. 1194ff., sowie des Kreditwesengesetzes vom 05.12.1934, RGBl. I, S. 1203ff., systematisch erfasst worden, so dass diese Daten erstmals 1935 erhoben wurden.

642 BAB, R 2501, Nr. 6790, Aufstellung der Reichsbank über „Die Juden im deutschen Privatbankiersgewerbe", Bl. 291/ Bl. 319 - 321; Köhler, Die „Arisierung" der Privatbanken im Dritten Reich, S. 103.

bis Ende des Jahres zu liquidieren sowie die Verordnung zur Ausschaltung der Juden aus dem deutschen Wirtschaftsleben[643] vom 12.11.1938, nach der „ein Jude [...] vom 01.01.1939 ab nicht mehr Betriebsführer" sein kann, ließ die verbliebenen jüdischen Banken bis Ende 1938 endgültig von der Bildfläche verschwinden[644]. Nach Köhlers Erhebungen wurden rund 80% der jüdischen Privatbanken liquidiert, während lediglich die übrigen rund 20% „arisiert" wurden[645].

Die Geschäftsaufgaben, Liquidationen und „Arisierungen" der jüdischen Privatbanken verliefen jedoch nicht gleichförmig, sondern vielmehr unstet, jedoch mit stets steigender Tendenz, wie folgende Aufstellung[646] verdeutlicht:

Geschäftsaufgaben, Liquidationen, „Arisierungen" von jüdischen Privatbanken

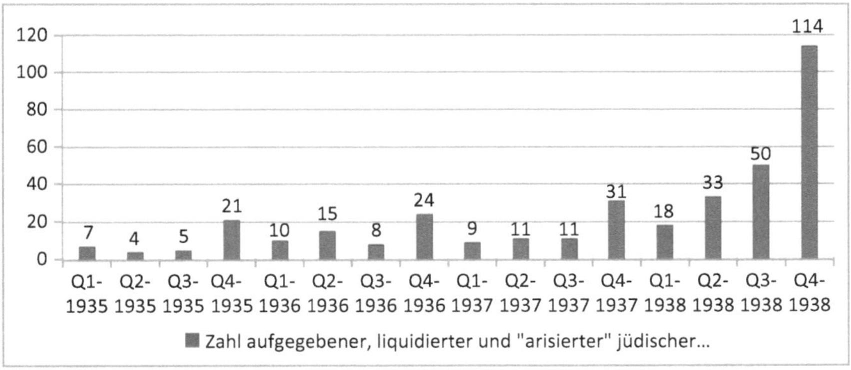

Es ist zu erkennen, dass die meisten Geschäftsaufgaben jeweils im letzten Quartal eines Jahres stattfanden. Begründet ist dies durch das Ziel der Inhaber jüdischer

643 Köhler, Die „Arisierung" der Privatbanken im Dritten Reich, S. 185; RGBl. I, S. 1580 sowie die zugehörigen Durchführungsverordnungen vom 23.11.1938 (RGBl. I, S. 1642ff.) und vom 14.12.1938 (RGBl. I, S. 1902ff.); vgl. dazu auch Tarrab-Maslaton, Rechtliche Strukturen der Diskriminierung der Juden im Dritten Reich, S. 130ff.

644 vgl. dazu ausführlicher unten 4.3. Verdrängung der Juden aus Wirtschaft und Gesellschaft.

645 Köhler, Die „Arisierung" der Privatbanken im Dritten Reich, S. 192f. Diese Zahlen treffen auch auf die jüdischen Privatbanken in Berlin zu, vgl. Köhler, Die Verdrängung jüdischer Privatbankiers vom Finanzplatz Berlin, 1933 - 1938, in: Biggeleben/ Schreiber/ Steiner (Hrsg.), „Arisierung" in Berlin, S. 212f.

646 nach Köhler, Die „Arisierung" der Privatbanken im Dritten Reich, S. 98; die Daten beruhen auf den Erhebungen der Wirtschaftsgruppe Privates Bankgewerbe.

Privatbanken, das Geschäft trotz der sich verschärfenden Lage erst nach einem ordnungsgemäßen Jahresabschluss zu liquidieren bzw. zu übergeben[647].

Ergebnis einer lokalen Untersuchung der Geschäftsaufgaben[648] ist, dass rund 44% aller Privatbanken in Großstädten ansässig gewesen sind, davon rund 20% (= 215[649]) aller Privatbankhäuser ihren Sitz in Berlin hatten, rund 17% (= 175) ihren Sitz in Hamburg sowie rund 7% (= 74) Bankhäuser ihren Sitz in Frankfurt a. M. Dies unterstreicht nach Köhler, dass sich eine Vielzahl dieser Privatbankhäuser im Effektengeschäft betätigt hat, denn im Jahre 1938 waren reichsweit rund 35% im Effektengeschäft tätig, in den Städten Hamburg jedoch rund 66%, in Frankfurt a. M. rund 55% und Berlin rund 50%. In den großen Städten lag die Quote jüdischer Privatbanken bei rund 54% in Hamburg, rund 65% in Frankfurt a. M. und rund 71% in Berlin, während sie in den ländlicheren Gebieten in der Regel rund 25-30% ausmachte.

Bezüglich der Geschäftsaufgaben, Liquidationen und „Arisierungen" ist keine tendenzielle Aussage dahingehend, dass diese zuerst in den Städten bzw. zuerst in den Provinzen erfolgten, zu treffen. Die Geschäftsaufgaben, Liquidationen und „Arisierungen" wurden vielmehr durch regionale, politische, ökonomische und soziale Faktoren bestimmt[650].

Nach der Betrachtung der Entwicklung der Anzahl jüdischer Privatbanken im gesamten Deutschen Reich ergibt die Betrachtung der Anzahl der jüdischen Privatbanken in Berlin das folgende Bild: In Berlin wurden in den Jahren 1933/ 1934 insgesamt sieben jüdische Privatbankhäuser (was rund 4,6% entspricht) aufgeben, wobei laut Köhler nicht zu unterscheiden ist, ob dies eine Folge der Bankenkrise oder aber eine Folge nationalsozialistischer Repressionen war[651]. Bereits 1935 wurden insgesamt 25% aller jüdischen Privatbanken aufgegeben, gefolgt von insgesamt rund 40% im Jahre 1936, so dass schließlich 1937 bereits über 50% der jüdischen Bankhäuser Berlins nicht mehr existierten, was rund 6% über dem Reichsdurchschnitt lag. Die verbliebenen annähernden fünfzig Prozent der jüdischen Berliner Privatbanken stellten aufgrund der genannten Verordnung ihren Geschäftsbetrieb zum 31.12.1938 ein.

---

647 Köhler, Die „Arisierung" der Privatbanken im Dritten Reich, S. 99.

648 vgl. Köhler, Die „Arisierung" der Privatbanken im Dritten Reich, S. 88ff.

649 Davon konnte Köhler 139 Privatbanken als jüdisch identifizieren, vgl. Köhler, Die Verdrängung jüdischer Privatbankiers vom Finanzplatz Berlin, 1933 - 1938, in: Biggeleben/ Schreiber/ Steiner (Hrsg.), „Arisierung" in Berlin, S. 212.

650 Köhler, Die „Arisierung" der Privatbanken im Dritten Reich, S. 100ff.

651 Köhler, Die Verdrängung jüdischer Privatbankiers vom Finanzplatz Berlin, 1933 - 1938, in: Biggeleben/ Schreiber/ Steiner (Hrsg.), „Arisierung" in Berlin, S. 212.

4.2.3 Entwicklung der Wirtschaftskraft jüdischer Privatbanken

Die Untersuchung der Wirtschaftskraft jüdischer Privatbanken[652] anhand ihrer Bilanzsumme Ende 1935 hat ergeben, dass die meisten sowohl jüdischen als auch „arischen" Privatbanken (rund 60% aller 915 untersuchten Privatbanken) eine Bilanzsumme von unter 500.000 RM hatten. Die als nächst größere aufgeführten Privatbankhäuser hatten eine Bilanzsumme von bis zu 1 MioRM (rund 17%), zwischen 1-10 MioRM (rund 20%), zwischen 10-50 MioRM (0,03%) sowie die größten Privatbanken über 50 MioRM (rund 0,005%). Das Bankhaus E. J. Meyer hatte 1936 eine Bilanzsumme von rund 2,1 MioRM[653].

Zur Kategorie der größten Privatbanken zählten lediglich fünf Banken, die alle in jüdischer Hand waren, nämlich die Privatbanken M. M. Warburg & Co., Mendelssohn & Co., Simon Hirschland, Gebr. Arnhold und Sal. Oppenheim jr. & Cie.[654]. Mit einer Gesamtbilanzsumme von 512,1 MioRM wiesen diese fünf Bankhäuser rund 29% der Bilanzsumme aller Privatbanken auf. Die Gesamtbilanzsumme aller Privatbanken lag bei rund 1.750 MioRM[655], wovon knapp 1.000 MioRM auf jüdische Privatbanken sowie rund 750 MioRM auf „arische" Privatbanken entfiel[656].

Obwohl sich wie bereits aufgeführt[657] die Privatbanken – gleichwohl jüdische wie nichtjüdische – seit einigen Jahrzehnten stets neue Geschäftsbereiche suchen und in Nischenfunktionen ausweichen mussten, um einer Verdrängung durch die Aktienbanken zu entgehen, unterschied sich nach der Machtergreifung der Nationalsozialisten die Entwicklung der jüdischen von derjenigen der nichtjüdischen Privatbanken.

---

652 Fischer, Jüdische Privatbanken im „Dritten Reich", in: Scripta Mercaturae 1994, S. 21ff.; Köhler, Die „Arisierung" der Privatbanken im Dritten Reich, S. 91ff.

653 Laut Liste des Reichskommissars für das Kreditwesen an das Reichsbankdirektorium vom 25.05.1938 über derzeit noch aktive Bankfirmen in welcher bei E. J. Meyer zudem „Arisierung schwebt" vermerkt war, vgl. BAB, Bestand R 2501, Nr. 6790, Bl. 318ff.

654 Obwohl die Mitglieder des Bankhauses Sal. Oppenheim jr. & Cie. schon in der zweiten Generation zum Christentum konvertiert waren, wurde das Bankhaus in der Reichsbankstatistik als „jüdisches" Bankhaus angesehen, vgl. Treue, Einige Kapitel aus der Geschichte der Kölner Bankiersfamilie Oppenheim, in: Bohnke-Kollwitz (Hrsg.), Köln und das rheinische Judentum, S. 155.

655 Zum Vergleich: die Bilanzsumme allein der Deutschen Bank betrug 1935 rund 3.000 MioRM, vgl. http://www.bankgeschichte.de/downloads/gb/gb_1935.pdf am 30.03.2012.

656 Dies hatte auch zur Folge, dass diese großen jüdischen Privatbanken in der nationalsozialistischen Propaganda oft als Symbol für das „verjudete Privatbankwesen" dienten.

657 Siehe Kap. 2.1.

Die jüdischen Privatbanken mussten nach 1933 starke Geschäftseinbußen durch das Schwinden „arischer" Geschäftsverbindungen hinnehmen, womit es ihnen nicht anders ging als anderen jüdischen Unternehmen. Insbesondere die Zahlen von öffentlichen Stellen und Verbänden zeigen diese Entwicklung, die konträr zu den volkswirtschaftlich begründeten offiziellen Zielen – Verschonung der jüdischen Privatbanken, solange sie für den Aufbau des Landes nützlich waren – von Reichspolitik und Reichsbankpräsident Schacht auftrat[658].

Auch die Geschäftsfelder der jüdischen Privatbanken unterschieden sich von denen der „arischen" Privatbanken, wie die Reichsbank in einem Bericht festhielt[659]: „Aus dem Bilanzaufbau der nichtarischen Firmen ergibt sich, dass gewisse Arbeitsgebiete von ihnen bevorzugt werden. Es handelt sich dabei um Geschäfte, die im besonderen Maße Beweglichkeit, spekulatives Denken und internationale Beziehungen zur Voraussetzung haben, wie das Börsen-, Industriekredit- und Beteiligungsgeschäft sowie Geschäft mit dem Ausland"[660]. Auch haben die jüdischen Privatbanken ihr Geschäft weitaus stärker über den Kapitalmarkt finanziert als die „arischen" Privatbanken, welche die Finanzierung ihrer Geschäfte eher durch die Einwerbung von Deposita ihrer Kundschaft sicherstellten[661]. Da sowohl „arische" Personen und Unternehmen zunehmend weniger Geschäfte mit jüdischen Banken machen wollten als auch jüdische Bankkunden „arischer" Banken vermehrt abweisend behandelt wurden[662], suchten jüdische

658 Fischer, Jüdische Privatbanken im „Dritten Reich", in: Scripta Mercaturae 1994, S. 10, 16.

659 BAB, R 2501, Nr. 6790, Aufstellung der Reichsbank über „Die Juden im deutschen Privatbankiersgewerbe", Bl. 292; Köhler, Die „Arisierung" der Privatbanken im Dritten Reich, S. 93.

660 Das starke Industriekredit- und Auslandsgeschäft hat insbesondere dazu geführt, dass die jüdischen Banken in der Anfangszeit des nationalsozialistischen Regimes noch geduldet waren, denn eine schnelle Überführung dieser Banken in „arische" Hände hätte insbesondere die wichtigen Kontakte zu ausländischen Kreditgebern und damit die Versorgung der Industrie mit (ausländischem) Kapital gefährdet. Darüber hinaus diente diese Duldung auch der Schaffung von Vertrauen ausländischer Investoren in das nationalsozialistische Wirtschaftssystem, um weitere Kapitalabzüge zu verhindern, vgl. Köhler, Die „Arisierung" der Privatbanken im Dritten Reich, S. 9; Fischer, Jüdische Privatbanken im „Dritten Reich", in: Scripta Mercaturae 1994, S. 22f.

661 Köhler, Die „Arisierung" der Privatbanken im Dritten Reich, S. 93.

662 Kopper, Wirtschaftliche Selbstbehauptung im sozialen Ghetto. Jüdische Wirtschaftsbürger im „Dritten Reich", in: Ziegler (Hrsg.), Großbürger und Unternehmer, S. 212ff.; auch wenn es noch 1935 in einem offiziellen Erlass des Reichswirtschaftsministeriums vom 11.09.1935 hieß, die Sparkassen sollten den Boykott jüdischer Einleger vermeiden, die Annahmen ihrer Einlagen nicht ablehnen und gemachte

Privatkunden und Unternehmen nach 1933 oft Beratung durch jüdische Privatbankiers, unter anderem auch weil diese in Devisen- und Auswanderungsfragen als besonders kompetent galten[663], so dass sich ein „jüdischer Wirtschaftssektor" und damit ein neues Betätigungsfeld für jüdische Privatbanken herausbildete, das einerseits teilweise das wegbrechende Bankgeschäft mit „arischen" Kunden kompensieren konnte und andererseits zur Folge hatte, dass die jüdischen Privatbankiers sich als „Schiffskapitäne" fühlten, die erst nach der letzten Liquidation eines jüdischen Unternehmens „das sinkende Schiff Deutschland" verlassen wollten[664]. Jedoch war das Geschäft mit jüdischen Privat- und Geschäftskunden keinesfalls tauglich, die Geschäftsentwicklung eines Bankhauses dauerhaft zu sichern, da viele jüdische Geschäfte verkauft oder liquidiert wurden und die Privatkunden emigrierten oder infolge von Geschäftsaufgabe oder rassisch bedingter Entlassung gezwungen waren, ihre Vermögen aufzuzehren[665].

Die unterschiedliche Geschäftsentwicklung jüdischer und „arischer" Privatbanken von 1935 zu 1936 geht aus den Erhebungen der Wirtschaftsgruppe Privates Bankgewerbe hervor[666]:

	jüdische Privatbanken	**„arische" Privatbanken**
Gesamtbilanzsumme	-10,7%	+4,0%
Eigenkapitalentwicklung	-13,7%	+0,4%
Einlagen gesamt	-12,5%	+5,6%
Einlagen deutscher Banken	-27,3%	+24,3%
Spareinlagen Privater	-49,1%	+8,5%

Einlagen nicht von sich aus zurückzahlen, vgl. Walk, Das Sonderrecht für die Juden im NS-Staat, S. 127.

663 Im Juni 1936 wurde der Beruf des Devisenberaters, der im Januar 1935 noch explizit „Nichtariern" offen stand, Juden verboten, womit ein neues Geschäftsfeld für jüdische Bankiers und auch vormalige jüdische Rechtsanwälte und Steuerberater wieder verschlossen war, vgl. Banken, Das nationalsozialistische Devisenrecht als Steuerungs- und Diskriminierungsinstrument 1933 - 1945, in: Bähr/ Banken (Hrsg.), Wirtschaftssteuerung durch Recht im Nationalsozialismus, S. 177.

664 Vgl. Kopper, Wirtschaftliche Selbstbehauptung im sozialen Ghetto. Jüdische Wirtschaftsbürger im „Dritten Reich", in: Ziegler (Hrsg.), Großbürger und Unternehmer, S. 204ff., 213.

665 Fischer, Jüdische Privatbanken im „Dritten Reich", in: Scripta Mercaturae 1994, S. 18f.

666 Zahlen aus Fischer, Jüdische Privatbanken im „Dritten Reich", in: Scripta Mercaturae 1994, S. 16f.

Insbesondere die Zahlen über die Einlagen sind als Indikatoren für das allgemeine Kundenverhalten und die sinkenden Geschäftsanteile der jüdischen Privatbanken geeignet, weil sie das sich wandelnde Geschäftsklima aufzeigen, da sowohl die anderen deutschen Banken als auch die Sparer freie Wahl hatten, welchem Institut sie ihre Einlagen überlassen wollten[667].

Die Beispiele M. M. Warburg & Co. sowie Sal. Oppenheim jr. & Cie. zeigen diese Entwicklung, welche sich fast nahtlos an die Bankenkrise anschloss: Die Zahl der Bankkunden von M. M. Warburg & Co. fiel von 5241 (1930) auf 1875 (Ende 1933). Auch war es aufgrund der angespannten Devisenlage Deutschlands überaus schwierig, Devisengeschäfte auf eigene Rechnung zu tätigen. Im Jahr 1933 gab es für M. M. Warburg & Co. weder neue Emissionsgeschäfte noch irgendeine langfristige Finanzierungstätigkeit von Bedeutung[668]. Das Bankhaus Sal. Oppenheim jr. & Cie. hatte 1928 eine Bilanzsumme von 124 MioRM, welche nach der Bankenkrise auf 94 MioRM im Jahr 1932 gesunken war. Trotz der allgemeinen Stabilisierung nach der Bankenkrise betrug die Bilanzsumme 1933 nur noch 80 MioRM und sank dann 1934 auf 65 MioRM. Im Jahre 1935 betrug sie nur noch 62 MioRM – genau die Hälfte von 1928[669].

4.3 Verdrängung der Juden aus Wirtschaft und Gesellschaft

Wie festgestellt, hat sich sowohl die Zahl als auch die Wirtschaftskraft der jüdischen Privatbankiers nach der Machtübernahme durch die Nationalsozialisten im Vergleich zu den nicht-jüdischen Privatbanken überproportional schlecht entwickelt. Dies war der von den Nationalsozialisten angestrebten Verdrängung der Juden aus dem Wirtschafts- und Gesellschaftsleben geschuldet, welche dann in die „Arisierung“ als Prozess einer Vermögensverschiebung von Juden auf „Arier“ mündete und nun näher untersucht wird. Dabei werden auch die Einschränkungen der Juden im täglichen wirtschaftlichen und sozialen Leben in die Betrachtung einbezogen, denn insbesondere hatte eine Verringerung des wirtschaftlichen Betätigungsfeldes sowie eine Verminderung des sozialen Ansehens eines Privatbankiers stets auch ökonomische Auswirkungen auf seinen Geschäftsbetrieb, da dieser maßgeblich von der Reputation sowie den sozialen und geschäftlichen Kontakten des Privatbankiers geprägt war. Neben diesen direkten Auswirkungen antijüdischer Maßnahmen auf die Privatbankiers haben sich die

667 Fischer, Jüdische Privatbanken im „Dritten Reich“, in: Scripta Mercaturae 1994, S. 18.

668 Rosenbaum/ Sherman, Das Bankhaus M. M. Warburg & Co. 1798 - 1938, S. 200f.

669 Stürmer/ Teichmann/ Treue, Wägen und Wagen: Sal. Oppenheim jr. & Cie., S. 377ff.

gegen andere Berufsstände gerichteten antijüdischen Maßnahmen indirekt auf die jüdischen Privatbankiers ausgewirkt, da eine wirtschaftliche Schwächung der jüdischen Kundschaft indirekt auch den Bankier schädigen musste.

Nur auf diese Weise nämlich ist der sich immer weiter einschränkende wirtschaftliche Handlungsspielraum eines jüdischen Privatbankiers zu beurteilen, welcher dann in der „Arisierung" gipfelte und nur in diesem Kontext kann auch beurteilt werden, ob die „Arisierung" von E. J. Meyer „fair" unter den jeweiligen Umständen war und insbesondere ob und welchen Wert das Bankhaus im Zeitpunkt der „Arisierung" hatte. Neben diesem Ziel ist die Betrachtung der ökonomischen und sozialen Umstände des Privatbankiers erforderlich, um trotz beispielsweise kriegsbedingten Fehlens von Informationen über das Bankhaus E. J. Meyer durch einen Rückschluss aufgrund der generellen ökonomischen und sozialen Umstände auf die Situation beim Bankhaus E. J. Meyer schließen zu können, so dass auf diese Weise trotz des Fehlens einiger Mosaiksteine die Darstellung eines Gesamtbildes möglich wird.

Im Folgenden werden deshalb nach der Darstellung der systematischen Erfassung jüdischer Gewerbebetriebe (4.3.1) einerseits Maßnahmen[670] von Staat und Partei[671] mit Auswirkungen auf das wirtschaftliche und gesellschaftliche Leben der Juden dargestellt sowie andererseits die tatsächliche Verdrängung der Juden durch das Verhalten Einzelner, weil beides die Rahmenbedingungen bildete, unter denen ein jüdischer Gewerbebetrieb, insbesondere ein jüdisches Bankhaus, im jeweiligen Jahr zu wirtschaften hatte. Daneben soll aufgezeigt werden, dass das Ziel nicht lediglich die Verdrängung (und ab 1941 die Vernichtung[672]) der Juden war, sondern zusätzlich und stets zunehmend auch die systematische Enteignung des jüdischen Vermögens sowie dessen Aneignung durch Private und den Staats- und Parteiapparat (4.3.2). Die Verdrängung jüdischer Bankiers

---

670 Die Darstellung erhebt keinen Anspruch auf Vollständigkeit, sondern es sollen lediglich einige Maßnahmen dargestellt werden, die besonders prägnant erscheinen.

671 Hierunter fallen nicht nur Gesetze im formellen und materiellen Sinne, sondern es werden – aufgrund der Eigenarten der Gesetzgebung zur Zeit des Nationalsozialismus – hierunter auch Maßnahmen von Partei, parteinahen Organisationen, Berufsverbänden, etc. gefasst, soweit sie Auswirkungen auf Juden haben konnten. Ebenso gehandhabt auch von Walk, Das Sonderrecht für die Juden im NS-Staat, S. X.

672 Erlass Hermann Görings vom 31.07.1941 an Heydrich, den Leiter des Reichssicherheitshauptamtes (RSHA), über die „Endlösung der Judenfrage": „Unter Bezugnahme auf den Erlass des Führers wird Heydrich beauftragt, alle erforderlichen Vorbereitungen in sachlicher und materieller Art zu treffen für eine Gesamtlösung der Judenfrage im deutschen Einflussgebiet in Europa.", vgl. Walk, Das Sonderrecht für die Juden im NS-Staat, S. XIV.

erfolgte zusätzlich unter Zuhilfenahme von Strafverfolgung wegen Devisenvergehen verbunden mit der Aberkennung der Eigenschaft als Devisenbank (4.3.3) sowie durch die Verdrängung aus Gremien und Vereinigungen, welche die für einen Privatbankier elementaren Kontakte zu den Größen der Wirtschaft sowie das ausgesprochen wichtige Informationsnetzwerk weitgehend eliminierten (4.3.4).

Von der Reichspolitik wurde das Ziel der Vertreibung und ökonomischen Ausbeutung der Juden gesetzt, welches dann mit unterschiedlichem Eifer und Gründlichkeit von vielen Einzelnen auf verschiedenen regionalen und überregionalen Ebenen umgesetzt wurde, wobei diesen Personen wenig bis gar kein Widerstand entgegengesetzt wurde[673]. Jedoch wurde – zumindest auch noch nach den Nürnberger Rassengesetzen vom September 1935 – stets darauf geachtet, dass die Ausschaltung der Juden „legal" vonstattenging, also aufgrund von Gesetzen, Erlassen, Anordnungen, etc. Diese Einzelpersonen in zahlreichen Institutionen waren Voraussetzung und Handlanger für die wirtschaftliche Vernichtung der Juden sowie den folgenden Holocaust, auch wenn sie nicht selbst an der Zielsetzung und der Deportation beteiligt gewesen sind, da sie die politischen Vorgaben ohne erkennbaren Widerstand, oft auch aus Eigennutz sehr eifrig, umsetzten[674]. Die Rolle dieser zahlreichen Schreibtischtäter war oftmals schlimmer als diejenige der unteren Exekutivorgane[675].

4.3.1 Erfassung jüdischer Unternehmen

Um die Juden – und damit auch die Bankiers von E. J. Meyer – gezielt aus dem Wirtschaftsleben auszuschalten, musste zwangsläufig erst erfasst werden, welcher Gewerbebetrieb jüdisch war und zur Erfassung wiederum definiert werden, wann ein Gewerbebetrieb jüdisch war[676]. Erst wenn eine solche Erfassung

673 Barkai, Etappen der Ausgrenzung und Verfolgung bis 1939, in: Meyer/ Leo Baeck Institute (Hrsg.), Deutsch-jüdische Geschichte, Bd. 4, Aufbruch und Zerstörung 1918 - 1945, S. 219ff.

674 So auch Kopper, Bankiers unterm Hakenkreuz, S. 220.

675 Walk, Das Sonderrecht für die Juden im NS-Staat, S. XV.

676 Bereits am 31.03.1933 ordnete der Altonaer Polizeipräsident an, dass jüdische Geschäfte – ohne diese näher zu definieren – sich durch ein gelbes Plakat als „jüdisches Unternehmen" kennzeichnen mussten, am 01.04.1933 ordnete der Hamburger Innensenator an, dass alle „arischen" Geschäftsleute auf einem Plakat zu versichern hatten, dass das Geschäft „kein jüdisches Unternehmen ist, dass in ihm keine jüdischen Angestellten beschäftigt werden und dass es frei von jüdischem Kapital ist". Ein Verstoß gegen diese Pflicht sollte die sofortige Schließung des Geschäfts mit

stattgefunden hatte, konnten die Juden systematisch aus dem Wirtschaftsleben verdrängt werden.

Bereits ohne eine genau festgeschriebene Definition, wann ein Betrieb als jüdisch anzusehen war, hatte die systematische Erfassung jüdischer Gewerbebetriebe bereits ab 1933 in verschiedenen Regionen begonnen, wobei jedoch das Reichswirtschaftsministerium eine offene Ungleichbehandlung der jüdischen Gewerbetreibenden wegen möglicher negativer Wirkungen auf die für die Volkswirtschaft zu der Zeit noch sehr wichtigen Auslandsbeziehungen zu verhindern trachtete[677]. So haben beispielsweise ab April 1933 in Mannheim und Frankfurt a. M. auf Veranlassung der Kreis- und Gauverwaltungsstellen mit Hilfe u. a. des „Kampfbundes des gewerblichen Mittelstandes" Erfassungen von jüdischen Gewerbebetrieben stattgefunden, die als Grundlage für Boykottaktionen dienen sollten[678]. Das Gestapa[679] begann im Jahre 1935 mit der Erstellung einer Judenkartei für das ganze Reich und ließ sich dazu die Mitgliederlisten der jüdischen Organisationen aushändigen[680]. Die Stadtverwaltung Hannover ließ aus selbigem Grunde 1938 Kirchenbücher verfilmen, welche die Kirchenbehörde gegen Überlassung eines Exemplars des Filmes zur Verfügung stellte[681]. Die systematische Erfassung jüdischer Gewerbebetriebe bzw. deren Inhaber begann vermehrt im Laufe des Jahres 1937 als staatsnahe (beispielsweise die Industrie- und Handelskammern) bzw. staatliche Organisationen mit der Erfassung begannen – teilweise erst auf Anordnung von Göring vom 27.11.1937,

---

sich bringen. Viele Geschäfte warben jedoch auch zusätzlich und freiwillig mit ihrer Eigenschaft als „rein deutsch", „arisch", etc., vgl. Bajohr, „Arisierung" in Hamburg, S. 46ff.

677 Köhler, Die „Arisierung" der Privatbanken im Dritten Reich, S. 175; siehe auch Kap. 4.1.3.2 zur bereits anfangs angedachten Untersagung des Bankbetriebes nach der Schaffung des Kreditwesengesetzes 1934.

678 Beispielsweise wurde in Frankfurt a. M. Ende 1934 eine Hetzschrift (Fischer, Eine Antwort auf die Greuel- und Boykotthetze der Juden im Ausland) verbunden mit einem Boykottaufruf gegen jüdische Gewerbetreibende veröffentlicht, in welcher eine Liste der jüdischen Gewerbetreibenden nach Namen und Gewerbezweig mitsamt geschäftlicher und privater Adresse, darunter über hundert jüdische Bankiers, abgedruckt war.

679 Das Geheime Staatspolizeiamt war die Hermann Göring unterstehende Preußische Geheimpolizei und 1933 von diesem als selbständige Polizeibehörde aus den allgemeinen Polizeibehörden ausgegliedert worden.

680 Walk, Das Sonderrecht für die Juden im NS-Staat, S. 124.

681 Fleitner, Die Verfolgung der Juden und die hannoversche Stadtverwaltung, in: Perels (Hrsg.), Auschwitz in der deutschen Geschichte, S. 51.

dem Tage als Göring als kommissarischer Reichswirtschaftsminister Nachfolger von Hjalmar Schacht in dieser Funktion wurde[682] -, so beispielsweise in Duisburg[683], München[684], Frankfurt a. M. und Hamburg[685]. Sehr engagiert bereits vor dem staatlichen Zwang zur Erfassung jüdischer Gewerbebetriebe war auch die eigentliche Interessengruppe der Privatbankiers, die Fachgruppe Privatbankiers als Untergliederung der Wirtschaftsgruppe Privates Bankgewerbe, welche bereits Anfang 1938 alle Mitglieder aufforderte, ihre „rassische Zugehörigkeit“ zu benennen und – mangels rechtlicher Handhabe zur Durchsetzung – androhte, diejenigen Bankhäuser, die der Aufforderung nicht nachkamen, als jüdisch einzustufen[686]. Die Veröffentlichung der auf diese Weise erstellten Liste wurde durch Insistieren der Reichsbank verhindert, welche den mit der Veröffentlichung der Liste verbundenen wirtschaftlichen Niedergang jüdischer Bankhäuser verhindern wollte, da in diesem Falle die Gefahr bestand, dass ausländische Gläubiger ihre unter Stillhalteabkommen fallenden Gelder abziehen konnten. Solange die Stillhaltefrage im Einzelfall noch ungelöst sei, sei ein solches Vorgehen aus wirtschaftspolitischen Gründen und wegen der schlechten Devisenlage des Reiches unverantwortlich[687]. Eine Liste der Wirtschaftsgruppe Privates

---

682 Weyhe, A. E. Wassermann, S. 124; Kratzsch, Der Gauwirtschaftsapparat der NSDAP, S. 185.

683 Roden, Die Geschichte der Duisburger Juden, S. 817.

684 In München mussten alle Unternehmer auf Anfrage des Gewerbeamtes eidesstattliche Erklärungen betreffend ihre „rassische Zugehörigkeit“ abgeben, so dass bis Februar 1938 ein Namensregister der jüdischen Gewerbetreibenden mit rund 1.750 Einträgen veröffentlicht werden konnte, vgl. Köhler, Die „Arisierung“ der Privatbanken im Dritten Reich, S. 176; Selig, Vom Boykott zur „Arisierung“. Die „Entjudung“ der Wirtschaft in München, in: Mensing/ Prinz, Irrlicht im leuchtenden München? Der Nationalsozialismus in der „Hauptstadt der Bewegung“, S. 192.

685 Köhler, Die „Arisierung“ der Privatbanken im Dritten Reich, S. 176; Bajohr, „Arisierung“ in Hamburg, S. 117ff.

686 James, Verbandspolitik im Nationalsozialismus, S. 143; Köhler, Die „Arisierung“ der Privatbanken im Dritten Reich, S. 178. Die Fachgruppe Privatbankiers hat auch bereits seit 1937 Ermittlungen über die finanziellen Verhältnisse jüdischer Privatbanken angestellt und dazu von diesen Bilanzen angefordert, obwohl sie dazu in keinster Weise berechtigt gewesen ist. Auch forderte die Wirtschaftsgruppe Privates Bankgewerbe im Auftrag der Gestapo alle Banken auf, die Namen aller Schließfachbesitzer den Devisenfahndungsstellen der Gestapo zu übermitteln, vgl. Kopper, Bankiers unterm Hakenkreuz, S. 216.

687 Köhler, Die „Arisierung“ der Privatbanken im Dritten Reich, S. 178f. mit Verweis auf Schreiben des Reichsbankdirektoriums an das Reichswirtschaftsministerium vom 04.03.1938.

Bankgewerbe mit der Zusammenstellung aller 209 noch existierenden jüdischen Bankhäuser mit dem handschriftlich angemerkten „Arisierungsstand“ wurde bereits am 22.04.1938 dem Reichswirtschaftsministerium, der Reichsbank sowie Reichskommissar Ernst übergeben. Auf dieser Liste stand auch das Bankhaus E. J. Meyer in Berlin, jedoch ohne „Arisierungsvermerk“[688]. Um eine zukünftige Erfassung auch lückenlos sicherzustellen, erließ Göring am Tage der Übergabe dieser Liste die Verordnung gegen die Unterstützung der Tarnung jüdischer Gewerbebetriebe[689], nach welcher bestraft werden konnte, wer zur Irreführung von Behörden oder Bevölkerung daran mitwirkte, den „jüdischen Charakter“ eines Gewerbebetriebes zu verschleiern.

Den Anfang – nach der zuvor lediglich internen Anweisung im Reichswirtschaftsministerium vom 04.01.1938[690] - der gesetzlich vorgeschriebenen Erfassung der Juden machte die Verordnung über die Anmeldung des Vermögens von Juden vom 26.04.1938[691] – erst vier Tage nachdem die Wirtschaftsgruppe Privates Bankgewerbe in vorauseilendem Gehorsam die von ihr erstellte Liste bereits staatlichen Behörden übergeben hatte. Nach der genannten Verordnung

---

688 BAB, R 3101, Nr. 15514, Bl. 342 - 347; Köhler, Die „Arisierung“ der Privatbanken im Dritten Reich, S. 179; Der Reichskommissar für das Kreditwesen hat am 25.08.1938 eine ebensolche Liste dem Reichsbankdirektorium übergeben, in welcher bei E. J. Meyer vermerkt war: „Bilanzsumme Ende 1936 rd. 2.100.000 RM, Arisierung schwebt“, BAB, R 2501, Nr. 6790, Bl. 318ff.

689 Weyhe, A. E. Wassermann, S. 126; RGBl. I, S. 404.

690 Erlass des Reichswirtschaftsministers vom 04.01.1938: „Ein Gewerbebetrieb einer Einzelfirma gilt als jüdisch, wenn der Inhaber Jude ist; der einer offenen Handels- oder Kommanditgesellschaft, wenn ein persönlich haftender Gesellschafter Jude ist. Ein Gewerbebetrieb einer juristischen Person gilt als jüdisch, wenn sich unter ihren gesetzlichen Vertretern Juden befinden, wenn mehr als ¼ der Aufsichtsratsmitglieder Juden sind, oder wenn Juden nach Kapital oder Stimmrecht in solchem Maß beteiligt sind, dass ohne ihre Zustimmung Beschlüsse des obersten Verwaltungsorgans (Hauptversammlung, usw.) nicht gefasst werden können.“, vgl. Walk, Das Sonderrecht für die Juden im NS-Staat, S. 210; in diesem Sinne auch Erlass des Reichswirtschaftsministeriums vom 13.05.1938, dass die Anerkennung als nichtjüdischer Gewerbebetrieb grundsätzlich verlange, dass auch dem Aufsichtsrat kein jüdisches Mitglied angehört, und dass bezüglich des Gesellschaftskapitals eine ¾ Mehrheit der nichtjüdischen Gesellschafter oder Aktionäre vorhanden sein müsse, vgl. Walk, Das Sonderrecht für die Juden im NS-Staat, S. 225; vgl. auch Weyhe, A. E. Wassermann, S. 125.

691 Nebst Anordnung aufgrund der o. g. Verordnung vom gleichen Tage, RGBl. I, S. 414ff.; Köhler, Die „Arisierung“ der Privatbanken im Dritten Reich, S. 174; Markmann/ Enterlein, Die Entjudung der deutschen Wirtschaft, S. 61ff.ff.

war alles Vermögen von Juden über 5.000 RM anzumelden sowie jegliche Transaktionen über Gewerbebetriebe sowie land- und forstwirtschaftliche Betriebe genehmigen zu lassen, sofern ein Jude Vertragspartei war. Auch Neugründungen von Unternehmen durch Juden unterlagen ab diesem Zeitpunkt der Genehmigungspflicht. So mussten auch die bei E. J. Meyer involvierten Bankiers und Familien ihre Vermögen anmelden und auch der „Arisierungsvertrag" unterlag dieser Genehmigungspflicht[692].

Da bislang unklar war, welche Unternehmen als jüdisch anzusehen und damit zu erfassen waren, wurde am 14.06.1938 die Dritte Verordnung zum Reichsbürgergesetz erlassen, nach welcher ein Unternehmen jüdisch war, wenn „beherrschender Einfluss von Juden"[693] vorhanden war[694]. Erfasst werden sollten diese Betriebe nach dem Runderlass des Reichsministeriums des Innern zur Durchführung der Dritten Verordnung zum Reichsbürgergesetz vom 14.07.1938 von den örtlichen Gewerbeverwaltungsbehörden, welche die Ergebnisse an die jeweiligen Regierungs- und Staatspolizeistellen weiterzuleiten hatten[695]. Im Mai 1938 wurde die Liste der jüdischen Mitglieder der Wirtschaftsgruppe Privates Bankgewerbe von dieser nochmals überarbeitet und wies dann noch lediglich

---

692 Siehe bei den jeweiligen Personen sowie zum „Arisierungsvertrag" Kap. 5.2.2.2.

693 Siehe dazu auch Runderlass des Reichsinnenministeriums vom 14.07.1938, nach welchen das Verzeichnis auch frühere jüdische Betriebe enthalten solle, sofern die Vermutung nahe liege, dass sie die Betriebsführung noch beherrschen, beispielsweise bei neuer Betriebsführung durch verwandte jüdische Mischlinge bzw. jüdisch versippte Ehegatten oder Verschwägerte, vgl. Walk, Das Sonderrecht für die Juden im NS-Staat, S. 233.

694 RGBl. I, S. 627f. mit folgendem Inhalt: 1. Definition, wann ein Gewerbebetrieb jüdisch ist (jüdisch, wenn Inhaber/ persönlich haftender Gesellschafter/ Mitglied des Vorstandes oder Aufsichtsrates Juden sind oder mehr als ¼ des Kapitals bzw. ½ der Stimmrechte in der Hand von Juden sind), 2. gesetzliche Vermutung für jüdischen Gewerbebetrieb, wenn bei AG bzw. KG a. A. am 01.01.1938 ein Mitglied des Vorstands oder Aufsichtsrats Jude war, 3. Errichtung eines Verzeichnisses und Pflichteintragung jüdischer Gewerbebetriebe mit der Möglichkeit einer Beschwerde innerhalb von zwei Wochen nach der Eintragungsverfügung.

695 Dabei informierten die Gewerbeämter die betroffenen Firmen vor der Erfassung in das „Judenregister" und räumten eine zweiwöchige Einspruchsfrist gegen die Erfassung ein, damit keinesfalls „arische" Betriebe aufgenommen würden, weil eine Aufnahme in die Liste wegen ihrer wirtschaftlichen Tragweite für nichtjüdische Gewerbebetriebe einen unersetzbaren Schaden bedeuten würde. Auch sollte mit der Einspruchsfrist den Firmen eine letzte Gelegenheit gegeben werden, ihren Betrieb zur „arisieren", vgl. Köhler, Die „Arisierung" der Privatbanken im Dritten Reich, S. 177.

178 Privatbanken auf, wobei sich zahlreiche von ihnen – darunter die größten Bankhäuser M. M. Warburg & Co., Simon Hirschland und Mendelssohn & Co. - bereits im Zustand der „Arisierung“ befanden[696].

4.3.2 Verdrängung aus Wirtschafts- und Gesellschaftsleben – Chronik

Die oben bereits angesprochenen Maßnahmen zur wirtschaftlichen und gesellschaftlichen Verdrängung der Juden werden hier zusammengefasst und nach Jahren dargestellt, so dass sich ein Bild ergibt, wie die Berufsausübung jüdischer Privatbankiers beeinträchtigt wurde, sei es direkt oder aber durch solche Maßnahmen, die andere jüdische Berufsträger als Kunden der jüdischen Privatbankiers in ihrem Berufsleben beeinträchtigten. Dies geschieht auch im Hinblick auf die Bewertung des Bankhauses E. J. Meyer bei der „Arisierung“, weil die Geschäftsentwicklung nach der „Arisierung“ aus dem status quo bei „Arisierung“ prognostiziert werden musste.

Die einzelnen Beeinträchtigungen sind heute selbstredend nicht mehr nachzuvollziehen, jedoch heißt es beispielsweise in dem Entschädigungsverfahren von Leonhard Horwitz: „Von 1933 an wurden ihm wegen seiner Abstammung Schwierigkeiten in der Handhabung seines Berufs und Geschäftes gemacht, wobei die Schwierigkeiten während der folgenden Jahre immer weiteren Umfang annahmen. Dies schloss auch seine soziale Stellung ein, wo ständig ähnliche Schwierigkeiten und Einschränkungen stattfanden. Die Verfolgungen und Gesetze, wie wohl bekannt, führten zu einer ständigen Angst um die Freiheit und Sicherheit von ihm selbst, seiner Frau und seinen Kindern. [...] Diese und viele ähnliche dauernde Schikanierungen, die ständige Ungewissheit und Furcht vor Denunziation, wo es nie darauf ankam, ob die Angaben wahr waren oder nicht, die Rassengesetze [waren es], die die Geschäftstätigkeit des Dr. Horwitz mehr und mehr einschränkten und schließlich völlig beendeten [...]“[697].

Im Folgenden sind ohne Anspruch auf Vollständigkeit einige Maßnahmen aufgeführt, welche die Bankiers von E. J. Meyer und ihre Familien sowie ihre jüdischen Kunden betroffen haben oder haben könnten.

1933

Anfang 1933 gab es rund 100.000 selbständige jüdische Betriebe in Deutschland, insbesondere kleinere und mittlere Firmen, die vornehmlich im kommerziellen

696 Köhler, Die „Arisierung“ der Privatbanken im Dritten Reich, S. 179; BAB, R 2501, Nr. 6970, Bl. 318 - 321.
697 LEA, Reg.-Nr. 161874, Bl. M9.

Sektor agierten. So wurden rund 60% aller Bekleidungsartikel, 35% allen Hausrates und knapp 20% aller Kultur- und Luxusartikel von jüdischen Geschäften verkauft. Die Hälfte der jüdischen Erwerbstätigen waren selbständige Unternehmer, bei denen ein großer Teil der übrigen jüdischen Bevölkerung arbeitete[698]. Bereits kurz nach der Machtübernahme durch die Nationalsozialisten am 30.01.1933 hat es neben der bereits zuvor existierenden antijüdischen Propaganda einzelne, nicht zentral organisierte Übergriffe auf Juden und deren Geschäftsbetriebe gegeben, die von lokalen Parteianhängern oder der lokalen SA durchgeführt worden sind[699]. Eine in diesem Bezug herausragende Rolle spielte der „Kampfbund des gewerblichen Mittelstandes", der als Hauptziel die Bekämpfung der jüdischen Konkurrenz in Handel und der mittelständischen Industrie hatte[700]. Zusammen mit antijüdischer Propaganda dienten die Übergriffe dazu, einerseits die jüdische Konkurrenz zu schädigen sowie andererseits den Kontakt der „arischen" mit der jüdischen Bevölkerung zu minimieren[701] und die Juden auf diese Weise gesellschaftlich zu isolieren, wobei sich die gesellschaftliche Isolation wiederum negativ auf die Geschäftstätigkeit, insbesondere bei Privatbankiers, auswirkte. Beispielsweise[702] wurden von der Hamburger Gestapo Fotografien von Personen, die Kontakt mit der – mit E. J. Meyer verwandtschaftlich verbundenen – jüdischen Bankiersfamilie Warburg hatten, angefertigt, damit diese Personen in der Parteipresse als „Judenfreunde" gebrandmarkt werden konnten[703], gleiches durch

698 Barkai, Die deutschen Unternehmer und die Judenpolitik im „Dritten Reich", in: Geschichte und Gesellschaft 1989, S. 230f.

699 Köhler, Die „Arisierung" der Privatbanken im Dritten Reich, S. 103f.; Bajohr, „Arisierung" in Hamburg, S. 27ff., bezeichnet diese nicht von oben gesteuerten antisemitischen Ausschreitungen aus den Kreisen der Bevölkerung und Kleinwirtschaft als „Antisemitismus von unten".

700 Genschel, Die Verdrängung der Juden aus der Wirtschaft im Dritten Reich, S. 44; Barkai, Vom Boykott zur „Entjudung, S. 23ff.; Bopf, Zur „Arisierung" und Versuchen der Wiedergutmachung in Köln, in: Matzerath (Hrsg.), Versteckte Vergangenheit: Über den Umgang mit der NS-Zeit in Köln, S. 169.

701 Vgl. auch Befehl der NS-Kreisleitung Allenstein vom 30.06.1933: „Es wird Nationalsozialisten verboten, Lokale zu betreten, in denen Juden verkehren. Das bezieht sich nur auf Cafés und Restaurants, dagegen nicht auf Hotels" oder das Verbot des Nationalsozialistischen Deutschen Studentenverbundes an all seine Mitglieder vom 20.10.1933, ab sofort keine jüdischen Repetitorien mehr zu besuchen, vgl. Walk, Das Sonderrecht für die Juden im NS-Staat, S. 34, 57.

702 Diese Tatsachen sind teilweise vor und teilweise nach dem 01.04.1933 erfolgt, werden aber aufgrund des Zusammenhangs an dieser Stelle erwähnt.

703 Köhler, Die „Arisierung" der Privatbanken im Dritten Reich, S. 104f., 116, 338; Warburg, Aus meinen Aufzeichnungen, S. 148; Hoffmann, Max M. Warburg, S. 142ff.;

Erstellung von Listen mit Kunden des Nürnberger Bankhauses Kohn[704]. Weiter wurden Entführungen und Misshandlungen von Bankiers durch SS-Angehörige getätigt[705], verschiedenste Erpressungen durch uniformierte SS-Angehörige mit zur Schau gestellten Waffen unternommen[706], willkürliche Durchsuchung der Geschäfts- und Privaträume[707] sowie Verhaftungen vorgenommen[708], die beispielsweise im Falle des Hannoveraner Bankiers Albert Scheiberg dazu geführt haben, dass „aus Verzweiflung über die ihm gegebene Lage" Suizid begangen wurde[709]. Neben den Verleumdungskampagnen insbesondere in der Parteipresse wurde den jüdischen Geschäftsleuten weiterhin durch Verbote von Werbeannoncen in der Presse geschadet, welche es auch bürgerlichen Zeitungen untersagte, Bekanntmachungen von jüdischen" Firmen abzudrucken, so beispielsweise in Köln durch einen Runderlass des Oberbürgermeisters vom 27.03.1933[710] oder in der Richtlinie des Hessischen Staatspräsidenten für die Hessische Presse vom 29.03.1933[711]. Auch ohne Druck von Partei und Staat haben sich vielfach

---

dies war kein Einzelfall, sondern wohl eher allgemein üblich, wie Barkai schreibt und die Ablichtung eines Aufklebers von 1933 „Jüdisches Geschäft! Wer hier kauft wird photographiert" beifügt, vgl. Barkai, Vom Boykott zur „Entjudung", S. 44.

704 Köhler, Die „Arisierung" der Privatbanken im Dritten Reich, S. 116; Janetzko, Haben Sie nicht das Bankhaus Kohn gesehen?, S. 62.

705 Beispielsweise des Bankiers Hermann Bacharach, Inhaber der Bankhauses Bacharach in Salzwedel, vgl. Köhler, Die „Arisierung" der Privatbanken im Dritten Reich, S. 118.

706 Köhler, Die „Arisierung" der Privatbanken im Dritten Reich, S. 118.

707 Beispielsweise die Hannoveraner Bankhäuser Ephraim Meyer & Sohn sowie Z. H. Gumpel, vgl. Köhler, Die „Arisierung" der Privatbanken im Dritten Reich, S. 118.

708 Beispielsweise die Verhaftung von Kurt Hahn im März 1933, eines Schulfreundes und Cousins von Adolf Meyer und verschwägerten Freundes der Familien Warburg, der als Direktor der Internatsschule Schloss Salem bereits 1932 öffentlich erklärt hatte, dass die Grundsätze der Nationalsozialisten nicht mit denen der Schule vereinbar seien, vgl. Chernow, Die Warburgs, S. 369f., 506ff.; Lässig, Nationalsozialistische „Judenpolitik" und jüdische Selbstbehauptung vor dem Novemberpogrom: Das Beispiel der Dresdner Bankiersfamilie Arnhold, in: Pommerin (Hrsg.), Dresden unterm Hakenkreuz, S. 157ff.

709 Köhler, Die „Arisierung" der Privatbanken im Dritten Reich, S. 117.

710 Weyhe, A. E. Wassermann, S. 117; Köhler, Die „Arisierung" der Privatbanken im Dritten Reich, S. 119.

711 Vgl. dort § 7: „Ehrensache der deutschen hessischen Presse ist es, im Nachrichten-, Unterhaltungs- und Anzeigenteil fremdrassige internationale jüdische Einflüsse auszuschalten.", zitiert nach Walk, Das Sonderrecht für die Juden im NS-Staat, S. 6.

Zeitungen geweigert, Annoncen jüdischer Bankhäuser zu drucken[712]. Besonders geschäftsschädigend wirkte sich für die jüdischen Privatbankiers aus, dass die Kommunen ihre Geschäftsbeziehungen mit jüdischen Privatbanken abbrachen und jüdische Unternehmen nicht mehr an öffentlichen Ausschreibungen teilhaben ließen[713], staatliche Stellen ihre „arischen" Angestellten und Beamten dazu aufforderten[714] sowie teilweise sogar Ausschlüsse „arischer" Unternehmen stattfanden bei der Vergabe öffentlicher Aufträge wegen Kontakten zu jüdischen Zuliefererfirmen bzw. bei der Angabe eines Bankkontos bei einem jüdischen

---

712 Beispielsweise des letzten in Lübeck verbliebenen Privatbankhauses Alfons Frank & Co., dessen Inhaber Jude war, vgl. BAB, R 3101, Nr. 15514, Bl. 152f.

713 Beispielsweise Verfügung des Innenministers von Thüringen vom 02.03.1933: „Die Regierung Thüringens wird bei Vergebung öffentlicher Aufträge nur Unternehmungen des guten alten Mittelstandes und christliche Geschäfte berücksichtigen."; Rundschreiben der Stadtverwaltung Köln vom 27.03.1933: „Jüdische Firmen (deren Inhaber jüdischer Abstammung sind) sind in Zukunft weder zur Abgabe von Angeboten heranzuziehen, noch bei Erteilung von Aufträgen usw. zu berücksichtigen."; Anordnung der Stadtverwaltung Berlin vom 18.03.1933: „Jüdische Anwälte und Notare dürfen in Zukunft nicht in Rechtsangelegenheiten der Stadt Berlin tätig sein.", alles zitiert nach Walk, Das Sonderrecht für die Juden im NS-Staat, S. 4ff.; Verfügung des Oberbürgermeisters von Berlin vom 05.05.1933, dass städtische Gebäude, Einzelräume und Grundstücke in Zukunft nicht an mosaische Organisationen vermietet oder verpachtet werden dürfen und bestehende Verträge schnellstmöglich gekündigt werden müssen sowie Anordnung des Bürgermeisters von Zweibrücken: „Kein Platzmieter jüdischer Abstammung darf zum nächsten Jahrmarkt in Zweibrücken zugelassen werden.", vgl. zu beidem Walk, Das Sonderrecht für die Juden im NS-Staat, S. 20f.; Anweisung des Oberbürgermeisters von Berlin an die zentralen Dienststellen, Bezirksämter und städtischen Gesellschaften, ihren gesamten Einkauf nur bei solchen Firmen zu tätigen, die sichere Gewähr dafür gäben, dass sie auf dem Boden der nationalen Regierung stünden. Einen Tag später wurden diese Institutionen angewiesen, keine Anzeigen in jüdischer Presse zu schalten, vgl. Gruner, Judenverfolgung in Berlin 1933 - 1945, S. 57f.; vgl. auch Bajohr, „Arisierung" in Hamburg, S. 97f.; Knipping, Die Geschichte der Juden in Dortmund während der Zeit des Dritten Reiches, S. 35; Bopf, Zur „Arisierung" und Versuchen der Wiedergutmachung in Köln, in: Matzerath (Hrsg.), Versteckte Vergangenheit: Über den Umgang mit der NS-Zeit in Köln, S. 167.

714 Beispielsweise Anordnung des Kölner Oberbürgermeisters vom 09.05.1933 „Kauf deutsch!", in welcher alle städtischen Angestellten aufgefordert wurden, von Käufen in jüdischen Läden abzusehen und dort bestehende Monatskonten umgehend zu kündigen mit dem Zusatz „Die Missachtung dieser Aufforderung werde ich unter keinen Umständen dulden.", vgl. Walk, Das Sonderrecht für die Juden im NS-Staat, S. 21.

Bankhaus[715] oder der Mitgliedschaft eines Juden im Aufsichtsrat, wie dies beispielsweise beim Bankhaus E. J. Meyer und seinen geschäftlichen Beziehungen zum Baukonzern Philipp Holzmann nebst dem dortigen Aufsichtsratsposten von Adolf Meyer der Fall war[716]. Umso erstaunlicher ist dies bereits sehr frühzeitige Handeln der Kommunen, da einerseits bis März 1938[717] die von der Reichsregierung am 14.07.1933 aufgestellte Richtlinie Bestand hatte, dass jüdische Unternehmen weiter bei Ausschreibungen berücksichtigt, jedoch bei gleichem Angebot das „arische" bevorzugt und insbesondere die staatlichen Aufträge nur durch die staatliche Verwaltung und ohne Beteiligung von Parteistellen – insbesondere nicht unter Mitwirkung des Kampfbundes für den gewerblichen Mittelstand – vergeben werden sollten[718], sowie andererseits Reichswirtschaftsministerium und Reichsbank bis mindestens 1936 keinerlei Bedenken gegen Geschäfte mit Beteiligung von Juden hatten[719]. Bereits im März 1933 gab es schwere Eingriffe in das Bankenwesen seitens Partei und SA. So wurden in Rheinland-Pfalz Banken

715 Köhler, Die „Arisierung" der Privatbanken im Dritten Reich, S. 120ff.; so verlor beispielsweise das Bankhaus M. M. Warburg & Co. ab 1935 u. a. die wichtigen Großkreditkunden HAPAG, Vereinigte Stahlwerke und Daimler Benz, vgl. Köhler, Die „Arisierung" der Privatbanken im Dritten Reich, S. 130.

716 Siehe dazu Kap. 4.3.4.1.

717 Runderlass des Reichswirtschaftsministeriums vom 01.03.1938 sowie vom 31.05.1938, vgl. Walk, Das Sonderrecht für die Juden im NS-Staat, S. 217, 227.

718 Walk, Das Sonderrecht für die Juden im NS-Staat, S. 37; Vergleiche dazu auch Runderlass des Reichsinnenministeriums vom 10.05.1933: „Die Einflussnahme von nicht zuständigen Organisationen auf die Vergebung von Aufträgen durch Gemeinden und Gemeindeverbände ist abzulehnen.", vgl. Walk, Das Sonderrecht für die Juden im NS-Staat, S. 21 sowie Anordnung des Reichswehrministers ebenfalls aus Mai 1933: „Angesichts der Politik, die gesetzlichen Beschränkungen für Nichtarier nicht auf Gebiete auszudehnen, für welche sie nicht bestimmt sind, wie beispielsweise das der freien Wirtschaft, dürfen nichtarische Firmen weiterhin als Lieferanten des Heeres tätig bleiben.", vgl. Walk, Das Sonderrecht für die Juden im NS-Staat, S. 27; Erlass des Reichswirtschaftsministeriums vom 23.08.1933: „Bei Vergebung von öffentlichen Aufträgen sollen nicht Firmen bevorzugt werden, welche die Bescheinigung „Deutsches Unternehmen" erhalten haben.", aber Erlass des Reichswirtschaftsministeriums vom 05.09.1933: „Bei Vergebung öffentlicher Aufträge sind grundsätzlich deutschstämmige Firmen zu bevorzugen, doch soll von weitschweifigen Ermittlungen über die Ariereigenschaft abgesehen werden, weil dies nicht den vordringlichen Interessen der Arbeitsbeschaffung dient.", alles zitiert nach Walk, Das Sonderrecht für die Juden im NS-Staat, S. 48, 50.

719 Köhler, Die „Arisierung" der Privatbanken im Dritten Reich, S. 121; BAB, R 3101, Nr. 15514, Bl. 175ff.

aufgefordert, Kontostände jüdischer Unternehmen zu nennen, ihnen Abhebungen zu verweigern, etc.[720].

Neben diesen lokalen Boykottaktionen hat es auch vor dem 01.04.1933 schon reichsweite, jedoch unkoordinierte, Übergriffe auf jüdische Privatbanken gegeben[721], welche aber von der Reichsführung der NSDAP und der Reichsregierung ausdrücklich untersagt und mit Strafandrohung versehen worden sind[722]. Auch standen jüdischen Unternehmen durch den Central-Verein deutscher Staatsbürger jüdischen Glaubens bereits seit der Weimarer Republik spezialisierte Anwälte zur Verfügung, die ein eingespieltes System zur Abwehr antijüdischer Übergriffe – auch schon zur Zeit der Weimarer Republik – entwickelt hatten[723]. Auch Julius Schwarz, seit 1932 persönlich haftender Gesellschafter von E. J. Meyer, war im Central-Verein sehr engagiert[724]. Bereits hier wird deutlich, wie ambivalent die Einschätzungen der neuen politischen Lage durch jüdische Unternehmer gewesen sind.

Am 01.04.1933 wurde erstmals ein von der NSDAP zentral gesteuerter reichsweiter Boykott jüdischer Geschäfte, Rechtsanwaltskanzleien, Ärzte, etc. durchgeführt[725], bei dem auch Gewalt gegen Eigentum und Eigentümer verübt wurde[726]. Jedoch sollten jüdische Privatbanken von diesen Boykottmaßnahmen

---

720 BAB, R 3101, Nr. 15514, Bl. 5ff.

721 Köhler, Die „Arisierung" der Privatbanken im Dritten Reich, S. 112f.; BAB, R 43 II, Nr. 397, Bl. 109.

722 Köhler, Die „Arisierung" der Privatbanken im Dritten Reich, S. 114; Fischer, Jüdische Privatbanken im „Dritten Reich", in: Scripta Mercaturae 1994, S. 9; BAB, R 43 II, Nr. 1195, Bl. 279f.

723 Bajohr, „Arisierung" als gesellschaftlicher Prozess, in: Fritz Bauer Institut (Hrsg.), „Arisierung" im Nationalsozialismus, S. 19f.

724 Siehe Kap. 3.3.3 sowie 4.3.4.2.

725 Aufruf der Parteileitung der NSDAP vom 29.03.1933 mit Wirkung vom 01.04.1933, der alle Parteimitglieder verpflichtete, vgl. Walk, Das Sonderrecht für die Juden im NS-Staat, S. 6; Hitler selbst hatte die Durchführung des Boykotts entschieden, wie aus Tagebuchaufzeichnungen Goebbels ' vom 26.03.1933 hervorgeht: „Er hat sich oben in der Einsamkeit der Berge die Situation reichlich überlegt und ist nun zum Entschluss gekommen.", zitiert nach Bajohr, „Arisierung" in Hamburg, S. 45; Der Boykott wurde zentral von einem „Zentralkomitee zur Abwehr der jüdischen Gräuel- und Boykotthetze" gesteuert, das unter Leitung des fränkischen Gauleiters und Herausgebers der nationalsozialistischen Hetzzeitschrift „Stürmer" Julius Streicher stand, vgl. Longerich, Politik der Vernichtung, S. 34ff.

726 Köhler, Die „Arisierung" der Privatbanken im Dritten Reich, S. 112; Bahjor, „Arisierung" in Hamburg, S. 45ff.; obwohl viele an den Boykotten teilnahmen und noch mehr schweigend zusahen, haben zahlreiche Personen aus Protest gegen den

verschont bleiben, wie es in einem Aufruf von Goebbels an die örtlichen Boykottkommandos vom Vorabend hieß und was auch weitgehend eingehalten wurde, da einerseits ein Vorgehen gegen die jüdischen Bankiers weitreichende negative volkswirtschaftliche Folgen mit sich gebracht hätte, wie zum Beispiel den Abzug ausländischen Kapitals, welches zumeist von den jüdischen Bankiers akquiriert[727] wurde und für den Wiederaufbau der Wirtschaft dringend erforderlich war, sowie andererseits die Gefährdung von Einlagen und Zahlungsverkehr örtlicher „arischer" Wirtschaftsunternehmen durch einen solchen Boykott beeinträchtigt worden wären[728]. Nichts desto trotz wurde Juden – und damit auch den Bankiers von E. J. Meyer – der Zutritt zur Berliner Börse verweigert[729].

Bereits bei dieser Boykottaktion wurden Bekannte der Meyers festgenommen und das Kaufhaus Wertheim stand im Zentrum der Boykottaktionen. Das Kaufhaus Wertheim war Anfang des 20. Jahrhunderts vom Architekten Alfred Messel, einem sehr guten Freund von Richard Moritz Meyer, in großem Stile umgebaut worden und grenzte rückwärtig direkt an die Voßstraße. So konnten die Meyers schräg gegenüber ihres Hauses in der Voßstraße 16 die SA-Posten sehen, welche die Eingänge des Kaufhauses blockierten und aus der Gauzentrale in der Voßstraße 11 gesteuert wurden[730].

Auch nach dieser reichsweiten zentral gesteuerten Boykottaktion gab es immer wieder eigenmächtige regionale Boykottaktionen von örtlichen Stellen des öffentlichen Dienstes, Parteifunktionären, SA, Gestapo, etc.[731].

Boykott am 01.04.1933 bei jüdischen Geschäften gekauft: so war bei einem Kaufhaus zwar der Umsatz auf ein Zehntel, die Zahl derjenigen, die an dem Tage dort gekauft hatten, nur auf 1/3 gefallen, bei einem Schuhladen wurden die Bestellungen telefonisch aufgegeben. Exemplarisch auch folgende Zitate: „Herr Doktor, ich kann die Diät nicht einhalten, weil ich erst die ganzen Eier essen muss, die wir am Boykotttag in jüdischen Geschäften gekauft haben.", „Ich bin nicht krank, Herr Doktor, ich wollte nur sehen, wie es ihnen geht.", vgl. Bajohr, „Arisierung" in Hamburg, S. 49f.

727 Noch im Jahr 1935 gelangten 14,2% aller Außenhandelskredite über die fünf größten jüdischen Banken ins Reich, vgl. Fischer, Jüdische Privatbanken im „Dritten Reich", in: Scripta Mercaturae 1994, S. 10.

728 Köhler, Die „Arisierung" der Privatbanken im Dritten Reich, S. 112; Genschel, Die Verdrängung der Juden aus der Wirtschaft im Dritten Reich, S 51f.

729 Gruner, Judenverfolgung in Berlin 1933 - 1945, S. 59.

730 Kohl, Bilder eines Vaters, S. 103f.

731 Köhler, Die „Arisierung" der Privatbanken im Dritten Reich, S. 116; Fleitner, Die Verfolgung der Juden und die hannoversche Stadtverwaltung, in: Perels (Hrsg.), Auschwitz in der deutschen Geschichte, S. 47f.; Beispielsweise erwähnt sei die Bekanntmachung des Gauleiters der Pfalz vom 18.04.1933, dass Juden aus der

Neben antijüdischen Aktionen von Partei- oder parteinahen Organisationen haben auch Unternehmen gezielt versucht, sich mittels antijüdischer Werbung Wettbewerbsvorteile und Marktanteile zu sichern, so beispielsweise „arische" Konkurrenzfirmen der Firma Beiersdorf auf dem Hautcrèmemarkt mit Klebezetteln „Wer Nivea-Artikel kauft, unterstützt eine Judenfirma!" oder Zeitungsinserate „Keine jüdische Hautcrème mehr benutzen! Lovana-Crème ist mindestens gleich gut, ist billiger und rein deutsch!"[732].

Nicht nur jüdische Unternehmer und hohe Manager waren von den Boykotten und ihren Folgen betroffen, sondern auch einfache Arbeitnehmer, wie exemplarisch das Beispiel des Warenhauses Karstadt in Hamburg zeigt: als Folge des Boykotts schieden dort zum 01.04.1933 sämtliche jüdische Aufsichtsratsmitglieder aus, um ihren Entlassungen zuvor zu kommen, und alle jüdischen Arbeitnehmer wurden zum gleichen Datum gekündigt, da sie keine „vollwertigen Mitarbeiter" mehr seien, da „die Angehörigen der jüdischen Rasse heute nicht mehr vollwertige Staatsbürger sind, und da sie als wesensfremde Eindringlinge in den Deutschen Volkskörper betrachtet werden, deren auf den Trümmern des Weltkrieges und mit Hilfe der Kriegsmeuterer in Deutschland aufgebaute Machtposition restlos gebrochen und beseitigt werden muss, wenn das deutsche Volk und die deutsche Kultur nicht untergehen sollen", wie es in der offiziellen Begründung für die Kündigung durch den Justitiar von Karstadt hieß. Damit

---

Schutzhaft nur entlassen werden, wenn je zwei Bittsteller oder die Ärzte, die die Juden krankgeschrieben haben, an ihrer Stelle die Haft antreten oder auch die Verordnung zur Wiederherstellung der Ehrlichkeit im Viehhandel des Badischen Innenministers, nach welcher auf Viehmärkten „der Gebrauch der jüdischen Sprache (jiddisch) verboten" wurde. Auch der Erlass des Reichsverkehrsministeriums vom 22.04.1933, bei telefonischer Übermittlung von Telegrammen keine jüdischen Namen zum Buchstabieren zu benutzen, kann nur als Schikane gewertet werden, ebenso das Verbot von „Warenhandel und Anpreisen von Waren (Hausieren) durch jüdische Firmen und ihre Beauftragten" des Polizeipräsidenten von Magdeburg vom 23.05.1933, vgl. zu allem Walk, Das Sonderrecht für die Juden im NS-Staat, S. 14ff., 24; Verfügung des Stellvertreters des Führers vom 10./18.05.1933: „Die Schilder „Deutsches Geschäft" werden nur an arische Firmen nach dem vom NS-Deutschen Wirtschaftsbund und der Selbsthilfe-Arbeitsgemeinschaft der SA gemeinsam aufgestellten Bedingungen gegen eine Jahresgebühr verliehen.", vgl. Walk, Das Sonderrecht für die Juden im NS-Staat, S. 22; Vgl. auch Knipping, Die Geschichte der Juden in Dortmund während der Zeit des Dritten Reiches, S. 33f.; Friedländer, Das Dritte Reich und die Juden, S. 154ff.

732 Bajohr, „Arisierung" als gesellschaftlicher Prozess, in: Fritz Bauer Institut (Hrsg.), „Arisierung" im Nationalsozialismus, S. 23f. mit Nachweisen für weitere Unternehmen.

wurden bereits Anfang 1933 von einem privaten Großkonzern die Regelungen der „Nürnberger Rassengesetze“ von 1935 antizipiert[733].

Abgesehen von Erna Meyer, die ihre Stelle als Vorstand im Hausfrauen-Verein verloren hatte, verloren auch andere Verwandte und Bekannte der Meyers bereits im April 1933 ihre Stellen. So wurde beispielsweise dem anerkannten Mathematiker Robert Remak, dem Großcousin Reinhold Meyers, die Lehrerlaubnis von der Universität entzogen. Vetter Hans Arons, Sohn des Physikers und Sozialdemokraten, verlor seine Stelle beim Allgemeinen Deutschen Gewerkschaftsbund, ebenso wie seine „arische“ Ehefrau und wurde kurz darauf vorübergehend verhaftet und in das Gefängnis Plötzensee verbracht[734].

Weiterhin gab es allgemeine Vorschriften zur gesellschaftlichen oder wirtschaftlichen Diskriminierung von Juden[735] und mit dem Verbot der Namensänderung

---

733 Bajohr, „Arisierung“ in Hamburg, S. 55f., der Schriftstücke aus dem Archiv des Bankhauses M. M. Warburg & Co. zitiert.

734 Kohl, Bilder eines Vaters, S. 104.

735 Beispielsweise Rundschreiben des Kölner Oberbürgermeisters vom 17.05.1933: „Arzneimittel, deren Hersteller Juden sind, sind nur zu verordnen, wenn andere gleichwertige Präparate nicht vorhanden sind.“, Erlass des Reichsinnenministeriums vom 27.11.1933: „Die Aufführung von jüdischen Fest- und Feiertagen in Behördenkalendern ist verboten.“, Einzelhandelsverband Frankfurt: „Jüdischen Geschäften wird die Verwendung christlicher Symbole beim Weihnachtsgeschäft verboten.“, vgl. zu alldem Walk, Das Sonderrecht für die Juden im NS-Staat, S. 23, 62; Das Gesetz gegen die Überfüllung deutscher Schulen und Hochschulen vom 25.04.1933, RGBl. I, S. 225, in welchem geregelt wurde, dass der Anteil von Juden an Schülern und Hochschülern nicht mehr als 1,5% betragen dürfe (entsprechend dem Anteil der jüdischen an der Gesamtbevölkerung, jedoch war der Bildungsgrad bei der jüdischen Bevölkerung weit höher als im Bevölkerungsschnitt), führte dazu, dass es bei fast allen jüdischen Privatbankiersfamilien Kinder gab, denen die Aufnahme des Studiums verwehrt worden war, vgl. Köhler, Die „Arisierung“ der Privatbanken im Dritten Reich, S. 108; auch Reinhold Meyer wurde die Fortführung seines Literaturstudiums versagt, vgl. Kohl, Bilder eines Vaters, S. 104; Richter, Voßstraße16 – Im Zentrum der (Ohn-)Macht, S. 260; Barkai, Jüdisches Leben unter der Verfolgung, in: Meyer/ Leo Baeck Institute (Hrsg.), Deutsch-jüdische Geschichte, Bd. 4, Aufbruch und Zerstörung 1918 - 1945, S. 237ff.; Vererbungslehre und Rassenkunde musste in allen Schulen gelehrt werden, in den Vordergrund der geschichtlichen Auffassung treten und war in sämtlichen Abschlussprüfungen ein für jeden Schüler pflichtmäßiges Prüfungsgebiet, vgl. Walk, Das Sonderrecht für die Juden im NS-Staat, S. 49, 51. Vgl. auch Richtlinie des Preußischen Kultusministeriums vom 09.11.1934: „An der Spitze des Verzeichnisses der Lehrmittel, die im Schulunterricht für Erbkunde, Rassenkunde und Bevölkerungspolitik als Grundlagen verwendet werden können, stehen die Werke: Adolf Hitler, Mein Kampf; Alfred Rosenberg, Der Mythos des 20.

von Juden in „arische" Namen begann bereits 1933 die öffentliche Kenntlichmachung von Juden[736]. Dies traf besonders die sogenannten assimilierten Juden wie Meyers es auch waren[737].

1934

Eine von vielen Juden erhoffte Verringerung der Ausgrenzung oder gar deren Ende nach der Festigung des nationalsozialistischen Regimes fand auch nicht ab 1934 statt.

Bereits am 24.01.1934 legte das Gesetz zur Ordnung der nationalen Arbeit[738] fest, dass angestellte Juden nicht Mitglieder der gleichgeschalteten nationalsozialistischen Gewerkschaft Deutsche Arbeitsfront (DAF) sein durften. Damit hatten diese den Zugang zur Gewerkschaft verloren und durften auch nicht als leitende Angestellte „Betriebsführer" sein. War hingegen ein Jude selbständiger Unternehmer, konnte er bis 1938 Betriebsführer sein, wodurch die paradoxe Situation entstand, dass Juden als Arbeitnehmer zwar nicht einmal Mitglieder der Gewerkschaft sein konnten, sie aber als Unternehmer-Betriebsführer aufgrund des Führerprinzips weit mehr Macht selbst über ihre „arischen" Angestellten hatten als zur Zeit der Weimarer Republik[739].

Neben ähnlichen Maßnahmen der allgemeinen Diskriminierung von Juden[740] wie den schon aus 1933 bekannten, wurde durch Erlass des

Jahrhunderts; Hans Günther: Rassenkunde des jüdischen Volkes; Alfred Rosenberg, Die Protokolle der Weisen von Zion; Alfred Rosenberg, Die jüdische Weltpolitik; Theodor Fritsch, Handbuch der Judenfrage", zitiert nach Walk, Das Sonderrecht für die Juden im NS-Staat, S. 96f.

736 Am 03.04.1933 wurde vom Preußischen Justizminister bestimmt, dass Anträge auf Namensänderung von Juden an das Ministerium weiterzuleiten seien, „um zu verhindern, dass die Abstammung verschleiert wird", wobei Namensänderungen ab dem 07.04.1933 lediglich dann bewilligt werden konnten, „wenn der Antragsteller nachweist, dass er nicht jüdischer Abstammung ist". Diese Regelung wurde am 13.05.1933 dahingehend geändert, dass Juden ihre Namen nur in andere jüdische Namen ändern durften, vgl. Walk, Das Sonderrecht für die Juden im NS-Staat, S. 9, 11, 23.

737 Bei der Bar Mitzwa-Feier von Felix Meyer, dem Sohn Adolf Meyers, Anfang 1937 in Berlin brachte dessen Onkel Max Warburg folgenden Trinkspruch auf ihn aus: „Denke stets daran, dass Du ein Deutscher bist!", vgl. Chernow, Die Warburgs, S. 522, welcher dies von Felix Meyer selbst erfuhr; Kohl, Bilder eines Vaters, S. 63.

738 RGBl. I, S. 45ff.

739 Genschel, Die Verdrängung der Juden aus der Wirtschaft im Dritten Reich, S. 66f.

740 Verbot des Reichspropagandaministeriums vom 07.06.1934 für Radiostationen, als jüdisch bekannte Firmen in ihren Sendungen zu erwähnen, Verbot für jüdische

Reichsinnenministeriums vom 12.04.1934 die bereits erwähnte „Schutzhaft" eingeführt[741]. Danach war Schutzhaft möglich einerseits zum Schutz des Verhafteten, andererseits „wenn der Verhaftete die öffentliche Sicherheit und Ordnung durch sein Verhalten unmittelbar gefährdet, insbesondere durch staatsfeindliche Tätigkeit". Sie wurde von der politischen Polizei (Gestapo) angeordnet, stand außerhalb des sonstigen Polizei- und Justizwesens und durfte nur in staatlichen Gefangenen- oder Konzentrationslagern vollzogen werden[742]. Damit war eine präventive, also ohne zuvor begangenes strafbares Unrecht, Inhaftierung von Personen legal möglich. Auch die Bankiers von E. J. Meyer wurden mehrmals verhaftet[743]. Gestützt war dieser Erlass auf die Reichstagsbrandverordnung vom 28.02.1933, nach der die Reichsregierung alles zur Wiederherstellung der öffentlichen Sicherheit und Ordnung unternehmen durfte[744]. Die Reichstagsbrandverordnung war (damit) auch Rechtsgrundlage für die Einrichtung von Konzentrationslagern, wobei das erste in einer ehemaligen Munitionsfabrik in

---

Firmen, nationalsozialistisches Schrifttum zu verkaufen (Bekanntmachung des Präsidenten der Reichsschrifttumskammer vom 18.06.1934); Rundschreiben der Handwerkskammer Halle vom 01.11.1934: „Wir betrachten es als selbstverständlich, dass das Handwerk Juden als Lehrlinge nicht einstellt. Wir bitten, die an Sie ergehenden Anfragen in diesem Sinne zu beantworten.", zu allem Walk, Das Sonderrecht für die Juden im NS-Staat, S. 82f., 96.

741 Spohr, Das Recht der Schutzhaft, S. 12; Walk, Das Sonderrecht für die Juden im NS-Staat, S. 76; Herbert, Von der Gegnerbekämpfung zur „rassischen Generalprävention", in: Herbert/ Orth/ Dieckmann, Die nationalsozialistischen Konzentrationslager, S. 61ff.; Vgl. dazu auch Runderlass des Reichssicherheitshauptamtes vom 26.10.1936: „Schutzhaftvollstreckung: Um eine weitergehende abschreckende Wirkung zu erzielen, ist zu beachten: Die Zeitdauer der Einweisung darf keinesfalls erwähnt werden. Nach außen ist die Einweisung in ein Konzentrationslager stets mit „bis auf weiteres" anzugeben. Keine Bedenken gegen Flüsterpropaganda (hinsichtlich langer Lagerhaft) zum Zwecke der Erhöhung der abschreckenden Wirkung. Die Verabreichung von Stockhieben kann angeordnet werden; auch hier keine Bedenken gegen Flüsterpropaganda.", zitiert nach Walk, Das Sonderrecht für die Juden im NS-Staat, S. 174.

742 Spohr, Das Recht der Schutzhaft, S. 13ff., 18, 21; Herbert, Von der Gegnerbekämpfung zur „rassischen Generalprävention", in: Herbert/ Orth/ Dieckmann, Die nationalsozialistischen Konzentrationslager, S. 61ff.; Garbe, Absonderung, Strafkommandos und spezifischer Terror: Jüdische Gefangene in nationalsozialistischen Konzentrationslagern 1933 bis 1945, in: Herzig/ Lorenz (Hrsg.), Verdrängung und Vernichtung der Juden unter dem Nationalsozialismus, S. 175ff.

743 Siehe Kap. 4.3.2 – 1935 und 4.3.2 – 1938.

744 Frei, Der Führerstaat, S. 51; siehe auch Kap. 4.1.1.1.1.

Dachau eingerichtet worden war, wie der damalige Münchner Polizeipräsident Himmler am 20.03.1933 auf einer Pressekonferenz verkündete[745].

Auch begann die Gleichschaltung, beispielsweise in Berlin am 15.07.1934 durch die offizielle Auflösung der Stadtverordnetenversammlung. Durch die NSDAP-Gauleitung Berlin wurden stattdessen 45 Ratsherren ernannt[746]. Mit der Gleichschaltung von Verbänden hatte auch der 1934 erfolgte Ausschluss des Buchhändlers Reinhold Meyer – Vetter von Adolf Meyer – aus dem Börsenverein des Deutschen Buchhandels zu tun. Grund des Ausschlusses war, dass er Jude war[747].

Einschränkungen insbesondere auch für Unternehmer wie die Bankiers von E. J. Meyer verursachte der Erlass des Stellvertreters des Führers vom 16.08.1934: „Allen Angehörigen der NSDAP ist verboten: a) Vertretung von Juden gegen NSDAP-Mitglieder; b) Fürsprache für Juden bei staatlichen und anderen Stellen; c) Juden Genehmigungen irgendwelcher Art auszustellen[748]; d) von Juden Spenden für die Partei anzunehmen; e) mit Juden in der Öffentlichkeit und in Lokalen zu verkehren; f) das Parteiabzeichen anzustecken, während sie in jüdischen Geschäften beschäftigt sind." Diese Regelungen galten aufgrund der Anweisung des Reichssportführers vom 17.09.1934 jedoch ausdrücklich nicht für die Beziehungen auf dem Gebiet des Sports und nicht für Vorbereitungskurse für die Olympiade[749].

1935

Anfang 1935 wurden die E. J. Meyer Bankiers Adolf Meyer und Leonhard Horwitz vorübergehend in Gestapo-Haft genommen. Sie schwiegen jedoch eisern über ihre Erlebnisse. Schon zu diesem Zeitpunkt jedoch fasste Adolf Meyer den Entschluss, das Land sobald zu verlassen, wie es möglich sei[750]. Der Grund der Verhaftung ist heute unklar. In einem Wiedergutmachungsverfahren schreibt sein Vetter Reinhold Meyer, dass Adolf Meyer und Leonhard Horwitz verhaftet worden seien, weil sie versucht hätten, ihnen gehörige Gegenstände, die im Hause

---

745 Frei, Der Führerstaat, S. 60.

746 Schreiber, „Arisierung" in Berlin 1933 - 1945, in: Biggeleben/ Schreiber/ Steiner (Hrsg.), „Arisierung" in Berlin, S. 22.

747 Kohl, Bilder eines Vaters, S. 127.

748 Nach einer Anordnung des Reichsjuristenführers vom 02.11.1934 bezieht sich die Anordnung des Stellvertreters des Führers nicht auf solche Bescheinigungen, die in Erfüllung einer Amts- oder Berufspflicht auszustellen sind, vgl. Walk, Das Sonderrecht für die Juden im NS-Staat, S. 96.

749 Walk, Das Sonderrecht für die Juden im NS-Staat, S. 92.

750 Kohl, Bilder eines Vaters, S. 128.

Voßstraße 16 untergestellt waren, zu entfernen[751]. Ob dies der wahre Grund für die Verhaftung ist, ist unklar, denn einerseits hatte das Bankhaus E. J. Meyer noch bis 1937 seinen Geschäftssitz in dem Gebäude und andererseits hatten weder Adolf Meyer und insbesondere nicht Leonhard Horwitz in dem Gebäude gewohnt und kleinere Gegenstände hätten sie nach ihrer täglichen Arbeit in der Bank mitnehmen können. Möglicherweise hat es sich aber um dort untergestelltes Mobiliar gehandelt, welches Adolf nach seinem Vater erbte und welches nach dem Verkauf des Hauses in der Königgrätzer Straße 134, die rückwärtig an das Grundstück Voßstraße grenzte, dort eingelagert wurde. Warum Horwitz allerdings dabei involviert war, erklärt sich nicht, denn dass seine körperliche Hilfestellung bei dem Verbringen schwerer oder großer Gegenstände der Grund war, ist bei dem derzeit über fünfzigjährigen Privatbankier nicht anzunehmen zumal sie täglich in dem gleichen Gebäude ihrem Bankgeschäft nachgingen. Möglich wäre auch ein Zusammenhang mit dem Bankhaus und dessen Geschäften, weil sowohl Horwitz als auch Meyer die beiden Seniorpartner von E. J. Meyer waren. In jedem Fall folgt aus dem Willen, Deutschland zu verlassen, dass es sich um eine zumindest unverhältnismäßige, wenn nicht gar unrechtmäßige, Verhaftung handelte und dass Adolf Meyer schon zu der Zeit nicht mehr glaubte, dass die Benachteiligungen der Juden im Privaten und Geschäftlichen lediglich vorübergehender Natur waren. Die Verhaftung führte jedoch zu keiner Strafe, welche im Strafregister eingetragen worden ist, denn dieses weist keinerlei Strafen auf[752].

Nachdem im Vorjahr bereits die vorbeugende Schutzhaft ohne gerichtlich festgestelltes Unrecht eingeführt worden war, wurde am 28.06.1935 im StGB unter der Überschrift „Rechtsschöpfung durch entsprechende Anwendung der Strafgesetze“[753] das fundamentale Grundprinzip des Strafrechts „nulle poena sine lege“ außer Kraft gesetzt. Nach dieser Strafbestimmung konnte jemand, ohne dass er zuvor eindeutig erkennen konnte, was strafbares Unrecht war, bestraft werden für eine Tat, die „nach dem Grundgedanken eines Strafgesetzes und nach gesundem Volksempfinden Bestrafung verdient. Findet auf die Tat kein bestimmtes Strafgesetz unmittelbar Anwendung, so wird die Tat unmittelbar nach dem Gesetz bestraft, dessen Grundgedanke am besten auf sie zutrifft.“ Durch diese Scheinlegalität entstand neben der willkürlichen Schutzhaft ein weiteres unberechenbares Damokles-Schwert über dem Haupt der jüdischen Geschäftsleute, da über diese Vorschrift auch bislang legale Tätigkeiten beispielsweise im

751 BADV, 73 WGA 15463/59, Bl. 53; BADV, 73 WGA 15462/59.

752 Auszug aus Strafregister Adolf Meyer, LEA, Reg.-Nr. 67787, Bl. M20; Auszug aus Strafregister Leonhard Horwitz, LEA, Reg.-Nr. 161874, Bl. M22.

753 RGBl. I, S. 839ff.

Bankbereich oder bei Vermögenstransfers bestraft werden konnten, ohne dass diese Tätigkeit für die Akteure vorher als strafbewehrt erkennbar gewesen ist.

Wichtigste gesetzliche Neuerung war der Erlass der Nürnberger Rassengesetze am 15.09.1935[754]. Mit diesen wurden den Juden[755] die politischen Rechte geraubt, indem zwischen „Staatsangehörigen" und „Reichsbürgern" differenziert wurde. Juden konnten lediglich „Staatsangehörige" und nicht „Reichsbürger" sein, alleinige Träger politischer Rechte waren jedoch als „Reichsbürger" die „Arier" und „Staatsangehörigen artverwandten Blutes"[756]. Weiterhin waren Eheschließungen zwischen Juden und Staatsangehörigen „deutschen oder artverwandten Blutes" nichtig, sexueller Kontakt zwischen Juden und Staatsangehörigen „deutschen oder artverwandten Blutes" verboten[757]. Juden war es auch verboten, „arische" weibliche Hausangestellte unter 45 Jahren zu beschäftigen sowie die Reichs- und Nationalflagge zu hissen. Meyers hatten sich nach der Reichstagswahl Anfang März 1933 noch eine Fahnenstange für 9,25 RM im jüdischen Kaufhaus Wertheim gekauft, um sich mit dem neuen Regime zu arrangieren[758].

---

754 Reichsflaggengesetz, RGBl. I, S. 1145 (Reichsfarben sind Schwarz-Weiß-Rot und Reichs- und Nationalflagge ist die Hakenkreuzflagge), Reichsbürgergesetz, RGBl. I, S. 1146, in Verbindung mit der Ersten Verordnung zum Reichsbürgergesetz, RGBl. I 1935,S S. 1333f., sowie das Gesetz zum Schutze des deutschen Blutes und der deutschen Ehre (sog. Blutschutzgesetz), RGBl. I, S. 1146f.; vgl. dazu auch Stuckart/Globke, Kommentare zur deutschen Rassengesetzgebung, Bd. 1; Walk, Das Sonderrecht für die Juden im NS-Staat, S. 127.

755 Wer genau als Jude einzustufen war, regelte die Erste Verordnung zum Reichsbürgergesetz vom 14.11.1935, RGBl. I, S. 1333f.: Jude war demnach, wer von mindestens 3 volljüdischen (wenn sie der jüdischen Religionsgemeinschaft angehörten) Großeltern abstammt oder auch wer von zwei volljüdischen Großeltern („Mischling") abstammt und dazu der jüdischen Religionsgemeinschaft angehört oder mit einem Juden verheiratet ist.

756 Reichsbürgergesetz, RGBl. I, S. 1146:

„§ 1 (1) Staatsangehöriger ist, wer dem Schutzverband des Deutschen Reichs angehört und ihm dafür besonders verpflichtet ist. (2) Die Staatsangehörigkeit wird nach den Vorschriften des Reichs- und Staatsangehörigkeitsgesetzes erworben.

§ 2 (1) Reichsbürger ist nur der Staatsangehörige deutschen oder artverwandten Blutes, der durch sein Verhalten beweist, dass er gewillt ist, in Treue dem Deutschen Volk und Reich zu dienen. (2) Das Reichsbürgerrecht wird durch Verleihung des Reichsbürgerbriefes erworben. (3) Der Reichsbürger ist der alleinige Träger der vollen politischen Rechte nach Maßgabe der Gesetze."

757 Diese Vorschrift wurde durch die Erste Verordnung zum „Blutschutzgesetz" vom 14.11.1935 konkretisiert, vgl. RGBl. I, S. 1334ff.

758 Kohl, Bilder eines Vaters, S. 103.

Die Beurteilung der Zukunftsaussichten für Juden in Deutschland - auch aus ihrer eigenen Warte - spiegelt sich wider in Äußerungen des damaligen Reichsbankpräsidenten Hjalmar Schacht. Dieser riet nach der Verabschiedung der Nürnberger Gesetze im Herbst desselben Jahres einigen Bekannten, darunter dem Nürnberger Bankier Anton Kohn, „zu retten, was noch zu retten war, und auszuwandern", anderen - volkswirtschaftlich wichtigeren - wie beispielsweise dem Bankier Max Warburg riet er, die Nürnberger Gesetze als Schutz für die Juden aufzufassen, ihre Geschäfte weiter zu betreiben und empfahl Warburg, „sein Volk zu veranlassen, dem Geschrei ein Ende zu machen und diese Protektion anzuerkennen"[759]. Auch hier wird Schachts ambivalentes Verhältnis zum Nationalsozialismus deutlich.

Neben diesen schweren Eingriffen in die heute als Grundfreiheiten bezeichneten Rechte der Juden gab es 1935 die ersten Berufsverbote, so beispielsweise das Berufsverbot für „nichtarische" Musiker und Schriftsteller (März 1935), Apotheker (17.04.1935), gerichtlich vereidigte Sachverständige (30.04.1935), Werbefachleute/ Schaufensterdekorateure (April/ Mai 1935), Diplomprüfung für Landwirte nur für „Arier" (18.06.1935), Verkaufsverbot für jüdische Zeitungen auf der Straße (06.09.1935)[760]. Berufsregelnde Vorschriften für bzw. gegen Juden nach den Nürnberger Gesetzen waren beispielsweise folgende: Beurlaubung - bis zum Erlass von Durchführungsbestimmungen zum Reichsbürgergesetz - jüdischer Beamter, die von drei oder vier „der Rasse nach volljüdischen Großelternteilen" abstammen (30.09.1935), Anordnung der Reichsfilmkammer vom 17.10.1935: „Jüdische Kinobesitzer haben ihre Kinos bis zum 10.12.1935 an Arier zu verkaufen. Wer diese Anweisung nicht ausführt, verliert seine Konzession an diesem Tage.", Reichskommissar für das Saarland vom 19.10.1935: „In Zukunft ist die Veröffentlichung geschäftlicher Anzeigen[761] durch jüdische Geschäfte zu verhindern"[762], es dürfen keine neuen jüdischen Lehrkräfte für jüdische Schulen ernannt werden (04.11.1935), Verbot jüdischer Arbeitsvermittlungen

759 Fischer, Jüdische Privatbanken im „Dritten Reich", in: Scripta Mercaturae 1994, S. 21.

760 Walk, Das Sonderrecht für die Juden im NS-Staat, S. 110, 113f., 118, 126.

761 Anordnung des Reichspostministeriums vom August 1938: Verbot von Postwurfsendungen von Juden an „Arier", weshalb die Postämter eine Liste jüdischer Geschäfte zu führen hatten („arische" Absender durften auf Postwurfsendungen vermerken „Nicht für Juden"), vgl. Walk, Das Sonderrecht für die Juden im NS-Staat, S. 240.

762 Im Gegensatz der Erlass des Reichswirtschaftsministeriums vom 04.11.1935, nach welchem alle Dienststellen der gewerblichen Wirtschaft dafür zu sorgen hatten, dass Maßnahmen gegen jüdische Geschäfte unterbleiben, die mit den geltenden Gesetzen in Widerspruch stehen oder den gesetzlichen Regelungen vorgreifen, vgl. Walk, Das Sonderrecht für die Juden im NS-Staat, S. 138.

durch das Arbeitsvermittlungsgesetz vom 05.11.1935[763], Verbot jüdischer Händler auf dem Weihnachtsmarkt, Versetzung jüdischer Beamter in den Ruhestand mit Ablauf des 31.12.1935 durch die Erste Verordnung zum Reichsbürgergesetz vom 14.11.1935[764], Entfernung amtlich bestellter jüdischer Kursmakler ab dem 22.11.1935 von den Börsen[765], Verbot für Richter des Kammergerichts, jüdische Kommentare oder Abhandlungen zu zitieren[766].

Diese fortschreitende Ausgrenzung aus Wirtschaft und Gesellschaft sollte jedoch bei der 1936 geplanten Olympiade in Deutschland nicht das Bild der Nationalsozialisten in der Weltöffentlichkeit negativ beeinflussen, da diese Veranstaltung von der nationalsozialistischen Führung gerade dazu gedacht war, international ein positives Bild des Nationalsozialismus zu zeichnen. So wurde versucht, dies mit gesetzlichen Mitteln durchzusetzen, wie beispielsweise der Anordnung des Preußischen Innenministeriums vom 11.06.1935: „Tafeln „Juden unerwünscht“ und ähnliche sind von den Hauptverkehrsstraßen (wegen der Olympiade) unauffällig zu entfernen.“. Auch die Anweisung des Reichsinnenministeriums vom 03.12.1935 „Um die Olympischen Spiele 1936 in Berlin[767] nicht zu gefährden, sind alle judenfeindlichen Schilder und Anschläge in der Gegend von Garmisch-Partenkirchen[768], in der die Winterspiele stattfinden, zu entfernen.“[769] sowie die Anweisung des Stellvertreters des Führers vom 29.01.1936 „Um bei Besuchern aus dem Ausland einen schlechten Eindruck zu verhindern, sollen Schilder mit extremem Inhalt abgenommen werden; es genügen Schilder wie: „Juden sind hier unerwünscht“[770] oder der Erlass des

---

763 RGBl. I, S. 1281f.

764 RGBl. I, S. 1333f., wobei lediglich Frontkämpfer des Ersten Weltkrieges ihre Bezüge als Ruhegehalt bis zur Pension weiterbezahlt bekommen sollten. Welche Beamten genau betroffen waren, regelte die Zweite Verordnung zum Reichsbürgergesetz vom 21.12.1935, RGBl. I, S. 1524f.

765 An der Berliner Börse wurden die neunzehn entlassenen jüdischen Kursmakler durch zehn „arische“ ersetzt, so dass Nebenfolge der rassisch motivierten Entlassung zugleich ein rationalisierender Stellenabbau war, vgl. Schreiber, „Arisierung“ in Berlin 1933 - 1945, in: Biggeleben/ Schreiber/ Steiner (Hrsg.), „Arisierung“ in Berlin, S. 40; Medert, Die Verdrängung der Juden von der Berliner Börse: kleine und mittlere Unternehmen an der Wertpapier-, Produkten- und Metallbörse (1928 - 1938), S. 198, 244ff.

766 Walk, Das Sonderrecht für die Juden im NS-Staat, S. 134, 136ff., 140, 149.

767 Olympische Sommerspiele 01.-16.08.1936.

768 Olympische Winterspiele 06.-16.02.1936.

769 Zitiert nach Walk, Das Sonderrecht für die Juden im NS-Staat, S. 143.

770 Walk, Das Sonderrecht für die Juden im NS-Staat, S. 153.

Reichsführers SS und Chefs der Deutschen Polizei vom 23.06.1936, dass der SS anlässlich der Olympiade alle Tätlichkeiten gegen Ausländer und Juden verboten seinen[771] zeigen, wie wichtig den Nationalsozialisten eine positive Wahrnehmung in der Welt war. Sogar Hitler persönlich engagierte sich dafür, wie der Geheim-Erlass des Preußischen Innenministeriums vom 20.08.1935 zeigt: „Der Führer hat Einzel-Aktionen von nicht autorisierten Mitgliedern der NSDAP gegen Juden streng verboten. Zuwiderhandelnde werden von der Polizei bestraft."[772]

1936

Nachdem die Olympischen Spiele vom 01.-16.08.1936 in Berlin trotz teilweise sehr kritischer Stimmen aus dem Ausland den erwünschten Propagandaerfolg für die Nationalsozialisten erreicht hatten, wurden die Juden in Deutschland weiter isoliert.

Dazu diente beispielsweise die Einführung der Rassentrennung ab Schuljahr 1936 an Volksschulen durch Errichtung gesonderter Schulen für Schüler der „jüdischen Rasse", welches in der folgenden Zeit auf weitere Schultypen ausgeweitet wurde[773]. So musste Adolf Meyers Tochter Giesela, welche zuvor als einziges volljüdisches Kind auf der von Adelheid Mommsen begründeten Mommsem-Schule gewesen ist, u. a. mit der Tochter von Joachim von Ribbentrop, der seine „Dienstelle Ribbentrop" ebenfalls im Meyer'schen Gebäude in der Voßstraße 16 hatte, erst auf die Amerikanische Schule gehen bevor sie im Sommer 1938 nach Amsterdam zu den Großeltern geschickt wurde[774].

Um einer Absonderung als Jude vorzubeugen, konvertierten manche zum Christentum, wobei auch dieser Weg verbaut wurde. So besagte der Runderlass des Reichsinnenministeriums, dass der Übertritt von Juden zum Christentum keine Bedeutung für die Rassenfrage hat. Die Möglichkeit der Tarnung der Abstammung durch Wechsel des religiösen Bekenntnisses werde vollständig

---

771 Walk, Das Sonderrecht für die Juden im NS-Staat, S. 166.

772 Walk, Das Sonderrecht für die Juden im NS-Staat, S. 124.

773 Walk, Das Sonderrecht für die Juden im NS-Staat, S. 124, 126; vgl. dazu auch Anordnung des Reichsstatthalters Hessen vom 29.08.1935: „Die Leiter der hessischen Schulen werden ersucht, eine Liste der jüdischen Schüler zwecks Vorbereitung ihrer rassischen Absonderung in den Schulen anzufertigen.", Walk, Das Sonderrecht für die Juden im NS-Staat, S. 125; Einrichtung jüdischer Sonderklassen in Berufsschulen (13.03.1937), vgl. Walk, Das Sonderrecht für die Juden im NS-Staat, S. 185.

774 Videoaufzeichnung der Princeton-University, Interview mit Gisela Weil vom 26.04.1992; BAB, R 43 II, Nr. 1053.

verschwinden, sobald die Ämter für Rassenforschung ihre Tätigkeit aufnähmen (04.10.1936)[775].

Die planmäßige Ausschaltung der Juden aus dem Wirtschaftsleben nahm ihren organisatorischen Anfang in einer Konferenz der Staatssekretäre von Innen- und Wirtschaftsministerium Ende September 1936, auf der Übereinstimmung erzielt wurde, dass die vollständige Vertreibung der Juden aus Deutschland das Ziel sei. Bis dahin dürfe den Juden „wirtschaftliche Betätigung … nur in dem Rahmen gestattet sein, dass sie ihren Lebensunterhalt selbst verdienten, ohne dass aber durch ihre wirtschaftliche und politische Lage ihr Auswanderungswille schwände“[776].

Die zunehmende Auswanderung von Juden ging mit der Veräußerung ihrer Unternehmen einher, weshalb das Reichswirtschaftsministerium per Erlass vom 26.08.1936 festlegte, dass nicht erwünscht sei, den Übergang jüdischer Unternehmen und Geschäfte in arische Hände zu stören, es sei denn, dass dies nur zum Zwecke der Tarnung geschehe[777].

Hauptmieter des Meyer'schen Gebäudes in der Voßstraße 16 war Ende 1936 die Dienststelle Ribbentrop[778], so dass das Bankhaus E. J. Meyer Seite an Seite mit dieser Hitler direkt unterstellten Stelle arbeitete. Möglicherweise haben sich die jüdischen Bankiers auch einen gewissen Schutz dadurch erhofft.

Zum Ende dieses Geschäftsjahres schied Walter Flörsheimer bei E. J. Meyer aus[779].

1937

Ab wann sich Adolf Meyer und Leonhard Horwitz nach einem „Arisierer“ für ihr Bankhaus umsahen, ist unklar, jedoch ist ihr Partner Walter Flörsheimer Ende 1936 bei E. J. Meyer ausgeschieden, weil er für Juden keine Zukunft mehr

---

775 Walk, Das Sonderrecht für die Juden im NS-Staat, S. 172.

776 Fischer, Jüdische Privatbanken im „Dritten Reich“, in: Scripta Mercaturae 1994, S. 24.

777 Walk, Das Sonderrecht für die Juden im NS-Staat, S. 170.

778 BAB, R 43 II, Nr. 1053. Die Dienststelle Ribbentrop war ein Hitler persönlich unterstelltes Pendant zum Auswärtigen Amt, welchem Hitler nicht traute. Sie ging am 01.06.1935 aus dem „Büro“ des Sonderbotschafters Joachim von Ribbentrop hervor, stand der SS sehr nahe und hatte neben außenpolitischen Spezialaufträgen die organisierte Kontaktpflege zu ausländischen Persönlichkeiten in den Referaten „Frankreich“, „England“, „Osten“ und „Volkstum/ Frontkämpfer“ zum Inhalt. 1936 hatte die Dienststelle rund 160 Mitarbeiter, vgl. Ray, Annäherung an Frankreich im Dienste Hitlers?, S. 123ff.; Schmidt, Die Außenpolitik des Dritten Reiches, S. 69f.

779 Siehe Kap. 3.2.2.

in Deutschland gesehen hatte, zwei von drei Kindern von Leonhard Horwitz lebten bereits im Ausland, Felix Meyer wurde 1937 ins Ausland geschickt und beispielsweise haben die Bankiers von Jacquier & Securius sich bereits 1937 nach einem „Arisierer" für ihr Bankhaus umgesehen. So ist anzunehmen, dass auch die Bankiers von E. J. Meyer sich bereits zu dieser Zeit mehr oder weniger aktiv nach einem „Arisierer" für ihr Bankhaus umsahen. Dies bestätigt auch die Aussage der Tochter von Kurt Richter-Erdmann, welche nach dem Krieg in einem Interview sagte, dass sich Meyers diesbezüglich bereits 1937 an Kurt Richter-Erdmann gewendet hätten[780].

Ab 1937 wurden zunehmend nicht nur die Juden selbst, sondern auch „Arier", die mit Juden familiäre Bindungen hatten, isoliert. So regelte die Neuerung des Beamtengesetzes vom 26.01.1937, dass Beamter nur ein Reichsdeutscher werden konnte, der mit einer Person gleicher Abstammung (außer Mischling zweiten Grades) verheiratet war. Beamte, die diese Bedingungen nicht erfüllen, waren zu entlassen[781]. Die Änderung der Reichsnotarordnung legte dieselben Zugangskriterien fest für Notare[782].

Ebenso wurde der Erwerb des Doktorgrades durch Juden untersagt, blieb aber möglich für jüdische Mischlinge, außer in (Zahn-)Medizin, wo dies nur möglich war, wenn sich die Mischlinge verpflichteten, Deutschland zu verlassen[783].

Die zunehmende physische Abgrenzung von Juden und „Ariern" zeigt sich in einer Anordnung der Gestapo vom 30.03.1937, nach welcher Juden besondere Badeorte zugewiesen wurden sowie der Runderlass des Reichsinnenministers vom 24.07.1937, dass jüdische Kurgäste als Gäste zuzulassen sind, jedoch nur, wenn die Möglichkeit der von anderen Gästen getrennten Unterbringung besteht und kein weibliches deutschblütiges Personal unter 45 Jahren beschäftig wird[784]. Diese Maßnahmen betrafen insbesondere solche Juden, welche finanziell

780 Siehe Kap. 5.2.2. sowie bei den jeweiligen Personen; zur Suche nach einem geeigneten „Arisierer" für das Bankhaus Jacquier & Securius siehe Kahmann, Die Bankiers von Jacquier & Securius, S. 114ff.

781 RGBl. I, S. 39.

782 RGBl. I, S. 191ff.

783 Runderlass des Reichswissenschaftsministers vom 15.04.1937, vgl. Walk, Das Sonderrecht für die Juden im NS-Staat, S. 187f.

784 Walk, Das Sonderrecht für die Juden im NS-Staat, S. 185, 197; auch Kommunen agierten hier eigenständig, jedoch in Verfolgung desselben Ziels, wie das Verbot der städtischen Bäder „aus Gründen der öffentlichen Sicherheit" für Juden ab 1937, vgl. Fleitner, Die Verfolgung der Juden und die hannoversche Stadtverwaltung, in: Perels (Hrsg.), Auschwitz in der deutschen Geschichte, S. 48f.

in der Lage waren, in Ferien zu reisen, somit also das jüdische Bürgertum oder die Oberklasse. Ihnen sollte verwehrt werden, private und berufliche Kontakte mit „Ariern" einzugehen oder aufrechtzuerhalten[785]. Diese privaten und beruflichen Kontakte waren aber gerade für Privatbankiers wie Adolf Meyer und Leonhard Horwitz essentiell, wie auch ihre teilweise über Generationen andauernden Mitgliedschaften im Club von Berlin und der Gesellschaft der Freunde zeigen[786].

Ein weiteres Mittel der Ausgrenzung war das Verbot für Juden, Schriftstücke im Geschäfts- und Justizverkehr „Mit deutschem Gruß" zu unterschreiben[787]. Dadurch sollte bereits beim Erhalt eines Schriftstückes zu ersehen sein, dass der Verfasser jüdisch war. Die zur Zeichnung mit „E. J. Meyer" befugten Geschäftsinhaber des Bankhauses zeichneten bei Geschäftsverkehr mit dem Handelsregister noch bis mindestens März 1937 „Mit deutschem Gruß"[788].

Ein Abschneiden von Kommunikations- und Informationsfluss wurde abgestrebt auch durch eine Genehmigungspflicht für das Herausgeben jüdischer Literatur (30.07.1937) sowie durch das Verbot für Juden, den Volksempfänger herstellen, Einzelteile zur Herstellung liefern und das Gerät verkaufen (23.09.1937, 03.02.1938)[789].

Weitere Einschränkungen für Geschäftsbetriebe enthielt der Erlass des Reichswirtschaftsministers vom 27.11.1937, nach welchem Erhöhungen von Einfuhrkontingenten und zusätzliche Devisenzuteilungen an jüdische Firmen ausgeschlossen waren. Bestehende Kontingente jüdischer Unternehmungen sollten überprüft werden daraufhin, ob sie nicht herabgesetzt werden könnten[790]. Dies betraf insbesondere auch die jüdischen Privatbanken. Die genauen Auswirkungen auf das Geschäft von E. J. Meyer sind aber aufgrund verloren gegangener Dokumentation nicht nachzuvollziehen.

Wurde im Vorjahr lediglich die Einigung erzielt, dass die Juden zur Auswanderung bewegt werden sollten und ihnen deshalb die wirtschaftliche Betätigung

785 Das Pendant zu dieser Einschränkung war das Verbot für Juden im März 1938, Kleingärtner zu werden, vgl. Walk, Das Sonderrecht für die Juden im NS-Staat, S. 219.

786 Siehe Kap. 4.3.4.8 und 4.3.4.9.

787 Walk, Das Sonderrecht für die Juden im NS-Staat, S. 204.

788 LAB, B Rep. 042, Nr. 46349, Bd. 1, Bl. 15ff.

789 Walk, Das Sonderrecht für die Juden im NS-Staat, S. 197, 201, 214.

790 Walk, Das Sonderrecht für die Juden im NS-Staat, S. 181, 182, 185ff., 191, 197ff., 200, 201/ 214, 202ff., 204ff., 207. Anfang Januar 1938 wurden durch einen Erlass des Reichswirtschaftsministers die Einfuhrquoten und Devisenzuteilungen für jüdische Firmen gekürzt oder gestrichen, vgl. ebenda, S. 210.

erschwert werden sollte, wurden nun konkrete Rechtsakte gesetzt, um die Auswanderung „zu fördern". So wurde aufgrund eines Runderlasses des Reichsführers SS und Chefs der Deutschen Polizei sowie des Reichsinnenministers vom 16.11.1937 die Ausstellung von Reisepässen an Juden für das Ausland untersagt, es sei denn, dass sie zur Auswanderung benötigt würden oder für Reisen, die nach Befürwortung von Industrie- und Handelskammer sowie Gestapo im volkswirtschaftlichen Interesse Deutschlands lägen. Dies wurde verschärft durch den Erlass des Reichswirtschaftsministers vom 11.05.1938: „Handelskammern haben bei der Prüfung, ob von der Auslandsreise des Juden Vorteile für die deutsche Volkswirtschaft zu erwarten sind, einen strengeren Maßstab als seither anzulegen. In jedem Falle ist zu klären, ob nicht anstelle des Juden ein Nichtjude die mit der Auslandsreise bezweckten geschäftlichen Vorhaben erledigen könnte"[791]. Hiervon war auch Adolf Meyer betroffen, der im Sommer 1938 eine Reise nach London unternehmen musste wegen des von Brandeis, Goldschmidt & Co. dem Bankhaus E. J. Meyer zur Verfügung gestellten Kredites[792]. Die diesbezügliche Korrespondenz mit der Industrie- und Handelskammer ist noch erhalten[793].

Ebenso sollte der Erlass des Reichsführers SS und Chefs der Deutschen Polizei vom 13.09.1937 die Auswanderung der Juden beschleunigen: „Juden können dann aus der Schutzhaft entlassen werden, wenn die Gewähr gegeben ist, dass sie vor der Auswanderung nach Palästina oder nach Übersee stehen (nicht aber bei der Auswanderung in die Nachbarländer)."[794].

1938

Im „Schicksalsjahr"[795] 1938, das auch zum Schicksalsjahr für das Bankhaus E. J. Meyer wurde, wurde neben verstärkten Schikanierungen und Ausgrenzungen von der Verdrängung von Juden aus einzelnen Zweigen des Wirtschaftslebens zur systematischen und vollständigen Verdrängung aller Juden aus dem

---

791 Walk, Das Sonderrecht für die Juden im NS-Staat, S. 205f., 224.

792 Zu dem Kredit s. Kap. 2.2.4.1, 2.2.5, 3.2.

793 Archiv Bundesverband deutscher Banken, Bestand „gelb", E. J. Meyer.

794 Walk, Das Sonderrecht für die Juden im NS-Staat, S. 200; vgl. auch Anordnung des Reichsführers SS und Chefs der Deutschen Polizei vom 22.11.1937: „Auf Grund von Gräuelmeldungen werden keine Juden aus dem KZ Dachau entlassen.", ebenda, S. 206.

795 Barkai, „Schicksalsjahr 1938" Kontinuität und Verschärfung der wirtschaftlichen Ausplünderung der Juden. in: Pehle (Hrsg.), Der Judenpogrom 1938, S. 94; Köhler, Die „Arisierung" der Privatbanken im Dritten Reich, S. 173.

Wirtschaftsleben übergegangen[796]. Dazu wurde im Reichswirtschaftsministerium ein „Referat für Judenfragen" eingerichtet, welches u. a. die Ausarbeitung von Gesetzesentwürfen zur „Arisierung" von jüdischen Gewerbebetrieben Aufgabe hatte[797].

Das stete Bestreben, den antijüdischen Maßnahmen eine legale Form von Gesetzen, Erlassen, etc. zu geben, wurde nun vermehrt durch Willkür verdrängt. So verkündete Goebbels am 10.06.1938 in Berlin vor 300 Polizeioffizieren: „Nicht Gesetz ist die Parole, sondern Schikane. Die Juden müssen aus Berlin heraus. Die Polizei wird mir dabei helfen."[798]. Am 20.07.1938 erließ der Berliner Polizeipräsident Graf Helldorf 76 Richtlinien zur planmäßigen Schikanierung der jüdischen Bevölkerung, welche beispielsweise beinhalteten, dass alle Gesetze und Bestimmungen repressiv gegen Juden auszulegen, stets die höchsten Buß- und Zwangsgelder zu verhängen sowie stetige und strenge Kontrollen von jüdischen Privatpersonen und Geschäften – vornehmlich an Samstagen (Sabbat) und jüdischen Feiertagen – durchzuführen seien, um Gründe für Schließungen zu finden[799].

Diverse gesetzliche Maßnahmen wurden getroffen, um die Juden auszugrenzen und zu benachteiligen, so beispielsweise das Gesetz über die Änderung von Familiennamen und Vornamen vom 05.01.1938[800], nach welchem auch vor dem 30.01.1933 genehmigte Namensänderungen bis Ende 1940 (mit Wirkung auch für Frauen und Kinder) widerrufen werden können, wenn diese Änderung wegen Verschleierung der Abstammung unerwünscht sei. Die Zweite Verordnung zur Durchführung des Gesetzes über die Änderung von Familiennamen und

796 Vgl. beispielsweise den Erlass des Reichswirtschaftsministeriums vom 14.06.1938: „Der Grundsatz, dass der Arierparagraph im Gebiet der Wirtschaft nicht gilt, wird heute nicht mehr aufrechterhalten. Möglichst schnelle Ausschaltung der Juden auch aus der Wirtschaft ist anzustreben. Allerdings ist nicht erwünscht, dass Sparguthaben, die von Juden kommen, von den Sparkassen abgelehnt werden, aber Kredite sind Juden und jüdischen Firmen von den öffentlichen Sparkassen allgemein nicht mehr zu geben.", vgl. Walk, Das Sonderrecht für die Juden im NS-Staat, S. 229.

797 Köhler, Die „Arisierung" der Privatbanken im Dritten Reich, S. 182; Kopper, Zwischen Marktwirtschaft und Dirigismus, S. 261; Herbst, Das nationalsozialistische Deutschland 1933 - 1945, S. 205.

798 Gruner, Judenverfolgung in Berlin 1933 - 1945, S. 105.

799 Gruner, Judenverfolgung in Berlin 1933 - 1945, S. 109f.

800 RGBl. I, S. 9f. in Verbindung mit der Verordnung vom 07.01.1938 sowie Runderlass des Reichsinnenministeriums vom 08.01.1938; Walk, Das Sonderrecht für die Juden im NS-Staat, S. 211.

Vornamen vom 17.08.1938[801] legte fest, dass deutsche Juden entweder ihren in einer Liste des Reichsinnenministeriums als typisch jüdisch geltenden Vornamen behalten und im geschäftlichen Verkehr führen mussten oder, sofern sie keinen solchen Namen hatten, den Zusatznamen „Israel"[802] für Männer bzw. „Sara[803]" für Frauen annehmen und im geschäftlichen Verkehr führen mussten. Verstöße wurden mit Gefängnis bestraft[804]. In die gleiche Richtung zielte die Pflicht, dass Juden Kennkarten beantragen mussten und diese bei jedem mündlichen Antrag bei einer Behörde vorzulegen sowie bei schriftlichen Anträgen auf ihre „Eigenschaft als Jude" hinzuweisen und Kennort und Kennnummer der Kennkarte anzugeben hatten[805], die Umbenennung und Neubeschilderung von Straßen mit jüdischen Namen[806], die Nichtigkeitsfolge für Testamente und Erbverträge mit Zuwendungen an Juden, „soweit sie in einer gesundem Volksempfinden gröblich widersprechenden Weise gegen die Rücksichten [verstoßen], die ein verantwortungsbewusster Erblasser gegen Familie und Volksgemeinschaft zu nehmen hat"[807]. Auch eine Maßnahme der Absonderung und Schikanierung war die Verordnung vom September 1938, dass jüdische Eltern keine „arischen" Adoptivkinder mehr großziehen dürfen. Dies betraf auch Reinhold und Lucie Meyer und ihren Adoptivsohn Klaus[808]. Ebenso betraf die Meyers der „Judenbann" des Regierungsviertels, welcher 1938 eingeführt wurde und ihnen verwehrte, die Voßstraße zu betreten, wo ihre Familie seit Generationen gewohnt und im Bankhaus E. J. Meyer gearbeitet hat[809]. Am 23.08.1938 wurde festgelegt,

801 RGBl. I. S. 1044.

802 Obwohl getaufter Christ, musste auch Reinhold Meyer mit „Reinhold Israel Meyer" zeichnen, vgl. Kohl, Bilder eines Vaters, S. 175.

803 Auch die in einer Nervenheilanstalt lebende geisteskranke Estella Meyer, Ehefrau Richard Moritz Meyers, musste sich „Estella Sara Meyer" nennen, vgl. BADV, 73 WGA 15463/59, Bl. 4.

804 Vgl. auch den Erlass des Reichsinnenministeriums vom 06.01.1939, dass allen Juden, deren Familiennamen die Worte „Deutsch", „Deutscher", etc. enthalten, in geeigneter Weise nahe zu legen sei, diesen Namen zu ändern, vgl. Walk, Das Sonderrecht für die Juden im NS-Staat, S. 273.

805 RGBl. I, S. 922.

806 Walk, Das Sonderrecht für die Juden im NS-Staat, S. 235.

807 RGBl. I, S. 973ff.; Walk, Das Sonderrecht für die Juden im NS-Staat, S. 235; die Klarstellung des Reichsjustizministeriums vom 24.09.1941 besagt ausdrücklich, dass Verfügungen von Todes wegen eines Deutschblütigen nichtig sind, sofern ein Jude bedacht wird, vgl. Walk, Das Sonderrecht für die Juden im NS-Staat, S. 351.

808 Kohl, Bilder eines Vaters, S. 169. Siehe dazu Kap. 2.2.2.2.

809 Walk, Das Sonderrecht für die Juden im NS-Staat, S. 262; Kohl, Bilder eines Vaters, S. 22, 221.

dass Kraftfahrzeuge von Juden in Berlin ein amtliches Kennzeichen mit einer Zahl über 350.000 bekommen, um sie für die Öffentlichkeit zu kennzeichnen (die bisherige Nummerierung ging bis 310.000)[810].

Zu dieser Zeit wurde der „Arisierungsvertrag" über das Bankhaus E. J. Meyer geschlossen und auch die Bankiers von E. J. Meyer bereiteten ihre Auswanderung vor. Die Kinder beider Familien waren bereits ins Ausland geschickt worden[811].

Da die Beraubung und Vertreibung der Juden in Deutschland immer größere Ausmaße annahm, fand auf Initiative von US-Präsident Franklin D. Roosevelt vom 07.-15.07.1938 im französischen Evian am Genfer See die „Konferenz von Evian" statt – die Schweiz wollte als neutrales Land die Konferenz nicht ausrichten. 32 Regierungen berieten dort über die Ausschreitungen gegen, Vertreibungen von und Beraubung der Juden, jedoch erklärte sich kein Land bereit, auch nur die Quote für jüdische Flüchtlinge zu erhöhen[812]. Die Aussage des englischen Delegationsleiters Earl Winterton ist exemplarisch: „Von keinem dicht bevölkerten Lande kann erwartet werden, Personen aufzunehmen, die der Mittel zur Erhaltung [der eigenen Existenz] beraubt werden, bevor sie einreisen"[813]. Nach Ende der Konferenz höhnte die deutsche Presse: „Juden preiswert abzugeben – wer will sie? Niemand?"[814].

Nicht nur die potentiellen Aufnahmeländer, sondern auch die Nationalsozialisten wollten, dass die Auswanderung sehr kontrolliert verläuft, um einerseits möglichst viel Vermögen der Juden abzuschöpfen und um die Juden andererseits

810 Gruner, Judenverfolgung in Berlin 1933 - 1945, S. 112f.; Am 03.12.1938 wurden Führerscheine und Kraftwagenzulassungsbescheinigungen von Juden für ungültig erklärt, was u. a. in Koblenz zu einem Zwangsverkauf jüdischer Autos an „Arier" führte, vgl. Walk, Das Sonderrecht für die Juden im NS-Staat, S. 262, 268, 283. Auch Erna Meyer, Schwester des Bankiers Adolf Meyer, musste einen im Jahre 1933 angeschafften Ford zwangsabgeben, vgl. BADV, 7 WGA 888 und 889/50, Bl. 24; Jedoch wies sich Leonhard Horwitz am 23.12.1938 beim Verkauf seines Grundstückes an den Reichsfiskus (Heer) vor dem Urkundsbeamten der Wehrkreisverwaltung III Berlin noch mit seinem Führerschein aus, der am 25.02.1915 ausgestellt worden war, vgl. BADV, 1 WGA 1739/50, Bl. 95.

811 Siehe Kap. 2.2.4.1, 2.2.4.3 sowie 5.2.2.2.

812 Der amerikanische Sonderbotschafter erklärt zutreffend, die amerikanische Quote sei mit 27.370 Juden pro Jahr weit größer als die vieler anderer Länder, jedoch waren von 1933 - 1937 lediglich rund 27.000 jüdische Flüchtlinge (anstelle von maximal möglichen 137.000) durch die strengen Einwanderungsbestimmungen in die USA gekommen, vgl. Ludwig, Boykott, Enteignung, Mord, S. 199.

813 Zitiert nach Ludwig, Boykott, Enteignung, Mord, S. 199.

814 Zitiert nach Ludwig, Boykott, Enteignung, Mord, S. 199.

räumlich soweit zu entfernen, dass sie auch in Zukunft nicht mehr mit Deutschland in Berührung kommen. So wurden durch Verordnung des Reichsinnenministers vom 05.10.1938 alle deutschen Reisepässe, deren Inhaber Juden waren, ungültig. Früher ausgestellte Reisepässe sollten abgeliefert werden. Auslandspässe wurden wieder gültig, nachdem sie mit einem „J" versehen worden sind[815]. Der Reichsführer SS und Chef der Deutschen Polizei hatte mit Erlass vom 28.09.1938 befohlen[816], dass Maßnahmen zur Verhinderung der Auswanderung von Juden aus Deutschland in benachbarte Länder ergriffen werden sollten. Dies betraf auch die Bankiers von E. J. Meyer, welche zu dem Zeitpunkt die „Arisierung" ihres Unternehmens zwar fast vollendet hatten, aber noch nicht aus Deutschland auswandern konnten. Während im Frühjahr 1939 Meyers dennoch nach Amsterdam auswanderten, ging Familie Horwitz per Flugzeug direkt nach London[817]. Warum dies trotz des genannten Erlasses möglich war, war nicht zu klären.

Da das Ziel wie dargestellt war, die Juden zur Auswanderung zu bewegen, jedoch ihnen zuvor ihr Vermögen zu nehmen, wurde zunächst die Verordnung über die Anmeldung des Vermögens von Juden vom 26.04.1938 erlassen[818]. Diese besagte, dass jeder inländische Jude – und auch sein nichtjüdischer Ehegatte, also auch die Frau von Reinhold Meyer – sein gesamtes in- und ausländisches Vermögen (ausländische Juden nur das inländische Vermögen) soweit es über 5.000 RM betrug zu bewerten und anzumelden habe. Ausgenommen waren Gegenstände zum persönlichen Gebrauch und Hausrat, der keinen Luxus

---

815 Walk, Das Sonderrecht für die Juden im NS-Staat, S. 244; Diese Verordnung geht zum Teil auf Drängen der Schweiz zurück, welche diese Kennzeichnung forderte, um der nicht mehr nach Deutschland zurückkehren wollenden deutschen Juden Herr zu werden. Verhandlungsführer der Schweiz war der drei Monate zuvor als Vertreter der Schweiz zur „Konferenz von Evian" entsandte Dr. Heinrich Rothmund, vgl. Ludwig, Boykott, Enteignung, Mord, S. 200.

816 Walk, Das Sonderrecht für die Juden im NS-Staat, S. 242.

817 Siehe dazu Kap. 2.2.4.1 und 2.2.4.3.

818 RGBl. I, S. 414f.; Zwar war ein Verstoß gegen diese Anmeldungspflicht strafbar, aber um auch tatsächlich die gewünschte Vermögensoffenlegung aller Juden zu erreichen, wurden verstärkt Sicherungsanordnungen gem. § 37a Devisengesetz unternommen, um an das bislang nicht deklarierte Vermögen von Juden in Safes bei Kreditinstituten zu gelangen, so dass beispielsweise von der Zollfahndungsstelle Mainz innerhalb kürzester Zeit 3 MioRM in Wertpapieren in Safes von Kreditinstituten festgestellt werden konnten, welche zu einem erheblichen Teil nicht angemeldet waren, vgl. Banken, Das nationalsozialistische Devisenrecht als Steuerungs- und Diskriminierungsinstrument 1933 - 1945, in: Bähr/ Banken (Hrsg.), Wirtschaftssteuerung durch Recht im Nationalsozialismus, S. 199.

darstellte. Infolge der Verordnung zur Anmeldung jüdischen Vermögens und der gleichzeitig dazu erlassenen Anordnung meldeten von 320.000 „Rassejuden" im Deutschen Reich ohne Österreich 147.586 ein Vermögen von über 5.000 RM an, so dass insgesamt 7.538 MioRM angemeldet wurden[819].

Mit der gleichzeitig erlassenen Anordnung aufgrund der Ersten Verordnung über die Anmeldung jüdischen Vermögens vom 26.04.1938[820] wurde die Genehmigungspflicht für die Veräußerung oder Verpachtung von gewerblichem, land- oder forstwirtschaftlichem Betrieb eingeführt, sofern eine Vertragspartei Jude war, ebenso für die Verpflichtung zu einem solchen Geschäft sowie für die Neueröffnung eines jüdischen Gewerbebetriebes oder die Errichtung einer Zweigniederlassung. In diesem Lichte ist auch die Verordnung gegen die Unterstützung der Tarnung jüdischer Gewerbebetriebe vom 22.04.1938[821] zu sehen, welche hohe Strafen für denjenigen festsetzte, der dabei mitwirkte, den jüdischen Charakter eines Gewerbebetriebes bewusst zu verschleiern ebenso wie für denjenigen, der für einen Juden ein Rechtsgeschäft führte und dies, um den Geschäftspartner zu täuschen, nicht offenbarte[822]. Nach diesen Bestimmungen

---

819 Hilberg, Die Vernichtung der europäischen Juden, S. 142f.; Genschel, Die Verdrängung der Juden aus der Wirtschaft im Dritten Reich, S. 204f., beziffert ebenfalls 7.538 MioRM als Summe aus 147.586 deutschen jüdischen Vermögen sowie dazu die Summe von 2.295.085.000 RM aus 47.776 österreichischen jüdischen Vermögen.

820 RGBl. I, S. 415f.; Sowohl die Verordnung über die Anmeldung jüdischen Vermögens als auch die sie spezifizierende Anordnung wurden von Göring als Beauftragtem für die Durchführung des Vierjahresplanes erlassen; die Anordnung nicht hingegen wie grundsätzlich formellrechtlich üblich von nachgeordneten Behörden. Dies zeigt, dass Göring zur Durchführung des Vierjahresplanes nicht auf formelle Zuständigkeiten zu achten hatte und Zuständigkeiten stets an sich ziehen konnte, vgl. auch Markmann/ Enterlein, Die Entjudung der deutschen Wirtschaft, S. 61: „Alle notwendigen Maßnahmen [zur Durchführung des Vierjahresplanes durch den Beauftragten für den Vierjahresplan] können ohne Rücksicht auf bestehende Zuständigkeiten und Rechtsvorschriften getroffen werden, sei es im Wege des Erlasses von Rechtsverordnungen und allgemeinen Verwaltungsvorschriften […] oder durch Erlass von allgemeinen Anordnungen oder […] Einzelanordnungen".

821 RGBl. I, S. 404.

822 Bis zu dieser Verordnung wurden Kunstgegenstände aus jüdischem Besitz auf sog. „Judenauktionen" versteigert, auf denen zwar der Vorbesitzer nicht namentlich genannt wurde, Kunstgegenstände aus „nichtarischem" Besitz jedoch zumeist mit einem Sternchen deutlich sichtbar gekennzeichnet waren. Nach dieser Verordnung wurde die bis dato freiwillige Kennzeichnung zur Pflicht, um Vermögensverschiebungen von Juden vorzubeugen, vgl. Heuss, Die Vernichtung jüdischer Sammlungen in Berlin, in: Frehner (Hrsg.), Das Geschäft mit der Raubkunst, S. 96.

war auch der „Arisierungsvertrag“ von E. J. Meyer genehmigungspflichtig und unterlag dem Verschleierungsverbot, was die Vertragsfreiheit der Parteien insbesondere zu Gunsten der jüdischen Veräußerer stark einschränkte[823].

Der später erzwungenen „Arisierung“ von Gewerbebetrieben ging voraus, dass ab 01.03.1938 von der Reichsregierung der seit 14.07.1933 geltende Grundsatz der Nicht-Benachteiligung jüdischer Unternehmen bei der Vergabe öffentlicher Aufträge geändert wurde in einen grundsätzlichen Ausschluss jeglicher jüdischer Unternehmen bei der Vergabe öffentlicher Aufträge: „Bei der Vergabe öffentlicher Aufträge ist nach dem Grundsatz zu verfahren, dass jüdische Firmen nicht zu beteiligen sind, es sei denn, dass im Ausnahmefalle zwingende Gründe des Allgemeininteresses eine solche Vergabe erforderlich machen“, dem durch Erlass des Reichswirtschaftsministers vom 31.05.1938 der vollständige Ausschluss von Juden bei der Vergabe öffentlicher Aufträge folgte[824].

Nicht nur Gewerbetreibenden wurde durch gesetzliche Maßnahmen ihre Berufsgrundlage entzogen, sondern durch die Vierte Verordnung zum Reichsbürgergesetz vom 25.07.1938[825] erloschen auch Approbationen jüdischer Ärzte zum 30.09.1938 mit der anschließenden Möglichkeit einer Genehmigung zur Behandlung von Juden, jedoch nicht mehr unter der Bezeichnung „Arzt“, sondern unter der Bezeichnung „Krankenbehandler“ sowie durch die Achte Verordnung zum Reichsbürgergesetz vom 17.01.1939[826] nach der jüdische Zahnärzte, Tierärzte und Apotheker ihren Beruf nur noch bis 31.01.1939 ausüben durften, wobei Ausnahmen für die Behandlung von Juden gemacht werden konnten. Die Fünfte Verordnung zum Reichsbürgergesetz vom 27.09.1938[827] regelte, dass Juden ab 30.11.1938 nicht mehr Rechtsanwälte sein durften und lediglich Genehmigungen für die Beratung und Vertretung von Juden als „Konsulent“[828] erteilt werden konnten, jedoch mit einer Vergütung in Höhe lediglich eines Anteils

823 Siehe Kap. 5.2.2ff.

824 Walk, Das Sonderrecht für die Juden im NS-Staat, S. 217, 227; Bajohr, „Arisierung“ in Hamburg, S. 97.

825 RGBl. I, S. 969f.

826 RGBl. I, S. 47f.

827 RGBl. I, S. 1403ff.; Für Patentanwälte wurde mit der Sechsten Verordnung zum Reichsbürgergesetz vom 31.10.1938, RGBl. I, S. 1545f., gleiches bestimmt.

828 Nach einer Verfügung des Reichsjustizministeriums vom 09.12.1938 hatten Konsulenten auf ihren Schildern und Stempeln anzugeben: „Zugelassen nur zur rechtlichen Beratung und Vertretung von Juden“, vgl. Walk, Das Sonderrecht für die Juden im NS-Staat, S. 264. In Berlin haben sich 40 Anwälte als Konsulenten zulassen lassen, vgl. Schreiber, „Arisierung“ in Berlin 1933 - 1945, in: Biggeleben/ Schreiber/ Steiner (Hrsg.), „Arisierung“ in Berlin, S. 40.

der Rechtsanwaltsgebühren. Ebenso erging es durch die Anordnung des Reichswirtschaftsministeriums vom 05.11.1938 jüdischen Wirtschaftsprüfern, die ihre Tätigkeit zum 31.12.1938 einzustellen hatten[829]. Diese Maßnahmen betrafen die Kundschaft von E. J. Meyer und wirkten sich damit indirekt auf das Geschäft von E. J. Meyer aus, wobei genaue Daten nicht überliefert sind[830].

Da verdiente jüdische Mitarbeiter deutscher Firmen, die im Inland Beschränkungen unterlagen, vermehrt von ihren deutschen Firmen im Ausland eingesetzt wurden, wurde durch Rundschreiben des Reichswirtschaftsministeriums vom 13.09.1938 auch diesen die Berufsgrundlage entzogen, denn hiernach waren jüdische Vertreter deutscher Gesellschaften im Ausland nach Möglichkeit zu entlassen[831]. Dies betraf insbesondere auch die Bankiers von E. J. Meyer, welche versuchen mussten, für die Zeit nach der Auswanderung eine neue berufliche Tätigkeit zu finden. Durch diese Maßnahmen wurden ihre langjährigen Beziehungen zu deutschen Unternehmen mit Auslandsniederlassungen wertlos. So war es Adolf Meyer und Leonhard Horwitz – auch aufgrund fehlender Arbeitsgenehmigungen – in Holland und England nicht möglich, in einer ausländischen Niederlassung eines deutschen Unternehmens noch in einer inländischen Unternehmung tätig zu werden[832].

Die Verdrängung der jüdischen Gewerbetreibenden forderte Göring bereits kurz nach der Verordnung über die Anmeldung des Vermögens von Juden vom 26.04.1938[833]. Zur Erreichung dieses Zieles hatte Reichsinnenminister Frick bereits am 14.06.1938 einen detaillierten Plan vorgestellt, nach welchem eine staatliche Treuhandgesellschaft gegründet werden sollte, auf welche das Vermögen der jüdischen Betriebe übertragen werden sollte, um dieses dann – gegen Provisionen - an „Arier" zu vermitteln. Um im Ausland nicht den Eindruck einer entschädigungslosen Enteignung zu erwecken, sollten den auf diese Weise enteigneten Juden Reichsanleihen mit einer Verzinsung von 2,5% als Gegenleistung angeboten werden, die jedoch nach Reichsbankpräsident Schachts Urteil nicht einmal einen Kurs von 50% ihres Nennwertes erreicht hätten[834]. Dieser und auch ein

829 Walk, Das Sonderrecht für die Juden im NS-Staat, S. 248.

830 Siehe auch Kap. 4.5.

831 Walk, Das Sonderrecht für die Juden im NS-Staat, S. 241.

832 Siehe Kap. 2.2.4.1 und 2.2.4.3.

833 Köhler, Die „Arisierung" der Privatbanken im Dritten Reich, S. 180f.; Herbst, Das nationalsozialistische Deutschland 1933 - 1945, S. 205; Adam, Judenpolitik im Dritten Reich, S. 177.

834 Köhler, Die „Arisierung" der Privatbanken im Dritten Reich, S. 181; Kopper, Zwischen Marktwirtschaft und Dirigismus, S. 275.

ähnlicher Vorschlag des Reichswirtschaftsministeriums wurde abgelehnt, weil Reichsfinanzminister Schwerin von Krosigk sowie Schacht der Ansicht waren, dass ein solches Vorgehen außenpolitisch zu großen Belastungen führe, weiterhin bei einer solch schnellen Lösung schwerwiegende Nachteile für „arische" Gläubiger der jüdischen Banken zu befürchten seien und die betroffenen Juden allgemein bei einem solchen Vorgehen der staatlichen Fürsorge anheimfielen, was nicht unerhebliche Kosten für die staatliche Wohlfahrt verursachen würde[835]. Nachdem durch die Novelle der Gewerbeordnung vom 06.07.1938[836] weitere Berufsverbote für Juden ausgesprochen worden waren[837], wurde verstärkt auch auf ein Berufsverbot für Juden im Bankgewerbe gedrungen[838]. Nach einem interministeriellen Treffen unter der Leitung Görings am 14.07.1938, auf welchem dieser aufgab, ihm bis zum 25.10.1938 eine Lösung für die Entfernung der Juden aus dem Wirtschaftsleben zum 01.01.1939 vorzulegen, forderte das Reichswirtschaftsministerium von der Wirtschaftsgruppe Privates Bankgewerbe eine aktualisierte Liste der jüdischen Privatbanken an, auf welcher von den 209 im April 1938 vorhandenen noch lediglich 121 jüdische Privatbanken vermerkt waren, also knapp die Hälfte[839]. Da sowohl eine gesetzliche Lösung als auch eine Lösung im Verordnungswege für ein Berufsverbot für Juden im Bankgewerbe in der Kürze nicht realisierbar erschien, einigten sich alle Beteiligten auf den Vorschlag des Reichswirtschaftsministeriums, dass die Wirtschaftsgruppe Privates Bankgewerbe – eigentlich die Interessenvertretung der Privatbankiers – ein Rundschreiben an ihre verbliebenen jüdischen Mitglieder versenden solle, in welchem letztere dann am 05.11.1938 tatsächlich aufgefordert wurden, bis zum 30.11.1938 zu erklären, dass sie ihren Bankbetrieb bis zum 31.12.1938 liquidieren würden, andernfalls hätten sie mit der Möglichkeit der Untersagung der Fortführung des Bankgewerbes zu rechnen[840]. Als mögliche Tatbestände für eine Untersagung kamen gem.

---

835 Köhler, Die „Arisierung" der Privatbanken im Dritten Reich, S. 181f.; Barkai, Vom Boykott zur „Entjudung", S. 130ff.; Kopper, Zwischen Marktwirtschaft und Dirigismus, S. 276.

836 RGBl. I, S. 823ff.

837 U. a. für Grundstücks-, Darlehens-, Heiratsmakler sowie Bewachungs- und Fremdenführergewerbe.

838 Köhler, Die „Arisierung" der Privatbanken im Dritten Reich, S. 182.

839 Köhler, Die „Arisierung" der Privatbanken im Dritten Reich, S. 183f.

840 Im Wortlaut: „Wir sind vom dem Herrn Reichswirtschaftsminister aufgefordert worden, allen Kreditinstituten, die unter jüdischem Einfluss stehen und sich bislang nicht dazu haben entschließen können, durch einen Verzicht auf die Fortführung ihres Bankgeschäftes den Anschauungen des nationalsozialistischen Staates Rechnung zu tragen, nahezulegen, ihren Geschäftsbetrieb spätestens am 31. Dezember

§ 6 Kreditwesengesetz persönliche Unzuverlässigkeit oder die Verletzung wichtiger allgemeiner Interessen in Betracht[841]. Die Wirtschaftsgruppe Privates Bankgewerbe als Interessenvertretung der Privatbankiers war dadurch ein willfähriges Instrument zur Verdrängung eines Teiles ihrer Mitglieder geworden.

Flankiert wurde diese offen zu Tage tretende Verdrängung der Juden aus dem Wirtschaftsleben von der sog. „Reichspogromnacht" in der Nacht vom 09.11.1938. Am Tage zuvor hatten Gestapa und Propagandaministerium in klarer Voraussicht sämtliche jüdische Zeitungen und Zeitschriften verboten[842]. In der Reichspogromnacht wurde ganz gezielt und massiv gegen jüdische Personen und jüdisches Vermögen vorgegangen. Es wurde von der Staats- und Parteileitung angeordnet[843], dass 20-30.000 vornehmlich wohlhabende Juden verhaftet und in Konzentrationslager verbracht werden sollen (je 10.000 nach Dachau, Buchenwald, Sachsenhausen)[844], wobei Verhaftungsbefehle nicht notwendig seien und der Reichsjustizminister die Staatsanwaltschaft angewiesen hatte, keine Untersuchungen über die Judenaktionen einzuleiten. In Berlin wurden 12.000 männliche Juden verhaftet[845]. Um einer Verhaftung zu entgehen, versteckte sich Reinhold Meyer bei einem „arischen" Schuldirektor aus dem Kreise der „Bekennenden Kirche"[846]. Adolf Meyer wurde kurzzeitig verhaftet[847]. Auch Leonhard

---

des Jahres einzustellen und ihr Unternehmen zu liquidieren. Indem wir uns dieses Auftrages pflichtgemäß entledigen, möchten wir Sie bitten, uns Ihre Entschließung bis zum 30. November d. J. mitzuteilen. Für den Fall, dass Ihre Entscheidung nicht im Sinne der gegebenen Anregungen ausfallen sollte, würden Sie mit der Möglichkeit einer Untersagung der Fortführung Ihres Geschäftsbetriebes zu rechnen haben.", zitiert nach ArchBDB, Bestand Liquidationen A-Z „gelb", Rundschreiben der Wirtschaftsgruppe Privates Bankgewerbe.

841 Vgl. auch Fischer, Jüdische Privatbanken im „Dritten Reich", in: Scripta Mercaturae 1994, S. 41.

842 Gruner, Judenverfolgung in Berlin 1933 - 1945, S. 116.

843 Siehe dazu diverse Befehle bei Walk, Das Sonderrecht für die Juden im NS-Staat, S. 249ff.

844 Garbe, Absonderung, Strafkommandos und spezifischer Terror: Jüdische Gefangene in nationalsozialistischen Konzentrationslagern 1933 bis 1945, in: Herzig/ Lorenz (Hrsg.), Verdrängung und Vernichtung der Juden unter dem Nationalsozialismus, S. 175ff.; Sie sollten erst dann entlassen werden, wenn sie im Besitz von Ausreisepapieren waren oder unentbehrlich zur Aufrechterhaltung ihres Betriebes, vgl. Walk, Das Sonderrecht für die Juden im NS-Staat, S. 256.

845 Gruner, Judenverfolgung in Berlin 1933 - 1945, S. 117.

846 Kohl, Bilder eines Vaters, S. 171f.

847 Videoaufzeichnung der Princeton-University, Interview mit Gisela Weil vom 26.04.1992.

Horwitz tauchte während der Verfolgungen für einige Tage unter, stellte sich aber dann der Polizei. Diese verhaftete ihn, ließ ihn aber nach einigen Stunden wieder frei[848].

Exemplarisch folgender Befehl vom 09.11.1938[849]: „Sämtliche jüdischen Geschäfte sind sofort von SA-Männern in Uniform zu zerstören und eine SA-Wache aufzuziehen, die dafür sorgt, dass keinerlei Wertgegenstände entwendet werden können. Die Presse ist heranzuziehen. Synagogen sind sofort in Brand zu stecken, jüdische Symbole sind sicherzustellen. Von der Feuerwehr sind nur Wohnhäuser von Ariern zu schützen, aber auch jüdische anliegende Wohnhäuser, allerdings müssen Juden raus, da Arier dort kürzlich einziehen werden. Die Polizei darf nicht eingreifen. Sämtliche Juden sind zu entwaffnen, bei Widerstand sofort über den Haufen schießen. An den zerstörten jüdischen Geschäften, Synagogen usw. sind Schilder anzubringen: „Rache für den Mord an vom Rath[850]", „Tod dem internationalen Judentum", „Keine Verständigung mit den Völkern, die judenhörig sind". Dies kann erweitert werden auch auf die Freimaurerei."[851] In der Reichspogromnacht wurden zahlreiche Morde an Juden verübt sowie wurde trotz des offiziellen Verbotes von Plünderungen neben den Sachbeschädigungen in Privatwohnungen und Geschäften in großem Stile geplündert[852]. Um ein geordnetes Straßenbild wiederherzustellen, wurde am 12.11.1938 eine Verordnung erlassen[853], in der es hieß: „Alle Schäden, welche durch die Empörung des Volkes über die Hetze des internationalen Judentums gegen das nationalsozialistische Deutschland am 08., 09. und 10.11. an jüdischen Gewerbebetrieben und Wohnungen entstanden sind, sind von dem jüdischen Inhaber oder jüdischen Gewerbetreibenden sofort zu beseitigen. Die Kosten der

---

848 LEA, Reg.-Nr. 161874, Bl. M15.

849 Walk, Das Sonderrecht für die Juden im NS-Staat, S. 249.

850 Der Mord eines Juden an dem in Paris stationierten deutschen Botschaftsmitarbeiter vom Rath wurde von den Nationalsozialisten als Grund genommen, an welchem sich der „Volkszorn" derart entzündet habe, dass er sich in der Reichspogromnacht entladen habe.

851 Walk, Das Sonderrecht für die Juden im NS-Staat, S. 249.

852 Genschel, Die Verdrängung der Juden aus der Wirtschaft im Dritten Reich, S. 177ff. Nach einem Erlass des Gestapa vom 26.11.1938 waren geplünderte Wertpapiere, Schmuck und Bargeld im Wert von unter 1.000 RM an die jüdischen Eigentümer zurückzugeben, wenn der Wert diesen Betrag überschritt nur, wenn sie nachweisbar in der nächsten Zeit auswandern; ebenso mussten Geschäfte von deutschen Juden geschlossen bleiben, vgl. zu beidem Walk, Das Sonderrecht für die Juden im NS-Staat, S. 260 bzw. 263.

853 RGBl. I, S. 1581.

Wiederherstellung trägt der Inhaber der betroffenen jüdischen Gewerbebetriebe und Wohnungen. Versicherungsansprüche von Juden deutscher Staatsangehörigkeit werden zugunsten des Reichs beschlagnahmt.", wobei der Wiederaufbau von Synagogen nicht gestattet wurde[854].

Am 10.11.1938 verließ Olga Meyer per Flugzeug Berlin nach Amsterdam[855]. Inwiefern diese Abreise vorher geplant war oder aber spontan aufgrund der Reichspogromnacht erfolgte, ist nicht feststellbar. Leonhard Horwitz, der Geschäftspartner von Adolf Meyer, war während dieser Tage untergetaucht, weil er um seine Sicherheit fürchtete, stellte sich aber dann der Polizei, welche ihn in Haft nahm, jedoch nach mehreren Stunden wieder gehen ließ[856]. Wie lange Adolf Meyer, dessen Kinder und Frau sich bereits außer Landes aufhielten, verhaftet war, war nicht zu ermitteln.

Drei Tage nach den Ausschreitungen der Reichspogromnacht wurde am 12.11.1938 die lediglich eine Seite lange Verordnung zur Ausschaltung der Juden aus dem deutschen Wirtschaftsleben[857] erlassen, welche die Ausschaltung der Juden auf alle anderen Unternehmungen ausdehnte, nachdem die Juden aus dem Bankgewerbe bereits aufgrund des dargestellten Schreibens der Wirtschaftsgruppe Privates Bankgewerbe „freiwillig" ihre Bankhäuser aufgegeben hatten. Nach der Verordnung zur Ausschaltung der Juden aus dem deutschen Wirtschaftsleben durften ab dem 01.01.1939 Juden nicht mehr Inhaber oder geschäftsführende Leiter eines Betriebes sein, leitenden jüdischen Angestellten konnte innerhalb von sechs Wochen ohne Abfindung gekündigt werden sowie war Juden der Betrieb von Einzelhandelsverkaufsstellen, Versandgeschäften,

---

854 Walk, Das Sonderrecht für die Juden im NS-Staat, S. 254; so auch Verordnung vom 18.03.1939, RGBl. I, S. 614, welche keine Entschädigung für deutsche Juden für Schäden aus der Reichspogromnacht gewährte, vgl. Walk, Das Sonderrecht für die Juden im NS-Staat, S. 288. Die Beseitigung der Ruinen jüdischer Synagogen wurde den jüdischen Kultusvereinigungen auferlegt, vgl. Walk, Das Sonderrecht für die Juden im NS-Staat, S. 289; Insgesamt hat der Staat Versicherungssummen in Folge der Reichspogromnacht in Höhe von rund 225 MioRM eingenommen, vgl. Barkai, Etappen der Ausgrenzung und Verfolgung bis 1939, in: Meyer/ Leo Baeck Institute (Hrsg.), Deutsch-jüdische Geschichte, Bd. 4, Aufbruch und Zerstörung 1918 - 1945, S. 216.

855 LEA, Reg.-Nr. 160830, Bl. D18.

856 LEA, Reg.-Nr. 161874, Bl. A4.

857 RGBl. I, S. 1580, sowie die zugehörigen Durchführungsverordnungen vom 23.11.1938 (RGBl. I, S. 1642ff.) und vom 14.12.1938 (RGBl. I, S. 1902ff.); vgl. dazu auch Tarrab-Maslaton, Rechtliche Strukturen der Diskriminierung der Juden im Dritten Reich, S. 130ff.; Köhler, Die „Arisierung" der Privatbanken im Dritten Reich, S. 185.

Bestellkontoren sowie Handwerksbetrieben untersagt und sie konnten gezwungen werden, ihre Betriebe zu verkaufen oder abzuwickeln. Ergänzt wurden diese Vorschriften durch die Verordnung über den Einsatz jüdischen Vermögens vom 03.12.1938[858], welche gesetzliche Grundlage für die „Arisierung" und Liquidation aller übrig gebliebenen jüdischen Gewerbebetriebe bildete und nach welcher bis zur Veräußerung oder Liquidation eines jüdischen Betriebes „arische" Treuhänder eingesetzt werden konnten. Danach konnte Juden aufgeben werden, ihren gewerblichen Betrieb binnen einer Frist zu veräußern oder abzuwickeln, gleiches galt für jüdischen Grundbesitz (egal, ob in der Hand von Einzelpersonen, Gewerbebetrieben, Stiftungen, Vereinen, etc.) und jegliches sonstiges Vermögen, wobei Grundbesitz auch nicht mehr durch Rechtsgeschäft von Juden erworben werden durfte. Dabei konnten nach § 1 S. 2 der genannten Verordnung auch Auflagen erlassen werden, die bei der Veräußerung eingehalten werden mussten, so beispielsweise ein bestimmter Erwerber oder Verkaufspreis. Die Veräußerung oder Abwicklung sollte in der Regel freiwillig erfolgen – erst, wenn dies nicht zustande komme, sollte ein Treuhänder eingesetzt werden[859]. In einem solchen Falle war den jüdischen Inhabern von Unternehmen jegliche formale Einwirkungsmöglichkeit auf die „Arisierung" ihres Unternehmens genommen[860]. Weiterhin waren alle Wertpapiere von Juden in Depots bei Devisenbanken zu überführen, wobei Verfügungen über Wertpapiere sowie über jüdischen Grundbesitz[861] nur nach Genehmigung durch die Verwaltungsbehörden getätigt werden durften. Auch Edelmetalle und Juwelen durften von Juden nicht mehr erworben und nur mit Genehmigung veräußert werden (Schmuck, Kunstgegenstände und ähnliches ebenfalls, jedoch erst ab einem Einzelwert von über 1.000 RM). Die Genehmigungen für Veräußerungen konnten sowohl von einer Geldleistung des Erwerbers an den Staat[862] als auch von Maßgaben

858 RGBl. I, S. 1709ff.

859 Tarrab-Maslaton, Rechtliche Strukturen der Diskriminierung der Juden im Dritten Reich, S. 183.

860 Bajohr, „Arisierung" als gesellschaftlicher Prozess, in: Fritz Bauer Institut (Hrsg.), „Arisierung" im Nationalsozialismus, S. 18.

861 Genehmigungen wurden wohl nur erteilt, wenn der Verkauf zum Einheitswert erfolgte, vgl. BADV, 1 WGA 1739/50, Bl. 37 – möglicherweise wurde die Grundschuld auf dem Grundstück der Meyers Am kleinen Wannsee 13 deshalb auf den Einheitswert reduziert, da sonst eine Genehmigung des Verkaufs an Kurt Richter-Erdmann nicht möglich gewesen wäre, vgl. Amtsgericht Schöneberg, Grundbuchamt, Grundstück Am kleinen Wannsee 13, Bl. 133ff.

862 Nach § 15 genannter Verordnung über den Einsatz jüdischen Vermögens vom 03.12.1938 konnte die Genehmigung der Veräußerung davon abhängig gemacht

abhängig gemacht werden, dass der jüdische Veräußerer einen Teil seines Erlöses lediglich in Reichsanleihen o. ä. bekommen konnte, womit sich der Staat weiteres Kapital besorgen konnte. Grund für die Genehmigungspflicht bei Veräußerungen war die Angst vor einem Preisverfall an den jeweiligen Märkten, wenn die Juden Teile ihres Vermögens veräußern mussten, um die Judenvermögensabgabe in Höhe von 25% ihres Vermögens[863] zu zahlen[864].

Damit waren nahezu alle jüdischen Kunden von E. J. Meyer ihrer geschäftlichen Tätigkeit und damit ihrer Erwerbsquellen beraubt und mussten von ihrem Vermögen zehren.

Ebenfalls drei Tage nach der Reichspogromnacht und taggleich mit der Verordnung zur Ausschaltung der Juden aus dem deutschen Wirtschaftsleben, nach welcher ein Jude ab 01.01.1939 keinen Geschäftsbetrieb mehr führen oder maßgeblich beeinflussen durfte, wurde Adolf Meyer Ziel einer wohl sehr willkürlichen Strafverfolgung. Ihm wurde ein Bescheid des Polizeipräsidenten von Berlin, Preisüberwachungsstelle, zugestellt über eine Ordnungsstrafe von 5.000 RM. Das vorgeworfene Vergehen war, dass der französische Botschafter André François-Poncet[865], der seit dem Jahr 1934 regelmäßig für die drei Sommermonate Juli bis September die obere Etage der sonst leer stehenden Meyer'schen Villa Am kleinen Wannsee 13 mietete, in dem Mietvertrag vom Juni 1938 mehr zahlen musste als in den Vorjahren, weil der Mieter für Hauszinssteuer (monatlich um 45 RM), Reinigungskräfte vor der Übernahme des Anwesens (einmalig 40 RM) sowie den Gärtner während seines Aufenthaltes (150 RM monatlich)

---

werden, dass der Erwerber eine Ausgleichsabgabe (sog. „Arisierungsabgabe“) i.H.v. 70% der Differenz zwischen Verkaufspreis und Verkehrswert an den Staat zu entrichten hatte, so dass dem Erwerber immer noch ein nicht unbeträchtlicher „Arisierungsgewinn“ verblieb, vgl. Voß, Steuern im Dritten Reich, S. 137.

863 Zur Judenvermögensabgabe siehe Kap. 4.4.1.

864 Die Veräußerung von Wertpapieren sollte danach lediglich dann zugelassen werden, wenn weder Barmittel noch Kunstwerke oder Schmuck vorhanden waren. Teilweise wurden auch Wertpapiere an Zahlungs statt zugelassen, damit die Preise der Papiere auf dem Markt nicht sanken, was den Vorteil für die Steuerschuldner hatte, dass der Tageswert der Wertpapiere angesetzt wurde und sie nicht mit einem – bei einem Notverkauf in der Regel – weit unter Wert liegenden Erlös vorlieb nehmen mussten, vgl. Köhler, Die „Arisierung“ der Privatbanken im Dritten Reich, S. 433ff.; BAB, R 3101, Nr. 15515, Rundschreiben der Wirtschaftsgruppe Privates Bankgewerbe (Nr. 170) betreffend „Sühneleistung der Juden“ vom 10.12.1938, Bl. 205f.

865 François-Poncet war bereits während seiner Studienzeit 1912 Gast bei Richard M. Meyer in der Voßstraße 16, vgl. Richter, Voßstraße16 – Im Zentrum der (Ohn-) Macht, S. 240.

aufkommen sollte. Hierin sah die Preisüberwachungsstelle einen Verstoß gegen die Verordnung über das Verbot von Preiserhöhungen[866]. Auch ein Einspruch Adolf Meyers blieb erfolglos. Darin hatte der Meyer'sche Anwalt Eduard Wätjen[867] dargelegt, dass eine Hauszinssteuer für extraterritoriale wie Botschafter nicht anfiel, und selbst grundsätzlich eine solche wie auch Grundsteuer, Heizungskosten, Kanalisationsgebühren auf Mieter umgelegt werden dürfen und sie auch für „nichtarische" Gebäude, welche wie diese neun Monate leer standen nicht anfiel. Die Kosten für Reinigungskräfte vor dem Bezug der Villa wollte der Botschafter, wie er in einem Schreiben in dem Verfahren nochmals ausdrücklich darlegte, deshalb übernehmen, weil ihm Meyers mitgeteilt hatten, dass sie kein Personal mehr hätten, welches diese Tätigkeiten für ihn ausführen könnte. Auch sollte diese Summe lediglich von Adolf Meyer verauslagt werden und war dem Botschafter noch nicht belastet worden. Auch der dritte Punkt der Anschuldigungen konnte entkräftet werden, weil Meyers darlegten, dass sie infolge der Verschlechterung ihrer Vermögensverhältnisse bereits im September 1937 dem langjährigen Gärtner die monatlichen Bezüge auf 100 RM kürzen und ihm seine Entlassung zum Jahresende ankündigen mussten. Da jedoch der französische Botschafter auf den Gärtner nicht verzichten wollte, stellte er diesen selbst ein für 150 RM und bezahlte ihn direkt, nicht über Meyers. Dieser Einspruch wurde zurückgewiesen trotz des Schreibens des französischen Botschafters und des Zeugnisses des Gärtners. Auch wurde auf den Einspruch hin der Betrag der Ordnungsstrafe nicht herabgesetzt, obwohl in dem Einspruch betont worden war, dass es Adolf Meyer, bis Juni 1938 noch Inhaber des Bankhauses E. J. Meyer, nicht möglich sei, die Summe von 5.000 RM von seinem Konto abzuheben[868].

Am 28.11.1938 fand eine Tagung der Berliner Industrie- und Handelskammer unter dem Vorsitz des Gauwirtschaftsberaters Hunke statt, in welcher ein Schnellverfahren für die „Arisierung" des Berliner Einzelhandels entwickelt wurde, nach welchem die „negativ beurteilten" Betriebe von einem durch den

866 Vom 26.11.1936, RGBl. I, S. 955.

867 Wätjen half Meyers auch bei der Auswanderung und den damit verbundenen Visa-Angelegenheiten. Er betrieb mit seinem Schwager Friedrich Carl Sarre eine Anwaltskanzlei, welcher sich Anfang 1940 Helmut James Graf von Moltke anschloss, welcher mit Wätjen befreundet war. Wätjen war wie Moltke Mitglied des Kreisauer Kreises, welcher das Attentat auf Hitler am 20.07.1944 plante und durchführte, vgl. Kap. 2.2.4.1; Sarre war später auch für Kurt Richter-Erdmann tätig und meldete beispielsweise am 28.06.1939 für diesen beim Handelsregister die Otto Treiber erteilte Prokura an, vgl. LAB, B Rep. 042, Nr. 46349, Bd. 1, Bl. 55.

868 LEA, Reg.-Nr. 160830, Bl. D5ff.

Bezirksbürgermeister beauftragten „Abwickler“ abgewickelt sowie die für eine „Arisierung“ geeignet erscheinenden Betriebe an vier Gruppen verteilt werden sollten[869]. Dafür organisierte die Industrie- und Handelskammer mit der Berliner Stadtbank eine Kreditaktion „zur Erleichterung der Arisierung von Einzelhandelsgeschäften“[870].

Nach massiven Eingriffen in persönliche, berufliche und wirtschaftliche Freiheit endete das „Schicksalsjahr“ 1938 also mit Berufsverboten in diversen Bereichen sowie der erzwungenen Aufgabe aller jüdischen Gewerbebetriebe. Auch E. J. Meyer war bereits „arisiert“ und die Kinder der Bankiers Adolf Meyer und Leonhard Horwitz sowie die Frau Adolf Meyers waren ausgewandert.

1939

Nachdem die Juden in den Vorjahren und insbesondere 1938 bereits von der übrigen Gesellschaft isoliert und geschäftlich verdrängt worden waren, versuchten die meisten, aus Deutschland auszuwandern, so auch Adolf Meyer, seine Schwester Erna und seine Mutter Anna sowie Leonhard Horwitz mit seiner Frau. Die Kinder sowie die Frau Adolf Meyers befanden sich – teilweise schon seit Jahren – im Ausland[871]. Zur Förderung der Auswanderung von Juden war 1939 auf Befehl des Reichsmarschalls Hermann Göring eine Reichszentrale für jüdische Auswanderung errichtet worden, mit deren Leitung der Chef der Sicherheitspolizei und des SD betraut worden war, und welche insbesondere die Aufgaben hatte, alle Maßnahmen zur Vorbereitung einer verstärkten Auswanderung der Juden zu treffen, den Auswanderungsstrom zu lenken sowie die Durchführung der Auswanderung im Einzelfall zu beschleunigen. Das Aufgabenziel war, „auf legale Weise den deutschen Lebensraum von Juden zu säubern“[872].

Für eine Auswanderung waren jedoch neben einer vollständigen Aufgabe des sozialen Umfeldes nicht unerhebliche finanzielle Mittel erforderlich, welche über die Zwangsabgaben vor und bei Auswanderung[873] hinaus

869 Diese Gruppen waren „alte und verdiente Parteigenossen“, „wirtschaftlich erfahrene Parteigenossen, die sich selbständig machen wollen“, „Abrissgeschädigte“ sowie „geeignete langjährige Angestellte der zu arisierenden Betriebe, sofern es sich nicht um Judenknechte handelt“, vgl. Schreiber, „Arisierung“ in Berlin 1933 - 1945, in: Biggeleben/ Schreiber/ Steiner (Hrsg.), „Arisierung“ in Berlin, S. 45.

870 Schreiber, „Arisierung“ in Berlin 1933 - 1945, in: Biggeleben/ Schreiber/ Steiner (Hrsg.), „Arisierung“ in Berlin, S. 45.

871 Siehe Kap. 2.2.4.1 sowie 2.2.4.3.

872 Protokoll der Wannsee-Konferenz vom 20.01.1942, S. 3 in: Kampe (Hrsg.), Villenkolonien in Wannsee 1870 - 1945, S. 118ff.

873 Zu den Zwangsabgaben siehe Kap. 4.4ff.

die Reisekosten sowie teilweise noch finanzielle Mittel als Einreisevoraussetzung für das Zielland erforderten. Um auch hier Steine in den Weg zu legen, wurde am 02.03.1939 das Verbot der Benutzung von Schlaf- und Speisewagen der Reichsbahn durch Juden erlassen, welches aber nicht andere Züge und Verkehrsmittel umfasste[874]. Diese Anordnung betraf auch die Bankiers von E. J. Meyer, welche dann per Flugzeug flohen, ebenso wie der Erlass vom 15.03.1939, dass illegale Auswanderung unverzüglich zu verhindern sei und die Flüchtigen und ihre Helfer in Konzentrationslager einzuliefern seien. Leonhard Horwitz war mit Frau bereits am 13.02.1939 per Flugzeug nach London geflohen. Adolf Meyer ist per Flugzeug am 24.04.1939 nach Holland geflohen. Möglich, dass Adolf Meyers Ausreise nicht als illegale Ausreise gewertet worden ist, weil er alle Zwangsabgaben zuvor beglichen hatte, so direkt bei seiner Ausreise noch als letzte Abgabe die Dego-Abgabe auf sein Umzugsgut i.H.v. 400 RM[875].

Neben Schikanierungen wie dem Erlass des Reichswissenschaftsministeriums vom 20.10.1939, dass in Doktorarbeiten jüdische Autoren nur noch dann zitiert werden dürfen, wenn dies wissenschaftlich unumgänglich sei und dass im Literaturverzeichnis zwischen „arischen“ und jüdischen Verfassern zu trennen sei, sowie dem Erlass des Reichsführers SS und Chef der Deutschen Polizei von Oktober 1939, dass alle Juden, die irgendeiner Anweisung nicht sofort nachkommen oder ein „staatsabträgliches Verhalten“ zeigen, sofort zu verhaften und in ein Konzentrationslager zu schaffen seien, wurde nach dem Verbot der jüdischen Zeitungen und Zeitschriften den Juden auch das Radio genommen[876]. So musste auch der in Deutschland verbliebene Reinhold Meyer im September 1939 sein Radio bei der Gemeinde abliefern[877].

Am 03.11.1939 erging die Verordnung über die Anmeldung feindlichen Vermögens[878], nach welcher alles Vermögen von Ausländern und dort niedergelassenen Personen anzumelden war. Über das angemeldete Vermögen durfte nicht verfügt werden.

1940

Die noch in Deutschland verbliebenen Juden konnten nicht mehr berufstätig sein oder ein Gewerbe betreiben. Sie lebten von ihrem Vermögen sowie von

874 Walk, Das Sonderrecht für die Juden im NS-Staat, S. 285.
875 LEA, Reg.-Nr. 160830, Bl. D30.
876 Walk, Das Sonderrecht für die Juden im NS-Staat, S. 307f.
877 Kohl, Bilder eines Vaters, S. 200.
878 RGBl. I, S. 2141.

Spenden oder (jüdischen) Sozialfürsorgeeinrichtungen. Diejenigen, die noch Vermögen hatten, mussten aufgrund eines Runderlasses des Reichswirtschaftsministeriums vom 14.05.1940 jede Veränderung ihres Vermögens, die über den Rahmen einer angemessenen Lebensführung oder des regelmäßigen Geschäftsverkehrs hinausging, der höheren Verwaltungsbehörde unverzüglich anzuzeigen[879]. Damit war ihnen in der Regel lediglich ein äußerst bescheidenes Leben möglich. Dieses wurde weiter eingeschränkt durch Verbot von Einkäufen außer in eng umgrenzten Stunden, beispielsweise wurde für den Ankauf von Lebensmitteln von und für Juden in Berlin die Stunde von 4 bis 5 Uhr nachmittags festgesetzt (04.07.1940), ebenso bezüglich Hannovers Städtischer Markthalle (06.08.1940)[880]. Nach dem 30.09.1940 durften Juden nicht mehr Fernsprechteilnehmer sein[881], womit auch Reinhold Meyer sein Telefon verlor[882]. Da Reinhold Meyers Sohn nach England geschickt worden war und das Verbot für Juden bestand, ihre Wohnungen sommers zwischen 21 bis 5 Uhr und winters zwischen 20 bis 6 Uhr zu verlassen, konnte Reinhold Meyer nun nicht mehr abends zu seinen „arischen" Freunden gehen, um beispielsweise mit seinem Sohn in England zu telefonieren. Tagsüber waren Besuche bei den Freunden zu gefährlich für beide Seiten[883].

Gegen Mitte des Jahres 1940 waren nahezu alle schwebenden „Arisierungen" jüdischer Gewerbebetriebe abgeschlossen. Diejenigen, die dies noch nicht waren, mussten laut Erlass des Reichswirtschaftsministeriums vom 23.07.1940 bis zum Jahresende abgeschlossen sein[884]. Da zwar gewollt war, dass die jüdischen Betriebe „arisiert" werden, jedoch nicht, dass die Differenz zwischen Übernahmepreis durch den „Arisierer" und einem tatsächlichem, höheren Verkehrswert lediglich dem „Arisierer" anheimfallen sollte, wurde am 10.06.1940 die Verordnung über die Nachprüfung von Entjudungsgeschäften erlassen[885], nach der Erwerber von jüdischen Vermögenswerten, die einen unangemessenen Vermögensvorteil erlangt haben, zu einer Ausgleichszahlung an das Reich

879 Walk, Das Sonderrecht für die Juden im NS-Staat, S. 321.
880 Walk, Das Sonderrecht für die Juden im NS-Staat, S. 324, 326.
881 Walk, Das Sonderrecht für die Juden im NS-Staat, S. 325.
882 Ab Dezember 1941 durften sie auch keine öffentlichen Fernsprecher mehr benutzen, vgl. Kohl, Bilder eines Vaters, S. 200.
883 Walk, Das Sonderrecht für die Juden im NS-Staat, S. 320; Kohl, Bilder eines Vaters, S. 200.
884 Walk, Das Sonderrecht für die Juden im NS-Staat, S. 325.
885 RGBl. I, S. 891f.

herangezogen werden konnten[886]. Ebenso konnten danach Vereinbarungen über das Ausscheiden leitender jüdischer Angestellter aus der Zeit vor der Verordnung zur Ausschaltung der Juden vom 12.11.1938 neu geregelt werden, wobei auch hier für den „Arisierer" dadurch entstehende Vermögensvorteile Ausgleichszahlungen zu entrichten waren[887].

Da sich der Krieg zunehmend auch gegen Deutschland wandte, wurden den Bürgern Kriegsschäden ersetzt. Dies galt jedoch nicht für Juden, welche die Kriegsschäden selbst tragen mussten[888].

War Ziel der Reichsregierung seit langer Zeit, die Juden unter Zurücklassung möglichst ihres gesamten Vermögens zur Auswanderung zu bewegen, wurde die Auswanderung der Juden nun nicht mehr per se gewünscht. So war zwar die jüdische Auswanderung aus dem Reichsgebiet verstärkt zu betreiben, jedoch war die Auswanderung von wehr- und arbeitseinsatzfähigen Juden in das europäische Ausland, insbesondere in Feindstaaten, verboten. Auch war die Auswanderung von polnischen Juden sowie allen jüdischen Schutzhäftlingen in den Konzentrationslagern verboten[889].

1941

Zunächst war Ziel, die Juden als Arbeitskräfte zu nutzen, da die Produktion der kriegsnotwendigen Güter zusätzliche Arbeitskräfte erforderte, wollte so man auch die in Friedenszeiten anfallenden Arbeiten weiterführen. Deshalb wurden alle arbeitsfähigen Juden durch Erlass des Reichsarbeitsministeriums vom

886 Dies zeigt auch der Erlass des Badischen Finanzministeriums vom 14.03.1939: „Der Nutzen aus der Ausschaltung der Juden aus dem deutschen Wirtschaftsleben kommt allein dem Reich zu, nicht Privatleuten. Soweit die Veräußerung jüdischen Vermögens nur mit staatlicher Genehmigung zulässig ist, wird die Zahlung einer Ausgleichsabgabe für den Unterschied zwischen dem Preis, den der jüdische Veräußerer bekommt, und dem wirklichen Wert in jedem Fall geprüft. Wo keine Genehmigung nötig ist (Kraftfahrzeuge, Wohnungseinrichtung), kann die Übereinstimmung des Übernahmepreises mit dem Verkehrswert nicht in jedem Fall nachgeprüft werden. Wenn trotzdem Tatsachen bekannt werden, die für einen außergewöhnlichen, ungerechtfertigten Gewinn des Erwerbers sprechen, soll geprüft werden, ob eine Ausgleichszahlung zugunsten des Reichs gerechtfertigt erscheint.", zitiert nach Walk, Das Sonderrecht für die Juden im NS-Staat, S. 287.

887 Siehe dazu auch die Verordnung zur Durchführung der Verordnung über die Nachprüfung von Entjudungsgeschäften vom 14.11.1940, RGBl. I, S. 1520f., sowie Walk, Das Sonderrecht für die Juden im NS-Staat, S. 330.

888 Kriegsschädenverordnung vom 30.11.1940, RGBl. I, S. 1547, insbesondere § 31.

889 Walk, Das Sonderrecht für die Juden im NS-Staat, S. 319f.

04.03.1941 zum Arbeitseinsatz (gruppenweiser Einsatz, getrennt von der übrigen Gefolgschaft) herangezogen. Um Berührungen mit der Bevölkerung auf ein Mindestmaß zu beschränken, waren die jüdischen Arbeitskräfte in Lagern unterzubringen[890]. Reinhold Meyer, der Vetter Adolf Meyers, wurde auch zum Arbeitsdienst herangezogen, jedoch wurde er nicht im Lager untergebracht. Möglich ist, dass dies nicht erforderlich war, da er mit einer „Arierin" verheiratet war bzw. „arische" Adoptivkinder hatte[891].

Obwohl die Juden nun als Arbeitskräfte den Krieg des Regimes unterstützen, wurden sie weiter ausgegrenzt. So waren Juden nach einem Rundschreiben des Reichsfinanzministeriums vom 20.04.1941 diejenigen Lebensmittel, die sie in Paketen aus dem Ausland erhielten, von ihren Lebensmittelzuteilungen abzuziehen, haben Juden keinen Zusatzscheine für Seife und keine Rasierseife mehr erhalten, damit die jüdischen Männer durch ihre Bärte erkennbar waren, wurden „deutschblütige" Personen, die in der Öffentlichkeit freundschaftliche Beziehungen zu Juden zeigten, aus erzieherischen Gründen vorübergehend in Schutzhaft genommen bzw. in schwerwiegenden Fällen bis zur Dauer von drei Monaten in ein Konzentrationslager eingewiesen. Der jüdische Teil war in jedem Falle bis auf weiteres unter Einweisung in ein Konzentrationslager in Schutzhaft zu nehmen[892].

Bereits am 20.05.1941 kündigte sich in einem Geheimerlass des Reichssicherheitshauptamtes die „Endlösung der Judenfrage" an: Angesichts der nahe bevorstehenden Endlösung der Judenfrage war die Auswanderung von Juden deutscher Staatsangehörigkeit aus Belgien, Frankreich und aus dem Reichsgebiet in diese Länder zu verhindern. Die deutschen Behörden wurden angewiesen, diesen Juden Auswandererpapiere nicht mehr zur Verfügung zu stellen. Ab diesem Zeitpunkt konnte Auswanderung von Juden nur in Sonderfällen und mit Genehmigung des Reichssicherheitshauptamtes stattfinden[893].

Am 31.07.1941 erging dann der Erlass Hermann Görings an Heydrich, den Leiter des Reichssicherheitshauptamtes (RSHA), über die „Endlösung der Judenfrage": „Unter Bezugnahme auf den Erlass des Führers wird Heydrich beauftragt, alle erforderlichen Vorbereitungen in sachlicher und materieller Art zu treffen für eine Gesamtlösung der Judenfrage im deutschen Einflussgebiet in Europa"[894].

---

890 Walk, Das Sonderrecht für die Juden im NS-Staat, S. 336.
891 Siehe dazu Kap. 2.2.2.2.
892 Walk, Das Sonderrecht für die Juden im NS-Staat, S. 339, 343, 353.
893 Walk, Das Sonderrecht für die Juden im NS-Staat, S. 341.
894 Walk, Das Sonderrecht für die Juden im NS-Staat, S. XIV.

Damit bereits von Ferne gesehen werden konnte, wer Jude war, regelte die Verordnung über die Kennzeichnung von Juden vom 01.09.1941[895]: „Ab 15.09.1941 ist es Juden, die das sechste Lebensjahr vollendet haben, verboten, sich ohne Judenstern in der Öffentlichkeit zu zeigen, Orden oder Ehrenzeichen zu tragen oder ihre Wohngemeinde zu verlassen". Davon war eigentlich auch Reinhold Meyer betroffen, jedoch ging dieser davon aus, dass er aufgrund seiner „arischen" Adoptivkinder dazu nicht verpflichtet sei. Erst nach einer Aufforderung des Bürgermeisters an seinem damaligen Wohnort Hohen-Neuendorf bei Berlin im März 1943 trug er den Judenstern, weil seine Kinder nicht leibliche waren, weshalb er den Stern tragen musste[896].

Um die „Endlösung" vorzubereiten, erließ Heydrich am 23.10.1941 eine Auswanderungssperre für alle Juden[897], wobei das Reichssicherheitshauptamt jedoch in Sonderfällen besondere Auswanderungsanträge bestätigen konnte, wenn die Auswanderung den Interessen des Reiches diente, worunter zumeist Freikauf wichtiger Persönlichkeiten gegen Lösegeld verstanden wurde[898]. Nachdem die Deutschen in den Niederlanden einmarschiert waren, mussten sich auch Meyers „freikaufen"[899].

Am 18.10.1941 verließ der erste Sonderzug mit 1.000 Juden Berlin, um in das Konzentrationslager nach Litzmannstadt (Lodz) zu fahren[900].

Pauschal wurde alles Vermögen von Juden, die sich dauerhaft im Ausland aufhielten, durch die Elfte Verordnung zum Reichsbürgergesetz vom 25.11.1941[901] als dem Reich verfallen erklärt. Die Feststellung für das Vorliegen der Voraussetzungen traf der Chef der Sicherheitspolizei und des SD. Das Vermögen

---

895 RGBl. I, S. 547.

896 LEA, Reg.-Nr. 16178, Bl. C33.

897 Gruner, Judenverfolgung in Berlin 1933 - 1945, S. 147; Walk, Das Sonderrecht für die Juden im NS-Staat, S. XV, 353.

898 Walk, Das Sonderrecht für die Juden im NS-Staat, S. 361. Siehe dazu auch Anordnung des Deutschen Militärbefehlshabers in Frankreich vom 04.02.1942, nach der Genehmigungen zur Auswanderung deutscher Juden nur in Ausnahmefällen und mit Genehmigung Himmlers erteilt wurden, womit die letzte Möglichkeit einer legalen Auswanderung über die französische Grenze genommen wurde, vgl. Walk, Das Sonderrecht für die Juden im NS-Staat, S. 363.

899 Siehe Kap. 2.2.4.1; Stiftung Warburg Archiv, Akte M. M. Warburg & Co. Amsterdam, Prozess; Unabhängige Expertenkommission Schweiz – Zweiter Weltkrieg (Hrsg.), Die Schweiz und die deutschen Lösegelderpressungen in den besetzten Niederlanden, S. 39, 141.

900 Gruner, Judenverfolgung in Berlin 1933 - 1945, S. 147.

901 RGBl. I, S. 722ff.

von Anna und Erna Meyer ist am 10.06.1943, das von Adolf und Olga ist am 05.11.1943 von der Gestapo beschlagnahmt worden[902]. Für Adolf Meyer wurde die Feststellung gem. § 8 der Elften Verordnung zum Reichsbürgergesetz, dass die Voraussetzung für Ausbürgerung und Vermögensverfall vorliegen, mit Schreiben des Chefs der Sicherheitspolizei und des SD vom 02.11.1944 getroffen, für seine Mutter Anna Meyer mit Schreiben vom 22.12.1944 und für seine Schwester Erna mit Schreiben vom 05.08.1943[903].

1942

Nachdem die Auswanderung zwecks „Endlösung" verboten worden war, wurde auch die Durchreise von Juden durch das Reichsgebiet verboten, um jede Möglichkeit der illegalen Auswanderung zu unterbinden. Ebenso wurde Juden der Besuch von „Ariern" in deren Wohnung verboten[904]. Ihre eigenen Wohnungen mussten Juden mit Judenstern aus Papier kennzeichnen, ebenso alle offiziellen jüdischen Stellen (Reichsvereinigung, Schulen, etc.)[905].

Als weitere Schikanen der jüdischen Bevölkerung seien angefügt, das Verbot, Kuchen an Juden und Polen zu verkaufen und das Gebot, diesbezügliche Schilder in den Läden anzubringen, weiterhin Verbot von Haustierhaltung, des Kaufs von Blumen, polizeiliche Erlaubnispflicht für das Benutzen der öffentlichen Nahverkehrsmittel, welche lediglich für den Weg zum Arbeitseinsatz[906], Schulkinder, „Krankenbehandler", etc. erteilt wurde, Verbot des Verlassens des Wohnortes, Ablieferungspflicht für Scheren und Kämme, Lebensmittelverkauf an Juden nur, wenn kein Mangel für die deutsche Bevölkerung vorliegt, Ablieferungspflicht für alle entbehrlichen Kleidungsstücke, keine Raucherkarten für den Bezug von Tabakwaren, Ablieferungspflicht für elektrische Geräte, Fahrräder, Fotoapparate, optische Geräte, Ferngläser, etc., Schließung sämtlicher jüdischer Schulen sowie Verbot jeglicher besoldeter oder unbesoldeter Beschulung

---

902 BrandLHA, Rep 36A II, Nr. 26413; BADV, 73 WGA 4044/55, Bl. 5ff. wobei das Vermögen von Erna Meyer in Brüssel, Rue Sourdan 76, gem. § 5 Nr. 1 der Verordnung des Militärbefehlshabers in Belgien und Nordfrankreich an das Reich verfallen ist, vgl. Verordnungsblatt des Militärbefehlshabers in Belgien und Nordfrankreich für die besetzten Gebiete Nr. 73 vom 24. 4. 1942.

903 BADV, 73 WGA 4044/55, Bl. 5ff.; zur Beteiligung des Bankhauses E. J. Meyer, bei dem diese Vermögen verwaltet wurden, siehe Kap. 5.3.2.

904 Walk, Das Sonderrecht für die Juden im NS-Staat, S. 369.

905 Gruner, Judenverfolgung in Berlin 1933 - 1945, S. 152.

906 Auch Reinhold Meyer hatte für seine Zwangsarbeit als Hilfs-Güterbodenarbeiter bei der Bahn eine Bescheinigung, dass er nur für diesen Zweck die Eisenbahn benutzen durfte, vgl. LEA, Reg.-Nr. 16178, Bl. C9.

von jüdischen Kindern, keine Lebensmittelkarten mehr für den Bezug von Eiern für Juden, Verbot der Benutzung von Fahrkartenautomaten, keine Frischmilch mehr für Juden, Ablieferungspflicht für jüdische Kultusgegenstände aus Edelmetall, Ablieferungspflicht aller Metalle von jüdischen Friedhöfen an das Reich[907].

Während die Juden wie beschrieben drangsaliert wurden, aber nicht mehr auswandern durften, wurden sie nach und nach in Konzentrationslager verbracht, wobei das Vermögen abgeschobener Juden mit dem Grenzübertritt automatisch dem Reich verfiel, ebenso der Nachlass verstorbener KZ-Häftlinge[908]. Sich des Vermögens aller Juden auf diese Art zu bemächtigen, wurde durch die Anordnung des Reichsführers SS und Chefs der Deutschen Polizei von Anfang November 1942 zu bewirken versucht, nach welcher sämtliche im Reich gelegenen Konzentrationslager „judenfrei" zu machen und die Juden nach Auschwitz und Lublin zu deportieren waren[909]. Estella Meyer, die unter Vormundschaft stehende Witwe Richard Moritz Meyers, wurde 1942 im KZ Cholm bei Lublin vergast[910]. Da Estella die Reichsgrenze noch lebend passiert hatte, hatte sie ihren gewöhnlichen Aufenthaltsort im Ausland genommen, musste Reichsfluchtsteuer zahlen und ihr Vermögen verfiel dem Reich. Der Oberfinanzpräsident von Berlin-Brandenburg stellte fest: „Wie mir meine Grundstückskartei mitteilt, ist die Jüdin lebend über die Grenze gekommen"[911].

Im Herbst 1942 wurde die Familie Reinhold Meyers aus ihrer Wohnung in Hohen-Neuendorf durch einen SS-Mann vertrieben und in eine „Judenbaracke"

---

907 Walk, Das Sonderrecht für die Juden im NS-Staat, S. 363f., 366, 368, 371, 375ff., 382, 394.

908 Walk, Das Sonderrecht für die Juden im NS-Staat, S. 369ff., 384, 386 sowie Elfte Verordnung zum Reichsbürgergesetz vom 25.11.1941, RGBl. I, S. 722ff.

909 Walk, Das Sonderrecht für die Juden im NS-Staat, S. 391.

910 BADV, 73 WGA 15463/59, Bl. 33; BADV, 73 WGA 17072/59, Bl. 4f.; BrandLHA, Rep. 36A II, Nr. 26421 sowie 36A II, Nr. 26420. Der Ort Cholm existierte nicht in Realität, sondern wurde zur förmlich korrekten Ausstellung der Todesscheine durch die nationalsozialistische Bürokratie „erfunden". Tatsächlich handelte es sich um die psychiatrische Anstalt Chelm in der Nähe von Lublin, in welcher das „Euthanasieprogramm" durch die „T4" durchgeführt worden ist. „T4" kommt von Tiergartenstraße 4, Berlin, wo die Reichsarbeitsgemeinschaft Heil- und Pflegeanstalten ihren Sitz hatte, welche die Organisation der „Euthanasie" im Osten zur Aufgabe hatte, nachdem die gezielten Tötungen Kranker und Behinderter im Westen, beispielsweise in Hadamar, für Proteste aus der Bevölkerung geführt hatten, vgl. Kohl, Bilder eines Vaters, S. 216ff.

911 BADV, 73 WGA 15463/59, Bl 4; LEA 16178, Bl. D59, 77; Kohl, Bilder eines Vaters, S. 257f.; § 3 der Elften Verordnung zum Reichsbürgergesetz vom 25.11.1941.

eingewiesen. Eine Rechtsgrundlage dafür gab es nicht, jedoch wollte der SS-Mann die Wohnung der Meyers für sich selbst nutzen[912].

1943

Am 27.02.1943 wurden im Rahmen der „Fabrikaktion“ in Berlin circa 11.000 Juden verhaftet, darunter rund 1.500 jüdische Männer, die mit „arischen“ Frauen verheiratet waren. Darunter war auch Reinhold Meyer. Ein Großteil von ihnen, 8.600, wurde in den folgenden Wochen nach Auschwitz gebracht. Die in „Mischehe“ Lebenden wurden in das Gefängnis in der Rosenstraße gebracht. Vor diesem Gefängnis versammelten sich die Frauen dieser Männer und protestierten für mehrere Tage bis ihre Männer freigelassen wurden. Diese „Rosenstraßen-Proteste“ waren einer der wenigen öffentlichen Proteste gegen das Vorgehen der Nationalsozialisten[913].

Durch die Zwölfte Verordnung zum Reichsbürgergesetz vom 25.04.1943[914] wurden zwei neue Kategorien, nämlich Staatsangehörige auf Widerruf und Schutzangehörige des Deutschen Reiches, die nicht Staatsangehörige sind, geschaffen. Juden und Zigeuner konnten nicht Staatsangehörige, Staatsangehörige auf Widerruf oder Schutzangehörige sein. Damit waren Juden, die schon seit den Nürnberger Rassengesetzen vom 15.09.1935[915] nicht mehr den „Ariern“ gleichberechtigte „Reichsbürger“ waren, nun auch nicht mehr Staatsangehörige. Durch die Dreizehnte Verordnung zum Reichsbürgergesetz vom 01.07.1943[916] wurden von Juden begangene strafbare Handlungen durch die Polizei und nicht mehr durch Gerichte geahndet[917]. Ebenfalls wurde dort in § 2 geregelt, dass nach

---

912 BADV, 73 WGA 15463/59, Bl. 54f.; BADV, 72 WGA 15462/59, Bl. 16f.

913 BADV, 73 WGA 15462/59, Bl. 73; Kohl, Bilder eines Vaters, S. 229ff. Später wurde Reinhold Meyer erneut direkt von der Arbeitsstelle verhaftet und für ein viertel Jahr in der Schulstraße eingesperrt, vgl. BADV, 73 WGA 15462/59, Bl. 73.

914 RGBl. I, S. 268f.

915 RGBl. I, S. 1146, in Verbindung mit der Ersten Verordnung zum Reichsbürgergesetz, RGBl. I 1935, S. 1333f.; vgl. dazu auch Stuckart/ Globke, Kommentare zur deutschen Rassengesetzgebung, Bd. 1.

916 RGBl. I, S. 372; siehe dazu auch Durchführungsverordnung vom 01.09.1944, RGBl. I, S. 201, nach welcher auch Steuer-, Monopol- und Devisenvergehen von nun an von der Polizei verfolgt wurden, sofern diese von Juden begangen wurden.

917 Damit war für die Verhängung und die Durchführung der Strafe die Exekutive verantwortlich, sofern ein Jude diese begangen hatte. Bei „Ariern“ waren weiterhin die Gerichte zuständig. Juden wurde also Rechtsschutz durch Strafgerichte verwehrt. Dieser Passus geht zurück auf den Entwurf einer „Verordnung über Rechtsbeschränkungen von Juden“, welchem eine Anregung des Präsidenten der

dem Tode eines Juden sein Vermögen dem Reich verfällt. Damit enteignete das Reich nun nicht nur das Vermögen ins Ausland abgewanderter oder deportierter Juden, sondern auch das der in Deutschland einschließlich des Konzentrationslagers Theresienstadt verstorbenen oder ermordeten Juden[918]. Sofern ein Jude seine strafrechtliche Strafe verbüßt hatte, war er „auf Lebenszeit den Konzentrationslagern Auschwitz oder Lublin zuzuführen“[919].

1944 und 1945

Nachdem die Juden im Deutschen Reich und den besetzten Gebieten völlig isoliert, weitgehend deportiert, ausgewandert oder versteckt im Untergrund waren und ihnen fast alles verboten war bei gleichzeitiger Beraubung fast aller Rechte, hat es in diesen Jahren keine wesentlich „Neues“ regelnden Vorschriften gegeben.

Jedoch zeichnete sich Anfang 1945 bereits der Verlust des Krieges durch die Deutschen ab, so dass bereits am 16.02.1945 ein Runderlass des Reichswirtschaftsministerium verfügte: „Wenn der Abtransport von Akten, deren Gegenstand antijüdische Tätigkeiten sind, nicht möglich ist, sind sie zu vernichten, damit sie nicht dem Feind in die Hände fallen.“[920]

4.3.3 Devisenstrafverfolgung und Aberkennung der Eigenschaft als Devisenbank

Ein weiteres Mittel der Verdrängung aus dem Wirtschaftsleben insbesondere der jüdischen Privatbankiers lag in der Devisenstrafverfolgung und Aberkennung der Eigenschaft als Devisenbank, welche auch das Bankhaus E. J. Meyer hatte. Diese Devisenbankeigenschaft war bei der „Arisierung“ von E. J. Meyer so wichtig, dass der „Arisierer“ Kurt Richter-Erdmann vom Vertrag zurücktreten konnte, wenn E. J. Meyer diese Eigenschaft entzogen würde[921]. Obwohl E. J. Meyer bis zur „Arisierung“ in jüdischen Händen gewesen ist, hat das Bankhaus die Eigenschaft als Devisenbank durchgehend behalten, jedoch schwebte stets das Damoklesschwert der Entziehung der Devisenbankeigenschaft über der Bank.

Reichsrechtsanwaltskammer aus dem März 1942 voranging, als dieser vom Reichsjustizministerium forderte, Juden die Prozessfähigkeit abzuerkennen und ihnen das Auftreten vor Gericht zu untersagen, vgl. Adam, Judenpolitik im Dritten Reich, S. 345ff.

918 Genschel, Die Verdrängung der Juden aus der Wirtschaft im Dritten Reich, S. 255.

919 Walk, Das Sonderrecht für die Juden im NS-Staat, S. 396.

920 Walk, Das Sonderrecht für die Juden im NS-Staat, S. XVI, 406.

921 Siehe § 15 „Arisierungsvertrag“ in Kap. 5.2.2.2.

Da bereits nach der Bankenkrise 1931 ein Mangel an Devisen bestand[922], wurden Vorschriften zur Bewirtschaftung der Devisen erlassen. Verstöße gegen diese Vorschriften waren strafbewehrt und da Devisen lediglich von solchen Banken verwaltet werden durften, welche die Devisenbankeigenschaft besaßen, waren insbesondere solche Bankiers von diesen Strafvorschriften potentiell betroffen. Eine Folge bei Verstößen gegen diese Vorschriften war der Entzug der Devisenbankeigenschaft. Wenn die Reichsbank einer Bank die Eigenschaft als Devisenbank entzog, war es letzterer nicht mehr möglich, Devisenhandel mit dem Ausland zu betreiben sowie Sperrmarkkonten zu verwalten, also einerseits das Geschäft, bei dem jüdische Bankiers wegen ihrer guten Auslandskontakte im Vorteil waren sowie andererseits das Geschäft mit den Juden, deren Vermögen ins Ausland transferiert werden sollte und deshalb auf Sperrmarkkonten lag. Während die Reichsbank anfangs die Devisenbankeigenschaft in der Regel nicht entzog[923], wurde beispielsweise 1937 dem Bankhaus Ellern aus Karlsruhe während der Gestapo-Untersuchungshaft des Inhabers die Eigenschaft als Devisenbank entzogen, so dass das Bankhaus nach der Entlassung des Inhabers liquidiert werden musste[924]. Der Grund für die anfängliche Zurückhaltung der Reichsbank mit der Entziehung der Devisenbankeigenschaft waren die Stillhaltekredite ausländischer Gläubiger. Da es Mitte 1936 noch rund 220 MioRM ausländische Stillhaltekredite gab, die von jüdischen Banken verwaltet wurden[925] und eine Bank zur Verwaltung dieser Kredite die Devisenbankeigenschaft benötigte, bestand für die ausländischen Gläubiger die Möglichkeit, diese Kredite sofort fällig zu stellen, wenn der verwaltenden Bank die Devisenbankeigenschaft, also die Möglichkeit der Verwaltung dieser Kredite, entzogen wurde[926]. Aufgrund der schwierigen Wirtschaftssituation im Deutschen Reich wollte die Reichsbank den Abzug ausländischer Kredite in Devisen unbedingt vermeiden, so dass sie mit der Aberkennung der Devisenbankeigenschaft nur sehr zögerlich

922 Siehe Kap. 3.2.

923 Vielmehr übte die Reichsbank den Druck anderweitig aus, beispielsweise musste das Bankhaus Jacquier & Securius 1934 auf Druck der Reichsbank den „arischen“ Gesellschafter Robert Kraus aufnehmen, vgl. Köhler, Die „Arisierung“ der Privatbanken im Dritten Reich, S. 160; dem Bankhaus Gebr. Arnhold wurde im April 1934 „schärfste Missbilligung“ durch die Reichsbank ausgesprochen, vgl. Köhler, Die „Arisierung“ der Privatbanken im Dritten Reich, S. 162.

924 Köhler, Die „Arisierung“ der Privatbanken im Dritten Reich, S. 164f.

925 Köhler, Die „Arisierung“ der Privatbanken im Dritten Reich, S. 165; BAB, R 2501, Nr. 6790, Aufstellung der volkswirtschaftlichen Abteilung der Reichsbank Mai 1937, „Die Juden im deutschen Privatbankiersgewerbe“, Bl. 293.

926 Köhler, Die „Arisierung“ der Privatbanken im Dritten Reich, S. 165.

umging und diese – wenn überhaupt – nur bei kleineren Bankhäusern aberkannte. Im Laufe des Jahres 1937 wurde die Devisenbankeigenschaft vermehrt – zunächst kleineren – Bankhäusern aberkannt, während bis Mitte 1938 die größeren jüdischen Bankhäuser, die den Großteil der ausländischen Kredite verwalteten, geschont wurden[927].

Die Devisenstrafverfolgung lag neben der Aufgabe, Genehmigungen für jegliche Devisentransaktionen zu erteilen, bei den Devisen- und Zollfahndungsstellen der Landesfinanzämter (ab 1937 „Oberfinanzdirektionen“[928]). Die Landesfinanzämter unterstanden dem Reichswirtschaftsministerium. Die Zulassung als Devisenbank hingegen wurde von der Reichsbank erteilt und zurückgenommen, die auch Aufsicht über die Stillhalteabkommen ausländischer Kreditgeber mit den deutschen Kreditnehmern führte[929]. Die Devisenfahndungsstellen setzten die Reichsbank von ihren Ermittlungen in Kenntnis, so dass diese über die Aberkennung der Devisenbankeigenschaft entscheiden konnte[930].

Die Devisenfahndungsstellen konnten um den Gefahren, die zur Bankenkrise 1931 geführt hatten[931], vorzubeugen, seit 1931 im Verdachtsfall Devisen- und Depotprüfungen vornehmen. Ausgeweitet wurden die Kompetenzen dieser Fahndungsstellen durch das Gesetz gegen den Verrat der deutschen Volkswirtschaft vom 12.06.1933[932] sowie durch die Novellierung des Devisengesetzes vom 04.02.1935[933], wonach die Genehmigungspflicht vom Devisen- auf den Edelmetall- und Wertpapierhandel mit dem Ausland ausgeweitet wurde und für Verstöße gegen Devisenbestimmungen strengste Strafen angedroht wurden. Zahlungen an Ausländer durften nur noch über bei Devisenbanken zu führende Sperrmarkkonten abgewickelt werden, die der behördlichen Kontrolle unterlagen. Um die Devisenstellen noch stärker politisch beeinflussen zu können, wurde am 01.08.1936 von Hermann Göring das sog. „Devisenfahndungsamt“ geschaffen, welches weitreichende Weisungsbefugnisse gegenüber den Devisenstellen hatte[934].

---

927 Köhler, Die „Arisierung“ der Privatbanken im Dritten Reich, S. 166; Fischer, Hjalmar Schacht und Deutschlands „Judenfrage“, S. 210f.; BAB, R 3101, Nr. 15514, Bl. 322f.

928 Bajohr, „Arisierung“ in Hamburg, S. 189.

929 Köhler, Die „Arisierung“ der Privatbanken im Dritten Reich, S. 157f.

930 Köhler, Die „Arisierung“ der Privatbanken im Dritten Reich, S. 165.

931 Siehe Kap. 3.1 und 3.2.

932 RGBl. I, S. 360ff.

933 RGBl. I, S. 105ff.

934 Bajohr, „Arisierung“ in Hamburg, S. 191f.

Durch den Erlass des Reichswirtschaftsministers vom 22.10.1936 wurde die Zahl der Betriebsprüfungen stark erhöht[935].

Sehr wirkungsvoll, um jüdische Geschäftsleute, insbesondere Privatbankiers, zu diskreditieren und zu schädigen, war das unberechtigte Anstrengen – oft in Verbindung mit langer Untersuchungshaft – von Devisenstrafverfolgung[936], Wirtschaftsstrafverfahren, sowie Verfahren wegen „Rassenschandedelikten“[937], welche darüber hinaus einzeln oder kumuliert auch zur Vorbereitung von „Arisierungen“ dienten. Wirtschaftsstrafverfahren wurden insbesondere wegen Betruges, Untreue und Unterschlagung angestrengt[938]. Die Devisenstellen arbeiteten eng mit anderen Stellen zusammen, so beispielsweise mit Zollfahndungsstellen, Finanzämtern und Gestapo[939].

---

935 Bajohr, „Arisierung“ in Hamburg, S. 194.

936 Nach den – nicht vollständig erhaltenen Akten – der Generalstaatsanwaltschaft Berlin wurden in der Zeit von 1933 bis 1945 insgesamt 4.801 Strafverfahren wegen Verstößen gegen das Devisenrecht angestrengt, von denen in 2.809 Fällen Juden betroffen waren. In wie vielen Fällen diese Verfahren konkret zur Durchführung oder zumindest zur Erleichterung von „Arisierungen“ genutzt wurden, ist bislang nicht erforscht und aufgrund der nicht vollständig erhaltenen Akten wohl auch nicht möglich, vgl. Schreiber, „Arisierung“ in Berlin 1933 - 1945, in: Biggeleben/ Schreiber/ Steiner (Hrsg.), „Arisierung“ in Berlin, S. 36; siehe auch Franke, Legalisiertes Unrecht: Devisenbewirtschaftung und Judenverfolgung am Beispiel des Oberfinanzpräsidiums Hannover 1931 – 1945, S. 100ff.

937 Das Sexualstrafrecht wurde anstelle oder neben wirtschaftsstrafrechtlichen Ermittlungen herangezogen, da es – weit mehr als das Wirtschaftsstrafrecht – die Vertrauensnetzwerke der betroffenen Wirtschaftsführer beeinträchtigte, vgl. Ziegler, Die wirtschaftsbürgerliche Elite im 20. Jahrhundert: eine Bilanz, in: Ziegler (Hrsg.), Großbürger und Unternehmer, S. 20; Fiedler, Netzwerke des Vertrauens: Zwei Fallbeispiele aus der deutschen Wirtschaftselite, in: Ziegler, Großbürger und Unternehmer, S. 110ff.

938 Köhler, Die „Arisierung“ der Privatbanken im Dritten Reich, S. 152.

939 Füllberg-Stolberg, „Wie mir bekannt geworden ist, beabsichtigen Sie auszuwandern…“: die Rolle der Oberfinanzdirektion Hannover bei der Vertreibung der Juden, in: Perels (Hrsg.), Auschwitz in der deutschen Geschichte, S. 27; Drecoll, Der Fiskus als Verfolger: die steuerliche Diskriminierung der Juden in Bayern 1933 - 1941/42, S. 141ff.; 189ff.; Nach dem Zweiten Weltkrieg stellte ein Angestellter im Auftrag der amerikanischen Besatzungsmacht eine Liste mit 22 staatlichen Stellen auf, mit welchen die Devisenstellen zusammenarbeiteten. Darüber hinaus bestanden enge Beziehungen zu NSDAP, Banken, Industrie- und Handelskammern sowie Auswandererberatungsstellen, vgl. Franke, Legalisiertes Unrecht: Devisenbewirtschaftung und Judenverfolgung am Beispiel des Oberfinanzpräsidiums Hannover 1931 – 1945, S. 100, 134ff.

Auch Adolf Meyer und sein Partner Leonhard Horwitz wurden 1935 zeitgleich in Schutzhaft genommen[940]. Da beide Bankiers in derselben Bank waren, liegt nahe, dass ein Zusammenhang zwischen der Verhaftung und dem Bankgeschäft E. J. Meyer bestand. Inwiefern diese Verhaftungen jedoch im Zusammenhang mit Devisen- oder anderen Strafverfolgungen in Zusammenhang stehen, ist nicht zu klären, weil Unterlagen nicht mehr vorhanden sind. Da die Verhaftung jedoch lediglich einige Tage währte, ist davon auszugehen, dass die Vorwürfe relativ unbedeutend oder willkürlich und damit leicht entkräftbar gewesen sind. Ein anderes sehr willkürliches Verfahren gegen Adolf Meyer hat die Preisüberwachungsstelle des Polizeipräsidenten zu Berlin im Herbst 1938 angestrengt. Wie das Verfahren ins Rollen gekommen ist, ist unklar, jedoch wurde ihm vorgeworfen, er habe entgegen der Preisstoppverordnung vom 26.11.1936[941] die Miete für den französischen Botschafter André François-Poncet für die Meyer'sche Villa Am kleinen Wannsee erhöht. Obwohl rechtlich unbegründet, wurde Meyer zu einer Strafe von 5.000 RM verurteilt. Da der Mietvertrag mit dem Botschafter im Juni 1938 geschlossen wurde, hätte dieses Verfahren auch noch auf die „Arisierung" Einfluss haben können, denn der „Arisierungsvertrag" sollte nur gelten, sofern die Eigenschaft als Devisenbank für das Bankhaus E. J. Meyer erhalten blieb[942]. Die Devisenbankeigenschaft wurde E. J. Meyer laut einer eidesstattlichen Versicherung von Adolf Meyer nicht aberkannt, da „das Arbeitsgebiet, der Umfang und die Bedeutung von E. J. Meyer zu groß waren, als dass bei allen nazistischen Tendenzen die Behörden es als mit den allgemeinen wirtschaftlichen Interessen vereinbar ansahen, der Firma E. J. Meyer die Qualität als Devisenbank zu entziehen"[943].

Um zu verdeutlichen, wie willkürlich und mit welchen Zielen die Ermittlungen geführt wurden, seien als Beispiele der Berliner Bankier Jacques Krako vom Bankhaus Falkenburger, der Hamburger Bankier Theodor Löwenberg sowie das Bankhaus Gebr. Arnhold in Dresden genannt. Gegen Krako wurde im April 1934 wegen Beihilfe zum Kreditbetrug (aufgrund angeblicher Falschauskunft über die Vermögensverhältnisse eines Kunden) ermittelt, Krako wurde ohne zu den Anschuldigungen gehört zu werden in Untersuchungshaft genommen und verblieb dort bis zu seinem wegen „vollständiger Schuldlosigkeit erfolgten" Freispruch im März 1935. Da während der Inhaftierung des Inhabers Krako das Bankgeschäft ruhen musste, hatte das Berliner Registergericht in der Zwischenzeit

---

940 Kohl, Bilder eines Vaters, S. 128.

941 RGBl. I, S. 955.

942 Kap. 4.3.2 – 1938; LEA, Reg.-Nr. 160830, Bl. D5ff.

943 LEA, Reg.-Nr. 160830, Bl. D26.

das Bankhaus von Amts wegen aus dem Handelsregister gestrichen. Die von Krako nach seiner Freilassung versuchte Wiederzulassung schlug fehl. Gegen Löwenberg wurde 1935 wegen Wuchers und Untreue ermittelt, auch er kam mehrere Monate in Untersuchungshaft und bereits zu Beginn der Ermittlungen wurde sein Bankhaus Löwenberg & Co. aus der Mitgliederliste der Hamburger Wertpapierbörse getilgt und anschließend liquidiert[944]. Auch die Inhaber des Bankhauses Gebr. Arnhold in Dresden wurden schon früh Ziel von Hausdurchsuchungen, tagelangen Verhören durch die Gestapo sowie von Strafverfahren, so zum Beispiel ab Januar 1934 eines Betrugsverfahrens auf Veranlassung der sächsischen Gauleitung[945], welches wegen der Haltlosigkeit der Vorwürfe erst auf Druck der Oberstaatsanwaltschaft eröffnet wurde und dann zwei Jahre später mit einem Freispruch der Bankiers endete[946]. Besonders an diesem Verfahren war, dass dem Anwalt der Bankiers keine Akteneinsicht gewährt wurde und entlastendes Beweismaterial mit dem Hinweis zurückgewiesen wurde, dass vermutlich gefälschte Akten eines betrügerischen Unternehmens nicht zum Verfahren zugelassen werden könnten. Ziel des Prozesses war weniger eine Verurteilung der Angeklagten als die „Arisierung“ des Bankhauses, wie der sächsische Wirtschaftsminister Georg Lenk im Mai 1934 mit seiner Äußerung, „man habe ihm geraten, das Damoklesschwert der Anklage über den Herren hängen zu lassen, um sie für den Verkauf von Dresden gefügiger zu machen“, deutlich machte[947].

Auch die am 15.09.1935 erlassenen Nürnberger Rassengesetze wurden von den Devisenfahndungsstellen als Instrument benutzt, um Juden zu drangsalieren, an ihr Vermögen zu gelangen bzw. ihnen ihre ökonomische Grundlage zu rauben. So wurden Juden ab diesem Zeitpunkt teilweise von den grundsätzlich lediglich für den Finanzbereich zuständigen Devisenfahndungsstellen auch zu

944 Köhler, Die „Arisierung“ der Privatbanken im Dritten Reich, S. 153.

945 Gauleiter in Sachsen war Martin Mutschmann, der – ähnlich wie der Gauleiter von Franken und Herausgeber der nationalsozialistischen Hetzschrift „Der Stürmer“ Julius Streicher – einer der radikalsten Antisemiten war, vgl. Lässig, Nationalsozialistische „Judenpolitik“ und jüdische Selbstbehauptung vor dem Novemberpogrom: Das Beispiel der Dresdner Bankiersfamilie Arnhold, in: Pommerin (Hrsg.), Dresden unterm Hakenkreuz, S. 152.

946 Lässig, Nationalsozialistische „Judenpolitik“ und jüdische Selbstbehauptung vor dem Novemberpogrom: Das Beispiel der Dresdner Bankiersfamilie Arnhold, in: Pommerin (Hrsg.), Dresden unterm Hakenkreuz, S. 156ff.

947 Tagebucheintrag Lisa Arnholds vom 29.05.1934, zitiert nach Lässig, Nationalsozialistische „Judenpolitik“ und jüdische Selbstbehauptung vor dem Novemberpogrom: Das Beispiel der Dresdner Bankiersfamilie Arnhold, S. 159; Köhler, Die „Arisierung“ der Privatbanken im Dritten Reich, S. 156.

„Rassenschandedelikten" vernommen, um mehr belastendes Material zu bekommen[948]. Bei den jüdischen Privatbankiers hat es indes lediglich zwei Fälle gegeben, in denen ein Verfahren wegen „Rassenschandedelikten" zur Schließung des Bankhauses geführt hat[949].

Mit Rundschreiben vom 19.07.1938 entzog die Reichsbank den restlichen jüdischen, sich noch nicht „in Arisierung" befindlichen Privatbanken die Devisenbankeigenschaft, da es „im Hinblick auf die Maßnahmen der Reichsregierung" unmöglich sei, „nichtarischen Bankfirmen die Devisenbankeigenschaft weiter zu belassen"[950]. Die Aberkennung der Devisenbankeigenschaft hatte nicht nur den Verlust der Fähigkeit des Außenhandels zur Folge, sondern da viele Vermögen jüdischer Auswanderer von Sicherungsanordnungen gem. § 37a Devisengesetz belegt waren, mussten diese ihre Vermögen auf „arische" Devisenbanken übertragen, um die Auflagen für ihre Auswanderung zu erfüllen[951]. Trotz der Aberkennung der Devisenbankeigenschaften bei 123 jüdischen Banken bestanden im August 1938 noch über 7.000 Devisenbanken (Haupt- und Zweigstellen addiert)[952]. Nicht aberkannt wurde die Devisenbankeigenschaft

948 Bajohr, „Arisierung" in Hamburg, S. 212, 234f.; Köhler, Die „Arisierung" der Privatbanken im Dritten Reich, S. 171.

949 Einerseits wurde mit Rudolf Maron der Inhaber des zweitgrößten Dresdner Bankhauses Bondi & Maron gleichzeitig Opfer von nicht stichhaltigen Devisenstraf- und Rassenschandeermittlungen aufgrund welcher er bereits im Frühjahr 1936 das Bankhaus aufgab, vgl. Köhler, Die „Arisierung" der Privatbanken im Dritten Reich, S. 171; Lässig, Nationalsozialistische „Judenpolitik" und jüdische Selbstbehauptung vor dem Novemberpogrom: Das Beispiel der Dresdner Bankiersfamilie Arnhold, in: Pommerin (Hrsg.), Dresden unterm Hakenkreuz, S. 173; Zweiter Fall ist das Nürnberger Bankhaus Kohn, dessen Inhaber Kohn im Frühjahr 1938 aufgrund von „Rassenschandedelikten" inhaftiert worden war, konzertiert von einem „Rassenschänder Bankjude Kohn" überschriebenen Artikel des nationalsozialistischen Hetzblattes „Der Stürmer", dessen Herausgeber der extreme Nationalsozialist und Gauleiter von Franken Julius Streicher war. Obwohl die Vorwürfe derart haltlos waren, dass Kohn nicht einmal angeklagt wurde, wurde sein Bankhaus noch während seiner Inhaftierung aufgrund Drängens von Partei- und Kommunalbehörden geschlossen, vgl. Janetzko, Haben Sie nicht das Bankhaus Kohn gesehen?, S. 58f., 66ff.

950 HStAW, Bestand Abt. 518, Nr. 8166, Formschreiben der Reichsbank an das Bankhaus S. H. Goldschmidt (Frankfurt a. M.), zitiert nach Köhler, Die „Arisierung" der Privatbanken im Dritten Reich, S. 166f.

951 Köhler, Die „Arisierung" der Privatbanken im Dritten Reich, S. 412.

952 Lt. eines Vermerkes des Reichswirtschaftsministeriums, vgl. BAB, R 3101, Nr. 15515, Bl. 13f.

bereits „arisierten" Privatbanken sowie solchen, bei denen die „Arisierung" – wie bei E. J. Meyer – bereits im Gange gewesen ist, um den „Arisierern" nicht zu schaden[953].

4.3.4 Verdrängung aus Gremien und Vereinigungen

Die Verdrängung der Juden aus dem Wirtschaftsleben erfolgte auch durch Verdrängung aus Gremien und Vereinigungen, so auch bei den Bankiers von E. J. Meyer. Wesentlich für eine erfolgreiche Betätigung als Privatbankier war die Mitgliedschaft in Gremien und Vereinigungen, welche die Bildung und Erhaltung von Netzwerken mit Persönlichkeiten der ökonomischen und politischen Elite ermöglichte. In diesen Vereinigungen, insbesondere in Interessenorganisationen und Aufsichtsräten, knüpfte man Beziehungen, gelangte an Informationen und gewann Einfluss und Reputation innerhalb und außerhalb der eigenen Gruppe, was sowohl für die Akquise von Aufträgen im Geschäft mit Fusionen und Übernahmen, bei Börsengängen sowie Finanzierungsgeschäften mit Unternehmen als auch für die Gewinnung von vermögenden Privatkunden unabdingbar war.

Deshalb hat es sich nicht nur für die gesellschaftliche Integration eines jüdischen Bankiers sondern insbesondere auch für die Wirtschaftskraft seines Privatbankhauses äußerst negativ ausgewirkt, wenn diese Beziehungen zu anderen Wirtschaftsführern und Politikern – und damit wichtige Informationsquellen und Akquisemöglichkeiten – durch einen Ausschluss aus diesen Gremien und Vereinigungen oder durch eine Ersetzung dieser Netzwerke durch neue Netzwerke, in denen er nicht Mitglied sein durfte, gekappt wurden. Insbesondere in Berlin als Sitz der Hälfte der größten Aktiengesellschaften sowie von sechs der zehn wichtigsten „Informationsbörsen" hatte eine Verdrängung aus diesen Kreisen weitreichendere Rückwirkungen als in anderen Regionen und der Verlust besonderer unternehmerischer Chancen hatte eine reichsweite Signalwirkung[954].

Kurz vor der Gründung des Bankhauses E. J. Meyer im Jahre 1815 gab es in Berlin einen Wechsel der Elite. Anstelle der Gilden, in denen Juden nicht Mitglieder werden konnten, setzte sich die wirtschaftliche Elite Berlins zu einem Großteil aus jüdischen Privatbankiers und Großhändlern zusammen, wie eine

953 Köhler, Die „Arisierung" der Privatbanken im Dritten Reich, S. 167; BAB, R 3101, Nr. 15514, Bl. 322f.

954 Münzel, Die Verdrängung jüdischer Vorstands- und Aufsichtsratsmitglieder aus Berliner Großunternehmen im NS-Staat, in: Biggeleben/ Schreiber/ Steiner (Hrsg.), „Arisierung" in Berlin, S. 97f.

Aufstellung der 71 vermögendsten Personen aus dem Jahr 1814 zeigt, in welcher drei Viertel dieser Personen jüdisch waren[955].

Im Folgenden wird die Verdrängung der Juden aus dem Wirtschaftsleben anhand der Verdrängung aus einzelnen Gremien und Vereinigungen näher untersucht.

4.3.4.1 Verdrängung aus Vorständen und Aufsichtsräten

Ein Bereich, aus dem Juden, insbesondere jüdische Privatbankiers, nach der Machtergreifung stark zurück gedrängt wurden, war die Verdrängung von Juden aus Vorständen und Aufsichtsräten von Unternehmen. Die Bankiers von E. J. Meyer hatten diverse Aufsichtsratsmandate inne[956]. Aufgefallen ist, dass die Zahl der von den Bankiers von E. J. Meyer gehaltenen Aufsichtsratsmandate seit Ende des 19. Jahrhunderts stetig gesunken ist. Dennoch hatten auch die Bankiers von E. J. Meyer zu Beginn des Dritten Reiches noch einige Aufsichtsratsmandate[957], die sie bei der „Arisierung“ ihres Bankhauses im Juni 1938 nicht mehr innehatten.

Spätestens in den 1890er Jahren befanden sich die Privatbankiers gegenüber den Aktienbanken in der Defensive. Dies wurde auch daran sichtbar, dass in den großen Aktienbanken bei Wechseln im Aufsichtsratsvorsitz nun keine Privatbankiers mehr nachrückten, obschon diese vielmals Gründer der Aktienbanken gewesen waren. Im Jahre 1908 hatten die „Managerbankiers“ von insgesamt 311 Aufsichtsratsmandaten bei den neun Berliner Großbanken, die das Reichsanleihe- oder Preußenkonsortium bildeten, 210 Mandate inne, wohingegen die vormals so zahlreich in den Aufsichtsräten vertretenen Privatbankiers nur 51 Mandate innehatten. Ein ähnliches Bild wie bei den Großbanken zeigt sich bei den Aufsichtsräten der 100 größten deutschen Industrieunternehmen: 1907 hielten die Managerbankiers des Preußenkonsortiums 152 Mandate in diesen Unternehmen, die Privatbankiers lediglich noch 25 Mandate[958]. Wie das Verhältnis bei

955 Biggeleben, Die Verdrängung der Juden aus der Berliner Industrie- und Handelskammer und dem Verein Berliner Kaufleute und Industrieller, in: Biggeleben/ Schreiber/ Steiner (Hrsg.), „Arisierung“ in Berlin, S. 57; Straubel, Kaufleute und Manufakturunternehmer, S. 198ff., 302ff.

956 Siehe dazu die Mitgliedschaften bei der jeweiligen Person.

957 Möglicherweise haben die Bankiers von E. J. Meyer noch weitere Aufsichtsratsmandate innegehabt, was jedoch nicht zu ermitteln gewesen ist.

958 Reitmayer, Der Strukturwandel im Bankwesen und seine Folgen für die Geschäftstätigkeit der Privatbankiers im Deutschen Reich bis 1914, in: Wissenschaftlicher Beirat des Instituts für bankhistorische Forschung (Hrsg.), Der Privatbankier.

Aufsichtsräten kleinerer Unternehmen aussah und inwiefern die Mandatsträger jüdisch waren, ist nicht zu ermitteln, da zu der Zeit nicht unterschieden wurde.

Eine erste Aufstellung von Mandatsträgern aller Unternehmen nach jüdischen oder nichtjüdischen zeigt, dass 1932 in Berlin über 20% aller Vorstände (Reichsdurchschnitt rund 10%) und rund 30% aller Aufsichtsräte (Reichsdurchschnitt über 20%) jüdisch waren[959]. Privatbankiers waren überdurchschnittlich stark in Aufsichtsräten deutscher Aktiengesellschaften vertreten: rund 31% der Aufsichtsratsmandate von Bankenvertretern lagen 1932/ 1933 in der Hand von Privatbankiers während die Bilanzsumme der Privatbankiers lediglich rund 5% der Bilanzsummer alle Banken ausmachte[960]. Dabei ist zu beachten, dass – wie oben erwähnt – die Privatbankiers bereits vor der Zeit der Herrschaft der Nationalsozialisten nicht mehr zu den maßgeblichen Finanziers der deutschen Industrie(-aktiengesellschaften) gehörten, weshalb sie ihre Aufsichtsratsmandate nicht auf dem klassischen Wege als Gläubiger bzw. Anteilseigner erlangten, sondern aufgrund ihrer persönlichen, wirtschaftlichen und politischen Netzwerke und Kompetenzen, beispielsweise als unabhängige Berater der Industrie bei Fusionen und Sanierungen oder als Vermittler ausländischer Kredite[961]. Jedoch war bereits vor 1932 die Zahl der jüdischen Privatbankiers in den Aufsichtsräten rückläufig, was sowohl an den existenzgefährdenden Verlusten vieler Privatbankhäuser in der Bankenkrise, dem altersbedingten Ausscheiden hochverdienter jüdischer Großindustrieller[962] als auch an der Verkleinerung der Aufsichtsräte durch die Notverordnung vom September 1931[963] lag. Auch wurden

Nischenstrategien in Geschichte und Gegenwart (Bankhistorisches Archiv, Beiheft 41), S. 12f., 17f.

959 Münzel, Die Verdrängung jüdischer Vorstands- und Aufsichtsratsmitglieder aus Berliner Großunternehmen im NS-Staat, in: Biggeleben/ Schreiber/ Steiner (Hrsg.), „Arisierung" in Berlin, S. 99ff.

960 Fischer, Jüdische Privatbanken im „Dritten Reich", in: Scripta Mercaturae 1994, S. 4; Köhler, Die „Arisierung" der Privatbanken im Dritten Reich, S. 134.

961 Köhler, Die „Arisierung" der Privatbanken im Dritten Reich, S. 134f.; Wixforth/ Ziegler, Deutsche Privatbanken und Privatbankiers im 20. Jahrhundert, in: Geschichte und Gesellschaft 1997, S. 222.

962 Beispielsweise Paul Herz, Schwager von Adolf Meyer, der Mitglied des Aufsichtsrates der Deutschen Bank in zweiter Generation bis zu seinem Tode 1925 war, vgl. Geschäftsberichte der Deutschen Bank 1915 (http://www.bankgeschichte.de/downloads/gb/gb_1915.pdf) bis 1925 (http://www.bankgeschichte.de/downloads/gb/gb_1925.pdf) am 30.03.2012.

963 Verordnung des Reichspräsidenten über Aktienrecht, Bankenaufsicht und eine Steueramnestie vom 19.09.1931, RGBl. I, S. 493ff.

bei einigen Unternehmen als Folge der betriebswirtschaftlichen Probleme des Unternehmens in der Wirtschaftskrise Aufsichtsräte und Vorstände ausgetauscht, wodurch ein Ausscheiden auch jüdischer Personen erfolgte. Jedoch war die Präsenz von Juden in Vorständen und Aufsichtsräten noch immer größer als ihr Anteil an der Bevölkerung[964].

In den Jahren 1933/ 1934 reduzierte sich die Anzahl der jüdischen Vorstände um fast zwei Drittel, die Zahl der jüdischen Aufsichtsräte um über die Hälfte, um dann bis zum Jahr 1938 kontinuierlich auf null zu sinken[965]. Bereits im Jahre 1933 waren nahezu alle jüdischen Vorstandsmitglieder von Großbanken von ihren Posten verdrängt worden, der letzte jüdische Bankmanager wurde 1936 aus dem Vorstand einer Großbank verdrängt[966]. Schon 1933 musste das Bankhaus M. M. Warburg & Co. 18 seiner 108 Aufsichtsratsmandate aufgeben, wobei sie teilweise von ihrem Ausschluss nicht einmal in Kenntnis gesetzt wurden und sich nur in einem einzigen Fall „arische" Kollegen mit ihnen solidarisierten[967]. Ende 1937 gehören die Warburg Teilhaber keinem Aufsichtsrat mehr an. Jedoch haben sie es geschafft, dass der „arische" Generalbevollmächtigte und spätere Teilhaber Rudolf Brinckmann sowie der Syndikus der Bank Kurt Sieveking einige Mandate „übernehmen" konnten[968].

Ein Vergleich der gehaltenen Aufsichtsratsmandate von jüdischen und „arischen" Privatbankiers als sog. „Big Linker" mit jeweils 10 oder mehr Aufsichtsratsmandaten pro Person in den Jahren 1932, 1933, 1935 und 1938 (jeweils Oktober/ November) zeigt, dass die Zahl von 34 jüdischen Privatbankiers als „Big Linker" sofort nach der Machtübernahme durch die Nationalsozialisten rapide (um mehr als 50%) sank und sich bis 1938 auf einen „Big Linker" verringert hatte[969], während die Zahl der „arischen Big Linker" stets bei 24 (1932),

---

964 Fiedler, Die „Arisierung" der Wirtschaftselite, in: Fritz Bauer Institut (Hrsg.), „Arisierung" im Nationalsozialismus, S. 67f.;

965 Münzel, Die Verdrängung jüdischer Vorstands- und Aufsichtsratsmitglieder aus Berliner Großunternehmen im NS-Staat, in: Biggeleben/ Schreiber/ Steiner (Hrsg.), „Arisierung" in Berlin, S. 99ff.; Fiedler, Die „Arisierung" der Wirtschaftselite, in: Fritz Bauer Institut (Hrsg.), „Arisierung" im Nationalsozialismus, S. 69ff., kommt auf ähnliche Zahlen.

966 Kopper, Bankiers unterm Hakenkreuz, S. 4.

967 Fischer, Jüdische Privatbanken im „Dritten Reich", in: Scripta Mercaturae 1994, S. 11; Warburg, Aus meinen Aufzeichnungen, S. 148ff.; Rosenbaum/ Sherman, Das Bankhaus M. M. Warburg & Co. 1798 - 1938, S. 200f.

968 Hoffmann, Max M. Warburg, S. 146f., 179.

969 Nicht verringert, sondern sogar vermehrt hat sich die Zahl der Aufsichtsratsmandate bei den Inhabern des Bankhauses Sal. Oppenheim jr. & Cie., da diese von der

22 (1933), 23 (1935) sowie 25 (1938) lag, so dass nicht nur der jüdische Anteil der „Big Linker“ verschwand, sondern sich auch die Zahl der von Privatbankiers insgesamt gehaltenen Aufsichtsratsmandate stark verringerte (von insgesamt 863 „Big Linker“-Aufsichtsratsmandaten 1932 auf 388 „Big Linker“-Aufsichtsratsmandate 1938[970].

Die Ursachen für diesen Rückgang, insbesondere der jüdischen Aufsichtsratsmandate, sind vielfältig: einerseits gab es die Notverordnung der Reichspräsidenten vom 19.09.1931, nach der die Gesamtzahl der Aufsichtsratsmandate pro Unternehmen auf höchstens dreißig Mandate begrenzt und die Zahl der Mandate pro Person schrittweise auf höchstens 20 Mandate begrenzt wurde[971], wobei in erster Linie die wichtigsten Geschäftspartner und Finanziers in den Aufsichtsräten verblieben[972]. Teilweise geschahen diese Verdrängungen auch auf Grund des Gesetzes zur Wiederherstellung des Berufsbeamtentums vom 07.04.1933, teilweise aufgrund des Gesetzes zur Gleichschaltung der Aufsichtsräte von Körperschaften des öffentlichen Rechts vom 15.06.1933[973]. Durch das Gesetz zur Wiederherstellung des Berufsbeamtentums[974] wurde angeordnet, dass alle jüdischen[975] Beamten aus dem aktiven Dienst zu entlassen seien.

---

nationalsozialistischen Rassenlehre und Gesetzgebung als „Mischlinge zweiten Grades“ und damit besser als „Volljuden“ und „Halbjuden“ behandelt wurden, weil auch nach den Nürnberger Gesetzen und deren Anwendungsvorschriften für den Bereich der Wirtschaft ein Gewerbebetrieb nicht als „verjudet“ angesehen wurde, sofern ein „Mischling zweiten Grades“ Mitglied des Aufsichtsrates war, vgl. Köhler, Die „Arisierung“ der Privatbanken im Dritten Reich, S. 149f.

970 Köhler, Die „Arisierung“ der Privatbanken im Dritten Reich, S. 137ff. auf Basis des Handbuchs der deutschen Aktiengesellschaften, Berlin, 1932, 1933, 1935, 1938.

971 Verordnung des Reichspräsidenten über Aktienrecht, Bankenaufsicht und Steueramnestie vom 19.09.1931, RGBl. I, S. 493ff.

972 Köhler, Die „Arisierung“ der Privatbanken im Dritten Reich, S. 137; Ziegler, Geschäftliche Spezialisierungen deutscher Privatbankiers in der Zwischenkriegszeit. Ein vergeblicher Überlebenskampf?, in: Wissenschaftlicher Beirat des Instituts für bankhistorische Forschung (Hrsg.), Der Privatbankier. Nischenstrategien in Geschichte und Gegenwart (Bankhistorisches Archiv, Beiheft 41), S. 36.

973 RGBl. I, S. 371.

974 RGBl. I, S. 175ff.; Am gleichen Tage wurde auch das Gesetz über die Zulassung zur Rechtsanwaltschaft, RGBl. I, S. 188, erlassen, welches ähnliche Regelungen für Rechtsanwälte enthielt, Ausnahmen jedoch für solche machte, die vor dem Ersten Weltkrieg zugelassen waren oder im Krieg gekämpft oder Väter oder Söhne verloren hatten.

975 Jüdisch war nach der Ersten Durchführungsverordnung zu diesem Gesetz vom 11.04.1933, „wer von nichtarischen, insbesondere jüdischen Eltern oder Großeltern

Durch die Durchführungsverordnung vom 04.05.1933[976] wurde dieses Gesetz auch auf Arbeiter und Angestellte im öffentlichen Dienst[977] sowie auf alle Unternehmen mit einer Mehrheitsbeteiligung der öffentlichen Hand ausgeweitet, so dass nun auch die – nach der Bankenkrise von 1931 – sich mehrheitlich in staatlicher Hand befindenden Großbanken (Beteiligung der öffentlichen Hand an der Dresdner Bank rund 90%, an der Commerzbank[978] rund 70%, an der Deutschen Bank rund 35%) unter das Gesetz fielen[979]. Während das einzige jüdische Vorstandsmitglied der Commerzbank aufgrund dieses Gesetzes im September 1933 ausschied, ist von den drei von sechs jüdischen Vorständen der Dresdner

---

abstammt. Es genügt, wenn ein Elternteil oder ein Großelternteil nicht arisch ist. Beamte, die nicht bereits am 01.08.1914 Beamte waren, haben nachzuweisen, dass sie arischer Abstammung bzw. Frontkämpfer sind.", RGBl. I, S. 195; infolge des Berufsbeamtengesetzes und dieser Verordnung wurden fünf Prozent der Berliner Beamten, ein Drittel der städtischen Angestellten und zehn Prozent der Arbeiter wegen ihrer Abstammung oder politischer Unzuverlässigkeit entlassen, vgl. Schreiber, „Arisierung" in Berlin 1933 - 1945, in: Biggeleben/ Schreiber/ Steiner (Hrsg.), „Arisierung" in Berlin, S. 22.

976 RGBl. I, S. 233ff.

977 Auf die Reichsbank selbst hatte dies Gesetz kaum Einfluss, da der Anteil der jüdischen Mitarbeiter im öffentlichen Bankwesen deutlich geringer war als in der privaten Bankwirtschaft, vgl. Kopper, Bankiers unterm Hakenkreuz, S. 186. Die Bestimmungen wurden nach und nach auf immer mehr Berufszweige ausgedehnt, beispielsweise - nun um willkürlich einige herauszugreifen - Patentanwälte, Privatlotterien (17.09.1933), Erbhofbauern (Reichserbhofgesetz vom 29.09.1933: „Der Eigentümer des Erbhofes heißt Bauer. Bauer kann nur sein, wer deutscher Staatsbürger deutschen oder stammesgleichen Blutes und ehrbar ist. Deutschen oder stammesgleichen Blutes ist nicht, wer unter seinen Vorfahren seit 01.01.1800 jüdisches oder farbiges Blut hat.", RGBl. I, S. 685ff.), wobei dieses Gesetz in der Praxis nur sehr geringe Auswirkungen hatte, da fast keine Bauern Juden waren, vgl. Genschel, Die Verdrängung der Juden aus der Wirtschaft im Dritten Reich, S. 65; Lehramtsreferendare, Fotografen, Habilitanden an Preußischen Universitäten (18.10.1933), „Nichtarische Studenten der Medizin und Zahnmedizin können die Approbation nicht mehr erhalten. Das Doktordiplom wird ihnen nur dann ausgehändigt, wenn sie auf ihre deutsche Reichsangehörigkeit verzichten." (20.10.1933), Schöffen und Geschworene (13.11.1933), vgl. Walk, Das Sonderrecht für die Juden im NS-Staat, S. 51f., 56f., 60.

978 Die Commerzbank ist 1932 im Zuge der Bankenkrise mit dem Barmer Bankverein fusioniert, vgl. Kopper, Bankiers unterm Hakenkreuz, S. 100.

979 Kopper, Bankiers unterm Hakenkreuz, S. 53ff.; Ziegler, Die Verdrängung der Juden aus der Dresdner Bank 1933 - 1945, in: Vierteljahreshefte für Zeitgeschichte (VfZ) 1999, S. 197f.

Bank eines bereits vor dem Gesetz ausgeschieden, das zweite Vorstandsmitglied ebenfalls aufgrund des Gesetzes zum 30.09.1933 während das dritte bis 1936 Vorstandsmitglied bleiben konnte, da dieses für die Bank und die nationalsozialistische Wirtschaftspolitik sehr wertvolle Beziehungen mit dem Erdölexportland Rumänien und mit weiteren Staaten auf dem Balkan sowie Ägypten hatte und deshalb bis zum Erlass des „Reichsbürgergesetzes" vom 15.09.1935[980] verschont wurde[981]. Obwohl das Gesetz nicht auf die Deutsche Bank anzuwenden war, da diese sich nicht in mehrheitlich staatlichem Besitz befand, wurden zwei der drei jüdischen Vorstandsmitglieder in vorauseilendem Gehorsam bereits zum 01.06.1933 aus dem Vorstand entfernt, während das Dritte, der 30 Jahre zuvor zum Christentum konvertierte Georg Solmssen[982] bis zu seiner ordnungsgemäßen Pensionierung im Juni 1934 im Vorstand verblieb und danach in den Aufsichtsrat wechselte[983]. Es lässt sich feststellen, dass es den Banken möglich war, Ausnahmegenehmigungen des Reichswirtschaftsministers für solche jüdischen Mitarbeiter zu bekommen, die als wichtige oder unersetzliche für die deutsche Volkswirtschaft bezeichnet wurden. Eine andere Möglichkeit für die Banken, ihre jüdischen Mitarbeiter nicht vollständig aus dem Unternehmen zu entfernen, war, diese in Auslandsgesellschaften weiterzubeschäftigen, was bis zum Rundschreiben des Reichswirtschaftsministeriums vom 13.09.1938

980 RGBl. I, S. 1146, sowie Erste Verordnung zum Reichsbürgergesetz vom 14.11.1935, RGBl. I, S. 1333.

981 Kopper, Bankiers unterm Hakenkreuz, S. 53ff., 59ff.; Ziegler, Die Verdrängung der Juden aus der Dresdner Bank 1933 - 1945, in: Vierteljahreshefte für Zeitgeschichte (VfZ) 1999, S. 197ff.

982 Er hatte 1900 seinen Namen von Salomonsohn in Solmssen geändert, vgl. Schulin, Die Rathenaus – Zwei Generationen jüdischen Anteils an der industriellen Entwicklung Deutschlands, in: Mosse/ Paucker (Hrsg.), Juden im Wilhelminischen Deutschland 1890 - 1914, S. 131f.; Sohn von Adolph Salomonsohn und Neffe von Arthur Salomonsohn, alle drei waren leitend in der Disconto-Gesellschaft, die 1929 mit der Deutschen Bank (die bis 1937 den Namen „Deutsche Bank und Disconto-Gesellschaft" führte) fusionierte, vgl. Barkai, Oscar Wassermann und die Deutsche Bank, S. 36.

983 Dort verblieb er bis 1938, als bestimmt wurde, dass ein Unternehmen auch dann jüdisch ist, wenn ein Aufsichtsratsmitglied Jude ist, vgl. Kopper, Bankiers unterm Hakenkreuz, S. 58. Aus diesem Grunde hätte auch der „Halbjude" Fritz Andreae bis 1938 Aufsichtsratsvorsitzender der Dresdner Bank bleiben können, doch wurde er vom Reichswirtschaftsminister 1936 zur Niederlegung seines Amtes gezwungen, vgl. Kopper, Bankiers unterm Hakenkreuz, S. 64.

möglich war, denn hiernach waren jüdische Vertreter deutscher Gesellschaften im Ausland nach Möglichkeit zu entlassen[984].

Weiterer Grund für den starken Rückgang der von Juden gehaltenen Vorstandsposten und Aufsichtsratsmandate war tatsächlicher Druck seitens nationalsozialistischer Arbeitnehmervertreter oder Aktionäre. Zudem galten jüdische Aufsichtsratsmitglieder bereits sehr bald nach der Machtübernahme durch die Nationalsozialisten als „Makel" bei der Vergabe öffentlicher Aufträge[985], wenn auch jüdische Aufsichtsräte bis Ende 1937 nicht dazu geführt haben, dass ein Unternehmen als „nichtarisch" zu bezeichnen war[986].

Um die Auswirkungen dieser Beschränkungen ihrer Geschäftstätigkeit zu minimieren, versuchten die jüdischen Privatbankiers teilweise, ihre Aufsichtsratsmandate auf ihre „arischen" Teilhaber zu übertragen, welche später bisweilen die „freundschaftlichen Arisierer"[987] ihrer Bankhäuser wurden[988]. Die Übertragung der Aufsichtsratsmandate auf „arische" Teilhaber geschah entweder zu der Zeit, als die jüdischen Bankiers noch ihre Funktion im Bankhaus bekleideten oder aber durch Absichtserklärungen der jüdischen Bankiers in den „Arisierungsverträgen", ihre Mandate niederzulegen und alles in ihrer Macht stehende zu tun, damit die neuen „arischen" Inhaber des Bankhauses in die Gremien berufen würden[989], was jedoch auch bei „Ariern" bisweilen an politischer Einflussnahme

984 Walk, Das Sonderrecht für die Juden im NS-Staat, S. 241.

985 Münzel, Die Verdrängung jüdischer Vorstands- und Aufsichtsratsmitglieder aus Berliner Großunternehmen im NS-Staat, in: Biggeleben/ Schreiber/ Steiner (Hrsg.), „Arisierung" in Berlin, S. 106ff.; Münzel, Die jüdischen Mitglieder der deutschen Wirtschaftselite 1927 - 1955, S. 228.

986 Am 24.12.1937 wurde im Erlass des Reichswirtschaftsministers zur Zugehörigkeit zur Organisation der gewerblichen Wirtschaft festgelegt, dass alle Unternehmen, die wenigstens einen Juden im Vorstand oder Aufsichtsrat hatten, als „nichtarisch" bzw. „arisierungsfällig" zu bezeichnen waren, vgl. Kopper, Zwischen Marktwirtschaft und Dirigismus, S. 260; Köhler, Die „Arisierung" der Privatbanken im Dritten Reich, S. 140.

987 Zu dem Begriff siehe oben, Kap. 1.2.2.1.

988 So zum Beispiel in den Fällen M. M. Warburg & Co., durch die „Arier" Rudolf Brinckmann und Kurt Sieveking, vgl. Köhler, Die „Arisierung" der Privatbanken im Dritten Reich, S. 143f., sowie dem Kölner Bankhaus Sal. Oppenheim jr. & Cie., bei welchem Aufsichtsratsmandate auf den „arischen" Teilhaber Robert Pferdemenges übertragen wurden, vgl. Treue, Einige Kapitel aus der Geschichte der Kölner Bankiersfamilie Oppenheim, in: Bohnke-Kollwitz (Hrsg.), Köln und das rheinische Judentum, S. 155.

989 Beispielsweise bei der „Arisierung" der jüdischen Privatbankhäuser Gebr. Arnhold und S. Bleichröder durch die Dresdner Bank und das mit ihr verbundene Bankhaus

scheiterte, wie beispielsweise im Falle des „Ariers" Walter Frisch vom Bankhaus Gebr. Arnhold, der auf direkten Befehl des sächsischen Gauleiters Mutschmann aus dem Aufsichtsrat der Auto-Union AG (Leipzig) ausgeschlossen wurde, weil Mutschmann den Einfluss der Bank auf den rüstungsrelevanten Fahrzeug- und Maschinenbauer begrenzen wollte[990].

Obwohl teilweise versucht wurde, die wirtschaftlichen Folgen eines solchen Ausscheidens durch Beraterverträge mit den jeweiligen Unternehmen oder durch Posten im Ausland aufzufangen, hatte die Verdrängung aus Aufsichtsräten und Vorständen einen beruflich-unternehmerischen Abstieg sowie einen gesellschaftlichen Statusverlust zu Folge[991]. Durch das zerstörte Ansehen und den gesunkenen wirtschaftlichen und politischen Einfluss der jüdischen Bankiers waren diese auch als Aufsichtsräte bei anderen Unternehmen weniger gefragt.

Die Bankiers von E. J. Meyer hatten Anfang 1933 nachweislich noch drei Aufsichtsratsmandate inne[992]. Dies war, wie bereits geschildert, der allgemeinen Situation der Privatbankiers und auch dem Bedeutungsverlust des Bankhauses E. J. Meyer geschuldet, welches Ende des 19. Jahrhunderts als Gründungsmitglied der Deutschen Bank noch zur Haute Volée der Privatbanken gehörte, aber Ende der Weimarer Republik relativ unbedeutend war[993].

Nachdem 1934 Julius Schwarz verstorben war, konnte keiner seiner Partner bei E. J. Meyer dessen Mandate übernehmen. Mit Adolf Meyer, Leonhard Horwitz und Walter Flörsheimer waren nun noch drei allesamt jüdische Teilhaber vorhanden. Adolf Meyer hielt noch bis 1937 das Aufsichtsratsmandat bei der Bank des Berliner Cassen-Vereins sowie bis 1933 das Mandat bei dem Baukonzern Philipp Holzmann. Bis wann er das Mandat bei den Chem. Fabriken Grünau Landshoff & Meyer hielt, ist nicht zu ermitteln. Mitglied des Zentralausschusses der Reichsbank wie noch sein Vater ist Adolf Meyer nie gewesen. Horwitz verlor wohl alle seine meist aus der Bauwirtschaft stammenden Mandate in der Zeit der Wirtschafts- und Bankenkrise. Er konnte lediglich ein Aufsichtsratsmandat bei der Nowa Strumpffabrik in Chemnitz akquirieren, welches er 1931 noch nicht, jedoch 1936 hielt und auch 1939 wurde er im Adressbuch der

---

Hardy & Co., vgl. Köhler, Die „Arisierung" der Privatbanken im Dritten Reich, S. 149ff.

990 Köhler, Die „Arisierung" der Privatbanken im Dritten Reich, S. 149.

991 Münzel, Die Verdrängung jüdischer Vorstands- und Aufsichtsratsmitglieder aus Berliner Großunternehmen im NS-Staat, in: Biggeleben/ Schreiber/ Steiner (Hrsg.), „Arisierung" in Berlin, S. 113ff.

992 Soweit dies zu ermitteln war. Zu den Einzelheiten siehe bei der jeweiligen Person.

993 Siehe Kap. 2.2.5.

Direktoren und Aufsichtsräte noch als Aufsichtsrat geführt[994]. Von Flörsheimer ist nicht bekannt, dass er Aufsichtsratsmandate hielt. Also waren zur Zeit der „Arisierung“ am 03.06.1938 wohl keine Aufsichtsratsmandate der Bankiers von E. J. Meyer vorhanden, die auf den „arischen“ Erwerber Kurt Richter-Erdmann hätten übertragen werden können. Diese Annahme wird gestützt dadurch, dass sich auch im „Arisierungsvertrag“ keine derartigen Regelungen finden[995].

Ein Beispiel, wie die Verdrängung aus Aufsichtsräten vonstattenging, bietet das Aufsichtsratsmandat beim Baukonzern Philipp Holzmann, welches Adolf Meyer nach seinem Vater Ernst Joachim und seinem Großvater Abraham gen. Adolf, welcher auch einer der Mitbegründer des Vorläufers von Philipp Holzmann war, in der dritten Generation hielt. Die Internationale Bau- und Eisenbahngesellschaft wurde 1872 in Frankfurt a. M. errichtet und 1893 in Internationale Baugesellschaft umbenannt. Die Gründer waren die Anglo-Deutsche Bank in Hamburg (Beteiligung: 700.000 Taler), M. M. Warburg & Co. in Hamburg (900.000 Taler), Deutsche Bank in Berlin (1.500.000 Taler), E. J. Meyer in Berlin (4.350.000 Taler) sowie die Anglo-Österreichische Bank in Wien (2.550.000 Taler). E. J. Meyer war – wie schon bei der Gründung der Deutschen Bank, wo es zweitgrößter Anteilszeichner war – auch hier mit sehr hohen Beträgen maßgeblich beteiligt (über 40%) und hielt die Beteiligung in dieser Größenordnung auch aufrecht, als 1873 die anderen Anteilseigner ihre Anteile zu großen Teilen an die Deutsche Vereinsbank in Frankfurt a. M. veräußerten[996]. Da die Internationale Baugesellschaft zwar über viel Kapital sowie Grundstücke verfügte, jedoch selbst keine Bauprojekte ausführte, fusionierte sie im August 1873 mit Philipp Holzmann zur Philipp Holzmann & Co., die später zur Philipp Holzmann AG wurde[997]. 1921 wurden Aktien in großem Stil ausgegeben, welche in Berlin von der Deutschen Bank und E. J. Meyer gezeichnet wurden[998].

Am 11.08.1933, also bereits kurz nach der Machtergreifung durch die Nationalsozialisten, empfing die Oberste Bauleitung Reichsautobahn ein Schreiben des Gaufachschaftsberaters für Wirtschaftstechnik des Gaus Hessen-Nassau.

---

994 Mossner (Hrsg.), Adressbuch der Direktoren und Aufsichtsräte 1936, S. 655; Mossner (Hrsg.), Adressbuch der Direktoren und Aufsichtsräte 1939, Bd. 1, S. 716; Verlag für Börsen- und Finanzliteratur (Hrsg.), Handbuch der deutschen Aktiengesellschaften 1929, Bd. 3, S. 4468f.; Mossner (Hrsg.), Adressbuch der Direktoren und Aufsichtsräte 1931, S. 1078.

995 Siehe Kap. 5.2.2.2.

996 Pohl, Philipp Holzmann, S. 38f.

997 Pohl, Philipp Holzmann, S. 40f., 150ff.

998 Pohl, Philipp Holzmann, S. 144.

Dieser schrieb, „dass die Firma Gebr. (sic!) Holzmann heute noch mit jüdischem Kapital arbeitet. Es wird daher empfohlen, dieses Unternehmen nicht zu beschäftigen und an deren Stelle die Firma Wayss & Freytag, sowie kleinere und mittlere Unternehmen heranzuziehen". Deshalb besuchten am 14.09.1933 das jüdische Vorstandsmitglied Alfred Rosenthal sowie das Vorstandsmitglied Robert Hartmann den Aufsichtsratsvorsitzenden der Philipp Holzmann AG. Es müsse schleunigst etwas in Richtung Gleichschaltung der Philipp Holzmann AG geschehen, denn zwar habe das „Deutsche Zeugnis" für die Firma erwirkt werden können, jedoch habe der oberste Leiter des Reichsstraßenbaus Fritz Todt in einer vertraulichen Absprache gesagt, dass leider bei Philipp Holzmann in Besetzung von Vorstand und Aufsichtsrat der herrschenden Richtung bislang in keiner Weise Rechnung getragen worden sei. Man werde Holzmann zwar künftig bei öffentlichen Vergaben weiterhin zur Abgabe von Offerten auffordern, jedoch sei es unausbleiblich, dass andere rein „arische" Firmen bei der Vergabe bevorzugt würden. Diese Einstellung habe bereits die ersten Auswirkungen auf das Geschäft und es werde befürchtet, dass sich dies in Zukunft noch verstärke. Bei einer Ausschreibung für einen Straßenbau in einem Frankfurter Bezirk sei man nicht einmal mehr zur Offertenabgabe aufgefordert worden. Als Lösung wurde gewählt, die angebotenen Demissionen als Aufsichtsrat der Herren Adolf Meyer und Paul Stern anzunehmen, jedoch den Bankier Warburg zu halten, wobei man meinte, dass auch dieser wohl bald nicht mehr zu halten sei[999]. Das bereits über 60 Jahre alte jüdische Vorstandsmitglied Hermann Galewski wurde in den Ruhestand geschickt[1000].

Obwohl Adolf Meyer aus dem Aufsichtsrat ausgeschieden war, blieb E. J. Meyer weiterhin Zahlstelle und war dies auch noch 1940, also nach der „Arisierung" des Bankhauses E. J. Meyer[1001].

Zeitgleich mit Adolf Meyer saß auch Hugo von Metzler vom Frankfurter Bankhaus B. Metzler seel. Sohn & Co. im Aufsichtsrat von Philipp Holzmann[1002]. Es ist

---

999 Er konnte bis 1936 im Aufsichtsrat verbleiben, vgl. Pohl, Philipp Holzmann, S. 200.

1000 Pohl, Philipp Holzmann, S. 193ff.

1001 Verlag für Börsen- und Finanzliteratur (Hrsg.), Handbuch der deutschen Aktiengesellschaften 1929, Bd. 2, S. 2066ff.; Verlag für Börsen- und Finanzliteratur (Hrsg.), Handbuch der deutschen Aktiengesellschaften 1937, Bd. 5, S. 5833; Verlag für Börsen- und Finanzliteratur (Hrsg.), Handbuch der deutschen Aktiengesellschaften 1940, Bd. 6, S. 6561; Verlag für Börsen- und Finanzliteratur (Hrsg.), Handbuch der deutschen Aktiengesellschaften 1942, Bd. 4, S. 4977.

1002 Pohl, Philipp Holzmann, S. 158, 201; Mossner (Hrsg.), Adressbuch der Direktoren und Aufsichtsräte, 1931, S. 9.

deshalb möglich, dass Adolf Meyer schon dessen Neffen Albert von Metzler kannte, welcher nach dem plötzlichen Tode des „Arisierers“ Kurt Richter-Erdmann von E. J. Meyer als Kommanditist in das Bankhaus E. J. Meyer einstieg[1003].

4.3.4.2 Verdrängung aus Vereinigungen

Weiterer Ansatzpunkt, die Juden aus dem Wirtschaftsleben zu verdrängen, war der Ausschluss aus öffentlichen Ämtern, Ehrenämtern und Vereinen, beispielsweise aus Wissenschafts-, Wirtschafts-, Kunst-, Kultur-, Sportvereinen[1004], Wohltätigkeitsorganisationen[1005] und sogar aus dem Rotary Club[1006], da in diesen auch für das Geschäftsleben wichtige Kontakte geknüpft und intensiviert wurden. Um diese gesellschaftlichen Beschränkungen aufzufangen, wendeten sich viele Juden der ehrenamtlichen Tätigkeit in jüdischen Gemeinden und Organisationen zu, obwohl diese ihnen teilweise bereits fremd gewesen waren[1007].

1003 Dazu unten Kap. 5.3.1.1.

1004 Beispielsweise bereits 1933 Ausschluss von Juden aus Lehrervereinen, dem Deutschen Apothekerverein, dem Verein der blinden Akademiker Deutschlands, dem Großdeutschen Schachbund, dem Reichsverband deutscher Schriftsteller, Gesangsvereinen, dem Reichsverband des nationalen Viehhandels Deutschland, Automobilverbänden, vgl. Walk, Das Sonderrecht für die Juden im NS-Staat, S. 16f., 34f., 42, 46, 49, 51.

1005 Diese wurden teilweise ganz aufgelöst, so die Anordnung der Gestapo München vom 12.05.1933, nach der alle jüdischen Vereine, einschließlich derer für Wohlfahrt, aufzulösen waren und deren Vermögen als zu antinationalen Zwecken bestimmtes Gut beschlagnahmt wurde, vgl. Walk, Das Sonderrecht für die Juden im NS-Staat, S. 22.

1006 Köhler, Die „Arisierung“ der Privatbanken im Dritten Reich, S. 107f.; Lässig, Nationalsozialistische „Judenpolitik“ und jüdische Selbstbehauptung vor dem Novemberpogrom: Das Beispiel der Dresdner Bankiersfamilie Arnhold, in: Pommerin (Hrsg.), Dresden unterm Hakenkreuz, S. 143; zur Verdrängung des Hamburger Bankiers Max Warburg (M. M. Warburg & Co.) von politischen, wirtschaftlichen und ehrenamtlichen Posten vgl. Kopper, Bankiers unterm Hakenkreuz, S. 74ff. U. a. der Rotary Club Hamburg hat nach den April-Boykotten 1933 gegen jüdische Gewerbetreibende verbreitet, dass Berichte in der internationalen Presse unwahr und böswillig erlogene Gerüchte seien, vgl. Bajohr, „Arisierung“ in Hamburg, S. 51f.; bzgl. Ausschluss aus dem Rotary Club vgl. auch Ludwig, Boykott, Enteignung, Mord, S. 185.

1007 Köhler, Die „Arisierung“ der Privatbanken im Dritten Reich, S. 107f.; Lässig, Nationalsozialistische „Judenpolitik“ und jüdische Selbstbehauptung vor dem Novemberpogrom: Das Beispiel der Dresdner Bankiersfamilie Arnhold, in: Pommerin (Hrsg.), Dresden unterm Hakenkreuz, S. 143f.; Max Warburg, der bereits vorher

Julius Schwarz, Mitinhaber von E. J. Meyer, war Vorsitzender der Sammlung „Jüdische Not", der Zentralwohlfahrtsstelle der deutschen Juden und Mitglied des Central-Verein deutscher Staatsbürger jüdischen Glaubens[1008]. In welchen gesellschaftlichen Vereinigungen die übrigen Bankiers von E. J. Meyer gewesen sind, wird bei den jeweiligen Vereinigungen dargestellt ohne einen Anspruch auf Vollständigkeit zu erheben. Jedoch haben sie aktiv am Kultur- und Geistesleben teilgenommen, wie aus der Hauschronik Richard Moritz Meyers, des Vetters von Adolf Meyer, hervorgeht[1009].

4.3.4.3 Industrie- und Handelskammer Berlin

Ein wichtiges Netzwerk und wichtige Informationsquelle war die Industrie- und Handelskammer Berlin, welche aus der Korporation der Kaufmannschaft Berlin, einer Vertretung insbesondere der Berliner Bankiers und Eigentümerin der Berliner Börse, hervorgegangen ist und welche – wie auch der Verein Berliner Kaufleute und Industrieller – in den Vorstands- und Präsidiumsebenen sehr viele Juden, zu vielen Zeiten über 50%, aufwies[1010].

Die Bankhaus E. J. Meyer hatte vielfältige Verbindungen zu den Ältesten der Kaufmannschaft und späteren Industrie- und Handelskammer. Bereits der Gründer von E. J. Meyer, Ely Joachim Meyer, war Mitglied der Korporation der Kaufmannschaft[1011]. Auch war der Schwiegervater von Ernst Joachim Meyer, Wilhelm Herz, von 1866 - 1902 Ältester der Kaufmannschaft (ab 1889 als Vizepräsident, ab 1895 als Präsident) und wurde 1902 der erste Präsident der neu gegründeten Industrie- und Handelskammer. Aufgrund seiner außerordentlichen Verdienste wurde ihm zum 90. Geburtstag im April 1913 neben dem Titel Königlich Preuss. Wirklicher Geheimer Rat als erstem Kaufmann vom

---

schon in jüdischen Organisationen engagierte Bankier, verstärkte sein Engagement nach der Machtübernahme durch die Nationalsozialisten sehr, vgl. Kopper, Bankiers unterm Hakenkreuz, S. 76f.

1008 Siehe Kap. 3.3.3.

1009 Siehe zum Leben Richard Moritz Meyers: Richter, Voßstraße16 – Im Zentrum der (Ohn-)Macht; Kohl, Bilder eines Vaters.

1010 Industrie- und Handelskammer zu Berlin (Hrsg.), Die Industrie- und Handelskammer zu Berlin: 1902 - 1927, S. 15, 20f.; Biggeleben, Die Verdrängung der Juden aus der Berliner Industrie- und Handelskammer und dem Verein Berliner Kaufleute und Industrieller, in: Biggeleben/ Schreiber/ Steiner (Hrsg.), „Arisierung" in Berlin, S. 56ff.; Biggeleben, Das „Bollwerk des Bürgertums", S. 118f.

1011 Richter, Voßstraße16 – Im Zentrum der (Ohn-)Macht, S. 46.

Kaiser der Titel „Exzellenz" verliehen[1012]. Auch Ernst Joachim Meyer und Albert Stäckel engagierten sich für die Ältesten der Kaufmannschaft und waren in deren Finanzkommission aktiv sowie Stäckel noch bis 1923 in der Industrie- und Handelskammer. Zeitgleich mit ihnen war dort auch der Bankier Max Richter aktiv, dessen Sohn Kurt Richter-Erdmann später „Arisierer" des Bankhauses E. J. Meyer werden sollte. Auch Julius Schwarz war in der Industrie- und Handelskammer[1013]. Paul Herz, der Vetter Ernst Joachim Meyers, war ebenfalls Mitglied der Industrie- und Handelskammer zu Berlin[1014].

Bereits am 29.03.1933 wurden alle jüdischen Vizepräsidenten und Syndizi entlassen, so dass der „Völkische Beobachter" bereits am 01.04.1933 vermelden konnte, dass die „Industrie- und Handelskammer judenrein" sei. Nach einer Fusion zwischen der Brandenburgischen und der Berliner Industrie- und Handelskammer mussten auch alle Beiratsmitglieder ihre Mandate niederlegen und wurden von durch die Regierung ernannten „Kommissaren" ersetzt, direkt gefolgt von der Ersetzung der von den Mitgliedern der Industrie- und Handelskammer gewählten Vollversammlung durch einen von der Regierung ernannten Beirat, wobei die neu eingerückten Mitglieder in der Regel Nationalsozialisten waren, die wenig Fachkenntnisse hatten und vielmals zuvor lange arbeitslos gewesen sind.

Bemerkenswert ist außerdem, dass sich die Industrie- und Handelskammer von einer Interessenvertretung auch vieler jüdischer Gewerbetreibender in einen aktiven Handlanger bei „Arisierungen" wandelte, beispielsweise durch Verkehrswertgutachten über zu „arisierende" Betriebe oder auch durch direkten Druck zur „Arisierung" bzw. „Ausschaltung" jüdischer Personen aus Firmen[1015], was beispielsweise auch die Genehmigungen der „Arisierung" des Bankhauses E. J. Meyer sowie die Erteilung eines Reisepasses für Adolf Meyer 1938 betraf[1016].

4.3.4.4 Berliner Börse

Ein Knotenpunkt der Berliner Privatbankiers war die Berliner Börse, da das Börsengeschäft einen Haupterwerbszweig der Privatbankiers darstellte. Nach der

---

1012 Dazu oben Kap. 2.2.3.1.

1013 Siehe dazu bei den jeweiligen Personen.

1014 Industrie- und Handelskammer zu Berlin (Hrsg.), Die Industrie- und Handelskammer zu Berlin: 1902 - 1927, S. 76.

1015 Biggeleben, Die Verdrängung der Juden aus der Berliner Industrie- und Handelskammer und dem Verein Berliner Kaufleute und Industrieller, in: Biggeleben/ Schreiber/ Steiner (Hrsg.), „Arisierung" in Berlin, S. 83.

1016 Siehe Kap. 5.1.3.1, 5.1.3.2 und 5.2.2.2.

Machtübernahme durch die Nationalsozialisten wurden Juden sukzessive aus Börsengremien und schließlich der Börse selbst verdrängt.

Nicht nur waren Ernst und Adolf Meyer, Leonhard Horwitz und Julius Schwarz als Börsenbesucher zugelassen[1017], sondern das Bankhaus E. J. Meyer hatte durch die engen Verknüpfungen mit den Ältesten der Kaufmannschaft, später Industrie- und Handelskammer, eine lange Verbindung zur Berliner Börse, denn die Ältesten der Kaufmannschaft waren das leitende Gremium der Börse und deren Eigentümer[1018].

Bereits 1904 wurde Albert Stäckel in den Börsenvorstand wiedergewählt und hielt dies Mandat bis 1917. Zeitgleich war er auch Mitglied der Zulassungsstelle. In den Jahren 1918 und 1920 wurde Stäckel als Stellvertreter für den Börsenausschuss der Industrie- und Handelskammer vorgeschlagen[1019]. Insbesondere die Mitgliedschaft in der Zulassungsstelle war für einen Bankier von großer Bedeutung, denn diese hatte neue Wertpapiere zum Börsenhandel zuzulassen, was gute Einblicke in die Geschäftspapiere der jeweiligen Unternehmen sowie gute Geschäftskontakte zu diesen Unternehmen ermöglichte[1020].

Der Börsenvorstand war im Dezember 1932 von den Mitgliedern der Börse und der Industrie- und Handelskammer neu gewählt worden für eine Wahlperiode von 1933 bis 1935 und hatte als Vorsitzenden Eduard Mosler und als einen von zwei Stellvertretern Julius Schwarz vom Bankhaus E. J. Meyer. Insgesamt waren von den 34 Vorstandsmitgliedern 14 jüdisch[1021].

Bereits kurz nach der Machtergreifung der Nationalsozialisten regte der Vorsitzende Mosler beim Wirtschaftsminister eine Verkleinerung des Börsenvorstandes an, welcher teilweise von den Börsenmitgliedern gewählt, jedoch von der bereits gleichgeschalteten Industrie- und Handelskammer bestätigt werden musste. Die zuvor von der Industrie- und Handelskammer gewählten Mitglieder, wurden nun benannt. Damit war auch die Börse der Gleichschaltung einen großen Schritt näher gekommen, wenn auch nach der Neuwahl des Börsenvorstandes Anfang Mai 1933 noch einige Juden im Börsenvorstand verblieben, so beispielsweise Sigmund Wassermann vom Berliner Bankhaus

1017 Medert, Die Verdrängung der Juden von der Berliner Börse: kleine und mittlere Unternehmen an der Wertpapier-, Produkten- und Metallbörse (1928 - 1938), S. 328, 344, 358, 385, 457.

1018 Weyhe, A. E. Wassermann, S. 80.

1019 Siehe bei der jeweiligen Person.

1020 Weyhe, A. E. Wassermann, S. 80.

1021 Kahmann, Die Bankiers von Jacquier & Securius, S. 75f.; Weyhe, A. E. Wassermann, S. 80.

A. E. Wassermann. Nicht mehr vertreten waren jedoch die jüdischen Bankiers Julius Schwarz von E. J. Meyer und Alfred Panofsky von Jacquier & Securius, jedoch neu Richard Lenz, der spätere „Arisierer" des Bankhauses Jacquier & Securius sowie der „arische" Max Trunk, derzeit Börsenprokurist bei Jacquier & Securius, seit April 1939 Prokurist des „arisierten" Bankhauses E. J. Meyer, der auch nach der erneuten Besetzung – durch Ernennung statt durch Wahl – des Börsenvorstandes 1934 wieder in diesen einzog, wiederum ebenfalls mit den jüdischen Bankiers Sigmund Wassermann und Paul von Mendelssohn-Bartholdy[1022].

Eine weitere Einschränkung des direkten Geschäftes jüdischer Bankiers geschah durch die Neuordnung der Zulassung an der Berliner Wertpapierbörse durch eine Verfügung des Preußischen Wirtschaftsministers, nach welcher alle Börsenzulassungen der Berliner Makler am 30.09.1933 erloschen und eine Wiederzulassung nur „ehrhaften und vertrauenswürdigen Personen" erteilt werden konnte[1023]. Sigmund Wassermann gelang es schon bei der Wahl 1933 nicht mehr, im Aufnahmeausschuss der Börse zu bleiben, welcher die Wiederzulassung der Börsenmakler durch Interpretation der vorgenannten unbestimmten Rechtsbegriffe zu besorgen hatte[1024]. Obwohl Paul von Mendelssohn-Bartholdy in dem Ausschuss verbleiben konnte, wurden Anträge von Juden zur Zulassung zum Handel oft bereits zurückgewiesen, bevor diese überhaupt dem Börsenvorstand zugegangen waren[1025].

Im November 1935 erfolgte die Entfernung amtlich bestellter jüdischer Kursmakler ab dem 22.11.1935 von den Börsen[1026].

1022 Weyhe, A. E. Wassermann, S. 80f.; Kahmann, Die Bankiers von Jacquier & Securius, S. 76ff.; Medert, Die Verdrängung der Juden von der Berliner Börse: kleine und mittlere Unternehmen an der Wertpapier-, Produkten- und Metallbörse (1928 - 1938), S. 200f.; LAB, B Rep. 042, Nr. 46349, Bd. 3, Handblatt Handelsregister Akte E. J. Meyer.

1023 Medert, Die Verdrängung der Juden von der Berliner Börse: kleine und mittlere Unternehmen an der Wertpapier-, Produkten- und Metallbörse (1928 - 1938), S. 222f.; Walk, Das Sonderrecht für die Juden im NS-Staat, S. 35; Gruner, Judenverfolgung in Berlin 1933 - 1945, S. 68.

1024 Weyhe, A. E. Wassermann, S. 81.

1025 Kahmann, Die Bankiers von Jacquier & Securius, S. 85f.

1026 An der Berliner Börse wurden die neunzehn entlassenen jüdischen Kursmakler durch zehn „arische" ersetzt, so dass Nebenfolge der rassisch motivierten Entlassung zugleich ein rationalisierender Stellenabbau war, vgl. Schreiber, „Arisierung" in Berlin 1933 - 1945, in: Biggeleben/ Schreiber/ Steiner (Hrsg.), „Arisierung" in Berlin, S. 40; Medert, Die Verdrängung der Juden von der Berliner Börse: kleine und

Mit dem Erlass des Reichswirtschaftsministeriums vom 20.06.1938, dass Juden zum Börsenhandel nicht mehr zugelassen und die bisherigen Zulassungen ungültig werden[1027], verloren die Kursmakler sowohl ihre Einnahmen als auch die wichtigen Kontakte und Informationen, welche mit dem Börsengeschäft einhergingen. Ebenfalls wurde mit Erlass des Reichswirtschaftsministers vom 20.06.1938 allen jüdischen Banken der Besuch der Börsen untersagt. Um die Arisierung nicht zu stören, durften sich jüdische Firmen bis auf weiteres durch nichtjüdische Prokuristen oder Bevollmächtigte auf den Börsen vertreten lassen[1028]. Mit dem Entzug der Börsenzulassung waren die jüdischen Börsenbesucher gezwungen, ihr Unternehmen zu veräußern oder zu liquidieren[1029].

Noch bei der notariellen Beurkundung des „Arisierungsvertrages“ zwischen Adolf Meyer und Leonhard Horwitz als Veräußerer und Kurt Richter-Erdmann als Erwerber am 03.06.1938 wiesen sich Adolf Meyer durch seine Börsenkarte der Berliner Börse für das Geschäftsjahr 1938/ 1939 und Leonhard Horwitz mit der seinigen für das Geschäftsjahr 1937/ 1938 aus[1030].

Kurz darauf, am 19.07.1938, entzog die Reichsbank den verbliebenen jüdischen – noch nicht in der „Arisierung“ begriffenen – Privatbanken die Devisenbankeigenschaft[1031], so dass diese nun weder im Devisen- und Außenhandelsgeschäft, noch im Börsengeschäft noch bei der Verwaltung jüdischen Vermögens, welches in Anbetracht einer möglichen Auswanderung mit einer Sicherungsanordnung gem. § 37 a Devisengesetz belegt war, tätig sein konnten, womit ihnen kaum noch wirtschaftlicher Aktionsraum zur Verfügung stand.

---

mittlere Unternehmen an der Wertpapier-, Produkten- und Metallbörse (1928 - 1938), S. 198, 244ff.

1027 Damit verloren nun auch diejenigen jüdischen Kursmakler ihre selbständige Arbeit, die sich nach ihrem Ausschluss von der Börse als selbständige Makler betätigt hatten, vgl. Schreiber, „Arisierung“ in Berlin 1933 - 1945, in: Biggeleben/ Schreiber/ Steiner (Hrsg.), „Arisierung“ in Berlin, S. 40; Medert, Die Verdrängung der Juden von der Berliner Börse: kleine und mittlere Unternehmen an der Wertpapier-, Produkten- und Metallbörse (1928 - 1938), S. 248ff.

1028 Walk, Das Sonderrecht für die Juden im NS-Staat, S. 230.

1029 Medert, Die Verdrängung der Juden von der Berliner Börse: kleine und mittlere Unternehmen an der Wertpapier-, Produkten- und Metallbörse (1928 - 1938), S. 276ff.

1030 „Arisierungsvertrag“, BADV, 7 WGA 423/51, Bl. 59ff.

1031 Köhler, Die „Arisierung“ der Privatbanken im Dritten Reich, S. 166f.

4.3.4.5 *Interessengemeinschaft Berliner Privatbankfirmen (IG Privatbankiers)*

Julius Schwarz war zeitweilig Präsident der IG Privatbankiers[1032]. Die IG Privatbankiers war die Interessengemeinschaft der kleinen und mittleren Privatbankhäuser und damit der Gegensatz zur Stempelvereinigung, in welcher die Großbanken die Vorherrschaft hatten. Ihr gehörten Anfang der 1930er Jahre rund 350 der rund 500 Berliner Privatbanken an[1033]. Sie hat sowohl Lobbyismusarbeit geleistet, beispielsweise in der Zeit der Bankenkrise und der Neuordnung des Bankwesens, als auch hatte sie Kartellfunktion, indem sie mit der Stempelvereinigung beispielsweise Provisionen oder Zinssätze festlegte. Auch hier stellte der Vorstand aufgrund der geänderten Lage im April 1933 seine Ämter zur Verfügung, worauf ein neuer zehnköpfiger Vorstand gewählt wurde. In diesem waren zwar Nationalsozialisten an führender Stelle vertreten, jedoch konnten wie auch bei der Börse jüdische Bankiers im Vorstand verbleiben, in Falle der IG Privatbankiers Sigmund Wassermann (A. E. Wassermann), Alfred Panofsky (Jacquier & Securius) sowie Dr. David (Hagen & Co.)[1034].

4.3.4.6 *Verein Berliner Kaufleute und Industrieller*

Der Verein Berliner Kaufleute und Industrieller war 1879 als Gegenpol zur Korporation der Kaufmannschaft gegründet worden. Letztere war grundsätzlich die Interessenvertretung aller Berliner Kaufleute gewesen, jedoch als Eigentümerin der Börse sehr von den Privatbankiers dominiert, weshalb andere Kaufmannstände ihre Interessen nicht genügend gewahrt sahen. In beiden Vereinigungen lag der Anteil jüdischer Mitglieder bei über 50%[1035]. Die Gleichschaltung des Vereins der Berliner Kaufleute und Industrieller verlief ähnlich wie diejenige der Industrie- und Handelskammer (Nachfolgerin der Kaufmannschaft) sowie der Börse. Alexander Flinsch, Präsident des Vereins seit 1919, konnte das „arische" Vorstandsmitglied der Reichs-Kredit-Gesellschaft Otto Christian Fischer

---

1032 Lowenthal, Juden in Preussen, S. 205; Volz/ Tönnies, Reichshandbuch der deutschen Gesellschaft, S. 1741.

1033 Buxbaum, Anlegerschutz zwischen Bankbedingungen und Rechtsnormen: eine Untersuchung zum Depotgesetz von 1896, S. 317.

1034 Weyhe, A. E. Wassermann, S. 75f.; Kahmann, Die Bankiers von Jacquier & Securius, S. 28f., 77f.

1035 Biggeleben, Die Verdrängung der Juden aus der Berliner Industrie- und Handelskammer und dem Verein Berliner Kaufleute und Industrieller, in: Biggeleben/ Schreiber/ Steiner (Hrsg.), „Arisierung" in Berlin, S. 58ff., 62f.

als Vorstandsmitglied gewinnen, welcher zwar der NSDAP nahestand, jedoch kein Parteimitglied war. Dieser erwartete jedoch bereits im August 1933 von Flinsch, dass alle jüdischen Vorstandsmitglieder aus dem Vorstand ausschieden. Diesem wurde zugestimmt, weil insbesondere auch die bereits gleichgeschaltete Industrie- und Handelskammer darauf drängte, welche zudem die Aufgaben des Vereines als „höchst überflüssige Doppelarbeit" ansah, womit der Fortbestand des Vereins an sich in Frage gestellt wurde. Als Gegenzug für das Ausscheiden der jüdischen Mitglieder aus dem Vorstand sollten die Juden einfache Mitglieder des Vereines bleiben können. Jedoch kehrten daraufhin zahlreiche Mitglieder dem Verein den Rücken, so dass die Mitgliederzahl von 3.000 im Jahre 1928 auf 1.417 im Oktober 1934 gefallen war und bis 1936 auf 660 fiel. Bis zur Gleichschaltung war die Mehrheit der Vereinsmitglieder „nichtarisch", im Oktober 1933 war dann ungefährer Gleichstand an „arischen" und „nichtarischen" Mitgliedern erreicht. Im Juli 1938 wurde der Berliner Gauwirtschaftsberater Heinrich Hunke zum neuen Präsidenten des Vereins ernannt, was zwar den Fortbestand des Vereines zur Folge hatte, jedoch den Ursprungszweck als eigenständige Interessenvertretung der jüdisch geprägten Wirtschaft gegenüber dem Staat ad absurdum führte[1036].

4.3.4.7 Centralverband des Deutschen Bank- und Bankiersgewerbes und Wirtschaftsgruppe Privates Bankgewerbe

Der Centralverband des deutschen Bank- und Bankiersgewerbes war eine 1901 gegründete Standesvertretung der privaten Banken, welche naturgemäß auch viele jüdische Mitglieder hatte, auch in führenden Positionen. Insbesondere widmete sich diese Lobbyorganisation einer Verbesserung des Ansehens der Banken in Öffentlichkeit und Politik sowie der Gesetzgebung, soweit diese das private Bankgewerbe betraf[1037].

Nach der Machtergreifung der Nationalsozialisten gab es auch im Centralverband des deutschen Bank- und Bankiersgewerbes Umstrukturierungen, jedoch wurde versucht, möglichst weitgehende Selbständigkeit zu wahren. Zwar stellte

---

1036 Biggeleben, Die Verdrängung der Juden aus der Berliner Industrie- und Handelskammer und dem Verein Berliner Kaufleute und Industrieller, in: Biggeleben/ Schreiber/ Steiner (Hrsg.), „Arisierung" in Berlin, S. 63ff.; Biggeleben, Kontinuität von Bürgerlichkeit im Berliner Unternehmertum: Der Verein Berliner Kaufleute und Industrieller (1879 - 1961), in: Berghahn/ Unger/ Ziegler (Hrsg.), Die deutsche Wirtschaftselite im 20. Jahrhundert, S. 255ff.

1037 James, Verbandspolitik im Nationalsozialismus, S. 9ff.

der langjährige jüdische Geschäftsführer Otto Bernstein in Voraussicht des da Kommenden seinen Posten zur Verfügung, jedoch blieben nach der Generalversammlung vom 02.05.1933 noch drei Juden im Vorstand, wenn auch ebenfalls der Präsident, Deutsche Bank Vorstandssprecher Georg Solmssen, abgelöst wurde[1038].

Der Centralverband des deutschen Bank- und Bankiersgewerbes entwickelte sich zusehends mehr von einer freiwilligen Standesorganisation zur Wahrung der Interessen des Bankierstandes zu einer staatlich kontrollierten Zwangsorganisation zur Unterstützung der staatspolitischen Ziele. Dies geschah im Rahmen des „organischen Aufbaus" der Wirtschaft. Durch das Gesetz zur Vorbereitung des organischen Aufbaus der deutschen Wirtschaft vom 27.02.1934[1039] wurde der Reichswirtschaftsminister ermächtigt, Wirtschaftsverbände als alleinige Vertreter ihres Wirtschaftszweiges anzuerkennen. In der ausführenden Verordnung vom 27.11.1934[1040] wurden dann nach dem Führerprinzip dem Reichswirtschaftsminister untergeordnete Reichsgruppen für Handwerk, Handel, Banken, Versicherungen und Energiewirtschaft geschaffen. Die Reichsgruppe Banken bestand aus den Wirtschaftsgruppen Öffentliche Banken mit Sonderaufgaben, Öffentlich-rechtliche Kreditanstalten, Privates Bankgewerbe, Kreditgenossenschaften, Sparkassen sowie Kreditunternehmen verschiedener Art. Unter den Wirtschaftsgruppen waren die Fachgruppen angesiedelt, so unter der Wirtschaftsgruppe Privates Bankgewerbe die Fachgruppen Private Aktienbanken, Private Hypothekenbanken, Privatbankiers, Kursmakler und Freie Börsenmakler[1041].

Die Wirtschaftsgruppe Privates Bankgewerbe, welche weiterhin zusätzlich die Bezeichnung Centralverband des deutschen Bank- und Bankiersgewerbes führen durfte[1042], konnte auch in dieser neuen Form etwas Eigenständigkeit bewahren, was daraus deutlich wird, dass mit Max Warburg (M. M. Warburg & Co.) und Paul Klempner (Mendelssohn & Co.) von den ehemals zwölf noch

1038 Weyhe, A. E. Wassermann, S. 77; James, Verbandspolitik im Nationalsozialismus, S. 53f.

1039 RGBl. I, S. 185f.

1040 RGBl. I, S. 1194ff.

1041 James, Verbandspolitik im Nationalsozialismus, S. 282.

1042 So waren beispielsweise auch die Schreiben bezüglich der Genehmigung der „Arisierung" von E. J. Meyer durch Kurt Richter-Erdmann unterzeichnet mit „Namens der Wirtschaftsgruppe Privates Bankgewerbe – Centralverband des Deutschen Bank- und Bankiersgewerbes", vgl. Archiv Bundesverband deutscher Banken, Bestand „gelb", E. J. Meyer.

zwei jüdische Bankiers im 60köpfigen Ausschuss waren und diese auch 1935 nochmals wiedergewählt wurden. Durch einen Erlass Görings vom 29.12.1938 wurden jedoch sämtliche Juden nicht mehr in Organisationen der gewerblichen Wirtschaft geduldet, sondern mussten sich durch „arische" Bevollmächtigte vertreten lassen[1043].

Die aus der ehemals freiwilligen Standesvertretung Centralverband des deutschen Bank- und Bankiersgewerbes hervorgegangene Wirtschaftsgruppe Privates Bankgewerbe entwickelte sich mehr und mehr zu einem Werkzeug, um die jüdischen Banken an den Rand zu drängen und bekam amtliche Befugnisse zur Verwaltung jüdischen Vermögens, so dass sie entscheidend bei der Enteignung der Juden mitwirkte. So informierte sie ihre Mitglieder über die sich stets ändernden Devisenbestimmungen, listete bereits ab September 1933 in ihren Rundschreiben diejenigen auf, die der Steuerhinterziehung und Verstößen gegen Devisenkontrollbestimmungen verdächtigt wurden und publizierte ebendort ab 1935 diejenigen Ausgewanderten, denen die Staatsbürgerschaft entzogen worden war und deren Vermögen beschlagnahmt werden sollte, sobald diese sich „reichsfeindlich" verhielten. Diese Maßnahmen richteten sich gegen Juden, weil diese überproportional emigrierten. Jedoch unterstützte sie teilweise auch emigrierte jüdische Bankangestellte, welche in Auslandsfilialen ihrer ehemaligen Arbeitgeber weiterbeschäftigt werden sollten durch Bescheinigungen, dass ihre Ausreise der Förderung der deutschen Volkswirtschaft diene, dies sogar noch bis Ende Dezember 1939[1044]. Weiterhin erfasste die Wirtschaftsgruppe Privates Bankgewerbe die jüdischen Privatbanken und war zu konsultieren im Vorfeld von „Arisierungen" für ihre Einschätzung, ob ein jüdisches Bankhaus liquidiert werden sollte oder „arisiert"[1045]. In dieser Funktion schrieb sie auch dem Börsenvorstand am 15.07.1938, dass sie gegen die beabsichtigte Übernahme von E. J. Meyer durch Kurt Richter-Erdmann keine Bedenken hätte unter der Voraussetzung, dass der Beratervertrag von Adolf Meyer für Kurt Richter-Erdmann zur Einführung in die Geschäfte wie im „Arisierungsvertrag" vereinbart längstens bis Ende 1939 andauere[1046].

Am 05.11.1938 schrieb die Wirtschaftsgruppe Privates Bankgewerbe, weil ein staatliches Gesetzgebungs- oder Verordnungsverfahren zu viel Zeit in Anspruch

1043 Weyhe, A. E. Wassermann, S. 78ff.

1044 James, Verbandspolitik im Nationalsozialismus, S. 129, 140f.

1045 James, Verbandspolitik im Nationalsozialismus, S. 145, 164; siehe zur Erfassung jüdischer Unternehmen Kap. 4.3.1.

1046 Archiv Bundesverband deutscher Banken, Bestand „gelb", E. J. Meyer; siehe auch § 9 „Arisierungsvertrag" unten Kap. 5.2.2.2.

genommen hätte, die nach ihren Aufstellungen verbliebenen jüdischen Bankhäuser an, dass sie versichern sollten, dass sie ihren Betrieb bis Ende des Jahres freiwillig liquidieren oder „arisieren" werden, anderenfalls hätten sie mit einer Untersagung des Bankgeschäfts zu rechnen[1047]. Auf Nachfrage des jüdischen Bankiers Ernst Calmann aus Hamburg bei der Wirtschaftsgruppe Privates Bankgewerbe – unter Betonung der Verdienste der Mitglieder des Bankhauses bei der Finanzierung der Kolonien, im Ersten Weltkrieg und der Unmöglichkeit eines Neuanfangs im Ausland mangels jeglicher Verwandtschaft im Ausland – worin der Unterschied zwischen dem freiwilligen Verzicht auf die Fortführung des Geschäfts und der möglichen Untersagung bestünde, bekam Calmann die einsätzige Erwiderung, dass er sich die Frage selbst beantworten könne, wenn er die „staatspolitischen Ziele der Reichsregierung" kenne[1048]. So hatte sich die Standesvertretung der Privatbankiers zu einem Instrument gewandelt, ihre jüdischen Mitglieder zu „arisieren" oder liquidieren.

4.3.4.8 Gesellschaft der Freunde

Ein anderes wichtiges Informationsnetzwerk der Privatbankiers von E. J. Meyer war die Gesellschaft der Freunde, ein 1792 gegründeter jüdischer Verein zur gegenseitigen Unterstützung bei Krankheit, Armut, Arbeitslosigkeit und Tod, welcher sich bis in die Zeit der Weimarer Republik zu einer exklusiven Vereinigung Berliner Wirtschaftsführer wandelte. In dieser waren Anfang 1933 zwar lediglich zehn Prozent der Mitglieder Nichtjuden, jedoch alle maßgeblichen Wirtschafts- und Bankführer Berlins vertreten, umgeben von Politikern und Freiberuflern, von denen ein Drittel Millionäre waren und einige zu den vermögendsten Personen des Deutschen Reiches zählten[1049]. Neben führenden Vertretern aller Großbanken, waren auch viele Privatbankiers Mitglieder, so unter anderem von den Bankhäusern Mendelssohn & Co., S. Bleichröder, Delbrück, Gebr. Schickler & Co., Hardy & Co., Jacquier & Securius sowie

---

1047 James, Verbandspolitik im Nationalsozialismus, S. 145; siehe auch Kap. 4.2.2 und 4.3.2 – 1938.

1048 Köhler, Die „Arisierung" der Privatbanken im Dritten Reich, S. 186f.

1049 Panwitz, Die Gesellschaft der Freunde 1792 - 1935, S. 173ff., 294ff.; Panwitz, Die Isolierung der Gesellschaft der Freunde 1933 - 1945, in: Biggeleben/ Schreiber/ Steiner (Hrsg.), „Arisierung" in Berlin, S. 87ff. Beispielsweise seien genannt: Emil Rathenau (Gründer der AEG), sein Sohn Walther Rathenau (Reichsaußenminister 1922), Hjalmar Schacht (Reichsbankpräsident 1923-1930, 1933-1939), Hans Luther (u. a. Reichsfinanzminister 1923-1924, 1925-1926 und Reichsbankpräsident 1930-1933).

A. E. Wassermann. Die Bankiers von E. J. Meyer waren über Generationen Mitglieder in der Gesellschaft der Freunde, angefangen mit dem Gründer des Bankhauses Ely Joachim Meyer (Eintritt 23.11.1817), der zweiten Generation mit Abraham (Eintritt 12.12.1840) und Friedrich (Eintritt 21.02.1853), der dritten Generation mit Ernst Joachim Meyer (Eintritt 05.02.1879) und seinem Vetter Richard Moritz Meyer (Eintritt 16.03.1886) sowie der vierten Generation mit Adolf Meyer (Eintritt 1929). Darüber hinaus waren Mitglieder die zur Familie gehörigen Moritz Meyer und Wilhelm Herz sowie die Teilhaber des Bankhauses Albert Stäckel (Eintritt 13.12.1898), Julius Schwarz (Eintritt zwischen 1912 und 1929) und Walter Flörsheimer (Eintritt 1934)[1050]. Ebenfalls Mitglied war Max Richter, der Vater von Kurt Richter-Erdmann, des späteren „Arisierers" von E. J. Meyer[1051].

Nach der Machtergreifung durch die Nationalsozialisten sind zwei Drittel der „arischen" Mitglieder ausgetreten, unter ihnen diejenigen, die unter dem neuen Regime am meisten Karriere gemacht haben, nämlich der erst 1930 eingetretene Hjalmar Schacht, Hans Luther und Friedrich Reinhart (Aufsichtsratsvorsitzender der Commerz- und Privatbank sowie Leiter der Wirtschaftsgruppe Privates Bankgewerbe). Sie waren keine erklärten Antisemiten, sondern haben – wie Panwitz formuliert – „pragmatisch" gehandelt, als ersichtlich war, dass die vormals nützlichen Kontakte zu Juden nach der Machtergreifung eher schädlich waren. Dass einige der Ausgetretenen – darunter Hjalmar Schacht – den Verein nach ihrem Austritt weiterhin finanziell unterstützen, mag ein weiteres Zeichen sein, dass der Austritt aus karrieretaktischen Gründen erfolgt ist. Bemerkenswert ist jedoch, dass in diesem Falle nicht die Juden aus der Vereinigung gedrängt wurden, sondern die Separierung geradezu umgekehrt durch einen freiwilligen Austritt der (meisten) „arischen" Mitglieder erfolgt ist. Da es sich trotz der Austritte nicht um einen rein jüdischen Verein gehandelt hat, eine derart enge Verbindung der restlichen „arischen" Wirtschaftsführer mit Juden jedoch nicht gewollt war, wurde der Verein im November 1935 verboten und das zu wohltätigen Zwecken bestimmte Vermögen zu Gunsten des Preußischen Staates eingezogen[1052]. Damit wurde statt des milderen Mittels der Umwandlung in einen rein jüdischen Verein ein wesentliches Netzwerk für die jüdische Geschäftswelt und auch für die Bankiers von E. J. Meyer geschlossen, was geschäftliche Nachteile auch für die

---

1050 Panwitz, Die Gesellschaft der Freunde 1792 - 1935, S. 309, 314, 316: Sebastian Panwitz, Auskunft an Verfasser vom 13.01.2012.

1051 Panwitz, Die Gesellschaft der Freunde 1792 - 1935, S. 312.

1052 Panwitz, Die Isolierung der Gesellschaft der Freunde 1933 - 1945, in: Biggeleben/ Schreiber/ Steiner (Hrsg.), „Arisierung" in Berlin, S. 91ff.

meisten anderen jüdischen Mitglieder gehabt haben wird. Während die vorherigen Generationen jeweils erst mit dem Tode aus der Gesellschaft ausgeschieden waren, schieden Adolf Meyer und Walter Flörsheimer mit dem Vereinsverbot 1935 aus[1053].

4.3.4.9 Club von Berlin

Im 1864 nach dem Vorbild englischer Herrenclubs gegründeten Club von Berlin waren die führenden Bankiers, führende Männer des Staates wie Gustav Stresemann, Reichsbankpräsident Hans Luther sowie sein Vorgänger und Nachfolger im Amt Hjalmar Schacht sowie die führenden Industriellen vertreten[1054]. Der Club hatte keine politische Ausrichtung, vielmehr sollte er als Treffpunkt der Wirtschaftselite fungieren. Im Jahre 1925 hatte er knapp 700 Mitglieder, 1926 noch 655 und 1931 noch 553[1055]. Von den Mitgliedern 1933 war ein Anteil von rund 22% jüdischen Glaubens oder jüdischer Herkunft. Der Mitgliederschwund in den 1930er Jahren hatte zur Folge, dass die Mitgliederzahl bis 1938 um etwa 90% im Verhältnis zu 1931 abgenommen hatte. Gründe dafür waren unter anderem, dass jüdische Mitglieder aufgrund von Auswanderung oder gesellschaftlicher Isolierung den Club verließen, dass weniger junger Nachwuchs eintrat als alte Mitglieder starben und dass der Besuch eines nicht gleichgeschalteten Clubs während des Nationalsozialismus nicht opportun war. Offiziell ausgeschlossen wurden die jüdischen Mitglieder erst per Rundschreiben vom 21.02.1938, also zu einer Zeit, als Juden im Gesellschafts- und Wirtschaftsleben bereits weitgehend isoliert waren[1056]. Da zu dieser Zeit die Gesamtmitgliederzahl bereits auf ein Zehntel geschrumpft war und viele Juden bereits ausgewandert waren bzw. sich in wirtschaftlichen Schwierigkeiten befanden, wird dieser Ausschluss wohl nur sehr wenige jüdische Mitglieder betroffen haben.

Von den zur Zeit des Dritten Reiches mit dem Bankhaus E. J. Meyer in Verbindung stehenden Mitgliedern des Clubs von Berlin seien hier neben Adolf Ernst Joachim Meyer, der am 16.01.1913 beitrat,[1057] genannt: sein Vetter Hans

1053 Sebastian Panwitz, Auskunft an Verfasser vom 13.01.2012.

1054 Knackmuß, Willkommen im Club, S. 14ff., 152ff. sowie Mitgliederliste im Anhang, S. 217ff.

1055 Knackmuß, Willkommen im Club, S. 8.

1056 Zur Verdrängung der Juden aus Wirtschaft und Gesellschaft siehe Kap. 4.3ff.

1057 Knackmuß, Willkommen im Club, S. 233. Er hatte die Mitgliedsnummer 342 und die Ancien-Nr. 123.

Meyer[1058], Bankier bei Warburg & Co. in Amsterdam, welcher die „Arisierung" von E. J. Meyer durch Kurt Richter-Erdmann einfädelte; Hans von Flotow[1059], Geschäftsinhaber des Bankhauses Hardy & Co. GmbH, welcher in der Aufnahme-Kommission des Clubs von Berlin saß und Vetter von Kurt Richter-Erdmann war; Julius Schwarz[1060], 1931 noch Bankier bei Schwarz, Goldschmidt & Co., welcher dann 1932 Teilhaber von E. J. Meyer wurde; Franz Koenigs[1061], an dessen holländischem Bankhaus sich E. J. Meyer unter der Führung von Kurt Richter-Erdmann beteiligte. Bezeichnend für den hohen Stellenwert des Club von Berlin für die geschäftlichen Aktivitäten von E. J. Meyer ist, dass Adolf Meyer zeitgleich mit seinem Eintritt als persönlich haftender Gesellschaft ins Bankhaus E. J. Meyer 1913 in den Club von Berlin eingetreten ist.

4.4 Entziehung jüdischen Vermögens

Nachdem untersucht wurde, wie die Juden und auch die Bankiers von E. J. Meyer nebst ihren Familien aus dem Wirtschafts- und Gesellschaftsleben verdrängt worden sind, wird nun dargestellt, inwieweit diese Verdrängung auch mit der Entziehung des Vermögens der Juden einherging. Von der Entziehung jüdischen Vermögens sind die Bankiers von E. J. Meyer in zweierlei Hinsicht betroffen: zum einen unterlag auch ihr Vermögen den Bestimmungen zur Entziehung des Vermögens und zum anderen waren sie als Bankhaus direkt in die Vermögensangelegenheiten ihrer Kunden involviert, insbesondere als Bankhaus mit Devisenbankeigenschaft. Dazu wird die Entziehung jüdischen Vermögens im Inland (4.1.1), bei Auswanderung (4.1.2) sowie nach erfolgter Auswanderung (4.3.3) dargestellt.

4.4.1 Entziehung jüdischen Vermögens im Inland

Wie bei der Verdrängung der Juden aus dem deutschen Wirtschaftsleben verhielt es sich auch mit den Eingriffen in das Vermögen inländischer Juden: angefangen mit eher indirekten Eingriffen verstärkten sich die Eingriffe bis zur völlig offensichtlichen Entziehung möglichst des vollständigen Vermögens der Juden.

1058 Knackmuß, Willkommen im Club, S. 233. Er hatte die Mitgliedsnummer 344 und die Ancien-Nr. 463.

1059 Knackmuß, Willkommen im Club, S. 217, 224.

1060 Knackmuß, Willkommen im Club, S. 238. Er hatte die Mitgliedsnummer 454 und die Ancien-Nr. 512.

1061 Knackmuß, Willkommen im Club, S. 231.

Bereits im Juli 1933 regelte ein Erlass des Reichsfinanzministeriums, dass „jeder Beamte, Angestellte und Arbeiter das Gedankengut des Nationalsozialismus in sich aufnimmt und innerhalb und außerhalb seines Dienstes nationalsozialistisch denkt und handelt. Alle Entscheidungen dürfen nur nach nationalsozialistischen Grundsätzen getroffen werden. Schreiben, Verfügungen und Anordnungen dürfen nationalsozialistischen Grundsätzen nicht zuwiderlaufen“[1062]. Diese interne steuerliche Auslegungsvorschrift wurde mit dem Steueranpassungsgesetz vom 17.10.1934[1063] erstmals gesetzlich geregelt. Danach sollten Steuergesetze nach nationalsozialistischer Weltanschauung ausgelegt werden und sich jede amtliche Ermessensentscheidung in steuerlichen Angelegenheiten an nationalsozialistischen Prämissen orientieren, wobei Volksanschauung, Zweck und wirtschaftliche Bedeutung die Leitlinien sein sollten[1064]. Dadurch wurde das üblicherweise im Steuerrecht geltende Gleichbehandlungsprinzip außer Kraft gesetzt und die willkürliche Ungleichbehandlung von Juden im Steuerrecht eingeläutet, die sich zuerst in der ermessensgebundenen Zurückweisung jüdischer Stundungs- und Erlassgesuche zeigte[1065]. Das Steuerrecht wurde mit dieser und weiteren steuerlichen Maßnahmen wie der Aufhebung der Abgabenfreistellung jüdischer Wohlfahrtsorganisationen durch Aberkennung der Gemeinnützigkeit oder der Beschränkung des steuerlichen Rechtsschutzes von Juden gezielt genutzt, um jüdisches Vermögen möglichst weitgehend in die Hand des Staates zu verbringen[1066].

Zwar keine gesetzliche Verpflichtung jedoch wie eine solche ähnlich der Körperschaftssteuer gehandhabt, wurde die im Mai 1933 eingeführte „Adolf-Hitler-Spende der deutschen Wirtschaft“, mit welcher sowohl politische Klimapflege als auch eine Begrenzung der zahlreichen und willkürlichen Geldsammlungen der NSDAP bei Unternehmen durch eine einmalige jährliche Zahlung bezweckt wurde. Die Banken beteiligten sich daran mit 1,25 MioRM jährlich, wobei sich die jüdischen Banken davon befreien lassen konnten und dafür zumeist für den

1062 Zitiert nach Giese, Abgabenordnung im Dritten Reich, S. 62.

1063 RGBl. I, S. 925ff.

1064 Vgl. auch Mußgnug, Die Reichsfluchtsteuer 1931 - 1953, S. 41ff.

1065 Köhler, Die „Arisierung“ der Privatbanken im Dritten Reich, S. 421; Erst mit dem Erlass des Reichsfinanzministeriums vom 16.06.1938 wurde angeordnet, die Steuerschuld von Juden stets einzuziehen und keine Stundungen o. ä. mehr vorzunehmen, vgl. Giese, Abgabenordnung im Dritten Reich, S. 173f.

1066 Köhler, Die „Arisierung“ der Privatbanken im Dritten Reich, S. 422; Giese, Abgabenordnung im Dritten Reich, S. 178.

Neubau des „Hauses der Deutschen Kunst“[1067] in München spendeten, das 1933 begonnen und 1937 als Museum für nationalsozialistische Kunst eingeweiht wurde[1068].

Ein weiterer indirekter Eingriff in das Vermögen von Juden erfolgte durch das Gesetz über den Ausgleich bürgerlich-rechtlicher Ansprüche vom 13.12.1934[1069]. Danach konnte der Reichsinnenminister der Weiterbehandlung gerichtlich geltend gemachter bürgerlich-rechtlicher Ansprüche auf Entschädigungen für Schäden, die mit der „nationalsozialistischen Erhebung und Staatserneuerung“ zusammenhängen, widersprechen, mit der Folge, dass die Verfolgung des Rechtsweges und die Zwangsvollstreckung unzulässig wurde. In diesem Falle konnte der Minister einen eventuellen Ausgleich nach Maßgabe des „gesunden Volksempfindens“ entscheiden[1070].

Da das Deutsche Reich stets unter Devisenmangel litt, viele Juden aber Devisen und Edelmetalle für ihre Auswanderung benötigten, wurde durch die Sechste und Siebte Durchführungsverordnung zum Devisengesetz vom 28.10.1936 bzw. 19.11.1936[1071] jede natürliche und juristische Person, also nicht nur Juden, verpflichtet, der Reichsbank ihr Vermögen in Gold und Devisen zum Kauf anzubieten sowie alle ausländischen Wertpapiere in ein Depot bei der Reichsbank oder einer Devisenbank zu überführen und der Reichsbank ebenfalls zum Erwerb anzubieten[1072].

Wie bereits oben dargestellt[1073], wurde nach der Reichspogromnacht die Verordnung vom 12.11.1938 zur Wiederherstellung des Straßenbildes erlassen, nach welcher die in der Reichspogromnacht erlittenen Schäden bei jüdischen Gewerbebetrieben und Wohnungen auf eigene Kosten zu beseitigen waren und zudem eventuelle Versicherungsansprüche auf den Staat übergingen.

1067 heute: „Haus der Kunst“.

1068 Dies war nicht die einzige „Spende“ von Banken an hochrangige Amtsträger der NSDAP: so schenkte die Reichsgruppe Banken Hermann Göring zum 50. Geburtstag ein Bismarck-Portrait von Franz Lenbach im Wert von 120.000 RM sowie dem Reichswirtschaftsminister und Reichsbankpräsidenten Walther Funk ein Landgut im Wert von 300.000 RM, vgl. Kopper, Bankiers unterm Hakenkreuz, S. 212f.

1069 RGBl. I, S. 1235f.

1070 Walk, Das Sonderrecht für die Juden im NS-Staat, S. 99.

1071 RGBl. I, S. 930 bzw. 946.

1072 Banken, Das nationalsozialistische Devisenrecht als Steuerungs- und Diskriminierungsinstrument 1933 - 1945, in: Bähr/ Banken (Hrsg.), Wirtschaftssteuerung durch Recht im Nationalsozialismus, S. 178f.

1073 Siehe Kap 4.3.2. – 1938.

Ebenfalls am 12.11.1938 wurde die Verordnung über eine Sonderabgabe der Juden deutscher Staatsangehörigkeit erlassen, die den steuerlichen Gleichbehandlungsgrundsatz vollends außer Kraft setzte und „den Juden deutscher Staatsangehörigkeit in ihrer Gesamtheit“ eine „Kontribution“ aufbürdete, „da die feindliche Haltung des Judentums gegenüber dem deutschen Volk und Reich, die auch vor feigen Mordtaten nicht zurückschreckt, entschiedene [...] Abwehr und harte Sühne“ erfordert[1074]. Weitere Besonderheit an dieser „Judenvermögensabgabe“ genannten Steuer war, dass das Gesamtsteueraufkommen bereits per Gesetz auf 1 MrdRM festgelegt worden war. Dieser Betrag wurde dann umgerechnet, so dass auf jeden Juden eine Steuerlast in Höhe von 20% seines Vermögens[1075] entfiel – zahlbar ab dem 15.12.1938 in vierteljährlichen Raten[1076]. Nachdem im August 1939 klar wurde, dass auf diese Weise der Betrag von 1 MrdRM nicht erreicht werden würde, wurde eine fünfte Rate gleicher Höhe erhoben, so dass jeder Jude 25% seines Vermögens direkt an den Staat verlor[1077]. Insgesamt kamen durch die „Sühneleistung“ 1.127 MioRM in die Kassen des Reiches[1078]. Um aus diesen 25% möglichst hohe Einnahmen zu erlangen, wurde im Dezember 1938 per Erlass des Reichsfinanzministeriums geregelt, dass erst die Judenvermögensabgabe zu berechnen sei, dann die

---

1074 RGBl. I, S. 1579f. in Verbindung mit der Verordnung vom 21.11.1938, RGBl. I, S. 1638ff.

1075 Es musste aus Sicht der Reichsregierung eine Vermögenssteuer und keine Einkommensteuer erhoben werden, da das Einkommen der Juden rapide zurückging, vgl. Hilberg, Die Vernichtung der europäischen Juden, S. 142.

1076 Nachdem infolge der Verordnung zur Anmeldung des Vermögens der Juden vom 26.04.1938, RGBl. I, S. 414, Vermögen von Juden in Höhe von 7.538 MioRM angemeldet worden war, ergab sich die Berechnung der Sühneleistung wie folgt: Von den 7.538 MioRM wurden 400 MioRM Vermögen ausländischer Juden sowie 2.000 MioRM, die zwischen 26.04.1938 und 12.11.1938 geschätzt von jüdischen in deutsche Hände übergegangen sind, abgezogen so dass ein zu besteuerndes Vermögen von rund 5.000 MioRM übrig blieb. Sofern durch die „Sühneleistung“ 20% eingezogen werden konnten, ergab das die vorgeschriebene Gesamtsumme der „Sühneleistung“ von 1 MrdRM, vgl. Hilberg, Die Vernichtung der europäischen Juden, S. 143.

1077 RGBl. I, S. 2059: „1. Die Judenvermögensabgabe wird zur Erreichung des Betrages von einer Milliarde Reichsmark von 20 vom Hundert auf 25 vom Hundert des Vermögens erhöht. 2. Der Unterschiedsbetrag von 5 von Hundert des Vermögens ist am 15. November 1939 fällig. 3. Die Zahlung ist ohne besondere Aufforderung zu leisten.“

1078 Hilberg, Die Vernichtung der europäischen Juden, S. 144.

Reichsfluchtsteuer[1079]. Da vielen Juden derartige Beträge nicht in Barmitteln zur Verfügung standen, waren sie gezwungen, Wertpapiere, Grundstücke oder Pretiosen zu veräußern, um ihre Steuerschuld begleichen zu können. Bei der Hingabe von Sachwerten an Zahlungs statt sind diese oft wesentlich unter Wert taxiert worden[1080]. Auch die Bankiers von E. J. Meyer und ihre Familien haben diese Abgabe entrichtet[1081].

Bestand schon seit 1936 die allgemeine Pflicht, Vermögen in Edelmetallen und Devisen dem Staat zu veräußern, wurde dies für Juden durch die Dritte Anordnung zur Verordnung über die Anmeldung des Vermögens von Juden vom 21.02.1939[1082] ausgeweitet. Danach hatten alle deutschen Juden ihre Gegenstände der Einrichtung und des täglichen Gebrauchs aus Gold, Platin oder Silber sowie Edelsteine und Perlen binnen zwei Wochen[1083] an die vom Reich eingerichteten öffentlichen Ankaufstellen abzuliefern, wobei laut Reichswirtschaftsministerium vom 24.02.1939 eine Ablehnung des Angebotes durch den Juden nicht statthaft war, sowie eine Ablieferungspflicht nicht bestand für die eigenen Trauringe und die eines verstorbenen Gatten, silberne Armband- und Taschenuhren, gebrauchtes Tafelsilber (2 vierteilige Essbestecke, bis zu 200g andere Silbersachen je Person (nicht über 40g je Stück), Zahnersatz zum persönlichen Gebrauch. Wenn der Auszahlungswert 2.000 RM überstieg, konnte den Juden nur bis zu 500 RM ausgezahlt werden, der Rest des Erlöses war auf ein Sperrkonto zu transferieren, für das eine Sicherungsanordnung gem. § 37a Devisengesetz[1084] zu erlassen war[1085].

1079 Mußgnug, Die Reichsfluchtsteuer 1931 - 1953, S. 44; Köhler, Die „Arisierung" der Privatbanken im Dritten Reich, S. 430.

1080 Genschel, Die Verdrängung der Juden aus der Wirtschaft im Dritten Reich, S. 207.

1081 Beispielsweise Leonhard Horwitz, vgl. LEA, Reg.-Nr. 161874, Bl. D1a, D12, D22.

1082 RGBl. I, S. 282.

1083 Verlängert durch Verordnung vom 03.03.1939, RGBl. I, S. 387, bis zum 31.03.1939.

1084 Es handelt sich um einen Erlass des Devisenfahndungsamtes, vgl. Walk, Das Sonderrecht für die Juden im NS-Staat, S. 286; Die Vorschrift des § 37a Devisengesetz, die eigentlich zur Sicherheitsleistung für bei Auswanderung zu zahlende Beträge gedacht war, wurden also nun auch unabhängig von Auswanderung auf jüdisches Vermögen angewendet bzw. Juden wurden pauschal der Auswanderungswilligkeit verdächtigt, vgl. auch Banken, Das nationalsozialistische Devisenrecht als Steuerungs- und Diskriminierungsinstrument 1933 - 1945, in: Bähr/ Banken (Hrsg.), Wirtschaftssteuerung durch Recht im Nationalsozialismus, S. 199, 207f.; Bajohr, „Arisierung" in Hamburg, S. 193. Zur Vermögensbeschlagnahme gem. § 37a Devisengesetz siehe Kap. 4.4.2.3.

1085 Walk, Das Sonderrecht für die Juden im NS-Staat, S. 274f., 280, 283f., 286; Am 16.09.1939 verfügte der Oberbürgermeister von Frankfurt a. M., dass in Anbetracht dessen, dass Juden Feinde seien, der Kaufpreis für den Ankauf nicht zu zahlen sei, auch

Die damit beauftragten staatlichen Leihanstalten versandten die eingesammelten Gegenstände nach Berlin oder versteigerten diese selbst und erhoben vom Reich eine Verwaltungskostenpauschale[1086]. Adolf Meyer und seine Frau Olga mussten im März 1939 Schmucksachen bei der Städtischen Pfandleihanstalt Berlin, W 8, Jägerstraße abgeben[1087]. Hierüber ist nach dem Krieg ein Rückerstattungsverfahren gegen das Deutsche Reich geführt worden, welches mit der Schätzung des Schmuckes und einem darauf beruhenden Vergleich endete[1088]. Ebenfalls musste seine Schwester Erna ihren und den Schmuck ihrer Mutter abgeben[1089]. Auch sein Vetter Reinhold Meyer musste alles alte Familiensilber abliefern gegen Geld. Die genaue Summe wurde nicht erinnert und die Quittung der Pfandleihanstalt war nicht mehr vorhanden, jedoch sei der Preis von je 2 Reichspfennigen pro Gramm Silber „lächerlich gering" gewesen[1090]. Auch das diesbezügliche Rückerstattungsverfahren wurde durch Vergleich beendet[1091].

Ein weiterer direkter Eingriff in das Vermögen von Juden war die Einführung der (zuvor lediglich von Polen erhobenen) Sozialausgleichsabgabe durch die

---

wenn der Reichsminister in seinem Runderlass vom 25.1.1939 keine solche Anweisung gegeben habe, vgl. Walk, Das Sonderrecht für die Juden im NS-Staat, S. 305.

1086 Der Bürgermeister von Hannover kaufte beispielsweise für 20.000 RM Silbergegenstände für die Stadtverwaltung an, von welchen die Monogramme der jüdischen Veräußerer durch das Hannover'sche Stadtwappen ersetzt wurden. Ob des Umfangs musste 1940 eigens ein neuer Schrank angefertigt werden, vgl. Fleitner, Die Verfolgung der Juden und die hannoversche Stadtverwaltung, in: Perels (Hrsg.), Auschwitz in der deutschen Geschichte, S. 51f.

1087 Eidesstattliche Versicherung Adolf Meyer vom 30.01.1956, BADV, 7 WGA 958/55, Bl. 6.

1088 Vergleich vom 04.03.1958, BADV, 7 WGA 958/55, Bl. 33; Möglicherweise (dies ist in den Akten nicht eindeutig, es wird nur von „abliefern" gesprochen) hatten Meyers ihren Schmuck auch nicht abzuliefern und zwangszuverkaufen, sondern diesen lediglich zu hinterlegen, vgl. Erlass des Reichswirtschaftsministeriums vom 16.01.1939, wonach als Sicherheit für die Abgaben jüdischer Auswanderer Schmuck und Wertgegenstände bei öffentlichen Pfandleihen hinterlegt werden mussten und ein grundsätzliches Verbot der Mitnahme von Schmuck und Wertsachen durch Auswanderer bestand – erlaubt war nur 1 Besteck Tafelsilber pro Person nebst Ersatzstücken sowie Ehering und Uhr im Anschaffungswert bis 100 RM, vgl. Walk, Das Sonderrecht für die Juden im NS-Staat, S. 274.

1089 BADV, 7 WGA 888 und 889/50, Bl. 10.

1090 Es handelte sich u. a. um große Tabletts, Kannen, Bestecke, Weinkörbe, Zuckerdosen, Leuchter, etc., vgl. Eidesstattliche Versicherung von Reinhold und Lucie Meyer vom 11.07.1961 in BADV, 73 WGA 15463/59, Bl. 7ff., 19.

1091 BADV, 73 WGA 15463/59, Bl. 106f.

Verordnung vom 24.12.1940[1092]. Danach mussten Juden neben der Einkommensteuer weitere 15% des Einkommens zugleich mit der Einkommensteuer zahlen.

Durch Anordnung des Reichssicherheitshauptamtes vom 27.11.1941 wurde Juden verboten, über ihr bewegliches Vermögen zu verfügen. Auch hatten sie Mitteilung zu machen über Verfügungen nach dem 15.10.1941[1093].

Durch Erlass des Reichsfinanzministers vom wurden Juden im Allgemeinen nach dem höchsten Steuersatz besteuert und nur in Ausnahmefällen, die im Erlass aufgeführt sind, wurden ihnen Steuererleichterungen gewährt[1094].

Wie gesehen, haben sowohl die Bankiers von E. J. Meyer und ihre Familien ebenso wie ihre jüdische Kundschaft bereits einen Teil ihres Vermögens verloren bevor sie auswandern konnten.

4.4.2 Entziehung jüdischen Vermögens bei Auswanderung

Einzige Alternative für Juden, den nationalsozialistischen Bedrängnissen dauerhaft zu entgehen, war die Auswanderung aus Deutschland.

Die Auswanderung war – bis zu ihrem Verbot zwecks „Endlösung der Judenfrage" (also der Vernichtung der Juden) per Runderlass vom 23.10.1941 – von den Nationalsozialisten ausdrücklich erwünscht. Jedoch sollte mit der Auswanderung die Abschöpfung des Vermögens der Auswandernden einhergehen, so dass bisweilen die Diskrepanz entstand, dass auswanderungswillige Juden nicht auswanderten bzw. auswandern konnten, weil ihnen einerseits durch die erdrückenden Abgabenlasten die wirtschaftliche Grundlage für den Aufbau eines neuen Lebens im Ausland entzogen worden[1095] und andererseits auch die Zielländer keine Mittellosen aufnehmen wollten, die dann ihrer Sozialfürsorge anheimgefallen wären[1096].

1092 RGBl. I, S. 1666.

1093 Walk, Das Sonderrecht für die Juden im NS-Staat, S. 357.

1094 Walk, Das Sonderrecht für die Juden im NS-Staat, S. 399.

1095 Vgl. Mußgnug, Die Reichsfluchtsteuer 1931 - 1953, S. 30ff., 46ff.; Ein Beispiel für die annähernde Verhinderung einer Auswanderung durch steuerliche Auflagen findet sich bei Birkwald, Die Steuerverwaltung im Dritten Reich, in: Leesch/ Birkwald/ Blumberg, Geschichte der Finanzverfassung und -verwaltung in Westfalen seit 1815, S. 261ff.

1096 Exemplarisch für die Einstellung möglicher Zielländer die bereits oben – Kap. 4.3.2 – 1938 – angeführte Aussage des englischen Delegationsleiters Earl Winterton bei der Konferenz von Evian im Sommer 1938: „Von keinem dicht bevölkerten Lande kann erwartet werden, Personen aufzunehmen, die der Mittel zur Erhaltung

Bis ins Jahr 1935 gab es keine Vorschriften, die speziell jüdischen Auswanderern Lasten auferlegten. Vielmehr bestanden bereits vor 1933 zwingende Vorschriften für jedermann bei Auswanderung, die wegen der Devisenknappheit infolge der Wirtschafts- und Bankenkrise erlassen worden waren, so beispielsweise am 01.08.1931 das Verbot des An- oder Verkaufs von Devisen von anderen als Reichsbank, Deutsche Golddiskontbank (Dego) oder von der Reichsbank beauftragten Banken (sog. „Devisenbanken"), die Verpflichtung zur Veräußerung von Devisen und ausländischen Wertpapieren an die Reichsbank sowie diverse Genehmigungspflichten seitens der neu eingeführten Devisenstellen für die Ausfuhr von Devisen aus Deutschland[1097].

Da sowohl die jüdischen Bankiers von E. J. Meyer selbst als auch deren jüdische Kunden von einer Auswanderung und damit einhergehendem Vermögensverlust betroffen waren und die jüdischen Bankiers darüber hinaus die Einlagen von potentiellen jüdischen Auswanderern verwalteten, wird in den folgenden Unterkapiteln untersucht, welchen Einfluss die Vermögensabschöpfung bei Juden einerseits auf die jüdischen Auswanderer, andererseits auf die jüdischen Privatbanken hatte. Inwieweit die Inhaber von E. J. Meyer Vermögen ins Ausland verbringen konnten, wird bei den jeweiligen Personen behandelt. Jedoch ist möglich, dass noch weiteres Vermögen ins Ausland verbracht worden ist, beispielsweise über die Beziehungen von Meyers zu dem französischen Botschafter in Berlin André François-Poncet, der von 1934 bis zum Ende seiner Zeit in Deutschland 1938 jeweils in den drei Sommermonaten Juli bis September die Villa der Meyers am Wannsee mietete[1098].

Grundsätzlich war die Auswanderung und die damit verbundene Vermögensabschöpfung ein langer bürokratischer Prozess, an welchem diverse Stellen beteiligt waren. Um diesen Prozess zu verkürzen, wurde im März 1939 das zuvor bereits in Österreich praktizierte „Fließbandverfahren" für auswanderungswillige Juden eingeführt: „Wenn er den Saal betrat, sah er vor sich eine lange Tischreihe mit zehn oder zwölf Schaltern, hinter denen je ein Gestapobeamter saß. Im

---

[der eigenen Existenz] beraubt werden, bevor sie einreisen.", zitiert nach Ludwig, Boykott, Enteignung, Mord, S. 199.

1097 Vgl. Verordnung des Reichspräsidenten über die Devisenbewirtschaftung, RGBl. I, S. 421ff.; Die Reichsbank begann tatsächlich zwar erst 1936 mit dem Erwerb dieser Vermögenswerte, erlöste aus dem Verkauf bis zum Kriegsanfang jedoch Devisen in Höhe von rund 1.150 MioRM, vgl. Banken, Das nationalsozialistische Devisenrecht als Steuerungs- und Diskriminierungsinstrument 1933 - 1945, in: Bähr/ Banken (Hrsg.), Wirtschaftssteuerung durch Recht im Nationalsozialismus, S. 178f.

1098 LEA, Reg.-Nr. 160830, Bl. D6.

Augenblick des Eintritts war er noch ein deutscher Staatsbürger, im Besitz einer Wohnung, vielleicht auch eines Geschäftes, eines Bankkontos, einiger Ersparnisse. So wie er von Schalter zu Schalter ging oder – besser gesagt – geschoben wurde, wurde ihm eines nach dem anderen abgenommen, und als er den Saal am Ende verließ, war er ein staatenloser Bettler mit einem einzigen Besitzobjekt in der Hand: dem Auswanderungspass"[1099].

4.4.2.1 Reichsfluchtsteuer

Für Juden und Nichtjuden gültig und zum Schutze der Staatsfinanzen erlassen worden war am 08.12.1931 die Reichsfluchtsteuer[1100] in Höhe von 25% des Vermögens[1101]. Da infolge der Machtübernahme durch die Nationalsozialisten vermehrt Auswanderungen – insbesondere von Juden – stattfanden[1102], wurde mit Gesetz vom 18.05.1934[1103] der von der Reichsfluchtsteuer betroffene Personenkreis stark ausgeweitet, indem statt wie zuvor erst bei Vermögen von über 200.000 RM bzw. Jahreseinkommen von über 20.000 RM die Steuerpflicht ausgelöst wurde, nun einerseits Reichsfluchtsteuer bereits bei Vermögen von über 50.000 RM bzw. Jahreseinkommen über 10.000 RM zu entrichten war und andererseits dieses Vermögen nur zu irgendeinem Zeitpunkt nach 01.01.1931 vorhanden gewesen sein musste, nicht aber zur Zeit der Fälligkeit der Steuer[1104].

1099 Alexander Szanto, Erinnerungen, zitiert nach Barkai, Selbsthilfe im Dilemma „Gehen oder Bleiben?", in: Meyer/ Leo Baeck Institute (Hrsg.), Deutsch-jüdische Geschichte, Bd. 4, Aufbruch und Zerstörung 1918 - 1945, S. 314.

1100 Bereits seit dem Mittelalter war Auswanderung mit Abgaben belegt worden. Später, im Preußischen Allgemeinen Landrecht, betrugen sie beispielsweise 10%, wurden dann 1870 aufgehoben und 1917 als steuerliche Maßnahme gegen Kapitalflucht wieder eingeführt, vgl. Tarrab-Maslaton, Rechtliche Strukturen der Diskriminierung der Juden im Dritten Reich, S. 226f.; Voß, Steuern im Dritten Reich, S. 146.

1101 Sie war Teil der Notverordnung des Reichspräsidenten zur Sicherung von Wirtschaft und Finanzen und zum Schutze des inneren Friedens, RGBl. I, S. 699ff., insbesondere S. 731ff., um eine Schwächung der Wirtschaft und der öffentlichen Haushalte durch Kapital- bzw. Steuerflucht einzudämmen, vgl. Mußgnug, Die Reichsfluchtsteuer 1931 - 1953, S. 17ff.

1102 Mußgnug, Die Reichsfluchtsteuer 1931 - 1953, S. 30, 61.

1103 Gesetz über die Änderungen der Vorschriften der Reichsfluchtsteuer, RGBl. I, S. 392f.

1104 Damit hatte beispielsweise jemand, der nach dem 01.01.1931 irgendwann ein Vermögen oberhalb dieser Größenordnung besessen hat, bei „Reichsflucht" 25% zu zahlen, auch wenn sein Vermögen bei „Reichsflucht" bereits viel geringer war, vgl. Hilberg, Die Vernichtung der europäischen Juden, S. 140f.; vgl. dazu auch

Diese Vorschrift wurde verschärft durch die Neuregelung des Einkommensteuergesetzes vom 16.10.1934, nach dessen §§ 26f. nun nicht mehr das Vermögen der Einzelperson zu betrachten war, sondern Ehepaare und minderjährige Kinder gemeinsam zu veranlagen waren, so dass sich der Personenkreis wiederum erweiterte, da für das Erreichen der Bemessungsgrenze nun das Vermögen der ganzen Familie maßgeblich war[1105]. Die Reichsfluchtsteuer war mit der Ausreise infolge der Aufgabe eines inländischen Wohnsitzes fällig, auch wenn sie zwangsweise im Wege der Deportation erfolgte – ausgenommen Deportationen nach Theresienstadt, da dies nicht als Ausland galt[1106]. Auf diese Weise sind die staatlichen Einnahmen durch die Reichsfluchtsteuer von rund 2,8 MioRM zwischen ihrer Einführung 1931 und 1933 allein von 1933 bis 1934 auf 17,65 MioRM gestiegen. Insgesamt konnte der Staat durch die Reichsfluchtsteuer zwischen 1933 und 1940 über 800 MioRM einnehmen[1107]. Auch die Bankiers von E. J. Meyer und ihre Familien haben diese Abgabe entrichtet[1108].

Als präventive Maßnahme zur Sicherung der Einnahmen durch die Reichsfluchtsteuer wurde von potentiell auswanderungswilligen Personen eine Sicherheitsleitung in Höhe der zu erwartenden Reichsfluchtsteuer gefordert, dies auch, wenn lediglich der Verdacht der Ausreise bestand[1109].

4.4.2.2 Auswandererabgabe

Eine Abgabe, die lediglich eine indirekte Einkunft des Staates darstellte, war die sog. Auswandererabgabe. Diese entsprach bereits im 18. Jahrhundert jüdischer Tradition und wurde von der Gestapo im Dezember 1938 auf 20% der Höhe der

---

Runderlass des Reichsfinanzministeriums vom 26.07.1933: „Die Auswanderung von Personen jüdischer Abstammung ist erwünscht und darf infolgedessen nicht unterbunden werden. Andererseits ist es erforderlich, von leistungsfähigen Personen, durch deren Auswanderung die deutsche Steuerbasis geschmälert wird, eine letzte große Abgabe – die Reichsfluchtsteuer – zu erheben", zitiert nach Walk, Das Sonderrecht für die Juden im NS-Staat, S. 42.

1105 RGBl. I, S. 1005ff.; Mußgnug, Die Reichsfluchtsteuer 1931 - 1953, S. 32; Köhler, Die „Arisierung" der Privatbanken im Dritten Reich, S. 424.

1106 Mußgnug, Die Reichsfluchtsteuer 1931 - 1953, S. 35.

1107 Mußgnug, Die Reichsfluchtsteuer 1931 - 1953, S. 84ff.; Hilberg, Die Vernichtung der europäischen Juden, S. 140ff. kommt zwar auf andere Zwischenwerte, insgesamt bis zum Steuerjahr 1939/40 (dem letzten großen Auswanderungsjahr) auf Gesamteinnahmen aus der Reichsfluchtsteuer von rund 900 MioRM.

1108 Beispielsweise Leonhard Horwitz, vgl. LEA, Reg.-Nr. 161874, Bl. D1a, D12, D22.

1109 Tarrab-Maslaton, Rechtliche Strukturen der Diskriminierung der Juden im Dritten Reich, S. 233; Köhler, Die „Arisierung" der Privatbanken im Dritten Reich, S. 425.

Reichsfluchtsteuer – da letztere 25% des Vermögens betrug, also in Höhe von 5% des Gesamtvermögens – festgesetzt, ab März 1939 gestaffelt in einer Höhe von 1% (bei Vermögen bis 5.000 RM) bis 10% (bei Vermögen über 1 MioRM) erhoben und kam der Reichsvereinigung der Juden in Deutschland zugute. Diese war eine ursprünglich selbständige, mit der Zehnten Verordnung zum Reichsbürgergesetz vom 04.07.1939[1110] von Innenministerium bzw. Gestapo kontrollierte, Selbsthilfeeinrichtung mit Zwangsmitgliedschaft aller in Deutschland lebender Juden, die Armen das „Vorzeigegeld" für die Einwanderung im Exilland zu Verfügung stellte und darüber hinaus für jüdische Schulen, Krankenhäuser und Kultusgemeinden zuständig war[1111].

Am 18.12.1939 wurde die Auswandererabgabe für das Jahr 1940 erhöht, indem zu dem festgesetzten ordentlichen Beitrag ein erhöhter außerordentlicher Beitrag kam: nach der Auswandererabgabe-Verordnung der Reichsvereinigung bestand die zusätzliche Abgabepflicht für alle auswandernden Juden mit einem Vermögen von mehr als 10.000 RM und betrug 10-60% des Vermögens, je nach der Größe des Vermögens, ab dem 03.12.1941 mindestens 25% des liquiden Vermögens[1112]. Damit wurde der Staat von Kosten für Auswanderung und insbesondere für Sozialfürsorge von Juden entlastet, welche sonst nicht hätten auswandern können.

4.4.2.3 Vermögensbeschlagnahme nach § 37a Devisengesetz

Weit über eine Sicherheitsleistung für die Reichsfluchtsteuer hinausgehend war der am 01.12.1936 eingeführte § 37a Devisengesetz[1113] aufgrund dessen die Devisenstellen Sicherungsanordungen erlassen konnten. Diese Sicherungsanordungen konnten bereits bei einem Verdacht auf Auswanderung getroffen werden und umfassten nicht nur die Sicherheitsleistung für die Reichsfluchtsteuer, sondern es konnte das vollständige inländische private und gewerbliche Vermögen gesperrt werden, indem die Berechtigten die Verfügungsbefugnis über ihr Vermögen verloren. Sobald von einer Devisenstelle eine Sicherungsanordnung gem. § 37a Devisengesetz erging, musste der Adressat innerhalb von fünf Tagen ein beschränkt verfügbares Sicherungskonto bei einer Devisenbank – beispielsweise beim Bankhaus E. J. Meyer – einrichten, der Bank eine Abschrift der Sicherungsanordnung aushändigen sowie der Devisenstelle die Errichtung des Kontos

1110 RGBl. I, S. 1097ff.
1111 Voß, Steuern im Dritten Reich, S. 143.
1112 Walk, Das Sonderrecht für die Juden im NS-Staat, S. 313, 358.
1113 RGBl. I, S. 1000f.

melden. Von allen anderen bestehenden Konten durfte von dem Zeitpunkt an nur noch durch Überweisung auf das Sicherungskonto verfügt werden. Auch waren jegliche eingehende Zahlungen nur auf das Sicherungskonto zu leisten. Vom Sicherungskonto durfte trotz eines bisweilen erheblichen Vermögens lediglich ein von der Devisenstelle festgesetzter, knapp bemessener monatlicher Freibetrag zur persönlichen Lebensführung abgehoben sowie bestimmte Zahlungen (beispielsweise Kosten medizinischer Behandlung, anwaltlicher oder auswanderungsbedingter Beratung, Tilgung alter Schulden sowie Spenden für jüdische Selbsthilfeorganisationen) vorgenommen werden[1114]. Auch über diese Maßnahme hinaus wurden bei deren Umsetzung Juden oft zusätzlich schikaniert[1115].

Zur Durchführung des § 37a Devisengesetz hatte die Gestapo eine standardisierte „Auswanderungsmitteilung" mit allen Indizien für eine potentielle Auswanderung zu verfassen und diese u. a. an das Wohnsitzfinanzamt und die Devisenstelle zu melden wobei diese Prozesskette auch von den anderen Stellen angestoßen wurde[1116]. Daneben wurden von Banken, Industrie- und

---

1114 Banken, Das nationalsozialistische Devisenrecht als Steuerungs- und Diskriminierungsinstrument 1933 - 1945, in: Bähr/ Banken (Hrsg.), Wirtschaftssteuerung durch Recht im Nationalsozialismus, S. 198; Durch die Neunte Durchführungsverordnung zum Devisengesetz vom 20.02.1937, RGBl. I, S. 255f., konnten Steuer- und Zollfahndung „Vorläufige Sicherungsanordnungen" als Amtshilfe für die Devisenstellen treffen, wenn ihrer Meinung nach später der Tatbestand des § 37a Devisengesetz vorliegen könnte.

1115 So hatte der Bankier Werner Stiebel vom Bankhaus Ph. Stiebel aus Eisenach seine Lebenshaltungskosten monatlich mit 650 RM beziffert, bekam aber lediglich 250 RM aus seinem eigenen sichergestellten Vermögen ausgezahlt. Erst nachdem er mehrfach „ergebenst um eine Erhöhung des Freibetrages" gebeten hatte, bekam er einen Freibetrag von 500 RM monatlich aus seinem sichergestellten Vermögen ausgezahlt – also immer noch weniger, als er zu seiner Lebenshaltung als erforderlich beziffert hatte, vgl. Köhler, Die „Arisierung" der Privatbanken im Dritten Reich, S. 433; Füllberg-Stolberg, „Wie mir bekannt geworden ist, beabsichtigen Sie auszuwandern...": die Rolle der Oberfinanzdirektion Hannover bei der Vertreibung der Juden, in: Perels (Hrsg.), Auschwitz in der deutschen Geschichte, S. 31f.; Drecoll, Der Fiskus als Verfolger: die steuerliche Diskriminierung der Juden in Bayern 1933 - 1941/42, S. 192ff.

1116 Blumberg, Etappen der Verfolgung und Ausraubung und ihre bürokratische Apparatur, in: Kenkmann/ Rusinek (Hrsg.), Verfolgung und Verwaltung, S. 23; Füllberg-Stolberg, „Wie mir bekannt geworden ist, beabsichtigen Sie auszuwandern...": die Rolle der Oberfinanzdirektion Hannover bei der Vertreibung der Juden, in: Perels (Hrsg.), Auschwitz in der deutschen Geschichte, S. 29, 38ff.; Franke, Legalisiertes Unrecht: Devisenbewirtschaftung und Judenverfolgung am Beispiel

Handelskammern, Kommunen, etc. Informationen über potentielle Auswanderer gesammelt und an die Finanzämter weitergeleitet, so beispielsweise Wohnsitzveränderungen, Abhebung größerer Geldbeträge, Passanträge, Veräußerungen von Grundstücken und Beteiligungen[1117]. Vielfach wurden auch die Pässe potentieller Auswanderer eingezogen und neue Pässe erst nach Sicherheitsleistung für Steuerlasten und sonstige Zahlungsverpflichtungen – wie beispielsweise die Befriedigung inländischer Gläubiger – erteilt, wobei die neuen Pässe dann einen Sichtvermerk betreffend die „steuerliche Unbedenklichkeit" trugen[1118]. Dieses Ziel verfolgte beispielsweise auch ein Erlass des Gestapa Karlsruhe vom 11.09.1935: „Um die Verschiebung von Vermögen ins Ausland durch Juden zu verhindern, sind ihnen in Zukunft nur Pässe mit Geltung für das Inland auszustellen. Bei Nachweis der wirtschaftlichen Notwendigkeit einer Auslandsreise ist für Juden die Geltung eines Passes für das Ausland auf kurze Dauer zu beschränken"[1119]. Davon war auch Adolf Meyer betroffen, als er im Sommer 1938 nach London zum Handelshaus Brandeis, Goldschmidt & Co. fahren wollte, um über den E. J. Meyer 1927 gewährten Kredit zu verhandeln[1120].

Die Sicherungsanordnung gem. § 37a Devisengesetz wurde nach der „Reichskristallnacht" 1938 von einer Ausnahme bei Verdacht auf Auswanderung zur Standartmaßnahme, da man davon ausging, dass bei Juden generell mit undurchsichtigen Vermögensverschiebungen zu rechnen sei[1121].

---

des Oberfinanzpräsidiums Hannover 1931 – 1945, S. 92; Drecoll, Der Fiskus als Verfolger: die steuerliche Diskriminierung der Juden in Bayern 1933 - 1941/42, S. 141ff., 189ff.

1117 Mußgnug, Die Reichsfluchtsteuer 1931 - 1953, S. 37; Blumberg, Etappen der Verfolgung und Ausraubung und ihre bürokratische Apparatur, in: Kenkmann/ Rusinek (Hrsg.), Verfolgung und Verwaltung, S. 23.

1118 Köhler, Die „Arisierung" der Privatbanken im Dritten Reich, S. 425; Birkwald, Die Steuerverwaltung im Dritten Reich, in: Leesch/ Birkwald/ Blumberg, Geschichte der Finanzverfassung und -verwaltung in Westfalen seit 1815, S. 259.

1119 Walk, Das Sonderrecht für die Juden im NS-Staat, S. 127.

1120 Archiv Bundesverband deutscher Banken, Bestand „gelb", E. J. Meyer; siehe auch Kap. 4.3.2 – 1937.

1121 Banken, Das nationalsozialistische Devisenrecht als Steuerungs- und Diskriminierungsinstrument 1933 - 1945, in: Bähr/ Banken (Hrsg.), Wirtschaftssteuerung durch Recht im Nationalsozialismus, S. 199, 207f.; Bajohr, „Arisierung" in Hamburg, S. 193; so auch Runderlass des Reichswirtschaftsministeriums vom 14.05.1938: „Gesetzwidrige Verbringung von Vermögen ins Ausland durch jüdische Auswanderer und Realisierung von schon im Ausland befindlichen Werten machen rechtzeitige Sicherungsmaßnahmen erforderlich. Das inländische Vermögen

Per Runderlass des Reichswirtschaftsministeriums vom 16.08.1939 wurde angeordnet, dass alle Juden ihr Bargeld auf besondere Konten bei Devisenbanken zu transferieren hatten, Abhebungen nur noch mit behördlicher Genehmigung erlaubt waren und alle Zahlungseingänge für Juden nur noch auf ihr derartiges Konto zu richten waren[1122]. Diese Folge entsprach derjenigen der Sicherungsanordnung gem. § 37a Devisengesetz, jedoch war es nun gleich, ob ein Jude auswandern wollte oder nicht – in jedem Falle verlor er die Verfügungsbefugnis über sein Vermögen[1123].

4.4.2.4 *Vermögenstransfer in Devisen*

Eine weitere Möglichkeit für den Staat an der Auswanderung von Juden zu profitieren, lag in der Abschöpfung von Vermögen im Zuge des Umtausches von

---

kapitalfluchtverdächtiger Personen einschließlich der Auslandesforderungen ist zu erfassen; solche Forderungen sind bei Verdacht der Auswanderung durch den Exporteur auf eine Devisenbank zu übertragen; für künftige Exportforderungen hat der Exporteur von vornherein die Zahlung an eine Devisenbank mit dem Kunden zu vereinbaren.", vgl. Walk, Das Sonderrecht für die Juden im NS-Staat, S. 225.

1122 Walk, Das Sonderrecht für die Juden im NS-Staat, S. 300; Schon ein Vertraulicher Erlass des Reichswirtschaftsministeriums vom 07.06.1938 hatte geregelt: „Anträge von Juden auf Verbringung inländischer Vermögenswerte nach dem Ausland oder der Freigabe ausländischer Vermögenswerte sind abzulehnen. Ausnahmen: jüdische Auswanderer, die über ein Vermögen bis zu 20.000 RM verfügen, Ha'avaratransfer, Alltreuverfahren, Mitnahme von Umzugsgut nach bestehenden Richtlinien.", vgl. Walk, Das Sonderrecht für die Juden im NS-Staat, S. 228.

1123 Bereits durch einen Erlass des Reichswirtschaftsministeriums vom 16.01.1939 mussten als Sicherheit für die Abgaben jüdischer Auswanderer Schmuck und Wertgegenstände bei öffentlichen Pfandleihen hinterlegt werden und es bestand ein grundsätzliches Verbot der Mitnahme von Schmuck und Wertsachen durch Auswanderer. Erlaubt war nur 1 Besteck Tafelsilber pro Person nebst Ersatzstücken sowie Ehering und Uhr im Anschaffungswert bis 100 RM, vgl. Walk, Das Sonderrecht für die Juden im NS-Staat, S. 274; Adolf Meyer und seine Frau Olga mussten im März 1939 Schmucksachen bei der Städtischen Pfandleihanstalt Berlin, W 8, Jägerstraße abgeben, vgl. Eidesstattliche Versicherung Adolf Meyer vom 30.01.1956 in BADV, 7 WGA 958/55, Bl. 6. Hierüber ist nach dem Krieg ein Rückerstattungsverfahren gegen das Deutsche Reich geführt worden, welches mit der Schätzung des Schmuckes und einem darauf beruhenden Vergleich endete, vgl. 7 WGA 958/55, Bl. 33. – möglicherweise (dies ist in den Akten nicht eindeutig, es wird nur von „abliefern" gesprochen) hatten Meyers ihren Schmuck auch nicht nur zu hinterlegen, sondern diesen vollständig abzuliefern gegen einen von der Pfandleihanstalt festgesetzten Preis nach der Dritten Anordnung zur Verordnung über die Anmeldung des Vermögens von Juden vom 21.02.1939, RGBl. I, S. 282.

Reichsmark in Devisen, da wie bereits dargestellt Devisen nicht mehr frei konvertierbar waren, sondern von der Reichsbank bzw. von ihr beauftragten Stellen wie der Devisenbank E. J. Meyer erworben werden mussten. Bis Februar 1934 galt ein Auswanderungsfreibetrag von 15.000 RM, der ab Juni 1934 auf 2.000 RM reduziert und im Oktober 1934 bis auf ein „Reisegeld" von 10 RM pro Reisemonat gänzlich aufgehoben wurde[1124]. Darüber hinausgehendes Guthaben[1125] wurde auf sog. Auswanderersperrkonten bei Devisenbanken transferiert und über das Guthaben konnte nur noch mit Genehmigung der Devisenstellen verfügt werden[1126]. Auch die Bankiers von E. J. Meyer und ihre Familien waren von Transferverlusten betroffen[1127].

Wollte ein Auswanderer Guthaben ins Ausland transferieren, so hatte er drei Alternativen: die für ihn günstigste Variante war betraglich begrenzter Ha'avara-Transfer („Paltreu") bei Auswanderung nach Palästina, die zweitgünstigste Variante war das betraglich begrenzte „Altreu"-Verfahren bei Auswanderung in andere Länder, darüber hinausgehendes Vermögen konnte er lediglich bei der Deutschen Golddiskontbank (Dego) mit einem großen Abschlag (sog. Dego-Abgabe) in Devisen eintauschen.

Im Rahmen des ab 1933 geltenden **Ha'avara-Abkommens** konnte ein Auswanderer insgesamt maximal 50.000 RM[1128] auf das Konto der Palästina-Treuhandstelle zur Beratung deutscher Juden GmbH (**Paltreu**) einzahlen[1129]. Das von den auswandernden Juden bei der Paltreu eingezahlte Geld wurde zur Bezahlung von Exportlieferungen deutscher Firmen nach Palästina genutzt. Der Importeur in Palästina zahlte den Kaufpreis für die deutschen Waren in Palästina-Pfund an den Einwanderer, welcher damit das für eine Einwanderung erforderliche „Vorzeigegeld" vorweisen konnte, so dass seine Einwanderung nicht

---

1124 Mußgnug, Die Reichsfluchtsteuer 1931 - 1953, S. 38f.; Blumberg, Etappen der Verfolgung und Ausraubung und ihre bürokratische Apparatur, in: Kenkmann/ Rusinek (Hrsg.), Verfolgung und Verwaltung, S. 18f.; Verordnung des Reichswirtschaftsministers vom 29.09.1934, RGBl. I, S. 864.

1125 Dazu zählte durch die Dritte Durchführungsverordnung zum Devisengesetz vom 01.12.1935, RGBl. I, S. 1408f., auch der Erlös aus dem Verkauf hochwertiger Waren (beispielsweise Geschmeide, Brillanten, Antiquitäten, Kunst, wertvolle Teppiche).

1126 Vgl. auch Lückefahr, Sperrmark und Registermark, S. 19ff.

1127 Beispielsweise Leonhard Horwitz, vgl. LEA, Reg.-Nr. 161874, Bl. D1a, D13.

1128 Feilchenfeld/ Michaelis/ Pinner, Haavara-Transfer nach Palästina und Einwanderung deutscher Juden 1933 - 1939, S. 47.

1129 U. a. bei dem Berliner Bankhaus A. E. Wassermann, welches maßgeblich an der Ent- und Abwicklung des Ha'avara-Abkommens beteiligt war, vgl. Weyhe, A. E. Wassermann, S. 68ff.

von der begrenzten offiziellen Einwandererquote des britischen Mandatsgebietes Palästina abhängig war[1130]. Anfänglich mussten die jüdischen Auswanderer den tatsächlichen Gegenwert von 12.500 RM für 1.000 Palästina-Pfund einzahlen, um am Ha'avara-Programm teilnehmen zu können, jedoch verschlechterte sich dieser Kurs bis Mitte 1935 auf 15.000 RM, bis 1937 auf 20.000 RM und bis zum Kriegsausbruch auf 40.000 RM für 1.000 Palästina-Pfund, also insgesamt eine Abwertung von bis zu 70%, jedoch immer noch die günstigste Methode für den Transfer eines kleinen, aber nicht unbeträchtlichen Vermögens ins Ausland[1131]. Auf diese Weise wurden mehrere Ziele gleichzeitig erreicht: die aufgrund internationaler Blockaden daniederliegende deutsche Wirtschaft bekam Exportaufträge, gleichzeitig wurde die Auswanderung von Juden durch den erleichterten Vermögenstransfer forciert und zu guter Letzt gingen Deutschland keine der ohnehin raren Devisen für das „Vorzeigegeld" im Rahmen der Auswanderung verloren[1132].

Ein ähnliches System wie der Paltreu/ Ha'avara-Transfer wurde mit der Gründung der Allgemeinen Treuhandstelle für die jüdische Auswanderung GmbH (**Altreu**) für den Kapitaltransfer bei Auswanderung von Juden in andere Länder als nach Palästina im Mai 1937 eingeführt, wobei aber nur ein Höchstbetrag pro Familie von 8.000 RM einzahlbar und in einen Betrag von umgerechnet 4.000 RM in Devisen konvertiert wurde, also ein Abschlag von 50% zu verzeichnen war[1133]. Jedoch wurden bereits 1938 keine neuen Anträge mehr entgegen genommen[1134].

Für alles (Mehr-)Vermögen, das nicht über das Paltreu oder Altreu-Verfahren in Devisen getauscht wurde, konnten Devisen lediglich durch einen Verkauf des auf Sperrkonten liegenden Reichsmarkguthabens an die Reichsbanktochter[1135] Dego erworben werden (**Dego-Abgabe**). Dabei wurde ein Abschlag (Disagio)

1130 Feilchenfeld/ Michaelis/ Pinner, Haavara-Transfer nach Palästina und Einwanderung deutscher Juden 1933 - 1939, S. 38ff.

1131 Barkai, Vom Boykott zur „Entjudung", S. 111ff.

1132 Barkai, Vom Boykott zur „Entjudung", S. 63, 113ff. Mittels Ha'avara-Transfer sind seit ihrer Gründung im November 1933 etwa 45 MioRM nach Palästina transferiert worden, allein ab dem 01.01.1935 etwa 35 MioRM, vgl. BAB, R 2501, Nr. 6790, Bericht über die palästinensische Wirtschaft und die Bedeutung des Haavara-Transfers für Palästina vom 16.10.1936.

1133 Feilchenfeld/ Michaelis/ Pinner, Haavara-Transfer nach Palästina und Einwanderung deutscher Juden 1933 - 1939, S. 79f.; Barkai, Vom Boykott zur „Entjudung", S. 115.

1134 Hilberg, Die Vernichtung der europäischen Juden, S. 148.

1135 Zur Einordnung der mit privaten Mitteln 1924 geschaffenen Dego als öffentlich-rechtliche Bank und Tochterinstitut der Reichsbank vgl. Haase, Die Deutsche Golddiskontbank, S. 1f.

auf den Wert der Reichsmark bei der Berechnung des Umtauschkurses von der Dego nach Ermessen bestimmt und für jüdische Auswanderer auf 1933 rund 25%, 1934 rund 40%, 1935 rund 65%, 1936 rund 70%, 1937 rund 80%, 1938 rund 90% und 1939 rund 96% festgesetzt, während er für „arische" Auswanderer konstant bei 50% blieb[1136]. Auch wenn der Vermögensverlust der Juden beim Tausch von Reichsmark in Devisen immens war, ist zu beachten, dass lediglich Auswanderer überhaupt die Möglichkeit hatten, ihr Geld in Devisen zu tauschen. Im Inland Verbleibenden war das Vermögen wie oben dargestellt in der Regel nach § 37a Devisengesetz gesperrt und sie konnten lediglich über einen zugewiesenen Betrag in etwa der Höhe des – in der Regel willkürlich bestimmten - Existenzminimums verfügen[1137].

4.4.2.5 Vermögenstransfer als „Umzugsgut"

Da der Transfer von Vermögen ins Ausland wie gesehen mit erheblichen Verlusten verbunden war, suchten viele Auswanderer nach immer neuen Schlupflöchern, welche der Staat durch die Verschärfung der jeweiligen Bestimmungen stets zu schließen versuchte, was teilweise wie ein groteskes Katz-und-Maus-Spiel anmutet. So waren gegen Ende 1938 insgesamt 41 Währungsfragen betreffende Gesetze und Verordnungen in Kraft[1138]. Eine weitere Möglichkeit des legalen Vermögenstransfers bei Auswanderung war die Mitnahme von Umzugsgut.

Da bis zur Vierten Durchführungsverordnung zum Devisengesetz von 1934 lediglich eine eidesstattliche Versicherung erforderlich war, dass sich im Umzugsgut keine Zahlungsmittel, Wertpapiere, etc. befanden (und darüber hinaus im Sinne einer Verstärkung der Auswanderung von Juden oft Ausnahmen gemacht bzw. toleriert wurden), wurde oft auf die Mitnahme von Goldschmuck und Edelmetallgegenständen anstelle von Devisengeld oder Wertpapieren ausgewichen. Als diese Lücken in den Jahren 1935 und 1936 geschlossen wurden, wich man einerseits auf die Mitnahme hochwertiger, aber gut transportierbarer Güter (beispielsweise Fotoapparate) aus oder aber man ließ gewöhnliche Alltagsgegenstände aus Edelmetallen herstellen (beispielsweise Thermoskannen, Spiegel, Gardinenringe, Autoschilder, Koffergriffe, etc.) und nahm diese beim Umzug ins Ausland mit. Jedoch wurde auch diese Lücke u. a. durch die Verordnung vom

---

1136 Feilchenfeld/ Michaelis/ Pinner, Haavara-Transfer nach Palästina und Einwanderung deutscher Juden 1933 - 1939, S. 80f.; Lückefahr, Sperrmark und Registermark, S. 22, 58; Köhler, Die „Arisierung" der Privatbanken im Dritten Reich, S. 437; Bajohr, „Arisierung" in Hamburg, S. 153f.

1137 Vgl. Lückefahr, Sperrmark und Registermark, S. 65f.

1138 James, Verbandspolitik im Nationalsozialismus, S. 139.

25.05.1936[1139] geschlossen, sowie ab 1937 zusätzlich die Mitnahme großer Waren aus Edelmetall, die einen geringen Façonwert hatten, untersagt sowie ab 1939 das Verbot zur Mitnahme von „Kostbarkeiten“ (beispielsweise Radios, Nähmaschinen, Briefmarkensammlungen, etc.) eingeführt[1140]. Durch das Gesetz gegen Wirtschaftssabotage vom 01.12.1936[1141] wurde Todesstrafe und Einzug des Vermögens demjenigen Staatsangehörigen angedroht, der Vermögen ins Ausland verschiebt oder im Ausland stehen lässt, auch wenn die Tat im Ausland begangen worden ist.

Ausdrücklich gegen Juden gerichtet war auch das Verbot für Juden, „im Reiseverkehr andere als die zum persönlichen Gebrauch unbedingt erforderlichen Gegenstände“ ohne Genehmigung ins Ausland zu verbringen[1142].

Auch Anna und Erna Meyer, Mutter und Schwester Adolf Meyers, wurde ursprünglich Silber zur Mitnahme bei der Auswanderung genehmigt, aber dann nachträglich die Mitnahme des Silbers verwehrt[1143]. Jedoch haben Anna und Erna Meyer „Dank Camilla B.“ Juwelen mit nach Brüssel nehmen können oder sich nach Brüssel haben bringen lassen, so dass sie zwar kein Geld hatten, jedoch ihren Schmuck verkaufen konnten[1144].

1139 RGBl. I, S. 467f.

1140 Zu alldem: Banken, Das nationalsozialistische Devisenrecht als Steuerungs- und Diskriminierungsinstrument 1933 - 1945, in: Bähr/ Banken (Hrsg.), Wirtschaftssteuerung durch Recht im Nationalsozialismus, S. 189ff.; vgl. dazu auch Runderlass vom 13.05.1938, RStBl. S. 504, betreffend die Mitnahmen von Umzugsgut ins Ausland: „Um die Ausfuhr beträchtlicher Vermögenswerte zu verhindern, ordnet der Reichswirtschaftsminister an, dass jeder, der Umzugsgut ins Ausland befördern will, vor der Verpackung und Verladung der Gegenstände der zuständigen Devisenstelle von seiner Absicht Mitteilung zu machen hat. Gesondert zu bezeichnen sind Gegenstände: 1. die dem Auswanderer vor dem 01.01.1933 gehört haben; 2. die er seitdem erworben hat; 3. die in Verbindung mit der Auswanderung angeschafft worden sind. Bei neuen Anschaffungen ist ihre Notwendigkeit zu begründen. Auch über sein Vermögen hat der Auswanderer Angaben zu machen. Die Devisenstelle entscheidet, welche Gegenstände ins Ausland verbracht werden können.“

1141 RGBl. I, S. 999.

1142 Vgl. dazu auch Banken, Das nationalsozialistische Devisenrecht als Steuerungs- und Diskriminierungsinstrument 1933 - 1945, in: Bähr/ Banken (Hrsg.), Wirtschaftssteuerung durch Recht im Nationalsozialismus, S. 176ff.

1143 7 WGA 888 und 889/50, Bl. 6.

1144 Leo Baeck Institute, Gisela A. Weil Collection, AR 25391, Box 1, Folder 1, Brief von Felix Meyer an seine Eltern vom 20.09.1944, in welchem er auch erwähnt, dass seine Großmutter Anna und seine Tante Erna der Gestapo hätten entfliehen können. Oft benutzt er in Briefen an seine Eltern Abkürzungen für Namen, aus

Zusätzlich wurde per Erlass des Reichswirtschaftsministeriums vom 17.04.1939 eine Abgabe auf Umzugsgut festgesetzt[1145], die 100% des Anschaffungswertes des Umzugsgutes betrug und an die Deutsche Golddiskontbank (Dego) zu zahlen war[1146]. Adolf Meyer hat bei seiner Ausreise aus Berlin per Flugzeug nach Amsterdam am 24.04.1939 400 RM an die Dego gezahlt[1147], wobei anzunehmen ist, dass diese Abgabe Umzugsgut betraf, jedoch Einzelheiten nicht mehr ermittelbar waren.

4.4.2.6 Vermögenstransfer mittels Wertpapieren, Grundbesitz und Forderungen

Eine weitere Möglichkeit des Vermögenstransfers ins Ausland war, Anteile an ausländischen Unternehmen durch den Kauf von Wertpapieren, Grundbesitz

---

welchem Grunde ist nicht klar, jedoch war Felix als Dolmetscher beim Englischen Militär und operierte in soeben befreiten oder noch umkämpften Gebieten, so dass diese Abkürzungen möglicherweise dem Schutz derjenigen Personen dienten. In einem Brief an seine Tante Ruth vom 01.10.1945 schreibt er, dass Camilla Breitenfeld und ihr Mann seiner Großmutter Anna Meyer sehr geholfen hätte, als diese Deutschland verlassen hätte, vgl. Leo Baeck Institute, Gisela A. Weil Collection, AR 25391, Box 1, Folder 1, Brief von Felix Meyer an Ruth vom 01.10.1945.

1145 Dies sollte besonders scharf kontrolliert werden, um unerlaubter Verbringung von Vermögen ins Ausland vorzubeugen. Die Gründlichkeit, mit welcher bereits bei der Schaffung des Gesetzes zu Werke gegangen wurde, zeigt sich in § 57 Abs. 2 Devisengesetz vom 12.12.1938, RGBl. I, S. 1734ff., der die Genehmigung der Verbringung von Umzugsgut ins Ausland behandelt: „Anträge auf Genehmigung sind vor der Verpackung und Verladung des Umzugsgutes und der sonstigen Sachen unter Beifügung eines Verzeichnisses der zur Ausfuhr bestimmten Gegenstände zu stellen.“; vgl. dazu auch Banken, Das nationalsozialistische Devisenrecht als Steuerungs- und Diskriminierungsinstrument 1933 - 1945, in: Bähr/ Banken (Hrsg.), Wirtschaftssteuerung durch Recht im Nationalsozialismus, S. 213f.

1146 Um die Auswanderung nicht zu erschweren, wurden die Devisenstellen ermächtigt, in Einzelfällen Erleichterungen zu gewähren, wobei tatsächlich aber an manchen Stellen noch höhere Abgaben verlangt wurden. Die Mitnahme bestimmter Gegenstände wie wertvolle Briefmarkensammlungen, Radiogeräte, Schreib- und Nähmaschinen und dergleichen wurde verboten, vgl. Walk, Das Sonderrecht für die Juden im NS-Staat, S. 291; Blumberg, Die Zollverwaltung und die Devisenstelle im Dritten Reich, in: Leesch/ Birkwald/ Blumberg, Geschichte der Finanzverfassung und -verwaltung in Westfalen seit 1815, S. 257; Banken, Das nationalsozialistische Devisenrecht als Steuerungs- und Diskriminierungsinstrument 1933 - 1945, in: Bähr/ Banken (Hrsg.), Wirtschaftssteuerung durch Recht im Nationalsozialismus, S. 206, 214.

1147 LEA, Reg.-Nr. 160830, Bl. D30.

im Ausland oder aber Forderungen gegen Ausländer zu erwerben. Diese „Lücke“ wurde durch die Achte[1148] und Zehnte[1149] Durchführungsverordnung zum Devisengesetz vom 17.02.1937 bzw. 16.09.1937 geschlossen, nach welcher eine Anzeigepflicht für alle natürlichen und juristischen Personen über ihre ausländischen Wertpapiere bestand und durch welche der Handel mit ausländischen Wertpapieren an deutschen Börsen genehmigungspflichtig wurde. Danach konnten diese Papiere nur noch der Reichsbank oder einer anderen Devisenbank verkauft werden, konnten also nicht mehr als Weg des Vermögenstransfers dienen. Weiterhin wurde durch die genannte Zehnte Durchführungsverordnung zum Devisengesetz eine Genehmigungspflicht für Verfügungen über in- und ausländischen Grundbesitz eingeführt, wenn entweder Eigentümer oder Begünstigter Ausländer war[1150], so dass auch der Weg, von Inländern in Reichsmark im Ausland belegenen Grundbesitz zu erwerben, nicht mehr gangbar war.

Eine weitere Möglichkeit war, für einen Ausländer im Inland eine Forderung zu begleichen und dafür im Ausland eine Forderung gegen den Ausländer zu erwerben oder direkt Zahlungen ins Ausland vorzunehmen. Das Devisengesetz vom 12.12.1938[1151] legte jedoch fest, dass Zahlungen eines Inländers an Ausländer bzw. für einen Ausländer an Inländer der Genehmigung unterlagen sowie das Zahlungen in jedweder Währung ins Ausland und der Erwerb ausländischer gegen inländische Währung ebenfalls der Genehmigungspflicht unterstanden, wodurch auch diese Möglichkeit des Vermögenstransfers in Ausland unmöglich wurde. Ähnliche Vorschriften galten für Edelmetalle, Unternehmensbeteiligungen, Kredite und Sicherheiten sowie für Geschenke ins Ausland und sonstige Werte.

Wie genau die Bankiers von E. J. Meyer Vermögen ins Ausland transferierten, ist nicht überliefert, jedoch verfügten sie über Vermögen, so dass sich

---

1148 RGBl. I, S. 242.

1149 RGBl. I, S. 1018f.

1150 Vgl. Schreiber, „Arisierung“ in Berlin 1933 - 1945, in: Biggeleben/ Schreiber/ Steiner (Hrsg.), „Arisierung“ in Berlin, S. 35; vgl. dazu auch Runderlass der Reichsdevisenstelle vom 02.08.1937: „Die Freigabe auch eigener Sperrguthaben für den Ankauf deutschen Grundbesitzes durch Juden ist unerwünscht; derartige Anträge sind abzulehnen. Entsprechend ist bei Anträgen auf Aufnahme von Sperrguthabendarlehen zum Erwerb von Grundstücken oder zur Errichtung von Neubauten durch Juden zu verfahren.“, in: Walk, Das Sonderrecht für die Juden im NS-Staat, S. 198.

1151 RGBl. I, S. 1734ff.

beispielsweise Meyers in den Niederlanden zwar einschränken mussten, aber immerhin noch über jemanden verfügten, der hin- und wieder für sie kochte[1152].

4.4.3 Entziehung inländischen Vermögens nach Auswanderung

Als Alternative zum verlustbringenden Vermögenstransfer ins Ausland konnte das Vermögen nur noch illegal aus Deutschland abgezogen oder legal in Deutschland belassen bleiben, wobei den Eigentümern wie erwähnt in der Regel per Sicherungsanordnung gem. § 37a Devisengesetz die Verfügungsbefugnis darüber entzogen wurde und ihnen lediglich ein wenig ihres Vermögens für den persönlichen Verbrauch freigegeben wurde[1153].

Gingen Juden ins Exil, beließen aber Vermögen in Deutschland, konnte ihnen bereits ab 1933 die Staatsbürgerschaft aberkannt werden, wenn sie „durch ein Verhalten, das gegen die Pflicht zur Treue gegen Reich und Volk verstößt, die deutschen Belange geschädigt haben". Folge war, dass das bereits während des Ausbürgerungsverfahrens beschlagnahmte Vermögen nach der Ausbürgerung dem Staat verfiel[1154]. Nach Köhler konnte nicht festgestellt werden, dass in den Jahren zwischen 1933 und 1937 auch Privatbankiers dieser Bestimmung zum Opfer fielen, was sich jedoch nach einem Erlass vom 30.03.1937 änderte, der die Rechtsfolge der staatsfeindlichen Betätigung auch auf Fälle von Verstößen gegen Blutschutzgesetze, Steuer- und Devisenvergehen sowie „typisch jüdischer Bereicherung am volksdeutschen Vermögen" anordnete[1155].

Mit Erlass des Reichssicherheitshauptamtes vom 10.07.1940 hatte die Gestapo bei allen nach dem 12.11.1938 (also nach der Reichspogromnacht) ausgewanderten Juden mit einem Restvermögen von über 5.000 RM die Ausbürgerung

1152 Zu den Einzelheiten siehe bei den jeweiligen Personen.

1153 Siehe dazu Kap. 4.4.2.3.

1154 Vgl. Gesetz über den Widerruf von Einbürgerungen und die Aberkennung der Staatsangehörigkeit vom 14.07.1933, RGBl. I, S. 480; geschaffen wurde dies Gesetz anfangs in erster Linie, um Ostjuden zu vertreiben, wobei gleichzeitig durch parallele Gesetze gegen Kommunisten und Sozialdemokraten vorgegangen werden sollte, vgl. zu dem ganzen Komplex auch Tarrab-Maslaton, Rechtliche Strukturen der Diskriminierung der Juden im Dritten Reich, S. 46ff., 151ff.

1155 Köhler, Die „Arisierung" der Privatbanken im Dritten Reich, S. 447; Aufgrund dieser Bestimmungen ist auch dem Bankier Alfred Panofsky nach der „Arisierung" des Bankhauses Jacquier & Securius ein großer Teil seines noch in Deutschland verbliebenen Vermögens entzogen worden, vgl. Kahmann, Die Bankiers von Jacquier & Securius, S. 203ff.

zu prüfen[1156]. Wurde ausgebürgert, verfiel wie schon zuvor das Vermögen dem Reich.

Diese Ausbürgerung im Einzelfall wurde durch die Elfte Verordnung zum Reichsbürgergesetz vom 25.11.1941[1157] obsolet, da dadurch allen nicht mehr in Deutschland lebenden Juden – dazu zählten auch die in Konzentrationslager außerhalb des Deutschen Reiches deportierten – die deutsche Staatsangehörigkeit per Gesetz aberkannt wurde mit der beabsichtigten Folge, dass ihr Vermögen dem Reich verfiel[1158]. Dies war auch bei Estella Meyer, der nach Cholm deportierten Frau Richard Moritz Meyers, der Fall, da – wie der Berliner Oberfinanzpräsident feststellte - „die Jüdin noch lebend über die Grenze gekommen ist"[1159]. Ebenso wurde das Vermögen von Adolf Meyer, seiner Mutter Anna, seiner Schwester Erna sowie von Leonhardt Horwitz angemeldet, beschlagnahmt und eingezogen[1160]. Das Vermögen wurde dann von den Sperrkonten bei den Devisenbanken an spezielle Vermögensverwertungsstellen der Reichsfinanzverwaltung transferiert[1161].

Diese Maßnahmen wurden später nicht nur bei erfolgter „Auswanderung" angewendet, sondern bereits im Vorhinein. So wurden die Staatspolizeistellen per Schreiben des Reichsfinanzministers vom 08.07.1941 aufgefordert, dass bei

1156 Walk, Das Sonderrecht der Juden im NS-Staat, S. 325.

1157 RGBl. I, S. 722ff.

1158 Mit Runderlass des Reichsinnenministeriums vom 03.12.1941 wurden die Konzentrationslager in von deutschen Truppen besetzten Gebieten dem Ausland im Sinne der Elften Verordnung über das Reichsbürgergesetz gleichgesetzt. Deshalb änderte das Reichsfinanzministerium das Verfahren dahingehend, dass das Vermögen der Juden nicht mehr per Einzelakt eingezogen werden musste, da es durch diese Änderung dem Deutschen Reich per Gesetz verfallen war, vgl. Walk, Das Sonderrecht für die Juden im NS-Staat, S. 358f.; Kuller, Finanzverwaltung und Judenverfolgung, S. 24f.

1159 73 WGA 15463/59, Bl. 4; LEA 16178, Bl. D59, 77; Kohl, Bilder eines Vaters, S. 257f.; § 3 der Elften Verordnung zum Reichsbürgergesetz vom 25.11.1941. Diese Verwertung des Vermögens Deportierter hatte verwaltungsintern die Bezeichnung „Aktion 3", vgl. Kuller, Finanzverwaltung und Judenverfolgung, S. 24ff.

1160 Siehe Kap. 4.3.2 – 1943: für Adolf Meyer wurde die Feststellung gem. § 8 der Elften Verordnung zum Reichsbürgergesetz, dass die Voraussetzung für Ausbürgerung und Vermögensverfall vorliegen, mit Schreiben des Chefs der Sicherheitspolizei und SD vom 02.11.1944 getroffen, für Anna ist die Feststellung mit Schreiben vom 22.12.1944 getroffen und für Erna mit Schreiben vom 05.08.1943, vgl. 73 WGA 4044/55, Bl. 5ff.; zur Beteiligung des Bankhauses E. J. Meyer, bei dem diese Vermögen verwaltet wurden, siehe Kap. 5.3.2.

1161 Köhler, Die „Arisierung" der Privatbanken im Dritten Reich, S. 448ff.

schwebenden Ausbürgerungsverfahren sichergestellte und beim Zoll lagernde Gegenstände von jüdischen Auswanderern versteigert und der Erlös auf die Kassen der Staatspolizei eingezahlt werden sollte[1162]. In die gleiche Richtung geht das Schreiben des Reichsfinanzministers vom 04.11.1941, das alle Juden, die nicht in volkswirtschaftlich wichtigen Betrieben beschäftigt waren, in den nächsten Monaten in die Ostgebiete abgeschoben würden. Das Vermögen der abzuschiebenden Juden werde zugunsten des Reiches eingezogen, außer 100 RM und 50kg Gepäck pro Person. Deshalb hatten die abzuschiebenden Juden der Gestapo vorher ein Vermögensverzeichnis einzureichen[1163].

Da der legale Vermögenstransfer zu sehr hohen Verlusten führte oder aber, weil den Betroffenen nicht genügend Zeit blieb, beließen einige Auswanderer ihr Vermögen auf Bankkonten in Deutschland. Hier schaltete sich die vormalige Interessengruppe der (jüdischen) Privatbankiers ein: am 13.12.1941 forderte die Wirtschaftsgruppe Privates Bankgewerbe alle Banken auf, das Vermögen ihrer „abgewanderten" jüdischen Kunden an die Preußische Staatsbank zu transferieren. Zwar hatten die Banken keine grundsätzlichen Bedenken gegen die Legalität der Anordnung, jedoch forderten sie zur formalrechtlich korrekten Bearbeitung Nachweise über die sog. „Abwanderung" ihrer Kundschaft, weshalb die Banken ab März 1942 regelmäßig Listen von den Oberfinanzdirektionen erhielten, in denen die „Abgewanderten" verzeichnet waren mit der Aufforderung, deren Vermögen auf das Reich zu transferieren[1164].

4.5 Wirtschaftliche Entwicklung des Bankhauses E. J. Meyer

Nachdem die sich seit der Machtübernahme durch die Nationalsozialisten gewandelten rechtlichen und politischen Rahmenbedingungen, die Entwicklung des Bankensektors und dort insbesondere der jüdischen Privatbanken sowie die Verdrängung der Juden aus Wirtschaft und Gesellschaft, die Entziehung ihres Vermögens im Inland, bei und nach Auswanderung im Kontext zu den Entwicklungen bei E. J. Meyer, seinen Bankiers und ihren Familien untersucht worden sind, wird nun die wirtschaftliche Entwicklung von E. J. Meyer seit der Machtübernahme durch die Nationalsozialisten dargestellt.

Am Anfang der nationalsozialistischen Regierungsübernahme stand das Bankhaus E. J. Meyer wie oben dargestellt[1165] wirtschaftlich solide da. Es war

1162 Walk, Das Sonderrecht für die Juden im NS-Staat, S. 344.
1163 Walk, Das Sonderrecht für die Juden im NS-Staat, S. 354.
1164 Kopper, Bankiers unterm Hakenkreuz, S. 218f.
1165 Siehe Kap. 3.3.1.

relativ gut durch die Krisenjahre 1929 bis 1931 gekommen und hatte mit der Übernahme von Schwarz, Goldschmidt & Co. aus der Sichtweise von 1932 ausgesprochen gute Zukunftsaussichten, weil einerseits durch die mit der Dresdner Bank vereinbarte Vergütung für das Einziehen der offenen Forderungen von Schwarz, Goldschmidt & Co. eine – wenn auch insgesamt auf die eintreibbaren Forderungen begrenzte – zu dem alten Geschäft hinzugekommene sichere Einkunftsquelle für die kommenden Jahre bestand und andererseits weil die durch die Übernahme von Schwarz, Goldschmidt & Co. angestrebte Neuausrichtung auf das Börsengeschäft als weiteres Standbein allgemein als guter Schachzug gelobt wurde, wie aus den zeitgenössischen Wirtschaftszeitungen hervorgeht.

Die 1932 bestehenden Hoffnungen in Bezug auf Fortbestand des Stammgeschäftes sowie auf die zusätzliche Ausrichtung auf das Börsengeschäft sollten jedoch nach der Machtübernahme durch die Nationalsozialisten nicht mehr eintreten[1166]. Die bislang getätigten Geschäfte von E. J. Meyer gingen nach der Machtübernahme der Nationalsozialisten zurück, wie dies die oben geführten Untersuchungen auch bei anderen jüdischen Privatbankhäusern zeigen. Das Geschäft von E. J. Meyer ging nach der Machtübernahme durch die Nationalsozialisten um über die Hälfte zurück[1167]. Jedoch macht der seit 1911 bei E. J. Meyer tätige Prokurist Erich Lippa in einem Restitutionsprozess nach dem Zweiten Weltkrieg die Aussage, dass sich das Bankhaus insbesondere mit Vermögensverwaltungen, speziell Effekten, beschäftigt habe und die Kundschaft bis auf einige Beamte, die wohl der Partei beigetreten waren, dem Bankhaus treu geblieben war[1168].

Gründe für ein Abbrechen der Geschäftsbeziehungen waren, dass eine Geschäftsverbindung zu einem jüdischen Bankhaus als negativ angesehen wurde.

1166 Zum Rückgang der Wirtschaftskraft jüdischer Privatbanken im Nationalsozialismus siehe auch Kap. 4.2.3.

1167 LEA, Reg.-Nr. 161874, Bl. E1; Eidesstattliche Versicherung von Hans Meyer, Vetter von Adolf Meyer und Mitinhaber von Warburg & Co. in Amsterdam, welcher diverse Geschäfte mit E. J. Meyer machte und auch die „Arisierung" durch Kurt Richter-Erdmann einfädelte: „Weiterhin ich möchte auch noch beifügen, was mir bekannt ist, auch über das Aufleben und die Liquidation der Firma. Seit die Nazis die Regierung in Deutschland übernommen hatten und die Judenunterdrückung begonnen hatte, brachen gerade bei dieser Firma sehr viele Kunden ihre Geschäftsbeziehungen ab. Das Geschäft verringerte sich so, dass eine Aufrechterhaltung gegenstandslos gewesen wäre.", vgl. LEA Reg.-Nr. 160830, Bl. D21ff.

1168 BADV, 7 WGA 423/51, Bl. 73ff.

So hat selbst Leo Stern, der jüdische Vormund Adolf Meyers vormals in der Voßstraße lebender Tante Estella Meyer, das zuvor von E. J. Meyer verwaltete Barvermögen auf ein „arisches" Kreditinstitut übertragen[1169].

Weiterer Grund für den Geschäftsrückgang war, dass die jüdischen Bankiers wie dargestellt ihre Positionen in der Wirtschaft, beispielsweise Aufsichtsratspositionen, verloren sowie gesellschaftlich zusehends isoliert wurden, wodurch neben dem privaten, auch ihr geschäftlicher Aktionsradius immer stärker eingeschränkt wurde. So hat beispielsweise Adolf Meyer bereits Anfang 1933 den seit drei Generationen gehaltenen Aufsichtsratssitz der Philipp Holzmann AG verloren und damit neben den Tantiemen auch wichtige Geschäftskontakte insbesondere nach Frankfurt[1170].

Ebenso wirkten sich die oben[1171] untersuchten rechtlichen und tatsächlichen Maßnahmen zur Verdrängung der jüdischen Bankiers aus dem Wirtschafts- und Gesellschaftsleben negativ auf das Geschäft aus, wovon das Bankhaus E. J. Meyer ebenfalls betroffen war. So wurden von 1933 an Leonhard Horwitz wegen seiner Abstammung Schwierigkeiten in der Handhabung seines Berufes und Geschäftes gemacht, welche während der folgenden Jahre immer weiteren Umfang annahmen und auch seine soziale Stellung betrafen, wo „ständig ähnliche Schwierigkeiten und Einschränkungen stattfanden"[1172]. Es ist davon auszugehen, dass es den anderen Teilhabern von E. J. Meyer ebenso wie Horwitz und den Bankiers anderer jüdischer Bankhäuser gegangen ist.

Um solchen Schwierigkeiten besser begegnen zu können, hatte E. J. Meyer von Schwarz, Goldschmidt & Co. unter anderem den Nationalsozialisten Ernst Keubel als Prokuristen übernommen, aber dieser habe der Firma weder besondere Dienste geleistet noch besonders geschadet, da er sehr überschuldet gewesen sei und jeden nach Geld angeborgt habe. Daneben sei noch ein kleiner Börsenvertreter in der Partei gewesen, der aber völlig ungefährlich gewesen sei[1173].

Auch das Effekten- und Börsengeschäft ging durch die nationalsozialistische Wirtschaftspolitik zurück, so dass sich die mit der Übernahme von Schwarz, Goldschmidt & Co. beabsichtigte Stärkung dieses zuvor sehr stark von Schwarz, Goldschmidt & Co. betriebenen Geschäftszweiges nicht realisieren ließ. So haben auch beim „arischen" Frankfurter Bankhaus Metzler die Einschränkung

1169 Kohl, Bilder eines Vaters, S. 137.

1170 Siehe dazu Kap. 4.3.4.1.

1171 Siehe dazu Kap. 4.3ff.

1172 LEA, Reg.-Nr. 161874, Bl. M15.

1173 Aussage des seit 1911 bei E. J. Meyer tätigen Prokuristen Lippa im Restitutionsprozess, vgl. BADV, 7 WGA 423/51, Bl. 73ff.

des Devisenhandels infolge der nach der Bankenkrise 1931 eingeführten Devisenbewirtschaftung sowie die restriktive Regulierung des Kapitalmarktes durch die Nationalsozialisten das Aktien- und Emissionsgeschäft derart negativ beeinflusst, dass die Firmeninhaber von der Bankenkrise bis Mitte der dreißiger Jahre von der Substanz gelebt haben, bewährte Bank- und Hausangestellte entlassen oder geringer entlohnen und ihren Privatbedarf stark einschränken mussten[1174]. Mitte der dreißiger Jahre war jedoch das Moment der Übernahme des Börsenbankhauses Schwarz, Goldschmidt & Co. durch E. J. Meyer längst vorüber, um noch die 1932 beabsichtigte Schaffung eines neuen Geschäftszweiges zu ermöglichen.

Unterlagen über die Geschäftsentwicklung hat Adolf Meyer bei seiner Auswanderung im April 1939 nicht mitnehmen dürfen[1175]. Aber es ist nach dem oben Ausgeführten davon auszugehen, dass sich das angestammte Geschäft von E. J. Meyer ohne die Einziehungen der Forderungen für Schwarz, Goldschmidt & Co. ab 1933 halbierte. Die genaue Summe des Geschäftsumfanges ist nicht feststellbar. Jedoch hatten die Bankiers Adolf Meyer und Leonhard Horwitz als alleinige Teilhaber in den Jahren 1930 bis 1932 noch rund 20-30.000 RM jährlich verdient sowie in der Zeit zusätzlich 50.000 RM – oder gar 100.000 RM – des 1927 von dem verwandtschaftlich und geschäftlich verbundenen Londoner Handelshaus Brandeis, Goldschmidt & Co. erhaltenen Darlehens zurückgezahlt[1176]. Damit wird man von einem Gewinn des Bankhauses von rund 80-100.000 RM pro Jahr vor der Zeit des Nationalsozialismus ausgehen können, mithin aus diesem Geschäftsbereich nach 1933 von rund 40-50.000 RM.

Zusätzlich hat E. J. Meyer durch das von der Dresdner Bank übertragene Geschäft der Einziehung der Debitoren von Schwarz, Goldschmidt & Co. anfangs noch sehr solide Gewinne erwirtschaften können. Insgesamt haben die von der Dresdner Bank an E. J. Meyer gezahlten Vergütungen für das Einziehen der Forderungen des Bankhauses Schwarz, Goldschmidt & Co. wohl maximal 600.000 RM verteilt auf die Jahre 1933 bis 1936 betragen, wobei auch Angestellte von

1174 Auch wurde beispielsweise aus finanziellen Gründen das Jugendzimmer Albert von Metzlers, ab 1942 persönlich haftender Gesellschafter auch von E. J. Meyer, an Marion Gräfin Dönhoff vermietet, vgl. Holtfrerich, Albert von Metzler, in: Pohl (Hrsg.), Deutsche Bankiers des 20. Jahrhunderts, S. 266f.; zur Entwicklung des Börsengeschäfts im Nationalsozialismus vgl. Medert, Die Verdrängung der Juden von der Berliner Börse: kleine und mittlere Unternehmen an der Wertpapier-, Produkten- und Metallbörse (1928 - 1938), S. 164ff.

1175 LEA, Reg.-Nr. 160830, Bl. E27.

1176 Siehe Kap. 3.3.1.

Schwarz, Goldschmidt & Co. übernommen worden sind[1177]. Dieser Vertrag mit der Dresdner Bank lief bis Ende 1936.

Damit kann man davon ausgehen, dass die Einnahmen des Bankhauses E. J. Meyer in den vier Jahren 1933 bis 1936 bei durchschnittlich zwischen rund 160.000 RM[1178] und rund 190.000 RM[1179] lagen. Da die Haupteinkünfte auf dem Geschäft mit Schwarz, Goldschmidt & Co. beruhten, wobei es sich um eine Vergütung für die Einziehung offener Forderungen handelte, waren die Einkünfte in der ersten Zeit sehr viel höher und nahmen dann ab, wobei auch die zusätzlichen Personalkosten durch die Übernahme der ehemaligen Mitarbeiter von Schwarz, Goldschmidt & Co. zu beachten sind.

Diese Zahlen sind nur Näherungswerte, werden aber durch die punktuellen Aussagen der Bankiers gestützt. So hatte Adolf Meyer eigenen Aussagen ein durchschnittliches Einkommen in den 10 Jahren vor 1939 von rund 30.000 RM[1180], also sowohl die Wirtschaftskrise als auch die Hochzeiten des Schwarz, Goldschmidt & Co. Geschäftes als auch die Zeit nach dem Schwarz, Goldschmidt & Co. Geschäft und der „Arisierung“ beinhaltend. Für die Zeit bis zum Ausscheiden von Flörsheimer erklärt Adolf Meyer in einer Eidesstattlichen Versicherung: „Von 1932 bis 1936 waren Dr. Walter D. Flörsheimer und ich Partner, d. h. persönlich haftende Gesellschafter, in der OHG Bankgeschäft E. J. Meyer, Berlin W. 8, Französische Straße 47. Wir waren in gleicher Position und hatten

---

1177 In den im Archiv Bankhaus Wölbern vorhandenen Unterlagen steht die Zahl 500.000 wobei die 5 durch eine 6 überschrieben worden ist oder aber auch vice versa, vgl. Archiv Bankhaus Wölbern, Auskunft an Verfasser vom 16.12.2011.

1178 Annahme: Altgeschäft 1930 - 1932 hat jährlich 25.000 RM pro Partner erwirtschaftet, also für Meyer und Horwitz zusammen jährlich 50.000 RM. Zusätzlich hat das Bankhaus 50.000 RM in diesen drei Jahren erwirtschaftet zur Rückzahlung des Darlehens an Brandeis, Goldschmidt & Co,. insgesamt also rund 67.000 RM pro Jahr. Ab 1933 bis 1936 jährlich die Hälfte, also 33.500 RM, aus dem Altgeschäft zuzüglich über den gesamten Zeitraum 500.000 RM aus dem Neugeschäft Schwarz, Goldschmidt & Co., insgesamt also 634.000 RM in den Jahren 1933 bis 1936, somit pro Jahr 158.500 RM.

1179 Annahme: Altgeschäft 1930 - 1932 hat jährlich 25.000 RM pro Partner erwirtschaftet, also für Meyer und Horwitz zusammen jährlich 50.000 RM. Zusätzlich hat das Bankhaus 100.000 RM in diesen drei Jahren erwirtschaftet zur Rückzahlung des Darlehens an Brandeis, Goldschmidt & Co,. insgesamt also rund 83.000 RM pro Jahr. Ab 1933 bis 1936 jährlich die Hälfte, also 41.500 RM, aus dem Altgeschäft zuzüglich über den gesamten Zeitraum 600.000 RM aus dem Neugeschäft Schwarz, Goldschmidt & Co., insgesamt also 766.000 RM in den Jahren 1933 bis 1936, somit pro Jahr 191.500 RM.

1180 LAB, 71 WGA 958/55, Bl. 34ff.

das gleiche Einkommen. Nach meiner sicheren Erinnerung ging es während dieser Periode über 40.000 RM jährlich hinaus."[1181] Auch Flörsheimer stützt diese Zahlen: „Adolph Meyer war genau wie ich mit 25% an der Gesellschaft beteiligt; ich schätze das Gesamteinkommen der Firma E. J. Meyer in den Jahren 1932 - 1935 auf insgesamt jährlich 250.000 RM. Der Anteil des Herrn Adolph Meyer muss bei ganz vorsichtiger Schätzung sich auf mindestens 40.000 RM belaufen haben."[1182] In einer anderen Eidesstattlichen Versicherung erklärt Flörsheimer, dass er ein Einkommen hatte, das sich nach dem Jahresgewinn von E. J. Meyer richtete, von im Jahresdurchschnitt 60-80.000 RM[1183]. Diese Angaben zeigen, dass der oben ermittelte Rahmen des Gewinnes zutreffend ist und sich der Gewinn degressiv von 1932 bis 1936 entwickelte. Auch ist dabei zu berücksichtigen, dass mit Julius Schwarz der vierte Teilhaber bereits 1934 verstorben ist und dann der Gewinnanteil für die verbliebenen drei Teilhaber Meyer, Horwitz und Flörsheimer jeweils ein Drittel betrug[1184].

Auch einem Vergleich halten diese Zahlen stand. So hat Flörsheimer vor seinem Eintritt bei E. J. Meyer als Stellvertretender Leiter der Düsseldorfer Filiale der Dresdner Bank ein Jahresgehalt von 20.000 RM nebst Tantiemen erwirtschaftet, so dass er durchschnittlich 25-30.000 RM verdiente[1185]. Ein Vorstandsmitglied der Dresdner Bank bekam ein Grundgehalt von 36.000 RM sowie „um auf einen der sozialen Stellung eines Mitgliedes der Geschäftsleitung einer Großbank als angemessen erachteten Betrag zu kommen, war von daher eine Tantiemezahlung notwendig, die allerdings erst im Jahr 1935 in nennenswertem Umfang wieder aufgenommen wurde. Sie betrug in diesem Jahr bei den Vorstandsmitgliedern 98.522 RM und bei den Stellvertretenden Vorstandsmitgliedern 49.261 RM."[1186] Der „arische" Bankier Richard Lenz, welcher später das Bankhaus Jacquier & Securius arisierte, verdiente zwischen 1931 und 1937 durchschnittlich 50.000 RM pro Jahr[1187].

1181 LEA, Reg.-Nr. 253212, Bl. D6.

1182 Eidesstattliche Versicherung Walter Flörsheimer vom 28.02.1964, 423/51, Bl. 300.

1183 Eidesstattliche Versicherung Walter Flörsheimer vom 20.09.1954, LEA, Reg.-Nr. 253212, Bl. M8.

1184 Entscheidung des schweizerischen Claims Resolution Tribunal vom 23.04.2007 unter http://www.crt-ii.org/_awards/_apdfs/Bankgeschaft_Meyer_E_J.pdf am 30.03.2012

1185 Eidesstattliche Erklärung Flörsheimer vom 20.09.1954, LEA Reg.-Nr. 253212, Bl. M8.

1186 Bähr, Die Dresdner Bank in der Wirtschaft des Dritten Reiches, S. 57.

1187 Kahmann, Die Bankiers von Jacquier & Securius, S. 101.

Trotz dieser in den ersten Jahren des Nationalsozialismus guten Gewinnlage konnten sich Meyers kein Kapital aufbauen, weil Adolf und seine Mutter Anna Privatentnahmen in Höhe von annähernd 100.000 RM jährlich tätigten, was die leitenden Prokuristen 1938 dazu bewegte, bei den Inhabern zu insistieren. Sie fürchteten um die Existenz des Betriebes, jedoch habe sich Adolf Meyer kaum eingeschränkt, weil er der Ansicht war, dass ein Zurückfahren des privaten Aufwandes den Kredit der Firma verschlechtert hätte, wie der seit 1911 bei E. J. Meyer tätige Prokurist Erich Lippa nach dem Zweiten Weltkrieg im Restitutionsprozess aussagt[1188].

In den Folgejahren der Übernahme von Schwarz, Goldschmidt & Co. ist die Belegschaft des Bankhauses E. J. Meyer auf rund 40 - 50 Personen gewachsen, wobei die Zahl zuvor bei 15 - 20 Personen lag[1189].

Die Schwierigkeiten des Geschäftsbetriebes einer jüdischen Privatbank nach 1933 und die Einschränkungen bei der Berufstätigkeit der Bankiers führten trotz des Geschäftes mit Schwarz, Goldschmidt & Co. zu einem Geschäftsrückgang von E. J. Meyer ab rund 1935. Infolgedessen war es Ziel der Bankiers, einige Bankbeamte zu entlassen, um Kosten einzusparen. Die NS-Arbeitsfront bestand jedoch auf der Beibehaltung aller Beamten und Leonhard Horwitz wurde als Folge dieser Unterhandlungen vielfach bedroht, weshalb er um seine Sicherheit fürchten musste. Daneben gab es diverse ähnliche Schikanierungen, welche dazu führten, dass Horwitz um seine Familie um ihre Sicherheit fürchten musste[1190]. Weiterhin – so wird im Entschädigungsverfahren angeführt – gab es ständige Denunziationen, wo es nie auf deren Wahrheitsgehalt angekommen sei und welche die Geschäftstätigkeit des Herrn Horwitz mehr und mehr eingeschränkt und schließlich völlig beendet hätten. Die ständige Furcht ist leicht begreiflich, da sein Bruder, sein Schwager und viele andere Freunde und Bekannte während der Zeit der Hitlerregierung auch ohne Grund verhaftet wurden und ins KZ kamen und niemand wusste, wann ihn das Los treffen würde[1191].

Trotz dieses Geschäftsrückganges belief sich 1936 die Bilanzsumme von E. J. Meyer auf rund 2,1 MioRM[1192], wobei sie 1932 noch 3,5 MioRM betragen hatte.

1188 BADV, 7 WGA 423/51, Bl. 73ff.

1189 BADV, 7 WGA 423/51, Bl. 73ff.

1190 LEA, Reg.-Nr. 161874, Bl. M15.

1191 LEA, Reg.-Nr. 161874, Bl. A4.

1192 Laut Liste des Reichskommissars für das Kreditwesen an das Reichsbankdirektorium vom 25.05.1938 über derzeit noch aktive Bankfirmen, in welcher zudem bei

Ende 1936 hat die Dresdner Bank das Abkommen mit E. J. Meyer über die Einziehung der offenen Forderungen von Schwarz, Goldschmidt & Co. gekündigt. Ob dies auf Grund nationalsozialistischen Druckes geschehen ist, ist unklar. Dies wurde von Walter Flörsheimer als Grund angeführt[1193]. Zumindest hatte sich die Dresdner Bank während der Zusammenarbeit mit E. J. Meyer immer an die Vereinbarungen gehalten und der bei der Dresdner Bank zuständige Dr. Kuprion hat E. J. Meyer für die gute Arbeit in einer Vorstandsvorlage gelobt. Lediglich der letzte Brief betreffend die Beendigung der Zusammenarbeit sei unpersönlich gewesen und habe wohl nicht den Erwartungen der Bankiers von E. J. Meyer an die Form der Beendigung der Partnerschaft genügt, welche wohl eher ein persönliches Gespräch erwartet hätten. Zu diesem Zeitpunkt hatte aber E. J. Meyer fast alle offenen Forderungen für Schwarz, Goldschmidt & Co. einziehen können außer Darlehen von Schwarz, Goldschmidt & Co. an ehemalige Mitarbeiter für Börsenspekulationen, welche Schwarz, Goldschmidt & Co. diesen erlassen hatte, die Dresdner Bank aber einziehen wollte. Auch waren nicht alle Forderungen gegen Ausländer bzw. Ausgewanderte eingezogen worden, wobei teilweise sogar gerichtliche Schritte zur Eintreibung unternommen worden waren. Die durch E. J. Meyer nicht eingezogenen Forderungen von Schwarz, Goldschmidt & Co. wurden dann auf die Dresdner Bank rückübertragen[1194].

Nachdem die Dresdner Bank das Abkommen mit E. J. Meyer über Schwarz, Goldschmidt & Co. gekündigt hatte, strebte E. J. Meyer an, die restlichen Vermögensbestandteile von Schwarz, Goldschmidt & Co. käuflich von der Dresdner Bank zu erwerben. Diese Verhandlungen sowie die Verhandlungen um die Auseinandersetzung von E. J. Meyer und Schwarz, Goldschmidt & Co. dauerten noch über die „Arisierung" fort und wurden 1939 von Kurt Richter-Erdmann abgeschlossen[1195]. Dabei scheinen die „guten Beziehungen", die 1932 das Geschäft ermöglichten, zwischen E. J. Meyer und Schwarz, Goldschmidt & Co. bzw. Dresdner Bank keinen Schaden genommen zu haben, denn Schwarz, Goldschmidt & Co. hat dem Bankhaus E. J. Meyer eine sehr freundschaftliche Beileidsbekundung zum Tode von Kurt Richter-Erdmann geschrieben[1196].

E. J. Meyer „Arisierung schwebt" vermerkt war, vgl. BAB, R 2501, Nr. 6790, Bl. 318ff.; LAB, B Rep. 042, Nr. 46349, Bd. 1, Bl. 18.

1193 Eidesstattliche Versicherung Walter Flörsheimer vom 28.02.1964, 423/51, Bl. 300.

1194 Archiv Bankhaus Wölbern, Auskunft an Verfasser vom 25.09.2008.

1195 Archiv Bankhaus Wölbern, Auskunft an Verfasser vom 25.09.2008 sowie 16.12.2011; siehe Kap. 5.2.3.

1196 Archiv Bankhaus Wölbern, Kondolenzschreiben Schwarz, Goldschmidt & Co. an E. J. Meyer vom 26.11.1941.

Durch die Beendigung der Abwicklung von Schwarz, Goldschmidt & Co. trat ein wesentlicher Rückgang in den Gewinnen der Firma E. J. Meyer ein[1197]. So schreibt auch der jüdische Bankier Alfred Panofsky vom Bankhaus Jacquier & Securius in einem Brief von Dezember 1937: „E. J. Meyer und Hagens verkleinern sich so, dass man ihnen wohl keine Bedeutung mehr wird zumessen können."[1198] Die Tochter von Kurt Richter-Erdmann sagte in einem Interview im Jahre 1998, dass die Familie der Bankiers von E. J. Meyer, die ebenfalls seit der Gründerzeit in der Colonie Alsen Am kleinen Wannsee 13 wohnte, sich 1937 an Kurt Richter-Erdmann gewandt und um Übernahme ihrer Bank und ihres Hauses Am kleinen Wannsee 13 gebeten hätten. Sie seien zu dem Zeitpunkt fast bankrott gewesen[1199]. In wie weit die Meyers tatsächlich bankrott waren, ist nicht genau zu ermitteln, jedenfalls sind sie aus finanziellen Gründen in Berlin in ein kleineres Appartement umgezogen sind, wobei sie dennoch über Diener und Koch verfügten[1200].

Nach dem Ende der Abwicklung von Schwarz, Goldschmidt & Co. sah Walter Flörsheimer auf Grund der politischen Verhältnisse keine Chance mehr, eine Dauerexistenz für sich in Deutschland zu halten und entschloss sich zur Auswanderung[1201]. Damit musste auch Flörsheimer sein Kapital ausgezahlt werden und es verblieben Leonhard Horwitz und Adolf Meyer als persönlich haftende Gesellschafter bei E. J. Meyer. Ab wann auch Adolf Meyer und Leonhard Horwitz keine Zukunft mehr für sich in Deutschland sahen und sich um eine Veräußerung ihres Bankgeschäfts bemühten, ist unklar. Meyers hatten Sohn Felix bereits 1937 nach Schottland ins Internat zu Verwandten geschickt[1202]. Die Tochter Gabriele Horwitz hatte am 09.12.1934 im Dezember nach New York geheiratet und war im Dezember 1935 dorthin ausgewandert. Der älteste Sohn Willi L. Horwitz ist im Oktober 1936 nach Buenos Aires und das dritte Kind Ralph E. Howard ist im Juli 1938 nach Amsterdam ausgewandert[1203].

1197 Eidesstattliche Versicherung Walter Flörsheimer vom 28.02.1964, 423/51, Bl. 300.

1198 Kahmann, Die Bankiers von Jacquier & Securius, S. 116.

1199 Interview von Karin Eickhoff-Vigelahn mit Dorothee Schröder, Tochter von Kurt Richter-Erdmann, im September 1998.

1200 Videoaufzeichnung der Princeton-University, Interview mit Gisela Weil vom 26.04.1992.

1201 Eidesstattliche Versicherung Walter Flörsheimer vom 20.09.1954, LEA, Reg.-Nr. 253212, Bl. M8; Eidesstattliche Versicherung Walter Flörsheimer vom 28.02.1964, 423/51, Bl. 300.

1202 Einzelheiten siehe bei Adolf Ernst Joachim Meyer, Kap. 2.2.4.1.

1203 Einzelheiten siehe bei Leonhard Horwitz, Kap. 2.2.4.3.

Abgesehen von dem genannten rapiden Geschäftsrückgang nach dem Ende des Engagements für Schwarz, Goldschmidt & Co. waren genaue Zahlen nicht zu ermitteln. Als Aufsichtsratsmandat war Adolf Meyer nur noch das Mandat bei der Bank des Berliner Cassen-Vereins geblieben und E. J. Meyer war noch Zahlstelle der verwandtschaftlich verbundenen Firma Chem. Fabrik Landshoff & Meyer, obwohl Adolf Meyer das Aufsichtsratsmandat nicht mehr innehatte und das Bankhaus jüdisch war[1204].

Noch im März 1938 war das jüdische Bankhaus E. J. Meyer eine von 28 Unterbeteiligten der Deutschen Bank, welche mit 55% Konsortialführer (30% hatte die Dresdner Bank, 15% Hardy & Co., welche zu rund 90% von der Dresdner Bank beherrscht wurde) bei einer Anleihe über 25 MioRM der Deutschen Erdöl AG (DEA)[1205]. E. J. Meyer hatte eine Unterbeteiligung von nominal 30.000 RM (ebenso die jüdischen Bankhäuser Jacquier & Securius 30.000 RM und A. E. Wassermann 30.000 RM). Die 28 Unterbeteiligten der Deutschen Bank bei dieser Anleihe, die insgesamt nominal 2.320.000 RM gezeichnet hatten, gliederten sich auf in 12 Banken mit 30.000 RM, 6 mit 50-60.000 RM, 7 mit 100.000 RM, 2 mit 150-200.000 RM und nur eine mit 600.000 RM[1206]. Die Deutsche Bank hat aus ihrer Quote von 55% einen Gewinn von rund 333.000 RM gezogen, wobei sie Teile davon an ihre Unterbeteiligten, die nominal rund 1/6 des Deutsche Bank Anteils der Anleihe (insg. 2.320.000 RM) gezeichnet hatten, abzugeben hatte. Von dieser Unterbeteiligung hatte E. J. Meyer mit nominal rund 1,3% einen sehr geringen Anteil. Dennoch ist es erstaunlich, dass sowohl E. J. Meyer als auch Jacquier & Securius und A. E. Wassermann unter den Unterbeteiligten zu finden sind, da sie einerseits zu den sehr kleinen Banken, andererseits zu den jüdischen Banken zählten und insbesondere die Deutsche Erdöl AG im Rahmen des „Vierjahresplanes“ zur Kriegsvorbereitung an der Herstellung von synthetischem Benzin beteiligt war und deshalb die Begebung der Anleihe in enger Zusammenarbeit mit dem Reichswirtschaftsministerium stattfand[1207]. Ein Grund für die Unterbeteiligung derart viele kleiner Bankhäuser war sicherlich

1204 Zu den Mandaten im Einzelnen siehe bei der jeweiligen Person.

1205 Im Aufsichtsrat der Deutschen Erdöl AG saßen drei Vorstände der Deutschen Bank (Kimmich, Bechtolf, Sippel), der Vorstandsvorsitzende der Deutschen Erdöl AG, Carl Schirner, war Aufsichtsrat der Deutschen Bank, vgl. Simpson, War crimes of the Deutsche Bank and the Dresdner Bank, S. 103.

1206 Lehmann, Wandlungen der Industriefinanzierung mit Anleihen in Deutschland (1923/1924 - 1938/1939), S. 208f., 249f.

1207 Lehmann, Wandlungen der Industriefinanzierung mit Anleihen in Deutschland (1923/1924 - 1938/1939), S. 181, 200, 208f.

die übliche Streuung des Risikos für die Deutsche Bank. Ein weiterer wesentlicher Grund war aber auch der Mangel an Abnehmern der Anleihen, welcher lediglich mit mäßigem Erfolg durch Beschränkung des Anleihemarktes auf staatliche Anleihen sowie auf Anleihen der für den „Vierjahresplan" tätigen Industrie bekämpft wurde; andere Industrie bekam in der Regel keinen Zugang zum Kapitalmarkt[1208]. Dies könnte erklären, warum an der quasi-staatlichen Anleihe das noch nicht „arisierte" Bankhaus E. J. Meyer sowie auch andere jüdische Bankhäuser beteiligt wurden, wenn auch indirekt als Unterbeteiligte. Warum jedoch gerade die kleinen Bankhäuser E. J. Meyer, Jacquier & Securius sowie A. E. Wassermann beteiligt wurden, ist unklar. Im Aufsichtsrat saßen keine Vertreter dieser Bankhäuser, jedoch der stellvertretende Vorsitzende des Aufsichtsrates Hans von Flotow, bis 1936 Geschäftsinhaber von Hardy & Co, und der Vetter des späteren „Arisierers" Kurt Richter-Erdmann, mit dem zu dieser Zeit bereits Verhandlungen über die „Arisierung" gelaufen sein müssen[1209]. Es ist möglich, dass die Beteiligung von Hardy & Co., das zu über 90% der Dresdner Bank gehörte, und auch von E. J. Meyer auf Hans von Flotow zurückgehen.

Trotz der zu Anfang hohen Einkünfte hat E. J. Meyer dem seit langem in Geschäfts- und auch Verwandtschaftsbeziehungen stehenden Londoner Handelshaus Brandeis, Goldschmidt & Co. von dem 1927 in Höhe von 200.000 RM gewährten Darlehen bis zum Juni 1938 lediglich 50.000 RM zurückgezahlt. Diese Summe bat Brandeis, Goldschmidt & Co. anlässlich der Übernahme von E. J. Meyer durch den „Arisierer" Kurt Richter-Erdmann doch zumindest teilweise zu tilgen[1210].

1208 Lehmann, Wandlungen der Industriefinanzierung mit Anleihen in Deutschland (1923/1924 - 1938/1939), S. 193f.

1209 Wenzel, Deutscher Wirtschaftsführer, S. 628f.; Mossner (Hrsg.), Adressbuch der Direktoren und Aufsichtsräte 1927/28, S. 420; Mossner (Hrsg.), Adressbuch der Direktoren und Aufsichtsräte 1930, S. 455; Mossner (Hrsg.), Adressbuch der Direktoren und Aufsichtsräte 1935, S. 366; Mossner (Hrsg.), Adressbuch der Direktoren und Aufsichtsräte 1936, S. 389; Mossner (Hrsg.), Adressbuch der Direktoren und Aufsichtsräte 1939, S. 420; Mossner (Hrsg.), Adressbuch der Direktoren und Aufsichtsräte 1940, S. 424.

1210 Archiv Bundesverband deutscher Banken, Bestand „gelb", E. J. Meyer; Im Rückerstattungsverfahren wird unstreitig vorgetragen, dass zwischen 1930 und 1932 100.000 RM an einen ausländischen Darlehensgeber zurückgezahlt worden seien, vgl. BADV, 7 WGA 423/51, Bl. 256ff. Die Angaben aus dem Archiv des Bundesverbandes deutscher Banken beruhen auf Korrespondenz von E. J. Meyer mit nationalsozialistischer Administration, da Adolf Meyer einen Reisepass beantragt hatte, um nach London zu Brandeis, Goldschmidt & Co. zu fahren, weil diese 1927

Der „Arisierungsvertrag“ zwischen Adolf Meyer, Leonhard Horwitz und Kurt Richter-Erdmann wurde am 03.06.1938 geschlossen. Zu der Zeit betrug der Kapitalanteil jedes Partners rund 150.000 RM und das Bankhaus E. J. Meyer betrieb reguläres Bankgeschäft einschließlich Kontokorrent, Effekten, Kredit- & Konsortialgeschäft und hatte Depot- und Depositenrechte. Die Firma war auch eine „Devisenbank“ und hatte ungefähr 30 Angestellte[1211], also 12 weniger als noch 1932. Auch wiesen sich Adolf Meyer und Leonhard Horwitz vor dem Notar bei dem Abschluss des „Arisierungsvertrages“ am 03.06.1938 mit gültigen Börsenkarten aus, so dass davon auszugehen ist, dass sie noch an der Börse tätig waren[1212].

Die Bilanzsumme von E. J. Meyer betrug Ende 1938 rund 2,5 MioRM[1213]. Damit hatte die Bilanzsumme von 3,5 MioRM Ende 1932 – also vor der Abwicklung von Schwarz, Goldschmidt & Co. – über 2,1 MioRM Ende 1936 – also zum Ende der Abwicklung von Schwarz, Goldschmidt & Co. – wieder ein relativ gutes Niveau erreicht, so dass davon auszugehen ist, dass die Bankiers von E. J. Meyer wenn auch nicht im Rahmen des Vorherigen, jedenfalls immer noch gut verdienten.

Dies wird auch dadurch gestützt, dass sowohl Adolf Meyer als auch Leonhard Horwitz eine Entschädigung wegen Schadens im beruflichen Fortkommen durch Einflüsse des nationalsozialistischen Regimes erst ab der „Arisierung“ des Bankhauses bekommen haben. Da diese Entschädigung anhand der Einkünfte einer vergleichbaren Beamtengruppe des höheren Dienstes bemessen wurde und diese einen Jahresverdienst von rund 11.000 RM hatte, haben Meyer und Horwitz bis zur „Arisierung“ höhere Einkünfte erzielen können[1214].

---

einen Kredit über 200.000 RM gegeben hätten, wovon bis 1938 lediglich 50.000 RM getilgt worden seien. Jedoch stand in den Bilanzen von E. J. Meyer 1940 noch ein Kredit von Brandeis, Goldschmidt & Co. in Höhe von 150.000 RM, vgl. Archiv Bankhaus Metzler, Auskunft an Verfasser vom 19.01.2012, Niederschrift „Besprechung der Bilanz E. J. M. per 31.12.1940“.

1211 LEA, Reg.-Nr. 160830, Bl. E6; LEA, Reg.-Nr. 161874, Bl. E2.

1212 Siehe Präambel des „Arisierungsvertrages“, BADV, 7 WGA 423/51, Bl. 59ff.

1213 Archiv Bankhaus Wölbern, Auskunft an Verfasser vom 19.02.2010.

1214 LEA, Reg.-Nr. 161874, Bl. E26ff.

5 E. J. Meyer und Privatbankiersektor – „Arisierung" und Folgezeit

Im Folgenden wird untersucht, wie „Arisierungen" von Privatbanken und die „Arisierung" von E. J. Meyer vonstattengingen. Dazu werden erst die grundsätzlichen Parameter von „Arisierungen" wie beispielsweise der mögliche Kreis der „Arisier", der Ablauf sowie die Preisbildung untersucht (5.1). Dann wird vor dem Hintergrund der Entwicklung der Privatbanken allgemein und sowie E. J. Meyers bis zu diesem Zeitpunkt sowie einer daraus resultierenden Prognose für die künftige wirtschaftliche Entwicklung die „Arisierung" von E. J. Meyer untersucht (5.2). Dabei soll insbesondere versucht werden festzustellen, ob die „Arisierung" unter den gegebenen Umständen als „fair" zu bezeichnen war oder ob es bei der Veräußerung des Bankhauses im Jahre 1938 zur Übervorteilung der veräußernden jüdischen Bankiers im Sinne eines sittenwidrigen „auffälligen Missverhältnisses" zwischen den Leistungen der Vertragsparteien gem. § 138 BGB gekommen ist[1215].

Abschließend wird der nach dem plötzlichen Tode des „Arisierers" Kurt Richter-Erdmann erfolgte erneute Inhaberwechsel von E. J. Meyer auf Albert von Metzler und Hans Wilhelm von Tümpling dargestellt (5.3).

5.1 „Arisierung" von Privatbanken – die Parameter

Bei der „Arisierung" von Privatbanken stellen sich drei Hauptfragen: 1. Soll die Bank „arisiert" oder „liquidiert"[1216] werden?, 2. Wer kann und soll „Arisierer" sein? und 3. Wie und zu welchen Konditionen soll die „Arisierung" durchgeführt werden? Diesen Fragen wird im Folgenden nachgegangen.

In Bezug auf die erste Frage hat die Reichsbank die Grundtypen „Arisierung" und „Liquidation" bei der „Entjudung" des Privatbankiersektors unterschieden, wobei die „Arisierung" aufgeteilt wurde in die „Überleitung auf arische Unternehmen" und den „Erwerb jüdischer Unternehmen durch Arier" (letzteres im Folgenden auch „Inhaberwechsel"). Daneben existierte noch eine Mischform zwischen der „Überleitung auf arische Unternehmen" und der „Liquidation" und zwar in dem Falle, in dem die jüdischen Inhaber des Bankhauses nicht mehr selbst verwalten und damit liquidieren durften, so dass „arische" Bankhäuser als „Treuhänder" die Liquidation betrieben und dabei Teile des zu liquidierenden Vermögens übernahmen. Köhler zeigt in seinen Erhebungen, dass von

1215 Siehe Kap. 1.1.

1216 Zur Definition siehe 1.2.2.

insgesamt 467 jüdischen Privatbanken im Jahre 1933 bis Ende 1938 eine Zahl von 376 (rund 80%) liquidiert wurden, während lediglich rund 20% „arisiert“ wurden[1217]. Da nach der Bankenkrise von 1931 viele – gerade kleine – Privatbanken wirtschaftlich darniederlagen, konnten bereits geringe Auswirkungen von Diskriminierungen in der Zeit des Nationalsozialismus die wirtschaftliche Konsolidierung zunichtemachen. Es ist jedoch nicht mehr feststellbar, welchen Einfluss Diskriminierungen etc. auf die Liquidation von Bankhäusern in den ersten Jahren des Nationalsozialismus hatten[1218]. Da die Bankiers von E. J. Meyer das Bankhaus an Kurt Richter-Erdmann veräußerten, es also nicht liquidiert wurde, wird im Folgenden lediglich auf die „Arisierung“ eingegangen.

Die Frage, wer grundsätzlich „Arisier“ sein konnte, also wer den veräußernden jüdischen Bankiers überhaupt grundsätzlich als Vertragspartner für eine „Arisierung“ ihres Bankhauses zur Verfügung stand, wird im folgenden Kapitel (5.1.1) geprüft.

Sodann wird die Frage untersucht und dargestellt, wie und zu welchen Konditionen eine „Arisierung“ durchgeführt werden konnte, wobei zuerst die „Arisierung“ in der juristischen Praxis beleuchtet wird (5.1.2), um daraufhin die betriebswirtschaftlichen Parameter der „Arisierung“ eines Privatbankhauses zu untersuchen und dort insbesondere der Frage nachzugehen, welchen Verhandlungsspielraum – vornehmlich in Bezug auf die Bewertung des Bankhauses – jüdische Veräußerer und „arische“ Erwerber hatten (5.1.3).

5.1.1 Wer kam als „Arisierer“ in Frage?

Als „Arisierer“ kamen generell alle Banktypen (also Großbanken, Regional- und Provinzbanken, Sparkassen und Genossenschaftsbanken, staatliche oder parteinahe Spezialbanken sowie „arische“ Privatbanken) und auch „arische“ Einzelpersonen, die durch die „Arisierung“ zum Privatbankier wurden, in Frage. Von den insgesamt rund 20% der jüdischen Privatbanken, die „arisiert“ wurden, wurden rund 7% von „arischen“ Banken und rund 13% von „arischen“ Privatleuten übernommen[1219].

1217 Köhler, Die „Arisierung“ der Privatbanken im Dritten Reich, S. 192f.

1218 Ziegler, Großbanken im „Altreich“ 1933 - 1939, in: Stiefel (Hrsg.), Die politische Ökonomie des Holocaust. Zur wirtschaftlichen Logik von Verfolgung und „Wiedergutmachung“, S. 130; Köhler, Die „Arisierung“ der Privatbanken im Dritten Reich, S. 400.

1219 Die übrigen 80% der jüdischen Privatbanken wurde „liquidiert“, vgl. Köhler, Die „Arisierung“ der Privatbanken im Dritten Reich, S. 192f.

Bei der Mehrzahl der „Arisierungen" wurden die jüdischen durch „arische" Privatbanken übernommen, unmittelbar gefolgt von den Regional- und Provinzbanken. Dann folgten die Großbanken mit jedoch lediglich rund 30% der „Arisierungen" der Regional- und Provinzbanken. Spezialbanken waren lediglich in zwei Fällen „Arisierer", gefolgt von den Sparkassen, die lediglich in einem Fall als „Arisierer" auftraten[1220].

Der Grund für diese ungleich starke Beteiligung der einzelnen Banktypen an den „Arisierungen" liegt in den Folgen der Bankenkrise 1931. Wie bereits erwähnt, befanden sich die Großbanken nach der Bankenkrise von 1931 weitgehend in Hand des Staates[1221], weshalb bereits kurz nach der Machtübernahme durch die Nationalsozialisten die Leitungspositionen dieser Banken mit linientreuen Personen besetzt und andere, insbesondere jüdische, ihrer Posten enthoben wurden[1222]. Da die Großbanken nach den Vorstellungen der Nationalsozialisten[1223] nicht noch mehr Marktmacht ausüben sollten, waren „Arisierungen" durch Großbanken grundsätzlich nicht gewollt[1224], weshalb diese nur die größten Bankhäuser wie Gebr. Arnhold, S. Bleichröder, Mendelssohn & Co. im Wege einer „Arisierung" übernehmen durften, da diese anders nicht „arisiert" werden konnten[1225]. Die völlig konträre und sehr starke Beteiligung der Großbanken an Liquidationen ist dem Umstand geschuldet, dass das Konsortial- und Firmenkreditgeschäft nach der Machtübernahme der Nationalsozialisten durch die staatliche Kapitalmarktregulierung zurückgegangen war, da fast

---

1220 Bei den Liquidationen (und dabei zumeist verbundenen Übernahmen einzelner werthaltiger Bestandteile) stellte sich ein anderes Bild dar: hier lagen die Großbanken an erster Stelle, gefolgt von den Privatbanken. An dritter Stelle standen die Regional- und Provinzbanken, welche lediglich in der Hälfte der Fälle der Großbanken Liquidatoren waren. Spezialbanken sowie Sparkassen spielten auch hier eine verschwindend geringe Rolle, vgl. Köhler, Die „Arisierung" der Privatbanken im Dritten Reich, S. 201ff.

1221 Siehe Kap. 3.2.

1222 Beispiele bei Köhler, Die „Arisierung" der Privatbanken im Dritten Reich, S. 205; Ziegler, Die Verdrängung der Juden aus der Dresdner Bank 1933 - 1945, in: Vierteljahreshefte für Zeitgeschichte (VfZ) 1999, S. 196ff.; James, Die Deutsche Bank und die Diktatur 1933 - 1945, in: Gall/ Feldman/ James/ Holtfrerich/ Büschgen (Hrsg.), Die Deutsche Bank 1870 - 1995, S. 334ff.; Lorentz, Die Commerzbank und die „Arisierung" im Altreich, S. 243.

1223 Siehe Kap. 4.1.2.

1224 Fischer, Jüdische Privatbanken im „Dritten Reich", in: Scripta Mercaturae 1994, S. 46; Köhler, Die „Arisierung" der Privatbanken im Dritten Reich, S. 206.

1225 Köhler, Die „Arisierung" der Privatbanken im Dritten Reich, S. 204.

nur noch staatliche und staatsnahe Industrieanleihen genehmigt wurden sowie die übrige Industrie seit der Zeit der Deflation ihre Verschuldung möglichst gering hielt[1226]. So konnten die Großbanken mit der Beteiligung an Liquidationen neue Geschäftsfelder erschließen. Neben der Übernahme der Liquidation als Dienstleistung – entweder von den jüdischen Inhabern gewollt oder aber im Zuge der staatlichen Anordnung der Liquidation – wurde auch die Versorgung „arischer" Übernehmer mit Kapital bzw. die Beteiligung als Kommanditist an einem „arisierten" Bankhaus zur Versorgung des Bankhauses mit frischem Kapital Geschäftsgegenstand[1227].

Nach der nationalsozialistischen Bankenpolitik sollte neben den „arischen" Privatbanken insbesondere der Sektor der Regional- und Provinzbanken gestärkt werden. Aus diesem Grunde wurden Übernahmen jüdischer Privatbanken sowohl durch Regional- und Provinzbanken als auch durch „arische" Privatbanken von Partei und Staat angestrebt, was diese sowohl zur Konsolidierung und Erweiterung ihres Geschäftsfeldes als auch zur Einrichtung der „arisierten" Banken als neue Filialen ihres Bankhauses nutzten[1228]. Die Genossenschaftsbanken, Sparkassen und Spezialbanken hingegen hatten in der Regel weder Interesse, ihr Geschäftsfeld durch die Übernahme eines in der Regel auf Investmentbanking, Effektengeschäfte oder Vermögensverwaltung spezialisierten Privatbankhauses zu erweitern, noch hatten sie das Ziel, sich durch die Übernahme eines anderen Instituts in anderen Regionen zu etablieren.

Bei den „Arisierungen" durch Einzelpersonen (sog. Inhaberwechsel) war der wesentliche Unterschied zur Übernahme durch andere Banken, dass das Bankhaus nicht Teil eines anderen Bankhauses wurde, sondern als rechtlich selbständige Einheit bestehen blieb. Dies hatte neben den erwähnten bankpolitischen Zielen die Vorteile, dass das Bankgeschäft als solches weiterlief und damit dem örtlichen Gewerbe weiterhin das angestammte lokale Bankhaus zur Verfügung stand sowie dass insbesondere die ausländischen Stillhaltekredite nicht gekündigt werden konnten, weil diese weiterhin bei dem

---

1226 Lehmann, Wandlungen der Industriefinanzierung mit Anleihen in Deutschland (1923/1924 - 1938/1939), S. 192ff.; James, Die Rolle der Banken im Nationalsozialismus, in: Gall/ Pohl (Hrsg.), Unternehmen im Nationalsozialismus, S. 25ff.; Köhler, Die „Arisierung" der Privatbanken im Dritten Reich, S. 206.

1227 Kopper, Zwischen Marktwirtschaft und Dirigismus, S. 276f.; Köhler, Die „Arisierung" der Privatbanken im Dritten Reich, S. 257ff.; Ziegler, Großbanken im „Altreich" 1933 - 1939, in: Stiefel (Hrsg.), Die politische Ökonomie des Holocaust. Zur wirtschaftlichen Logik von Verfolgung und „Wiedergutmachung", S. 134ff.

1228 Köhler, Die „Arisierung" der Privatbanken im Dritten Reich, S. 280f., 300, 305f.

bestehenden Bankhaus geführt wurden[1229]. Waren unter den Eigentümern des jüdischen Bankhauses sowohl jüdische[1230] als auch „arische“ Personen, wurde die Bank fast immer von den nichtjüdischen Inhabern allein fortgeführt[1231] während in dem anderen Falle, dass – wie beim Bankhaus E. J. Meyer – ausschließlich Juden Eigentümer waren, in der einen Hälfte der Fälle „arische“ Angestellte neue Inhaber der Bank wurden während in der anderen Hälfte der Fälle externe „Arier“, beispielsweise angestellte Direktoren anderer Banken – wie der „Arisierer“ des Bankhauses E. J. Meyer Kurt Richter-Erdmann - oder Angestellte im öffentlichen (Bank-)Dienst[1232], neue Inhaber wurden. Probleme ergaben sich bei Inhaberwechseln von jüdischen Inhabern auf nichtjüdische Familienangehörige (inklusive „Mischlinge“ i.S.d. § 5 der Ersten Verordnung zum Reichsbürgergesetz vom 14.11.1935) auch daraus, dass der Inhaberwechsel hier oft als Verschleierung i.S.d. Verordnung gegen die Unterstützung der Tarnung jüdischer Gewerbebetriebe vom 22.04.1938 gedeutet wurde[1233]. Insbesondere den die Übernahmen finanzierenden Banken lag es am Herzen, dass die Übernahmen entweder von „arischen“ Teilhabern oder leitenden Angestellten des Übernahmezieles oder aber von anderen Kunden der finanzierenden Bank erfolgten, da so für sie einerseits durch die vorherige Kundenbeziehung das Risiko besser abzuschätzen war und andererseits der Kunde erhalten blieb[1234].

1229 Köhler, Die „Arisierung“ der Privatbanken im Dritten Reich, S. 322f.; Dies war auch der Hintergrund bei der „Arisierung“ des Bankhauses Hirschland, vgl. Kopper, Zwischen Marktwirtschaft und Dirigismus, S. 271.

1230 Als „jüdisch“ gelten – wie oben schon ausgeführt – nur sog. „Volljuden“ i.S.d. § 5 der Ersten Verordnung zum Reichsbürgergesetz vom 14.11.1935 (mind. drei Großeltern sind Volljuden oder ein Halbjude, welcher mit einer Volljüdin verheiratet oder in der jüdischen Religionsgemeinschaft ist), also nicht Mischlinge (d. h. „Halbjuden“ außer den Vorgenannten oder „Vierteljuden“).

1231 So beim Bankhaus A. E. Wassermann in Berlin, vgl. Weyhe, A. E. Wassermann, S. 137ff.

1232 Wechsel zwischen öffentlichem Dienst, beispielsweise Reichswirtschafts- oder -finanzministerium sowie Reichsbank und privaten Banken waren in der Zeit weitaus öfter anzutreffen, da das Bankengeschäft damals weit weniger komplex war als zu heutiger Zeit, vgl. Kopper, Bankiers unterm Hakenkreuz, S. 184.

1233 Köhler, Die „Arisierung“ der Privatbanken im Dritten Reich, S. 324f., 346.

1234 Dazu beispielsweise für die Commerzbank vgl. Herbst, Banker in einem prekären Geschäft: Die Beteiligung der Commerzbank an der Vernichtung jüdischer Gewerbeunternehmen im Altreich (1933 - 1940), in: ders./ Weihe, Thomas (Hrsg.), Die Commerzbank und die Juden 1933 - 1945, S. 106ff.

Hatte ein Bankhaus keinen „arischen“ Teilhaber oder geeigneten Angestellten, war es sehr schwierig für die jüdischen Eigentümer, eine geeignete „arische“ Bankierspersönlichkeit für die Übernahme zu finden, welche sowohl den Willen als auch die erforderliche Finanzkraft als auch die erforderliche fachliche Qualifikation zur Übernahme des Bankhauses aufwies und dazu noch eine Bankiers- und Unternehmerpersönlichkeit war, um bestehende Geschäftsbeziehungen fortzuführen und ruhende Geschäftsbeziehungen wieder aufzunehmen[1235]. Im Februar 1938 schrieb der „Deutsche Volkswirt“, dass die Suche nach „arischen“ Persönlichkeiten, die ausscheidende jüdische Inhaber ersetzen könnten, auf große Schwierigkeiten stoße[1236]. War trotz dieser zahlreichen und hohen Anforderung eine solche Person gefunden, hatten die jüdischen Inhaber weitestgehend freie Hand, so dass auch Personen als „Arisierer“ auftraten, die dem nationalsozialistischen Regime skeptisch gegenüber oder sogar fern standen[1237]. Lediglich sofern die „Arisierer“ unter die Kategorie „Mischlinge 1. Grades“[1238] fielen, wurde einer „Arisierung“ die für Unternehmensverkäufe erforderliche Genehmigung verwehrt, obwohl diese nach der Ersten Verordnung zum Reichsbürgergesetz vom 14.11.1935 gerade nicht als „Juden“, sondern als „Mischlinge“ galten; eine „Arisierung“ durch „Vierteljuden“ wurde hingegen genehmigt[1239].

Da es für die jüdischen Privatbankiers aus den vorgenannten Gründen sowie auch aufgrund ihrer – wie dargestellt – inzwischen im Wirtschafts- und Sozialleben isolierten Position schwierig war, einen geeigneten und dazu noch möglichst „fairen Arisierer“ zu finden, brauchten sie Unterstützung. Diese erfuhren sie teilweise von jüdischen Großbanken, wie beispielsweise im Falle des

1235 Köhler, Die „Arisierung“ der Privatbanken im Dritten Reich, S. 325; Die Genehmigung der „Arisierung“ hing auch von der fachlichen Eignung, charakterlichen Veranlagung und politischen und sozialpolitischen Einstellung des Käufers ab, vgl. Markmann/ Enterlein, Die Entjudung der deutschen Wirtschaft, S. 82ff.

1236 Fischer, Jüdische Privatbanken im „Dritten Reich“, in: Scripta Mercaturae 1994, S. 30f.

1237 Köhler, Die „Arisierung“ der Privatbanken im Dritten Reich, S. 398; Beispiele u. a. Bankhäuser Wassermann (Weyhe, A. E. Wassermann, S. 157ff.) sowie Bankhaus M. M. Warburg & Co. (Köhler, Die „Arisierung“ der Privatbanken im Dritten Reich, S. 333f.).

1238 Personen mit zwei jüdischen Großeltern („Halbjuden“).

1239 Köhler, Die „Arisierung“ der Privatbanken im Dritten Reich, S. 398f. Das Genehmigungserfordernis ergab sich aus der Ersten Verordnung über die Anmeldung jüdischen Vermögens vom 26.04.1938, RGBl. I, S. 415f., nach welcher auch die „Arisierung“ von E. J. Meyer zu genehmigen war.

Bankhauses E. J. Meyer. Einer der Mitinhaber des aus dem Hamburger Bankhauses M. M. Warburg & Co. entstandenen Amsterdamer Bankhauses Warburg & Co., Hans Meyer, war Vetter von Adolf Meyer sowie von Max Warburg und hatte Carl Melchior bei den Reparationsverhandlungen nach dem Ersten Weltkrieg in Versailles unterstützt[1240]. Hans Meyer hat seinem Vetter Adolf Meyer den Kontakt zum „Arisierer" Kurt Richter-Erdmann vermittelt, den er aus früheren Geschäftsbeziehungen kannte und wertschätzte, und hat die „Arisierungsverhandlungen" des Bankhauses E. J. Meyer begleitet[1241].

Jedoch haben auch „arische" Banken versucht, derartige Transaktionen einzufädeln und durchzuführen. So trat bereits 1937 mit der Gründung einer Zentralstelle für die Erfassung von „Arisierungsgeschäften" in der Berliner Zentrale der Dresdner Bank eine neue Stufe der organisierten „Arisierung" ein, bei welcher deutsche Großbanken Daten und vertrauliche Informationen über jüdische Firmen – auch aus dem eigenen Kundenkreis – erfassten und potentiellen „Arisierern" zur Verfügung stellten, die sich für den Erwerb von „Arisierungsobjekten" interessierten. Teilweise wurden „Arisierern" mit schlechter Bonität – insbesondere von der Dresdner Bank – Kredite genehmigt, da der hohe „Arisierungsgewinn" als zusätzliche Absicherung des Kredites angesehen wurde[1242]. Die Dresdner Bank bediente sich auch aktiv des Sicherheitsdienstes (SD), um Gewinne aus „Arisierungen" zu machen und war sehr bemüht, sofort nach dem Einmarsch deutscher Truppen vor Ort zu sein, um die besten „Arisierungsgeschäfte" machen zu können, teilweise aus eigenem Antrieb, teilweise auf Wunsch deutscher Kunden, die nach geeigneten Objekten zum Erwerb suchten, so dass der Vers „Wer marschiert hinter dem ersten Tank? Es ist der Dr. Rasche von der Dresdner Bank!" die Runde machte[1243]. Diese Entwicklung ist insbesondere beachtlich, weil die Dresdner Bank immer die „jüdische" unter den Großbanken war, war sie doch hervorgegangen aus der

---

1240 Chernow, Die Warburgs, S. 275; Röder/ Strauss, Biographisches Handbuch der deutschsprachigen Emigration nach 1933, S. 497; Walk, Kurzbiographien zur Geschichte der Juden 1918 - 1945, S. 265; Lowenthal, Juden in Preussen, S. 157f.; Melchior, Ein Buch des Gedenkens und der Freundschaft, S. 131ff.; Pfleiderer, Deutschland und der Youngplan, S. 129.

1241 Siehe Kap. 5.2.1.1 sowie 5.2.2.1.

1242 Kopper, Bankiers unterm Hakenkreuz, S. 129ff.

1243 Kopper, Bankiers unterm Hakenkreuz, S. 112ff. Karl Rasche war eines der nationalsozialistischen Vorstandsmitglieder der Dresdner Bank, vgl. Ahrens, Der Exempelkandidat: die Dresdner Bank und der Nürnberger Prozess gegen Karl Rasche, in: Vierteljahreshefte für Zeitgeschichte (VfZ) 2004, S. 637ff.

Umwandlung des jüdischen Bankhauses Michael Kaskel 1872 in eine Aktiengesellschaft und hatte stets eine überaus hohe Anzahl von Juden in führenden Positionen gehabt[1244].

5.1.2 Juristischer Ablauf der „Arisierungen"

Bis auf wenige Privatbankhäuser[1245] waren die Privatbankhäuser Personengesellschaften (zumeist OHG oder KG, so war auch das Bankhaus E. J. Meyer in seiner Geschichte zumeist OHG oder KG[1246]). Die „Arisierung" eines solchen Bankhauses mittels Übernahme durch eine andere Bank oder durch eine Privatperson erfolgte durch einen privatrechtlichen (in der Regel Kauf-)Vertrag.

Grundsätzlich erfolgt die Übernahme eines Unternehmens im Wege eines Asset Deals (jeder einzelne Gegenstand und jedes einzelne Recht wird einzeln übertragen, wobei die Übertragung ggf. die Genehmigung von Dritten, beispielsweise Vertragspartnern der Rechte, erfordert) oder eines Share Deals (es wird der Anteil an dem Unternehmen des alten Gesellschafters vom neuen Gesellschafter übernommen)[1247].

Sollte also nicht nur eine Summe von Einzelteilen auf den neuen Eigentümer übertragen werden sondern das Unternehmen an sich, musste folglich der Anteil des alten Gesellschafters an den neuen Gesellschafter veräußert werden (Share Deal). Jedoch war zur Zeit des Dritten Reiches die Übertragung per Share Deal lediglich bei Kapitalgesellschaften (GmbH/ AG) möglich, da nur diese über „tatsächliche" Gesellschaftsanteile/ Aktien verfügten. Da dieser Weg bei den Privatbanken, die Personengesellschaften waren, nicht gangbar war, musste statt des Share Deals der Weg des „kombinierten Eintritts und Austritts" von Neu- und Altgesellschaftern erfolgen. Dabei handelte es sich um zwei – in der Regel in einem Vertragsdokument festgehaltene („Doppelvertrag") - Verträge, nämlich den Austritt der alten Gesellschafter einerseits und den Eintritt der neuen Gesellschafter andererseits mit der Folge, dass die neuen Gesellschafter ein neues eigenes Kapitalkonto erhalten (nicht wie beim Share Deal Rechtsnachfolger in das Vermögen der alten Gesellschafter). In diesem Falle bekam der jüdische Inhaber seine Einlage ausbezahlt, wobei teilweise zuvor Verpflichtungen verrechnet wurden, so dass auch hier bisweilen kein oder nur ein geringer Barbetrag

1244 Ziegler, Die Verdrängung der Juden aus der Dresdner Bank 1933 - 1945, in: Vierteljahreshefte für Zeitgeschichte (VfZ) 1999, S. 189.

1245 Beispielsweise Hardy & Co. GmbH.

1246 LAB, B Rep. 042, Nr. 46349, Bd. 3, Handblatt Handelsregister Akte E. J. Meyer.

1247 Vgl. dazu Niewiarra, Unternehmenskauf, S. 66ff.

geflossen ist[1248]. Sofern ein Gesellschaftsanteil an einer Personengesellschaft mittels kombiniertem Austritt und Eintritt übertragen wurde, blieb die Gesellschaft auch dann in ihrer Identität erhalten, wenn simultan alle Gesellschafter ausgewechselt wurden. Die Handelsregistereintragung lautete in diesem Falle auf Austritt/ Eintritt[1249].

Im Falle der „Arisierung" des Bankhauses E. J. Meyer ist Kurt Richter-Erdmann[1250] in die bestehende OHG aus Adolf Meyer und Leonhard Horwitz eingetreten[1251]. Nach dem Austritt von Adolf Meyer und Leonhard Horwitz ist das das Erlöschen der OHG am 07.12.1938 in Handelsregister eingetragen, denn ab dem Zeitpunkt war Kurt Richter-Erdmann alleiniger Gesellschafter[1252].

Da – wenn schon ein Erwerber mit den erforderlichen Qualitäten eines Privatbankiers gefunden worden war – dieser oft nicht über alle erforderlichen finanziellen Mittel für die Ersetzung der Einlagen der ausscheidenden Inhaber verfügte, so dass finanzielle Schwierigkeiten für die Aufrechterhaltung des Geschäftsbetriebes entstanden, wurde nach einem solchen Inhaberwechsel auch oft die Rechtsform der Kommanditgesellschaft gewählt, an der als Komplementär der neue Inhaber des Bankhauses, als Kommanditisten entweder – wie bereits erwähnt – Großbanken oder aber die Altgesellschafter verblieben[1253]. Dies ist

1248 Beispielsweise beim Berliner Bankhaus A. E. Wassermann, vgl. Weyhe, A. E. Wassermann, S. 138ff.

1249 Zu alldem vgl. Münchener Kommentar zum HGB, § 105, Rn. 206ff. Bei E. J. Meyer ist der „Arisierer" Kurt Richter-Erdmann nach Erteilung der erforderlichen Genehmigungen in die OHG aus Adolf Meyer und Leonhard Howritz eingetreten, Handelsregistereintrag vom 22.08.1938, jedoch sind Meyer und Horwitz erst ausgeschieden, als statt des Eintrittes der im „Arisierungsvertrag" als Kommanditistin vorgesehenen Schwester Kurt Richter-Erdmanns die Gesellschaft von Kurt Richter-Erdmann allein fortgeführt worden ist, vgl. LAB, B Rep. 042, Nr. 46349, Bd. 3, Handblatt Handelsregister Akte E. J. Meyer sowie unten Kap. 5.2.2.2.

1250 Den Namenszusatz „-Erdmann" führte er zu dem Zeitpunkt noch nicht, er wird aber in der vorliegenden Arbeit aufgrund der Einheitlichkeit stets so bezeichnet. In das Handelsregister von E. J. Meyer wurde am 18.09.1939 eingetragen, dass Kurt Richter nun den Familiennamen „Richter-Erdmann" führt, vgl. LAB, B Rep. 042, Nr. 46349, Bd. 3, Handblatt Handelsregister Akte E. J. Meyer.

1251 Die zugehörige Eintragung im Handelsregister datiert vom 22.08.1938, vgl. LAB, B Rep. 042, Nr. 46349, Bd. 3, Handblatt Handelsregister Akte E. J. Meyer.

1252 Eintrag vom 07.12.1938, vgl. LAB, B Rep. 042, Nr. 46349, Bd. 3, Handblatt Handelsregister Akte E. J. Meyer.

1253 Köhler, Die „Arisierung" der Privatbanken im Dritten Reich, S. 325f.; bei der „Arisierung" des Bamberger Bankhauses A. E. Wassermann sollte die Auszahlung der Einlagen der jüdischen Altgesellschafter zwar alsbald erfolgen, jedoch wurden sie

bei der „Arisierung" von E. J. Meyer jedoch nicht geschehen[1254]. Erst nachdem der „Arisierer" Kurt Richter-Erdmann am 22.11.1941 verstorben war und Albert von Metzler und Hans Wilhelm von Tümpling persönlich haftende Gesellschafter wurden, beteiligte sich Eva, die Witwe von Kurt Richter-Erdmann, mit 700.000 RM als Kommanditistin am Bankhaus E. J. Meyer[1255].

5.1.3 Betriebswirtschaftliche Parameter bei „Arisierungen"

Wie bereits erläutert, handelt es sich bei „Arisierungen" durch Private um einen privatrechtlichen Vertrag, welcher in der grundsätzlichen Vertragsautonomie der beteiligten Parteien stand. Vertragsautonomie ist dabei die Freiheit zu bestimmen, mit wem und zu welchen Konditionen ein Vertrag geschlossen werden soll. Dabei war es erforderlich, eine Übernahmebilanz auf den Tag zu erstellen, an dem der Vertrag wirksam werden soll. Inwiefern die Vertragsparteien trotz des grundsätzlich frei auszuhandelnden Vertragsinhaltes an Vorgaben gebunden waren, soll im Folgenden untersucht werden.

Dazu wird im ersten Schritt untersucht, inwiefern staatliche und politische Stellen Einfluss auf die Vertragsverhandlungen bzw. deren Ergebnis genommen haben (5.1.3.1) und anschließend wie der Übernahmepreis für ein Bankhaus ermittelt wurde (5.1.3.2).

5.1.3.1 Beschränkung der Vertragsfreiheit durch staatliche und politische Stellen

In den ersten drei Jahren des nationalsozialistischen Regimes waren die Vertragsparteien lediglich an die für alle Unternehmen, egal ob jüdisch oder „arisch", gleichen Gesetze gebunden, nach welchen eine Betriebsübertragung von den üblichen staatlichen Stellen genehmigt werden musste, beispielsweise den örtlichen Gewerbeämtern und bei Banken vom Reichskommissar für das Kreditwesen[1256].

---

dem „arisierten" Bankhaus zur Verwaltung überlassen, um finanzielle Engpässe beim Bankgeschäft zu vermeiden, vgl. Weyhe, A. E. Wassermann, S. 150.

1254 Siehe Kap. 5.2.2.2.

1255 Eintrag vom 22.08.1938, vgl. LAB, B Rep. 042, Nr. 46349, Bd. 3, Handblatt Handelsregister Akte E. J. Meyer; ggf. hat sie anstelle neues Kapital zuzuführen lediglich das ererbte Kapitalkonto von Kurt Richter-Erdmann in eine Kommanditbeteiligung umgewandelt, damit es der Bank weiterhin zum Wirtschaften zur Verfügung stand.

1256 Siehe §§ 3ff. Kreditwesengesetz vom 05.12.1934 – der Reichskommissar konnte zwar aufgrund fehlender persönlicher Eignungskriterien wie „nicht ehrbar" die

Politische Beeinflussungen der Verhandlungen waren zu diesem Zeitpunkt entweder nicht vorhanden oder aber sie blieben derart gering, dass sie die direkten Vertragsverhandlungen und deren Ergebnis nicht beeinflussten[1257].

Ohne die für alle Unternehmensübergänge gleichen gesetzlichen Grundlagen zu verändern, wurde spätestens ab 1936 ein informelles Genehmigungsverfahren erforderlich, welches den Einfluss der Partei und ihrer Ziele bei Unternehmenstransaktionen sichern sollte[1258]. Die Gauwirtschaftsberater als Parteistellen wurden zu den maßgeblichen Instanzen für dieses Genehmigungsverfahren bei „Arisierungen", an dem neben diesen noch die Gewerbeaufsichtsbehörden, die örtlichen Parteistellen und die Industrie- und Handelskammern beteiligt waren[1259]. Die Gauleiter erstellten in Zusammenarbeit mit den anderen genannten Instanzen sowohl ein betriebswirtschaftlich-sachliches Gutachten über die Transaktion als auch ein politisch-charakterliches Gutachten über die Erwerber und erließen daneben regionale Verfahrensleitlinien mit Bedingungen für die Genehmigung einer „Arisierung", beispielsweise Entlassung aller jüdischen Angestellten, Höhe des Übernahmepreises oder Verbot jeglichen künftigen Ein-

---

Genehmigung versagen, wobei dies jedoch derzeit nicht explizit gegen Juden gerichtet werden sollte; vgl. dazu ausführlich oben 4.1.3.2.

1257 Köhler, Die „Arisierung" der Privatbanken im Dritten Reich, S. 194; Genschel, Die Verdrängung der Juden aus der Wirtschaft im Dritten Reich, S. 137; Bajohr, „Arisierung" als gesellschaftlicher Prozess, in: Fritz Bauer Institut (Hrsg.), „Arisierung" im Nationalsozialismus, S. 17f.

1258 Sofern die Gauwirtschaftsberater nicht beteiligt wurden, versuchten sie, dem Erwerber zu schaden, beispielsweise durch Verhinderung von Inseraten in Zeitungen, dass das Geschäft nun „judenfrei" sei, was im Hinblick den vorherigen Boykott als jüdisches Geschäft für das Überleben des Betriebes nach der „Arisierung" sehr wichtig war. Deshalb „riet" das Reichswirtschaftministerium bereits vor 1938 dazu, den jeweiligen Gauwirtschaftsberater am „Arisierungsverfahren" zu beteiligen, vgl. Weyhe, A. E. Wassermann, S. 129.

1259 Bajohr, „Arisierung" als gesellschaftlicher Prozess, in: Fritz Bauer Institut (Hrsg.), „Arisierung" im Nationalsozialismus, S. 18; Köhler, Die „Arisierung" der Privatbanken im Dritten Reich, S. 194; Beispiel für eine solche Einflussnahme ist die Erzwingung der „Arisierung" des Bankhauses J. Dreyfuß & Co., Berlin, durch Betriebsobleute und die nationalsozialistische „Ersatzgewerkschaft" Deutsche Arbeitsfront (DAF) durch offene Drohung mit Verbringung des jüdischen Bankiers Willy Dreyfuß ins KZ, vgl. Köhler, Die „Arisierung" der Privatbanken im Dritten Reich, S. 306ff.; Zur besseren Durchführungen von „Arisierungen" wurden von den Gauwirtschaftsberatern auch „V-Leute" in jüdische Unternehmen eingeschleust, vgl. Bopf, Zur „Arisierung" und Versuchen der Wiedergutmachung in Köln, in: Matzerath (Hrsg.), Versteckte Vergangenheit: Über den Umgang mit der NS-Zeit in Köln, S. 169.

flusses der Alteigentümer[1260]. Die beteiligten Regierungsstellen, insbesondere der Reichskommissar für das Kreditwesen, konzentrierten sich weniger auf die politische Zuverlässigkeit als auf industrie-, handels- und bankpolitische Aspekte – beispielsweise Stärkung des Privatbankwesens, möglichst wenig Konzernbildung, Sicherung der Devisenvorräte. Erst wenn sowohl Partei als auch Staat zu dem Schluss kamen, dass das jüdische Bankhaus mit diesem potentiellen Erwerber „arisierungswürdig" war, durfte die „Arisierung" durchgeführt werden[1261].

Mit der Verordnung über die Anmeldung des Vermögens von Juden vom 26.04.1938 sowie der diesbezüglichen Anordnung vom gleichen Tage[1262] wurde die bis dahin gesetzlich bestehende Gleichbehandlung von Unternehmenstransaktionen zwischen „Ariern" und Transaktionen mit Beteiligung von Juden aufgehoben, indem eine spezielle Genehmigungspflicht für Unternehmenstransaktionen mit Beteiligung von Juden eingeführt wurde. Während die Transaktionserlaubnis von der staatlichen höheren Verwaltungsbehörde erteilt werden musste, hatte diese für die Begutachtung jeder Transaktion den Gauleiter der NSDAP (dieser wiederum den Gauwirtschaftsberater und die Deutsche Arbeitsfront), die Industrie- und Handels- bzw. Handwerkskammer zu hören[1263]. Weiterhin konnten sich Reichsbank, Reichsfinanzministerium und Reichswirtschaftsministerium über das von ihnen mit Funktionären besetzte Aufsichtsamt für das Kreditwesen in das „Arisierungsverfahren" einschalten, sofern sie „allgemeinwirtschaftliche Gesichtspunkte in der allgemeinen Kredit- und Bankpolitik" durch die Transaktion berührt sahen oder für die „Beseitigung im Kreditwesen auftretender Missstände zu sorgen" hatten[1264]. Obwohl die eigentliche Genehmigung einer „Arisierung" von staatlicher Seite erteilt werden musste, lag die Frage nach dem „ob" und „wie" der Genehmigung in der Regel bei den Parteistellen, insbesondere dem Gauwirtschaftsberater[1265]. Dabei waren die Hauptgesichtspunkte der Prüfung[1266]:

1260 Kratzsch, Der Gauwirtschaftsapparat der NSDAP, S. 146ff. mit Beispielen aus dem Gau Westfalen-Süd; Köhler, Die „Arisierung" der Privatbanken im Dritten Reich, S. 194.

1261 Köhler, Die „Arisierung" der Privatbanken im Dritten Reich, S. 322f.

1262 RGBl. I, S. 414f. (Verordnung) sowie RGBl. I, S. 415f. (Anordnung zur Verordnung); Markmann/ Enterlein, Die Entjudung der deutschen Wirtschaft, S. 61ff.

1263 Markmann/ Enterlein, Die Entjudung der deutschen Wirtschaft, S. 77ff., 131f., 141f.; Weyhe, A. E. Wassermann, S. 129f.

1264 Siehe § 32 Kreditwesengesetz vom 05.12.1934, RGBl. I, S. 1203ff.

1265 Kahmann, Die Bankiers von Jacquier & Securius, S. 122; Genschel, Die Verdrängung der Juden aus der Wirtschaft im Dritten Reich, S. 156.

1266 Fliedner, Die Judenverfolgung in Mannheim 1933 - 1945, S. 153f.; Markmann/ Enterlein, Die Entjudung der deutschen Wirtschaft, S. 77ff.

Bestehen eines volkswirtschaftlichen Interesses an der Weiterführung eines jüdischen Unternehmens in „arischer" Hand? Diese Frage begutachtete in der Regel eine gewerbliche Organisation, beispielsweise die Industrie- und Handelskammer.

Ist der Kaufpreis angemessen? Sofern dies nicht der Fall war, wurde die Transaktion versagt oder dem „Arisierer" eine Ausgleichsabgabe zu Gunsten des Reiches auferlegt. Diese Frage wurde von Fachleuten der Industrie- und Handelskammern, den Kreiswirtschaftsberatern der NSDAP bzw. bei Grundstücken vom stattlichen Hochbauamt geprüft.

Werden keine berechtigten wirtschaftlichen Interessen Dritter verletzt? Dies konnte beispielsweise der Fall sein, wenn mehrere Bewerber vorhanden waren, aber einer das fragliche Grundstück für eine Geschäftserweiterung brauchte. Dieses Interesse konnte vor jeder der beteiligten Stellen geltend gemacht werden.

War der Erwerber aus Sicht der Partei zuverlässig?

Weiterhin wurde darüber gewacht, dass nach einer „Arisierung" die Spuren der früheren jüdischen Eigentümer möglichst rasch verwischt wurden, beispielsweise durch die Auflage, den jüdischen Namen eines Geschäftes zu ändern oder den Kaufpreis in der Regel sofort oder sonst binnen maximal eines Jahres zu zahlen und auszuschließen, dass der jüdische Veräußerer durch seine Stellung als Gläubiger noch wesentlichen Einfluss über das Unternehmen behält[1267].

Bei „Arisierungsverträgen" bestand ein Verbot von außervertraglichen Nebenabreden, um die Erschleichung der Genehmigung oder Tarnungen zu verhindern. Weiterhin war ein Verzicht auf Mängelrügen seitens des Käufers ist nicht zu billigen[1268].

Eine weitere Art der Beeinflussung der Vertragsautonomie durch staatliche Stellen war tatsächliche Gewalt, insbesondere die präventive Schutzhaft. So wurden beispielsweise die jüdischen Inhaber des Bankhauses H. Aufhäuser in München nach der Reichspogromnacht im November 1938 im KZ Dachau in Schutzhaft genommen und von der Gestapo zur Unterzeichnung des „Arisierungsvertrages" vorgeführt[1269].

Festzuhalten ist damit, dass Unternehmenstransaktionen mit Beteiligung von Juden, also auch die „Arisierungsverträge", zu Anfang des nationalsozialistischen Regimes wie alle Transaktionen lediglich den üblichen gesetzlichen

---

1267 Fliedner, Die Judenverfolgung in Mannheim 1933 - 1945, S. 153f.; Markmann/ Enterlein, Die Entjudung der deutschen Wirtschaft, S. 93, 95.

1268 Markmann/ Enterlein, Die Entjudung der deutschen Wirtschaft, S. 93, 95.

1269 Köhler, Die „Arisierung" der Privatbanken im Dritten Reich, S. 372; BAB R 2501, Nr. 1171, Ausschnitt Financial Times vom 16.11.1938.

Genehmigungsverfahren zum Schutze der Volkswirtschaft nach heutigem Verständnis unterlagen, sie jedoch dann erst „informell" und später offiziell einer staatlich-politischen Kontrolle und Einflussnahme unterworfen wurden, was bei Transaktionen unter „Ariern" nicht der Fall gewesen ist.

5.1.3.2 Preisbildung

Wesentlich bei einer „Arisierung" war sowohl für die Veräußerer als auch für die Erwerber die Höhe des Betrages, den der „Arisierer" für den Erwerb des „arisierten" Bankhauses zu zahlen hatte (im Folgenden auch „Übernahmepreis" genannt)[1270]. Das ökonomische Interesse des Veräußerers lag in der Regel in einem möglichst hohen, dasjenige des Erwerbers bei einem möglichst niedrigen Preis, auch wenn daneben noch andere Faktoren maßgeblich gewesen sind. Deshalb ist zu untersuchen, woraus der Übernahmepreis für ein zu „arisierendes" Bankhaus bestand, wie er ermittelt wurde und inwiefern dieser Übernahmepreis von Staats- und Parteistellen, also nicht lediglich von den Vertragsparteien, beeinflusst worden ist. Gleichzeitig ist der Übernahmepreis auch ein zentraler Ansatzpunkt zur Bewertung, inwieweit eine „Arisierung" als „fair"[1271] einzustufen ist oder ob es bei der Veräußerung des Bankhauses E. J. Meyer im Jahre 1938 zur Übervorteilung der veräußernden jüdischen Bankiers im Sinne eines sittenwidrigen „auffälligen Missverhältnisses" zwischen den Leistungen der Vertragsparteien gem. § 138 BGB gekommen ist.

Der Antwort auf die Frage, wie der Wert eines zu übernehmenden Bankhauses berechnet werden musste, muss man sich in zwei Schritten annähern: im ersten Schritt ist das allgemeine Marktumfeld für die Veräußerung von Bankhäusern zu beurteilen, worauf in einem zweiten Schritt zu beurteilen ist, wo das konkrete Bankhaus in diesem Markt steht, also welche positiven und negativen Faktoren das Unternehmen und seinen Wert beeinflusst haben.

In das Marktumfeld waren nicht nur die politischen Umstände, sondern auch eine Übersättigung des Marktes einzukalkulieren, weil zu dem Zeitpunkt alle jüdischen Privatbanken „arisiert" oder liquidiert wurden, sowie der Mangel an kapitalkräftigen, fachlich und persönlich geeigneten Käufern[1272]

1270 Oft wurde anstelle eines Kaufpreises für die Übernahme von Aktiva die Freistellung von Verbindlichkeiten vereinbart, was betriebswirtschaftlich keinen Unterscheid macht, jedoch den Erwerbern ermöglichte, mit weniger Barmitteln die Aktiva des Bankhauses zu erwerben, so beispielsweise beim Bankhaus Jacquier & Securius, vgl. Kahmann, Die Bankiers von Jacquier & Securius, S. 126ff.

1271 Siehe oben Kap. 1.2.2.1; zu verstehen als „fair unter den gegebenen Umständen".

1272 Genschel, Die Verdrängung der Juden aus der Wirtschaft im Dritten Reich, S. 148; siehe Kap. 5.1.1.

Für die Bestimmung des konkreten Wertes eines Bankhauses wurden in der Regel die einzelnen werthaltigen Bestandteile des Unternehmens (beispielsweise als Aktiva: Debitoren, Effekten- und Wechselbestände, Beteiligungen; als Passiva: Kreditoren, Akzepte, Pensions- und Rückstellungsverpflichtungen) einzeln bewertet und dann saldiert. Es mussten jedoch nicht zwangsläufig alle werthaltigen Bestandteile vom Veräußerer auf den Erwerber übertragen werden, so dass der Veräußerer einige Positionen (seien es Aktiva, beispielsweise Grundstücke, Effekten oder Beteiligungen, unsichere Debitoren oder auch Passiva wie Pensionsverpflichtungen für jüdische Angestellte) auch nach einer „Arisierung" behalten konnte[1273].

Grundsätzlich besteht der Übernahmepreis für ein Unternehmen einerseits aus dem Substanzwert (Buchwert und stille Reserven) und andererseits aus einem „Goodwill" genannten Betrag für die immateriellen Wertbestandteile des Unternehmens, beispielsweise für Marktposition, Ruf, etablierte Organisationsstrukturen und Management, Kundenstamm, sonstige Geschäftsbeziehungen. Dieser Goodwill stellte den Teil des Gewinnes in Zukunft dar, der aufgrund gerade dieser immateriellen Güter über die übliche Verzinsung des Kapitals hinausgehend erwirtschaftet werden würde. Für die Berechnung des Goodwills ist also zu fragen, ob und wie viel der zukünftige Inhaber[1274] des Unternehmens aufgrund dieser immateriellen Güter mehr an Gewinn erwirtschaften wird, als er mit einem gleichen, neu eingerichteten Bankhaus erwirtschaften würde.

Die Einpreisung von Goodwill beim Kauf von Unternehmen war zur Zeit des Nationalsozialismus grundsätzlich üblich[1275]. Der Goodwill betrug bei Banken rund das Zehnfache des durchschnittlichen Reingewinns der letzten Jahre[1276]. Bei Banken wurde jedoch nach der Bankenkrise 1931[1277] oft kein Goodwill mehr gezahlt, weil aufgrund der schwierigen Geschäftssituation Prognosen über

1273 So beispielsweise Grundstücke und Wertpapiere beim Bankhaus Jacquier & Securius, vgl. Kahmann, Die Bankiers von Jacquier & Securius, S. 126ff., 130f.

1274 Es ist auf den zukünftigen Inhaber abzustellen, denn grundsätzlich kann ein Unternehmen auch einen Goodwill haben, wenn es kurz vor dem Tode des Eigentümers veräußert wird, der Veräußerer also keinen künftigen Gewinn mehr daraus erwirtschaften könnte, vgl. Weyhe, A. E. Wassermann, S. 159f.

1275 Mahn, Die Bilanzierungsfähigkeit immaterieller Firmenwerte nach Handels- und Steuerrecht, S. 5ff.; Köhler, Die „Arisierung" der Privatbanken im Dritten Reich, S. 198; Narr, Das Problem des Firmenwertes, S. 2ff.

1276 Kahmann, Die Bankiers von Jacquier & Securius, S. 122; Weyhe, A. E. Wassermann, S. 160.

1277 Siehe oben Kap. 3.1 und 3.2.

Gewinne in künftigen Jahren nicht zu treffen waren[1278]. Ab 1935 wurden Übernahmen jüdischer Unternehmen von der Gauleitung nicht mehr genehmigt, wenn in den „Arisierungsverträgen" die Zahlung von Goodwill vorgesehen war, so dass auch freiwillige Zahlungen von Goodwill durch die „Arisierer" nicht mehr möglich waren, sofern sie offen in die Berechnungen eingestellt wurden[1279]. So konnte noch bei der Übernahme des Dresdner Stammhauses des Bankhauses Gebr. Arnhold durch die Commerzbank im Juli 1935 Goodwill gezahlt werden, jedoch nur „versteckt" in einem Überpreis in Höhe von rund 1 MioRM für die übernommenen Immobilien[1280]. Zu unterscheiden von der genehmigungspflichtigen Übernahme im Sinne eines Betriebsüberganges eines Bankhauses war auch hier der sich lediglich bankintern vollziehende Inhaberwechsel, welcher nur eine Genehmigung der Reichsbank nach dem Kreditwesengesetz erforderte bis § 5 der Verordnung über die Anmeldung des Vermögens von Juden vom 26.04.1938 alle Juden verpflichtete, jede Veränderung des Vermögens anzuzeigen. Deshalb

---

1278 Köhler, Die „Arisierung" der Privatbanken im Dritten Reich, S. 198.

1279 Bajohr, „Arisierung" als gesellschaftlicher Prozess, in: Fritz Bauer Institut (Hrsg.), „Arisierung" im Nationalsozialismus, S. 18; Damit wurde nach der damaligen Fachpresse „die Berechnung des Kaufpreises wesentlich vereinfacht", vgl. Köhler, Die Verdrängung jüdischer Privatbankiers vom Finanzplatz Berlin, 1933 - 1938, in: Biggeleben/ Schreiber/ Steiner (Hrsg.), „Arisierung" in Berlin, S. 218.

1280 Köhler, Die „Arisierung" der Privatbanken im Dritten Reich, S. 215. Letztendlich kam das Geschäft – obwohl es bereits vom Bankenkommissar und der Reichsbank Ende Juli 1935 genehmigt worden war – nicht zustande, weil es am Versuch des Vorstandes der Commerzbank, den Preis zu drücken, scheiterten, vgl. ebenda, S. 215ff. Stattdessen wurde am 02.12.1935 – also nach den Nürnberger Rassegesetzen vom 15.09.1935 – der Dresdner Teil des Bankhauses von der Dresdner Bank erworben, zwar ohne Goodwill, aber zu für die Arnholds besseren Konditionen als bei einer Übernahme durch die Commerzbank gewesen wären, vgl. Köhler, Die „Arisierung" der Privatbanken im Dritten Reich, S. 220ff., 224 Fn. 89; dass 1936 noch „kooperative Sonderabsprachen" möglich waren, zeigt sich bei der Übernahme werthaltiger Bestandteile des jüdischen Bankhauses Gebr. Dammann (Hannover) durch die Deutsche Bank, bei welcher der jüdische Bankier einen Vermittlervertrag mit hohen Provisionen für Geschäftsabschlüsse mit der Deutschen Bank erhielt. Der Vertrag wurde bis zu seiner Auswanderung 1938 verlängert, vgl. Köhler, Die „Arisierung" der Privatbanken im Dritten Reich, S. 271ff. Ein anderes Beispiel ist der Fall des Bankhauses M. M. Warburg & Co., bei dem ein – zwar in vielen Fällen übliches – Wettbewerbsverbot für die Alteigentümer bestand, dies aber in dem Falle mit einer jährlichen Ausgleichszahlung von 120.000 RM vergütet wurde, worin wohl auch ein versteckter Goodwill zu sehen ist, vgl. Köhler, Die „Arisierung" der Privatbanken im Dritten Reich, S. 336.

war bei einem Inhaberwechsel bis April 1938 noch vertragliche Festlegung der Zahlung von Goodwill möglich, wie dies auch das Beispiel des Bankhauses Gebr. Sulzbach (Frankfurt a. M.) zeigt[1281]. Erst mit der Verordnung zur Anmeldung des Vermögens der Juden nebst zugehöriger Anordnung vom 26.04.1938[1282] wurde die Zahlung von Goodwill für jüdische Unternehmen gesetzlich verboten[1283], so dass auch bei einer versteckten Bezahlung von Goodwill ein Gesetzesverstoß seitens der „Arisierer" vorgelegen hätte; dies zusätzlich zu den möglichen Repressalien als „Judenfreund". Der „Arisierungsvertrag" von E. J. Meyer datiert vom 03.06.1938, also zu einer Zeit, als auch die Übernahme eines Bankhauses im Wege des Inhaberwechsels genehmigungspflichtig sowie die Zahlung von Goodwill verboten war.

Gerechtfertigt wurde die Nichteinpreisung von Goodwill damit, dass jüdische Unternehmen keinen Goodwill mehr hätten, da sich die Einstellung des Marktes zu jüdischen Unternehmungen geändert habe[1284]. Jedoch kam es beim Goodwill gerade darauf an, ob der Erwerber, also der „Arier", aus den Faktoren künftig Gewinn machen konnte. Die Diskrepanz dieser Begründung zur auch von den Nationalsozialisten erkannten Wirklichkeit wird deutlich im Durchführungserlass des Reichswirtschaftsministeriums vom 06.02.1939[1285] zur Durchführung der Verordnung über den Einsatz jüdischen Vermögens vom 03.12.1938[1286], in welchem u. a. geregelt ist, dass der Wert jüdischer Betriebe aufgrund verschiedener „Maßnahmen zur Zurückdrängung des Judentums aus der deutschen Wirtschaft" vielfach vermindert sei. Da der Wert eines jüdischen Unternehmens nach der „Arisierung" in der Hand eines „Ariers" aber beträchtlich steige, sei vom „Arisierer" eine Ausgleichsabgabe in Höhe von 70%[1287] dieses Mehrwertes (also

1281 Köhler, Die „Arisierung" der Privatbanken im Dritten Reich, S. 355; Den Inhabern des Bankhauses Simon Hirschland war es Mitte 1938 nicht möglich, eine Zahlung auf den Goodwill zu erlangen, vgl. Fischer, Jüdische Privatbanken im „Dritten Reich", in: Scripta Mercaturae 1994, S. 46; zum Bankhaus Sulzbach vgl. Kirchholtes, Jüdische Privatbanken in Frankfurt am Main, S. 29ff.

1282 RGBl. I, S. 414ff.

1283 Markmann/ Enterlein, Die Entjudung der deutschen Wirtschaft, S. 91.

1284 Kahmann, Die Bankiers von Jacquier & Securius, S. 121f.; Köhler, Die „Arisierung" der Privatbanken im Dritten Reich, S. 199.

1285 BAB, R 3101, Nr. 15515, Bl. 387f.; vgl. auch Weyhe, A. E. Wassermann, S. 136.

1286 RGBl. I, S. 1709.

1287 Bei Grundstücken betrug die Höhe der Ausgleichsabgabe 100%, um die Grundstückspreise – auch im Sinne „arischer" Hypothekengläubiger – nicht zu gefährden, vgl. Genschel, Die Verdrängung der Juden aus der Wirtschaft im Dritten Reich, S. 200.

der Differenz zwischen Übernahmepreis bei der „Arisierung“ und Verkehrswert nach der „Arisierung“ in der Hand des „Ariers“) an den Staat zu zahlen[1288]. Dies belegt auch die Aussage des Gauwirtschaftsberaters von Hessen-Nassau, Karl Eckhardt, vom 25.02.1939 über den „Entjudungsgewinn“ eines Unternehmens: „Der Umstand, dass es dem Arier ohne weiteres möglich war, mehr umzusetzen und mehr zu gewinnen, beweist, dass er infolge des vom Juden übernommenen, jedoch nicht bezahlten Betriebsbestehenswertes (Goodwill) eine beträchtliche Starterleichterung für seine Unternehmung mit übernommen hat“[1289].

Der andere Bestandteil des Übernahmepreises war der Substanzwert. Einer der zentralen Punkte bei den „Arisierungsverhandlungen“ war die Bewertung von Kreditengagements eines Bankhauses. Wie oben bereits dargestellt, hat sich die Kundschaft jüdischer Bankhäuser nach der Machtergreifung zusehends mehr auf jüdische Klientel konzentriert[1290]. Für die Bewertung der Kreditgeschäfte mit Juden war – wie bei jedem anderen Kreditgeschäft auch – die Ausfallwahrscheinlichkeit maßgeblich, bei welcher die Ansichten von Veräußerer und Erwerber oft sehr divergierten: die Veräußerer waren bestrebt, die Forderung gegen einen Kunden möglichst mit ihrem Nominalwert zu taxieren, während die Erwerber aufgrund der zunehmenden Restriktionen gegen Juden, die Auswanderung und Vermögensaufzehrung mit sich brachten, diese Forderungen teilweise wesentlich geringer bewerten wollten, deren Übernahme ablehnten oder hohe Rückstellungen der Veräußerer für den Fall des Kreditausfalls verlangten[1291]. Diese Abschläge, die oft auch Rückstellungen für Vertragsauflösungen mit jüdischen Angestellten und Lieferanten beinhalteten, betrugen in der Regel zwischen einem Viertel und einem Drittel des Unternehmenswertes, den ein „Arier“ erzielt hätte, im Jahre 1938 zwischen 40% und 70%, je nach örtlichen Verhältnissen und

---

1288 Genschel, Die Verdrängung der Juden aus der Wirtschaft im Dritten Reich, S. 197; Diese Gewinne des Staates dienten der Sanierung der Staatsfinanzen sowie der Aufrüstung, dürfen jedoch angesichts der Höhe von 17 MrdRM an Rüstungsausgaben allein 1938 nicht überbewertet werden, vgl. Genschel, Die Verdrängung der Juden aus der Wirtschaft im Dritten Reich, S. 213f. Eine tatsächliche Abschöpfung der „Arisierungsgewinne“ durch die Verwaltung ist aber in der Regel nicht erfolgt, vgl. Bopf, Zur „Arisierung“ und Versuchen der Wiedergutmachung in Köln, in: Matzerath (Hrsg.), Versteckte Vergangenheit: Über den Umgang mit der NS-Zeit in Köln, S. 177.

1289 Zitiert nach Köhler, Die „Arisierung“ der Privatbanken im Dritten Reich, S. 199.

1290 So hatte beispielsweise das Berliner Bankhaus Arnhold kurz vor der „Arisierung“ 1938 rund 80% jüdische Kunden, vgl. Köhler, Die Verdrängung jüdischer Privatbankiers vom Finanzplatz Berlin, 1933 - 1938, in: Biggeleben/ Schreiber/ Steiner (Hrsg.), „Arisierung“ in Berlin, S. 217.

1291 Köhler, Die „Arisierung“ der Privatbanken im Dritten Reich, S. 200f.

Parteiwillkür sogar noch mehr[1292]. Zu beachten ist jedoch, dass diese pauschalen Preisabschläge nicht per se ungerechtfertigt waren und zu einer „unfairen Arisierung" geführt hätten, denn es war bei der offensichtlich angestrebten Verdrängung der Juden – sowohl aus dem Wirtschaftsleben als auch aus dem Land - ersichtlich, dass man als erwerbender Bankier auf lange Sicht weniger gut mit einem jüdischen als mit einem „arischen" Kreditengagement kalkulieren konnte, da ein jüdisches Kreditengagement ungleich gefährdeter war, weil es eben nicht nur den üblichen ökonomischen Risiken unterlag. Jedoch bot sich natürlich an dieser Stelle zweifelsfrei auch die Möglichkeit, in Verbindung mit dem zunehmenden politischen und dadurch auch wirtschaftlichen Druck auf die jüdischen Bankiers, für den Erwerber besonders günstige Bewertungen zu erzielen und damit letztendlich den Übernahmepreis „unfair" zu drücken[1293]. So hat beispielsweise die Deutsche Revisions- und Treuhand AG, die die einzelnen werthaltigen Bestandteile der Bankhäuser S. Bleichröder und des verbliebenen Berliner Teils des Bankhauses Gebr. Arnhold bei der Übernahme durch die Dresdner Bank bewertete, in der einleitenden Darstellung ihrer Bewertungsgrundsätze geschrieben, dass – anders noch als 1935 bei der Bewertung in Bezug auf die „Arisierung" des Dresdner Stammhauses von Gebr. Arnhold – Bonität und Sicherheit oft nicht einmal in erster Linie maßgeblich für die Bewertung eines Kreditengagement gewesen seien, da Engagements nicht selten aus politischen Gründen abgeschrieben werden müssten, weshalb sie bei jüdischen Kreditengagements pauschal von einem höheren Rückstellungsbedarf ausgingen[1294]. Im Falle der „Arisierung" des Berliner Bankhauses J. Dreyfuß & Co. durch Merck, Finck & Co. wurden von Merck, Finck & Co. weitere erhebliche Abschläge auf die von der Deutschen Revisions- und Treuhand AG ermittelten Werte durchgesetzt, da die jüdischen Inhaber unter dem Zwang standen, die Verhandlungen möglichst bald abzuschließen[1295]. Beim Bankhaus E. J. Meyer wurden die Aktiva und Passiva aufgrund der Bewertung des von den jüdischen Veräußerern beauftragten Wirtschaftsprüfers in die Übernahmebilanz eingestellt und es wurden

1292 Kahmann, Die Bankiers von Jacquier & Securius, S. 122; Genschel, Die Verdrängung der Juden aus der Wirtschaft im Dritten Reich, S. 156. Genschel nimmt ebenda auf S. 199 an, dass rund 70% des Kaufpreises an den jüdischen Verkäufer und rund 30% an den Staat flossen.

1293 Dies ist offenbar vermehrt geschehen, wenn Großbanken mit der Liquidation jüdischer Bankhäuser beauftragt gewesen sind, vgl. Köhler, Die „Arisierung" der Privatbanken im Dritten Reich, S. 256ff. mit einigen Beispielen.

1294 Köhler, Die „Arisierung" der Privatbanken im Dritten Reich, S. 239.

1295 Köhler, Die „Arisierung" der Privatbanken im Dritten Reich, S. 308.

keine weiteren Abschläge vorgenommen. Jedoch hafteten die veräußernden jüdischen Bankiers vollständig für die Erbringlichkeit der Forderungen mit ihrem Privatvermögen, jedoch ohne umfangreiche Sicherheiten zu leisten. Da das Privatvermögen zusehends aufgezehrt und ins Ausland verbracht wurde, ggf. sogar durch Unterstützung des „Arisierers“ Kurt Richter-Erdmann, war diese Haftung im Großen und Ganzen eher theoretischer Natur[1296].

5.2 „Arisierung“ E. J. Meyer

Im Folgenden wird zunächst auf die an der „Arisierung“ von E. J. Meyer beteiligten Personen eingegangen (5.2.1). Sodann wird die „Arisierung“ selbst dargestellt (5.2.2), um danach zu fragen, inwiefern eigentliche „Arisierung“ in Form der Veräußerung des Bankhauses an den „Arier“ Kurt Richter-Erdmann den ökonomischen, rechtlichen und sozialen Rahmenbedingungen geschuldet war wobei zentral die Frage stehen soll, ob es bei der Veräußerung des Bankhauses im Jahre 1938 zur Übervorteilung der veräußernden jüdischen Bankiers im Sinne eines sittenwidrigen „auffälligen Missverhältnisses“ zwischen den Leistungen der Vertragsparteien gem. § 138 BGB gekommen ist oder inwiefern diese „Arisierung“ als „fair“ unter den gegebenen Umständen anzusehen ist[1297].

Abschließend wird noch auf die für die „Arisierung“ erforderlichen Genehmigungen (5.2.2.4) sowie die letztendlich nicht stattgefundene Änderung des seit 1816 geführten jüdischen Firmennamens E. J. Meyer eingegangen (5.2.2.5).

5.2.1 Involvierte Personen

Neben den veräußernden jüdischen Bankiers Adolf Meyer und Leonhard Horwitz hat die „Arisierung“ von E. J. Meyer maßgeblich Hans Meyer (5.2.1.1), der Vetter Adolf Meyers und Teilhaber des Bankhauses Warburg & Co. in Amsterdam, die „Arisierung“ begleitet. Er hatte langjährige geschäftliche Verbindungen sowohl zum „Arisierer“ Kurt Richter-Erdmann (5.2.1.2) als auch zu dessen einige Jahre älterem Vetter Hans von Flotow (5.2.1.3), Inhaber des Bankhauses Hardy & Co. in Berlin.

5.2.1.1 Dr. Hans J. Meyer

Hans Joachim Meyer wurde am 09.12.1891 in Berlin geboren als Sohn von Paul Joachim Meyer und seiner Frau Johanna, geb. Schiff. Paul Joachim Meyer war

---

1296 Siehe dazu § 2 des „Arisierungsvertrages“ in Kap. 5.2.2.2.
1297 Siehe dazu Kap. 1.1 und 1.2.

der Sohn von Moritz Meyer, dem Bruder Abraham und Friedrich Meyers, also ein direkter Vetter von Ernst Joachim Meyer. Im Jahr 1913 promovierte Hans Meyer in Berlin, wurde 1914 Referendar in Heidelberg und war von 1915 bis 1918 bei der Zentraleinkaufsgesellschaft der Reichsregierung[1298] tätig, welche als staatliche Gesellschaft vor allem zentralen Einkauf und Verteilung von Lebensmitteln aus dem Ausland tätigte. 1919 war Hans Meyer Sekretär der deutschen Delegation bei der Versailler Friedenskonferenz, wo er Max Warburg und Carl Melchior[1299], den ersten familienfremden Teilhaber des Bankhauses M. M. Warburg & Co., unterstützte[1300]. In den Jahren 1920 bis 1925 war er als Oberregierungsrat im Finanzministerium und an der deutschen Botschaft in Paris tätig, wobei er gleichzeitig Stellvertretender Vorsitzender der Kriegslastkommission in Paris, Delegierter bei der Reparationskonferenz in Brüssel (1920), Paris (1921), London und Genua (1922) und Basel (1931) war sowie auch an der Ausarbeitung des Dawes- und Young-Plans beteiligt war. 1926 trat er in das Bankhaus M. M. Warburg & Co. in Hamburg ein[1301].

Hans Meyer war 1929 Mitgründer des Bankhauses Warburg & Co. in Amsterdam[1302], das von M. M. Warburg & Co. losgelöst war und u. a. Sperrmark transferierte. 1936 wurde die Verbindung von M. M. Warburg & Co. in Hamburg und von Warburg & Co. in Amsterdam gelockert, um die Amsterdamer

---

1298 Zur Zentraleinkaufsgesellschaft vgl. Wixforth, Die Gründung und Finanzierung von Kriegsgesellschaften während des Ersten Weltkrieges, in: Berghoff / Kocka / Ziegler (Hrsg.), Wirtschaft im Zeitalter der Extreme, Beiträge zur Unternehmensgeschichte Österreichs und Deutschlands, S. 91, 94.

1299 Sein Bruder war der Jurist George Melchior, der zweite Ehemann von Elsa, geb. Warburg, der Mutter von Olga Meyer, vgl. Leo Baeck Institute, Gisela A. Weil Collection, Box 2, Folder 7, Elsa Warburg-Elkan-Melchior über ihre 2. Ehe.

1300 Chernow, Die Warburgs, S. 275; Röder/ Strauss, Biographisches Handbuch der deutschsprachigen Emigration nach 1933, S. 497; Walk, Kurzbiographien zur Geschichte der Juden 1918 - 1945, S. 265; Lowenthal, Juden in Preussen, S. 157f.; Melchior, Ein Buch des Gedenkens und der Freundschaft, S. 131ff.

1301 Röder/ Strauss, Biographisches Handbuch der deutschsprachigen Emigration nach 1933, S. 497; Walk, Kurzbiographien zur Geschichte der Juden 1918 - 1945, S. 265; Lowenthal, Juden in Preussen, S. 157f.; Melchior, Ein Buch des Gedenkens und der Freundschaft, S. 131ff.

1302 Das Kommanditkapital von Warburg & Co., Amsterdam, wurde zu 3/4 von der Hollandsche Handels- und Crediet-Associatie (Alphabet), an welcher das Bankhaus M. M. Warburg & Co. 5/6 hielt, gehalten und zu ¼ von dem Pariser Bankhaus Baron Pierre de Gunzbourg. Inhaber von Warburg & Co. waren Hans Meyer, Amsterdam, und Siegmund G. Warburg, London, ohne eigene Einlagen, vgl. BAB, R 3101, Nr. 15514, Bl. 270ff.

Bank vor den nationalsozialistischen Devisen- und Steuervorschriften zu schützen. Im Zuge dessen schieden Hans Meyer und Siegmund Warburg aus der Firma M. M. Warburg & Co. in Hamburg aus und wurden beide alleinige Inhaber der Firma Warburg & Co in Amsterdam[1303]. Warburg & Co. stand eng mit M. M. Warburg & Co. in Verbindung und Hans Meyer stand für seine Firma laufend in persönlicher und geschäftlicher Verbindung zu E. J. Meyer[1304]. Auch Max Warburg hatte enge Verbindungen mit dem Bankhaus E. J. Meyer[1305].

Als die Deutschen 1941 die Niederlande überfallen und zum Zwecke der „Arisierung" von Warburg & Co. durch die deutsche bereits „arisierte" M. M. Warburg & Co. 14 Verwandte und Angestellte des Amsterdamer Bankhauses festsetzten, konnte Hans Meyer in Verbindung mit den amerikanischen Warburgs und der Hilfe des „Arisierers" von M. M. Warburg & Co., Rudolf Brinckmann, die Flucht dieser in einem von einer SS-Eskorte begleiteten Zug über Frankreich und Spanien nach Portugal ermöglichen. Auch der nach Amsterdam geflohene Adolf Meyer konnte so mit Frau und Tochter fliehen[1306].

Hans Meyer war Mitglied im Club von Berlin[1307], zeitgleich mit Hans von Flotow, welcher in der Aufnahme-Kommission saß, ebenso wie Adolf Ernst Joachim Meyer, der ebenfalls Mitglied war wie auch schon sein Vater Ernst Joachim[1308].

1303 Chernow, Die Warburgs, S. 608; Das Bankhaus Warburg & Co. in Amsterdam sollte auch nach der „Arisierung" von M. M. Warburg & Co. in Hamburg weiterhin als selbständige Privatbank bestehen und die aus M. M. Warburg & Co. ausscheidenden jüdischen Gesellschafter und ihr finanzielles Engagement behalten, weil Warburg & Co. weiterhin so erfolgreich wie zuvor holländische, englische und amerikanische Banken für Rohstoff-, Transit- und sonstige Finanzierungen nach Deutschland gewinnen sollte, vgl. BAB, R 3101, Nr. 15514, Bl. 270ff. Gleiches planten die Gesellschafter des Bankhauses Simon Hirschland für die Zeit nach der „Arisierung" in ihren seit langem bestehenden holländischen Beteiligungen Amsterdamsche Crediet Maatschappij und Compagnie voor Belegging en Administratie Coba, vgl. BAB, R 3101, Nr. 15515, Bl. 16ff.

1304 LEA, Reg.-Nr. 160830, Bl. D21ff.

1305 Schreiben Hans Meyer an Max Warburg vom 24.07.1936: „Ich erhielt noch Deine beiden Schreiben vom 22.07. und freue mich, dass Ihr beide mit dem Aufenthalt so zufrieden gewesen seid. Dr. Horwitz erzählte mir, wie ausgezeichnete Golfspieler Ihr geworden seid und wie sehr er sich über das gemeinsame Spielen gefreut hätte.", vgl. Stiftung Warburg Archiv, Dr. Hans Meyer, 5. Mappe.

1306 Siehe dazu Kap. 2.2.4.1; Chernow, Die Warburgs, S. 608ff.

1307 Knackmuß, Willkommen im Club, S. 233.

1308 Siehe Kap. 4.3.4.9.

Ob seinem gewöhnlichen Aufenthalt Amsterdam geschuldet oder ob er selbst Anteilseigner war, jedenfalls konnte der jüdische Hans Meyer bis Januar 1938 Mitglied des Aufsichtsrates der Chem. Fabrik Landshoff & Meyer bleiben, welche von seinem Vater gegründet worden und bis Ende 1937 von seinen Brüdern Dr. Victor Meyer und Dr. Theo Meyer geleitet wurde, während der in zweiter Generation dem Aufsichtsrat angehörende Adolf Meyer sowie der auf Max Warburg gefolgte und ebenfalls mit Meyers verwandtschaftlich verbundene Erich Warburg bereits mit dem Ende des Geschäftsjahres 1934 „turnusmäßig" aus dem Aufsichtsrat ausgeschieden waren[1309].

Nach der Auswanderung in die USA arbeitete Hans Meyer für E. M. Warburg & Co. in New York und stieg dort über die Funktion als Chairman of the Board bis zum Präsidenten auf, als welcher er von 1947 bis 1968 wirkte. Daneben hatte er zahlreiche ehrenamtliche Engagements, beispielsweise von 1942 bis 1954 als Vorsitzender des Koordinierungskomitees und Vorstandsmitglied des United Jewish Appeal (UJA), von 1943 bis 1968 als Vizepräsident und später Vorsitzender der Finanzkommission und Exekutivmitglied der American Federation of Jews from Central Europe (AFJCE), ab 1948 als Vorstandsmitglied der Palestine Econmic Corporation (später PEC Israel Economic Corporation) New York, ab 1950 als Vorstandsmitglied der Israel Corporation of America, ab 1957 als Vorstandsmitglied der Holyland Corp. Jerusalem, ab 1943 als Vorstandsmitglied des American Jewish Joint Distribution Committee (JDC), als Vorstandsmitglied von United Help, Präsident des Jewish Philanthropic Fund of 1933, in der New York Foundation for Nursing Homes, als Mitglied der Academy of Political Science, der Foreign Policy Association sowie der English Speaking Union[1310].

Hans Meyer starb am 26.06.1968 New York[1311].

1309 Geschäftsberichte Chem. Fabrik Landshoff & Meyer AG aus verschiedenen Jahren unter http://zbw.eu/beta/p20/company/42008/00039/0002, http://zbw.eu/beta/p20/company/42008/00047/0002, http://zbw.eu/beta/p20/company/42008/00026/0002 jeweils am 30.03.2012.

1310 Röder/ Strauss, Biographisches Handbuch der deutschsprachigen Emigration nach 1933, S. 497; Walk, Kurzbiographien zur Geschichte der Juden 1918 - 1945, S. 265; Lowenthal, Juden in Preussen, S. 157f.; Melchior, Ein Buch des Gedenkens und der Freundschaft, S. 131ff.

1311 Röder/ Strauss, Biographisches Handbuch der deutschsprachigen Emigration nach 1933, S. 497; Walk, Kurzbiographien zur Geschichte der Juden 1918 - 1945, S. 265; Lowenthal, Juden in Preussen, S. 157f.; Melchior, Ein Buch des Gedenkens und der Freundschaft, S. 131ff.

5.2.1.2 Kurt Richter-Erdmann

Kurt Richter Erdmann (Quelle: Kampe, Villenkolonien in Wannsee)

Kurt Richter-Erdmann, der „Arisierer" des Bankhaues E. J. Meyer, wurde am 25.06.1895 geboren als Sohn von Max Richter und dessen Frau Clara (23.06.1857 - 28.06.1938), geb. Erdmann[1312]. Clara Erdmann und ihre Schwester Antonie (05.05.1855 - 27.03.1932) waren Kinder des Architekten Gustav Erdmann, welcher mit seinem Vetter Ernst Spindler das damals sehr geschätzte Berliner Architekturbüro Erdmann & Spindler betrieb. Sie errichteten unter anderem das Gebäude Jägerstraße 54/ 55 in Berlin, in welchem das Bankhaus Emil Ebeling und später auch das Bankhaus E. J. Meyer ihr Geschäft betrieben. Die ältere Schwester Antonie heiratete Gustav von Flotow (04.07.1844 - 16.06.1907), ihr Sohn Hans von Flotow war Vetter von Kurt Richter-Erdmann und in die „Arisierung" von E. J. Meyer involviert[1313].

Max Richter, der Vater von Kurt Richter-Erdmann, wurde am 01.02.1849 geboren[1314], machte aus finanziellen Gründen anstelle eines Universitätsstudiums

---

1312 Grabstein der Familie von Flotow – Richter – Erdmann, Neuer Friedhof Wannsee, Berlin-Wannsee, Lindenstraße, auch unter http://upload.wikimedia.org/wikipedia/commons/1/1f/Grabst%C3%A4tte_Lindenstr_1_%28Zehld%29_Max_Richter.jpg am 30.03.2012.

1313 Siehe Grabstein der Familie von Flotow – Richter – Erdmann, Neuer Friedhof Wannsee, Berlin-Wannsee, Lindenstraße, auch unter http://upload.wikimedia.org/wikipedia/commons/1/1f/Grabst%C3%A4tte_Lindenstr_1_%28Zehld%29_Max_Richter.jpg am 30.03.2012; zu Hans von Flotow siehe Kap. 5.2.1.3.

1314 Kampe (Hrsg.), Villenkolonien in Wannsee 1870 - 1945, S. 64.

eine Bankausbildung beim Bankhaus Emil Ebeling, wurde dort 1883 kurz vor dem Tode Emil Ebelings zusammen mit dessen Sohn Franz Ebeling Teilhaber und führte nach dem Tode Franz Ebelings 1894 die Geschäfte des Bankhauses allein[1315]. Seit 1911 war Max Richter alleiniger Inhaber des Bankhauses Emil Ebeling, das sich stark im russischen Eisenbahnbau engagierte, und als solcher Aufsichtsrat in diversen Gesellschaften woher er auch Ernst Joachim Meyer von E. J. Meyer kannte. Richter galt als überzeugter Liberaler[1316]. Beide saßen zeitgleich im Aufsichtsgremium der Reichsbank. Beide wurden 1894 in die Finanz-Kommission der Ältesten der Berliner Kaufmannschaft gewählt[1317]. Auch kannte Max Richter Albert Stäckel, den anderen Teilhaber von E. J. Meyer, aus dem Ältesten-Kollegium der Kaufmannschaft[1318]. Max Richter ist zusammen mit Ernst Joachim Meyer eine derjenigen Personen, die vom amerikanischen Department of Commerce in einer Studie von 1915 aufgrund ihrer Verflechtung zwischen den Leitungs- und Aufsichtsgremien der größten deutschen Banken und Konzerne genannt werden[1319]. Max Richter war in den Aufsichtsgremien der Reichsbank, Deutschen Hypothekenbank[1320], Harkort'schen Bergwerke und chemischen Fabriken zu Schwelm[1321], Allgemeinen Häuserbau AG in Berlin[1322],

1315 Archiv Bankhaus Wölbern, Nachruf Max Richter.

1316 Interview von Karin Eickhoff-Vigelahn mit Dorothee Schröder, Tochter von Kurt Richter-Erdmann, im September 1998; Archiv Bankhaus Wölbern, Nachruf Max Richter.

1317 Biggeleben, Das „Bollwerk des Bürgertums", S. 273.

1318 Berliner Jahrbuch für Handel und Industrie, Bericht der Ältesten der Kaufmannschaft von Berlin, Jahrgang 1904, Bd. 1 unter http://www.archive.org/stream/berlinerjahrbuch11904korpuoft/berlinerjahrbuch11904korpuoft_djvu.txt am 30.03.2012.

1319 DePew Snow, German Trade and the War: Commercial and Industrial Conditions in War Time and the Future Outlook, S. 194ff.; Die Bankiers der Bankhäuser Jacquier & Securius sowie A. E. Wassermann sind dort nicht erwähnt, vgl. ebenda, S. 194ff.

1320 Die Bank hatte 1915 eine Kapitalisierung von rund 8.390.000 RM, vgl. DePew Snow, German Trade and the War: Commercial and Industrial Conditions in War Time and the Future Outlook, S. 194.

1321 Die Gesellschaft hatte 1915 eine Kapitalisierung von rund 2.300.000 RM, vgl. DePew Snow, German Trade and the War: Commercial and Industrial Conditions in War Time and the Future Outlook, S. 197, 208.

1322 Die Gesellschaft hatte 1915 eine Kapitalisierung von rund 500.000 RM, vgl. DePew Snow, German Trade and the War: Commercial and Industrial Conditions in War Time and the Future Outlook, S. 197, 208.

Terraingesellschaft am Neuen Botanischen Garten[1323], Berliner Bierbrauerei AG vorm. F. W. Hilsebein[1324], Böhmisches Brauhaus AG[1325], Chemischen Fabrik auf Actien (vorm. E. Schering) [1326], Verein Chemischer Fabriken AG in Zeitz[1327], Norddeutsche Gummi- und Guttapercha-Waren-Fabrik[1328], Berliner Wäschefabrik AG vorm. Gebr. Ritter[1329], Admiralsgarten-Bad in Berlin[1330], Berlin-Neuroder Kunstanstalten[1331], Allgemeine Deutsche Kleinbahn-Gesellschaft AG[1332] sowie der Union Fabrik chemischer Producte in Stettin[1333]. Auch war Max Richter

---

1323 Die Gesellschaft hatte 1915 eine Kapitalisierung von rund 900.000 RM, vgl. DePew Snow, German Trade and the War: Commercial and Industrial Conditions in War Time and the Future Outlook, S. 197, 208.

1324 Die Gesellschaft hatte 1915 eine Kapitalisierung von rund 800.000 RM, vgl. DePew Snow, German Trade and the War: Commercial and Industrial Conditions in War Time and the Future Outlook, S. 197, 208.

1325 Die Gesellschaft hatte 1915 eine Kapitalisierung von rund 1.600.000 RM, vgl. DePew Snow, German Trade and the War: Commercial and Industrial Conditions in War Time and the Future Outlook, S. 197, 208.

1326 Max Richter war Aufsichtsrat bei Schering von 1889 bis zu seinem Tode 1915, vgl. Kobrak, National Cultures and International Competition, The Experience of Schering AG 1851 - 1950, S. 25; Die Gesellschaft hatte 1915 eine Kapitalisierung von rund 2.500.000 RM, vgl. DePew Snow, German Trade and the War: Commercial and Industrial Conditions in War Time and the Future Outlook, S. 197, 208.

1327 Die Gesellschaft hatte 1915 eine Kapitalisierung von rund 1.500.000 RM, vgl. DePew Snow, German Trade and the War: Commercial and Industrial Conditions in War Time and the Future Outlook, S. 197.

1328 Die Gesellschaft hatte 1915 eine Kapitalisierung von rund 450.000 RM, vgl. DePew Snow, German Trade and the War: Commercial and Industrial Conditions in War Time and the Future Outlook, S. 197, 208.

1329 Die Gesellschaft hatte 1915 eine Kapitalisierung von rund 528.000 RM, vgl. DePew Snow, German Trade and the War: Commercial and Industrial Conditions in War Time and the Future Outlook, S. 197, 208.

1330 Die Gesellschaft hatte 1915 eine Kapitalisierung von rund 1.688.000 RM, vgl. DePew Snow, German Trade and the War: Commercial and Industrial Conditions in War Time and the Future Outlook, S. 197, 208.

1331 Die Gesellschaft hatte 1915 eine Kapitalisierung von rund 500.000 RM, vgl. DePew Snow, German Trade and the War: Commercial and Industrial Conditions in War Time and the Future Outlook, S. 197, 208.

1332 Die Gesellschaft hatte 1915 eine Kapitalisierung von rund 7.300.000 RM, vgl. DePew Snow, German Trade and the War: Commercial and Industrial Conditions in War Time and the Future Outlook, S. 197, 208.

1333 Die Gesellschaft hatte 1915 eine Kapitalisierung von rund 3.250.000 RM, vgl. DePew Snow, German Trade and the War: Commercial and Industrial Conditions in War Time and the Future Outlook, S. 208.

vom Preußischen Ministerium für Handel und Gewerbe unter dem Minister von Berlepsch als Sachverständiger bei den Beratungen zum Depotgesetz vom 05.07.1896 berufen worden[1334]. Max Richter war Mitglied der Gesellschaft der Freunde, ebenso wie die Bankiers Ernst Joachim Meyer, Adolf Meyer, Albert Stäckel und Julius Schwarz vom Bankhaus E. J. Meyer sowie die zur Familie gehörigen Richard Moritz Meyer, Moritz Meyer und Wilhelm Herz[1335]. Da er selbst nicht studieren konnte, engagierte sich Max Richter sehr für die Ausbildung junger Kaufleute, so dass die Gründung der Handelshochschule Berlin maßgeblich auf ihn zurückgeht[1336].

Sowohl Richters als auch Meyers hatten ihre „Sommerfrische" am Wannsee. Während Meyers Am kleinen Wannsee 13 wohnten, erwarb Max Richter, dessen Vermögen 1912 auf etwa 6,3 MioM geschätzt wurde[1337], von dem Bankier und Direktor der Berliner Börse Adolph Schwabacher eine Villa mit Gewächshaus, Gärtnerhaus, Remise, Tennisplatz und Bootssteg in der Friedrich-Karl-Straße 26[1338].

1334 Buxbaum, Anlegerschutz zwischen Bankbedingungen und Rechtsnormen: eine Untersuchung zum Depotgesetz von 1896, S. 144.

1335 Panwitz, Die Gesellschaft der Freunde 1792 - 1935, S. 309, 312, 314, 316.

1336 Archiv Bankhaus Wölbern, Nachruf Max Richter.

1337 Damit zählte er wie auch Ernst Joachim Meyer und dessen Schwiegervater Wilhelm Herz zu den vermögendsten Personen des Reiches. Max Richters Vermögen ist von rund 1MioM 1898 über rund 2,5 MioM 1906 auf diese Summe 1911 gestiegen, während das Vermögen von Wilhelm Herz, des Schwiegervaters von Ernst Joachim Meyer, seit 1898 zwischen 6,3 MioM und 7 MioM betrug. Richter hat sein Vermögen also um die Jahrhundertwende gemacht, vgl. Biggeleben, Das „Bollwerk des Bürgertums", S. 201. Das Vermögen von Ernst Joachim Meyer betrug 1912 rund 5,2 MioM, vgl. Bankhaus Wölbern (Hrsg.), Meilensteine, S. 11; Der Gegenwert einer Mark 1913 entspricht heute rund 5 EUR, vgl. Schreiben Deutsche Bundesbank an Verfasser vom 22.08.2008. Die vermögendste Person des Reiches war Bertha Krupp von Bohlen und Halbach mit einem Vermögen von 187 MioM. Insgesamt hatten vier Personen ein Vermögen über 100 MioM, acht weitere über 50 MioM und 120 über 10 MioM, vgl. Treue, Preußens Wirtschaft vom Dreißigjährigen Krieg bis zum Nationalsozialismus, in: Büsch (Hrsg.), Handbuch der preußischen Geschichte, S. 580.

1338 Die heutige Anschrift lautet Sandwerder 11, vgl. Kampe (Hrsg.), Villenkolonien in Wannsee 1870 - 1945, S. 30; Interview von Karin Eickhoff-Vigelahn mit Dorothee Schröder, Tochter von Kurt Richter-Erdmann, im September 1998. Seit 2008 ist das Haus unter dem Namen „Villa Blumenfisch" Gästehaus der VIA Werkstätten für Menschen mit Behinderungen und bietet Räumlichkeiten für Veranstaltungen sowie Übernachtungen, vgl. http://www.blumenfisch-gaestehaus.de/gaestehaus.0.html am 30.03.2012.

Nach dem plötzlichen Tode Max Richters am 09.03.1915[1339] beteiligte sich die Mitteldeutsche Creditbank, welche von E. J. Meyer mitgegründet worden war und in deren Aufsichtsrat Ernst Joachim Meyer seit Jahrzenten saß, am Bankhaus Emil Ebeling und übernahm dieses 1921 vollständig[1340].

Nach dem plötzlichen Tod des Vaters schlug Kurt Richter-Erdmann als einziger Sohn der Familie, der am liebsten Dirigent geworden wäre, die Bankierslaufbahn ein, um das Erbe des Vaters anzutreten. Nach seinem Jurastudium lernte er in den zwanziger Jahren beim Bankhaus Hardy & Co. in Berlin und wechselte mit der Gründung der Münchener Niederlassung von Hardy & Co. nach München[1341].

James Hardy, Gründer des Bankhauses, lebte wie Richters in der Colonie Alsen am Wannsee[1342]. Bei Hardy & Co. arbeitete seit 1921 Kurt Richter-Erdmanns Vetter Hans von Flotow[1343] als Geschäftsführer, welcher dort bald Teilhaber wurde[1344]. Auch Kurt Richter-Erdmann konnte bei Hardy Fuß fassen und wurde persönlich haftender Gesellschafter der Münchener Niederlassung Hardy & Co. KG[1345]. Hardy & Co., deren anderer Geschäftsführer der prominente Bankier und langjährige Aufsichtsratsvorsitzende der Dresdner Bank Fritz Andreae[1346]

1339 Kampe (Hrsg.), Villenkolonien in Wannsee 1870 - 1945, S. 64; Grabstein der Familie von Flotow – Richter – Erdmann, Neuer Friedhof Wannsee, Berlin-Wannsee, Lindenstraße, auch unter http://upload.wikimedia.org/wikipedia/commons/1/1f/Grabst%C3%A4tte_Lindenstr_1_%28Zehld%29_Max_Richter.jpg am 30.03.2012.

1340 Lerner/ Rössler, Die Mitteldeutsche Creditbank, S. 49; Bankhaus Wölbern, Meilensteine, S. 13; Commerzbank (Hrsg.), 100 Jahre Commerzbank, S. 103ff.; Interview von Karin Eickhoff-Vigelahn mit Dorothee Schröder, Tochter von Kurt Richter-Erdmann, im September 1998.

1341 Interview von Karin Eickhoff-Vigelahn mit Dorothee Schröder, Tochter von Kurt Richter-Erdmann, im September 1998.

1342 Kampe (Hrsg.), Villenkolonien in Wannsee 1870 - 1945, S. 20; Interview von Karin Eickhoff-Vigelahn mit Dorothee Schröder, Tochter von Kurt Richter-Erdmann, im September 1998.

1343 Zu Hans von Flotow siehe Kap. 5.2.1.3.

1344 Achterberg, Berliner Banken im Wandel der Zeit, S. 108; BAB, R 2501, Nr. 6918, Bl. 176.

1345 Wenzel, Deutscher Wirtschaftsführer, S. 1818.

1346 Er war 1899 im Zuge der Umwandlung von Hardy & Co., das 1881 vom jüdischen James Nathan Hardy gegründet worden war, in eine GmbH zu Hardy gekommen. Er war mit Edith Rathenau, der Tochter des AEG-Generaldirektors Emil Rathenau, verheiratet. 1926 übernahm der „Halbjude“ den Vorsitz des Aufsichtsrates der Dresdner Bank und schied 1936 aus, vgl. Ziegler, Die Dresdner Bank und die deutschen Juden, S. 151.

war, war Sorgenkind der Dresdner Bank. Die Dresdner Bank übernahm während der Bankenkrise 1931 im Zuge umfangreicher Sanierungen mehr als 90% des Gesellschaftskapitals von Hardy & Co. [1347]. Im Oktober 1933 verlegte Hardy & Co. KG, München, ihren Sitz nach Berlin und übertrug das laufende Münchener Geschäft der Dresdner Bank, Filiale München, behielt aber eine Zweigstelle in München. Die Hardy & Co. KG wurde auch nach der Sitzverlegung weiterhin von den persönlich haftenden Gesellschaftern Kurt Richter-Erdmann und Dr. Max von Mangold-Reiboldt geleitet[1348]. Im Zuge der Anfang des Jahres 1938 beschlossenen Liquidation von Hardy & Co. in München schied Kurt Richter-Erdmann aus dem Geschäft aus[1349].

Über Hardy & Co. in Berlin beteiligte sich Kurt Richter-Erdmann 1934 zusammen mit Dr. Jacob Koerfer, Sohn des gleichnamigen Kölner Architekten, an der Gründung der Rota-Film AG, welche die Verleihorganisation der Universum Film AG (UFA) übernommen hatte und das Filmverleihgeschäft in Deutschland mit jährlich 12-15 Neuproduktionen ausbauen wollte[1350]. Die von Koerfer später „arisierte" Garbáty Zigarettenfabrik war einer der Hauptkunden von E. J. Meyer nach der „Arisierung" durch Kurt Richter-Erdmann[1351].

Kurt Richter-Erdmann heiratete Eva, geb. Le Viseur (1892 - 1973), eine promovierte Ökonomin aus hugenottischer Familie. Die gemeinsamen Kinder aus der Ehe waren Sohn Max Richter-Erdmann (22.01.1922 - 14.10.1953[1352]) und Tochter Dorothee Richter-Erdmann (02.02.1924 - 04.03.2004[1353]). Die Familie Richter gehörte zu den wenigen, welche im Nationalsozialismus den Kontakt zu ihren jüdischen Freunden nicht abreißen ließ. Sie versuchten, ihren verfolgten Freunden zu helfen, sie zur Emigration zu bewegen und unterstützten sie auch bei der Verbringung von Vermögen ins Ausland sowie dort wieder Fuß zu

---

1347 Ziegler, Die Dresdner Bank und die deutschen Juden, S. 151; Bähr, Die Dresdner Bank in der Wirtschaft des Dritten Reiches, S. 56.

1348 Berliner Tageblatt vom 03.10.1933, BAB, R 2501, Nr. 1154.

1349 LEA Reg.-Nr. 161874, Bl. E7.

1350 Film-Kurier vom 21.07.1934; Lindner, Garbáty - eine Zigarettenfabrik in Pankow, in: Biggeleben/ Schreiber/ Steiner (Hrsg.), „Arisierung" in Berlin, S. 260.

1351 Siehe Kap. 5.3.2.

1352 Grabstein der Familie von Flotow - Richter - Erdmann, Neuer Friedhof Wannsee, Berlin-Wannsee, Lindenstraße, auch unter http://upload.wikimedia.org/wikipedia/commons/1/1f/Grabst%C3%A4tte_Lindenstr_1_%28Zehld%29_Max_Richter.jpg am 30.03.2012.

1353 http://boards.ancestry.de/stellen.europa.deutschland.berlin/10903/mb.ashx?pnt=1 am 30.03.2012 sowie Werner Wommelsdorf (Betreuer der Schwidetzky-Familienhomepage), Auskunft an Verfasser vom 29.01.2009.

fassen[1354]. Ihren jüdischen Freunden, darunter Erich Warburg und dem AEG-Vorstand Ernst Preuß, rieten sie, Hitlers Buch „Mein Kampf“ zu lesen, weil sie überzeugt waren, dass die Nationalsozialisten ihre Ziele umsetzen würden und weil sie von ihren Angestellten Berichte von Säuberungen der SA in den Arbeitervierteln Berlins gehört hatten[1355]. Möglich auch, dass ihr Vetter Hans von Flotow ihnen von den Erlebnissen des gut befreundeten „halbjüdischen“ Verlegers Julius Springer erzählte, welcher im März/ April 1938 ins KZ gekommen war und seine Erlebnisse als Warnung im Freundeskreis verbreitete[1356].

Max Richter (Quelle: Kampe, Villenkolonien in Wannsee)

Richter-Erdmanns waren in der evangelischen Kirche engagiert und schickten ihre Kinder zum Konfirmationsunterricht nach Dahlem in die Gemeinde der „Bekennenden Kirche“, die Tochter war bei Pfarrer Adolf Kurtz im Konfirmandenunterricht[1357]. Auch Reinhold Meyer, der getaufte Vetter Adolf Meyers,

1354 Hans-Dieter von Flotow, Sohn des Hans von Flotow, Auskunft an Verfasser vom 14.08.2009; Interview von Karin Eickhoff-Vigelahn mit Dorothee Schröder, Tochter von Kurt Richter-Erdmann, im September 1998.

1355 Interview von Karin Eickhoff-Vigelahn mit Dorothee Schröder, Tochter von Kurt Richter-Erdmann, im September 1998.

1356 Hans-Dieter von Flotow, Sohn des Hans von Flotow, Auskunft an Verfasser vom 14.08.2009.

1357 Hans-Dieter von Flotow, Sohn des Hans von Flotow, Auskunft an Verfasser vom 14.08.2009; Interview von Karin Eickhoff-Vigelahn mit Dorothee Schröder, Tochter von Kurt Richter-Erdmann, im September 1998.

gehörte zur Bekennenden Kirche in Dahlem und seine Tochter Dorothea Wilke wurde 1935 dort getauft[1358]. Kurt Richter-Erdmann und seine Eltern sprachen mit ihren Kindern auch darüber, wie ein Christ sich gegenüber den Rechtsbrüchen des Regimes verhalten sollte und die Kinder wurden oft von HJ-Jugendlichen angepöbelt, als sie aus der Kirche kamen. Sohn Max Richter-Erdmann ist nicht in die HJ eingetreten, der spätere Ehemann seiner Schwester Dorothee, Reinhard Schröder, trat 1937 als einziger seiner Klasse aus der HJ aus. Tochter Dorothee durfte nicht zum BDM. Im Jahre 1939 wurde Dorothee auf das Internat von Elisabeth von Thadden geschickt, welche bei Kurt Hahn in Salem volontiert hatte[1359]. Kurt Hahn war mit Adolf Meyer verwandt und Meyers hatten Sohn Felix 1937 nach Schottland auf das von Hahn nach seiner Emigration dort gegründete Internat Gordonstoun geschickt[1360]. Viele aus dem bürgerlichen Widerstand schickten ihre Kinder in das Internat von Frau von Thadden in Wieblingen bei Heidelberg bis dieser 1941 die Genehmigung entzogen wurde. Elisabeth von Thadden gehörte zum Widerstandskreis um Hanna Solf (sog. Solf-Kreis), ebenso wie Albrecht Graf von Bernstorff, welcher über Adam von Trott zu Solz mit dem sog. „Kreisauer Kreis" in Verbindung stand[1361]. Bernstorff war im April 1934 in das jüdische Bankhaus A. E. Wassermann eingetreten und war später auch dessen „freundschaftlicher Arisierer"[1362]. Bernstorff verkehrte auch im Hause der Richter-Erdmanns. Elisabeth von Thadden wurde nach Denunziation 1944 im KZ Plötzensee hingerichtet, Albrecht Graf von Bernstorff kurz vor Kriegsende im Foltergefängnis der Gestapo am Lehrter Bahnhof in Berlin.

Nachdem seine Mutter 1938 verstorben war, wurde Kurt Richter-Erdmann mit Urkunde des Polizeipräsidenten von Berlin vom 15.08.1939 gestattet, den

---

1358 Kohl, Bilder eines Vaters, S. 128ff.

1359 Interview von Karin Eickhoff-Vigelahn mit Dorothee Schröder, Tochter von Kurt Richter-Erdmann, im September 1998; Elisabeth von Thadden hatte vor Gründung ihrer eigenen Schule bei Kurt Hahn im Internat Schloss Salem gelernt, nachdem dessen Idealen sie auch ihre Schule ausrichtete, vgl. Schad, Frauen gegen Hitler, S. 115ff.

1360 Videoaufzeichnung der Princeton-University, Interview mit Gisela Weil vom 26.04.1992; Kurt Hahn hatte bereits 1932 öffentlich erklärt, dass die Grundsätze der Nationalsozialisten nicht mit denen der Schule vereinbar seien, vgl. Köhler, Die „Arisierung" der Privatbanken im Dritten Reich, S. 109.

1361 Steinbach/ Tuchel (Hrsg.), Lexikon des Wiederstandes 1933 – 1945, S. 188; Conze/ Frei / Hayes/ Zimmermann, Das Amt und die Vergangenheit, S. 304; Dulles, Verschwörung in Deutschland, S. 114f.; Köhler, Die „Arisierung" der Privatbanken im Dritten Reich, S. 398; Interview von Karin Eickhoff-Vigelahn mit Dorothee Schröder, Tochter von Kurt Richter-Erdmann, im September 1998.

1362 Weyhe, A. E. Wassermann, S. 87, 93ff.

Namenszusatz „-Erdmann“ für sich, seine Frau und Kinder anzunehmen[1363]. Dies war der Familienname der Mutter, welcher nicht mangels männlicher Nachkommen verloren gehen sollte[1364].

Am 03.06.1938 schloss Kurt Richter-Erdmann, zuvor persönlich haftender Gesellschafter von Hardy & Co., mit Adolf Meyer und Leonhard Horwitz den Vertrag über die Übernahme des Bankhaues E. J. Meyer (im Folgenden „Arisierungsvertrag“)[1365].

Als es Adolf Meyer und seiner Familie sowie den 14 Beschäftigten des Bankhauses Warburg & Co. in Amsterdam – darunter Hans Meyer – gelungen war, 1941 aus dem von Deutschen besetzten Amsterdam zu fliehen, kam nicht nur Rudolf Brinckmann, der „Arisierer“ des Bankhauses M. M. Warburg & Co. in Hamburg nach Amsterdam diese zu verabschieden, sondern auch Kurt Richter-Erdmann[1366].

Kurt Richter-Erdmann wurde im Sommer 1941 von der Gestapo verhaftet und in das Gestapo-Gefängnis in der Prinz-Albrecht-Straße in Berlin verbracht. Kurz nach seiner Entlassung verstarb er am 22.11.1941 an einer Grippe, welche er sich dort zugezogen hatte[1367]. Der Grund für die Verhaftung Richter-Erdmanns war nicht festzustellen.

Kurt Richter-Erdmanns Tochter Dorothee heiratete im Oktober 1944 in dem Bungalow von Eva Richter-Erdmann in Wannsee, welchen sie bezogen hatte, nachdem ihre Wohnung in der Stadt ausgebombt worden war, den Bankier Reinhard Schröder (02.02.1922 - 1992[1368]), Sohn des Präsidenten der Preußischen

---

1363 Amtsgericht Schöneberg, Grundbuchamt, Grundstück Am kleinen Wannsee 13, Bl. 167. Aufgrund der Einheitlichkeit wird er in der vorliegenden Arbeit jedoch stets als Richter-Erdmann bezeichnet, auch wenn es sich um Zeitpunkte handelt, welche vor der Namensänderung lagen.

1364 Hans-Dieter von Flotow, Sohn des Hans von Flotow, Auskunft an Verfasser vom 14.08.2009; Interview von Karin Eickhoff-Vigelahn mit Dorothee Schröder, Tochter von Kurt Richter-Erdmann, im September 1998.

1365 LEA, Reg.-Nr. 161874, Bl. E7.

1366 Siehe dazu Kap. 2.2.4.1; Chernow, Die Warburgs, S. 608ff.; LAB, 7 WGA 423/51, Bl. 66f.

1367 Interview von Karin Eickhoff-Vigelahn mit Dorothee Schröder, Tochter von Kurt Richter-Erdmann, im September 1998. Nach Aussage des Neffen Hans-Dieter von Flotow starb Kurt Richter-Erdmann an einer Lungenentzündung, vgl. Hans-Dieter von Flotow, Sohn des Hans von Flotow, Auskunft an Verfasser vom 14.08.2009.

1368 Interview von Karin Eickhoff-Vigelahn mit Dorothee Schröder, Tochter von Kurt Richter-Erdmann, im September 1998; Werner Wommelsdorf (Schwidetzky-Familienhomepage), Auskunft an Verfasser vom 29.01.2009.

Staatsbank Dr. Franz Schröder[1369]. Die Trauung vollzog Pfarrer Adolf Kurtz von der Bekennenden Kirche, der Dorothee auch schon konfirmiert hatte und trotz Predigtverbot im Talar erschienen war. Nach dem Kriege gingen Schröders nach Frankfurt, wo Reinhard Schröder Teilhaber des Bankhauses Georg Hauck & Sohn – heute Hauck & Aufhäuser – wurde[1370].

Mitgliedschaften

Während sein Vater Max Richter zusammen mit Ernst Joachim Meyer 1915 vom amerikanischen Department of Commerce als eine derjenigen Personen genannt wurde, welche die meisten Verflechtungen zwischen den Leitungs- und Aufsichtsgremien der größten deutschen Banken und Konzerne hatten[1371], hatte sein Sohn Kurt Richter-Erdmann weniger bzw. unbedeutendere Aufsichtsratsmandate und konnte, soweit zu ermitteln war, auch keine Aufsichtsratsmandate von seinem Vater oder auch von seinem älteren Vetter Hans von Flotow übernehmen. Dies wird neben den allgemeinen Gründen, aus denen Privatbankiers immer weniger in Aufsichtsräte berufen wurden[1372], auch dem Umstand geschuldet sein, dass Kurt Richter-Erdmann erst 20 Jahre alt war als sein Vater 1915 starb und deshalb auch das väterliche Bankhaus Emil Ebeling nicht weiterführen konnte.

Im Jahr 1927 hielt Kurt Richter-Erdmann lediglich ein Aufsichtsratsmandat, welches er bei der Südanatolischen Bergbau AG, München, innehatte[1373].

Als Bankier bei Hardy & Co. in München war Kurt Richter-Erdmann Mitglied im Aufsichtsrat der Südanatolischen Bergbau AG, München[1374], Bitumuls Kaltasphalt Aktiengesellschaft, Erlangen, Diamalt Aktiengesellschaft, München,

---

1369 Interview von Karin Eickhoff-Vigelahn mit Dorothee Schröder, Tochter von Kurt Richter-Erdmann, im September 1998.

1370 Interview von Karin Eickhoff-Vigelahn mit Dorothee Schröder, Tochter von Kurt Richter-Erdmann, im September 1998.

1371 Siehe DePew Snow, German Trade and the War: Commercial and Industrial Conditions in War Time and the Future Outlook, S. 194ff.

1372 Siehe Kap. 4.3.4.1.

1373 Mossner (Hrsg.), Adressbuch der Direktoren und Aufsichtsräte 1927/ 1928, S. 1407; 1929 war Kurt Richter, Bankier, München im Aufsichtsrat, aber Hardy & Co. nicht Zahlstelle, sondern Gesellschaftskasse, vgl. Verlag für Börsen- und Finanzliteratur (Hrsg.), Handbuch der deutschen Aktiengesellschaften 1929, Bd. 2, S. 3793.

1374 Mossner (Hrsg.), Adressbuch der Direktoren und Aufsichtsräte 1930, S. 1514. Die Gesellschaft ist im Handbuch 1937 nicht erwähnt, ebenfalls nicht im Handbuch 1940 und 1941, so dass diese Gesellschaft möglicherweise nicht mehr existierte.

International Marble Corporation, Wilmington, Kelheimer Parkettfabrik AG, München, Motor AG für Kraft- und Verkehrswesen, München[1375].

1935 als Bankier bei Hardy & Co. in Berlin war Kurt Richter-Erdmann Mitglied des Aufsichtsrates der Budapester Vicinalbahnen AG, Budapest, Diamalt Aktiengesellschaft, München, International Marble Corporation, Wilmington, Kelheimer Parkettfabrik AG, Münden, Nova Verkehrs- und Industrie AG, Budapest, Rota-Film AG, Berlin, S. A. „Lasa“ per l'Industria del marmo, Meran, Südanatolische Bergbau-AG, München, sowie der „Tolirag“ Ton- und Lichtbildreklame AG, Berlin[1376].

1937 hatte er zusätzlich ein Aufsichtsratsmandat bei der Universum Film AG, Berlin, inne[1377]. In deren Aufsichtsrat hatte bereits Julius Schwarz in seiner Zeit als Bankier bei Schwarz, Goldschmidt & Co. ein Mandat. Jedoch ist wohl sehr unwahrscheinlich, dass Kurt Richter-Erdmann 1937 das Mandat von dem bereits 1934 verstorbenen Julius Schwarz „geerbt“ hat.

Nachdem er das Bankhaus E. J. Meyer übernommen hatte, war Kurt Richter-Erdmann zusätzlich im Oktober 1939 Vorstandsmitglied der Deutschen Kredit- und Handelsgesellschaft AG Berlin[1378].

An Aufsichtsratsmandaten war er als Bankier bei E. J. Meyer tätig bei der Burgeff & Co. AG, Hochheim a. M., Europäische Tanklager und Transport AG, Berlin, International Marble Corporation, Wilmington, Kelheimer Parkettfabrik AG, München, Mech. Baumwoll-Spinnerei und -Weberei Augsburg, Nova Verkehrs- und Industrie AG, Budapest, S. A. „Lasa“ per l'Industria del marmo, Milano, Staußziegel- und Rohrgewebe AG, Wien sowie der “Tolirag” Ton- und Lichtbildreklame AG, Berlin[1379].

Im Jahre 1940 war Kurt Richter-Erdmann Vorsitzender des Aufsichtsrates der S. A. „Lasa“ per l'Industria del marmo, Milano, und der “Tolirag” Ton- und Lichtbildreklame AG, Berlin, sowie Stellvertretender Vorsitzender des Aufsichtsrates der Burgeff & Co. AG, Hochheim a. M., und der Staußziegel- und Rohrgewebe

---

1375 Mossner (Hrsg.), Adressbuch der Direktoren und Aufsichtsräte 1930, S. 1514.

1376 Mossner (Hrsg.), Adressbuch der Direktoren und Aufsichtsräte 1935, S. 1183.

1377 Verlag für Börsen- und Finanzliteratur (Hrsg.), Handbuch der deutschen Aktiengesellschaften 1937, Bd. 1, S. 937. 1940 ist auch Kurt Richter-Erdmann nicht mehr im Aufsichtsrat, aber Hardy & Co. Berlin ist noch eine der Zahlstellen, vgl. Verlag für Börsen- und Finanzliteratur (Hrsg.), Handbuch der deutschen Aktiengesellschaften 1940, Bd. 2, S. 1191. Hier war auch lange zuvor Julius Schwarz Mitglied des Aufsichtsrates, vgl. oben Kap. 3.3.3.

1378 BADV, Az. 7 WGA 423/51, Bl. 6 mit Verweis auf 1 WGA 458/ 51.

1379 Mossner (Hrsg.), Adressbuch der Direktoren und Aufsichtsräte 1939, S. 1353.

AG, St. Pölten, sowie einfaches Mitglied des Aufsichtsrates der Altheide AG für Kur- und Badebetrieb, Altheide/ Schlesien, Debag Betriebsstoff AG, Berlin, Kelheimer Parkettfabrik AG, München, Mech. Baumwoll-Spinnerei und -Weberei Augsburg, Nova Verkehrs- und Industrie AG, Budapest[1380].

Zu den Aufsichtsratsmandaten von Kurt Richter-Erdmann ist zu bemerken, dass Kurt Richter-Erdmann zwar keine Aufsichtsratsmandate hat übernehmen können von seinem Vater oder seinem älteren Vetter Hans von Flotow, jedoch als Bankier bei Hardy & Co. 1927 erst ein Mandat, aber bereits 1930 sechs Mandate gewinnen konnte. Adolf Meyer, welcher ebenfalls aus einer alten Bankiersfamilie mit einem sehr angesehenen und vernetzten Vater gekommen ist und im Gegensatz zu Kurt Richter-Erdmann sogar von 1913 bis 1928 mit seinem Vater zusammen das Bankgeschäft geführt hat, konnte in diesem Zeitraum wesentlich weniger Mandate hinzugewinnen, obwohl in dieser Zeit ein Unterschied zwischen jüdischen Privatbanken und anderen in der Regel nicht gemacht worden ist.

Außerdem ist die hohe Fluktuation in den Mandaten von Kurt Richter-Erdmann beachtenswert, welche im Gegensatz zu der bei Meyers teilweise über Generationen kontinuierlichen „Vererbung" der Mandate steht. Aus welchem Grunde diese Fluktuation entstand, konnte nicht festgestellt werden, jedoch kann höchstens das 1939 noch, jedoch 1940 nicht mehr bestehende Mandat bei der amerikanischen International Marble Corporation aus politischen Gründen weggefallen sein, denn das italienische Mandat bei der S. A. „Lasa" per l'Industria del marmo hält Richter-Erdmann noch 1940, ebenso wie das ungarische Mandat bei der Verkehrs- und Industrie AG, wohingegen das ungarische Mandat bei der Budapester Vicinalbahnen AG 1939 nicht mehr bestand. Von seinen sechs Aufsichtsratsmandaten aus 1930 hielt er 1935 noch vier, jedoch kamen fünf neue Mandate hinzu sowie 1937 das Mandat bei der Universum Film, welches jedoch bereits 1939 nicht mehr bestand. Von den 1935 bestehenden neun Mandaten sind bis 1939 vier weggefallen, jedoch ebenfalls vier neue Mandate hinzugekommen. Von 1939 bis 1940 sind zwei Mandate weggefallen und zwei Mandate hinzugekommen.

Auch hat Kurt Richter-Erdmann außer dem erwähnten Mandat bei der Universum Film keine Aufsichtsratsmandate innegehabt, welche zuvor von den Bankiers von E. J. Meyer gehalten worden sind. Aus welchem Grunde dies so war, ist nicht ersichtlich, jedoch hatten die Bankiers von E. J. Meyer bei der „Arisierung" im Juni 1938 keine Aufsichtsratsmandate mehr inne und möglicherweise waren ihre Beziehungen zu den zuvor innegehabten Mandaten bereits derart weitläufig

1380 Mossner (Hrsg.), Adressbuch der Direktoren und Aufsichtsräte 1940, S. 1356f.

geworden, dass es nicht möglich gewesen ist, im Zuge der „Arisierung" weitere ehemalige Mandate für Kurt Richter-Erdmann zu akquirieren, obwohl Adolf Meyer laut „Arisierungsvertrag" vom 03.06.1938 gegen ein Entgelt die Verpflichtung bis zum 31.12.1939 übernommen hatte, Kurt Richter-Erdmann in die Geschäfte des Bankhauses einzuführen[1381]. Bei anderen „Arisierungen" hat jedoch teilweise der Transfer von Aufsichtsratsmandaten von jüdischen Veräußerern auf „arische" Erwerber funktioniert[1382].

5.2.1.3 Dr. Hans von Flotow

Hans Erdmann von Flotow wurde am 23.08.1881 als Sohn des Geheimen Baurates Gustav von Flotow geboren[1383]. Er besuchte das Paulinische Gymnasium in Münster, studierte darauf Rechtswissenschaft an den Universitäten Berlin, München, Leipzig und Halle und wurde 1902 Gerichtsreferendar in Halle. Er erwarb 1902 den juristischen Doktorgrad in Leipzig[1384] und wurde 1908 Gerichtsassessor[1385].

Von 1908 bis 1911 wurde er Hilfsreferendar im Reichsjustizamt, einer Unterabteilung des Reichskanzleramtes, kam dann als Amtsrichter nach Quedlinburg und wurde zwischendurch immer wieder zur Bearbeitung des internationalen Wechselrechts an das Reichsjustizamt ausgeliehen. Im Jahr 1916 wurde er eingezogen, war aber sehr bald aufgrund einer schweren Knieverletzung nicht mehr felddienstfähig[1386]. Noch im Jahr 1916 trat er in das Preußische Ministerium für Handel und Gewerbe ein und war dort von 1919 bis 1920 Stellvertretender Bevollmächtigter Preußens zum Reichsrat[1387].

Im Jahr 1921 ist er dort ausgeschieden, weil das Preußische Handelsministerium immer bedeutungsloser wurde und ging zur Stumm-Gruppe als Wirtschafts- und Finanzberater. Die Stumm-Gruppe war eine Investmentgesellschaft

---

1381 § 9 „Arisierungsvertrag", siehe Kap. 5.2.2.2.

1382 So beispielsweise beim Bankhaus M. M. Warburg & Co.; siehe Kap. 4.3.4.1.

1383 Staatsarchiv Nürnberg, KV Anklage, F. 52 – Vernehmung des Hans von Flotow vom 12.09.1947 durch Mr. Barr, S. 1.

1384 Flotow, Die verschiedene Rechtsstellung des Grundeigentümers, der eine auf seinem Grundstücke haftende Hypothek dem Gläubiger bezahlt hat, je nachdem ob er persönlicher Schuldner der gesicherten Forderung ist oder nicht nach dem Rechte des Bürgerlichen Gesetzbuches.

1385 Volz / Tönnies, Reichshandbuch der Deutschen Gesellschaft 1932, Bd. 1, S. 459.

1386 Staatsarchiv Nürnberg, KV Anklage, F. 52 – Vernehmung des Hans von Flotow vom 12.09.1947 durch Mr. Barr, S. 1.

1387 Bähr/ Drecoll/ Gotto, Der Flick-Konzern im Dritten Reich, S. 784.

von Offizieren und Diplomaten, welche am Bankhaus Hardy & Co. GmbH[1388] beteiligt war. Dort wurde er Geschäftsführer[1389]. Sein Arbeitsfeld bei Hardy & Co. war unter anderem die Pflege der Beziehungen zur westdeutschen Industrie[1390]. Später wurde er Mitinhaber der Hardy & Co. GmbH[1391].

Flotow war Neffe von Max Richter, dem Inhaber des alten Berliner Bankhauses Emil Ebeling, der einige seiner Industriebeziehungen auf seinen Neffen übertrug[1392]. Flotow wiederum ermöglichte seinem Vetter Kurt Richter-Erdmann, Sohn von Max Richter, 1929 als persönlich haftender Gesellschafter bei Hardy & Co. in die Münchener Niederlassung einzutreten[1393].

1921 wurde Flotow Aufsichtsrat bei Schering, ein Posten, den Max Richter von 1889 bis zu seinem Tode 1915 innegehabt hat. In den 1920er Jahren war er stark in Scherings finanzielle und akquisitorische Aktivitäten eingebunden, was teilweise im Gegensatz zu seinen Pflichten als Aufsichtsrat stand. Er vertrat im Aufsichtsrat wohl auch mehrere ausländische Investoren. Hans von Flotow blieb bis zu seinem Tode 1947 im Aufsichtsrat von Schering[1394].

Ab wann Hans von Flotow den Großindustriellen Friedrich Flick kannte, ist nicht genau festzustellen. Teilweise wird geschrieben, dass er seit den frühen zwanziger Jahren ein enges vertrauensvolles Verhältnis zu Friedrich Flick, dem Inhaber des Flick-Konzernes, gehabt habe[1395]. Flotow selbst gibt in seiner Befragung vor den Nürnberger Prozessen an, Flick nur flüchtig im Zuge der staatlichen Stützungsaktion für Flicks Vereinigte Stahlwerke

---

1388 Das Bankhaus Hardy & Co. war 1881 von James Nathan Hardy gegründet worden und die Dresdner Bank hielt als Folge ihrer Fusion mit der Rheinisch-Westfälischen Disconto-Gesellschaft seit 1917 eine Mehrheit an Hardy & Co., welche sich bis 1936 auf rund 90% erhöhte. 1938 übernahm Hardy & Co. das Geschäft des „arisierten" Bankhauses Arnhold & Bleichröder. 1943 gab die Dresdner Bank ihre Kapitalmehrheit an eine Gruppe befreundeter Unternehmen ab und behielt eine Minderheitsbeteiligung von rund 26%, vgl. Bähr, Die Dresdner Bank in der Wirtschaft des Dritten Reiches, S. 27, 30.

1389 Staatsarchiv Nürnberg, KV Anklage, F. 52 – Vernehmung des Hans von Flotow vom 12.09.1947 durch Mr. Barr, S. 1.

1390 Achterberg, Berliner Banken im Wandel der Zeit, S. 68.

1391 Volz/ Tönnies, Reichshandbuch der Deutschen Gesellschaft 1931, Bd. 1, S. 459.

1392 Achterberg, Berliner Banken im Wandel der Zeit, S. 68.

1393 Wenzel, Deutscher Wirtschaftsführer, S. 1818.

1394 Kobrak, National Cultures and International Competition, The Experience of Schering AG 1851 - 1950, S. 94.

1395 vgl. Bähr/ Drecoll/ Gotto, Der Flick-Konzern im Dritten Reich, S. 61, 228; Priemel, Flick, S. 258.

getroffen zu haben und sonst nur bei Aufsichtsratssitzungen einige Worte mit ihm gewechselt zu haben[1396]. Im Zuge der Wirtschaftskrise war das von Flick auf Kredit zusammengekaufte Stahlkonglomerat Vereinigte Stahlwerke in Schieflage geraten, da die als Sicherheiten für die Kredite hingegebenen Aktien sehr stark an Wert verloren hatten. Um eine drohende Insolvenz abzuwenden, musste er Beteiligungen veräußern, wobei Gerüchten zu Folge auch Niederländer und Franzosen Interesse gehabt hätten, was ihnen Einfluss auf einen großen Teil der deutschen Stahlindustrie verschafft hätte. Über die infolge der Wirtschaftskrise quasi verstaatlichte Dresdner Bank hat das Reich einen Großteil der Vereinigten Stahlwerke zu einem Mehrfachen des Börsenwertes übernommen. Abgewickelt hat diese Transaktion das seit seinem Zusammenbruch 1931 zur Dresdner Bank gehörende Bankhaus Hardy & Co., weil dies als GmbH keine Bilanzen veröffentlichen musste. Wegen der engen Verbindungen Flicks zur Regierung und der großen Wertdifferenz zwischen Kauf- und Marktpreis wurde daraus die viel diskutierte „Gelsenberg-Affäre". Hans von Flotow hatte für die Regierung ein Gutachten zur Restrukturierung der Vereinigten Stahlwerke geschrieben, welches dann auch fast vollständig so umgesetzt wurde[1397]. Als Vertreter des Reiches war er auch Aufsichtsratsmitglied der Vereinigten Stahlwerke AG und der Gelsenkirchener Bergwerks AG[1398].

Als „Exponent der privatwirtschaftlich-öffentlichen Verflechtung"[1399] hatte Flotow über die Jahre diverse weitere Aufsichtsratsmandate, teilweise als Vorsitzender, Stellvertreter oder einfaches Mitglied, inne. So war er im Aufsichtsrat der Martini & Hüneke Maschinenbau AG, Berlin, Dresdener Albuminpapierfabrik AG, Dresden, Schering-Kahlbaum AG, Berlin, W. Spinder AG, Berlin, Vereinigte Oberschlesische Hüttenwerke AG, Gleiwitz O/S, Essener Bergwerksverein König Wilhelm, Essen-Borbeck, Rheinl.-Westf. Stahl- u. Walzwerke AG, Gelsenkirchen, Stettiner Chamottefabrik AG, vorm. Didier, Stettin, Dillinger Hüttenwerke AG, Gebr. Stumm GmbH, Neukirchen/ Saar, Kokswerke und Chemische Fabriken AG, Berlin, Vereinigte Fabriken photographischer

1396 Staatsarchiv Nürnberg, KV Anklage, F. 52 – Vernehmung des Hans von Flotow vom 12.09.1947 durch Mr. Barr, S. 3.

1397 Staatsarchiv Nürnberg, KV Anklage, F. 52 – Vernehmung des Hans von Flotow vom 12.09.1947 durch Mr. Barr, S. 2ff.

1398 Achterberg, Berliner Banken im Wandel der Zeit, S. 68; Bähr/ Drecoll/ Gotto, Der Flick-Konzern im Dritten Reich, S. 784; Fürstenberg, Erinnerungen: mein Weg als Bankier und Carl Fürstenbergs Altersjahre, S. 198.

1399 Bähr/ Drecoll/ Gotto, Der Flick-Konzern im Dritten Reich, S. 61, 228.

Papiere, Dresden, Voigtländer & Sohn AG, Braunschweig, Deutsche Last- und Automobilfabrik AG, Ratingen, Scheidhauer & Gießing AG, Bonn, Deutsche Erdöl AG (DEA), Berlin, Dortmund-Hoerder Hüttenverein AG, Dortmund, Essener Steinkohlenbergwerke AG, Essen, Halberger Hütte GmbH, Brebach, Hannoversche Maschinenbau AG (Hanomag), Hannover, Mansfeld AG für Bergbau und Hüttenbetrieb, Eisleben, Ruhrstahl AG, Witten, August Thyssen-Hütte AG, Duisburg-Hamborn, Bochumer Verein für Gußstahlfabrikation AG, Bochum, Fabrik photographischer Papiere vorm. Dr. Kurz AG, Wernigerode, Heilmann & Littmann Bau-AG, München, Immobiliengesellschaft Berlin-München, München, Centraale Bank vor Spoorwegen, Amsterdam, und Mitglied der Grubenvorsteher der Gewerkschaft Steinkohlenbergwerk Minister Achenbach[1400].

Neben diesen unternehmensbezogenen Tätigkeiten war Hans von Flotow auch in anderen Bereichen engagiert. So war er Mitglied des Ausschusses für Kredit-, Geld- und Bankwesen des Deutschen Industrie- und Handelstages[1401] und Nachfolger Eduard von der Heydts als Vorsitzender des Vereines Freunde der Nationalgalerie. Dieser war 1929 gegründet worden und hatte aufgrund des ausgesprochen hohen Mitgliedsbeitrages von 500 Reichsmark im Jahr ausschließlich Angehörige der Wirtschaftselite als Mitglieder[1402].

Ebenfalls war er 1931 in der Aufnahme-Kommission des Club von Berlin, ebenso wie sein „halbjüdischer" Mit-Geschäftsinhaber bei Hardy & Co. Fritz Andreae, langjähriger Aufsichtsrat der Dresdner Bank, und u. a. Hjalmar Schacht[1403]. Aus dieser Funktion und dem damals schon sehr stark dezimierten Club von Berlin wird Flotow auch die mit E. J. Meyer in Verbindung stehenden Club-Mitglieder gekannt haben, nämlich Adolf Ernst Joachim Meyer, dessen Vetter Hans Meyer, Bankier bei Warburg & Co. in Amsterdam, Julius Schwarz sowie Franz Koenigs, an dessen holländischem Bankhaus sich E. J. Meyer unter der Führung von Kurt Richter-Erdmann beteiligte.

1400 Wenzel, Deutscher Wirtschaftsführer, S. 628f.; Mossner (Hrsg.), Adressbuch der Direktoren und Aufsichtsräte 1927/28, S. 420; Mossner (Hrsg.), Adressbuch der Direktoren und Aufsichtsräte 1930, S. 455; Mossner (Hrsg.), Adressbuch der Direktoren und Aufsichtsräte 1935, S. 366; Mossner (Hrsg.), Adressbuch der Direktoren und Aufsichtsräte 1936, S. 389; Mossner (Hrsg.), Adressbuch der Direktoren und Aufsichtsräte 1939, S. 420; Mossner (Hrsg.), Adressbuch der Direktoren und Aufsichtsräte 1940, S. 424.

1401 Wenzel, Deutscher Wirtschaftsführer, S. 628f.

1402 Fehlemann, Die von der Heydts, S. 75ff.

1403 Knackmuß, Willkommen im Club, S. 217, vgl. dazu Kap. 4.3.4.9.

Als 1932 die Stichwahl zum Reichspräsidentenamt zwischen Hindenburg und Hitler anstand, war Hans von Flotow über Hardy & Co. maßgeblich bei der Hindenburg-Spende involviert. Weil es in Hindenburgs Wahlkampf an Geld fehlte, hat man Hindenburgs Wahlkampf über Hardy & Co. und die Dresdner Bank mit Mitteln aus dem Reichshaushalt unterstützt[1404]. Diese wohl im juristischen Graubereich anzusiedelnde Handlung, den greisen Hindenburg gegen den aufstrebenden Hitler zu unterstützen, zeigt, dass Hans von Flotow sehr skeptisch gegenüber Hitler gewesen sein muss.

Im Jahre 1934 wurde Hans von Flotow auf Druck von Reichsbankpräsident Hjalmar Schacht als Geschäftsführer bei Hardy & Co. durch einen „Parteigenossen" ersetzt, weil Flotow sich als Aufsichtsrat der Vereinigten Stahlwerke nicht als weisungsgebundener Treuhänder des Reiches sah, sondern als unabhängiger Aufsichtsrat. Flotow war nie Mitglied der NSDAP, ist auch niemals dazu aufgefordert worden. Seine Frau hat das ihr ob ihrer fünf Kinder angebotene Mutterkreuz abgelehnt. Seine Kinder mussten zwangsweise in die Hitlerjugend eintreten, jedoch hat er abgelehnt, dass sie Ausflüge oder Lager mitmachten[1405].

Die ablehnende Haltung gegenüber dem Nationalsozialismus manifestiert sich durch seine Hilfestellungen für den jüdischen Bankier Hans Fürstenberg, Mitinhaber der Berliner Handels-Gesellschaft (BHG). Dieser erwähnt in seiner Autobiographie voll Dankbarkeit, dass Flotow ihm sowohl bei den Verhandlungen seines Ausscheidens aus der BHG während des Dritten Reiches als auch beim Transfer von Finanzmitteln nach Holland geholfen habe: „Ich darf sagen, dass ich den vortrefflichen Herren recht gut kannte, so gut sogar, dass er nach meinen Ausscheiden aus der Berliner Handels-Gesellschaft an Verhandlungen teilnahm, die ich mit Freunden in Holland wegen einer Finanz-Gründung erfolgreich durchgeführt habe. Dann freilich erlaubte ihm die Politik nicht, dabei zu bleiben"[1406].

1404 Deshalb bekam die Dresdner Bank vom Reich auf Vorschlag ihres Vorstandes Carl Goetz 2,5 MioRM zusätzliche Stützungsbeihilfe für die Sanierung der angeschlagenen Dresdner Bank Tochter Hardy & Co., wovon Hardy & Co. 1,9 MioRM in Form mehrerer Schecks an die Wahlkampfbüros der Regierungsparteien auskehrte, vgl. Bähr, Die Dresdner Bank in der Wirtschaft des Dritten Reiches, S. 81f.; Kopper, Zwischen Marktwirtschaft und Dirigismus, S. 46.

1405 Staatsarchiv Nürnberg, KV Anklage, F. 52 – Vernehmung des Hans von Flotow vom 12.09.1947 durch Mr. Barr, S. 5f.; ebenda, Vernehmung des Hans von Flotow vom 21.10.1947 durch Mr. Kaufman, S. 4.

1406 Fürstenberg, Erinnerungen: mein Weg als Bankier und Carl Fürstenbergs Altersjahre, S. 198.

Auch andere Juden wurden von Flotow und ebenfalls seinem Vetter Kurt Richter-Erdmann bei ihrer Auswanderung unterstützt, so beispielsweise die Gebrüder Hardy, als diese 1940/41 in die Schweiz auswanderten[1407].

Hans von Flotow war durch seinen Studienfreund aus München und Jena Carl-Friedrich Goerdeler, der nach dem Attentat vom 20.07.1944 das Amt des Reichskanzlers übernehmen sollte, gefragt worden, ob er nach dem Attentat für ein Ministeramt zu Verfügung stünde. Flotow wollte jedoch nicht derart in der Öffentlichkeit stehen und bot sich als Staatssekretär an. Die Verhandlungen fanden im Bad eines Hotelzimmers des Berliner Hotels Kaiserhof bei laufendem Wasser statt, da man Angst hatte, abgehört zu werden[1408].

Nach dem plötzlichen Tod Kurt Richter-Erdmanns 1941 infolge der Gestapo-Haft benötigte die Witwe Eva Richter-Erdmann jemanden mit Bankierserfahrung, der die Geschäfte des Bankhauses E. J. Meyer führen konnte, da der Sohn Max Richter-Erdmann noch zu jung war. Über Hans von Flotow kam der Kontakt zu Hans Wilhelm von Tümpling und über diesen zu dem mit ihm befreundeten Albert von Metzler vom Frankfurter Bankhaus Metzler zustande[1409].

Am 06.10.1945 war Hans von Flotow Generalbevollmächtigter für E. J. Meyer, also für die persönlich haftenden Gesellschafter Hans Wilhelm von Tümpling und Albert von Metzler und gleichzeitig für die Witwe Eva Richter-Erdmann[1410].

Hans von Flotow starb 1947 in Fürth, wo er sich als Zeuge im Entnazifizierungsprozess gegen Flick aufhielt[1411].

1407 Hans-Dieter von Flotow, Sohn des Hans von Flotow, Auskunft an Verfasser vom 14.08.2009.

1408 Hans-Dieter von Flotow, Sohn des Hans von Flotow, Auskunft an Verfasser vom 14.08.2009.

1409 Archiv Bankhaus Wölbern, Auskunft an Verfasser vom 02.11.2011; Wenn Hans von Flotow vermittelt hat, dass Hans Wilhelm von Tümpling persönlich haftender Gesellschafter bei E. J. Meyer wurde und auch Hans Fürstenberg von der Berliner Handels-Gesellschaft geholfen hat, ist es denkbar, dass er auch Tümpling und Fürstenberg vernetzt hat, denn Fürstenberg ist 1948 wieder in die BHG/ BHF eingetreten und von Tümpling ebenfalls.

1410 LAB, C Rep. 105, Nr. 3618, Bericht des Wirtschaftsprüfers Waldemar Koch vom 06.10.1945; Handelsregister Hamburg, HRA 51805 (Bankhaus Wölbern vormals E. J. Meyer), Sonderband I der Registerakten „Bankhaus Wölbern & Co. Bd. I“, Bl. 7.

1411 Hans-Dieter von Flotow, Sohn des Hans von Flotow, Auskunft an Verfasser vom 14.08.2009.

5.2.2 Die „Arisierung“

Am 03.06.1938 wurde zwischen Kurt Richter-Erdmann einerseits und Adolf Meyer und Leonhard Horwitz andererseits der „Arisierungsvertrag“ über das Bankhaus E. J. Meyer abgeschlossen. Unklar ist, wie der Kontakt zwischen Kurt Richter-Erdmann und den jüdischen Bankiers zustande kam. Wie oben bereits dargestellt, gab es diverse Kontakte zwischen Meyers und Richter-Erdmanns, welche teilweise zurückgehen bis in die Zeit von Adolf Meyers Vater Ernst und Kurt Richter-Erdmanns Vater Max Richter[1412]. Auch in der Generation von Adolf Meyer gab es diverse Anknüpfungspunkte in wirtschaftlichen und gesellschaftlichen Vereinigungen, wie bei den jeweiligen Personen und Vereinigungen näher ausgeführt und nicht zuletzt hatten Richters genau wie Meyers ihre „Sommerfrische“ am Wannsee.

Unklar ist auch, wann die „Arisierungsverhandlungen“ begonnen haben, jedoch schreibt Erich Warburg vom Bankhaus M. M. Warburg & Co. bereits am 15.01. 1937 an Hans Meyer: „Halte mich bitte weiter über Eure Besprechungen in Berlin hinsichtlich des Meyer-Planes (ein wunderschöner Name) informiert“[1413]. In einem Schreiben von E. J. Meyer an die Wirtschaftsgruppe Privates Bankgewerbe vom 18.06.1938 steht, dass auch dieser bekannt sein dürfte, dass sie seit Monaten Verhandlungen wegen der Übernahme der Firma führten[1414].

Die Tochter von Kurt Richter-Erdmann sagte in einem Interview im Jahre 1998, dass sich die seit der Gründerzeit in der Colonie Alsen Am kleinen Wannsee 13 lebende Familie der Bankiers von E. J. Meyer 1937 an Kurt Richter-Erdmann gewandt und diesen um Übernahme ihrer Bank und ihres Hauses gebeten hätte. Sie seien zu dem Zeitpunkt fast bankrott gewesen und Richter-Erdmanns hätten für Meyers die „Reichsfluchtsteuer“ gezahlt[1415].

Köhler schreibt, dass der Kontakt E. J. Meyer – Richter-Erdmann „vermutlich“ auf Vermittlung der Dresdner Bank zustande kam und man Anfang 1938 in Verhandlungen bezüglich der „Arisierung“ eingetreten sei[1416].

Hans Meyer, der Vetter von Adolf Meyer, schreibt in einem Brief im Jahre 1950, dass er als Teilhaber der Firma Warburg & Co. damals Herrn Richter-Erdmann

1412 Zu den diversen gemeinsamen Anknüpfungspunkten siehe sowohl bei den Personen als auch in Kap. 4.3.4ff.

1413 Stiftung Warburg Archiv, Dr. Hans Meyer, 5. Mappe.

1414 Archiv Bundesverband deutscher Banken, Bestand „gelb“, E. J. Meyer.

1415 Interview von Karin Eickhoff-Vigelahn mit Dorothee Schröder, Tochter von Kurt Richter-Erdmann, im September 1998.

1416 Köhler, Die „Arisierung“ der Privatbanken im Dritten Reich, S. 386f.

und die Herren der Firma E. J. Meyer zusammengebracht habe. Er habe auch später an allen Verhandlungen teilgenommen, die mit dem ihm seit vielen Jahren[1417] bekannt gewesenen Geheimrat von Flotow und Herrn Richter-Erdmann geführt worden seien[1418].

Zwar ist unklar, wie und wann die Kontaktaufnahme der Bankiers von E. J. Meyer zu Kurt Richter-Erdmann als potentiellem „Arisierer" stattgefunden hat, doch sind die „Arisierungsverhandlungen" und der „Arisierungsvertrag" sehr aufschlussreich, um zu untersuchten, ob es bei der erfolgten „Arisierung" durch Veräußerung des Bankhauses an Kurt Richter-Erdmann zur Übervorteilung der veräußernden jüdischen Bankiers im Sinne eines sittenwidrigen „auffälligen Missverhältnisses" zwischen den Leistungen der Vertragsparteien gem. § 138 BGB gekommen oder inwiefern diese „Arisierung" als „fair" unter den gegebenen Umständen anzusehen ist[1419].

Dafür wird zunächst auf die „Arisierungsverhandlungen" (5.2.2.1) eingegangen und sodann der „Arisierungsvertrag" zwischen den jüdischen Bankiers Adolf Meyer und Leonhard Horwitz auf der einen Seite und Kurt Richter-Erdmann auf der anderen Seite unter Berücksichtigung der allgemeinen Entwicklung der Privatbanken, der jüdischen Privatbanken sowie der Entwicklung des Bankhauses E. J. Meyer analysiert (5.2.2.2), um in einem dritten Schritt die „Arisierung" zu bewerten (5.2.2.3). Abschließend wird kurz auf das Genehmigungsverfahren (5.2.2.4) eingegangen sowie auf die Namensänderung des jüdischen Firmennamens E. J. Meyer (5.2.2.5).

5.2.2.1 Arisierungsverhandlungen

Um die Verhandlungen über die „Arisierung" von E. J. Meyer durch Kurt Richter-Erdmann beurteilen zu können, sind die naturgemäß unterschiedlichen Intentionen von Veräußerer und Erwerber zu betrachten.

Die Veräußerer wollten ihr Bankhaus aufgrund der infolge des Nationalsozialismus eingetretenen persönlichen, sozialen und ökonomischen Bedingungen verkaufen und zumindest für eine Zeit außer Landes gehen. Alternative zu einem Verkauf wäre gewesen, das Bankhaus zu liquidieren. Eine Liquidation

---

1417 Bereits am 02.11.1926 hatten sich Hans Meyer seinerzeit bei M. M. Warburg & Co. und Hans von Flotow seinerzeit bei Hardy & Co. zum Frühstück getroffen, um sich über Geschäfte zu unterhalten, vgl. Stiftung Warburg Archiv, Dr. Hans Meyer, Notizen, Gesprächsnotiz von diesem Datum.

1418 LAB, 7 WGA 423/51, Bl. 66f.

1419 Siehe dazu Kap. 1.1 und 1.2.

war jedoch nicht nur im Hinblick auf eine mögliche spätere Rückkehr eine eher theoretische Alternative, denn bei einer Liquidation hätten sie einerseits ihre werthaltigen Bestandteile veräußern müssen, bei einer kurzfristigen Veräußerung der Bestandteile aber Abschläge hinnehmen oder aber solange warten und suchen müssen, bis sie für jeden einzelnen werthaltigen Bestandteil einen angemessenen Preis bekommen hätten. Dies hätte ein relativ baldiges Verlassen des Landes wohl unmöglich gemacht. Andererseits hätten sie bei einer Liquidation die gegen sie bestehenden Forderungen sofort tilgen müssen, was nicht zuletzt wegen der nicht sofort zu einem guten Preis veräußerbaren werthaltigen Bestandteile kaum möglich gewesen wäre[1420]. Darüber hinaus haben Meyers wie dargestellt zwar noch mehr verdient als ein Beamter in vergleichbarer Position, jedoch hatten sie nahezu alle Rücklagen verbraucht und bei ihrem eigenen Bankhaus Schulden von 215.000 RM[1421]. Deshalb waren die Veräußerer Adolf Meyer und Leonhard Horwitz darauf angewiesen, das Bankhaus oder zumindest seine wesentlichen Aktiven und Passiven zu veräußern. Wir oben dargestellt, war es generell sehr schwierig, eine geeignete Bankierspersönlichkeit zu finden, welche nicht nur Interesse sondern auch die finanziellen Mittel zur Übernahme eines Bankhauses hatte[1422]. Wenn man eine solche Persönlichkeit als „Arisierer" gefunden hatte, wollte man als Veräußerer naturgemäß darüber hinaus eine Person, welche die Veräußerer bei der „Arisierung" möglichst „fair" behandelte. Beim vergleichbar großen Bankhaus Jacquier & Securius in Berlin dauerte es über eineinhalb Jahre, eine geeignete Person zu finden, welche jedoch zuvor sehr vom Nationalsozialismus profitiert hatte[1423]. Auch das Bamberger Bankhaus von A. E. Wassermann hatte Schwierigkeiten, einen geeigneten „Arisierer" zu finden[1424].

Für den Erwerber Kurt Richter-Erdmann bot sich mit der Übernahme eines Privatbankhauses die Chance, seine beim Privatbankhaus Hardy & Co. gewonnenen Erfahrungen und Kontakte als Bankier in selbständiger Form weiterzuführen. Dies insbesondere, da er mit der Liquidation von Hardy & Co. Anfang 1938 dort ausgeschieden war[1425]. Darüber hinaus bot die Übernahme des alteingesessenen Bankhauses E. J. Meyer ihm die Möglichkeit, an die Privatbankierstradition seiner Familie anzuknüpfen, da er aufgrund seines beim

1420 Vgl. auch Kahmann, Die Bankiers von Jacquier & Securius, S. 117.
1421 BADV, 7 WGA 423/51, Bl. 26.
1422 Siehe Kap. 5.1.1.
1423 Kahmann, Die Bankiers von Jacquier & Securius, S. 114ff.
1424 Weyhe, A. E. Wassermann, S. 143ff.
1425 LEA Reg.-Nr. 161874, Bl. E7.

Tode des Vaters jugendlichen Alters nicht hatte das familieneigene Bankhaus Emil Ebeling fortführen können. Anstelle der Übernahme eines Bankhauses das Bankhaus Emil Ebeling wieder aufleben zu lassen, wäre für ihn keine gleichwertige Alternative gewesen, weil er zwar vielleicht persönlich dem Namen Emil Ebeling näher gestanden hätte, dann jedoch ein vollständig neues Geschäft mit neuen Mitarbeitern und neuen, nicht eingespielten Prozessabläufen hätte aufbauen müssen. Auch wäre ein Aufleben lassen der von seinem Vater bei dessen Tode 1915 innegehabten Beziehungen und gegebenenfalls sogar Aufsichtsratsmandate fast ein Viertel Jahrhundert später mindestens so schwer gewesen, wie die zuvor von Meyers innegehabten Geschäftsbeziehungen und Mandate wieder aufleben zu lassen und für sich zu akquirieren. Eine Übernahme von E. J. Meyer bot ihm neben dem alten Namen und den eingespielten Prozessabläufen jedoch zusätzlich das von E. J. Meyer betriebene Tagesgeschäft und die daraus resultierenden Einnahmen, welche unter den jüdischen Bankiers Adolf Meyer und Leonhard Horwitz selbst 1938 noch mehr betrugen, als ein Beamter in vergleichbarer Position verdiente, bei zwei Bankiers also über 20.000 RM jährlich. Zwar war nicht davon auszugehen, dass bei einer Übernahme alle Geschäftsbeziehungen erhalten bleiben und auch war davon auszugehen, dass die jüdische Kundschaft entweder ihr Vermögen ins Ausland abziehen oder aber verbrauchen würde, jedoch wäre dies ein großer Startvorteil für den „Arisierer" gegenüber einer Neugründung bzw. Wiederbelebung des Bankhauses Emil Ebeling gewesen. Dafür war aber erforderlich, dass er von den jüdischen Bankiers gut in das Geschäft, d. h. die Kundenbeziehungen, eingeführt wurde und diese aktiv ihre Beziehungen auf den „Arisierer" transferierten. Die Veräußerer würden aber ihre teilweise seit Jahrzehnten gepflegten Kundenbeziehungen nicht aktiv an den „Arisierer" empfehlen, wenn dieser sie bei der Übernahme des Bankhauses übervorteilt hätte. So bot die „Arisierung" von E. J. Meyer beiden Seiten Vorteile und wie sogleich zu sehen sein wird, hat Kurt Richter-Erdmann das Bankgeschäft E. J. Meyer mit dem alteingesessenen Namen, dem überwiegenden Teil der Prokuristen und damit auch mit voll funktionsfähigen Prozessabläufen übernommen.

Es liegen keine Anhaltspunkte vor, dass es bei den Verhandlungen zwischen den Veräußerern und Kurt Richter-Erdmann zu Übervorteilung, Druck oder Drohungen gekommen ist. Dafür, dass die Übereinkunft mit Kurt Richter-Erdmann – abgesehen von dem durch den Nationalsozialismus hervorgerufenen Zwang zu verkaufen – lediglich ökonomischen Gesichtspunkten gefolgt ist, sprechen die politische und christliche Einstellung, Familie, Freunde und Hilfestellungen für jüdische Freunde und Bekannte Kurt Richter-Erdmanns und dessen Vetters Hans von Flotow, wie diese oben bei den Personen ausgeführt sind[1426].

Dies wird auch bestätigt durch Briefe[1427] von Adolf Meyer an Eva Richter-Erdmann, deren Mann Kurt Richter-Erdmann bereits 1941 verstorben war, sowie von Hans Meyer an den Rechtsanwalt Sarre, dessen sich Adolf Meyer bereits vor der Auswanderung bediente[1428], dessen auch Kurt Richter-Erdmann sich bediente[1429] und welcher zusammen mit anderen dem Widerstand vom 20.07.1944 gegen den Nationalsozialismus Nahestehenden eine Kanzlei in Berlin betrieb[1430]. Die Briefe von Adolf und Hans Meyer sind im Folgenden wiedergegeben (Fettdruck durch Verf., Unterstreichung aus Original):

> „den 21.03.1950.
> *Sehr verehrte Frau Richter,*
>
> Es ist schon lange meine Absicht gewesen, Ihnen zu schreiben, um zu hören, wie es Ihnen und den Ihren geht. Ich weiß nicht, ob Sie meine seinerzeitigen Zeilen nach Ausbruch des Krieges noch erreicht haben, **mit denen ich Ihnen zum Ausdruck brachte, wie tief mich das allzu früh erfolgte Hinscheiden Ihres von mir hoch verehrten Gatten betrübt hat, und dass ich stets sein Andenken in Ehren halten werde**.
>
> Zweck meiner heutigen Zeilen ist, ein bedauerliches Missverständnis richtigzustellen, welches anscheinend durch eine Unterhaltung, die zwischen Herrn Dr. Sarre und Herrn Flörsheimer stattgefunden hat, entstanden ist. Herr Flörsheimer hatte seiner Zeit die Absicht gehabt, Herrn Sarre bei seiner hiesigen Anwesenheit mit mir und meinem Vetter Hans Meyer zusammenzubringen, um eine gemeinsame Unterhaltung zu haben. Leider ist das Zusammenkommen nicht zustande gekommen, was ich um so mehr bedauere, als dann sicherlich keinerlei Missverständnis entstanden wären. Ich höre, dass Herr Sarre auf Grund der Unterhaltung mit Herrn Flörsheimer Ihnen gegenüber die Meinung geäußert hat, dass die früheren Teilhaber die Absicht hätten, Regressansprüche zu stellen. Mit diesen Zeilen möchte ich Ihnen versichern, dass es Niemanden von uns in den Sinn gekommen ist, irgendwelche Regressansprüche an den Nachlass Ihres verstorbenen Gatten zu stellen. **Ihr Gatte hat sich uns gegenüber in all den schwierigen Situationen, die die Verhältnisse mit sich brachten, stets so taktvoll und freundschaftlich erwiesen, dass schon diese Tatsache und die Erinnerung an ihn uns davon abgehalten hätte, irgendetwas zu unternehmen, was Ihnen, verehrte Frau Richter, in irgendeiner Weise nachteilig sein könnte**. Es kann daher keine Rede davon sein, dass wir eine solche Absicht hatten. Den Unterhaltungen mit Herrn Flörsheimer lag vielmehr ein ganz

1426 Siehe Kap. 5.2.1.2 und 5.2.1.3.
1427 LAB, 7 WGA 423/51, Bl. 66f.
1428 Siehe Kap. 2.2.4.1.
1429 LAB, B Rep. 042, Nr. 46349, Bd. 1, Bl. 55.
1430 Siehe Kap. 2.2.4.1.

anderer Gedanke – und zwar gerade das Gegenteil einer Schädigung Ihrer Interessen – zu Grunde. Herr Flörsheimer hatte sich nämlich überlegt, ob es möglich wäre, der Firma E. J. Meyer, falls sie noch bestehen sollte, neues Leben dadurch einzuflößen, dass man sie in Verbindung mit seiner hiesigen Brokerfirma, Sutro Bros., bringt und ihr neues Kapital dadurch zuführen könnte, dass man einen Anspruch auf Rückübertragung gewisser Aktiva aus der Schwarz-Goldschmidt'schen Liquidationsmasse, die auf die Dresdner Bank übergegangen waren, auf die alten Partner geltend macht. Es würde sich in diesem Falle daher nur um Regressansprüche an die Dresdner Bank wegen Forderungen handeln, die v o r der Übernahme der Firma durch Ihren Gatten bestanden. Um einen solchen Plan in Erwägung ziehen zu können, wäre es natürlich notwendig, Näheres über den augenblicklichen Stand der Firma zu wissen und die damaligen Vorgänge der Übertragung der Forderungen auf die Dresdner Bank durch Einsichtnahme in die Akten zu prüfen. Sie werden unschwer aus diesen Aufklärungen ersehen, dass der Unterhaltung zwischen Herrn Sarre und Herrn Flörsheimer in keiner Weise solche Absichten zu Grunde lagen, wie sie Ihnen anscheinend irrtümlicherweise mitgeteilt worden sind. Ich habe Wert darauf gelegt, dieses Missverständnis klarzustellen sobald ich davon Kenntnis erhielt.

Ich würde mich freuen, von Ihnen zu hören und bin mit verbindlichen **Grüßen, auch von meiner Frau und meinem Vetter Hans Meyer,**
stets Ihr ergebener, Adolf E. J. Meyer[1431]

„den 15.03.1950
Herrn Dr. Friedrich Carl Sarre
Frankfurt a. M.
Friedrich-Ebert-Straße 34, II

Sehr geehrter Herr Sarre,

als Sie kürzlich in NY waren, hatte Herr Flörsheimer die Absicht, eine Zusammenkunft mit Ihnen, meinem Vetter Adolf Meyer, früherer Teilhaber von E. J. Meyer, und mir zu arrangieren. Leider ist die Unterhaltung nicht zustande gekommen. Als ich Herrn Flörsheimer später darauf ansprach, sagte er mir, dass Sie schon abgereist seien und leider keine Zeit gewesen wäre. Ich bedauere dies sehr, da anscheinend auf Grund der Unterhaltung zwischen Ihnen und Herrn Flörsheimer **bedauerliche Missverständnisse** entstanden sind. Herr Flörsheimer hat mir Ihren an ihn gerichteten Brief zur Kenntnisnahme gegeben, und ich lege Wert darauf, dass die entstandenen Missverständnisse so schnell wie möglich geklärt und beseitigt werden.

Ich habe, als ich Teilhaber der Firma Warburg & Co. war, (nicht Dr. Spiegelberg, wie Sie in Ihrem Brief unter (2) irrtümlich erwähnen) damals Herrn Richter und die Herren der Firma E. J. Meyer zusammengebracht. **Ich habe dann auch später an allen Verhandlungen teilgenommen, die mit dem mir seit vielen Jahren bekannt gewesenen Geheimrat von Flotow und Herrn Richter geführt worden sind. Ich bin daher,**

1431 LAB, 7 WGA 423/51, Bl. 68f.

wie kaum ein anderer, in der Lage, ein Urteil über die damaligen Verhandlungen abzugeben.

Ich lege daher Wert darauf, folgendes festzustellen:

Ich hätte niemals den leider zu früh verstorbenen Herrn Richter mit den Herren von E. J. Meyer zusammengebracht, wenn ich nicht eine so hohe Meinung von ihm gehabt hätte. Die folgenden Verhandlungen haben dann bewiesen, dass mein Urteil richtig war, denn sie konnten nicht freundschaftlicher und fairer geführt werden, als es von Herrn Richter geschehen ist. Die Beziehungen zwischen Herrn Richter einerseits und Herrn Adolf Meyer und mir andererseits sind auch nach Übernahme sehr freundschaftlich geblieben, und wir haben nie vergessen, dass Herr Richter, als er hörte, dass wir die Möglichkeit bekommen hatten, nach Amerika zu gehen, extra nach Amsterdam kam, um von uns Abschied zu nehmen. Herr Richter hat zu den wenigen gehört, die gezeigt haben, dass derartige Verhandlungen trotz der damals herrschenden Verhältnisse in freundschaftlicher Weise geführt werden konnten.

Es bedarf daher wohl keiner weiteren Begründung, dass es weder Adolf Meyer noch der Witwe des verstorbenen Herrn Horwitz in den Sinn gekommen ist, irgendwelche Regressansprüche an den Nachlass von Herrn Richter zu stellen, oder gar einen Prozess anzustrengen. Ich bedauere es außerordentlich, dass auf Grund der Unterhaltung zwischen Ihnen und Herrn Flörsheimer ein solcher Gedanke überhaupt aufkommen konnte, und dass dann derartige Absichten irrtümlicher Weise Frau Richter gegenüber ausgesprochen worden sind. Sowohl mein Vetter wie ich legen Wert darauf, dass Frau Richter gegenüber das bedauerliche Missverständnis klargelegt wird.

Der der Unterhaltung mit Herrn Flörsheimer zugrunde liegenden Gedanke war im Gegenteil dahingehend, eventuell eine Möglichkeit zu finden, der Firma E. J. Meyer, falls sie noch besteht, durch eine Verbindung mit einer hiesigen Broker-Firma neues Leben einzuflößen. Herrn Flörsheimer schwebte dabei vor, dass man die Rückübertragung gewisser Aktiven aus der Schwarz-Goldschmidt'schen Liquidationsmasse, die an die Dresdner Bank übertragen werden mussten, zum Gegenstand von Restitutionsansprüchen machen könnte, und dass der Geldwert solcher Ansprüche als neue Kapitalanlage in die Firma E. J. Meyer oder deren Rechtsnachfolger eingebracht werden könnte. Um derartige Möglichkeiten zu erwägen, wäre es natürlich notwendig, über den Stand der Firma Näheres zu erfahren und die damaligen Vorgänge anhand der Akten zu prüfen.

Auf Grund der entstandenen Missverständnisse bedauere ich umso mehr, dass es nicht möglich war, hier mit Ihnen zusammenzukommen, da dann nie ein so falscher Eindruck hätte entstehen können.

Mein Vetter hat Veranlassung genommen, an Frau Richter direkt zu schreiben, da wir alle Wert darauf legen, dass die hohe Wertschätzung, die wir für Herrn Richter hatten, und sein Andenken nicht durch unrichtige Auffassungen hinsichtlich unserer Einstellung getrübt werden.

Mit verbindlichem Gruß,

Hans J. Meyer"

5.2.2.2 *„Arisierungsvertrag"*

Im Folgenden sollen die einzelnen Bestimmungen des „Arisierungsvertrages" untersucht werden. Dabei soll insbesondere untersucht werden, ob der Vertrag sittenwidrig i.S.d. § 138 BGB oder ob der Vertrag „fair" war.

Kriterien für „Fairness" in „Arisierungsverträgen" können sein, ob die übertragenen Vermögensgegenstände nach dem objektiven Wert oder unterhalb dessen angesetzt wurden, ob die Werte durch Gutachten unverhältnismäßig gering dargestellt wurden, ob ein angemessener Preis für das Bankhaus gezahlt wurde, ob Abfindungen an Angestellte auf die Alteigentümer abgewälzt wurden oder auch ob der grundsätzlich für jüdische Unternehmen nicht zu zahlende Goodwill „versteckt" berücksichtigt wurde. Ein Goodwill wurde bei keiner „Arisierung" offen gezahlt, selbst wenn diese in der Literatur als „fair" oder selbst von den jüdischen Veräußerern als „freundschaftlich" bezeichnet wurde, so nicht bei Jacquier & Securius, Arnhold/ Bleichröder, J. Dreyfuß & Co., M. M. Warburg & Co., Simon Hirschland, Mendelssohn & Co. und A. E. Wassermann[1432]. Mit der Verordnung zur Anmeldung des Vermögens der Juden nebst zugehöriger Anordnung vom 26.04.1938[1433] wurde die Zahlung von Goodwill für jüdische Unternehmen gesetzlich verboten[1434], so dass auch bei einer versteckten Berücksichtigung von Goodwill ein Gesetzesverstoß seitens der „Arisierer" vorgelegen hätte, abgesehen von möglichen Repressalien gegen den „Arisierer" als „Judenfreund".

Der „Arisierungsvertrag"[1435] wurde am 03.08.1938 zwischen Adolf Meyer und Leonhard Horwitz als Veräußerer sowie Kurt Richter-Erdmann als Erwerber geschlossen. Die für die Untersuchung relevanten Teile des als „Veräußerungsvertrag" bezeichneten „Arisierungsvertrages" sollen hier zusammenfassend wiedergegeben und analysiert werden (*Originaltext in kursiv*):

Präambel.

In der Präambel des Vertrages wird ausdrücklich erwähnt, dass auf die Veräußerer die Bestimmungen der Anordnung auf Grund der Verordnung über die Anmeldung des Vermögens von Juden vom 26.04.1938[1436] anzuwenden seien,

1432 Kahmann, Die Bankiers von Jacquier & Securius, S. 145ff.; Weyhe, A. E. Wassermann, S. 159; siehe auch Kap. 5.1.3.2.

1433 RGBl. I, S. 414ff.

1434 Markmann/ Enterlein, Die Entjudung der deutschen Wirtschaft, S. 91.

1435 BADV, 7 WGA 423/51, Bl. 59ff.

1436 RGBl. I, S. 415.

wonach die Transaktion aufgrund der Beteiligung von Juden genehmigungspflichtig war.

Analyse Präambel:
In der Präambel des Vertrages wird deutlich, dass der Vertrag aufgrund der Tatsache, dass eine Vertragspartei jüdisch war, der Genehmigung bedurfte. Die Genehmigungen waren wie oben[1437] ausgeführt, teilweise von staatlichen Stellen, teilweise von Parteistellen einzuholen, wobei aufgrund unbestimmter Rechtsbegriffe (beispielsweise „volkswirtschaftliches Interesse" an der Weiterführung eines jüdischen Unternehmens in „arischer" Hand", „Zuverlässigkeit des Erwerbers" aus der Sicht der Partei, „angemessener Kaufpreis" bei dem weder für vorhandenen Goodwill eines jüdischen Unternehmens gezahlt noch versteckte Zahlungen getätigt oder Nebenabreden getroffen werden durften) eine wohl von den Nationalsozialisten gewollte Rechtsunsicherheit vorlag. Damit wurden bei einer „Arisierung" nicht nur die jüdischen Veräußerer und ihr Teil des Rechtsgeschäfts von Staats- und Parteistellen überprüft, sondern ebenso auch der „Arisierer" und sein Teil des Rechtsgeschäfts, so dass sich ein zu „judenfreundliches" Verhalten eines „Arisierers" auch gegen ihn selbst wenden konnte.

Bemerkenswert ist auch, dass sich Adolf Meyer und Leonhard Horwitz bei der notariellen Beurkundung des „Arisierungsvertrages" am 03.06.1938 noch durch ihre Börsenkarten auswiesen, Adolf Meyer durch seine für das Geschäftsjahr 1938/ 1939 und Leonhard Horwitz mit der seinigen für das Geschäftsjahr 1937/ 1938, obwohl ab dem 20.06.1938 alle Börsenzulassungen von Juden ungültig wurden und jüdischen Banken der Besuch der Börse untersagt war[1438].

§ 1.
Die Kaufleute Dr. Adolf Meyer und Dr. Leonhard Horwitz als alleinige Inhaber der offenen Handelsgesellschaft in Firma E. J. Meyer veräußern dieses unter der genannten Firma in Berlin von ihnen betriebene Bankgeschäft an den Kaufmann Kurt Richter in Berlin.

Der Erwerber ist berechtigt, die Firma unverändert weiterzuführen.

Analyse § 1:
1. Absatz
Die Veräußerer haben mit Kurt Richter-Erdmann absichtlich einen Kaufvertrag über das Bankgeschäft als solches geschlossen, wobei lediglich die tatsächliche

1437 Siehe Kap. 5.1.3.1 und 5.1.3.2.

1438 „Arisierungsvertrag", BADV, 7 WGA 423/51, Bl. 59ff.; siehe Kap. 4.3.4.4.

Umsetzung des Vertrages durch den Eintritt Kurt Richter-Erdmanns in die OHG als persönlich haftender Gesellschafter im unten dargestellten § 14 geregelt wurde. Hintergrund war, dass bei einer derartigen Veräußerung des Bankgeschäftes und einer daraufhin erfolgenden Einlage von Kurt Richter-Erdmann in Höhe von 300.000 RM sich die am Ende des Vertrages erwähnte Urkundssteuer lediglich auf die Einlage von Kurt Richter-Erdmann bezog. Hätte man jedoch die OHG aufgelöst, in eine Einzelgesellschaft umgewandelt und dann erst Kurt Richter-Erdmann das Kapital eingebracht, wären zusätzlich Urkundssteuern bemessen an der Höhe der Verbindlichkeiten der aufgelösten Gesellschaft bei Übernahme in Höhe von 1.642.010,99 RM zu zahlen gewesen. Dies versuchte man auf diese Weise zu umgehen, wie die umfangreiche Korrespondenz mit dem Handelsregister ausweist[1439]. Auch hätten laut Kurt Richter-Erdmann die genehmigenden Behörden bei allen „Arisierungen nichtarischer Firmen“ stets daran festgehalten, dass sich die Übernahme derartiger Geschäfte in Form einer Veräußerung vollziehe[1440].

Auch aus Äußerungen der jüdischen Bankiers nach dem Krieg ist zu entnehmen, dass diese von einem Kaufvertrag ausgingen. Ob sie diese Formulierungen im juristischen Sinne gebrauchten oder ob sie dies im allgemeinen Sprachgebrauch als Veräußerung von Gütern gegen Geld verstanden, ist allerdings unklar. Adolf Meyer spricht im Entschädigungsverfahren in einer eidesstattlichen Versicherung von „verkauft“, also wohl gegen Gegenleistung in Form irgendeiner Art Kaufpreis: „Infolge der nationalsozialistischen Machtübernahme verlor ich meine Aufsichtsratssitze und der Weiterbetrieb der Bankfirma – alle Inhaber waren Volljuden – wurde unmöglich. Am 03.06.1938 musste die Firma an den Bankier Kurt Richter in Berlin verkauft werden.“[1441] Auch Ehefrau und Sohn des 1940 verstorbenen Horwitz erklären im Entschädigungsverfahren: „In 1938 vor die endgültige Entscheidung gestellt, seinen Beruf in Deutschland und das Bankgeschäft aufzugeben, wurde das Bankhaus durch Verkauf an Herrn Kurt Richter arisiert“. „Da das Bankhaus in jüdischem Besitz war, wurde dem Bankhaus sowie den Inhabern, einschließlich Dr. Horwitz, größte Schwierigkeiten in seinem Beruf gemacht, die schließlich gemäß den damaligen Gesetzen dazu führten, das Geschäft zwangsweise zu verkaufen. Der Käufer war Herr Kurt Richter per Vertrag vom 03.06.1938“[1442]. „1938 musste er sein Geschäft verkaufen“[1443]. „Am

1439 LAB, B Rep. 042, Nr. 46349, Bd. 1, Bl. 23ff.
1440 LAB, B Rep. 042, Nr. 46349, Bd. 1, Bl. 37.
1441 LEA, Reg.-Nr. 160830, Bl. E3.
1442 LEA, Reg.-Nr. 161874, Bl. M15f.
1443 LEA, Reg.-Nr. 161874, Bl. A8.

03.06.1938 musste die Firma E. J. Meyer aus Gründen der Judenverfolgung veräußert werden und wurde von Herrn Kurt Richter übernommen. Zum Zeitpunkt des Verkaufs war außer Dr. Horwitz nur noch ein Partner, Dr. Adolf Meyer, vorhanden. Der Kapitalanteil jedes Partners betrug rund 150.000 RM. Das Bankhaus E. J. Meyer betrieb ein reguläres Bankgeschäft einschließlich Kontokorrent, Effekten, Sozial, Kredit- & Konsortialgeschäft und hatte Depot und Depositenrechte. Die Firma war auch eine „Devisenbank". Der Mantelwert (Goodwill) der Firma war in 1927 mit 100.000 RM angesetzt. Seit der Zeit wurde die Firma als Devisenbank ernannt, was den Firmenwert erhöhte. Jedoch wurde beim Verkauf unter den bestehenden Rassengesetzen keinerlei Vergütung für den Mantelwert der Firma berechnet."[1444] Jedoch schreiben Horwitz' Erben auch an einer anderen Stelle „In 1938 vor die endgültige Entscheidung gestellt, seinen Beruf in Deutschland und das Bankgeschäft aufzugeben, wurde das Bankhaus durch Verkauf an Herrn Kurt Richter arisiert. Laut Verkaufsvertrag erhielt Dr. Horwitz keinerlei Vergütung für den Wert der Bankfirma, so dass der Verkaufsvertrag nur ein Formalvertrag war. Dies wiederum war laut Direktive der Regierung."[1445]

2. Absatz
Dieser Absatz ist im Zusammenhang mit § 15 - Nr. 1 zu sehen, wonach dies Grund für einen Rücktritt vom Vertrag durch den Erwerber war, wenn dieser die Firma E. J. Meyer nicht weiterführen dürfte. Daraus ist zu ersehen, dass Kurt Richter-Erdmann nicht nur dem eingerichteten operativen Geschäft einen Wert beimaß, sondern, dass insbesondere auch dem alteingesessenen Firmennamen von E. J. Meyer ein so wesentlicher Wert beigemessen werden sollte, dass das Geschäft für ihn sinnlos wäre, wenn er nicht unter der alten Firma agieren könnte.

§ 2.
Dem Veräußerungsvertrag liegt eine von den Veräußerern für den 31.12.1937 aufgestellte Bilanz zu Grunde, die von dem öffentlichen Wirtschaftsprüfer Dr. Ostrowski geprüft ist.

Herr Richter übernimmt die Firma mit sämtlichen Aktiven und Passiven, jedoch mit Ausnahme der in der Anlage 1 aufgezeichneten Aktiven und mit der weiteren Ausnahme der in der Anlage 2 aufgezeichneten Passiven. Die Differenz der in den Anlagen 1 und 2 aufgeführten Werte gleicht sich dadurch aus, dass in Anlehnung an die Bilanz vom 31.12.1937 in die Übernahmebilanz das

---

1444 LEA, Reg.-Nr. 161874, Bl. E2.
1445 LEA, Reg.-Nr. 161874, Bl. A4.

Grundstückskonto[1446] mit 60.000 RM, das Mobilienkonto mit 12.000 RM, das Delkredere-Konto mit 92.000 RM eingesetzt werden, Werte, die nach Prüfung von dem Wirtschaftsprüfer Dr. Ostrowski als den tatsächlichen Werten entsprechend den Vertragsparteien bestätigt worden sind. In der Übernahmebilanz die vorstehende Bewertung aufzunehmen, sind die Parteien verpflichtet.

Danach und auf Grund ausdrücklicher Vereinbarung ist von dem Erwerber an die Veräußerer für die Übernahme des Geschäfts ein Entgelt nicht zu gewähren.

Die Übernahme erfolgt innerhalb von drei Tagen nach Genehmigung dieses Vertrages durch die zuständigen Stellen.

Weiterhin wird geregelt, dass die Veräußerer für eventuelle Verluste seit dem 31.12.1937 bis zur tatsächlichen Übernahme haften, ihnen jedoch auch ein eventueller Gewinn in diesem Zeitraum gebührt, jedoch im Bankhaus als Sicherheit für die nachstehenden Garantieverpflichtungen verbleibt und zum Reichsbankdiskontsatz verzinst wird. Auch leisten die Veräußerer Gewähr für die Richtigkeit der in der Bilanz aufgeführten Ziffern, für die Rechtsbeständigkeit der zu übertragenden Debitoren und Wechsel und für ihre Einbringlichkeit in Höhe der Buchwerte inklusive eventueller bis zum 31.12.1939 anfallender Zinsen. Für Debitoren, für welche Deckung durch börsengängige Effekten besteht, erlischt die Haftung der Veräußerer bereits einen Monat nach der Übernahme des Geschäfts. Ebenfalls leisten die Veräußerer Gewähr für das Nichtbestehen anderweitiger Verpflichtungen sowie die Richtigkeit und Rechtsbeständigkeit der seitens der Kunden bestellten Sicherheiten.

Analyse § 2:
1. Abs. und 2. Abs. am Ende:
Die der Veräußerung und dem Kaufpreis zu Grunde liegende Bilanz 1937 wurde von den Veräußerern aufgestellt und mit den Buchwerten dem Veräußerungsvertrag zu Grunde gelegt. Damit ist weder eine Abwertung noch eine Ausklammerung von Debitoren erfolgt. Dies steht im Gegensatz zur oft gehandhabten

1446 Es handelt sich um ein dem Bankhaus gehörendes Grundstück Dresdner Straße 63/ Annenstraße 32, vgl. LAB, B Rep. 042, Nr. 46349, Bl. 37; Dies Grundstück war am 17.11.1930 im Rahmen einer Zwangsversteigerung von E. J. Meyer erworben worden und wies zur Zeit des „Arisierungsvertrages“ eine Hypothek zu Lasten des Bankhauses E. J. Meyer auf in Höhe von 75.000 RM, wobei der Einheitswert zum 01.01.1935 von 52.300 RM betrug. Das Grundstück wurde von Kurt Richter-Erdmann am 31.12.1940 veräußert zu einem Preis von 42.500 RM, vgl. Landesamt zur Regelung offener Vermögensfragen, Az. LAROV II B 52 - 166478, Bescheid vom 20.05.1999.

Praxis, wonach von Erwerbern eingeschaltete Wirtschaftsprüfer bei jüdischen Debitoren – die wie oben dargestellt in größerer Zahl bei jüdischen Bankhäusern auftraten – Abschläge von 40-70% vornahmen, welche danach teilweise von den Erwerbern noch ausgeweitet wurden[1447]. Bei der „Arisierung" des Bankhauses Arnhold/ Bleichröder durch die Dresdner Bank konnten sowohl nach dem Vertrag von 1935 über die eine als auch im Vertrag von 1938 über die andere Niederlassung bis zu 10% der Debitoren nachträglich von der Übernahme (von jeder Seite) ausgeschlossen werden, wenn sie falsch bewertet erschienen. Zusätzlich wurde eine Risikopauschale von 635.000 RM einkalkuliert zur Abgeltung aller „durch diesen Vertrag nicht besonders geregelten Risiken", die selbst die eingeschaltete Wirtschaftsprüfungsgesellschaft bei der Bewertung für nicht nachvollziehbar hielt[1448]. Anders beispielsweise bei der „Arisierung" des Bankhauses Mendelssohn & Co., wo der Rest von Mendelssohn in eine Rumpfgesellschaft i. L. überführt wurde[1449] oder auch bei Jacquier & Securius, wo die Reste in die Alfred Panofsky & Co. i. L. überführt wurden[1450].

Die Übernahme aller Aktiven und Passiven hatte für die Veräußerer den Vorteil, dass sie keine Abwicklungsgesellschaft gründen mussten, sondern sofort auswandern konnten.

Jedoch mussten bei E. J. Meyer die Veräußerer im Gegenzug Gewähr leisten für die Einbringlichkeit der Forderungen in Höhe der Buchwerte, so dass der Erwerber kein Ausfallrisiko trug. Jedoch ist davon auszugehen, dass der Erwerber gewusst hat, dass sich die Kinder der Veräußerer bereits seit längerer Zeit im Ausland befinden und dass auch die Veräußerer – wie bereits ihr vormaliger Partner Flörsheimer – mit ziemlicher Sicherheit auswandern werden. Seinen Freunden hatte Kurt Richter-Erdmann wie oben dargestellt aktiv die Auswanderung empfohlen und sie dabei und bei der Verbringung von Vermögen ins Ausland unterstützt. Sowohl wenn die Veräußerer auswanderten als auch bei einem eventuellen Verbleib in Deutschland war davon auszugehen, dass diese ihr Vermögen durch täglichen Verbrauch bis zur Entlassung aus der Gewährleistung per 31.12.1939 schmälern würden sowie dass bei einer Auswanderung die dargestellten Steuern und Abgaben große Teile des Vermögens nehmen würden und dass im Inland verbliebenes Vermögen ebenfalls der Gefahr der

1447 Siehe Kap. 5.1.3.2.

1448 Köhler, Die Verdrängung jüdischer Privatbankiers vom Finanzplatz Berlin, 1933 - 1938, in: Biggeleben/ Schreiber/ Steiner (Hrsg.), „Arisierung" in Berlin, S. 217.

1449 Köhler, Die Verdrängung jüdischer Privatbankiers vom Finanzplatz Berlin, 1933 - 1938, in: Biggeleben/ Schreiber/ Steiner (Hrsg.), „Arisierung" in Berlin, S. 220f.

1450 Kahmann, Die Bankiers von Jacquier & Securius, S. 195ff.

Beschlagnahme durch staatliche Stellen ausgesetzt war. Damit war das Ausfallrisiko für Kurt Richter-Erdmann nur theoretisch abgesichert wobei er die nicht von dem Vertrag ausgeklammerten Aktiven und Passiven zu von den jüdischen Veräußerern angesetztem Buchwert übernommen hatte.

2. Abs.:
Dieser Absatz betrifft den eigentlichen Kaufpreis für das Bankhaus, welcher aufgrund der „Übernahmebilanz" als wie angegeben modifizierte Bilanz per 31.12.1937 unter Ausklammerung der in den genannten Anlagen befindlichen Aktiven und Passiven berechnet wurde. Danach war nach der aufgestellten Übernahmebilanz und nach Herausnahme der genannten Aktiven und Passiven ein Kaufpreis nicht zu gewähren.

Jedoch ist weder die Bilanz per 31.12.1937 noch die Übernahmebilanz auffindbar, was wohl bereits beim Ende des Krieges der Fall war[1451].

Damit kann aufgrund der vorhandenen Daten nicht festgestellt werden, ob und wenn ja in welcher Höhe die Veräußerer durch die Ausklammerung der Aktiva und Passiva Vermögen aus dem Bankhaus auf sich übertragen haben.

Jedoch hatte Leonhard Horwitz laut Angaben seiner Erben im Entschädigungsverfahren zum Zeitpunkt der „Arisierung" ein Kapitalkonto von rund 150.000 RM, wobei sich jedoch der Erlös aufgrund von Schulden beim Bankhaus in Höhe von rund 100.000 RM bedeutend verringerte[1452]. Da die Erben von Horwitz von einem Erlös sprechen, ist davon auszugehen, dass Horwitz durch die Ausklammerung der genannten Aktiva und Passiva etwas Vermögen bei der „Arisierung" aus der Bank nehmen konnte.

Auch Adolf Meyer hatte ein Kapitalkonto in ähnlicher Höhe[1453], jedoch ist nicht möglich festzustellen, ob auch er Vermögen hat aus der Bank nehmen können. Doch spricht die Ausklammerung des Aktivums „Trufico Trust- en Financierings-Companie N. V." und die kurz nach dem Vertrag erfolgte Auswanderung von Meyers nach Amsterdam dafür, dass Meyers über diese Beteiligung von E. J. Meyer finanzielle Mittel in den Niederlanden haben von der „Arisierung" ausklammern können.

§ 3.
Der Erwerber übernimmt alle im Wirtschaftsprüferbericht aufgeführten laufenden Kreditzusagen *durch seine Rechtsnachfolgerschaft* und verpflichtet sich, die Veräußerer von der *Inanspruchnahme aus derartigen Krediten* zu befreien.

1451 LEA, Reg.-Nr. 161874, Bl. E2; BADV, 7 WGA 423/51, S. 284.

1452 LAE, Reg.-Nr. 161874, Bl. D3; LAE, Reg.-Nr. 161874, Bl. D12.

1453 LEA, Reg.-Nr. 161874, Bl. E2.

Die Veräußerer haften für die Verität und Bonität der Kredite analog zu § 2 sowie geben Gewähr, dass der Erwerber nicht wegen rückständiger Steuern der Veräußerer oder das Unternehmen in Anspruch genommen wird.

Weiterhin stehen die Veräußerer dafür ein, dass der Mietvertrag über das Geschäftslokal durch die Geschäftsübernahme in seinem Bestand keine Veränderung erleidet.

Analyse § 3:
Die Befreiung der Veräußerer als persönlich haftende Gesellschafter der OHG E. J. Meyer aus der Inanspruchnahme sämtlicher Kredite war wesentlich für die Veräußerer. Denn nur auf diese Weise konnten sie noch bestehendes Vermögen als Privatvermögen nutzen und legal auswandern, denn einer der wenigen Ausnahmegründe für Freigaben von gem. § 37a Devisengesetz beschlagnahmtem Vermögen auswanderungswilliger Juden war die Tilgung von Schulden im Inland[1454]. Auch gab es gesetzliche Regelungen zur Vorbeugung, dass Juden trotz noch offener Sozialversicherungsbeiträge auswandern[1455]. Darüber hinaus hatten Meyers bei der Auswanderung geplant, eines Tages nach Deutschland zurückzukehren[1456], so dass ein Nicht-Bedienen der Kreditzusagen das Ansehen der Bankiers derart verschlechtert hätte, dass eine erfolgreiche Rückkehr aussichtslos gewesen wäre.

§ 4.
Die gegen die Meyer'schen Erben bestehende Forderung wird von dem Erwerber unter Fortfall der weiteren Haftung der Veräußerer übernommen. Als Deckung hierfür erhält der Erwerber die auf dem Grundstück Wannsee, Am kleinen Wannsee 13[1457], eingetragene Grundschuld. Bei einer Verwertung des Grundstückes soll ein sich über die Bankschuld ergebender Überpreis den Meyer'schen Erben verbleiben; dieser Überpreis ist jedoch auf Verlangen des

1454 Siehe Kap. 4.4.2.3.

1455 Walk, Das Sonderrecht für die Juden im NS-Staat, S. 197.

1456 Laut Adolf Meyers Enkelin Martita Flemming in einer Auskunft an den Verfasser vom 29.03.2010 waren ihre Großeltern nach Amsterdam gegangen, weil sie sich dort vorerst sicher glaubten und dort bleiben wollten bis die Gefahr in Deutschland für sie gebannt war, um dann zurückzukehren. Sie hätten bei ihrer Flucht nicht gedacht, dass sie nie wieder nach Deutschland zurückkehren würden.

1457 Das Grundstück hatte Ernst Joachim Meyer am 09.10.1888 von der Witwe des August Friedrich Wilhelm Moritz Elsner und deren Kindern für 59.500 Mark erworben, vgl. Amtsgericht Schöneberg, Grundbuchamt, Grundstück Am kleinen Wannsee 13, Bl. 42ff.

Erwerbers auf die Dauer eines Jahres bei E. J. Meyer zu belassen und dient dann als weitere Sicherheit für die Erfüllung der von den Veräußerern zu deckenden Verpflichtungen.

Analyse § 4:
Wie in § 3 dieses Vertrages ist auch hier wieder ersichtlich, dass es für die Auswanderung der jüdischen Bankiers essentiell war, zuvor alle ihre Schulden in Deutschland beglichen zu haben. Darüber hinaus wäre eine zwar entgeltlose Übernahme des Bankhauses durch Kurt Richter-Erdmann jedoch unter Übernahme der Schulden von 210.000 RM durch Kurt Richter-Erdmann wohl als versteckter Kaufpreis auf den Goodwill – da die Veräußerer ihre Aktiv- und Passivkonten von der Veräußerung ausgeklammert hatten – von den Behörden gewertet und damit eine Genehmigung des Vertrages nicht erteilt worden, weil ein Goodwill nach dem 26.04.1938 für jüdische Unternehmen nicht mehr gezahlt werden durfte[1458].

Der Erwerber Richter-Erdmann übernimmt diese Forderung in Höhe von 210.000 RM unter Fortfall der persönlichen Haftung der Veräußerer Meyer und Horwitz. Dies ist mutmaßlich geschehen, weil es sich um die in Anlage 1 des Vertrages genannten Schulden um Schulden der Meyers beim Bankhaus E. J. Meyer handelte, so dass Horwitz vollständig aus dieser Angelegenheit herausgebracht werden sollte. Anstelle einer sofortigen Tilgung der Schulden durch Meyers – sei es durch Barzahlung, sei es durch eine eventuelle Minderentnahme bei der Ausklammerung der Aktiv- und Passivkonten von der „Arisierung" - erhielt der Erwerber lediglich eine Grundschuld auf dem Meyers gehörenden Grundstück. Die Grundschuld auf dem Meyer'schen Villengrundstück Am kleinen Wannsee 13 war 1925 in Höhe von 500.000 RM von Ernst Joachim Meyer als Eigentümergrundschuld auf seinem Grundstück eingetragen worden und diente der Absicherung des auf seine Frau Anna Meyer lautenden „Hauskontos" bei E. J. Meyer, welches Kurt Richter-Erdmann durch den „Arisierungsvertrag" Anlage 1 mit einem Soll von 210.000 RM übernommen hat und das zur Zeit der Übernahme des Bankhauses ein Debet von 215.000 RM aufwies. Vor der Übertragung der Grundschuld war von Anna, Adolf und Erna Meyer als Erben nach Ernst Joachim Meyer die Löschung über 308.300 RM bewilligt worden unter der ausdrücklichen Erklärung, dass dies geschehe, um das Grundstück veräußerbar zu machen, weil der Einheitswert des Grundstückes nicht (mehr) 500.000 RM betrage sondern im Jahre 1935 auf 191.700 RM festgesetzt worden war[1459]. Möglich

---

1458 Siehe Kap. 5.1.3.2.

1459 Amtsgericht Schöneberg, Grundbuchamt, Grundstück Am kleinen Wannsee 13, Bl. 133ff.; Meyers hatten schon während der großen Liquiditätskrise 1924 - 1926

auch, dass diese Herabsetzung erfolgte, weil Genehmigungen nur erteilt wurden, wenn der Verkauf eines Grundstückes zum Einheitswert erfolgte[1460]. Nach einem im Wiedergutmachungsverfahren angefertigten Gutachten betrug der Verkehrswert des Grundstückes am 24.03.1939 rund 157.000 RM, weil derartige Grundstücke kaum verkäuflich waren und wenn doch, lediglich an Staats- oder Parteistellen[1461]. Da hier genaue Regelungen für einen Erlös bei Veräußerung getroffen wurden, ist davon auszugehen, dass eine Verwertung durch den Erwerber als sehr wahrscheinlich erachtet, wenn nicht sogar gewollt war. Darüber hinaus trägt Kurt Richter-Erdmann das Risiko für einen Unterpreis unter die Schuld in Höhe von 210.000 RM, wohingegen ein von ihm – also Kurt Richter-Erdmann –

---

versucht, dieses Grundstück zu veräußern, was jedoch aufgrund anderer Preisvorstellungen nicht gelang. Bei dem Haus handelte es sich um ein sehr großes Sommerhaus mit einfachen Fenstern und ohne Heizung, wie es um die Jahrhundertwende von der Wirtschaftselite als „Sommerfrische" genutzt wurde. Käufer für derartige Grundstücke waren kaum vorhanden und der Kaufinteressent in den 20er Jahren war die Japanische Botschaft. In den drei Sommermonaten vermieteten Meyers zwischen 1934 und 1938 die obere Etage an den französischen Botschafter André François-Poncet. Der Einheitswert des Grundstückes hatte bei Eintragung der Grundschuld noch 500.000 RM betragen, war dann aber 1931 auf 231.000 RM, 1935 auf 191.700 RM und 1946, 1951, 1953 auf 196.700 RM (umgerechnet) taxiert worden. Am 12.03.1941 veräußerte Kurt Richter-Erdmann das Grundstück an die NSDAP für 225.000 RM, welche darauf ein Schulungszentrum errichtete, vgl. LAB, 7 WGA 423/51, Bl. 85f.; BADV, 7 WGA 423/51, Bl. 4, 16, 26, 32, 35f., 73ff., 83ff.; LEA Reg.-Nr. 160830, Bl. D6.

1460 vgl. BADV, 1 WGA 1739/50, Bl. 37.

1461 Wörtlich heißt es in dem vom Bezirksamt Berlin-Zehlendorf in Auftrag gegebenen Gutachten: „Derartig große, unmoderne und aufwendige Objekte waren auch in den Jahren vor dem letzen Kriege schwer und nur erheblich unter dem Substanzwert verkäuflich. Die Kaufpreise dafür lagen fast regelmäßig unter den Einheitswerten. Lediglich bei Käufen der damaligen Partei- und Wehrmachtsdienststellen wurden zuweilen großzügigere Preise gezahlt. Aus den vorhandenen Schätzungakten wurden folgende Vergleichsgrundstücke ermittel: [...]. Als Verhältnis des Kaufpreises zum Einheitswert 1935 ergibt sich bei den vorstehenden Vergleichskäufen 82%. Angewendet auf das strittige Grundstück stellt sich der Verkehrswert für März 1939 auf rund 157.000 RM. [...] Es kann also festgestellt werden, dass die Zugrundelegung des damaligen Einheitswertes bei der Veräußerung am 24.03.1939 für den Verkäufer außerordentlich günstig war.", vgl. LAB, 7 WGA 423/51, Bl. 85f. Am 12.03.1941 veräußerte Kurt Richter-Erdmann das Grundstück an die NSDAP für 225.000 RM, welche darauf ein Schulungszentrum errichtete, vgl. LAB, 7 WGA 423/51, Bl. 85f.; BADV, 7 WGA 423/51, Bl. 4, 16, 26, 32, 35f., 73ff., 83ff.; LEA Reg.-Nr. 160830, Bl. D6.

bei besonders guter Veräußerung des schwerverkäuflichen Grundstückes erzielter eventueller Gewinn nicht ihm zu Gute gekommen wäre, sondern Meyers. Am 24.03.1939 veräußern Meyers das Grundstück an Kurt Richter-Erdmann für 191.700 RM, wobei Kurt Richter-Erdmann noch die Kaufnebenkosten in Höhe von 11.690 RM übernahm. Anstelle von Auszahlung des Kaufpreises wurde das Grundstück hingenommen als Befriedigung der dem Bankhaus E. J. Meyer zustehenden Grundschuld für den Debetsaldo in Höhe von 210.000 RM[1462]. Warum Meyers das Grundstück nicht gleich als Hingabe für den Debetsaldo verwenden wollten, ist unklar. Eine Möglichkeit ist, dass wie erwähnt, der Einheitswert bei derartigen Grundstücken höher als der Verkehrswert lag, weil es Käufer für derartige Grundstücke kaum gegeben hat. Neben der Schwierigkeit, nicht nur einen Erwerber des Bankhauses zu finden, sondern auch noch jemanden für ein solches Grundstück, bestand bei Meyers die Gefahr, dass sie als Juden bei einem freihändigen Verkauf benachteiligt worden wären. Darüber hinaus wurde der Druck auf die Juden nach der Reichskristallnacht im November 1938 sehr viel größer und eine Auswanderung immer schwieriger, so dass auch hier zusätzlicher Druck entstand, das Grundstück alsbald zu einem angemessenen Preis zu veräußern. Möglicherweise wäre von den Genehmigungsstellen eine Hingabe des Grundstückes bereits mit dem „Arisierungsvertrag" als zu geringer Gegenwert für die Forderung angesehen worden.

§ 5.
Als Sicherheit für die von den Veräußerern übernommen Verpflichtungen überträgt außerdem Herr Dr. Leonhard Horwitz eine Grundschuld in Höhe von 20.000 RM auf dem der Grunewald-Kronbergerstraße 8 GmbH gehörigen Grundstück Berlin-Grunewald, Taunusstraße 5, im Range hinter 43.000 RM. Diese Grundschuld ist unverzinslich auf den Namen der Firma E. J. Meyer zu übertragen und dieser zu Händen des Erwerbers auszuliefern.

Im Falle der Verwertung des Grundstückes kann Dr. Horwitz die Rückgabe der Grundschuld gegen Hinterlegung einer anderen gleichwertigen Sicherheit oder eines entsprechenden Barbetrages verlangen.

Die Grundschuld kann – sobald feststeht, dass die Veräußerer nicht mehr in Anspruch genommen werden, spätestens aber nach dem 31.12.1939 soweit sie nicht in Anspruch genommen worden sind – auf Kosten der Veräußerer an Herrn Dr. Horwitz abgetreten werden.

1462 Amtsgericht Schöneberg, Grundbuchamt, Grundstück Am kleinen Wannsee 13, Bl. 133ff.

Analyse § 5:
Hier ist auffällig, dass nur Horwitz Sicherheit leistet und zwar in Höhe von 20.000 RM, jedoch nachrangig nach 43.000 RM. Wie hoch der Wert des Grundstückes war, also ob die 20.000 RM bei einer Verwertung einbringlich gewesen wären, ist unklar. Möglicherweise sollte jedoch, wie in § 4 des Vertrages dargestellt, das Meyer'sche Grundstück am Wannsee von Kurt Richter-Erdmann anstelle von Meyers veräußert werden, wobei von einem Meyers zustehenden, aber vorerst beim Bankhaus verbleibenden Gewinn in Höhe von rund 20.000 RM ausgegangen worden ist. Darauf deutet auch der Absatz betreffend die Rückgabe der Grundschuld bei Verwertung durch Horwitz selbst hin, welcher in § 4 über die Meyer'sche Grundschuld fehlt. Es ist also anzunehmen, dass Horwitz das Grundstück selbst verwerten wollte. Diese These stützt auch das Fehlen einer Vereinbarung bei Veräußerungsgewinn, wie sie für die Meyer'sche Grundschuld in § 4 dieses Vertrages aufgenommen ist.

§ 6.
Halbjährlich, erstmals zum 31.12.1938, wird festgestellt, inwiefern in der Übernahmebilanz vorgesehene Rückstellungen oder die oben bezeichneten Sicherheiten freigeworden sind. Ab jenem Stichtag werden diese Beträge mit dem Reichsbankdiskontsatz verzinst und drei Monate nach der Freigabe werden diese Beträge ausgezahlt.

Analyse § 6:
Wie bereits in der Analyse von § 2 dargestellt, waren Kurt Richter-Erdmanns Sicherheiten insbesondere bei (der tatsächlich auch angestrebten) Auswanderung eher theoretischer Natur. In diesem Abschnitt werden diese lediglich theoretisch vorhandenen Sicherheiten halbjährlich entsprechend verringert, die Beträge verzinst und zeitnah ausgezahlt. Eine sofortige Auszahlung der Beträge wäre wohl nicht praktikabel gewesen, so dass dem Bankhaus während dieser Zeit Liquidität gegeben werden sollte.

§ 7.
Das gesamte Inventar der Firma geht auf den Erwerber über.

Analyse § 7:
Diese Regelung scheint vor dem Hintergrund von §§ 1 und 15 eher deklaratorischer Natur. Er zeigt jedoch in Verbindung mit §§ 3 a. E. und 8, dass Kurt Richter-Erdmann nicht nur die Aktiven und Passiven sowie die Firmenbezeichnung für die erfolgreiche Etablierung seines Privatbankiersgeschäfts erlangen wollte, sondern auch den laufenden und eingerichteten

Geschäftsbetrieb so übernehmen wollte, wie er derzeit in den Räumlichkeiten ausgeübt wurde.

§ 8.
Die von dem Erwerber bezeichneten Angestellten, die in Anlage 3 zu diesem Protokoll aufgeführt sind und unter denen sich alle jüdischen Angestellten befinden, sind von den Veräußerern vor Übernahme durch den Erwerber zum nächst zulässigen Termin zu kündigen. Die den zu kündigenden arischen Angestellten zu zahlenden Abfindungssummen sind in Höhe von 25.000 RM sichergestellt.

Die danach verbleibenden arischen Gefolgschaftsmitglieder werden im Rahmen des Möglichen von dem Erwerber weiterbeschäftigt.

Weiterhin versichern die Veräußerer, dass die angegebenen Beträge über Bezüge der „arischen" Gefolgschaftsmitglieder verbindlich sind und keine weiteren Zusagen bestehen, ebenso dass alle bislang gezahlten Pensionen freiwillig waren und keine Pensionsansprüche gegen die Firma bestehen.

Analyse § 8:
Hier wird deutlich, dass Kurt Richter-Erdmann – und nicht die Veräußerer – ausgewählt hat, welche Angestellte künftig noch für das Geschäft arbeiten sollen und auch, dass Kurt Richter-Erdmann keineswegs in Bezug auf die künftige Geschäftsentwicklung sicher gewesen ist, denn er wollte die übrigbleibenden Angestellten lediglich „im Rahmen des Möglichen" weiterbeschäftigen. Dies umso mehr, als Richter-Erdmann bei der „Arisierung" von E. J. Meyer als Privatperson agierte und nicht als bereits eingerichtetes Bankhaus, das Doppelbesetzungen nach der Übernahme vermeiden muss.

Die Kündigung der jüdischen Mitarbeiter und die lediglich für die ausscheidenden „arischen" Mitarbeiter in diesem Vertrag geregelten Abfindungszahlungen waren üblich oder sogar stets der Fall und in der Regel verblieben die Abfindungszahlungen bei den jüdischen Vermögen der Veräußerer[1463]. Ein Abweichen durch Kurt Richter-Erdmann in Bezug auf die Übernahme der jüdischen Angestellten wird wohl aufgrund der Genehmigungserfordernisse nur schwer oder garnicht möglich gewesen sein. Jedoch ist auffällig, dass es in dem Vertrag heißt, dass die Abfindungen der ausscheidenden „arischen" Angestellten „sichergestellt" seien, was impliziert, dass diese aus den im Bankhaus vorhandenen Mitteln bestritten werden sollten und nicht bei den jüdischen Veräußerern nach deren Ausscheiden verblieben, wie sonst oft gehandhabt. Ob die jüdischen Angestellten tatsächlich keine Abfindungszahlungen erhalten haben oder ob

1463 Kahmann, Die Bankiers von Jacquier & Securius, S. 130, 146.

dies lediglich wegen der erforderlichen Genehmigungen nicht erwähnt wurde, konnte nicht ermittelt werden. In Bezug auf das Frankfurter Bankhaus Metzler wird gesagt, dass besonders „fair“ gewesen sei, dass für die bereits vor der Übernahme ausgeschiedenen 22 jüdischen Mitarbeiter des Bankhauses Bass & Herz außerordentlich großzügige Pensionszahlungen übernommen worden wären. Jedoch hatte Metzler bereits im Mai 1937 bei der Übernahme der Frankfurter Niederlassung von J. Dreyfuß & Co. nur alle sechs nicht-jüdischen Mitarbeiter übernommen[1464].

§ 9.
Herr Dr. Adolf Meyer übernimmt die Verpflichtung, den Erwerber in die Geschäfte einzuführen und zu diesem Zwecke auf Verlangen des Erwerbers innerhalb der Geschäftsräume diesem bis längstens zum 31.12.1939 zu Verfügung zu stehen. Er erhält hierfür eine Entschädigung von 9.000 RM, die in monatlichen Teilbeträgen nach der vorgesehenen Höchstdauer zu entrichten und deren Restbetrag bei vorzeitigem Verzicht durch den Erwerber mit dem Verzicht zu entrichten ist.

Analyse § 9:
Diese Regelung deutet stark auf ein gutes Verhältnis von Veräußerern und Erwerber hin, insbesondere von Adolf Meyer zu Kurt Richter-Erdmann. Jedoch ist nicht zu ermitteln gewesen, ob und in welchem Umfang Adolf Meyer tatsächlich Kurt Richter-Erdmann, immerhin zuvor Geschäftsinhaber der wesentlich größeren Privatbank Hardy & Co., in das Geschäft eingeführt hat[1465].

Grundsätzlich ist davon auszugehen, dass diese Regelung nicht getroffen worden wäre, wenn es zu starke Differenzen zwischen Meyer und Richter-Erdmann gegeben hätte, also Kurt Richter-Erdmann die Veräußerer übervorteilt hätte. Denn hätte Richter-Erdmann das gewollt oder getan, hätte er wohl nicht noch eineinhalb Jahre mit Meyer zusammenarbeiten wollen.

Ein Teil der Aufgaben von Adolf Meyer war sicherlich, bestehende Kundenbeziehungen fortzuführen, was auch in dem Rundschreiben von E. J. Meyer an ihre Kunden aus dem August 1938 deutlich wird. Gegen eine „unfaire“ Behandlung

---

1464 Holtfrerich, Albert von Metzler, in: Pohl (Hrsg.), Deutsche Bankiers des 20. Jahrhunderts, S. 268.

1465 Eine ähnliche Regelung hat es wohl auch beim Berliner Bankhaus A. E. Wassermann gegeben, denn auch Siegmund Wassermann arbeitete nach seinem Ausscheiden als persönlich haftender Gesellschafter weiterhin in der Bank, vgl. Weyhe, A. E. Wassermann, S. 142.

durch Kurt Richter-Erdmann spricht, dass die Parteien nicht davon ausgegangen wären, dass Adolf Meyer einen „unfairen“ Kurt Richter-Erdmann bei seinen Kunden auf eine derartige Weise einführen würde, dass diese der Bank weiterhin als Kunden erhalten blieben[1466].

Ein anderer Grund für diese Regelung ist wohl, dass E. J. Meyer noch immer sehr gute Verbindungen ins Ausland – beispielsweise England, Frankreich, Belgien, Holland, Schweiz – hielt und Kurt Richter-Erdmann besonderen Wert darauf legte, dass diese aufrechterhalten bleiben. So hatte Adolf Meyer bereits vor der „Arisierung“ einen deutschen Reisepass mit der Geltung für das Ausland beantragt, um dort die Firma Brandeis, Goldschmidt & Co. [1467] zu besuchen, welche seit Jahrzehnten mit E. J. Meyer in Geschäftsbeziehungen stand, E. J. Meyer in seiner schweren Krise 1927 durch ein Darlehen von 200.000 RM gestützt hatte und zu dem auch verwandtschaftliche Beziehungen der Meyers bestanden. Die Industrie- und Handelskammer fragte diesbezüglich auf einem Formblatt bei der Wirtschaftsgruppe Privates Bankgewerbe an, ob nach deren Auffassung von der Reise Adolf Meyers nach London „Vorteile für die deutsche Volkswirtschaft zu erwarten sind oder etwa zu besorgen ist, dass die Auslandsreise zu Vermögensverschiebungen, einer illegalen Auswanderung oder Betriebsverschiebung missbraucht“ würde. Die Wirtschaftsgruppe Privates Bankgewerbe erbat darauf von E. J. Meyer eine ausführliche Stellungnahme über die Notwendigkeit der Reise, wobei in der Antwort auch die Frage zu behandeln sei, ob die geschäftlichen Verhandlungen in England nicht auch von einem „arischen Angestellten Ihrer Firma geführt werden können“. Nachdem E. J. Meyer mittels eines Schreibens von Brandeis, Goldschmidt & Co. darlegte, dass jene eine zumindest teilweise Rückzahlung des Kredites wünsche, aber Kurt Richter-Erdmann auf jeden Fall dieses Darlehen behalten wollte, und auch dass Adolf Meyer zu jener Bank verwandtschaftliche Beziehungen hatte, stimmte die Wirtschaftsgruppe Privates Bankgewerbe einer Erteilung des Reisepasses zu[1468]. Auch dass Adolf Meyer die

---

1466 Siehe dazu auch das Rundschreiben von E. J. Meyer an die Kundschaft betreffend die Übernahme von E. J. Meyer durch Kurt Richter-Erdmann in Kap. 5.2.2.3; LEA Reg.-Nr. 161874, Bl. E7.

1467 Brandeis, Goldschmidt & Co. war ein Metallhandelshaus. Nachdem Max Warburg in London seine Lehrjahre gemacht und sich dort mit dem Inhaber Paul Kohn-Speyer angefreundet hatte, heiratete jener Max Warburgs Schwester Olga, vgl. Köhler, Wirtschaftsbürger und Unternehmer – Zum Heiratsverhalten deutscher Privatbankiers im Übergang zum 20. Jahrhundert, in: Ziegler (Hrsg.), Großbürger und Unternehmer: die deutsche Wirtschaftselite im 20. Jahrhundert, S. 132.

1468 Archiv Bundesverband deutscher Banken, Bestand „gelb“, E. J. Meyer.

Geschäftsbeziehungen seiner Verwandtschaft mit dem „arisierten" Bankhaus E. J. Meyer aufrecht erhalten wollte, deutet auf ein gutes Verhältnis zwischen Adolf Meyer und Kurt Richter-Erdmann hin.

Da Meyers wie oben dargestellt in Amsterdam ohne einer Arbeit nachzugehen über zumindest ausreichende Mittel verfügten, war auch Adolf Meyer nicht zwingend auf diese Einnahme angewiesen, so dass er die Verpflichtung, Kurt Richter-Erdmann in das Bankgeschäft einzuführen, bei persönlicher Abneigung wohl nicht übernommen hätte. Jedoch ist dieser Betrag von 9.000 RM für maximal eineinhalb Jahre Beratungstätigkeit relativ großzügig bemessen, wenn man betrachtet, dass er als jüdischer Privatbankier in keinen Gremien und Verbänden mehr Kontakte pflegen konnte und sein Bestreben sein musste, möglichst wenig Aufsehen zu erwecken, also das Gegenteil von Akquise neuer Kundschaft – abgesehen von den Auswanderungsplänen Meyers. Weiterhin wurden Adolf Meyer und Leonhard Horwitz nach dem Krieg in die Entschädigungsgruppe vergleichbar des höheren Dienstes eingestuft, welche 11.520 RM jährlich verdiente[1469], so dass ein „Einführen in die Geschäfte" für 6.000 RM jährlich möglicherweise sogar einen versteckten Kaufpreis darstellt. Dies könnte auch durch die Regelung gestützt werden, nach der Adolf Meyer auch bei vorzeitigem Verzicht durch den Erwerber Anspruch auf den vollen Betrag von 9.000 RM hat[1470].

§ 10.
Eine Vergütung für das Recht auf Weiterführung der Firma wird nicht gewährt.

Irgendwelche andere Zahlungen als die aus diesem Vertrage sich ergebenden sind vom Erwerber weder an Veräußerer noch an Dritte versprochen noch zu leisten.

Analyse § 10:
In Lichte des § 15, welcher als ersten Rücktrittsgrund vom Vertrag für Kurt Richter-Erdmann die Versagung der Weiterführung des Namens E. J. Meyer festlegt, wird deutlich, dass mit dem Recht auf Weiterführung der Firma E. J. Meyer durch Kurt Richter-Erdmann – wie bereits bei der Analyse von § 1 angeführt – die Übernahme stehen oder fallen sollte. Dass dafür keinerlei Vergütung gewährt

1469 LEA, Reg.-Nr. 161874, Bl. E28.

1470 Es ist nicht klar, ob dieser Betrag gekürzt worden ist, nachdem die Genehmigung vom Reichskommissar für das Kreditwesen nur bis zum 30.06.1939 erteilt worden war, vgl. Kap. 5.2.2.4; Auch ist nicht feststellbar gewesen, ob Adolf Meyer, der am 24.04.1939 ausgewandert ist, den Rest der Summe von Kurt Richter-Erdmann erhalten hat.

wird, kann als Indiz für einen „unfairen“ Vertrag angesehen werden. Jedoch ist aufgrund der fehlenden Bilanzen nicht ersichtlich, ob nicht die Veräußerer mit den von der Übernahme ausgenommenen Aktiv- und Passivkonten Vermögenswerte ausgeklammert haben, welche den Wert des Bankhauses insoweit überstiegen, dass der Firmenname hierin eingepreist war. Möglich ist jedoch auch, dass eine Vergütung für den Meyer'schen Firmennamen in der Regelung des § 9 berücksichtigt ist, zumal Adolf Meyer tatsächlich wohl lediglich die Überleitung der persönlichen Beziehungen auf Kurt Richter-Erdmann und gegebenenfalls einige organisatorische Dinge als Einführung in das Bankhaus leisten musste, denn Kurt Richter-Erdmann war bereits lange Jahre Privatbankier bei Hardy & Co. gewesen und es ist davon auszugehen, dass er das Privatbankiersgeschäft beherrschte.

Dass keine anderen Zahlungen als die hier genannten geleistet wurden, ist wohl sowohl im Lichte des nach dem 26.04.1938 bestehenden Verbotes, bei jüdischen Unternehmen Goodwill zu zahlen[1471], zu sehen, als möglicherweise auch zur Beruhigung der Genehmigungsinstanzen und zum Schutz Kurt Richter-Erdmanns vor Unterstellungen, dass es solche gegeben habe.

§ 11.
Die Veräußerer haben bei Vorliegen eines wichtigen Grundes das Recht, in sämtliche dem Erwerber übergebenen Handelsbücher und Geschäftspapiere Einsicht zu nehmen.

Analyse § 11:
Diese Bestimmung ist wohl lediglich eine technische Bestimmung insbesondere im Zusammenhang mit dem Freiwerden der Sicherheiten beispielsweise aus §§ 2, 4 und 5 dieses Vertrages.

§ 12.
Kosten dieses Vertrages mit Ausnahme der Buchprüfungskosten trägt nur der Erwerber, auch in dem Falle, dass der Vertrag nicht genehmigt wird.

Irgendwelche weiteren Leistungen, seien sie als Vermittlungsprovision, seien sie sonstwie benannt, sind weder an die Veräußerer noch an Dritte zu gewähren.

Analyse § 12:
Die Bestimmung im ersten Absatz zeigt, dass auch Kurt Richter-Erdmann ein veritables Interesse an dem Abschluss des Vertrages hatte und dass die Veräußerer

1471 Siehe Kap. 5.1.3.2.

soviel Verhandlungsspielraum hatten, dass sie die Kosten des Erwerbs nicht selbst tragen mussten – selbst nicht, wenn die Genehmigungsstellen unvorhersehbar die Genehmigung versagten.

Der zweite Absatz ist wohl deklaratorischer Natur, um den Genehmigungsbehörden zu zeigen, dass weder offiziell verbotener Goodwill gezahlt wurde noch Umgehungsgeschäfte getätigt wurden. Möglicherweise ist dies auch eine Standardklausel, um den Erwerber jüdischer Geschäfte vor Unbill durch staatliche Stellen zu schützen[1472].

§ 13.
Gerichtsstandsvereinbarung für Amtsgericht oder Landgericht Berlin.

§ 14.
Die Übernahme des Geschäfts erfolgt dergestalt, dass der Erwerber in die Firma als persönlich haftender Gesellschafter eintritt und dass gleichzeitig ein von dem Erwerber zu bezeichnender Kommanditist in die Gesellschaft eintritt, sowie dass unverzüglich nach erfolgter Eintragung der Kommanditgesellschaft die bisherigen Inhaber aus der Firma ausscheiden.

Analyse § 14:
Hier wird die dingliche Erfüllung des schuldrechtlichen Geschäfts aus § 1 geregelt.

Kommanditistin sollte die Schwester von Kurt Richter-Erdmann, Ilse Feistkorn, werden, welche von der Kapitaleinlage von Kurt Richter-Erdmann i.H.v. 300.000 RM einen Anteil von 100.000 RM beisteuern sollte. Der Eintritt der Kommanditistin war am 26.10.1938 beim Handelsregister angemeldet worden, jedoch bereits am 30.11./ 01.12.1938 von Adolf Meyer, Leonhard Horwitz und Kurt Richter-Erdmann aus unbekanntem Grunde zurückgenommen, da die Vereinbarung mit Ilse Feistkorn rückwirkend aufgehoben worden sei. Zu dem Zeitpunkt sind auch Adolf Meyer und Leonhard Horwitz aus der Gesellschaft ausgeschieden und sie wurde in eine Einzelfirma umgewandelt, welche Kurt Richter-Erdmann weiterhin unter dem vorherigen Namen E. J. Meyer führte[1473]. Die Kapitaleinlage von Kurt Richter-Erdmann nach der Übernahme von E. J. Meyer betrug 300.000 RM[1474]. Nach der Übernahme von E. J. Meyer hat Kurt Richter-Erdmann die bereits unter Meyer und Horwitz lange tätigen Prokuristen

1472 Vgl. dazu auch § 10 dieses Vertrages.
1473 LAB, B Rep. 042, Nr. 46349, Bd. 1, Bl. 20, 29, 38.
1474 LAB, B Rep. 042, Nr. 46349, Bd. 1, Bl. 20.

Friedrich Meineke, Erich Lippa, Ernst Keubel, Paul Piechocki und Willi Otto übernommen, während die Prokuristen Friedrich Haag und Kurt Eisner entlassen worden waren, sowie im April 1939 den Prokuristen Max Trunk zusätzlich eingestellt sowie im September 1939 Otto Treiber als Generalbevollmächtigten und Prokuristen neu in das Bankhaus geholt[1475]. Kurt Richter-Erdmann hat also weitgehend das bestehende Bankgeschäft mit Prozessabläufen und Mitarbeitern übernommen. Ernst Keubel war Nationalsozialist und von E. J. Meyer wohl mit der Kontaktpflege zu nationalsozialistischen Institutionen beauftragt, jedoch harmlos und hat der Firma weder besondere Dienste geleistet noch besonders geschadet, da er sehr überschuldet gewesen sei und jeden nach Geld angeborgt habe[1476].

§ 15.
Der Erwerber hat das Recht zum Rücktritt vom Vertrage, wenn

1. die Weiterführung der bisherigen Firma nicht möglich sein sollte, oder
2. bis zur Übernahme der Firma das Depot- und Depositenrecht, oder
3. die Eigenschaft als Devisenbank

entzogen werden sollte.

Unbeschadet von diesem Rücktrittsrecht bleibt die Unwirksamkeit des Vertrages bei Nichterteilung einer der erforderlichen Genehmigungen.

Analyse § 15:
Diese Eigenschaften waren essentialia negotii, weil Kurt Richter-Erdmann diese Geschäftszweige aufrechterhalten und ausbauen wollte. Wie bereits oben dargestellt, steht an erster Stelle die alteingesessene jüdische Firma, der ein so großer Wert beigemessen wurde, dass das Geschäft für Kurt Richter-Erdmann sinnlos gewesen wäre ohne die Übernahme der Firma, obwohl gem. § 10 dafür nicht gezahlt wurde.

Die Nichterteilung der Genehmigung war das finanzielle Risiko von Kurt Richter-Erdmann, denn er hätte nach § 12 auch im Falle der Versagung der Genehmigung die bis dahin angefallenen Kosten des Geschäfts tragen müssen.

1475 Amtsgericht Schöneberg, Grundbuchamt, Grundstück Am kleinen Wannsee 13, Bl. 177ff.; LAB, B Rep. 042, Nr. 46349, Bd. 1, Bl. 55 Anmeldung von Otto Treiber durch Rechtsanwalt Eduard Wätjen; LAB, B Rep. 042, Nr. 46349, Bd. 3, Handblatt Handelsregister Akte E. J. Meyer.

1476 Aussage des seit 1911 bei E. J. Meyer tätigen Prokuristen Lippa im Restitutionsprozess, vgl. BADV, 7 WGA 423/51, Bl. 73ff.

Nunmehr erklären die Erschienenen:
Das in der Bilanz aufgeführte Grundstück Dresdenerstraße 63 und Annenstraße 32 ist Eigentum der Firma E. J. Meyer.

Sämtliche Erschienenen erklären weiterhin: Wir sind Deviseninländer.

Der Notar stellt „gemäß § 4 der Anordnung auf Grund der Verordnung über die Anmeldung des Vermögens von Juden vom 26.04.1938, RGBl. I, S. 415" fest, dass er die Erschienenen auf diese Anordnung hingewiesen habe.

Auf Befragen des Notares erklären die Erschienenen:

Im Urkunden- und Gebühreninteresse des Notars geben wir den Wert dieser Verhandlung auf 312.000 RM an.

Analyse:
Von der Übertragung auf Kurt Richter-Erdmann ausgeklammert wurde nach Anlage 2 das Rücklagenkonto Grundstück Mohrenstraße, wobei jedoch das der Bank gehörende Grundstück Dresdnerstraße 63/ Annenstraße 32 auf Kurt Richter-Erdmann übertragen wurde. Möglich ist, dass über die Ausklammerung des Rücklagenkontos Mohrenstraße Vermögenswerte der Veräußerer aus dem Bankhaus von der Übertragung ausgenommen worden waren.

Das Grundstück Dresdner Straße 63/ Annenstraße 32 war am 17.11.1930 im Rahmen einer Zwangsversteigerung von E. J. Meyer erworben worden und wies zur Zeit des „Arisierungsvertrages" eine Hypothek zu Lasten des Bankhauses E. J. Meyer auf in Höhe von 75.000 RM, wobei der Einheitswert zum 01.01.1935 von 52.300 RM betrug. Das Grundstück wurde von Kurt Richter-Erdmann am 31.12.1940 veräußert zu einem Preis von 42.500 RM[1477].

Nach § 4 der genannten Anordnung vom 26.04.1938 hatte der Notar bei Beurkundung zu erfragen, ob Juden an dem Rechtsgeschäft beteiligt sind, denn derartige Rechtsgeschäfte unterlagen nach § 1 der genannten Anordnung der Genehmigungspflicht. Aus der Eigenschaft als Deviseninländer resultierte, dass keine speziellen Genehmigungen über die Verfügung an Ausländer einzuholen waren[1478].

Die Höhe der Urkundssteuer richtete sich nach der Einlage von Kurt Richter-Erdmann in Höhe von 300.000 RM[1479]. Warum ein Betrag von 312.000 RM genannt ist, ist nicht feststellbar.

1477 Landesamt zur Regelung offener Vermögensfragen, Az. LAROV II B 52 - 166478, Bescheid vom 20.05.1999.

1478 Vgl. §§ 9ff. Devisengesetz vom 04.02.1935, RGBl. I S. 106ff.

1479 Es gibt umfangreiche Korrespondenz über die Gestaltung des „Arisierungsvertrages" in dieser Form, um lediglich die Urkundssteuer in dieser Höhe zahlen zu

Anlage 1 zum „Arisierungsvertrag"

1. Konto Dr. Adolf Meyer
2. Konto Frau Geheimrat Anna Meyer mit dem 210.000 RM übersteigenden Betrag
3. Konto Dr. Leonhard Horwitz
4. Konto septo Grunewald-Kronbergerstraße 8 GmbH
5. Beteiligung Trufico Trust- en Financierings-Companie N. V.

Analyse:
Da weder die Bilanz zum 31.12.1937, die auf ihr gem. § 2 beruhende Übernahmebilanz noch Gewinn- und Verlustrechnungen vorliegen, kann aus diesen Angaben nicht entnommen werden, ob die Veräußerer durch Ausklammerung dieser Aktiva Vermögen von der Übertragung auf Kurt Richter-Erdmann ausgenommen haben. Jedoch liegt dies nahe, weil – wie bereits oben dargestellt – die Horwitz'schen Erben mehrfach von „Erlös" sprechen und Meyers kurz nach der Veräußerung nach Amsterdam ausgewandert sind. Darauf deutet auch die Regelung hin, dass Kurt Richter-Erdmann selbst bei Versagung der Genehmigungen die Kosten für das angebahnte Rechtsgeschäft zu tragen hat, denn wenn Meyers zu jeder Bedingung hätten verkaufen müssen, wäre diese Vereinbarung nicht so getroffen worden.

Anlage 2 zum „Arisierungsvertrag"

1. Kapitalkonten Dr. Adolf Meyer und Dr. Leonhard Horwitz
2. Rücklagen-Konto Mohrenstrasse.

Analyse:
Hier gilt ebenfalls das bereits in der Analyse zu Anlage 1 Gesagte. Dabei ist auffällig, dass das Rücklagenkonto eines nicht mit dem Bankhaus übertragenen Grundstückes von der Veräußerung ausgeklammert worden ist.

Anlage 3 zum „Arisierungsvertrag"

1. Moll
2. Danziger
3. Rolf Horwitz
4. Eisner
5. Evers

---

müssen anstelle einer zusätzlichen Steuer auf die Verbindlichkeiten der OHG bei deren Auflösung und Umwandlung in eine Einzelfirma, vgl. LAB, B Rep. 042, Nr. 46349, Bd. 1, Bl. 23ff.

6. Sellin
7. Balschun
8. Haag
9. Barelmann.

Analyse:
Diese Anlage bezieht sich auf § 8, nach welchem die in der Anlage genannten Angestellten, unter denen sich auch alle jüdischen Angestellten befanden, von den Veräußerern vor Veräußerung zu kündigen waren. Vor der „Arisierung“ hatte E. J. Meyer ungefähr 30 Angestellte[1480].

5.2.2.3 Bewertung der „Arisierung“

Die Bankiers von E. J. Meyer hätten ihr Bankhaus trotz der oben aufgeführten Geschäftsrückgänge, der Schulden beim eigenen Bankhaus und der auch privat finanziell immer angespannteren Situation ohne die Zeit des Nationalsozialismus nicht zu dieser Zeit verkauft, denn sie haben trotz des oben dargestellten Geschäftsrückganges noch 1938 mehr verdient als der für das spätere Entschädigungsverfahren wegen Schadens im beruflichen Fortkommen angenomme fiktive Beamte in vergleichbarer Position[1481]. Dafür, dass sie das Bankhaus sonst nicht veräußert hätten, spricht auch, dass Meyers selbst bei ihrer Flucht nach Amsterdam dachten, alsbald nach Deutschland zurückkehren zu können[1482] sowie dass die Veräußerer trotz fortlaufenden Geschäftsrückganges ihr Bankhaus nicht bereits zuvor veräußerten.

Da Meyer und Horwitz jedoch ihr Bankhaus veräußern wollten um auszuwandern und dies auch getan haben, ist zu untersuchen, ob für den Wert von E. J. Meyer unter Berücksichtigung der allgemeinen Entwicklung der Privatbanken, der jüdischen Privatbanken sowie der Entwicklung des Bankhauses E. J. Meyer bis zum Zeitpunkt der „Arisierung“ (im Folgenden „Wert status quo“) sowie einem sich aus einer Prognose über die künftige Geschäftsentwicklung zusätzlich ergebenden Goodwill (im Folgenden „Wert Prognose“) als Gesamtwert des Bankhauses ein angemessener Kaufpreis zu zahlen gewesen wäre.

1480 LEA, Reg.-Nr. 161874, Bl. E2.

1481 LEA Reg.-Nr. 160830.

1482 Laut Adolf Meyers Enkelin Martita Flemming in einer Auskunft an den Verfasser vom 29.03.2010 waren ihre Großeltern nach Amsterdam gegangen, weil sie sich dort vorerst sicher glaubten und dort bleiben wollten, bis die Gefahr in Deutschland für sie gebannt war, um dann zurückzukehren. Sie hätten bei ihrer Flucht nicht gedacht, dass sie nie wieder nach Deutschland zurückkehren würden.

Da wie bereits ausgeführt keine Unterlagen über die maßgeblichen Bilanzen und Gewinn- und Verlustrechnungen mehr vorliegen, können hier nur die wertbildenden Faktoren untersucht werden. Die Frage, ob ein auffälliges Missverhältnis i.S.d. § 138 BGB zwischen Wert des Bankhauses und Kaufpreis bestanden hat oder ob der Vertrag „fair" war, kann sich nur aus Indizien beantworten lassen.

Wert status quo

Oben wurde bereits das seit Jahrzehnten stetig zurückgehende Geschäft der Privatbankiers im Allgemeinen, sowie das seit 1933 noch stärker zurückgehende Geschäft der jüdischen Privatbankiers untersucht. Wie festgestellt, hat E. J. Meyer dank der mit der Abwicklung des Bankhauses Schwarz, Goldschmidt & Co. bis Ende 1936 fließenden Provisionen für die Einziehung offener Altforderungen in der Anfangszeit des Nationalsozialismus gut verdient, wenn auch von Jahr zu Jahr weniger. Die Ende 1932 mit der Übernahme von Schwarz, Goldschmidt & Co. bestehenden Hoffnungen, neue Geschäftszweige aufzutun, haben sich aufgrund der dargestellten Wirtschaftspolitik der Nationalsozialisten nicht erfüllt. Das übrige Geschäft von E. J. Meyer hatte sich schon seit der Machtübernahme der Nationalsozialisten durch Verlust von Geschäftsbeziehungen, Aufsichtsratsmandaten, Mitgliedschaften in wirtschaftlich-gesellschaftlichen Vereinigungen und Gremien geschwächt. Jedoch war bis zur „Arisierung" noch so viel Geschäft vorhanden, dass die Geschäftsinhaber und damit auch Veräußerer von E. J. Meyer – wenn auch sehr viel bescheidener als zuvor – noch immer mehr verdienten als ein im Entschädigungsverfahren zu Grunde gelegter vergleichbarer Beamter. Es ist aber davon auszugehen, dass das den Privatbankiers zu dieser Zeit verbliebene Geschäft insbesondere auf den persönlichen und in der Regel wohl langjährigen Beziehungen der Geschäftsinhaber zur Kundschaft beruhte bzw. es neue Beziehungen waren, durch Kunden, welche absichtlich eine jüdische Bank suchten.

Damit hatte das Bankhaus E. J. Meyer zwar einen Wert des status quo, jedoch war dieser Wert für einen nichtjüdischen „Arisierer" aufgrund der engen Beziehungen zur Kundschaft nur bedingt vorhanden und wird in der Realität wohl von jedem Kunden individuell abhängen. Jedoch waren laut § 2 des Vertrages ein Grundstück und die Büroausstattung mit tatsächlichem Wert von 72.000 RM vorhanden, welche laut Vertrag übergegangen sind.

Es ist aber wie bereits ausgeführt aufgrund der fehlenden Bilanzen nicht möglich zu sehen, ob den Veräußerern ein Gegenwert für den dargestellten Wert des Bankgeschäftes, Grundstücks und Mobiliars durch Ausklammerung der in den Anlagen 1 und 2 zum „Arisierungsvertrag" genannten Werte zugeflossen ist.

Wert Prognose

Neben dem status quo des Bankhauses muss in die Wertberechnung auch eine Prognose auf künftige Geschäftsentwicklung in der Hand von Kurt Richter-Erdmann aufgenommen werden. Wenn eine positive Gewinnprognose vorgelegen hat, hätte ein Goodwill vorgelegen, welcher den Wert des Bankhauses erhöht hätte[1483]. Auch hier sind keine Daten oder Anhaltspunkte für eine Berechnung von Goodwill zwischen den Parteien vorhanden. Ob ein Goodwill tatsächlich berechnet worden, dieser aber aufgrund der gesetzlichen Bestimmungen entweder tatsächlich nicht oder aber versteckt in den „Arisierungsvertrag" eingebracht ist, ist genauso wenig zu ermitteln gewesen wie ob die Parteien eine Berechnung von Goodwill unterlassen haben. Deshalb soll hier anhand von allgemeinen Kriterien versucht werden zu sehen, ob theoretisch ein Goodwill vorhanden gewesen sein müsste. Ob dieser dann einen entsprechenden Vermögenszufluss durch die Ausklammerung der im Vertrag genannten Aktiven und Passiven bei den Veräußerern geführt hat, ist nicht zu ermitteln.

Die Werte für den Goodwill kann man nicht berechnen, da es sich um Zukunftswerte handelt. Man kann sie nur schätzen, wobei als Schätzgrundlage die Auswirkung der immateriellen Firmenwerte in den vergangenen Jahren dienen kann, jedoch insbesondere die Ausscheidung eines Wertes für die Person des Unternehmers auf die Höhe des Ertrages nur bedingt möglich ist[1484].

Hier soll versucht werden, mögliche Faktoren für oder gegen das Vorliegen eines Goodwill anhand einer Analyse der Stärken des Bankhauses gegenüber seinen Schwächen sowie der Möglichkeiten für ein erfolgreiches Privatbankiersgeschäft unter Kurt Richter-Erdmann und den möglichen Bedrohungen, die ein solches erfolgreiches Geschäft verhindern könnten, zu definieren (sog. „SWOT-Analyse").

Besondere Stärken des Bankhauses lassen sich in § 15 des Vertrages ablesen, denn ohne die dort genannten Eigenschaften in Form des alten Firmennamens, der Devisenbankeigenschaft sowie des Depot- und Depositenrechtes hätte Kurt Richter-Erdmann den Vertrag nicht abgeschlossen. Aus den Bestimmungen der § 3 a.E. (Übernahme des Mietvertrages über das Geschäftslokal), § 7 (Übernahme des gesamten Inventars), § 8 i. V. m. Anlage 3 (Übernahme von rund 21 der zuvor rund 30 Angestellten) sowie § 9 (Einführung in das bestehende Geschäft durch Adolf Meyer) wird deutlich, dass Kurt Richter-Erdmann sein künftiges Geschäft auf diesen eingerichteten und eingespielten Geschäftsbetrieb bauen wollte.

1483 Kahmann, Die Bankiers von Jacquier & Securius, S. 172.

1484 Mahn, Die Bilanzierungsfähigkeit immaterieller Firmenwerte nach Handels- und Steuerrecht, S. 7f.

Doch standen diesen Stärken, die für sich betrachtet einen Wert ergäben, auch Schwächen gegenüber. So war beispielsweise eine Hauptschwäche, dass das Bankhaus mit Adolf Meyer in beratender Funktion zwar noch etwas Bindung an die Kundschaft für das kommende Jahr hatte, jedoch bei einem Privatbankhaus insbesondere die persönlichen Beziehungen und das Vertrauen in die Fähigkeit des Bankiers für die Kundenbeziehungen und die Geschäftsentwicklung maßgeblich waren. Nach einem Ausscheiden des seit 1927 als Privatbankier bei E. J. Meyer tätigen Leonhard Horwitz war es wohl bereits schwer, allein dessen Beziehungen durch Adolf Meyer zu substituieren. Dieser Schluss folgt daraus, dass wie oben dargestellt auch der Transfer der Kundenbeziehungen von Julius Schwarz auf die Bankiers Horwitz und Meyer nach dem Tode ihres Partners Schwarz im Jahr 1934 so schwierig gewesen ist, dass Horwitz und Meyer der Witwe Schwarz für 1935 und 1936 für die Pflege von Kundenbeziehungen ihres verstorbenen Mannes und weitere Akquise einen Betrag von 25.000 RM zahlten. Diese Schwäche war auch mit der beratenden Tätigkeit von Adolf Meyer und der Übernahme der alten Prokuristen von E. J. Meyer nicht zu beseitigen. Ebenfalls nicht zu beseitigen war die Schwäche, dass alle Privatbankgeschäfte seit Jahrzehnten Geschäftsrückgänge zu verzeichnen hatten und dass sich die Ende 1932 mit der Übernahme von Schwarz, Goldschmidt & Co. und dem Einstieg von Julius Schwarz bei E. J. Meyer geplanten neuen Geschäftsbereiche aus dem Geschäftsbetrieb von E. J. Meyer nicht entwickelten. Eine weitere Schwäche war sicherlich auch, dass die jüdischen Kunden von E. J. Meyer zusehends auswanderten oder ihr Vermögen im Inland verbrauchten.

Dem standen die neuen Möglichkeiten für Kurt Richter-Erdmann gegenüber. Dieser war mit der Liquidation der jüdisch stämmigen Privatbank Hardy & Co. in München zu Anfang des Jahres 1938 dort als Teilhaber ausgeschieden, so dass er sich ein neues Betätigungsfeld suchen musste. Da er bereits seit den 1920er Jahren als Privatbankier bei Hardy & Co. tätig war und auch sein Vater bereits sehr erfolgreicher Privatbankier war, lag der Einstieg in eine bzw. die Übernahme einer Privatbank nahe, damit er sowohl seine Kenntnisse als auch seine Geschäftsbeziehungen nutzbringend einsetzen konnte. Da Hardy & Co. von dem jüdischen Bankier James Hardy gegründet worden war und Kurt Richter-Erdmann wie auch sein Vetter Hans von Flotow diesen und seinen Bruder sowie den jüdischen Bankier Hans Fürstenberg bei deren Flucht sowie Vermögenstransfer ins Ausland unterstützen, war die Annahme berechtigt, dass die jüdische Kundschaft Kurt Richter-Erdmann nach einer Einführung durch Adolf Meyer als „ihren" Privatbankier annehmen würde und dem Bankhaus E. J. Meyer weiter als Kunden erhalten bleiben würden – zumindest bis sie auswanderten oder ihr Vermögen aufgezehrt hatten, so dass Kurt Richter-Erdmann vor dem Aufbau eines durch ihn selbst akquirierten Geschäfts noch auf zumindest einen Teil der bisherigen Kundschaft setzen konnte. Der Zeitpunkt für den Aufbau eines eigenen Privatbankgeschäfts war durch die oben dargestellte Liquidation zahlreicher insbesondere jüdischer Privatbanken günstig, denn damit bestand die Möglichkeit, langjährig bei der Konkurrenz gebundene Kundschaft zu übernehmen.

Im Gegensatz zu diesen Möglichkeiten für Kurt Richter-Erdmann stehen die Bedrohungen für sein Unternehmersein als Privatbankier im „arisierten" jüdischen Privatbankhaus. Dies einerseits, weil von der jüdischen Kundschaft zur Zeit des Nationalsozialismus ein „Arisierer" wohl prima facie als weniger vertrauenswürdig als ein jüdischer Bankier eingeschätzt werden musste und andererseits, weil durch die Vielzahl der „Arisierungen" bis Ende 1938 der Markt der Privatbanken derart umgewälzt wurde, dass zum großen Teil eine Neuverteilung der Kundschaft unter den Privatbanken erfolgen musste, wobei sich das Bankhaus E. J. Meyer unter Kurt Richter-Erdmann gegen die derart zahlreiche – und durch Übernahmen von Privatbanken durch andere Banken auch finanzkräftigere – Konkurrenz behaupten musste. Auch ein zu „judenfreundliches" Verhalten Kurt Richter-Erdmanns, sei es aus Überzeugung oder um sich die Kundschaft zu erhalten, konnte sich bei dieser Umverteilung negativ auf sein Geschäft auswirken.

Da Wertberechnungen dieser Einschätzungen nur bei genauer Kenntnis des Marktes und der Kundschaft von E. J. Meyer zur damaligen Zeit getroffen werden können, diese aber nicht vorliegen, ist nicht zu analysieren, ob ein Goodwill für das Bankhaus vorgelegen hat. Dies wird auch deutlich in § 8 des Vertrages, wonach Kurt Richter-Erdmann selbst die durch ihn ausgewählten Angestellten lediglich „im Rahmen des Möglichen" weiterbeschäftigen wollte. Da Kurt Richter-Erdmann jedoch bereits langjährig als Privatbankier tätig gewesen war und damit gute Kontakte hatte, standen die Chancen für eine erfolgreiche Unternehmung nach Übernahme des Bankhauses wohl gut, insbesondere aufgrund der in der Anfangszeit durch das Vorhandensein von Adolf Meyer noch weiterhin gepflegten Geschäftsbeziehungen zur vorhandenen Kundschaft, so dass man von einem grundsätzlichen Vorhandensein einer positiven Gewinnprognose für das „arisierte" Bankhaus, also von einem Goodwill, ausgehen muss.

Ob dieser Goodwill durch die Ausklammerung der in den Anlagen 1 und 2 des Vertrages genannten Aktiven und Passiven oder in anderer Form indirekt abgegolten oder durch Übernahme vorhandener Forderungen kompensiert worden ist, ist mangels überlieferter Daten nicht zu ermitteln.

Entgelt für E. J. Meyer

Zwar ist aufgrund der nicht mehr vorhandenen Unterlagen nicht zu klären, ob und in welcher Höhe die Veräußerer durch die Ausklammerung der genannten

Aktiven und Passiven in unbekannter Höhe ein Entgelt für die Veräußerung ihres Bankhauses erhalten haben, jedoch sprechen Indizien dafür, dass zwar im Vertrag offiziell kein Entgelt für das Bankhaus gezahlt wurde, versteckt jedoch den Veräußerern Vermögen zugeflossen ist. Dies ist insbesondere im Hinblick auf Adolf Meyer feststellbar, wobei in Bezug auf Horwitz Unterlagen darüber nicht mehr vorhanden sind.

Einerseits hatten Meyers seit Mitte der 1920er Jahre Schulden bei ihrem eigenen Bankhaus, zuletzt in der Höhe von 215.000 RM, obwohl noch 1928 das Grundstück in der Königgrätzer Straße von Ernst Joachim Meyer für 500.000 RM an Wertheim verkauft worden war. Dies zeigt nicht nur, dass die Ausgaben von Meyers die Einnahmen überstiegen, wie auch der Prokurist Lippa in der genannten Zeugenbefragung nach dem Kriege ausführt, sondern auch, dass das Bankgeschäft insgesamt auf wackeligen Beinen stand, denn das Grundstück für die Besicherung des Kredites beim eigenen Bankhaus musste 1938 eine Wertkorrektur auf einen Einheitswert von 191.700 RM erfahren, wobei der Verkehrswert am 24.03.1939 lediglich 157.000 RM betrug. Bei einer anderen Bank hätte dieses Grundstück nie als Beleihungsgrundlage für einen Kredit in Höhe von 215.000 RM dienen können. Kurt Richter-Erdmann hat von den Schulden der Meyers beim Bankhaus 210.000 RM übernommen und im Gegenzug dafür erst die Grundschuld und dann das Grundstück selbst erhalten. Damit hatten Meyers nicht nur die bereits erwähnten Vorteile, ihre Schulden beim Bankhaus tilgen zu können und damit die Voraussetzung für die Auswanderung zu schaffen, sondern auch, dass sie nach jahrelangen erfolglosen Veräußerungsbemühungen – wie sie selbst im Verfahren mit der Preisüberwachungsstelle schreiben – das Grundstück veräußern konnten und zwar für 210.000 RM, wobei der Einheitswert bei 191.700 RM und der Verkehrswert bei rund 157.000 RM gelegen hat. Darin kann ein versteckter Kaufpreis gesehen werden. Möglich ist, dass deshalb die Konstruktion gewählt wurde, erst eine Grundschuld auf das Grundstück als Sicherheit für die 215.000 RM bei der „Arisierung" der Bank zu geben und ein halbes Jahr später in einem gesonderten Vertrag das an sich weniger werthaltige Grundstück als Tilgung[1485]. Dafür spricht auch, dass nach § 4 des Vertrages

1485 Der Verkauf des Grundstückes durch Kurt Richter-Erdmann für 225.000 RM am 12.03.1941 an die NSDAP zum Zwecke der Errichtung eines Schulungszentrums wird wohl zur Zeit der „Arisierung" noch nicht absehbar gewesen sein. Auch war es wohl nicht voraussehbar, dass gerade die gut zahlende NSDAP als fast einzig in Frage kommender Käufer Interesse haben würde, zumal Meyers als Juden wahrscheinlich nur einen wesentlich geringeren Erlös hätten erzielen können.

Meyers für die Zeit der Gestellung der Grundschuld ein Mehrerlös zustehen sollte – ein Zusatz, welcher bei Horwitz fehlte.

Ein weiterer versteckter Kaufpreis könnte in den Regelungen des § 9 enthalten sein, nach denen Adolf Meyer eine Vergütung von 9.000 RM zustand für maximal eineinhalb Jahre als Berater von Kurt Richter-Erdmann zur Einführung in das Geschäft. Dieser Betrag ist lediglich um 20% geringer als der Jahresverdienst des im Entschädigungsverfahren angenommenen Beamten in vergleichbarer Position, wobei Adolf Meyer lediglich die Aufgabe haben konnte, die bisherige Kundschaft dem „arisierten" Bankhaus E. J. Meyer zu erhalten. Da er aufgrund der geschilderten Entwicklung im Nationalsozialismus weder in beruflichen Gremien und Vereinigungen tätig sein konnte und auch wie dargestellt selbst der persönliche Kontakt zwischen Juden und „Ariern" immer schwieriger wurde, wird die Kontaktpflege zur bisherigen Kundschaft seine Haupttätigkeit neben einer organisatorischen Einführung in das Bankhaus gewesen sein, wobei letztere aufgrund der langjährigen Tätigkeit von Kurt Richter-Erdmann als Privatbankier und der Übernahme der alten Prokuristen nicht umfangreich gewesen sein wird. Damit wurde Adolf Meyer ein hohes Salär gezahlt, welches etwa dem dreifachen eines Bilanzbuchhalters in einer Bank betrug, für eine Tätigkeit, die wesentlich weniger Umfang hatte als seine vorherige Tätigkeit und mutmaßlich auch nicht in Vollzeit ausgeführt werden musste. Darüber hinaus ist diese Summe für Adolf Meyer garantiert gewesen, denn sie stand ihm auch bei einem Verzicht seiner weiteren Tätigkeit durch Kurt Richter-Erdmann zu und war überdies in einem solchen Falle sofort fällig. Nach dem Kommentar zu den einschlägigen Normen für die Genehmigung von „Arisierungsverträgen" war ein „Arisierungsvertrag" nur zu genehmigen, wenn die Einarbeitungszeit des Käufers durch den Verkäufer auf das geringstmögliche Maß beschränkt würde, in der Regel drei Monate. Weiterhin habe sich die zu gewährende Entschädigung für die Einführung in einer „der Tätigkeit entsprechenden Grenze" zu halten[1486].

Adolf Meyer hatte noch 1942 Schulden beim Bankhaus E. J. Meyer in Höhe von 2.210 RM[1487], welche wohl in der Praxis nicht eintreibbar gewesen wären, weil Meyer im Ausland war, das mit Deutschland im Krieg gewesen ist.

Möglich ist, dass auch von Kurt Richter-Erdmann weitere Gelder an Meyers geflossen sind, denn nach einer eidesstattlichen Versicherung Adolf Meyers

---

1486 Markmann/ Enterlein, Die Entjudung der deutschen Wirtschaft, S. 95.

1487 Archiv Bankhaus Wölbern, Schreiben E. J. Meyer an Oberfinanzpräsidenten Berlin-Brandenburg vom 27.05.1942.

wanderten sie „von Berlin nach Amsterdam aus, da wir keine Auslandsvisen hatten und diese erst vom Ausland besorgen konnten und wollten und da uns auch die für diese Auswanderung weiter erforderlichen Mittel erst im Ausland zur Verfügung gestellt werden sollten“[1488].

Dies würde sich auch decken mit der Erinnerung von Eva Richter-Erdmann, dass ihr Mann Kurt die Meyers finanziell bei der Auswanderung unterstützt hat.

Indizien für fairen „Arisierungsvertrag“

Da aufgrund der nicht mehr vorhandenen Unterlagen eine Aussage über den Wert des Geschäfts unter Auslassung der genannten Aktiven und Passiven und die Angemessenheit der unentgeltlichen Veräußerung nicht zu treffen ist, jedoch sowohl in den Verhandlungen zur Übernahme als auch im „Arisierungsvertrag“ Anhaltspunkte für einen fairen Vertrag zwischen „Arisierer“ und Veräußerern gegeben sind, sollen im Folgenden Indizien untersucht werden, welche die These der Fairness bei der „Arisierung“ stützen.

Dafür spricht ein Kundenanschreiben[1489], welches das Bankhaus E. J. Meyer nach der „Arisierung“ im August 1938 an seine Kundschaft verschickte:

> „Wie Sie aus dem beiliegenden Rundschreiben ersehen, sind wir aus der offenen Handelsgesellschaft E. J. Meyer ausgeschieden. Herr Kurt Richter, bis zu der Anfang dieses Jahres beschlossenen Liquidation persönlich haftender Gesellschafter der Firma Hardy & Co. in München, hat unser Bankgeschäft unter dem alten Namen mit Vermögenswerten und Verbindlichkeiten übernommen.
>
> Wir hoffen zuversichtlich, dass dieser Wechsel keine Änderung der geschäftlichen Beziehungen der Firma zu ihren Geschäftsfreunden zur Folge haben wird und bitten Sie daher, das Vertrauen, das wir bisher genießen durften, auch fernerhin der Firma E. J. Meyer zu bewahren. Sie dürfen versichert sein, dass Herr Richter die bisherige Art der Geschäftsführung beibehalten und mit seiner Erfahrung in wirtschaftlichen Angelegenheiten und seinem Rat Ihnen stets gern zur Verfügung stehen wird.
>
> Wenn Sie diesem unserem Wunsche entsprechen, gilt es uns als ein Zeichen freundschaftlicher Gesinnung, für die wir Ihnen dankbar sein werden.
>
> Dr. Leonhard Horwitz Dr. Adolf Meyer“

Bei der Analyse des Schreibens fällt zunächst die auf den ersten Blick negativ klingende Formulierung „bis zu der Anfang des Jahres beschlossenen Liquidation von Hardy“ auf, denn man muss annehmen, dass die Liquidation eines Privatbankhauses für den jeweiligen Privatbankier negativ ist. Aus dem Kontext

1488 LEA, Reg.-Nr. 303536, Bl. D9.
1489 LEA Reg.-Nr. 161874, Bl. E7.

mit dem restlichen Schreiben ist aber ersichtlich, dass Horwitz und Meyer die Kundschaft tatsächlich von der Anständigkeit des Kurt Richter-Erdmann überzeugen wollen, denn die Versicherung jüdischer Bankiers – im Nationalsozialismus das Zielobjekt der Propaganda als „jüdisches raffendes Weltfinanzkapital"[1490] – dass der „Arisierer" „die bisherige Art der Geschäftsführung beibehalten" werde, wäre für einen überzeugten Nationalsozialisten unmöglich zu tolerieren gewesen. Auch die Formulierung, dass es den jüdischen Veräußerern „als ein Zeichen freundschaftlicher Gesinnung" gälte, wenn die Kundschaft dem „arisierten" Bankhaus treu bliebe, zeigt, dass die jüdischen Bankiers als „Freunde" ihren Kunden nun die fachliche Kompetenz und die gleiche Art der Geschäftsführung des „Arisierers" anpreisen. Da die jüdischen Veräußerer aber die oben angesprochene Formulierung bezüglich der Liquidation von Hardy & Co. wählten, werden sie einerseits bezweckt haben, die fachliche Kompetenz im Zusammenhang mit Inhaberschaft bei Hardy & Co. herauszustellen als auch, dass Kurt Richter-Erdmann bei dem vom jüdischen James Hardy gegründeten Bankhaus tätig war. Das Eingehen auf die „Anfang dieses Jahres beschlossene Liquidation" ist mutmaßlich dem Umstand geschuldet, dass die Liquidation von Hardy & Co. aus freien Stücken erfolgte, jedoch Kurt Richter-Erdmann damit ein Bankhaus jüdischen Ursprungs liquidiert hatte, er also in die Nähe jüdischer Privatbankiers gerückt wurde, welche ihre Bankhäuser liquidierten.

Das Kölner Bankhaus Sal. Oppenheim jr. & Cie. formulierte im Mai 1938 mit großem Bedacht: „Wir beehren uns, Ihnen davon Kenntnis zu geben, dass wir unsere seit 1789 bestehende Fima fortab unverändert unter dem Namen Bankhaus Pferdemenges & Co. führen werden. Gleichzeitig überreichen wir Ihnen anbei ein Verzeichnis der Unterschriften sämtlicher vertretungsberechtigter Herren. Sal. Oppenheim jr. & Cie."[1491], denn bei Sal. Oppenheim musste auf nationalsozialistischen Druck der Name geändert werden, wobei jedoch keine „Arisierung" stattfand, weil Oppenheims nach den nationalsozialistischen Gesetzen „Halbjuden" waren. Bei dem Schreiben Sal. Oppenheims fällt auf, dass diese die Kontinuität lediglich mit dem Wort „unverändert" andeuten, wohin gegen bei E. J. Meyer ausdrücklich das Geschäftsgebaren Kurt Richter-Erdmanns als gleich dem der jüdischen Veräußerer hingestellt wird.

1490 Barkai, Das Wirtschaftssystem des Nationalsozialismus, S. 27ff.; Köhler, Die „Arisierung" der Privatbanken im Dritten Reich, S. 60, 64.

1491 Stürmer/ Teichmann/ Treue, Wägen und Wagen: Sal. Oppenheim jr. & Cie., S. 380.

Dies wohl auch tatsächlich gegebene Verhalten von Kurt Richter-Erdmann hat dazu geführt, dass E. J. Meyer noch 1942 Konten mit Guthaben der Jüdischen Gemeinde und der Reichsversorgung der Juden führte[1492].

Eine weitere Tatsache, die auf eine faire „Arisierung“ schließen lässt, ist, dass E. J. Meyer unter Kurt Richter-Erdmann noch 1939 in Höhe von 30.000 RM unterbeteiligt war in einem Konsortium von M. M. Warburg & Co. für Thyssen Krupp[1493]. Da M. M. Warburg & Co. von dem mit der Familie Warburg befreundeten Rudolf Brinckmann „arisiert“ worden war, ist nicht davon auszugehen, dass sie eine solche Unterbeteiligung einem Bankier gegeben hätten, welcher die mit Warburgs verwandten Meyers bei der „Arisierung“ unfair behandelt hat.

Darüber hinaus ist wie bereits dargestellt Kurt Richter-Erdmann, als er hörte, dass Meyers und die Angestellten des Amsterdamer Bankhauses Warburg & Co. aus dem inzwischen von Deutschen besetzten Amsterdam würden fliehen können, extra nach Amsterdam gekommen, um sich zu verabschieden – ebenso wie Rudolf Brinckmann.

1941 war der „arische“ Max Trunk als Prokurist bei E. J. Meyer beschäftigt, welcher mindestens seit Anfang der 1930er Jahre beim jüdischen Bankhaus Jacquier & Securius als Börsenprokurist beschäftigt gewesen ist und als einer von zwei Vertretern der kaufmännischen Angestellten bei der Wahl zum Börsenvorstand am 21.04.1933 gewählt worden war[1494]. Noch im Jahr der „Arisierung“ von Jacquier & Securius durch den Nationalsozialisten Richard Lenz wurde Max Trunks Arbeitsverhältnis beendet, was noch eine arbeitsgerichtliche Auseinandersetzung zur Folge hatte. Trunk war kein Nationalsozialist[1495]. Dass Trunk nach der „Arisierung“ von E. J. Meyer zu E. J. Meyer unter Führung von Kurt Richter-Erdmann wechselte, kann auch als Anhaltspunkt für die Einstellung von Kurt Richter-Erdmann dienen.

Ebenso kann das Verhältnis von Kurt Richter-Erdmann zu Friedrich Meineke als Anhaltspunkt für Richter-Erdmanns Einstellung dienen. Friedrich Meineke war Prokurist bei E. J. Meyer und hatte Vollmacht für Adolf Meyer vom 19.04.1939[1496], ebenso war er Geschäftsführer der Grundstücks-GmbH,

---

1492 Archiv Bankhaus Metzler, Auskunft an Verfasser vom 19.01.2012, Niederschrift „Besprechung der Bilanz E. J. M. per 31.12.1940“.

1493 Stiftung Warburg Archiv, Akte E. J. Meyer, Berlin.

1494 BAB, R 8119F, Nr. 24274, Bl. 147, 151; BAB, R 8119F, Nr. 24275, Bl. 390; siehe auch Kap. 4.3.4.4.

1495 Kahmann, Die Bankiers von Jacquier & Securius, S. 79f.

1496 BrandLHA, Rep. 36A, Nr. D370.

die das Wohngrundstück von Leonhard Horwitz verwaltete[1497] und war für eine Grundstücksgesellschaft Kurt Richter-Erdmanns mit Sitz in der Jägerstraße 54/55 tätig[1498].

Auch in dem Bericht des Wirtschaftsprüfers vom 06.10.1945 über die Einhaltung der angeordneten Einstellung des Geschäftsbetriebes von E. J. Meyer nach dem Krieg schreibt dieser, dass die Bank 1938 arisiert worden sei, wobei das Unternehmen aus den Händen der bisherigen Inhaber Dr. Adolf Meyer und Dr. Leonhard Horwitz aufgrund eines freundschaftlichen Abkommens in die Hände von Kurt Richter-Erdmann überging[1499].

Am 22.07.1945 schrieb Felix Meyer, der im englischen Militär als Dolmetscher tätige Sohn von Adolf Meyer, aus Berlin an seine Eltern, dass er in Berlin alte deutsche Freunde der Familie getroffen habe, welche ihm erzählt hätten, dass E. J. Meyer immer noch arbeite und dass dort auch noch fast alle alten Angestellten – es muss sich um die von Kurt Richter-Erdmann übernommenen „arischen" Angestellten handeln – tätig seien, welche sich sehr über seinen Besuch freuen würden. Felix schreibt an seine Eltern, dass er versuchen werde, bei dem Bankhaus E. J. Meyer vorbeizugehen, wenn er die Zeit fände neben seinem Einsatz[1500]. Am 20.08.1945 schreibt er seinen Eltern, dass er es nicht geschafft habe, bei E. J. Meyer vorbeizuschauen, aber dass er von einer befreundeten Familie gehört habe, dass u. a. der Prokurist Meineke zum Volkssturm gerufen worden und nach Kämpfen mit Russen vermisst sei. Meineke war bereits vor der „Arisierung" bei E. J. Meyer Prokurist und auch noch nach der „Arisierung" unter Kurt Richter-Erdmann und darüber hinaus war er Bevollmächtigter von Adolf Meyer und Leonhard Horwitz nach deren Auswanderung. Wenn Felix insbesondere auf diesen alten Vertrauten der Meyers eingeht und beim „arisierten" Bankhaus vorbeigehen will, um die alten Angestellten und naturgemäß auch die neuen Inhaber – Albert von Metzler, Hans Wilhelm von Tümpling sowie die Witwe Richter-Erdmann als Kommanditistin – zu treffen, spricht auch dies dafür, dass bei der „Arisierung" zwischen Erwerber und Veräußerern kein unfaires Verhalten geherrscht hat.

In einem undatierten Brief, worin es um Restitutionsansprüche gegen das nach dem Krieg in Hamburg gegründete Haus von E. J. Meyer geht, schreibt

---

1497 BADV, 1 WGA 1739/50, Bl. 19f., 99.

1498 BrandLHA, Rep 36A II, Nr. 16357.

1499 LAB, C Rep. 105, Nr. 3618, Bericht des Wirtschaftsprüfers Waldemar Koch vom 06.10.1945.

1500 Leo Baeck Institute, Gisela A. Weil Collection, AR 25391, Box 1, Folder 1, Brief von Felix Meyer an seine Eltern vom 22.07.1945.

Felix Meyer an seine Eltern, dass die Eltern nichts im Hinblick auf Restitution gegen Frau Richter unternehmen wollten, weil Richters sie 1938 so anständig behandelt hätten. Nichts gegen Richters zu unternehmen stimme er zu 100% zu[1501].

Damit ist trotz des Nichtvorliegens der Bilanzen und anderer relevanter Unterlagen festzustellen, dass es bei der „Arisierung" von E. J. Meyer durch Kurt Richter-Erdmann im Jahre 1938 nicht zur Übervorteilung der veräußernden jüdischen Bankiers im Sinne eines sittenwidrigen „auffälligen Missverhältnisses" zwischen den Leistungen der Vertragsparteien gem. § 138 BGB gekommen sein kann, sondern dass – auch nach eigenen Aussagen der beteiligten Bankiers, sogar in Privatkorrespondenz innerhalb der Familie – diese „Arisierung" als „fair" unter den gegebenen Umständen anzusehen ist.

5.2.2.4 Genehmigungen

Unterlagen über das vollständige Genehmigungsverfahren bei Staats- und Parteistellen sind nicht auffindbar.

Jedoch schrieb die Wirtschaftsgruppe Privates Bankgewerbe am 15.07.1938 an den Börsenvorstand Berlin, dass sie keine Bedenken gegen die Übernahme von E. J. Meyer durch Kurt Richter-Erdmann habe unter der Voraussetzung, dass der mit den bisherigen Inhabern getätigte Beratungsvertrag spätestens am 31.12.1939 ende. Dies bezieht sich auf die Regelung in § 9 des Vertrages, wonach Adolf Meyer den Erwerber Kurt Richter-Erdmann in die Geschäfte des Bankhauses einzuführen hatte.

Der Reichskommissar für das Kreditwesen erteilte am 02.08.1938 die Genehmigung der Umwandlung der OHG in eine Einzelfirma unter Kurt Richter-Erdmann, jedoch unter der Auflage, dass die vorgesehene Beratungstätigkeit von Adolf Meyer nicht über den 30.06.1939 hinaus andauern dürfe[1502]. Durch die erfolgte Genehmigung durch den Reichskommissar war keine weitere Genehmigung des Berliner Polizeipräsidenten erforderlich[1503].

Kurt Richter-Erdmann wurde am 22.08.1938 als Geschäftsinhaber von E. J. Meyer eingetragen, am 30.11./01.12.1938 sind Adolf Meyer und Leonhard

---

1501 Leo Baeck Institute, Gisela A. Weil Collection, AR 25391, Box 1, Folder 10, Brief von Felix Meyer an seine Eltern, undatiert nach Briefumschlag "THE PARENTS – private and confidential".

1502 Archiv Bundesverband deutscher Banken, Bestand „gelb", E. J. Meyer; LAB, B Rep. 042, Nr. 46349, Bd. 2, Bl. 94a.

1503 LAB, B Rep. 042, Nr. 46349, Bd. 2, Bl. 92.

Horwitz aus der OHG E. J. Meyer ausgeschieden, welche dann unter gleichem Namen E. J. Meyer als Einzelfirma von Kurt Richter-Erdmann weitergeführt wurde[1504].

5.2.2.5 Namensänderung E. J. Meyer

Teilweise wurde – bevor es gesetzliche Verpflichtungen gab – freiwillig der jüdische Name von „arisierten" Banken geändert, um propagandistischen Diffamierungen und Geschäftsschädigungen zu entgehen[1505].

Durch die Verordnung über die Anmeldung des Vermögens von Juden nebst zugehöriger Anordnung vom 26.04.1938[1506] sollten jüdische Firmennamen so schnell als möglich nach der „Arisierung" verschwinden. Deshalb war, wie der Kommentar zu den einschlägigen Vorschriften besagt, der „Untergang der jüdischen Firmenbezeichnung" und der neue Firmenname bereits im „Arisierungsvertrag" festzuhalten und sofern – insbesondere bei Exportgeschäften – die alte Firmenbezeichnung vorerst beibehalten würde, im Vertrag eine Übergangsfrist festzulegen[1507]. Dies ist jedoch bei E. J. Meyer nicht geschehen, obwohl diese Auslegung der einschlägigen Vorschriften bekannt gewesen sein muss. Vielmehr war die Firma E. J. Meyer derart wichtig, dass der „Arisierer" vom Vertrag zurücktreten konnte, wenn er das Bankgeschäft nicht unter dieser Firma weiterführen durfte. In diesem Sinne wurde auch in einem Schreiben an die Kunden von E. J. Meyer ausdrücklich erwähnt, dass Kurt Richter-Erdmann das Bankgeschäft unter altem Namen fortführen werde[1508].

In der Verordnung über die Firmen entjudeter Gewerbebetriebe vom 27.03.1941 wurde dann festgesetzt, dass Übernehmer jüdischer Gewerbebetriebe, welche in der Firma den Namen eines früheren jüdischen Inhabers oder Gesellschafters führen, verpflichtet sind, den Namen des Juden spätestens vier Monate nach Inkrafttreten der Verordnung zu entfernen und eine neue Firma zu bilden[1509].

1504 LAB, B Rep. 042, Nr. 46349, Bd. 1, Bl. 63; LAB, B Rep. 042, Nr. 46349, Bd. 2, Bl. 98.

1505 Beispielhaft sei hier erwähnt die Änderung des Namens „Sal. Oppenheim jr. & Cie." in „Pferdemenges & Co." im Mai 1938, vgl. Stürmer/ Teichmann/ Treue, Wägen und Wagen: Sal. Oppenheim jr. & Cie., S. 379.

1506 RGBl. I, S. 414ff.

1507 Markmann/ Enterlein, Die Entjudung der deutschen Wirtschaft, S. 95.

1508 LEA, Reg.-Nr. 161874, Bl. E7.

1509 RGBl. I, S. 177; Weyhe, A. E. Wassermann, S. 164; Genschel, Die Verdrängung der Juden aus der Wirtschaft im Dritten Reich, S. 251; Walk, Das Sonderrecht für die Juden im NS-Staat, S. 338. Siehe dazu auch Runderlass des

Als es Kurt Richter-Erdmann nach dem Erlass oben genannter Verordnung nicht mehr möglich war, die Firma E. J. Meyer weiterzuführen, hat er Verhandlungen mit anderen altbekannten deutschen Privatbankfirmen über eine Übernahme dieser Unternehmen oder über eine Einbringung von E. J. Meyer in jene geführt. Gleichzeitig hat er versucht, die 1826 gegründete und 1923 erloschene Bankfirma Emil Ebeling seines Vaters wiederzubeleben. Nachdem diese Verhandlungen jedoch erfolglos waren, hatte er beschlossen, die Firma in eine KG mit dem Namen „Richter-Erdmann & Co." umzuwandeln unter Beteiligung seines minderjährigen Sohnes und seiner minderjährigen Tochter, dann aber eine OHG mit dem Sohn zu gründen bevorzugt. Da der Sohn in einem Reiterregiment an der Ostfront war, mussten die Fristen bis Ende 1941 verlängert werden[1510]. Am 22.11.1941 starb Richter-Erdmann jedoch. Daraufhin stellte der als Aufsichtsperson bis zur Neuregelung der Inhaberverhältnisse vom Reichsaufsichtsamt für das Kreditwesen bestellte Rechtsanwalt den Antrag, die Frist zur Abänderung der Firma bis Kriegsende zu verlängern[1511].

Danach wurde die Firma in Form eine KG durch die persönlich haftenden Gesellschafter Albert von Metzler und Wilhelm von Tümpling unter Beteiligung der Witwe Richter-Erdmann als Kommanditistin fortgeführt, jedoch der Name E. J. Meyer blieb bestehen.

5.2.3 Wirtschaftliche Entwicklung nach der „Arisierung"

Exakte Daten über die wirtschaftliche Entwicklung des Bankhauses E. J. Meyer sind nicht mehr vorhanden[1512].

Jedoch hatte Adolf Meyer nach § 9 des „Arisierungsvertrages" vom 03.06.1938 die Verpflichtung, den „Arisierer" Kurt Richter-Erdmann bis zum 31.12.1939 in das Bankgeschäft einzuführen. Kurt Richter-Erdmann hatte, wie bereits oben dargestellt, sowohl 1935 neun Aufsichtsratsmandate, von denen dann in den Folgejahren stets welche weggefallen sind, jedoch immer so viele hinzugekommen sind, dass er auch 1939 und 1940 über jeweils neun Aufsichtsratsmandate

---

Reichswirtschaftsministers vom 07.04.1941: Anträgen von Gewerbebetrieben kann stattgegeben werden, ihre Geschäfte unter dem neuen Firmennamen und Zusatz des früheren Firmennamens bis zum 31.12.1942 fortzuführen, allerdings nur auf Grund einer Entscheidung der zuständigen Behörden. Die Entscheidung hat vor allem auch die Interessen des deutschen Exports zu berücksichtigen, vgl. Walk, Das Sonderrecht für die Juden im NS-Staat, S. 339.

1510 Archiv Bundesverband deutscher Banken, Bestand „gelb", E. J. Meyer.

1511 LAB, B Rep. 042, Nr. 46349, Bd. 1, Bl. 96.

1512 LAB, 73 WGA 4044/55, Bl. 160.

verfügte. Daraus ist zu schließen, dass Kurt Richter-Erdmann Teile seines vorherigen Geschäfts beim Bankhaus Hardy & Co. zum Bankhaus E. J. Meyer mitnehmen konnte, also zusätzliches Neugeschäft bei E. J. Meyer aufkam. Auch hat E. J. Meyer noch nach der „Arisierung“ des Bankhauses durch Kurt Richter-Erdmann jüdische Privatkundschaft gehabt und verwaltete für diese Beträge und Depots mit Aktien, welche teilweise nach 1938 von staatlichen Stellen für Abgaben wie die Judenvermögensabgabe oder vollständig mit dem Verfall des Vermögens nach Auswanderung eingezogen worden sind[1513]. Dabei ist aber zu beachten, dass aus dem Existieren dieser vielfach bereits ausgewanderten Kundschaft sich wohl kein Rückschluss auf ein Vertrauensverhältnis zu E. J. Meyer ziehen lässt, denn es wird den jüdischen teilweise sogar ausgewanderten Kunden wohl in der Regel nur schwer möglich gewesen sein, das Vermögen auf ein anderes Bankhaus zu übertragen und ein Abzug des Vermögens ins Ausland war wohl aufgrund der damit verbundenen immensen Verluste nicht sinnvoll[1514].

Durch das hinzugekommene Neugeschäft wird sich das Geschäft in der ersten Zeit nach der „Arisierung“ verbessert haben[1515]. Diese These wird auch durch die Bilanzsumme von E. J. Meyer per Ende 1938 bestätigt, welche derzeit rund 2,5 MioRM betrug[1516]. Damit hatte sich die Bilanzsumme von 3,5 MioRM 1932 – also vor der Abwicklung von Schwarz, Goldschmidt & Co. - über 2,1 MioRM Ende 1936 – also zum Ende der Abwicklung von Schwarz, Goldschmidt & Co., der sich nach dem darauf folgenden starken wirtschaftlichen Einbruch im Bankgeschäft noch verringert haben wird – wieder ein relativ gutes Niveau erreicht.

Eine auch in der Zukunft für E. J. Meyer wichtige Geschäftsbeziehung konnte Kurt Richter-Erdmann zur Garbáty-Zigarettenfabrik aufbauen. Richter-Erdmann hatte bereits 1934 mit Jacob Koerfer die Rota-Film AG gegründet, welche den Filmverleih in Deutschland durch Erwerb der UFA-Filmverleihorganisation sowie durch 12-15 jährliche Neuproduktionen aufbauen wollte[1517]. Neben Garbáty war Jacob Koerfer auch privat Kunde von E. J. Meyer. Ebenso zählten Eugen

1513 LAB, C Rep. 216, Nr. 22, 23.

1514 Siehe Kap. 4.4.2 und 4.4.3.

1515 So auch der seit 1911 bei E. J. Meyer tätige Prokurist Lippa in einem Restitutionsprozess nach dem Zweiten Weltkrieg, welcher insbesondere die durch den von Kurt Richter-Erdmann als Generalbevollmächtigen hereingenommenen Otto Treiber mitgebrachten Auslandskontakte hervorhebt, vgl. BADV, 7 WGA 423/51, Bl. 73ff.

1516 Archiv Bankhaus Wölbern, Auskunft an Verfasser vom 19.02.2010.

1517 Film-Kurier vom 21.07.1934; weiteres zu dieser Geschäftsbeziehung in Kap. 5.3.2.

Langen[1518] und die mit ihm verbundene Stahlfirma Röchling zu Kunden von E. J. Meyer, wie auch die Loewe Radio sowie die Jüdische Gemeinde und die Reichsversorgung der Juden[1519].

Im Mai 1939 verlegte das Bankhaus E. J. Meyer seine Geschäftsräume von den gemieteten Räumlichkeiten über dem Restaurant Borcharts in der Französischen Straße 47[1520] in das Haus Jägerstraße 54/ 55, welches von dem Architekten Erdmann, dem Großonkel Kurt Richter-Erdmanns, für die Richters gebaut worden war und in welchem schon Kurt Richter-Erdmanns Vater Max das Bankhaus Emil Ebeling betrieben hatte[1521].

Auch nach der „Arisierung" von E. J. Meyer stand das Bankhaus noch mit dem Bankhaus M. M. Warburg & Co. in geschäftlichem Kontakt. So hatte E. J. Meyer 1939 bei einer 4,5% Anleihe von Thyssen Krupp eine Unterbeteiligung im Konsortium von M. M. Warburg & Co. in Höhe von 30.000 RM[1522].

Nachdem bereits Ende 1936 alle auf E. J. Meyer zur Einziehung übertragenen Forderungen von Schwarz, Goldschmidt & Co. wieder an die Dresdner Bank/ Schwarz, Goldschmidt & Co. rückübertragen worden waren, wurde am 16.11.1939 der Vertrag zwischen E. J. Meyer und der Dresdner Bank über die Abwicklung von Schwarz, Goldschmidt & Co. formal aufgehoben, weil zuvor lange Diskussionen über einen eventuellen Erwerb der restlichen Forderungen durch E. J. Meyer an unterschiedlichen Preisvorstellungen scheiterten. Jedoch waren bereits Anfang 1937 alle Forderungen eingezogen außer solchen gegen ehemalige Mitarbeiter von Schwarz, Goldschmidt & Co. sowie gegen Ausländer, so dass es sich lediglich um einen kleinen, schwer bis nicht einbringlichen Teil der ursprünglichen Forderungen gehandelt hat[1523]. Dass das Verhältnis zu Schwarz, Goldschmidt & Co. trotz dieser Auseinandersetzungen nicht gelitten hat, ist an dem sehr persönlich gehaltenen Kondolenzschreiben von Schwarz, Goldschmidt

---

1518 Eugen Langen gehörte der Kölner Industriellendynastie Langen (u. a. Zuckerfabrik Pfeiffer & Langen) an und war Duz-Freund des Deutsche Bank Vorstandes Hermann Josef Abs. Mit der Deutschen Bank beteiligte er sich an der „Arisierung" des Bankhauses Jacquier & Securius. Er war Gegner des Nationalsozialismus und hat vielen durch Nationalsozialismus verfolgten Bekannten geholfen, vgl. Kahmann, Die Bankiers von Jacquier & Securius, S. 132ff.

1519 Archiv Bankhaus Metzler, Auskunft an Verfasser vom 19.01.2012, Niederschrift „Besprechung der Bilanz E. J. M. per 31.12.1940".

1520 Siehe Kap. 2.2.6.

1521 BAB, R 2501, Nr. 1171, Ausschnitt Berliner Börsen-Zeitung vom 25.05.1939.

1522 Stiftung Warburg Archiv, Akte E. J. Meyer, Berlin.

1523 Archiv Bankhaus Wölbern, Auskunft an Verfasser vom 25.09.2008 sowie 16.12.2011.

& Co. an E. J. Meyer anlässlich des Todes von Kurt Richter-Erdmann 1941 zu erkennen[1524].

Die Bilanzsumme 1939 belief sich bereits auf 6,1 MioRM, also auf rund das Dreifache der Bilanzsumme bei „Arisierung". Dabei wurde ein Gewinn erwirtschaftet, jedoch in ungeklärter Höhe[1525]. Die Belegschaft hat 1939 rund 25 Personen umfasst[1526].

Im Oktober 1940 erwarb E. J. Meyer eine Beteiligung in Höhe von 100.000 hfl an dem Amsterdamer Bankhaus Rhodius Koenigs Handelsmaatschappij[1527].

1524 Archiv Bankhaus Wölbern, Todesanzeige Kurt Richter-Erdmann und Kondolenzschreiben Schwarz, Goldschmidt & Co. vom 26.11.1941.

1525 Archiv Bankhaus Metzler, Auskunft an Verfasser vom 19.01.2012, Niederschrift „Besprechung der Bilanz E. J. M. per 31.12.1940".

1526 LAB, C Rep. 105, Nr. 3618, Bericht des Wirtschaftsprüfers Waldemar Koch vom 06.10.1945.

1527 Kreutzmüller, Händler und Handlungsgehilfen, S. 186 (als Quelle bezeichnet er einen Brief von E. J. Meyer an das Reichswirtschaftsministerium vom 17.10.1940, welcher im Militärarchiv der Russischen Föderation (Rossijskij Gosudarstvennyj Archiv, RGVA), Reichswirtschaftsministerium, Abt. „Holland", 1458-19-75 zu finden sei).

Die Rhodius Koenigs Handelsmaatschappij (einer der Inhaber war Franz Koenigs) wurde im März 1920 von Delbrück, Schickler & Co. und Delbrück, von der Heydt & Co. gegründet. Aus dem Bankhaus Delbrück, von der Heydt & Co. ging dorthin 1923 auch Hermann Josef Abs - der spätere Vorstand der Deutschen Bank - ehe er 1929 Prokurist und Teilhaber bei Delbrück, Schickler & Co. wurde, vgl. Kreutzmüller, Händler und Handlungsgehilfen, S. 48, 59; Gall, Der Bankier Hermann Josef Abs, S. 23ff., 36ff.; Rhodius Koenigs war Privatbank und Handelshaus und u. a. an der Neudecker Wollkämmerei und Kammgarnspinnerei beteiligt, die durch die Wirtschaftskrise Anfang der 1930er Jahre sowie durch Importbeschränkungen der deutschen Behörden in Schwierigkeiten war und 1938 veräußert werden sollte. Rhodius Koenigs war auch eine der acht offiziell vom deutschen Reichswirtschaftsministerium benannten Banken, die - um eine Verflechtung der deutschen und holländischen Wirtschaft zu erreichen - deutschen Unternehmen zu Beteiligungen an wichtigen holländischen Unternehmen verhelfen sollten. Direktor von Rhodius Koenigs war Alfred Flesche, der seit 1926 in den Niederlanden wohnte und Präsident der Deutschen Handelskammer in den Niederlanden war. Er war zwar Mitglied der NSDAP, jedoch kein Antisemit. Er war 1940 im Rahmen der Verordnung zur Verwaltung feindlicher Vermögen Verwalter des angesehenen jüdischen Amsterdamer Bankhauses Lippmann, Rosenthal & Co. geworden, auf welches ab August 1941 alle niederländischen Juden verpflichtet waren, ihre Geld- und Effektenkonten zu übertragen womit ihnen die Verfügungsbefugnis über ihr Vermögen entzogen worden war. Flesche versuchte nachweislich, sich der ihm aufgedrängten

Franz Koenigs, der ursprünglich aus Deutschland stammte, hatte sich nach dem Ersten Weltkrieg in Holland niedergelassen und wurde Miteigentümer des Bankhauses Rhodius Koenigs Handelsmaatschappij[1528]. Das Bankhaus befand sich durch die Wirtschaftskrise Anfang der 30er Jahre derart in Schwierigkeiten, dass Franz Koenigs bereits 1933 etwa 2.600 Zeichnungen von Albrecht Dürer, Matthias Grünewald und Rembrandt als Sicherheit für ein Darlehen an das jüdische Amsterdamer Bankhaus Lisser & Rosencranz verpfänden musste, wobei die Zeichnungen jedoch im Rotterdamer Museum Boijmans van Beuningen ausgestellt werden sollten. Kurz vor dem Einmarsch der Deutschen in den Niederlanden kaufte der Rotterdamer Kunstsammler D. G. van Beuningen die gesamte Kollektion, da Koenigs seiner Zahlungspflicht nicht nachkommen konnte[1529]. Aus diesem Grunde musste Koenigs später noch weitere Gemälde verkaufen, diesmal 28 fast ausschließlich Rubens Gemälde, die er an den Kunsthändler Alois Miedl verkaufte, der sehr viel für Göring kaufte und auch mit E. J. Meyer in Geschäftsverbindung stand[1530]. Das Bankhaus E. J. Meyer stand nachweislich bereits seit September 1940 – also zu einer Zeit, zu der Kurt Richter-Erdmann persönlich haftender Gesellschafter war – mit Alois Miedl und durch diesen in geschäftlicher Verbindung mit der Firma Kunsthandel vorheen J. Goudstikker[1531]. Ob die Beteiligung E. J. Meyers an der Rhodius Koenigs Handelsmaatschappij im Zusammenhang mit der Geschäftsverbindung zu Alois Miedl stand, war nicht zu ermitteln. Möglich ist auch, dass Kurt Richter-Erdmann bereits aus

---

Verantwortung für Lippmann, Rosenthal & Co. zu entziehen, ohne sich den an ihn ergehenden Anweisungen jemals ausdrücklich zu verweigern, vgl. Wixforth, Die Expansion der Dresdner Bank in Europa, S. 111f., 704ff., 734f.; Aalders, Geraubt! Die Enteignung jüdischen Besitzes im Zweiten Weltkrieg, S. 222, 230f.

1528 Gall, Der Bankier Hermann Josef Abs, S. 23ff.

1529 Der Großteil der Zeichnungen blieb im Museum Boijmans van Beuningen in Rotterdam, jedoch wurden 527 dieser Zeichnungen im Juli 1940 für das Führermuseum in Linz angekauft, dort von den einmarschierten Sowjetsoldaten beschlagnahmt und nach Russland gebracht. Es entstand ein jahrzehntelanger Streit um die Rückgabe dieser Kunstwerke an die Niederlande, vgl. Aalders, Geraubt! Die Enteignung jüdischen Besitzes im Zweiten Weltkrieg, S. 128f.; ein Teil der Werke ist inzwischen zurückgegeben worden, vgl. Elen, German Master Drawings from the Koenigs Collection: Return of a Lost Treasure, S. 11ff.

1530 Mehr zur Verbindung von E. J. Meyer und dem Erwerb von Kunstgegenständen aus den Niederlanden durch Nationalsozialisten unten 5.3.2; Franz Koenigs starb 1941 in Köln bei einem Eisenbahnunglück, vgl. Aalders, Geraubt! Die Enteignung jüdischen Besitzes im Zweiten Weltkrieg, S. 128f.

1531 LAB, C Rep. 105, Nr. 3618, Bl. 12.

seiner Zeit in München beim Bankhaus Hardy & Co. Kontakt zu Alois Miedl hatte, welcher am Münchener Bankhaus Johann Witzig & Co. beteiligt war[1532]. Eine weitere Möglichkeit, wenn dafür auch außer dem immer noch zwischen Meyers und Richter-Erdmanns bestehenden Kontakt[1533] keine weiteren Anhaltspunkte gegeben sind, wäre ein Ausbau des Geschäfts von E. J. Meyer in Richtung Niederlande mit Hilfe Adolf Meyers, welcher nach Amsterdam geflohen war.

Die Bilanzsumme von E. J. Meyer per 31.12.1940 belief sich auf rund 8,3 MioRM, wobei ein Gewinn von rund 123.000 RM erwirtschaftet worden ist[1534].

Bereits während dieser Zeit – genauere Umstände und Fakten sind unbekannt – ist das Frankfurter Bankhaus B. Metzler seel. Sohn & Co. auf Wunsch von Kurt Richter-Erdmann als Kommanditist in das Bankhaus E. J. Meyer eingetreten und da Metzler zunehmend Geschäfte in Berlin tätigte, war dieser Einstieg für beide Seiten von Vorteil gewesen[1535]. Nach dem plötzlichen Tod Kurt Richter-Erdmanns am 22.11.1941 wurden durch Hans von Flotow Verhandlungen mit dem Bankhaus Metzler über eine Übernahme des aktiven Bankgeschäfts geführt. Im Zuge der Beurteilung eines solchen Geschäfts hat das Bankhaus Metzler im März 1942 die Bilanz von E. J. Meyer per 31.12.1940 der seinigen gegenübergestellt[1536]. Daraus ergibt sich, dass das Bankhaus Metzler im Jahr 1940 bis 1942 eine Zahl von 33 Angestellten hatte und man davon ausging, dass Bankhaus E. J. Meyer 1940 ebenso viele hatte, deren Anzahl sich bis zum März 1942 auf 25 verringert hatte. Das Bankhaus E. J. Meyer war tätig im Kreditgeschäft im ungefähr ähnlichen Umfang wie Metzler, jedoch waren die Margen von E. J. Meyer besser. Das Hauptgeschäft machte E. J. Meyer jedoch mit Effektenprovisionen

1532 Haase, Kunstraub und Kunstschatz, Bd. 1, S. 261.

1533 Kurt Richter-Erdmann ist, als er 1941 hörte, dass Meyers die Möglichkeit bekommen hatten, aus dem besetzten Holland in die USA zu fliehen, extra nach Amsterdam gereist, um sich von diesen zu verabschieden, vgl. LAB, 7 WGA 423/51, Bl. 66f.

1534 Archiv Bankhaus Metzler, Auskunft an Verfasser vom 19.01.2012, Niederschrift „Besprechung der Bilanz E. J. M. per 31.12.1940".

1535 Holtfrerich, Albert von Metzler, in: Pohl (Hrsg.), Deutsche Bankiers des 20. Jahrhunderts, S. 269; Archiv Bankhaus Metzler, Auskunft an Verfasser vom 01.12.2011. Es ist auch keine diesbezügliche Eintragung im Handelsregister verzeichnet. Möglicherweise jedoch wurde diese Beteiligung kurz vor dem Tod Kurt Richter-Erdmanns am 22.11.1941 eingegangen und eine Eintragung im Handelsregister hat sich durch den Eintritt von Albert von Metzler und Hans Wilhelm von Tümpling als persönlich haftende Gesellschafter von E. J. Meyer zum 01.04.1942 überholt.

1536 Archiv Bankhaus Metzler, Auskunft an Verfasser vom 19.01.2012, Niederschrift „Besprechung der Bilanz E. J. M. per 31.12.1940".

auf Wertpapiergeschäfte für seine Kunden, was 1940 sehr ertragreich, jedoch stark konjunkturabhängig war. Eigene börsengehandelte Effekten besaß E. J. Meyer so gut wie nicht. Viel Umsatz, jedoch bei lediglich geringem Gewinn, bescherten E. J. Meyer Arbitrage-Geschäfte. Beteiligt an Konsortialgeschäften war E. J. Meyer zu 40% an einem Konsortium von Delbrück, Schickler & Co. jedoch lediglich insgesamt in fünfstelliger Höhe. Daneben hat E. J. Meyer einige Konsortien geführt ohne jedoch selbst finanziell beteiligt zu sein. Trotz zahlreicher Einlagen von Privatpersonen bestand nach Ansicht Metzlers kein gutfundiertes Kontokorrentgeschäft. Auch war das Wechselgeschäft „außerordentlich gering". Jedoch hatte E. J. Meyer Beteiligungen an der Tolirag, in der Kurt Richter-Erdmann auch als Aufsichtsrat fungierte, sowie weitere kleinere Beteiligungen, welche allerdings aus dem Bankgeschäft bei einem Eintritt von Metzler herausgenommen werden sollten. Trotz der Gewinne aus den Jahren 1939 und 1940 waren die 1927 vom Londoner Handelshaus Brandeis, Goldschmidt & Co. als Darlehen erhaltenen 150.000 RM noch nicht zurückgezahlt worden.

Zum 31.12.1941 hatte das Bankhaus eine Bilanzsumme von 5,7 MioRM und einen Gewinn von rund 157.000 RM[1537], also eine Steigerung des Gewinnes um rund 34.000 RM bei Verringerung der Bilanzsumme um 2,6 MioRM, worin sich das volatile Geschäft von E. J. Meyer unter der Führung von Kurt Richter-Erdmann bestätigte.

Insgesamt lässt sich festhalten, dass sich das Bankhaus E. J. Meyer nach der „Arisierung" durch Kurt Richter-Erdmann gut entwickelt hat. Da mit dem Ende der Abwicklung von Schwarz, Goldschmidt & Co. durch E. J. Meyer 1936 bei einer Bilanz von rund 2,1 MioRM nach den oben[1538] dargestellten Aussagen der jüdischen Bankiers Meyer, Flörsheimer und Horwitz das Geschäft von E. J. Meyer empfindlich einbrach, ist davon auszugehen, dass es maßgeblich dem von Kurt Richter-Erdmann eingebrachten oder akquirierten Neugeschäft – er hat neun Aufsichtsratsmandate in die Bank eingebracht, welche zuvor keine mehr gehalten hatte – geschuldet ist, dass sich die Bilanzsumme Ende 1938 bei rund 2,5 MioRM befunden hat und Ende 1940 mit 8,3 MioRM ihren vorläufigen Höchststand erreichte. Das von den jüdischen Bankiers bei E. J. Meyer verbliebene Geschäft wird wohl im Umfang nicht zugenommen haben, auch wenn trotz des zuvor immer mehr zurückgehenden Geschäfts die jüdischen Bankiers von E. J. Meyer stets noch mehr verdient haben als die vergleichbare Beamtengruppe.

1537 Archiv Bankhaus Metzler, Auskunft an Verfasser vom 19.01.2012, E. J. Meyer Jahresbilanz von Ende Dezember 1941.

1538 Siehe Kap. 4.5.

5.3 1942: erneuter Inhaberwechsel

Nachdem Kurt Richter-Erdmann am 22.11.1941 mit nur 46 Jahren plötzlich verstorben war, benötigte die Witwe Eva Richter-Erdmann eine Bankierspersönlichkeit, welche die Geschäfte von E. J. Meyer als persönlich haftender Gesellschafter führen konnte, weil Sohn Max Richter-Erdmann zu der Zeit erst 18 Jahre alt war. Sie selbst konnte oder wollte nicht die Nachfolge antreten, wohl da dies zu der Zeit unüblich war und ihr auch die geschäftlichen Erfahrungen und Verbindungen fehlten.

Am 01.04.1942 hat eine Kommanditgesellschaft begonnen[1539]. Kommanditistin war Eva Richter-Erdmann mit einer Einlage von 700.000 RM und persönlich haftende Gesellschafter waren Albert von Metzler vom Bankhaus B. Metzler seel. Sohn & Co. in Frankfurt und Hans Wilhelm von Tümpling[1540]. Wie genau es zu dieser Konstellation kam, war nicht genau zu ermitteln.

Laut Auskunft des Sohnes von Hans von Flotow, jenes Vetters von Kurt Richter-Erdmann, der auch schon beim Eintritt Kurt Richter-Erdmanns in das Bankhaus E. J. Meyer unterstützt hatte, kannte Hans von Flotow auch Albert von Metzler und Hans Wilhelm von Tümpling. Da er als Sohn damals erst rund 18 Jahre alt gewesen sei, wisse nicht, ob sein Vater auch bei dem Eintritt von Metzler und Tümpling bei E. J. Meyer tätig geworden sei[1541]. Zumindest führte Flotow die Verhandlungen auf der Seite von E. J. Meyer[1542] und war am 06.10.1945 Generalbevollmächtigter für E. J. Meyer, also für die persönlich haftenden Gesellschafter Hans Wilhelm von Tümpling und Albert von Metzler sowie für die Witwe Eva Richter-Erdmann[1543], was eine solche Konstellation als möglich erscheinen lässt. Diese These wird auch

---

1539 Darüber berichtet auch Felix Meyer, der Sohn Adolf Meyers in einem Brief vom 20.09.1944 – also zwei Jahre später, als er in Diensten des englischen Militärs in den befreiten Gebieten als Dolmetscher tätig war – an seine Eltern, vgl. Leo Baeck Institute, Gisela A. Weil Collection, AR 25391, Box 1, Folder 1.

1540 LAB, B Rep. 042, Nr. 46349, Bd. 3, Handblatt Handelsregister Akte E. J. Meyer; LAB, B Rep. 042, Nr. 46349, Bd. 2, Bl. 112f.; In der Presse wurde diese Beteiligung am 08.05.1942 gemeldet, vgl. Archiv Bankhaus Wölbern, Pressemitteilungen Deutsche Allgemeine Zeitung sowie Berliner Börsen-Zeitung.

1541 Hans-Dieter von Flotow, Sohn des Hans von Flotow, Auskunft an Verfasser vom 14.08.2009.

1542 Archiv Bankhaus Metzler, Auskunft an Verfasser vom 19.01.2012, Niederschrift „Besprechung der Bilanz E. J. M. per 31.12.1940".

1543 LAB, C Rep. 105, Nr. 3618, Bericht des Wirtschaftsprüfers Waldemar Koch vom 06.10.1945; Handelsregister Hamburg, HRA 51805 (Bankhaus Wölbern vormals E. J. Meyer), Sonderband I der Registerakten „Bankhaus Wölbern & Co. Bd. I", Bl. 7.

gestützt durch eine Auskunft des Archives des Bankhauses Wölbern, wonach die Witwe Richter-Erdmann den Vetter ihres verstorbenen Mannes Hans von Flotow gebeten habe, sich nach einem geeigneten Bankier umzusehen, der sich an E. J. Meyer beteilige und auch die unternehmerische Führung übernehme. Eine reine Kapitalbeteiligung durch eine andere Bank sei nicht ihr Ziel gewesen. Herr von Flotow habe dann Kontakt mit Herrn von Tümpling aufgenommen, welcher dann Metzlers angesprochen habe[1544]. Stützen ließe sich dies auch auf die Auskunft der Tochter Richter-Erdmann, welche 1942 aber ebenfalls noch sehr jung gewesen ist. Sie sagte, dass Eva Richter-Erdmann nach dem Tode ihres Mannes das Bankgeschäft mit Hilfe von Hans Wilhelm von Tümpling weitergeführt habe, wobei Teilhaber Albert von Metzler und der Sohn Max Richter-Erdmann geworden seien[1545].

Eine andere Möglichkeit ist, dass sich das Frankfurter Bankhaus B. Metzler seel. Sohn & Co. bereits zu Lebzeiten Kurt Richter-Erdmanns an E. J. Meyer beteiligt hatte und diese Beteiligung nun in Form des persönlich haftenden Gesellschafters zusammen mit Hans Wilhelm von Tümpling fortgeführt wurde. Dafür spricht die Auskunft des Bankhauses Metzler, dass das Bankhaus Metzler bereits auf Wunsch von Kurt Richter-Erdmann als Kommanditist in das Bankhaus E. J. Meyer eingetreten sei, weil dieser Einstieg beiden Seiten Vorteile brachte, da Metzler zunehmend Geschäfte in Berlin tätigte[1546]. Ebenfalls wird diese Variante gestützt von Holtfrerich, welcher die Geschichte des Bankhauses Metzler anhand von Unterlagen aus dem Archiv des Bankhauses Metzler bearbeitet hat. Er schreibt, dass die Witwe Richter-Erdmann Albert von Metzler brieflich gebeten habe, sie nach dem Tode mit dem Bankgeschäft zu unterstützen, weil Metzler bereits an E. J. Meyer kommanditistisch beteiligt gewesen sei. Diese Korrespondenz sei laut Holtfrerich noch im Archiv des Bankhauses Metzler vorhanden[1547]. Dem Bankhaus Metzler

1544 Archiv Bankhaus Wölbern, Auskunft an Verfasser vom 02.11.2011.

1545 Interview von Karin Eickhoff-Vigelahn mit Dorothee Schröder, Tochter von Kurt Richter-Erdmann, im September 1998.

1546 Holtfrerich, Albert von Metzler, in: Pohl (Hrsg.), Deutsche Bankiers des 20. Jahrhunderts, S. 269; Archiv Bankhaus Metzler, Auskunft an Verfasser 01.12.2011. Bereits 1974 schreibt Grosser, Wirtschaft – Gesellschaft – Geschichte, S. 287: „Während des Dritten Reiches verlief das Bankgeschäft [des Bankhauses Metzler] aufgrund der einschneidenden gesetzlichen Restriktionen und der Isolation vom Ausland in ruhigen Bahnen. Im Jahr 1942 konnte das Bankhaus in Berlin Fuß fassen: es beteiligte sich gemeinsam mit dem der Familie befreundeten Hans Wilhelm von Tümpling am Bankhaus E. J. Meyer. Ein Firmensitz in Berlin war für das Metzler 'sche Unternehmen aufgrund seiner überwiegenden Industriekundschaft seit langem angestrebt worden."

1547 Holtfrerich, Albert von Metzler, in: Pohl (Hrsg.), Deutsche Bankiers des 20. Jahrhunderts, S. 269, 280.

liegen jedoch weder diese Korrespondenz vor, noch Unterlagen über eine kommanditistische Beteiligung Metzlers an E. J. Meyer zu Lebzeiten von Kurt Richter-Erdmann. Es habe anfangs nur indirekten Kontakt über Herrn von Tümpling bestanden, jedoch sei eine derartige kommanditistische Beteiligung mündlich in der Familie von Metzler überliefert[1548]. Nach den Aufzeichnungen des Bankhauses Wölbern war E. J. Meyer eine Einzelfirma, die erst mit dem Einstieg von Albert von Metzler und Hans Wilhelm von Tümpling im April 1942 in eine Kommanditgesellschaft umgewandelt wurde[1549]. Dies geht auch aus den Handelsregisterunterlagen von E. J. Meyer so hervor[1550]. Möglich ist jedoch, dass eine solche Beteiligung angestrebt, fertig verhandelt und tatsächlich vollzogen war, jedoch noch nicht im Handelsregister eingetragen worden war und dann Kurt Richter-Erdmann plötzlich verstarb. Dafür spricht, dass Kurt Richter-Erdmann kurz vor seinem Tode in Korrespondenz mit Behörden wegen einer Namensänderung von E. J. Meyer schreibt, dass er deshalb Verhandlungen mit anderen altbekannten deutschen Privatbankfirmen über eine Übernahme dieser oder eine Einbringung von E. J. Meyer in jene geführt habe. Doch schreibt er, dass diese Verhandlungen erfolglos waren, weswegen er beschlossen habe, die Firma als Kommanditgesellschaft mit dem Namen „Richter-Erdmann & Co." fortzuführen unter Beteiligung seines minderjährigen Sohnes und seiner minderjährigen Tochter, später, dass er eine OHG mit dem Sohn zu gründen bevorzuge. Da der Sohn in einem Reiterregiment an der Ostfront war, mussten die Fristen bis Ende 1941 verlängert werden[1551], worüber Kurt Richter-Erdmann dann am 22.11.1941 starb. Möglich, dass statt einer angestrebten Übernahme von E. J. Meyer durch B. Metzler seel. Sohn & Co. oder einer Einbringung von E. J. Meyer in das Bankhaus Metzler eine kommanditistische Beteiligung vereinbart worden ist, der plötzliche Tod dann aber neue Tatsachen geschaffen hat, welche zum Eintritt Albert von Metzlers und Hans Wilhelm von Tümplings als persönlich haftende Gesellschafter geführt haben.

Als dritte Möglichkeit kommt ein direkter Kontakt von Hans von Flotow zu Albert von Metzler in Betracht, denn letzterer hatte 01.05.1922 seine erste Stelle in Berlin beim Bankhaus Hardy & Co angenommen, bei welchem zur dieser Zeit Hans von Flotow Geschäftsführer gewesen war[1552].

1548 Archiv Bankhaus Metzler, Auskunft an Verfasser vom 01.12.2011.

1549 Archiv Bankhaus Wölbern, Auskunft an Verfasser vom 02.11.2011.

1550 LAB, B Rep. 042, Nr. 46349, Bd. 3, Handblatt Handelsregister Akte E. J. Meyer.

1551 Archiv Bundesverband deutscher Banken, Bestand „gelb", E. J. Meyer.

1552 Holtfrerich, Albert von Metzler, in: Pohl (Hrsg.), Deutsche Bankiers des 20. Jahrhunderts, S. 265f.; Kobrak, National Cultures and International Competition, The Experience of Schering AG 1851 - 1950, S. 94.

Da auch die fortan mit der Witwe Eva Richter-Erdmann als Kommanditistin das Bankhaus E. J. Meyer führenden persönlich haftenden Gesellschafter Albert von Metzler und Hans Wilhelm von Tümpling Indizien liefern können für die Einstellung zum und das Verhalten Richter-Erdmanns im Nationalsozialismus, werden zunächst die neu involvierten Personen Albert von Metzler und Hans Wilhelm von Tümpling vorgestellt (5.3.1), um dann kurz die wirtschaftliche Entwicklung von E. J. Meyer unter den neuen Inhabern zu betrachten (5.3.2).

5.3.1 Involvierte Personen

Das in alleiniger Inhaberschaft durch Kurt Richter-Erdmann geführte Bankhaus E. J. Meyer wurde nach seinem Tod ab April 1942 von seiner Witwe Eva Richter-Erdmann als Kommanditistin mit einer Einlage von 700.000 RM sowie von Albert von Metzler und Hans Wilhelm von Tümpling als persönlich haftenden Gesellschaftern fortgeführt. Da auf Eva Richter-Erdmann bereits oben eingegangen worden ist, soll im Folgenden auf die beiden anderen Personen eingegangen werden.

5.3.1.1 Albert von Metzler

Albert von Metzler (Quelle: Wörner, Frankfurter Bankiers, Kaufleute und Industrielle)

Albert von Metzler wurde am 27.07.1898 in Frankfurt a. M. als Sohn von Moritz von Metzler und seiner Frau Maria, geb. Humser, geboren. Nach seiner Schulzeit auf dem altsprachlichen Goethe-Gymnasium in Frankfurt, auf welchem rund 20% der Schüler jüdischer Abstammung gewesen sind, meldete er sich mit 18

Jahren als Freiwilliger in den Ersten Weltkrieg und durfte deshalb das „Notabitur“ im Jahre 1916 ablegen.

Nach seiner Ausbildung als Offiziersanwärter wurde er bis zum Kriegsende an der Ostfront eingesetzt. Sofort nach dem Krieg begann er seine Banklehre im Bankhaus der Familie und setzte sie dann ab Oktober 1920 bei Münchmeyer & Co. in Hamburg fort. Nach seiner dortigen Ausbildung nahm er ab 01.05.1922 seine erste Stelle in Berlin beim Bankhaus Hardy & Co[1553]. Zu der Zeit war Hans von Flotow seit einem Jahr Geschäftsführer bei Hardy & Co[1554]. Am 01.07.1923 trat Albert von Metzler als persönlich haftender Gesellschafter in das Bankhaus seiner Familie ein[1555].

Als er nach der Machtübernahme durch die Nationalsozialisten dazu gedrängt wurde, in die Partei einzutreten, lehnte er dies ab, weil er sehr gute jüdische Freunde habe, welche er nicht aufgeben wolle. In den ersten Jahren des Dritten Reiches traf sich Albert von Metzler jeden Mittwoch in seiner Bank mit befreundeten jüdischen Bankiers, um die wirtschaftliche und politische Entwicklung sowie sich abzeichnende Gefahren und mögliche Lösungswege zu besprechen. Sie kamen zu dem Schluss, dass es für die jüdischen Bankiers nicht möglich sei, weiter in Deutschland zu verbleiben, woraufhin die „reinjüdischen“ Freunde auswanderten und so überlebten. Zu der Mittwochsrunde gehörten Willy Dreyfuß und Friedrich Flersheim (J. Dreyfuß & Co.), sein Vetter Alexander Hauck (Georg Hauck & Sohn), dessen Großmutter jüdisch war, Richard Merton (Gebr. Schickler & Co.), August Oswalt (Georg Hauck & Sohn) sowie Hans Weinschenk und Herbert von Marx (Bass & Herz)[1556].

Zwar ist Albert von Metzler nicht in die NSDAP eingetreten, jedoch ist er in die Deutsche Arbeitsfront (DAF) eingetreten, was er „Gummiwandpolitik“ nannte: „Druck abwehren, indem man zunächst zurückweicht, aber letzten Endes fest bleibt als Wand“. Auch ließ er sich als Leutnant der Reserve wieder aktivieren, um auf diese Weise eine Protektion zu erreichen[1557]. Damit hängt wohl zusam-

1553 Holtfrerich, Albert von Metzler, in: Pohl (Hrsg.), Deutsche Bankiers des 20. Jahrhunderts, S. 265f.

1554 Kobrak, National Cultures and International Competition, The Experience of Schering AG 1851 - 1950, S. 94.

1555 Holtfrerich, Albert von Metzler, in: Pohl (Hrsg.), Deutsche Bankiers des 20. Jahrhunderts, S. 266.

1556 Holfrerich, Finanzplatz Frankfurt, S. 222f.; Holtfrerich, Albert von Metzler, in: Pohl (Hrsg.), Deutsche Bankiers des 20. Jahrhunderts, S. 279.

1557 Holtfrerich, Albert von Metzler, in: Pohl (Hrsg.), Deutsche Bankiers des 20. Jahrhunderts, S. 267, 269.

men, dass er 1937 in das NS-Flieger-Korps eingetreten ist und einen monatlichen Mitgliedsbeitrag von 1,50 RM zahlte sowie ebenfalls ab 1937 zwar kein Mitglied, jedoch mit 3 RM monatlich förderndes Mitglied der Allgemeinen SS war[1558].

Als die ersten jüdischen Bankiers begannen, ihre Bankhäuser aufgrund der gewandelten äußeren Umstände zu verkaufen, übernahm Metzler im Mai 1937 die Frankfurter Niederlassung des befreundeten Bankhauses J. Dreyfuß & Co. mit deren Frankfurter Kunden, Konsortialbeteiligungen und Zahlstellenfunktionen. Das nationale und internationale Geschäft wurde in der Zentrale von J. Dreyfuß & Co. in Berlin konzentriert, welche später sehr ungünstig durch das dafür bekannte Münchener Bankhaus Merck, Finck & Co. „arisiert" wurde. Ebenfalls übernahm Metzler die nicht-jüdischen Mitarbeiter von Dreyfuß. Ähnlich wurde im August 1938 das befreundete Bankhaus Bass & Herz von Metzler übernommen, ebenfalls inklusive aller verbliebenen nicht-jüdischen Bankangestellten sowie einer von Metzler übernommenen sehr großzügigen Pensionsregelung für die bereits vor der Übernahme ausgeschiedenen 22 Mitarbeiter. Diese „Arisierungen" durch Metzler verliefen „fair" oder „freundschaftlich" unter den gegebenen Bedingungen[1559].

Albert von Metzler (Quelle: Volz/Tönnies, Reichshandbuch der deutschen Gesellschaft)

1558 HHStA, Reg.-Nr. 520-F-AZ, Entnazifizierungsakte Albert von Metzler, Beschluss vom 05.04.1948.

1559 Holtfrerich, Albert von Metzler, in: Pohl (Hrsg.), Deutsche Bankiers des 20. Jahrhunderts, S. 268; Köhler, Die „Arisierung" der Privatbanken im Dritten Reich, S. 314; Zur Definition von „fair" im Hinblick auf „Arisierungen" siehe oben Kap. 1.2.2.1.

Mit Beginn des Zweiten Weltkrieges wurde Albert von Metzler, ebenso wie sein 1937 in die Geschäftsführung des Bankhauses eingetretener Vetter Gustav von Metzler, eingezogen. Bereits zuvor im Planungsstab für den Einmarsch in Belgien und Holland verwendet, wurde Albert von Metzler im Mai 1940 nach Brüssel versetzt. Dort diente er vier Jahre als Adjutant für Personalangelegenheiten unter Generaloberst Alexander Freiherr von Falkenhausen und lernte dort auch seine künftige Frau, die Generalstochter Elisabeth Kunze, kennen, welche im Sekretariat von Falkenhausen tätig war. Vor dem Krieg war sie in gleicher Stellung für Generalmajor Friedrich Olbricht tätig gewesen. Beide Generäle wurden Paten der Metzler'schen Kinder und beide waren auch in das Attentat auf Hitler vom 20.07.1944 verwickelt, nach welchem Olbricht erschossen und Falkenhausen im KZ Dachau inhaftiert wurde, aber überlebte. Wegen dieser Verbindung wurde auch gegen Albert von Metzler 1944 Anklage vor dem Volksgerichtshof erhoben, nach einer besonders positiven Stellungnahme seines – er war inzwischen an die Ostfront versetzt worden – kommandierenden Generals Walther Nehring aber freigesprochen. Walther Nehring war Hitler-Kritiker, aber nicht im Widerstand gewesen[1560].

Während der Kriegszeit war Albert von Metzler häufig aus familiären und geschäftlichen Gründen beurlaubt, in der übrigen Zeit führte der 1862 geborene Hugo von Metzler das Bankhaus Metzler.

Im April 1942 hat Albert von Metzler wie erwähnt als persönlich haftender Gesellschafter zusammen mit seinem Freund Hans Wilhelm von Tümpling das Bankhaus E. J. Meyer übernommen[1561].

Nach dem Krieg wurde Albert von Metzler als „nicht betroffen" nach dem Gesetz zur Befreiung von Nationalsozialismus und Militarismus vom 05.03.1946, RegBl. S. 71, eingestuft[1562]. Nach diesem Gesetz wurde bei allen Personen „in gerechter Abwägung der individuellen Verantwortlichkeit und der tatsächlichen Gesamthaltung" ermittelt, ob sie die „nationalsozialistische Gewaltherrschaft aktiv unterstützt oder sich durch Verstöße gegen die Grundsätze der Gerechtigkeit und Menschlichkeit oder durch eigensüchtige Ausnutzung der dadurch geschaffenen Zustände verantwortlich gemacht haben". Ein wichtiges Indiz war dabei die aktive Mitgliedschaft in nationalsozialistischen Vereinigungen. Hatte sich jemand nach dem Gesetz „verantwortlich gemacht", wurde er in eine der fünf Kategorien

---

1560 Holtfrerich, Albert von Metzler, in: Pohl (Hrsg.), Deutsche Bankiers des 20. Jahrhunderts, S. 269ff.

1561 Siehe Kap. 5.3; Holtfrerich, Albert von Metzler, in: Pohl (Hrsg.), Deutsche Bankiers des 20. Jahrhunderts, S. 269f.; Holfrerich, Finanzplatz Frankfurt, S. 222f.

1562 HHStA, Reg.-Nr. 520-F-AZ, Entnazifizierungsakte Albert von Metzler, Beschluss vom 05.04.1948.

Hauptschuldige, Belastete (Aktivisten, Militaristen, Nutznießer), Minderbelastete (Bewährungsgruppe), Mitläufer oder Entlastete eingestuft. Nach fast gleichzeitiger Rückkehr aus der Kriegsgefangenschaft 1950 traten Albert und Gustav von Metzler wieder in die Geschäftsführung des Bankhauses Metzler ein[1563].

Mit der Auflösung der Kommanditgesellschaft E. J. Meyer in Berlin 1952 trat er aus der Gesellschaft aus[1564].

Albert von Metzler starb am 12.03.1989, sein Sohn Friedrich von Metzler führt noch heute in zehnter Generation die Geschäfte des Bankhauses Metzler[1565].

5.3.1.2 Hans Wilhelm von Tümpling

Hans Wilhelm von Tümpling wurde in Breslau am 03.01.1891 geboren[1566]. Er begann seine Karriere als Soldat und war Offizier bei den Potsdamer Leibgarde-Husaren, deren Regimentskommandeur bis zu seinem Regierungsantritt der nachmalige letzte Deutsche Kaiser Wilhelm II. war und welche teilweise von dessen zweitem Sohn, Prinz Eitel Friedrich kommandiert wurden. Im Ersten Weltkrieg war Hans Wilhelm von Tümpling erst aktiver Frontoffizier, dann im Generalstab eingesetzt. Nach dem Krieg verließ er das Militär und machte eine dreijährige Banklehre bei der damaligen Bank für Handel und Industrie[1567]. Danach arbeitete er in Frankfurt a. M. beim jüdischen Bankhaus Homburger[1568].

Als Königlich Preußischer Rittmeister a. D. heiratete er in Köln am 06.05.1920 Paula Margareta Freiin von Oppenheim (14.3.1896 - 11.11.1976). Sie war die Tochter von Emil Freiherr von Oppenheim, Teilhaber des gleichnamigen Kölner Bankhauses[1569].

Er wurde dann Prokurist der Frankfurter Privatbank Bass & Herz und von 1929 bis 1934 Vorstand bei der Allgemeinen Baugesellschaft Lenz & Co[1570]. Nach

---

1563 B. Metzler seel. Sohn & Co. (Hrsg.), Metzler – die Bank mit unverwechselbarem Profil, S. 2.

1564 Siehe Kap. 6.2.

1565 B. Metzler seel. Sohn & Co., Metzler – die Bank mit unverwechselbarem Profil, S. 2; Holtfrerich, Albert von Metzler, in: Pohl (Hrsg.), Deutsche Bankiers des 20. Jahrhunderts, S. 265.

1566 Deutsches Adelsarchiv, Auskunft an Verfasser vom 20.02.2009.

1567 Fürstenberg, Erinnerungen: mein Weg als Bankier und Carl Fürstenbergs Altersjahre, S. 281f.

1568 HHStA, Reg.-Nr. 520-FZ-1705, Entnazifizierungsakten Hans Wilhelm von Tümpling, Protokoll vom 25.03.1947, Bl. 51ff.

1569 Deutsches Adelsarchiv, Auskunft an Verfasser vom 20.02.2009.

1570 Fürstenberg, Erinnerungen: mein Weg als Bankier und Carl Fürstenbergs Altersjahre, S. 281f.

seiner Zeit als Vorstand bei Lenz & Co. wechselte er in deren Aufsichtsrat, dem er noch 1940 angehörte[1571]. Als solcher hatte er Ende 1937 versucht, Alfred Panofsky, dem jüdischen Inhaber des Bankhauses Jacquier & Securius, bei einer Veräußerung seines Bankgeschäftes an den Generaldirektor Erich Lübbert von Lenz & Co. behilflich zu sein, welche dann jedoch nicht zustande kam[1572].

Hans Wilhelm von Tümpling ist am 01.05.1933 in die NSDAP eingetreten zum Schutze seiner Frau und seiner beiden Töchter, da seine Frau „1/4 Jüdin" war. Das Mitgliedsbuch der NSDAP bekam er 1935 ausgehändigt, wurde jedoch kurz darauf zur Ortsgruppe der NSDAP gerufen, weil festgestellt worden war, dass er mit einer „Nichtarierin" verheiratet gewesen ist, deshalb kein Parteimitglied sein könne und also aus der Partei ausgeschlossen werden müsse. Jedoch könne er sich scheiden lassen und würde dann in der Partei bleiben können. Nachdem er eine Scheidung abgelehnt hatte, wurde er aus der Partei ausgeschlossen und bekam die entrichteten Mitgliedsbeiträge zurück. Ein daraufhin von ihm an die Kanzlei des Führers gerichtetes Ersuchen, doch Mitglied der NSDAP bleiben zu dürfen, wurde abschlägig beschieden[1573]. Im Jahr 1935 – also wohl nach seinem Ausschluss aus der NSDAP – ist er in die Deutsche Arbeitsfront eingetreten[1574]. Nach den Vermerken in der Mitgliedskartei der NSDAP ist Hans Wilhelm von Tümpling erst am 28.11.1938 wieder aus der Partei ausgetreten[1575], also nahezu unmittelbar nach der „Reichspogromnacht". Woher diese Diskrepanz rührt, war nicht zu klären. Jedoch ist zumindest anzunehmen, dass Hans Wilhelm von Tümplings Eintritt in die Deutsche Arbeitsfront Folge des Ausschlusses oder zumindest von diesbezüglichen Problemen mit der Partei war und er sich nun hilfsweise von einer Mitgliedschaft in der Deutschen Arbeitsfront den Schutz für seine Familie versprach. Seinen Töchtern hatte er jedoch verboten, in den Bund Deutscher Mädel einzutreten[1576].

1571 Mossner (Hrsg.), Adressbuch der Direktoren und Aufsichtsräte 1935, S. 1530; Mossner (Hrsg.), Adressbuch der Direktoren und Aufsichtsräte 1936, S. 1612; Mossner (Hrsg.), Adressbuch der Direktoren und Aufsichtsräte 1939, S. 1750; Mossner (Hrsg.), Adressbuch der Direktoren und Aufsichtsräte 1940, S. 1754.

1572 Kahmann, Die Bankiers von Jacquier & Securius, S. 114ff.

1573 HHStA, Reg.-Nr. 520-FZ-1705, Entnazifizierungsakten Hans Wilhelm von Tümpling, Bl. 3, 8, 19ff., 51ff.

1574 HHStA, Reg.-Nr. 520-FZ-1705, Entnazifizierungsakten Hans Wilhelm von Tümpling, Bl. 1.

1575 BAB, R 3200/X0042 BDC-Film.

1576 HHStA, Reg.-Nr. 520-FZ-1705, Entnazifizierungsakten Hans Wilhelm von Tümpling, Bl. 5, 51f.

Hans Wilhelm von Tümpling, der in jungen Jahren beim jüdischen Frankfurter Bankhaus Homburger gearbeitet hatte, hatte diverse jüdische Freunde im In- und Ausland, wie Heinrich Kirchholtes bestätigt[1577]. Bereits 1934 hatte Hans Wilhelm von Tümpling den jüdischen Heinz Zacharias in seiner Firma eingestellt und bis zu dessen Auswanderung 1940 auch beschäftigt und unterstützt. Auch stand er in engem Kontakt mit diversen schweizer Banken und war unter anderem deutscher Repräsentant des Baseler Bankhauses La Roche & Co. In sehr engem Kontakt stand er auch mit Isidor Koppelmann, Jacques Rosenstein und Eduard Schulte, dem früheren Generaldirektor des schlesischen Bergwerkkonzerns Georg von Giesches Erben, an welchem auch Tümplings ererbte Anteile hatten, und unterstütze letzteren bei seiner Arbeit für Allen W. Dulles und die amerikanische „Abwehr", das „Office for Strategic Services"[1578]. Ebenso unterstützte Hans Wilhelm von Tümpling über seine Verbindungen zum Oberkommando der Wehrmacht seinen in der Schweiz lebenden jüdischen Geschäftspartner Isidor Koppelmann bei der geplanten Rettung dessen in Rumänien befindlicher Schwester und deren Tochter in die Schweiz. Dabei sei sehr wahrscheinlich gewesen, dass auch Tümplings Name den Nationalsozialisten bekannt werden würde und er damit Unannehmlichkeiten zu befürchten gehabt hätte. Dennoch habe Tümpling auf der Rettung bestanden, jedoch hatte die Gestapo Schwester und Tochter kurz vor der bereits eingeleiteten Rettung umgebracht[1579]. Auf Wunsch der jüdischen Vereinigung in Genf unternahm Hans Wilhelm von Tümpling im Dezember 1940 eigens eine Reise von Genf nach Budapest, um dem dortigen Oberrabbiner einer Nachricht zukommen zu lassen, welche nicht mehr auf dem Postwege übermittelt werden konnte[1580]. Auch stand Tümpling seit Herbst 1940 in regelmäßigem Kontakt mit Oberst Hans Oster – der unter Admiral Wilhelm Canaris in der „Abwehr" im Oberkommando der Wehrmacht tätig war – und über diesen mit

1577 HHStA, Reg.-Nr. 520-FZ-1705, Entnazifizierungsakten Hans Wilhelm von Tümpling, Bl. 17, 51ff.; Heinrich Kirchholtes war 1919 in das jüdische Frankfurter Bankhaus Gebr. Sulzbach eingetreten, nachdem er die Tochter des Seniorchefs Karl Sulzbach geheiratet hatte. Nach 1938 musste das Bankhaus unter Heinrich Kirchholtes & Co. firmieren, vgl. Köhler, Die „Arisierung" der Privatbanken im Dritten Reich, S. 354.

1578 HHStA, Reg.-Nr. 520-FZ-1705, Entnazifizierungsakten Hans Wilhelm von Tümpling, Bl. 4, 13f., 21f., Schreiben RA Dr. Pausnitzer vom 24.02.1948 nach Bl. 70.

1579 HHStA, Reg.-Nr. 520-FZ-1705, Entnazifizierungsakten Hans Wilhelm von Tümpling, Bl. 4, 13f., 21f., Schreiben RA Dr. Pausnitzer vom 24.02.1948 nach Bl. 70.

1580 HHStA, Reg.-Nr. 520-FZ-1705, Entnazifizierungsakten Hans Wilhelm von Tümpling, Bl. 5, 32, 51ff.

der Widerstandsbewegung vom 20.07.1944. Seit 1940 informierte er fortlaufend Eduard Schulte und Isidor Koppelmann, welche mit jüdischen Organisationen und Allen W. Dulles in Verbindung standen, über den deutschen Widerstand um Hans Oster[1581]. All diese Personen bescheinigten Hans Wilhelm von Tümpling nach dem Krieg, dass er immer bereit gewesen sei, Verfolgten zu helfen und dabei mutig und ohne Rücksicht auf eigene Gefährdung gehandelt habe[1582].

Hans Wilhelm von Tümpling war sehr eng mit Albert von Metzler befreundet. In seinen Erinnerungen beschreibt Metzler ihn als Freund, auf den man Häuser bauen konnte. Die Basis der Freundschaft seien schöne Erinnerungen aus der Zeit der Zusammenarbeit bei E. J. Meyer, gemeinsames geschäftliches Interesse und die Einstellung zum Dritten Reich gewesen, welche sich auch auf die Frauen ausgedehnt habe[1583].

Am 01.04.1942 ist Hans Wilhelm von Tümpling zusammen mit Albert von Metzler als persönlich haftender Gesellschafter in das Bankhaus E. J. Meyer eingetreten[1584]. Da Albert von Metzler im Felde war, hat wohl Hans Wilhelm von Tümpling das Geschäft meistenteils geführt, jedoch unterstützt von Albert von Metzler, wenn dieser auf Heimaturlaub war. So wurde geschäftliche Korrespondenz mit der Zigarettenfabrik Garbáty, einem der wesentlichen Kunden von E. J. Meyer in dieser Zeit, sowohl von Hans Wilhelm von Tümpling als auch von Albert von Metzler unterzeichnet[1585]. Dafür, dass Hans Wilhelm von Tümpling auch im Zweiten Weltkrieg im Felde war, liegen auch dem Bankhaus Metzler keine Hinweise vor[1586].

1581 HHStA, Reg.-Nr. 520-FZ-1705, Entnazifizierungsakten Hans Wilhelm von Tümpling, Bl. 35f.

1582 HHStA, Reg.-Nr. 520-FZ-1705, Entnazifizierungsakten Hans Wilhelm von Tümpling, Bl. 13f.

1583 Holtfrerich, Albert von Metzler, in: Pohl (Hrsg.), Deutsche Bankiers des 20. Jahrhunderts, S. 281, welcher sich auf die unveröffentlichten Erinnerungen von Albert von Metzler, S. 433, bezieht.

1584 Siehe Kap. 5.3; LAB, B Rep. 042, Nr. 46349, Bd. 3, Handblatt Handelsregister Akte E. J. Meyer; In der Presse wurde diese Beteiligung am 08.05.1942 gemeldet, vgl. Archiv Bankhaus Wölbern, Pressemitteilungen Deutsche Allgemeine Zeitung sowie Berliner Börsen-Zeitung.

1585 Siehe Kap. 5.3.2; Archiv Bankhaus Wölbern, Akte Garbáty sowie Zeichnungsliste des Bankhauses E. J. Meyer; LAB, A Rep. 250-04-09, Nr. 123. Zu Garbáty siehe Lindner, Garbáty – eine Zigarettenfabrik in Pankow, in: Biggeleben/ Schreiber/ Steiner (Hrsg.), „Arisierung" in Berlin, S. 247ff.; Meyer, „Arisiert" und ausgeplündert: die jüdische Fabrikantenfamilie Garbáty, in: Meyer/ Simon, Juden in Berlin 1933 - 1945, Begleitband zur gleichnamigen Ausstellung in der Stiftung „Neue Synagoge Berlin – Centrum Judaicum" Mai bis August 2000, S. 77ff.

1586 Archiv Bankhaus Metzler, Auskunft an Verfasser vom 01.12.2011.

Im Jahr 1943 wurde eine Niederlassung von E. J. Meyer in Hamburg eingerichtet, welche wohl von Hans Wilhelm von Tümpling geleitet wurde[1587].

Ebenfalls im Jahr 1943 ist die Weitergabe von Tümpling in die Schweiz überbrachter Informationen über den Widerstand von der Gestapo abgehört worden, wodurch auch Hans Wilhelm von Tümpling „äußerst" belastet worden ist. Der damalige Vizekonsul beim Deutschen Generalkonsulat in Bern, Hans Bernd Gisevius, hatte ihn deshalb persönlich und unter eigener Gefährdung in einem langen Gespräch im Dezember 1943 in seiner Privatwohnung vor einer Rückkehr nach Deutschland gewarnt, jedoch kehrte Hans Wilhelm von Tümpling nach Deutschland zurück. Am 12.09.1944 wurde er von der Gestapo aufgrund seiner Aktivitäten im Zusammenhang mit dem Attentat auf Hitler vom 20.07.1944 verhaftet und im Gestapo-Gefängnis in der Prinz-Albrecht-Straße in Berlin inhaftiert. Erst am 08.11.1944 kam er gegen eine hohe Kaution frei und stand fortan unter Polizei-Aufsicht. Auch seine älteste Tochter Marie-Luise sollte im Februar 1945 – losgelöst von den Aktivitäten ihres Vaters – im Zusammenhang mit dem 20.07.1944 verhaftet werden, wozu es jedoch in Folge der Besetzung Pommerns, wo sie Gutssekretärin war, nicht mehr gekommen ist[1588].

Albert von Metzler besuchte Hans Wilhelm von Tümpling öfter in der Gestapo-Haft trotz eigener Gefahren als er selbst von seinem Einsatz in Brüssel an die Ostfront versetzt wurde und im September 1944 einige Tage in Berlin Aufenthalt hatte[1589].

Nach dem Krieg wohnten Tümplings zeitweilig in den Behelfsräumen der Metzler Bank und es war wohl auch eine Tätigkeit Hans Wilhelm von Tümplings für das Bankhaus B. Metzler seel. Sohn & Co. gedacht[1590].

1945 wurde die Zweigstelle von E. J. Meyer in Hamburg an Hans Wilhelm von Tümpling veräußert und er fungierte bis zum Eintritt von Otto Treiber als alleiniger Inhaber des in seinem Wohnhaus in der Johnsallee 35 belegenen Bankhauses[1591].

1587 Siehe Kap. 6.3.

1588 HHStA, Reg.-Nr. 520-FZ-1705, Entnazifizierungsakten Hans Wilhelm von Tümpling, Bl. 4f., 15, 21f., 25, 51ff.

1589 Holtfrerich, Albert von Metzler, in: Pohl (Hrsg.), Deutsche Bankiers des 20. Jahrhunderts, S. 281, welcher sich auf die unveröffentlichten Erinnerungen von Albert von Metzler, S. 433, bezieht.

1590 Holtfrerich, Albert von Metzler, in: Pohl (Hrsg.), Deutsche Bankiers des 20. Jahrhunderts, S. 281, welcher sich auf die unveröffentlichten Erinnerungen von Albert von Metzler, S. 433, bezieht; HHStA, Reg.-Nr. 520-FZ-1705, Entnazifizierungsakten Hans Wilhelm von Tümpling, Bl. 65.

1591 Bankhaus Wölbern (Hrsg.), Meilensteine, S. 14; siehe Kap. 6.3.

In seinem Entnazifizierungsprozess wurde Hans Wilhelm von Tümpling aufgrund seiner herausgehobenen wirtschaftlichen Position und seiner Mitgliedschaft in der NSDAP erst in die Gruppe „Belasteter“ eingestuft, also in die Gruppe nach den Hauptschuldigen, welche Aktivisten, Militaristen und Nutznießer umfasste[1592]. Nach der mündlichen Verhandlung und zahlreichen Zeugenaussagen beantragte der Öffentliche Kläger, Hans Wilhelm von Tümpling als Entlasteten einzustufen. Hans Wilhelm von Tümpling wollte jedoch erreichen, als „nicht von dem Gesetz Betroffener“ (also jemand, der keinen nationalsozialistischen Organisationen angehört hat) eingestuft zu werden, da seine Mitgliedschaft in der NSDAP quasi nicht bestanden habe, weil seine Frau „Nichtarierin“ gewesen sei. Mit diesem Anliegen ist er aber auch in der Berufungsinstanz nicht durchgedrungen, denn mit der Aushändigung des Parteibuches in Folge seines Mitgliedsantrages sei er Mitglied geworden. Daran ändere auch nicht, dass er dies lediglich zum Schutze seiner Familie gemacht habe, überdies sei dafür der Mitgliedsantrag am 01.05.1933 doch sehr früh und „überängstlich“ gewesen, zumal seine Frau als „Vierteljüdin“ zu dem Zeitpunkt kaum im Visier der Nationalsozialisten gewesen sei. Auch sein letztendlich abgelehntes Gesuch an die Kanzlei des Führers, dass er dennoch Mitglied der Partei bleiben wolle, habe seinen starken Willen gezeigt, dieser nationalsozialistischen Organisation anzugehören, weshalb er unter das Gesetz falle. Jedoch ist Hans Wilhelm von Tümpling aufgrund seiner aktiven Unterstützung jüdischer Freunde und des Widerstandes gegen den Nationalsozialismus, wodurch er auch persönliche Nachteile erlitten hatte, als auch in der Berufungsinstanz als „Entlasteter“ eingestuft worden[1593].

Im Frühjahr 1948 entschied er sich, in den Vorstand der Berliner Handels-Gesellschaft in Frankfurt a. M. Aktiengesellschaft[1594] einzutreten. Mit der Wiedererrichtung der alten Firma 1952 wurde er Geschäftsinhaber der Berliner

---

1592 Zum Entnazifizierungsgesetz (Gesetz zur Befreiung von Nationalsozialismus und Militarismus vom 05.03.1946, RegBl. S. 71) und der Einteilung in die einzelnen Kategorien siehe Kap. 5.3.1.1.

1593 HHStA, Reg.-Nr. 520-FZ-1705, Entnazifizierungsakten Hans Wilhelm von Tümpling, Bl. 51ff., 58, 70ff.

1594 Dabei handelte es sich um eine Gesellschaft zum Zweck der Überleitung der Geschäfte von der im sowjetischen Sektor in Berlin belegenen, ruhenden Berliner Handels-Gesellschaft in den Westen. Ziel war die – dann auch 1952 erfolgte – Wiederherstellung der (alten) Berliner Handels-Gesellschaft in Frankfurt a. M., vgl. Fürstenberg, Erinnerungen: mein Weg als Bankier und Carl Fürstenbergs Altersjahre, S. 281.

Handels-Gesellschaft[1595]. Er brachte besondere Beziehungen zur Schweiz mit, denn er hatte jahrelang in engem Kontakt zu dem alten Basler Bankhaus La Roche & Co. gestanden. Zu weiterer Betätigung im Ausland fehlten ihm jedoch der Wunsch und die Zeit. Fürstenberg bezeichnet Hans Wilhelm von Tümpling als einen Bankier von internationalem Format[1596].

Im Sommer 1951 schied Hans Wilhelm von Tümpling als persönlich haftender Gesellschafter des Bankhauses E. J. Meyer in Hamburg aus, welches fortan von Otto Treiber weitergeführt wurde[1597]. Im Mai 1952 schied er als persönlich haftender Gesellschafter aus dem ruhenden Bankhaus E. J. Meyer in Berlin aus[1598].

Nach seiner Zeit als Geschäftsinhaber der Berliner Handels-Gesellschaft von 1952 bis 1967 wechselte er von 1970 bis 1972 in den Aufsichtsrat der seit 1970 zur Berliner Handels- und Frankfurter Bank (BHF-Bank) fusionierten Bank[1599].

Altersbedingt dort ausgeschieden, zog er nach Lausanne. Dort wurde er schwer krank und der Ende siebzig Jahre alte Albert von Metzler übernahm zeitweise die Pflege seines schwer kranken Freundes[1600].

Hans Wilhelm von Tümpling starb in Palma de Mallorca am 22.8.1978[1601].

Mitgliedschaften

Im Jahr 1931 war Hans Wilhelm von Tümpling im Vorstand der Allgemeinen Baugesellschaft Lenz & Co. (Kolonial-Gesellschaft), Berlin[1602]. Die Gesellschaft

---

1595 Der Name Handels-Gesellschaft anstelle von Bank war gewählt worden, weil der Preußische König am 26.03.1856 durch „Allerhöchste Order“ bestimmt hatte, dass größere Kreditinstitute zur Förderung der Industrie in Preußen derzeit keine Genehmigung bekämen. Die Bank zählte vor dem Zweiten Weltkrieg zu den größten fünf Berliner Aktienbanken, unterhielt jedoch kein Filialnetz, vgl. Berliner Handels-Gesellschaft (Hrsg.), Die Berliner Handels-Gesellschaft in einem Jahrhundert deutscher Wirtschaft: 1856 - 1956, S. 15ff.

1596 Fürstenberg, Erinnerungen: mein Weg als Bankier und Carl Fürstenbergs Altersjahre, S. 281f.; Berliner Handels-Gesellschaft (Hrsg.), Die Berliner Handels-Gesellschaft in einem Jahrhundert deutscher Wirtschaft: 1856 - 1956, S. 269.

1597 Siehe Kap. 6.3.

1598 LAB, B Rep. 042, Nr. 46349, Bd. 2, Bl. 121; LAB, B Rep. 042, Nr. 46349, Bd. 3, Handblatt Handelsregister Akte E. J. Meyer.

1599 Berliner Handels-Gesellschaft und Frankfurter Bank (Hrsg.), Die Geschichte der BHF-Bank und ihrer Vorgängerinstitute, S. 50, 52.

1600 Holtfrerich, Albert von Metzler, in: Pohl (Hrsg.), Deutsche Bankiers des 20. Jahrhunderts, S. 281, welcher sich auf die unveröffentlichten Erinnerungen von Albert von Metzler, S. 433, bezieht.

1601 Deutsches Adelsarchiv, Auskunft an Verfasser vom 20.02.2009.

1602 Mossner (Hrsg.), Adressbuch der Direktoren und Aufsichtsräte 1931, S. 75.

war eine Tochter der AG für Verkehrswesen[1603], deren beider Generaldirektor Erich Lübbert gewesen ist und die sehr enge Verbindungen zur Berliner Handels-Gesellschaft hatte, in welche 1948 auch Hans Wilhelm von Tümpling eingetreten ist[1604].

1935 war Tümpling Vorstand bei der AG für Verkehrswesen, Berlin[1605], sowie der Continentale Commerz-Gesellschaft AG, wobei letztere wohl eine ihm gehörende Gesellschaft gewesen ist[1606]. Die Continentale Commerz-Gesellschaft war 1931 noch nicht verzeichnet, ebenso wenig wie die Preußenpark Wohnbau AG, Berlin, in welcher er 1935 den Vorsitz im Aufsichtsrat inne hatte[1607]. Ebenfalls ist er vom Vorstand in den Aufsichtsrat der Allgemeinen Baugesellschaft Lenz & Co. gerückt und hielt weiterhin ein Aufsichtsratsmandat bei der Gemeinnützigen Wohnungsbau und Siedlungs-AG Mark, Berlin[1608], welche ebenfalls 1931 noch nicht erwähnt ist.

Im Jahr 1936 hatte Hans Wilhelm von Tümpling dieselben Positionen inne[1609], jedoch wurde er zusätzlich als Vorsitzender des Aufsichtsrates der Helvetia Wohnbau- und Hausverwaltungs-Aktiengesellschaft geführt, welche aus der Preußenpark Wohnbau AG hervorgegangen ist[1610].

1603 Geschäftsgegenstand war Errichtung und Betrieb von Verkehrsanlagen, insbesondere Eisenbahnen und Kleinbahnen, 1940 größter deutscher Kleinbahnkonzern, der 1/3 des deutschen Kleinbahnnetzes kontrollierte und 34 Kraftfahrlinien betrieb sowie Beteiligungen auch an diversen Bauunternehmungen hielt, vgl. Verlag für Börsen- und Finanzliteratur (Hrsg.), Handbuch der deutschen Aktiengesellschaften 1937, Bd. 4, S. 5025; Verlag für Börsen- und Finanzliteratur (Hrsg.), Handbuch der deutschen Aktiengesellschaften 1940, Bd. 5, S. 5019ff.

1604 Kahmann, Die Bankiers von Jacquier & Securius, S. 114f.

1605 Mossner (Hrsg.), Adressbuch der Direktoren und Aufsichtsräte 1935, S. 1530.

1606 Sie firmiert zumindest später als Continentale Commerz-Gesellschaft von Tümpling & Co. KG, vgl. Mossner (Hrsg.), Adressbuch der Direktoren und Aufsichtsräte 1939, S. 1750; Mossner (Hrsg.), Adressbuch der Direktoren und Aufsichtsräte 1940, S. 1754.

1607 Gegründet 02.01.1933, ab 07.11.1936 umfirmiert in „Helvetia Wohnbau- und Hausverwaltungs-Aktiengesellschaft", vgl. Verlag für Börsen- und Finanzliteratur (Hrsg.), Handbuch der deutschen Aktiengesellschaften 1937, Bd. 1, S. 928.

1608 Gegründet 18.02.1933, 50%ige Tochter der Wilmersdorfer Grundstücksverwaltungs-AG, mit Kapitalwert 100.000 RM, vgl. Verlag für Börsen- und Finanzliteratur (Hrsg.), Handbuch der deutschen Aktiengesellschaften 1937, Bd. 4, S. 4477.

1609 Mossner (Hrsg.), Adressbuch der Direktoren und Aufsichtsräte 1936, S. 1612.

1610 Verlag für Börsen- und Finanzliteratur (Hrsg.), Handbuch der deutschen Aktiengesellschaften 1940, Bd. 5, S. 5753.

1937 war Hans Wilhelm von Tümpling im Aufsichtsrat der Allgemeinen Baugesellschaft Lenz & Co.[1611] sowie bei der AG für Verkehrswesen[1612].

Bis 1939 sind dann seine Mandate bei der Helvetia Wohnbau- und Hausverwaltungs-Aktiengesellschaft weggefallen, jedoch konnte er seine Mandate bei der AG für Verkehrswesen, Lenz & Co. sowie der Gemeinnützigen Wohnungsbau und Siedlungs-AG Mark halten, was auch 1940 der Fall war[1613].

1940 war Hans Wilhelm von Tümpling im Aufsichtsrat der AG für Verkehrswesen, aber E. J. Meyer nicht Zahlstelle der Gesellschaft, obwohl neben Großbanken auch je eine kleine Privatbank in Berlin und in Hamburg im Aufsichtsrat vertreten und Zahlstellen waren[1614]. Auch nach dem Eintritt Hans Wilhelm von Tümplings bei E. J. Meyer 1942 konnte er das Aufsichtsratsmandat bei der AG für Verkehrswesen halten, jedoch wurde auch dann E. J. Meyer nicht Zahlstelle[1615]. Jedoch konnte er 1942 bei Lenz & Co., der Tochter der AG für Verkehrswesen, sowohl das Aufsichtsratsmandat halten, als auch die Zahlstellenfunktion für E. J. Meyer akquirieren[1616]. Ebenfalls war Hans Wilhelm von Tümpling Aufsichtsratsvorsitzender der Zellstoffwerke Strassburg[1617].

Aus dem Vorgenannten ist ersichtlich, dass auch Hans Wilhelm von Tümpling keine Aufsichtsmandate von Kurt Richter-Erdmann hat übernehmen können.

5.3.2 Wirtschaftliche Entwicklung nach 1942

Über die Geschäftsführung von E. J. Meyer nach der Übernahme des Bankhauses durch Albert von Metzler und Hans Wilhelm von Tümpling sind wenig

---

1611 Verlag für Börsen- und Finanzliteratur (Hrsg.), Handbuch der deutschen Aktiengesellschaften 1937, Bd. 5, S. 5745.

1612 Verlag für Börsen- und Finanzliteratur (Hrsg.), Handbuch der deutschen Aktiengesellschaften 1937, Bd. 4, S. 5025.

1613 Mossner (Hrsg.), Adressbuch der Direktoren und Aufsichtsräte 1939, S. 1750; Mossner (Hrsg.), Adressbuch der Direktoren und Aufsichtsräte 1940, S. 1754; Verlag für Börsen- und Finanzliteratur (Hrsg.), Handbuch der deutschen Aktiengesellschaften 1940, Bd. 5, S. 5753; Verlag für Börsen- und Finanzliteratur (Hrsg.), Handbuch der deutschen Aktiengesellschaften 1942, Bd. 4, S. 4217.

1614 Verlag für Börsen- und Finanzliteratur (Hrsg.), Handbuch der deutschen Aktiengesellschaften 1940, Bd. 4, S. 3681ff.

1615 Verlag für Börsen- und Finanzliteratur (Hrsg.), Handbuch der deutschen Aktiengesellschaften 1942, Bd. 4, S. 3409ff.

1616 Verlag für Börsen- und Finanzliteratur (Hrsg.), Handbuch der deutschen Aktiengesellschaften 1942, Bd. 5, S. 4721ff.

1617 HHStA, Reg.-Nr. 520-FZ-1705, Entnazifizierungsakten Hans Wilhelm von Tümpling, Bl. 4.

Quellen erhalten. Doch kann das Verhalten des Bankhauses E. J. Meyer in Bezug auf die noch vorhandenen Konten seiner ehemaligen jüdischen Bankiers für die Art der Geschäftsführung bezeichnend sein. E. J. Meyer musste gem. der Elften Verordnung zum Reichsbürgergesetz[1618] das vom Bankhaus verwaltete Vermögen der Altgesellschafter zum 27.11.1941 anmelden. Dies geschah mit Schreiben vom 27.05.1942 an den Oberfinanzpräsidenten in Berlin, wobei in dem Schreiben lediglich eine geringe vierstellige Forderung gegen Adolf Meyer aufgeführt ist, jedoch als Anlage eine Übersicht eines „Kontos Ernst und Adolf Meyer" mit der Angabe, dass Ernst Joachim Meyer bereits 1928 verstorben ist. Die Gestapo beschlagnahmte am 10.06.1943 alles Vermögen von Adolfs Mutter Anna (ein knapp mittlerer vierstelliger Betrag auf einem Auswanderersperrkonto), sowie von Adolfs Schwester Erna (ein unterer dreistelliger Betrag auf einem Auswanderersperrkonto). Am 05.11.1943 beschlagnahmte die Gestapo das Vermögen von Adolf Meyer und seiner Frau Olga. Das Vermögen bestand außer der geringen Forderung des Bankhauses gegen Adolf noch aus diversen unverkäuflichen Aktien und (Staats-)Anleihen Österreichs sowie östlicher Länder. Auch Leonhard Horwitz hatte per 27.11.1941 bei E. J. Meyer ein Wertpapierdepot mit nicht notierten Aktien sowie Restliquidationsanteile, welche wohl ebenfalls unveräußerlich waren. Insgesamt zogen sich die Schriftwechsel wegen dieser Meyer'schen Vermögen zwischen dem „arisierten" Bankhaus E. J. Meyer, Oberfinanzpräsident und Gestapo bis fast Mitte 1944 hin. Dabei gab E. J. Meyer erst in einem Schreiben vom 14.02.1944 an den Oberfinanzpräsidenten so präzise Auskunft über das „Konto Adolf Meyer", das „Konto Ernst und Adolf Meyer" sowie die Erbverhältnisse nach Ernst (5/8 Adolf, ¼ Anna, 1/8 Erna), dass für die anderen Beteiligten Klarheit über die Vermögensverhältnisse entstand[1619]. Da es bei den überschaubaren Vermögenswerten und aufgrund der genauen Kenntnis des Bankhauses[1620] der Meyer'schen Kundenkonten sowie ihrer Verwandtschafts- und Erbverhältnisse wohl nicht besonders schwierig war, diese Auskunft gut und für die beteiligten Gestapo- und Regierungsstellen leicht verständlich bereits zu Anfang darzustellen, kann man davon ausgehen, dass es wohl Absicht von E. J. Meyer war, das Verfahren durch unklare Aufstellungen auf fast drei

1618 RGBl. I, S. 722ff.: allen nicht mehr in Deutschland lebenden Juden – dazu zählten auch die in Konzentrationslager außerhalb des Deutschen Reiches deportierten – wurde die deutsche Staatsangehörigkeit per Gesetz aberkannt mit der beabsichtigten Folge, dass ihr Vermögen dem Reich verfiel.

1619 BADV, 73 WGA 4044/55, Bl. 5ff.

1620 Beispielsweise durch den seit 1911 bei E. J. Meyer tätigen Prokuristen Lippa, vgl. BADV, 7 WGA 423/51, Bl. 73ff.

Jahre auszudehnen. Auch ist unklar, warum in dem Schreiben von E. J. Meyer an den Oberfinanzpräsidenten vom 14.02.1944 geschrieben wird, dass die letzte E. J. Meyer bekannte Anschrift Adolf, Anna und Erna Meyers die Anschrift von Anna Meyer, Rue Bosquet 69, Belgien sei, wobei doch Adolf nach Amsterdam und nicht nach Brüssel ausgewandert war (wohin der verstorbene E. J. Meyer Bankier Kurt Richter-Erdmann zur Verabschiedung der Meyers in die USA eigens angereist war) und Erna Meyer in Brüssel eine andere Anschrift hatte. Hingegen wurde bereits in dem ersten Schreiben von E. J. Meyer an den Oberfinanzpräsidenten von Berlin vom 27.05.1942 geschrieben, dass Adolf Meyer nach New York ausgewandert sei. Demnach ist also im späteren Schreiben den Behörden eine Fehlinformation gegeben worden. Aufgrund der familiären Bindungen der Familien Meyer und Horwitz an das Bankhaus E. J. Meyer und weil ein anderes „arisches“ Bankhaus bei der Vermögensverwaltung keine Vorteile gebracht hätte, ist davon auszugehen, dass diese Vermögenswerte die einzigen waren, die eine Bank in Deutschland für Meyers als Kunden verwalten konnte. Damit hat es sich lediglich um sehr geringe sowie nicht liquidierbare Vermögenswerte – bei Adolf Meyer sogar um Schulden beim Bankhaus E. J. Meyer – gehandelt. Es ist also davon auszugehen, dass es den Familien Meyer und Horwitz gelungen war, alle liquiden Vermögenswerte ins Ausland zu verbringen (abzüglich dessen, was an Steuern, Abgaben, etc. zu zahlen war).

Das Bankhaus Metzler hatte im März 1942 eine Zahl von 33 Angestellten und E. J. Meyer von noch 25, welche wohl 1940 auch rund 33 betragen haben muss. Bei der Analyse der Bilanz von E. J. Meyer zum 31.12.1940 durch das Bankhaus Metzler wurde davon ausgegangen, dass E. J. Meyer nach einigen Optimierungen einen möglichen Gewinn in künftigen Jahren von rund 180.000 RM jährlich erzielen könnte[1621]. Während Kurt Richter-Erdmann das Geschäft sehr auf das stark konjunkturanfällige Wertpapiergeschäft ausgerichtet hatte, welches 1940 wesentlich größer als das Kreditgeschäft von E. J. Meyer war, richteten Albert von Metzler und Hans Wilhelm von Tümpling das Geschäft von E. J. Meyer wesentlich stärker auf das Kreditgeschäft aus, so dass das Geschäft mit eigenen und fremden Wertpapieren zum Bilanzstichtag 30.06.1943 nur noch ein Viertel und zum 30.06.1944 noch unter einem Fünftel des Geschäfts von E. J. Meyer ausmachte. Damit konnten sie die Bilanzsumme von 5,7 MioRM im Jahre 1941 unter Kurt Richter-Erdmann auf 7,7 MioRM per 31.12.1942, dann auf 9,4 MioRM per 30.06.1943, 11,1 MioRM per 31.12.1943 und sodann zum 30.06.1944 auf

1621 Archiv Bankhaus Metzler, Auskunft an Verfasser vom 19.01.2012, Niederschrift „Besprechung der Bilanz E. J. M. per 31.12.1940“.

10,8 MioRM steigern, jedoch bewegte sich der Gewinn nach 110.000 RM im Jahr 1942, von denen die Witwe Richter-Erdmann eine Abfindung von 60.000 RM erhielt, nur noch bei 75.000 RM per 30.06.1943 und 72.000 RM per 30.06.1944, so dass also an die hohen Gewinne durch das konjunkturabhängige Effektengeschäft nicht mehr angeknüpft werden konnte, also die Gewinnprognose von 180.000 RM jährlich nicht eingetreten ist[1622]. Hans Wilhelm von Tümpling gibt im Entnazifizierungsverfahren an, dass er in den Jahren rund 50.000 RM verdient habe[1623].

Wie sich die Kundenbeziehungen im Einzelnen entwickelt haben und insbesondere welche großen Kunden akquiriert werden konnten, war nicht ersichtlich. Jedoch werden die Beziehungen von Hans Wilhelm von Tümpling zu schweizerischen Banken sowie ebenfalls die Vertretung des schweizer Bankhauses La Roche & Co. einen positiven Effekt gehabt haben, da die Schweiz als neutrales Land eines der wenigen Nachbarländer war, mit denen sich Deutschland nicht im Krieg befand[1624]. Ebenfalls wird die enge Verbindung mit dem Frankfurter Bankhaus B. Metzler seel. Sohn & Co. durch Albert von Metzler einen positiven Einfluss auf das Geschäft gebracht haben, denn Metzler war die Bindung zu E. J. Meyer nur eingegangen, weil es selbst zunehmend Geschäfte in Berlin tätigte[1625].

Herauszustellen sind jedoch zwei wichtige Kundenbeziehungen sowie die Kundenbeziehungen zur Jüdischen Gemeinde und der Reichsversorgung der Juden[1626], welche alle auf Kurt Richter-Erdmann zurückgehen:

1622 Archiv Bankhaus Metzler, Auskunft an Verfasser vom 19.01.2012, Niederschrift „Besprechung der Bilanz E. J. M. per 31.12.1940“, Bilanz E. J. Meyer per 31.12.1942, Gegenüberstellungen Bilanzen E. J. Meyer per 30.06.1943 und 30.06.1944, Vergleich der Gewinn- und Verlustrechnungen per 31.12.1941 von Metzler und Meyer; Archiv Bankhaus Wölbern, Auskunft an Verfasser vom 30.07.2009 sowie 19.02.2010; zu den Daten zur Bilanz per ultimo 1943, zu der das Kapitalkonto 1 MioRM – also wohl die 700.000 RM von Frau Richter-Erdmann sowie 300.000 RM der Komplementäre – siehe LAB, C Rep. 105, Nr. 3618, Bericht des Wirtschaftsprüfers Waldemar Koch vom 06.10.1945.

1623 HHStA, Reg.-Nr. 520-FZ-1705, Entnazifizierungsakten Hans Wilhelm von Tümpling, Bl. 1.

1624 HHStA, Reg.-Nr. 520-FZ-1705, Entnazifizierungsakten Hans Wilhelm von Tümpling, Bl. 4, 22; siehe auch Kap. 5.3.1.2.

1625 Holtfrerich, Albert von Metzler, in: Pohl (Hrsg.), Deutsche Bankiers des 20. Jahrhunderts, S. 269.

1626 Archiv Bankhaus Metzler, Auskunft an Verfasser vom 19.01.2012, Niederschrift „Besprechung der Bilanz E. J. M. per 31.12.1940“.

Eine wichtige Kundenbeziehung von E. J. Meyer zu der Zeit war die Beziehung zur Zigarettenfabrik Garbáty in Berlin. Für diese unterhielt E. J. Meyer ein laufendes Konto, gab Bürgschaften und Kredite für Importzölle und andere mit Import und Produktion verbundene Steuern. Diese Geschäfte hatten ein Gesamtvolumen zwischen 1-2,5 MioRM, also ein Volumen von 10-15% der Bilanzsumme. Die Geschäftsverhandlungen hatte auf Seite von Garbáty Jacob Koerfer, der „Arisierer" und Inhaber von Garbáty geführt, sie hatten also auch für Garbáty einen hohen Stellenwert. Die Geschäfte dauerten noch bis mindestens August 1945 an. Die vorhandenen Unterlagen sind, soweit von den Teilhabern unterzeichnet, sowohl von Hans Wilhelm von Tümpling als auch von Albert von Metzler unterzeichnet[1627]. Diese Geschäftsbeziehung wurde bereits von Kurt Richter-Erdmann aufgebaut, der mit Jacob Koerfer bereits 1934 die Rota-Film AG gegründet hatte, welche den Filmverleih in Deutschland durch Erwerb der UFA-Filmverleihorganisation sowie durch 12-15 jährliche Neuproduktionen aufbauen wollte[1628].

Ein weiterer großer Geschäftszweig mit einem ebenfalls sehr hohen Volumen bestand in der bereits von Kurt Richter-Erdmann begonnenen Verbindung zu Alois Miedl und den mit diesem verbundenen Firmen Shantung-Handelsbank, N. V. Buitenlandsche Bankvereeniging, Bankierskantoor Alois Miedl sowie Kunsthandel vorheen J. Goudstikker[1629]. Das Bankhaus E. J. Meyer stand bereits seit September 1940 – also bereits zu der Zeit als Kurt Richter-Erdmann persönlich haftender Gesellschafter war – mit Alois Miedl in geschäftlicher Verbindung[1630]. Dem Bankhaus Metzler war zumindest im März 1942 die Deutsche Landvolkbank, bei welcher E. J. Meyer in der Bilanz zum 31.12.1940 ein Nostroguthaben hatte, unbekannt[1631].

Alois Miedl war Schlüsselfigur der Nazis zur Erlangung von Kunstschätzen, insbesondere von Gemälden, aus den Niederlanden und hauptsächlich im Auftrag Hermann Görings tätig. Miedl wurde am 03.03.1903 in München geboren, lernte

1627 Archiv Bankhaus Wölbern, Akte Garbáty sowie Zeichnungsliste des Bankhauses E. J. Meyer; LAB, A Rep. 250-04-09, Nr. 123. Zu Garbáty siehe Lindner, Garbáty – eine Zigarettenfabrik in Pankow, in: Biggeleben/ Schreiber/ Steiner (Hrsg.), „Arisierung" in Berlin, S. 247ff.; Meyer, „Arisiert" und ausgeplündert: die jüdische Fabrikantenfamilie Garbáty, in: Meyer/ Simon, Juden in Berlin 1933 - 1945, Begleitband zur gleichnamigen Ausstellung in der Stiftung „Neue Synagoge Berlin – Centrum Judaicum" Mai bis August 2000, S. 77ff.

1628 Film-Kurier vom 21.07.1934.

1629 Siehe auch Kap. 5.2.3.

1630 LAB, C Rep. 105, Nr. 3618, Bl. 12.

1631 Archiv Bankhaus Metzler, Auskunft an Verfasser vom 19.01.2012, Niederschrift „Besprechung der Bilanz E. J. M. per 31.12.1940".

das Bankgeschäft bei dem Münchener Bankhaus Heinrich und Hugo Marx und war ab 1925 bei der Münchener Bank Johann Witzig & Co.[1632], später als Kommanditist. Mit Witzig & Co. erwarb Miedl 1929 die Mehrheit an der Shantung-Handelsbank Berlin mit einem Aktienkapital von 5 MioRM. 1934 übernahm er 90% des Kapitals der Buitenlandsche Bankvereeniging, später firmierend als Bankierskantoor Alois Miedl, Amsterdam[1633]. Im Jahre 1937 übernahm er die Mehrheit an der internationalen Düsseldorfer Baufirma Gebr. Goedhart AG in Düsseldorf[1634], war aber bis 1940 eher als zwielichtiger Bankier und waghalsiger Devisenspekulant aufgefallen[1635]. Seit 1932 lebte er in Holland und war mit einer Jüdin verheiratet[1636]. Da er mit einer Jüdin verheiratet war, konnte Miedl nicht offizieller Kunstagent Görings sein, arbeitete aber sehr eng mit Görings Hauptkunstagent und Direktor seiner Kunstsammlung in Karinhall, Walter Andreas Hofer, zusammen, war selbst gut mit Göring bekannt und mit Görings Schwester und deren Mann befreundet[1637]. Die Gunst Görings erhielt er sich auch mit „kleinen" Geschenken. So schenkte er Göring etwa die „Diana im Bade" von Rubens, die er zusammen mit 27 anderen Gemälden dem hochverschuldeten Bankier Franz Koenigs[1638]

1632 Der Geschäftsinhaber Johann Witzig war persönlicher Freund Adolf Hitlers und verwaltete dessen Bankangelegenheiten, vgl. Hollander, De zaak Goudstikker, S. 99; Auch mit Witzig & Co. hatte E. J. Meyer Geschäftsverbindungen, vgl. LAB, C Rep. 105, Nr. 3618, Schreiben E. J. Meyer an Hauptmann Goedemans vom 05.10.1945 über Geschäfte zwischen E. J. Meyer und Alois Miedl bzw. diesem nahestehenden Gesellschaften.

1633 Haase, Kunstraub und Kunstschatz, Bd. 1, S. 261; LAB, C Rep. 105, Nr. 3618, Schreiben E. J. Meyer an Hauptmann Goedemans vom 05.10.1945 über Geschäfte zwischen E. J. Meyer und Alois Miedl bzw. diesem nahestehenden Gesellschaften.

1634 Hollander, De zaak Goudstikker, S. 99.

1635 Heuss, Der Fall Goudstikker, Die Niederlande und die Raubkunst, in: Frehner (Hrsg.), Das Geschäft mit der Raubkunst, S. 107; So wurde ein Devisenstrafverfahren aus 1931 gegen ihn im Jahre 1935 auf persönliche Intervention von Heinrich Himmler beim Reichsjustizministerium niedergeschlagen, vgl. Haase, Kunstraub und Kunstschatz, Bd. 1, S. 261.

1636 Aalders, Geraubt! Die Enteignung jüdischen Besitzes im Zweiten Weltkrieg, S. 90.

1637 Aalders, Geraubt! Die Enteignung jüdischen Besitzes im Zweiten Weltkrieg, S. 137f.; Haase, Kunstraub und Kunstschatz, Bd. 1, S. 261.

1638 Franz Koenigs war Inhaber des Bankhauses Rhodius Koenigs, an dem sich E. J. Meyer unter seinem persönlich haftenden Gesellschafter Kurt Richter-Erdmann im Oktober 1940 beteiligte, vgl. Kreutzmüller, Händler und Handlungsgehilfen, S. 186; Franz Koenigs hatte auch gute Beziehungen zu Friedrich Flick und dem Flick-Konzern, vgl. Bähr/ Drecoll/ Gotto, Der Flick-Konzern im Dritten Reich, S. 9, 128, 130; Priemel, Flick, S. 144.

für 700.000 hfl abgekauft hatte[1639]. Miedl war auch einer der größten Abnehmer des jüdischen Kunsthändlers Nathan Katz, der sowohl vor als auch freiwillig nach seiner Auswanderung in die Schweiz mit den deutschen Besatzern in den Niederlanden Geschäfte gemacht hatte. Katz kaufte Miedl ungefähr 150 Gemälde im Wert von mehr als 2 Miohfl ab, darunter auch Vermeers „Man met hoge hoed“[1640].

E. J. Meyer gab Miedl bzw. mit diesem verbundenen Firmen Darlehen und verwahrte Kunstwerke für ihn im Banktresor, weshalb hier kurz auf die Akquisition von Kunst in den Niederlanden während des Nationalsozialismus eingegangen wird. Die Akquisition von Kunst in den Niederlanden konnte nicht wie zuvor in Polen und anderen östlichen Ländern mittels „Sicherstellung“ geschehen, da die Niederländer von den Nationalsozialisten als „germanisches Brudervolk“ betrachtet wurden. Deshalb wurde die Kunst nicht ohne Gegenleistung genommen, sondern geschenkt[1641] oder gekauft[1642] – jedenfalls zumeist[1643].

1639 Koenigs hatte anfänglich 800.000 hfl gefordert, war aber dann mit der kleineren Summe einverstanden und war insbesondere von dem Geschenk an Göring angetan, wodurch auch er dessen Gunst zu gewinnen trachtete, was aber aufgrund seines Todes 1941 keine Wirkung mehr entfachen konnte, vgl. Aalders, Geraubt! Die Enteignung jüdischen Besitzes im Zweiten Weltkrieg, S. 128f. (er nennt als Quelle: National Archives Washington, NA, RG, Decimal File 1945-1949, Box 4183, Folder Miedl, Report No. 3: über Verkauf Sammlung Koenigs an Miedl).

1640 Aalders, Geraubt! Die Enteignung jüdischen Besitzes im Zweiten Weltkrieg, S. 133.

1641 Es gehörte zum guten Ton, sowohl Hitler als auch Göring mit Kunstwerken zu beschenken. Dies wurde von Vereinigungen, Wirtschaftsführern oder Industriellen so gehandhabt, vgl. Aalders, Geraubt! Die Enteignung jüdischen Besitzes im Zweiten Weltkrieg, S. 142, 145; Jüdisches Museum (Hrsg.), Raub und Restitution, S. 141.

1642 Aalders, Geraubt! Die Enteignung jüdischen Besitzes im Zweiten Weltkrieg, S. 93, 113.

1643 So wurde beispielsweise der in Holland wohnhafte jüdische Sohn des Gründers der Dresdner Bank, Fritz Gutmann, auf eine Fahrt zu seiner Tochter nach Italien gelockt, dabei der Zug aber nach Berlin umgeleitet und Gutmann dort erschlagen, als der die Unterschrift verweigerte, mit der seine Kunstsammlung dem Deutschen Reich übertragen werden sollte. Seine Frau wurde nach Auschwitz deportiert und dort umgebracht. Da sie durch die Deportation „ihren Wohnsitz ins Ausland verlegt“ hatte, konnte ihr Vermögen und damit die Kunstsammlung „legal“ dem Deutschen Reich zufallen. Anders gelagert war der Fall des jüdischen Kunsthändlers Nathan Katz, der für sich und 25 seiner Angehörigen mit dem Gemälde von Rembrandt „Portret van een man, lid van het geslacht Raman“ die Ausreise in die Schweiz ertauschte; ebenso wie Catarina von Pannwitz, bei welcher Göring persönlich Kunstwerke auswählte und ihr dann die Ausreise in die Schweiz

Die umfangreichste und bekannteste Kunsttransaktion in den Niederlanden während des Dritten Reiches war die Übernahme der Kunsthandlung Kunsthandel Jacques Goudstikker durch Alois Miedl und Hermann Göring im Mai 1940. Jacques Goudstikker war 1897 geboren und übernahm nach dem Studium der Kunstgeschichte in Leiden und Utrecht den Kunsthandel in Amsterdam, den schon seine jüdisch-holländischen Großeltern geführt hatten. Die Kunsthandlung war auf alte holländische und italienische Meister spezialisiert, führte aber auch Van Gogh, Degas und Rodin und belieferte Privatsammler und Museen in Europa sowie Übersee, beispielsweise das Metropolitan Museum in New York. Nachdem die Deutschen am 10.05.1940 in den Niederlanden einmarschiert waren, flüchtete der jüdische Goudstikker am selben Tag mit Frau und einzigem Sohn vor den Deutschen per Schiff in Richtung England. Noch in derselben Nacht stürzte Goudstikker auf dem Schiff in eine Ladeluke und brach sich das Genick. Er hatte ein Geschäft mit mehreren Filialen hinterlassen, jedoch keine Vollmacht, da sein Bevollmächtigter Dr. A. Sternheim am Tage des Einmarsches der Deutschen an einem Herzschlag gestorben war. Goudstikker trug in seiner Jackentasche ein kleines schwarzes Notizbuch, in welchem mit Schreibmaschine 1113 Gemälde aus seinem Inventar verzeichnet waren mit Titeln, Maßen und verschlüsselten Einkaufspreisen, darunter Namen wie Cranach, Donatello, Van Gogh, Goya, Rembrandt, Rubens, Tintoretto, Tizian und Velázquez[1644]. Trotz des Widerspruches der geflohenen Witwe Goudstikkers sowie unter Androhung der Deportation gegenüber der in Holland verbliebenen Mutter Goudstikkers übernahmen Göring und Miedl am 13.07.1940 alle Besitztümer Goudstikkers und zwar zu den Abschreibungswerten aus den Geschäftsbüchern der Galerie, also zu einem Bruchteil ihres Marktwertes (teilweise waren Werke bereits in den 1910er und 1920er Jahren gekauft und dann abgeschrieben worden, wobei ihr tatsächlicher Verkehrswert aber um ein Vielfaches gestiegen war[1645]). Insgesamt wurde nur rund ein Drittel des tatsächlichen Wertes gezahlt. Bereits vor der Unterzeichnung

ermöglichte, vgl. Aalders, Geraubt! Die Enteignung jüdischen Besitzes im Zweiten Weltkrieg, S. 126f., 132ff.

1644 Hollander, De zaak Goudstikker, S. 11; Frankfurter Allgemeine Zeitung vom 31.03.2007, S. 77; Jüdisches Museum (Hrsg.), Raub und Restitution, S. 231f.

1645 Vor der Zeit der Besatzung der Niederlande durch die Deutschen lag der dortige Kunsthandel danieder, weil insbesondere die Deutschen als Käufer durch die strengen deutschen Devisenregelungen ausgefallen waren. Nach der Besetzung der Niederlande jedoch erlebte der dortige Kunsthandel durch die deutschen Kunsteinkäufer einen Aufschwung, der – neben der teilweise erzwungenen – auch zu freiwilligen Verkäufen niederländischer Kunst führte; die Preise für Alte Meister (bis 1750) sind von 1940 bis 1943 auf das sechsfache, die der Romantischen Schule

des Kaufvertrages wurde eine erste Ladung mit Kunstwerken nach Berlin geschickt, womit Göring als Kunstsammler sich den ersten Zugriff noch vor Hitler hat sichern können. Während Göring die hochwertigen Werke aus der Sammlung für 2 Miohfl[1646] übernommen hatte, übernahm Miedl die Geschäftsführung des Unternehmens sowie alle Immobilien und die übrigen Kunstwerke zu einem Preis von 550.000 hfl[1647]. Möglich, dass ein Zusammenhang bestand mit der durch das Bankhaus E. J. Meyer Ende September 1940 aus dem Depot der zu Miedl gehörenden Shantung-Handelsbank erfolgten Veräußerung von Aktien im Wert von 500.000 RM an der Berliner Börse[1648]. Den Kaufpreis für die Firma deponierte Miedl auf einem Sonderkonto für die geflohene Witwe Goudstikkers sowie Goudstikkers Mutter, die in den Niederlanden geblieben war und welche er später vor der Deportation schützte[1649]. Der Fall Goudstikker war damit ein Paradebeispiel für „Raub durch Kauf"[1650], obwohl die Sammlung des jüdischen Goudstikker auch hätte als „Feindvermögen" beschlagnahmt werden können.

(1750 - rund 1860) auf das achtfache gestiegen, vgl. Aalders, Geraubt! Die Enteignung jüdischen Besitzes im Zweiten Weltkrieg, S. 118ff.

1646 Woher Göring derartige Summen für seine Kunstsammlung hatte, ist nicht genau bekannt, jedoch hatte er geerbt und verfügte über eigens dazu eingerichtete Spendenkonten der deutschen Wirtschaft sowie ihm unterstellter Organisationen (Göring suchte sich in Galerien Werke aus, welche in eine Liste aufgenommen wurden. Wenn immer jemand ihm ein Gemälde schenken wollte, vermittelten Görings Kunstagenten eines der bereits zuvor ausgesuchten Werke, so dass Göring stets Gemälde nach seinem Geschmack erhielt). Weiterhin gab es wohl Absprachen zwischen Göring und Hitler, nach denen Göring auch über Finanzmittel in Millionenhöhe aus Staatsquellen verfügte, vgl. Aalders, Geraubt! Die Enteignung jüdischen Besitzes im Zweiten Weltkrieg, S. 144f., 173

1647 Jüdisches Museum (Hrsg.), Raub und Restitution, S. 241ff.; Aalders, Geraubt! Die Enteignung jüdischen Besitzes im Zweiten Weltkrieg, S. 136f.; Frankfurter Allgemeine Zeitung vom 31.03.2007, S. 77; Haase, Kunstraub und Kunstschatz, Bd. 1, S. 288, wobei Haase schreibt, dass Goudstikker überschuldet gewesen, der Wert der Sammlung lediglich 1,5 MioRM betragen und die Witwe Goudstikker dem Verkauf zugestimmt und auch ihren Anteil erhalten habe. Dies dürfte jedoch durch die von der Niederländischen Regierung eingesetzte Kommission, die mit ihrer Empfehlung im Jahre 2007 die andere Ansicht stützte und aufgrund derer 2007 restituiert worden ist, widerlegt sein.

1648 LAB, C Rep. 105, Nr. 3618, Bl. 12.

1649 Nicholas, A Long Odyssey: The Goudstikker Collection, in: Christie's (Hrsg.), Catalogue for Auction on 05.07.2007 „Important Old Master Paintings from the Collection of Jacques Goudstikker", S. 10.

1650 Ein weiterer Vorteil von „Raub durch Kauf" war, dass die „Käufer" damit rechneten, aufgrund der Kaufverträge auch bei einem Verlieren des Krieges ihren Besitz

Eine Beschlagnahme als „Feindvermögen“ hätte aber die Zuständigkeit des Reichskommissars für die Niederlande Arthur Seyss-Inquart, damit das Zugriffsrecht der Reichsregierung und dort zuerst des Reichskanzlers Hitler zur Folge gehabt. Damit wäre die Sammlung wohl ihrer bedeutendsten Stücke beraubt worden, ehe Göring sich diese hätte sichern können. Durch die Konstruktion „Raub durch Kauf“ hingegen hatte Göring die Möglichkeit des ersten Zugriffs[1651].

Göring beim Verlassen der Sammlung Goudstikker (Quelle: Venema, Kunsthandel in Nederland)

Göring sicherte sich aus der Sammlung Goudstikker mehrere Werke von Frans Hals, Salomon Ruysdael, Pieter de Hooch und Rembrandt sowie aus der Sammlung Koenigs mehrere Gemälde von Peter Paul Rubens[1652]. Außerdem wurde Göring von Miedl auch der Vermeer „Christus und die Ehebrecherin“ für 1.650.000 hfl verkauft, welcher sich später als moderne Fälschung durch den Niederländer Han van Meegeren[1653] herausstellte. Zwischenzeitlich – möglicherweise für eine

halten zu können, vgl. Aalders, Geraubt! Die Enteignung jüdischen Besitzes im Zweiten Weltkrieg, S. 137f.

1651 Aalders, Geraubt! Die Enteignung jüdischen Besitzes im Zweiten Weltkrieg, S. 134f.

1652 Jüdisches Museum (Hrsg.), Raub und Restitution, S. 142.

1653 Dieser hatte auch andere Vermeers in außerordentlicher Qualität gefälscht, so dass ihm seine Fälschungen erst geglaubt wurden, als er 1945 unter Zeugen in Untersuchungshaft seinen letzten „Vermeer“ „Jesus unter den Schriftgelehrten“ malte, vgl. Kilbracken, Fälscher oder Meister, S. 232ff., 240ff.

Besichtigung durch Göring – wurde dieser angebliche Vermeer im Tresor des Bankhauses E. J. Meyer in Berlin gelagert[1654].

Bei E.J. Meyer aufbewahrter „Vermeer" Christus und die Ehebrecherin (Quelle: Venema, Kunsthandel in Nederland)

Aus der von Göring und Miedl übernommenen Galerie Goudstikker fanden über Göring auch mindestens 20 Werke den Weg zu Hitler bzw. in dessen Fundus für sein geplantes „Führermuseum" in Linz[1655]. Hitler, der selbst an der Kunstakademie in Wien nicht angenommen worden war, hatte großes Interesse an Kunst. Insbesondere wollte er in der Stadt Linz, wo er seine Jugendjahre verbracht hatte, das sog. „Führermuseum" errichten, welches das kulturelle Mekka Europas werden sollte. Sonderbeauftragter für das „Führermuseum" war Hans Posse, vormaliger Direktor der Staatlichen Kunstsammlungen in Dresden. Dieser hatte den „Tuileriengarten" von Adlf von Menzel, den bereits Friedrich Meyer gekauft hatte und der seitdem in der Voßstraße 16 hing, Anfang 1934 von Estella Meyer für 25.000 RM erworben, obwohl er selbst den Wert ‚unter einigermaßen normalen Verhältnissen des Kunstmarktes' auf sicher 60.000 bis 70.000 RM taxiert hatte[1656]. Hitler war mit über 150 MioRM in den Jahren

1654 Haase, Kunstraub und Kunstschatz, Bd. 1, S. 330ff.; LAB, C Rep. 105, Nr. 3618, Aktennotiz vom 28.09.1945 E. J. Meyer (Prokurist Lippa).

1655 Löhr, Das braune Haus der Kunst: „Hitler und der Sonderauftrag Linz", S. 134.

1656 Das Bild wurde 2005 an die Erben von Estella Meyer restituiert, von diesen veräußert für 2,8 MioEUR und kurze Zeit darauf für 4,7 MioEUR weiterveräußert an die

1939 - 1944 der größte Kunstkäufer aller Zeiten, was trotz der großen Summe noch lange nicht den tatsächlichen Werten der Kunstgegenstände entsprach[1657]. Auch Hermann Göring widmete sich insbesondere ab 1936 dem Aufbau einer immensen Kunstsammlung, welche zunächst zur Ausstattung seiner Residenzen diente, später in einem Museum auf seinem Gut Karinhall in der Nähe von Berlin Heimat fand und nach seinem Tode der Öffentlichkeit übergeben werden sollte. Dabei gab es eine Vereinbarung mit Hitler, nach welcher Hitler Kunstwerke des 18. und 19. Jahrhunderts sammeln sollte und Göring die übrigen Epochen vorbehalten waren. Diese Trennung wurde aber später nicht mehr eingehalten[1658]. Hitler besaß die größte Sammlung mit 6.755 Werken, darunter 5.350 Alte Meister, gefolgt von Göring, der 1.700 - 2.000 Werke zu seiner Sammlung zählen konnte[1659]. Amerikanische Untersuchungen nach Ende des Krieges ergaben, dass annähernd die Hälfte der Göring'schen Kunstsammlung geraubt worden war[1660]. Wer in welcher Reihenfolge Zugriff auf die Kunst von sog. Staatsfeinden[1661] – insbesondere von Juden – hatte, geht aus einer geheimen militärischen Anordnung Görings vom 05.11.1940 hervor. Nach dieser Anordnung stand Hitler das Recht des ersten Zugriffs zu, danach folgte Göring und dann Museen und andere Einrichtungen im Deutschen Reich sowie auch Privatpersonen in öffentlichen Ämtern[1662].

National Gallery in London, wo es noch heute zu besichtigen ist, vgl. Kohl, Bilder eines Vaters, S. 115ff., 307f.

1657 Zum System des „legalen" Erwerbs von Kunstgegenständen und der tatsächlichen Zahlung von Kaufpreisen vgl. auch Aalders, Geraubt! Die Enteignung jüdischen Besitzes im Zweiten Weltkrieg, S. 142ff.

1658 Aalders, Geraubt! Die Enteignung jüdischen Besitzes im Zweiten Weltkrieg, S. 88ff., 139ff., 142ff.; Jüdisches Museum (Hrsg.), Raub und Restitution: Kulturgut aus jüdischem Besitz von 1933 bis heute, S. 141; Haase, Kunstraub und Kunstschatz, Bd. 1, S. 231ff.

1659 Aalders, Geraubt! Die Enteignung jüdischen Besitzes im Zweiten Weltkrieg, S. 142.

1660 Jüdisches Museum (Hrsg.), Raub und Restitution, S. 145.

1661 Dieser Begriff wurde beispielsweise bei der Sammlung des nichtjüdischen niederländischen Kunstsammlers Frits Lugt, der u. a. auch für preußische Museen sowie für das Louvre gearbeitet und auch auf Deutsch veröffentlicht hatte, derart ausgedehnt, dass selbst die beteiligten Nationalsozialisten die Beschlagnahme für nicht mehr vom nationalsozialistischen (Un-)Recht gedeckt hielten. Jedoch konnte eine Rückabwicklung nicht stattfinden, da die wesentlichen Werke bereits an das Führermuseum in Linz gegangen waren, vgl. Aalders, Geraubt! Die Enteignung jüdischen Besitzes im Zweiten Weltkrieg, S. 124ff.

1662 Aalders, Geraubt! Die Enteignung jüdischen Besitzes im Zweiten Weltkrieg, S. 95ff.

Rund 200 Werke, die Göring sich angeeignet hatte und welche nach dem Kriege auf den niederländischen Staat übergegangen waren, wurden (erst) 2007 restituiert, da nach niederländischem Recht Kulturgüter, die aus „freien“ Stücken (dazu wurde auch der erzwungene Vertrag mit Göring gerechnet) verkauft worden waren, dem Staat verfielen und diese Rechtsfolge erst durch eine politisch-moralische Neubewertung außer Kraft gesetzt worden war[1663].

Zeitgleich mit der Übernahme von Goudstikker durch Miedl war Miedl auch an die Dresdener Bank und ihre niederländische Tochter Handelstrust West herangetreten, welche sich bereit erklärte, Miedl bzw. der von ihm maßgeblich kontrollierten Buitenlandsche Bankvereeniging, die auch die Abwicklung der Miedl-Transaktionen übernahm, kurzfristig „Vorschüsse“ in Höhe von mehreren 100.000 hfl zu gewähren. Im Gegenzug hinterlegte Miedl die betreffenden oder andere Gemälde im gleichen Wert im Tresor des Handelstrust West oder besicherte die in Anspruch genommenen Kredite mit seinen Forderungen gegen die Reichskanzlei sowie andere öfter nicht näher spezifizierte „amtliche Stellen“ sowie „Privatpersonen“, darunter Hitler und Göring, bis die Kredite über die Buitenlandsche Bankvereeniging getilgt wurden. Dabei wurde nicht näher nach der Herkunft der Bilder und ihrer Rechtmäßigkeit gefragt. Miedl nahm von der Dresdner Bank und ihrer Tochter immer höhere Kredite (1944 über 2 Miohfl) in Anspruch, welche diese einerseits wegen der üppigen Verdienstmöglichkeiten von 5% Zinsen nebst 1/4% für die Bereitstellung des Kredites und andererseits wegen des von Miedl angedrohten Abbruchs der Geschäftsbeziehungen gewährte[1664]. Die Dresdner Bank und ihre niederländische Tochter Handelstrust West haben in den Niederlanden weitaus mehr verdient an Krediten an im Zusammenhang mit „Arisierungen“ neu gewonnene Kunden als mit dem klassischen Provisionsgeschäft bei Geschäftsübernahmen[1665].

Wie hoch die Gewinne des Bankhauses E. J. Meyer aus den Geschäften mit Miedl bzw. Goudstikker waren, lässt sich heute nicht mehr nachvollziehen. Die Provision wird aber wohl in derselben Größenordnung wie bei der Dresdner Bank gelegen haben. Da E. J. Meyer bei einer Bilanz in den Jahren 1942 und 1944 zwischen rund 7,7 MioRM und rund 10,7 MioRM Miedl am 16.09.1941 Kredite

---

1663 Frankfurter Allgemeine Zeitung vom 31.03.2007, S. 77; Jüdisches Museum (Hrsg.), Raub und Restitution, S. 259, 263f.

1664 Wixforth, Die Expansion der Dresdner Bank in Europa, S. 760f.

1665 Insgesamt wurden im Provisionsgeschäft Einnahmen von über 80.000 hfl erzielt, während die Erträge aus dem Kreditgeschäft im Jahre 1941 bei 274.583 hfl, 1942 bei 576.168 hfl und 1943 bei 816.990 hfl lagen, vgl. Wixforth, Die Expansion der Dresdner Bank in Europa, S. 761.

in Höhe von 1.325.000 RM, am 16.04.1942 in Höhe von 750.000 RM sowie am 12.06.1942 in Höhe von 350.000 RM gegen Aktien u. a. seiner Firmen gewährt hat und E. J. Meyer darüber hinaus Aktienkäufe und -verkäufe für Miedl und seine Gesellschaften abwickelte sowie die Einlagerung von Kunstgegenständen im Tresor von E. J. Meyer tätigte, ist von einem signifikanten Anteil des Miedl-Geschäfts am Geschäftsvolumen von E. J. Meyer auszugehen[1666].

Zur Weiteren geschäftlichen Entwicklung von E. J. Meyer sind keine Daten mehr vorhanden, jedoch hat die Reichsbank E. J. Meyer 1944 in den Kreis der privatdiskontfähigen Häuser aufgenommen[1667]. Dies zeigt die gestiegene Bedeutung von E. J. Meyer unter Hans Wilhelm von Tümpling und Albert von Metzler.

Die Belegschaft hat im April 1945 noch rund 20 Personen umfasst[1668].

1666 Archiv Bankhaus Wölbern, Auskunft an Verfasser vom 19.02.2010; LAB, C Rep. 105, Nr. 3618, Bericht des Wirtschaftsprüfers Waldemar Koch vom 06.10.1945.

1667 Bankhaus Wölbern (Hrsg.), Meilensteine, S. 14.

1668 LAB, C Rep. 105, Nr. 3618, Bericht des Wirtschaftsprüfers Waldemar Koch vom 06.10.1945.

6 E. J. Meyer nach 1945 – Entwicklung und „Wiedergutmachung“

Da das Bankhaus E. J. Meyer in Berlin nach der Kapitulation im sowjetisch besetzten Sektor Berlin lag, das Bankhaus E. J. Meyer in Hamburg aber in von westlichen Alliierten besetzter Zone, soll zunächst kurz auf die Behandlung der Banken nach der Kapitulation des Deutschen Reiches eingegangen werden (6.1), um dann in gebotener Kürze die Entwicklung der Bankhäuser in Berlin (6.2) und in Hamburg (6.3) zu beleuchten.

Abschließend und weil auch die bei E. J. Meyer Involvierten Wiedergutmachungsverfahren betrieben haben, wird kurz auf die Wiedergutmachung eingegangen (6.4).

6.1 Behandlung der Banken nach der Kapitulation

Nach der in der UdSSR vorherrschenden „Dimitroff-These“ war der Faschismus eine Folge der „Herrschaft der reaktionärsten Kräfte des Finanzkapitals“ mit der Folge, dass Banken als die führenden Träger des Faschismus angesehen wurden. Deshalb wurden in der sowjetisch besetzten Zone nach dem Zweiten Weltkrieg alle Banken geschlossen und nachher ein staatliches Einbankensystem eingeführt. Zwar nicht aus dieser kommunistischen These heraus, aber um die Machtzusammenballungen im Finanzsektor zu zerstören, wurden auch in den westlichen Sektoren die deutschen Großbanken, insbesondere auf Initiative der Amerikaner, in selbständige regionale Institute zerlegt, welche sich erst sukzessive wieder zu überregionalen und beispielsweise im Falle der Deutschen Bank sowie der Dresdner Bank erst 1957 zur bundeseinheitlichen Großbank zusammenschließen durften[1669].

Das Bankhaus E. J. Meyer in der Jägerstraße 54/ 55 lag im Gebiet der Sowjetischen Militäradministration.

Durch Befehl Nr. 1 vom 28.04.1945, der im Zuge fortschreitender Eroberung Berlins an verschiedenen Daten angeschlagen wurde, wurden vom Chef der Besatzung und Stadtkommandant Generaloberst Bersarin alle Banken geschlossen[1670]. Wörtlich hieß es: „Inhaber von Bankhäusern und Bankdirektoren haben

1669 Kopper, Bankiers unterm Hakenkreuz, S. 225ff., 245.

1670 LAB, C Rep. 105, Nr. 3618, Bericht des Wirtschaftsprüfers Waldemar Koch vom 06.10.1945.

alle Finanzgeschäfte zeitweilig einzustellen. Alle Safes sind sofort zu versiegeln. Man hat sich bei den militärischen Kommandanturen sofort mit einem Bericht über den Zustand des Bankwesens zu melden. Allen Bankbeamten ist es kategorisch verboten, jegliche Werte zu entnehmen. Wer sich der Übertretung des Gebotes schuldig macht, wird nach Gesetzen der Kriegszeit strengstens bestraft"[1671].

Dem Bankhaus E. J. Meyer ist mit Schreiben vom 13.05.1945 mitgeteilt worden, dass der Stadtkämmerer vom russischen Stadtkommandanten mit der Wiederingangsetzung der im Verwaltungsbezirk Berlin-Mitte gelegenen Banken beauftragt worden sei und dass sämtliche Bank- und Kassenstellen in diesem Bereich sofort wiedereröffnet werden sollten. Mit Schreiben des Stadtkämmerers vom 16.05.1945 wurde der seit 1911 im Bankhaus E. J. Meyer tätige Prokurist Erich Lippa mit der Wiedereröffnung beauftragt. Er hat auf diese kommissarische Tätigkeit verzichtet, nachdem Dr. Leising Vollmacht erhielt, war jedoch weiterhin für das Bankhaus tätig[1672].

Am 14.06.1945 erhielt das Bankhaus ein weiteres Schreiben des Stadtkämmerers, dass „mit Rücksicht auf den während der Aufbauzeit noch geringen Bankverkehr und mit Rücksicht auf die leichte und genaue Kontrolle des Zahlungsumlaufs alle Banken in Berlin mit Ausnahme der Berliner Stadtbank wieder ihren Geschäftsverkehr einstellen. Sie sollen ruhen, bis sich später die Notwendigkeit der Teilung des Bankwesens ergibt."[1673]

Von da an war das Bankhaus E. J. Meyer ein ruhendes Bankhaus, was es auch blieb.

Am 15.05.1949 wurde von den berliner Westalliierten die Aufsicht über die ruhenden berliner Banken der Berliner Zentralbank und dem Bankenaufsichtsamt übertragen und die geschlossenen Banken erhielten wieder mehr Rechte, beispielsweise das Recht, Außenstände einzuziehen und diese Beträge für Instandsetzungsarbeiten und Verwaltungskosten zu verwenden. Die Wiederzulassung ruhender Banken war ab 1949 möglich, jedoch nicht unter alter Firma. Ab Mitte 1951 war die Wiederzulassung ruhender Altbanken unter alter Firma möglich, kam jedoch von den Anforderungen her einer Neuzulassung gleich, wobei jedoch letztere mit ausreichend Eigenkapital bevorzugt wurden, um die öffentliche Hand nicht mit Ausgleichsforderungen für die Nichtumstellung

1671 Verordnungsblatt der Stadt Berlin, S. 3, Nr. 6.

1672 LAB, C Rep. 105, Nr. 3618, Bericht des Wirtschaftsprüfers Waldemar Koch vom 06.10.1945.

1673 LAB, C Rep. 105, Nr. 3618, Bericht des Wirtschaftsprüfers Waldemar Koch vom 06.10.1945; Handelsregister Hamburg, HRA 51805 (Bankhaus Wölbern vormals E. J. Meyer), Sonderband I der Registerakten „Bankhaus Wölbern & Co. Bd. I", Bl. 7.

von Forderungen gegen das Deutsche Reich während der Währungsreform zu belasten[1674].

6.2 E. J. Meyer in Berlin

Das Bankhaus Leising & Co. gehörte als „Funktionsnachfolger" von E. J. Meyer zu den ersten neu gegründeten Kreditinstituten nach der Währungsreform[1675].

E. J. Meyer existierte neben Leising & Co. weiterhin als ruhendes Bankhaus. Frau Richter-Erdmann bestritt die Ausgaben der Bank und damit im Oktober 1945 immerhin noch die Bezüge von 9,5 Angestellten zumindest in den ersten Monaten nach dem Zweiten Weltkrieg aus ihrem Privatvermögen[1676]. Bei E. J. Meyer waren am 31.05.1945 zehn Personen beschäftigt, am 14.08.1946 wurden noch fünf Personen beschäftigt und man hatte vier Büroräume, einen Kassenraum sowie 2 Tresorräume[1677]. Auch nach dem Krieg war Hans von Flotow noch Generalbevollmächtigter von E. J. Meyer[1678].

Am 09.05.1945 verlangte eine Kommission aus drei russischen Offizieren den Schlüssel zum Tresor der Bank und transportierte in der Folge den Inhalt des Tresores in drei Lastwagenfuhren ab. Dabei wurden aus der Hauptkasse rund 60.000 RM sowie zahlreiche Verwahrstücke abtransportiert, im Kundentresor die Safefächer geöffnet und Wertgegenstände mitgenommen, jedoch auch einige Gemälde dort gelassen. Am 31.08.1945 wurden die Schlüssel von einem russischen Leutnant zurückgegeben.

Durch Anordnung der Finanzverwaltung der Sowjetischen Militäradministration in Deutschland vom 24.01.1948 wurde die Kommission der Deutschen Zentralfinanzverwaltung zur Sicherung der Geschäftsunterlagen und Wertpapiere der Hauptsitze geschlossener deutscher Banken mit der Sicherstellung

1674 Pohl, Geschichte des Finanzplatzes Berlin, S. 230ff.; Landeszentralbank in Berlin, Hauptverwaltung der Deutschen Bundesbank (Hrsg.), Währung, Wirtschaft und Banken in Berlin 1945 - 1959, S. 63.

1675 Pohl, Geschichte des Finanzplatzes Berlin, S. 230ff.; Landeszentralbank in Berlin, Hauptverwaltung der Deutschen Bundesbank (Hrsg.), Währung, Wirtschaft und Banken in Berlin 1945 - 1959, S. 63; Zschaler, Öffentliche Finanzen und Finanzpolitik in Berlin 1945 - 1961, S. 235.

1676 LAB, C Rep. 105, Nr. 3618, Bericht des Wirtschaftsprüfers Waldemar Koch vom 06.10.1945.

1677 LAB, C Rep. 105, Nr. 3618.

1678 LAB, C Rep. 105, Nr. 3618, Bericht des Wirtschaftsprüfers Waldemar Koch vom 06.10.1945; Handelsregister Hamburg, HRA 51805 (Bankhaus Wölbern vormals E. J. Meyer), Sonderband I der Registerakten „Bankhaus Wölbern & Co. Bd. I", Bl. 7.

und Verwaltung des Vermögens des Bankhauses E. J. Meyer – sowie weiterer Bankhäuser u. a. Hardy & Co., Jacquier & Securius, von Heinz, Tecklenburg & Co. (vormals A. E. Wassermann) im sowjetischen Sektor Berlins und in der Sowjetischen Besatzungszone – beauftragt, womit die Verfügungsbefugnis über E. J. Meyer bei den Behörden lag[1679].

Nachdem das Bankhaus das Geschäftslokal in der Jägerstraße 54/ 55 aufgrund Befehls der russischen Besatzungsmächte am 01.04.1946 räumen musste, verlegte es seinen Sitz in Räume von Frau Richter-Erdmann in der Maienstraße 3 in Charlottenburg[1680].

Am 03.11.1948 schrieb E. J. Meyer an den Magistrat in Berlin, dass E. J. Meyer seinen Sitz immer noch in der Maienstraße 3 habe, jedoch in Bürogemeinschaft mit der Katadyn GmbH, welche Richter-Erdmanns gehörte. E. J. Meyer habe keine eigenen Büroräume mehr und Dr. Leising als Mitinhaber von E. J. Meyer betreibe zwei Wechselstuben, eine am Zoo und eine in Schöneberg, wobei letztere von dem ehemaligen Prokuristen des Bankhauses E. J. Meyer, Lippa, geleitet werde. Die Berliner Firma ruhe vollkommen. Zu dem früheren Geschäftsgebäude in der Jägerstrasse und den darin befindlichen Tresoren habe man keinen Zutritt[1681].

Am 01.09.1949 war das Bankhaus Leising & Co. eines von 13 zur Geschäftstätigkeit in West-Berlin zugelassenen Bankhäusern[1682].

Mit Schreiben vom 17.05.1952 teilten Albert von Metzler und Eva Richter-Erdmann dem Handelsregister mit, dass der persönlich haftende Gesellschafter Hans Wilhelm von Tümpling aus der Gesellschaft ausgeschieden sei[1683]. Am 22.05.1952 wurde die Kommanditgesellschaft des ruhenden Bankgeschäftes aufgelöst und Geschäft und Firma in eine neu gegründete OHG mit Dr. Hermann Leising und Max Richter-Erdmann als persönlich haftende Gesellschafter umgewandelt, wobei die diesbezügliche Meldung an das Handelsregister von

---

1679 LAB, B Rep. 042, Nr. 46349, Bd. 1, Bl. 137; LAB, B Rep. 042, Nr. 46349, Bd. 2, Bl. 119; Die Bezeichnung der Kommission wurde dann geändert in: „Banken-Kommission der Hauptverwaltung Finanzen zur Sicherstellung der Archive und Wertpapiere der Hauptsitze geschlossenen deutscher Banken", vgl. LAB, B Rep. 042, Nr. 46349, Bd. 3, Handblatt Handelsregister Akte E. J. Meyer, Eintrag vom 25.11.1948.

1680 Landesamt zur Regelung offener Vermögensfragen, Az. LAROV II B 52 - 166478, Bescheid vom 20.05.1999.

1681 LAB, C Rep. 105, Nr. 3618.

1682 Zschaler, Öffentliche Finanzen und Finanzpolitik in Berlin 1945 - 1961, S. 235.

1683 LAB, B Rep. 042, Nr. 46349, Bd. 2, Bl. 121.

Hermann Leising, Max Richter-Erdmann, Eva Richter-Erdmann und Albert von Metzler unterzeichnet worden ist[1684]. Damit erloschen alle Prokuren – u. a. auch von Otto Treiber, der bereits in Hamburg beim dortigen Bankhaus E. J. Meyer war[1685] – außer derjenigen von Erich Lippa[1686]. Max Richter-Erdmann verstarb am 14.10.1953 und hinterließ seine Frau Gertrud Richter-Erdmann, geb. Tannhäuser, sowie einen am 19.03.1955 geborenen Sohn Kurt Richter-Erdmann[1687]. Aufgrund seines Todes wurde die OHG E. J. Meyer zwischen ihm und Hermann Leising aufgelöst und dies am 23.03.1954 im Handelsregister eingetragen. Hermann Leising war fortan Alleininhaber bis Eva Richter-Erdmann, die Mutter von Max Richter-Erdmann und Witwe Kurt Richter-Erdmann Seniors, als persönlich haftende Gesellschafterin in das seit dem 01.01.1954 wieder als OHG geführte Geschäft eingetreten ist, während Erich Lippa immer noch Prokurist war[1688].

E. J. Meyer hatte 1953 erstmals wieder Bilanzen aufgestellt, wobei jedoch in den Folgejahren lediglich Verluste eingetreten sind, welche sich bis 1963 auf 150.000 DM summierten[1689].

Am 26.11.1956 ist E. J. Meyer als Kommanditist aus Schwarz, Goldschmidt & Co. ausgetreten, dem Bankhaus, dessen Abwicklung E. J. Meyer Ende 1932 übernommen hatte[1690].

Herrmann Leising als Mitinhaber der OHG E. J. Meyer verstarb am 12.05.1964 in Berlin und seine Erben schlugen die Erbschaft aus[1691].

Nachdem auch Eva Richter-Erdmann 1973 verstorben ist und ihre Erben die Erbschaft ausgeschlagen haben, ist am 16.10.1975 von Amts wegen im Handelsregister eingetragen worden, dass die Firma E. J. Meyer in Berlin gem. § 31 II HGB erloschen ist[1692]

1684 LAB, B Rep. 042, Nr. 46349, Bd. 2, Bl. 122ff.; Handblatt Handelsregister E. J. Meyer, LAB, B Rep. 042, Nr. 46349, Bd. 3.

1685 Siehe Kap. 6.3.

1686 LAB, B Rep. 042, Nr. 46349, Bd. 2, Bl. 125.

1687 LAB, B Rep. 042, Nr. 46349, Bd. 2, Bl. 151ff.

1688 LAB, B Rep. 042, Nr. 46349, Bd. 3, Handblatt Handelsregister Akte E. J. Meyer; Landesamt zur Regelung offener Vermögensfragen, Az. LAROV II B 52 - 166478, Bescheid vom 20.05.1999; BADV, 71 WGA 797/54 JRSO, Bl. 8.

1689 LAB; 73 WGA 4044/55, Bl. 160ff.

1690 Archiv Bankhaus Wölbern, Auskunft an Verfasser vom 16.12.2011; siehe Kap. 3.3.1.

1691 LAB; 73 WGA 4044/55, Bl. 189, 193.

1692 LAB, B Rep. 042, Nr. 46349, Bd. 3, Bl. 1ff. sowie Handblatt Handelsregister Akte E. J. Meyer.

6.3 E. J. Meyer in Hamburg

Im Jahr 1943 hatte das Bankhaus E. J. Meyer in Berlin, bestehend aus Hans Wilhelm von Tümpling und Albert von Metzler als persönlich haftende Gesellschafter sowie der Witwe Eva Richter-Erdmann als Kommanditistin, in Hamburg eine Zweigniederlassung gegründet, die unter „E. J. Meyer – Geschäftsstelle Hamburg" firmierte, aber nicht im Handelsregister eingetragen worden war. Per Vertrag vom 20.04.1945 mit Wirkung von selbigem Tage ist diese Zweigniederlassung von den Gesellschaftern der E. J. Meyer KG in Berlin mit allen Aktiva und Passiva sowie dem Recht auf Fortführung der Firma E. J. Meyer an Hans Wilhelm von Tümpling veräußert worden, welcher die Geschäfte des rechtlich nun losgelösten Unternehmens in Hamburg als alleiniger Inhaber der Firma fortführte. Das Geschäftslokal befand sich wie auch die private Bleibe Hans Wilhelm von Tümplings in der Johnsallee 35 und Otto Treiber war Einzelprokurist[1693]. Der nach der Übernahme von E. J. Meyer in Berlin durch Kurt Richter-Erdmann in das Bankhaus eingetretene Prokurist Otto Treiber[1694] befand sich seit spätestens 1945 in Hamburg[1695].

Im Jahr 1947 wurde sowohl von Hans Wilhelm von Tümpling als auch von den Gesellschaftern der E. J. Meyer KG in Berlin, nämlich Albert von Metzler und Hans Wilhelm von Tümpling als persönlich haftende Gesellschafter sowie Eva Richter-Erdmann als Kommanditistin und letztere vertreten durch ihren Generalbevollmächtigten Hans von Flotow, beim Handelsregister in Hamburg die Eintragung der Firma E. J. Meyer mit Hans Wilhelm von Tümpling als alleinigem Inhaber der Firma beantragt[1696]. Die Eröffnungsbilanz für das Hamburger Bankhaus E. J. Meyer vom 15.04.1945 hatte eine Bilanzsumme von 644.486 RM[1697].

Die Eintragung im Handelsregister sowie die Eintragung von Otto Treiber als Prokurist erfolgte am 28.02.1948 mit dem Zusatz: „Das Geschäft, das als nicht eingetragene Hamburger Zweigniederlassung der in Berlin eingetragenen Firma

---

1693 Handelsregister Hamburg, HRA 51805 (Bankhaus Wölbern vormals E. J. Meyer), Sonderband I der Registerakten „Bankhaus Wölbern & Co. Bd. I", Bl. 1ff., 5ff.

1694 LAB, B Rep. 042, Nr. 46349, Bd. 1, Bl. 55.

1695 LAB, C Rep. 105, Nr. 3618, Bericht des Wirtschaftsprüfers Waldemar Koch vom 06.10.1945.

1696 Handelsregister Hamburg, HRA 51805 (Bankhaus Wölbern vormals E. J. Meyer), Sonderband I der Registerakten „Bankhaus Wölbern & Co. Bd. I", Bl. 1ff., 5ff.

1697 Handelsregister Hamburg, HRA 51805 (Bankhaus Wölbern vormals E. J. Meyer), Hauptregisterakte Bd. I, Bl. 5.

E. J. Meyer geführt worden ist, ist auf den Inhaber mit der Firma übertragen worden“[1698].

Am 03.11.1948 schrieb E. J. Meyer an den Magistrat in Berlin, dass die in Hamburg bestehende Filiale selbständig arbeite während die Berliner Firma vollkommen ruhe[1699].

Otto Treiber, der am 20.01.1900 in Harburg geborene langjährige Prokurist von E. J. Meyer sowohl in Berlin als auch in Hamburg, ist am 13.12.1949 als persönlich haftender Gesellschafter des Bankhauses E. J. Meyer in Hamburg eingetragen worden, taggleich mit der neuen Komplementärin Hagebu Vermögensverwaltungsgesellschaft mbH, welche eine Einlage i.H.v. 1.260.000 RM tätigte. Die nunmehr als Kommanditgesellschaft geführte Gesellschaft hatte am 09.06.1948 begonnen[1700].

Die vorläufige Bilanz von E. J. Meyer in Hamburg per 31.12.1950 wies eine Bilanzsumme i.H.v. rund 9,1 MioDM auf, wobei jedoch für das Jahr 1950 ein Verlust i.H.v. 456.704 DM ausgewiesen wurde[1701].

Im Sommer 1951 schied Hans Wilhelm von Tümpling bei E. J. Meyer in Hamburg als persönlich haftender Gesellschafter aus und E. J. Meyer wurde durch Otto Treiber weitergeführt[1702].

Nachdem Otto Treiber durch Tod aus der Gesellschaft am 11.06.1956 ausgeschieden ist, trat seine am 26.07.1907 in Harburg geborene Witwe Frieda Dora Luise Treiber, geb. Elend, als persönlich haftende Gesellschafterin in das Bankhaus E. J. Meyer in Hamburg ein[1703]. Sie suchte nun eine Bankierspersönlichkeit, welche die Bankgeschäfte für sie fortführte und welchen sie in Ernst Wölbern fand[1704].

1698 Staatsarchiv Hamburg, HRA 51805, Bd. 236, Bl. 205ff.

1699 LAB, C Rep. 105, Nr. 3618.

1700 Handelsregister Hamburg, HRA 51805 (Bankhaus Wölbern vormals E. J. Meyer), Sonderband I der Registerakten „Bankhaus Wölbern & Co. Bd. I“, Bl. 20; Staatsarchiv Hamburg, HRA 51805, Bd. 236, Bl. 205ff.

1701 Handelsregister Hamburg, HRA 51805 (Bankhaus Wölbern vormals E. J. Meyer), Hauptregisterakte Bd. I, Bl. 31.

1702 Handelsregister Hamburg, HRA 51805 (Bankhaus Wölbern vormals E. J. Meyer), Sonderband I der Registerakten „Bankhaus Wölbern & Co. Bd. I“, Bl. 12; Staatsarchiv Hamburg, HRA 51805, Bd. 236, Bl. 205ff.

1703 Handelsregister Hamburg, HRA 51805 (Bankhaus Wölbern vormals E. J. Meyer), Sonderband I der Registerakten „Bankhaus Wölbern & Co. Bd. I“, Bl. 20; Staatsarchiv Hamburg, HRA 51805, Bd. 236, Bl. 205ff.

1704 Archiv Bankhaus Wölbern, Auskunft an Verfasser vom 19.02.2010.

Felix Meyer, der Sohn von Adolf Meyer, schrieb in einem undatierten Schreiben nach dem Krieg an seine Eltern, dass er bezüglich E. J. Meyer in Hamburg mit Erich Warburg von M. M. Warburg & Co. gesprochen habe, einem Onkel, der ein sehr enges Verhältnis zu Meyers hatte und diese auch bei den Restitutionsverfahren unterstützte. Dieser sei der Meinung, dass es nun an der Zeit sei, die Sache zu erledigen, da E. J. Meyer in Hamburg gerade dabei sei, einen neuen Partner aufzunehmen, welcher jedoch nur in das Bankhaus eintreten wolle, wenn diese kleine Restitutionssache in Bezug auf Goodwill, Firma, etc. erledigt sei. Erich habe ihm gesagt, dass die Eltern nur eine abschließende Erledigung wollten, da sie nichts mehr mit Deutschland zu tun haben wollten. Felix schlug seinen Eltern jedoch im Hinblick auf die inzwischen stattgefundenen politischen und ökonomischen Entwicklungen vor, ob es nicht besser sei, anstelle einer abschließenden Erledigung eine (stille) Beteiligung an dem Bankhaus anzustreben, gegebenenfalls begrenzt auf beispielsweise 25 Jahre. Seine Hauptfrage sei jedoch, ob sich eine solche Vereinbarung lohnen würde, da die Firma in Hamburg relativ neu sei und auch alle Erlöse kostspielig in die USA transferiert und dann noch mit Frau Horwitz und gegebenenfalls Herrn Flörsheimer geteilt werden müssten. Ausdrücklich schreibt er darüber hinaus, dass die Eltern nichts gegen Frau Richter unternehmen wollten, weil Richters sie 1938 so anständig behandelt hätten. Nichts gegen Richters zu unternehmen stimme er zu 100% zu, jedoch betreffe diese Sache ja Hamburg und nicht Berlin, so dass Frau Richter bei einer solchen Sache nichts verlieren könnte („Hamburg is as far from her as is the moon")[1705].

Es ist unklar, worauf genau sich diese Überlegungen der Familie Meyer bezogen haben und wann diese Überlegungen stattgefunden haben. Ob es tatsächlich zu einem Restitutionsverfahren gegen E. J. Meyer in Hamburg gekommen ist, ist ebenso nicht zu klären, denn es wurden keine Unterlagen über ein solches gefunden und es hat auch keine Restitution des Hamburger Bankhauses stattgefunden. Es ist aus dem Kontext der Briefe von Felix Meyer an seine Eltern jedoch wahrscheinlich, dass diese Überlegungen die Zeit des Überganges von E. J. Meyer auf Ernst Wölbern betrafen. Möglicherweise ist keine Restitution erfolgt, weil das Bankhaus in Hamburg eine vom Berliner Bankhaus unabhängige Neugründung war. Jedoch mag daraus resultiert haben, dass das von Otto Treiber geleitete Bankhaus E. J. Meyer in Hamburg von seiner Witwe aufgelöst

1705 Leo Baeck Institute, Gisela A. Weil Collection, AR 25391, Box 1, Folder 10, Brief von Felix Meyer an seine Eltern, undatiert nach Briefumschlag "THE PARENTS – private and confidential".

wurde und das Geschäft auf eine neu gegründete Gesellschaft übertragen wurde, welche am 01.01.1956 als Kommanditgesellschaft Bankhaus Wölbern & Co. [1706] mit dem persönlich haftenden Gesellschafter Dr. Ernst Wölbern sowie der Witwe Treiber als einer von mehreren Kommanditisten firmierte, so dass die alte Firma E. J. Meyer nicht weitergeführt wurde. Die Witwe Treiber war noch nach Eintritt des Sohnes Claus Wölbern als persönlich haftender Gesellschafter in das Bankhaus Wölbern im Jahr 1964 als Kommanditistin mit einer nennenswerten Einlage beteiligt[1707].

Das sich heute in Abwicklung befindende Bankhaus Wölbern betrieb Vermögensverwaltung und entwickelte sich zum Spezialisten für Auslandsimmobilienfonds, insbesondere in den Niederlanden. Im Jahre 2004 wurde die Bankhaus Wölbern Stiftung gegründet, welche die Persönlichkeitsentwicklung für Wirtschaft und Gesellschaft fördert. Seit 2008 lobt die Stiftung zusammen mit der Humboldt-Universität zu Berlin den Scherer-Preis aus, welcher 2010 erstmalig verliehen wurde - 100 Jahre nach der ersten Ausschreibung des Scherer-Preises durch Richard Moritz Meyer, den Enkel des Gründers von E. J. Meyer[1708].

6.4 Wiedergutmachung

Die im Bankhaus E. J. Meyer involvierten Familien haben einerseits Ansprüche auf Rückerstattung von entzogenem Vermögen (6.4.1) und andererseits Ansprüche auf Entschädigung für Schäden an Leib, Leben, Vermögen, etc. (6.4.2), verfolgt, welche im Folgenden kurz dargestellt werden. Die dargestellten Ansprüche und Verfahren erheben keinen Anspruch auf Vollständigkeit, jedoch vermitteln sie ein gutes Bild.

Der Begriff „Wiedergutmachung" wird als Oberbegriff für die drei Teilbereiche Rückerstattung von Vermögenswerten, Entschädigung für personenbezogene Schäden als „individuelle Wiedergutmachung" sowie völkerrechtliche Restitutions- und Reparationsansprüche gebraucht[1709]. In diesem Sinne wird er

1706 Auch die Aufgabe des Firmennamens E. J. Meyer durch Ernst Wölbern könnte dafür sprechen, dass man aufgrund möglicher Auseinandersetzungen mit der Familie Meyer vorgezogen hat, die Firma E. J. Meyer nicht mehr zu führen.

1707 Staatsarchiv Hamburg, HRA 51805, Bd. 236, Bl. 205ff.; Bankhaus Wölbern (Hrsg.), Meilensteine, S. 16ff.

1708 Fiebig, Richard Moritz Meyer als Mäzen, in: Fiebig/ Waldmann (Hrsg.), Richard Moritz Meyer – Germanist zwischen Goethe, Nietzsche und George, S. 7, 138ff.; Richter, Voßstraße16 – Im Zentrum der (Ohn-)Macht, S. 311.

1709 Köhler, Die „Arisierung" der Privatbanken im Dritten Reich, S. 40ff.

auch in der vorliegenden Arbeit verwendet, wobei sich die Arbeit aufgrund des umgrenzten Themas mit den beiden erstgenannten Punkten auseinandersetzt, da nur dies die im Bankhaus E. J. Meyer Involvierten direkt betraf. Die Verwendung des Begriffes „Wiedergutmachung" geschieht mangels eines anderen geeigneten Begriffes, da sich dieser Begriff als politischer und juristischer Oberbegriff herausgebildet hat. Zu Bedenken ist aber stets bei der Verwendung dieses Begriffes, dass es eine vollständige „Wieder-gut-Machung" nur im Bereich von Vermögensschädigungen geben kann, für die restlichen Bereiche des im Dritten Reich erlittenen Unrechts ist „Wiedergutmachung" lediglich eine „Ummünzung von Schuld in Schulden"[1710]. Soweit der Begriff „Wiedergutmachung" nicht als Oberbegriff verwendet werden muss, wird deshalb mit den Begriffen „Rückerstattung" und „Entschädigung" gearbeitet.

6.4.1 Rückerstattung von entzogenem Vermögen

Bereits während des Krieges hatte insbesondere in den USA die Diskussion begonnen, wie eine Wiedergutmachung der wirtschaftlichen Verluste von Juden während und durch das Dritte Reich aussehen könnte. Da auch – selbst noch während der ersten Jahre nach dem Krieg – unklar war, wie ein künftiges deutsches Staatsgebilde aussehen und wie dessen finanzielle Leistungsfähigkeit sein würde, sollte der erste Schritt der materiellen Wiedergutmachung eine privatrechtliche Rückerstattung der Erwerber vormals jüdischen Besitzes an die jüdischen Veräußerer bzw. deren Nachfolger sein. Da sich die westlichen Siegermächte nicht auf einheitliche Regelungen einigen konnten, entstanden – im Wesentlichen sehr ähnliche – Rückerstattungsgesetze in den einzelnen Sektoren (Amerikanischer Sektor (USREG) sowie Französischer Sektor (FrREG) vom

---

1710 so auch Hockerts, Wiedergutmachung. Ein umstrittener Begriff und ein weites Feld, in: Hockerts/ Kuller (Hrsg.), Nach der Verfolgung: Wiedergutmachung nationalsozialistischen Unrechts in Deutschland?, S. 9ff.; Goschler, Schuld und Schulden, S. 9ff. Bis 2010 wurden von Bund und Ländern Deutschlands 70 MrdEUR für Wiedergutmachungsleistungen aufgebracht, welche sich durch laufende Verpflichtungen beispielsweise aus Renten noch erhöhen, vgl. Bundesministerium der Finanzen, Leistungen der öffentlichen Hand auf dem Gebiet der Wiedergutmachung, Stand 31.12.2010, unter http://www.bundesfinanzministerium.de/nn_4394/DE/Wirtschaft_und_Verwaltung/Finanz_und_Wirtschaftspolitik/Vermoegensrecht_und_Entschaedigungen/Kriegsfolgen_und_Wiedergutmachung/Leistungen_20der_20_C3_B6ffentlichen_20Hand_20auf_20dem_20Gebiet_20der_20Wiedergutmachung_2031.12.2010,templateId=raw,property=publicationFile.pdf am 30.03.2012.

10.11.1947, Britischer Sektor (BrREG) vom 12.05.1949; Westsektoren von Berlin (REAO) vom 26.07.1949)[1711].

Grundsätzlich wurde unterschieden zwischen der „Wegnahme“ von Vermögensgegenständen durch Staat und bzw. oder Partei sowie der „Weggabe“ von Vermögensgegenständen durch die jüdischen Eigentümer an Private.

Die Rückerstattung bei „Wegnahme“ durch Staat und bzw. oder Partei war erst infolge des deutschen Bundesrückerstattungsgesetzes (BRüG) vom 19.07.1957[1712] möglich, mit welchem die Bundesrepublik Deutschland in die Anspruchsverpflichtungen gegenüber dem Deutschen Reich eintrat.

Die Rückerstattung bei „Weggabe“ wurde hingegen in den bereits erwähnten Gesetzen der westlichen[1713] Besatzungsmächte geregelt. Da die jüdischen Anspruchsinhaber nach Flucht und Krieg oft nicht mehr genügend Beweismaterial hatten, um ihre Ansprüche schlüssig im Sinne des Zivilprozessrechts darzulegen, und auch eine Weggabe aus Verfolgungsdruck als innere Tatsache keinem direkten Beweis zugänglich ist, wurde in den Rückerstattungsgesetzen eine pauschale Entziehungsvermutung konstatiert[1714]. Danach bestand ein Rückerstattungsanspruch dann, wenn eine Person glaubhaft machen konnte – beispielsweise mittels eidesstattlicher Versicherung –, dass sie Verfolgungsmaßnahmen von Staat, Partei oder einer anderen Person unmittelbar ausgesetzt war und den Vermögensgegenstand veräußert hat. Der Anspruchsteller hatte neben der Versicherung der Verfolgung somit lediglich die Tatsachen vorheriges Eigentum und Veräußerung zu beweisen. Der Anspruchsgegner, der sich zu Zeit der Erhebung des Anspruches im Besitze der Sache befand, konnte den Anspruch abwehren, in dem er vorheriges Eigentum oder Veräußerung bestritt oder aber die gesetzliche Entziehungsvermutung widerlegte.

Die Anforderungen zur Widerlegung der Entziehungsvermutung unterlagen einer temporären Qualifikation, nämlich ob die Transaktion vor oder nach

---

1711 Hockerts, Wiedergutmachung in Deutschland 1945 - 2000, in: Vierteljahreshefte für Zeitgeschichte (VfZ) 2001, S. 170ff.; Schwarz, Rückerstattung nach den Gesetzen der Alliierten Mächte, S. 23ff.

1712 BGBl. I S. 734ff.

1713 In der sowjetisch besetzten Zone (SBZ) wurde infolge der kommunistischen Doktrin kein Rückerstattungsgesetz etabliert. Ein lediglich für Enteignungen durch NS-Behörden und -Organisation 1945 geschaffenes thüringisches Gesetz wurde 1951 von der sowjetischen Administration aufgehoben, vgl. Schwarz, Rückerstattung nach den Gesetzen der Alliierten Mächte, S. 325ff.

1714 Schwarz, Rückerstattung nach den Gesetzen der Alliierten Mächte, S. 145ff.; Köhler, Die „Arisierung“ der Privatbanken im Dritten Reich, S. 455.

Erlass der Nürnberger Gesetze vom 15.09.1935 abgeschlossen worden war. War die Transaktion vor Erlass der Nürnberger Gesetze abgeschlossen, war die Entziehungsvermutung widerlegt, wenn der Erwerber beweisen konnte, dass er (i) einen angemessenen Kaufpreis bezahlt hat und (ii) dieser auch den jüdischen Veräußerern „zur freien Verfügung" gelangt ist. Für eine Widerlegung nach Erlass der Nürnberger Gesetze musste der Erwerber zusätzlich darlegen, dass er in besonderer Weise und mit wesentlichem Erfolg die Vermögensinteressen der jüdischen Berechtigten wahrgenommen hat oder, dass das „Rechtsgeschäft seinem wesentlichen Inhalt nach auch ohne die Herrschaft des Nationalsozialismus abgeschlossen worden" wäre[1715]. Mit dieser Entziehungsvermutung wurden alle Transaktionen zwischen Juden und Nichtjuden während des Dritten Reiches unter eine pauschale Unrechtsvermutung gestellt, jedoch der „loyale Erwerb" ohne Ausnutzung des jüdischen Geschäftspartners durch die – wenn auch unter hohen Anforderungen stehende – Widerlegung der Entziehungsvermutung nicht angetastet[1716].

Sofern ein Anspruch auf Rückerstattung bestand, sollte diese im Wege der Naturalrestitution erfolgen, die britischen und amerikanischen Vorschriften sahen jedoch auch einen direkt auf Schadensersatz gerichteten Anspruch vor, was sowohl denjenigen half, die nicht mehr nach Deutschland zurückkehren wollten, als auch zum Zuge kam, wenn – insbesondere bei Unternehmen – nicht mehr dieselbe Rechts- oder Kapitalstruktur vorhanden war[1717]. Im Gegenzug dazu mussten die Anspruchsinhaber den damals gezahlten Kaufpreis zurückerstatten, was oft zu Streit führte, da – sofern sie einen Kaufpreis erhalten hatten – dieser oft nicht oder nur mit sehr großen Abschlägen tatsächlich an sie ausgezahlt worden und bei ihnen verblieben war[1718].

Bei Ansprüchen aus der „Arisierung" von Privatbanken konnte also eine Rückerstattung in Naturalrestitution nur erfolgen, wenn die „Arisierung" in Form eines Inhaberwechsels erfolgt war und die Bank noch bestand. In keinem Falle einer „arisierten" Privatbank gab es eine Restitution des vollständigen Bankhauses zurück in die Hände der jüdischen Vorinhaber verbunden mit einem (Wieder-)Eintritt der Restitutionsberechtigten in die Geschäftsleitung. Lediglich in Einzelfällen beteiligten sich die Restitutionsberechtigten an „ihrem" Bankhaus. Dies lag sowohl daran, dass es das Bankhaus nach dem Kriege

1715 Schwarz, Rückerstattung nach den Gesetzen der Alliierten Mächte, S. 159ff.
1716 Köhler, Die „Arisierung" der Privatbanken im Dritten Reich, S. 456; Schwarz, Rückerstattung nach den Gesetzen der Alliierten Mächte, S. 168ff.
1717 Schwarz, Rückerstattung nach den Gesetzen der Alliierten Mächte, S. 194ff.
1718 Schwarz, Rückerstattung nach den Gesetzen der Alliierten Mächte, S. 220ff.

nicht mehr (in der vormaligen rechtlichen Struktur) gab, als auch daran, dass die vormaligen jüdischen Eigentümer und bzw. oder deren Nachfahren nicht mehr nach Deutschland zurückkehren wollten oder aber drittens eine Restitution grundsätzlich möglich gewesen wäre, jedoch damit lediglich ein überschuldetes Bankhaus auf die jüdischen Alteigentümer übertragen worden wäre. Außer bei dem „Sonderfall“ Sal. Oppenheim jr. & Cie., deren Gesellschafter nicht als „Volljuden“ galten und deshalb auch bis kurz vor Ende des Zweiten Weltkrieges in der Geschäftsführung verblieben sind, ist mit Erich Warburg lediglich beim Bankhaus M. M. Warburg & Co. der Sohn des vormaligen jüdischen Teilhabers in das „arisierte“ Bankhaus zurückgekehrt[1719].

War eine Naturalrestitution des Bankhauses nicht mehr möglich, weil es sich zwar um einen Inhaberwechsel gehandelt, aber sich die Rechts- oder Kapitalstruktur geändert hatte, oder aber weil das jüdische Bankhaus im Zuge der „Arisierung“ von einem anderen Bankhaus übernommen worden war, zielten die Rückerstattungsverfahren lediglich auf eine Rückübertragung einzelner, sich noch in den Händen der „Arisierer“ befindlicher Vermögenswerte sowie auf eine Barersatzleistung für die Minderbemessung der Firmen- und Vermögenswerte bei der „Arisierung“ und einen Anteil an den Erträgnissen der „Arisierer“ aus dem „arisierten“ Unternehmen[1720].

Ansprüche auf Rückerstattung mussten bis zum 30.06.1950 unter Darlegung der Verfolgungssituation und der übrigen Tatbestandsvoraussetzungen angemeldet werden. In einer vorgeschalteten behördlichen Instanz wurde von den bei den Regierungsbezirken geschaffenen Wiedergutmachungsämtern die Schlüssigkeit des Vorgetragenen geprüft und sofern schlüssig, benachrichtigten diese die Anspruchsgegner und forderten eine Stellungnahme jener an, um sodann zwischen den Beteiligten einen außergerichtlichen Vergleich zu vermitteln. Die Wiedergutmachungsämter waren keine Entscheidungsinstanz, aber dennoch wurden vor ihnen 71% der Rückerstattungsfälle nach dem USREG erledigt, von denen es in über der Hälfte zu einem Vergleich zwischen Anspruchsteller und -gegnern kam. War der Anspruch schlüssig und es kam kein Vergleich zustande, wurde das Verfahren an die bei den Landgerichten eingerichteten Wiedergutmachungskammern abgegeben, über denen als zweite Instanz die Wiedergutmachungssenate bei den Oberlandesgerichten fungierten. Den Abschluss des Instanzenzuges bildeten die alliierten Rückerstattungsgerichte, welche – bis zum Abschluss der Pariser Verträge 1955 – ausschließlich von alliierten Richtern

---

1719 Köhler, Die „Arisierung“ der Privatbanken im Dritten Reich, S. 465, 508f., 560.

1720 Köhler, Die „Arisierung“ der Privatbanken im Dritten Reich, S. 465, 561; Schwarz, Rückerstattung nach den Gesetzen der Alliierten Mächte, S. 194ff.

besetzt waren. Dies führte zu der einmaligen Situation, dass ein ausländischer Gerichtshof den deutschen Instanzenzug abschloss[1721]. Auch Meyers zogen teilweise bis vor das Oberste Rückerstattungsgericht[1722].

Da die genannten Regelungen für die Rückerstattung und Entschädigung (sogleich unten) nur in den alten Bundesländern galten, mussten nach der Wiedervereinigung Deutschlands für Vermögen in der ehemaligen DDR neue Regelungen getroffen werden. Bereits im Einigungsvertrag wurden die Grundzüge festgelegt, welche dann im Vermögensgesetz vom 23.09.1990[1723] Eingang fanden, zusammen mit den Regelungen für unter dem Regime der DDR erlittenes Unrecht. Die Regelungen wurden in Anlehnung an die Rückerstattungs- und Entschädigungsregelungen der alten Bundesländer getroffen, so dass jedem aus rassischen, politischen, religiösen oder weltanschaulichen Gründen Verfolgten, der deshalb Vermögen verloren hat, ein Anspruch zustand. Auch hier galten die bereits ausgeführte Entziehungsvermutung sowie die Möglichkeit der Widerlegung dieser Vermutung. Die Anspruchsinhaber oder deren Erben hatten eine Frist zur Anmeldung von Ansprüchen bis zum 31.12.1992. Die Jewish Claims Conference war Rechtsnachfolgerin in Vermögen ohne eigentliche Anspruchsinhaber oder deren Erben, damit diese Vermögen nicht nach den allgemeinen Regelungen dem deutschen Staat zufielen. Sie konnte mit einer bis zum 31.12.1992 erfolgten Globalanmeldung aller noch bestehenden ungeklärten Ansprüche bewirken, dass diese noch ungeklärten Ansprüche später konkretisiert werden mussten, ohne durch Fristablauf ausgeschlossen zu sein. Rechtsfolge eines Anspruches war die Naturalrestitution oder sofern ausgeschlossen bzw. gewählt eine Entschädigung in Geld nach dem NS-Verfolgtenentschädigungsgesetz vom 27.09.1994[1724] aus dem Entschädigungsfonds des Bundes[1725].

6.4.1.1 Rückerstattung bei der Familie Meyer

Hier ist zu unterscheiden zwischen Rückerstattungsverfahren gegen die „Arisierer“ und gegen das Deutsche Reich.

Das Bankhaus E. J. Meyer in Berlin bestand als ruhendes Bankhaus noch in seiner alten Form, weshalb hier ein Rückerstattungsverfahren angestrengt wurde, zunächst jedoch gegen das Deutsche Reich. Da dieser Antrag jedoch

1721 Köhler, Die „Arisierung“ der Privatbanken im Dritten Reich, S. 457ff.
1722 BADV, 7 WGA 423/51, Bl. 168ff.
1723 BGBl. II, S. 885, 1159.
1724 BGBl. I, S. 2624, 2632.
1725 Spannuth, Rückerstattung Ost, S. 294ff.

gegen die derzeitigen Inhaber von E. J. Meyer und nicht gegen das Deutsche Reich hätte gerichtet werden müssen, wurde der Antrag nicht weiterverfolgt[1726]. Weitere Verfahren von Meyers gegen E. J. Meyer in Berlin bzw. Frau Richter-Erdmann sind nicht bekannt. Nach den Schreiben Adolf Meyers und seines Vetters Hans Meyer aus dem Jahr 1950[1727] sowie den Briefen von Felix Meyer an seine Eltern Adolf und Olga Meyer[1728] wollten Meyers keinerlei Ansprüche gegen Frau Richter-Erdmann verfolgen, weil ihr Mann bei der „Arisierung" so fair und freundschaftlich gewesen sei. Lediglich habe einmal die Überlegung bestanden, das alte Schwarz, Goldschmidt & Co. -Geschäft von der Dresdner Bank auf E. J. Meyer rückübertragen zu lassen, um so der Bank neues Leben einzuhauchen in Verbindung mit der Brokerfirma Sutro Bros. & Co. von Walter Flörsheimer in New York. Inwieweit derartige Überlegungen auch praktisch angegangen worden sind, ist nicht zu ermitteln gewesen. Jedoch war Walter Flörsheimer beteiligt an einem Konsortium, das um die Jahreswende 1957/ 1958 sowie im Frühjahr 1959 im großen Stil Aktien der Interhandel, vormals IG Chemie, einer 1940 unabhängig gewordenen Tochter der IG Farben, kaufte, um bei der Rückerstattung der 1942 in den USA beschlagnahmten Fabriken der IG Chemie, zu profitieren[1729]. Somit könnten derartige Überlegungen weitergeführt worden sein.

Auch scheinen Überlegungen bei Meyers bestanden zu haben, Ansprüche gegen das in Hamburg neu gegründete Bankhaus E. J. Meyer zu verfolgen, jedoch hatte dies lediglich den gleichen Namen aber keine gesellschaftsrechtlichen Verbindungen zum ehemals jüdischen Bankhaus E. J. Meyer in Berlin, so dass dies wohl letztendlich nicht weiterverfolgt worden ist[1730].

Jedoch wurde ein Verfahren von Meyers durchgeführt gegen die ehemalige NSDAP auf Rückerstattung des durch Kurt Richter-Erdmann von Meyers erworbenen Villengrundstücks Am kleinen Wannsee 13, welches dieser anstelle einer Tilgung der Meyer'schen Schulden beim übernommenen Bankhaus übernommen hatte und später an die NSDAP weiterveräußert hat. Bei dem Verfahren war Frau Richter-Erdmann von dem Prozessstandschafter der NSDAP der Streit verkündet worden. Es endete im Jahre 1965 mit einem Vergleich, so dass das Land Berlin das Grundstück behielt und die Erben der Meyers Geld erhielten[1731].

1726 LAB, 7 WGA 2730/51.
1727 Siehe Kap. 5.2.2.1.
1728 Siehe Kap. 5.2.2.3.
1729 König, Interhandel: die schweizerische Holding der IG Farben und ihre Metamorphosen; eine Affäre um Eigentum und Interessen (1910 - 1999), S. 220, 225.
1730 Siehe Kap. 6.3.
1731 BADV, 7 WGA 423/51.

Betreffend die Restitution der Meyers gegen das Deutsche Reich seien folgende Verfahren als Beispiele genannt:

Für die von Adolf und Olga Meyer im März 1939 bei der Städtischen Pfandleihanstalt Berlin zwangsweise abgelieferten Schmucksachen wurde Restitution in Form eines Geldbetrages gewährt[1732].

Von der Jewish Restitution Successor Organization (JRSO) angemeldete Ansprüche auf Rückerstattung der aufgrund der Elften Verordnung zum Reichsbürgergesetz vom 25.11.1941 beschlagnahmten Bankguthaben von Anna und Olga Meyer in geringer drei- bzw. vierstelliger Höhe sind zurückgenommen worden, weil die Guthaben von den Inhabern selbst auf DM umgestellt worden waren und ihnen durch das Bankhaus Leising & Co. ausgezahlt worden sind[1733].

Ebenfalls durch Zahlung einer Geldsumme wurde das Rückerstattungsverfahren für von Erna und Anna Meyer zwangsweise abgelieferten Schmuck sowie Silber beendet[1734].

6.4.1.2 Rückerstattung bei der Familie Horwitz

Rückerstattungsverfahren bezüglich des hälftigen Bankhauses E. J. Meyer sind zunächst gegen das Deutsche Reich angestrengt worden, dann jedoch zurückgenommen worden, weil richtiger Antragsgegner die derzeitigen Inhaber des Bankhauses gewesen sind[1735]. Gegen die derzeitigen Inhaber des Bankhauses ist ein Anspruch fallen gelassen worden, weil das Bankhaus E. J. Meyer in Berlin nach dem Krieg lediglich Schulden aufwies[1736].

Das Grundstück in Grunewald[1737], welches Horwitz am 23.12.1938 dem Reichsfiskus für einen für Horwitz sehr vorteilhaften Preis veräußert hatte, wurde den Erben nach Horwitz gegen die Rückzahlung des Kaufpreises zurückerstattet[1738].

6.4.1.3 Rückerstattung bei der Familie Flörsheimer

Über derartige Rückerstattungsansprüche ist nichts bekannt.

1732 BADV, 7 WGA 958/55.

1733 BADV, 71 WGA JRSO 797/54; BADV, 72 WGA JRSO 1021/54.

1734 BADV, 7 WGA 888/50 und 889/50.

1735 BADV, 73 WGA 4044/55.

1736 LAB, 73 WGA 4044/55, Bl. 170, 199.

1737 Siehe Kap. 2.2.4.3.

1738 BADV, 1 WGA 1739/50.

6.4.2 Entschädigung für Schäden an Leib, Leben, Vermögen, etc.

Durch Rückerstattungsrecht waren nur Restitutionsansprüche gegen Erwerber vormals jüdischen Eigentums gegeben, nicht jedoch eine Kompensation für Konkurs, Liquidation oder erzwungene Betriebsaufgabe. Auch Schäden an Leib, Leben, Gesundheit, Freiheit, Eigentum, Vermögen sowie im beruflichen Fortkommen wurden nicht durch das Rückerstattungsrecht kompensiert. Diese Problematiken wurden (erst) durch das Bundesentschädigungsgesetz gelöst, welches dafür Ansprüche nicht gegen Privatpersonen, sondern gegen die öffentliche Hand gab[1739].

Die Entschädigungsgesetzgebung geht auf das USEG vom 26.04.1949 der amerikanischen Zone zurück. Damit eine bundeseinheitliche Entschädigungsregel noch in der ersten Legislaturperiode des Bundestages zustande kam, wurde das Bundesergänzungsgesetz zur Entschädigung für Opfer der nationalsozialistischen Verfolgung (BErgG) vom 18.09.1953[1740] verabschiedet. Dieses war jedoch mehr Flickwerk bestehender Regelungen als ein einheitlicher Entwurf und enthielt deshalb derart viele Unklarheiten, so dass es untauglich für die Praxis war. Deshalb wurde am 29.06.1956 das Bundesentschädigungsgesetz (BEG)[1741] rückwirkend zum 01.10.1953 erlassen[1742].

Danach gab es drei Kategorien, in denen Entschädigung gewährt wurde: (i) für Schäden an Leben, Körper, Gesundheit und Freiheit, (ii) Schäden an Eigentum und Vermögen durch die Beeinträchtigung der Nutzung des persönlichen Besitzes aufgrund antijüdischen Boykotts, die nicht unter die Rückerstattungsgesetze fielen, sowie (iii) Schäden am beruflichen und wirtschaftlichen Fortkommen durch Behinderung der freien Berufsausübung und Beschneidung von Verdienstmöglichkeiten[1743].

1739 Köhler, Die „Arisierung“ der Privatbanken im Dritten Reich, S. 563.

1740 BGBl. I, S. 1387ff.

1741 Bundesgesetz zur Entschädigung für Opfer des nationalsozialistischen Verfolgung, BGBl. I S. 559ff.

1742 Hockerts, Wiedergutmachung in Deutschland 1945 - 2000, in: Vierteljahreshefte für Zeitgeschichte (VfZ) 2001, S. 181ff.; Féaux de la Croix, Vom Unrecht zur Entschädigung: der Weg des Entschädigungsrechts, in: Schwarz (Hrsg.), Der Werdegang des Entschädigungsrechts, S. 73ff.

1743 Giessler, Hans: Die Grundsatzbestimmungen des Entschädigungsrechts, in: Schwarz, Walter (Hrsg.), Das Bundesentschädigungsgesetz, Erster Teil, S. 6; Schwarz, Die Wiedergutmachung nationalsozialistischen Unrechts durch die Bundesrepublik Deutschland – ein Überblick, in: Herbst/ Goschler, Wiedergutmachung in der Bundesrepublik Deutschland, S. 43ff.; Brunn, Hinterbliebenenversorgung

Unter (ii) fiel auch die Wertminderung des Vermögens durch Verfolgungsmaßnahmen während der NS-Zeit, also beispielsweise Schäden infolge der Reichskristallnacht, Zwangsabgaben (wie beispielsweise die Judenvermögensabgabe[1744]) und Disagio für Juden oder Verminderung des Goodwills der Privatbankhäuser. Jedoch griff das Entschädigungsrecht nur subsidiär hinter dem Rückerstattungsrecht. War jüdisches Vermögen, beispielsweise ein Bankhaus, in der Zeit des Dritten Reiches veräußert worden, war Rückerstattungsrecht einschlägig und somit ein Anspruch für nicht gezahlten Goodwill gegen die jetzigen Besitzer, also gegen Privatpersonen, zu richten. Nur wenn der Vermögensgegenstand nicht übertragen, also beispielsweise ein Bankhaus lediglich liquidiert worden war, gab es nach Entschädigungsrecht einen Anspruch, der auch den Goodwill umfasste, gegen den Staat[1745].

Zur Bemessung der Schäden im beruflichen Fortkommen (iii) wurde derjenige, den der Anspruch betraf, in eine der vier Kategorien des Beamtenrechts, die seiner beruflichen Position bei Eintritt des Schadens entsprach, eingeteilt (Einfacher/ Mittlerer/ Gehobener/ Höherer Dienst). Dies war in vielen Fällen insbesondere bei Privatbankiers nicht einfach, da das Gesetz die Einstufung an den Verdienst vor der Beschränkung anknüpfte und diese durch sozialen Status

---

(Schaden am Leben), in: Schwarz (Hrsg.), Das Bundesentschädigungsgesetz, Erster Teil, S. 117ff.; Weiss, Schaden an Körper oder Gesundheit aus rechtlicher Sicht, in: Schwarz (Hrsg.), Das Bundesentschädigungsgesetz, Erster Teil, S. 185ff.; Klee, Die Entschädigung wegen Schadens an Freiheit, in: Schwarz (Hrsg.), Das Bundesentschädigungsgesetz, Erster Teil, S. 445ff.

1744 Nach dem Dritten Reich bestand die Reichsfluchtsteuer fort bis zu ihrer Aufhebung 1953 (BGBl. I S. 689), weshalb es zunächst auch keine Billigkeitsmaßnahmen oder Erstattungen im Wege der Wiedergutmachung für von Juden gezahlte Reichsfluchtsteuer gab, denn – so die Argumentation des Finanzministers von Nordrhein-Westfalen vom 30.03.1949 – zwar sei die Auswanderung von Juden mit erheblichen Vermögensverlusten verbunden gewesen, jedoch trete dieser Verlust auch noch ein, wenn derjenige 1949 ausreise. Erst die Entscheidung des BFH vom 15.11.1951 (BStBl. III 52, S. 11) entschied, dass die Erhebung der Reichsfluchtsteuer nach Art. 3 GG dann unzulässig sei, wenn die Auswanderung unmittelbar oder mittelbar durch rassische Verfolgungen erzwungen gewesen sei. Schadensersatz gab es zunächst nach den Entschädigungsvorschriften in der amerikanischen Besatzungszone, dann über das Bundesentschädigungsgesetz, vgl. Birkwald, Die Steuerverwaltung im Dritten Reich, in: Leesch/ Birkwald/ Blumberg, Geschichte der Finanzverfassung und -verwaltung in Westfalen seit 1815, S. 259f.

1745 Giessler, Schaden an Eigentum und Vermögen, in: Schwarz (Hrsg.), Das Bundesentschädigungsgesetz, Zweiter Teil, S. 1ff.; Köhler, Die „Arisierung" der Privatbanken im Dritten Reich, S. 525.

ergänzte sofern dies zur Einstufung in eine höhere Gruppe führte[1746]. Sodann wurde unterschieden zwischen Beschränkungs- (berufliches Fortkommen ist behindert ab dem Zeitpunkt, in dem Verfolgungsmaßnahmen gegen die betroffene Person stattfanden, was in der Regel ab den reichsweiten Ausschreitungen gegen Juden vom 01.04.1933 angenommen wurde) und Verdrängungsschaden (der Betroffene kann seine Berufstätigkeit nicht mehr ausüben, beispielsweise als Folge von Berufsverbot oder als Folge von Liquidation oder „Arisierung" seines Unternehmens). Der Verdrängungsschaden wurde solange gezahlt, bis der Betroffene entweder eine gleichwertige Tätigkeit erlangt oder aber das Rentenalter erreicht hatte[1747].

Die Entschädigung wurde grundsätzlich als Geld- oder Kapitalentschädigung (also Einmalzahlung) gewährt. Lag ein Dauerschaden vor, beispielsweise ein Gesundheitsschaden, konnte neben oder anstelle der Kapitalentschädigung auch die Zahlung einer (in monatlich wiederkehrenden Leistungen zu erbringenden) lebenslangen Rente gewährt werden[1748]. Während bei Schäden an Eigentum und Vermögen in der Regel Einmalzahlungen vorgesehen waren, wurde die Entschädigung für Schäden an Leib, Leben, Gesundheit, Freiheit sowie beruflichem Fortkommen zumeist in Form von Rentenzahlungen gewährt.

6.4.2.1 Entschädigung bei der Familie Meyer

Im Jahr 1966 wurde per Vergleich den Erben der verstorbenen Erna Meyer, welche von ihrem inzwischen ebenfalls verstorbenen Bruder Adolf Meyer beerbt worden war, Entschädigung gewährt für Sonderabgaben wie Reichsfluchtsteuer und Judenvermögensabgabe sowie für Aus- und Weiterwanderungskosten[1749].

Auch Adolf und Olga Meyer haben diverse Ansprüche auf Entschädigung verfolgt[1750]:

Nicht gewährt wurde Entschädigung für die Geldstrafe in Höhe 5.000 RM für das Verfahren vor der Preisüberwachungsstelle[1751], weil aus den Unterlagen nicht eindeutig hervorging, dass die Strafe verfolgungsbedingt erfolgt sei und

1746 Köhler, Die „Arisierung" der Privatbanken im Dritten Reich, S. 526ff.

1747 Zorn, Existenz-, Ausbildungs- und Versorgungsschäden, in: Schwarz, Walter (Hrsg.), Das Bundesentschädigungsgesetz, Zweiter Teil, S. 47ff.; Köhler, Die „Arisierung" der Privatbanken im Dritten Reich, S. 525.

1748 Giessler, Die Grundsatzbestimmungen des Entschädigungsrechts, in: Schwarz (Hrsg.), Das Bundesentschädigungsgesetz, Erster Teil, S. 3.

1749 LEA Reg.-Nr. 67787.

1750 LEA Reg.-Nr. 160830.

1751 Siehe Kap. 4.3.2 – 1938.

hierfür keine weiteren Nachweise beigebracht wurden. Im Gegenzug wurde per Vergleich im Entschädigungsverfahren der Verlust von Möbeln, Auswanderungskosten, etc. ohne weitere Belege anerkannt.

Auch wurde keine Entschädigung für abgelieferten Schmuck an die Deutsche Golddiskontbank (Dego) gewährt, weil bei dieser kein diesbezüglicher Eingang zu verzeichnen gewesen ist. Jedoch wurde für die 400 RM, welche Adolf Meyer bei seiner Flucht am 24.04.1939 an die Dego zahlen musste[1752], Entschädigung gewährt, da für diese Zahlung ein Eingang bei der Dego verzeichnet war.

Die Auswanderungskosten von Berlin nach Amsterdam sowie später von Amsterdam nach New York wurden entschädigt, ebenso wie die Beschaffungskosten für den „Vermittler" der Visa in die USA, die Aufenthaltskosten in Amsterdam vor der Weiterwanderung in die USA sowie für die bei der Auswanderung in Berlin gelassenen Möbel. Die Möbel, welche in Amsterdam vor der Weiterwanderung in die USA gelassen werden mussten, wurden nicht entschädigt, weil dies nicht das Reichsgebiet in den Grenzen von 1937 betraf.

Ebenfalls hat Adolf Meyer Entschädigung für Schaden im beruflichen Fortkommen unter der Einstufung in den höheren Dienst ab dem 01.07.1938 bekommen[1753].

Für die zwangsweise Veräußerung des in der vormaligen DDR belegenen Bankhaus E. J. Meyer wurde im Jahre 1999 Entschädigung gewährt[1754].

Weiterhin wurde 2007 eine Entschädigung gewährt für ein auf das Bankgeschäft E. J. Meyer lautendes Depot bei einer Schweizer Bank, welches am 02.08.1934 geschlossen worden war, jedoch unbekannt war, ob Guthaben bestand und ob dieses den Inhabern ausgezahlt worden ist. Wie in solchen Fällen vorgesehen, hat das schweizerisch Claim Resolution Tribunal eine Entschädigung in Höhe des durchschnittlichen Depots bei schweizer Banken im Jahr 1945 zugesprochen[1755].

6.4.2.2 Entschädigung bei der Familie Horwitz

Die Erben des bereits 1940 in London verstorbenen Leonhard Horwitz erhielten Entschädigung für seinen Schaden im beruflichen Fortkommen ab dem

---

1752 Siehe Kap. 4.4.2.5.

1753 LEA Reg.-Nr. 160830.

1754 Landesamt zur Regelung offener Vermögensfragen, Az. LAROV II B 52 - 166478, Bescheid vom 20.05.1999.

1755 Entscheidung des schweizerischen Claims Resolution Tribunal vom 23.04.2007 unter http://www.crt-ii.org/_awards/_apdfs/Bankgeschaft_Meyer_E_J.pdf am 30.03.2012.

01.06.1938, für Sonderabgaben wie Reichsfluchtsteuer und Judenvermögensabgabe, für die Verschleuderung der Möbel, des Hausrates sowie die Auswanderungskosten[1756].

6.4.2.3 Entschädigung bei der Familie Flörsheimer

Walter Flörsheimer hat Entschädigungen erhalten für Zwangsabgaben sowie Auswanderungskosten durch einen Vergleich, der von den Antragstellern als sehr fair bezeichnet wurde.

Ebenfalls hat er Entschädigung für den Schaden im beruflichen Fortkommen ab dem 01.01.1937 unter Eingruppierung als höherer Dienst erhalten[1757].

1756 LEA Reg.-Nr. 161874.
1757 LEA Reg.-Nr. 253212.

7 Zusammenfassung

Das 1816 vom jüdischen Ely Joachim Meyer gegründete Bankhaus E. J. Meyer in Berlin ist in der zweiten Hälfte des 19. Jahrhunderts sehr stark aufstrebend gewesen. So zählte es als zweitgrößter Anteilszeichner zu den Mitgründern der Deutschen Bank sowie zu den Mitgründern anderer Großbanken und Unternehmen, beispielsweise Philipp Holzmann.

Um die Jahrhundertwende zum 20. Jahrhundert unter der zweiten (Abraham gen. Adolf und Friedrich) und dritten Generation (Ernst Joachim) der Familie Meyer zählten die Bankiers von E. J. Meyer zu den einflussreichsten und vermögendsten Bankiers des Deutschen Reiches und waren vernetzt mit der damaligen Wirtschaftselite, teilweise sogar verwandtschaftlich verbunden. Sie waren Mitglieder in diversen Aufsichtsräten und wirtschaftlich-gesellschaftlichen Vereinigungen, teilweise über Generationen. Gleichzeitig trat mit Albert Stäckel 1896 der erste familienfremde Teilhaber in das Bankhaus ein.

Das Bankhaus hatte seit den 1870er Jahren seinen Sitz in der Voßstraße 16 in der Mitte Berlins, einem Gebäude, dass 1937 der Neuen Reichskanzlei Adolf Hitlers weichen musste.

Im Jahr 1913 trat mit Adolf Ernst Joachim Meyer die letzte Generation der Familie Meyer als persönlich haftender Gesellschafter in das Bankhaus E. J. Meyer ein.

Die Zeit des ersten Weltkrieges sowie die sich anschließende Wirtschaftskrise 1923 brachte das Bankhaus E. J. Meyer an den Rand seiner Existenz, es konnte sich aber durch Kredite eines verwandtschaftlich verbundenen Londoner Handelshauses sowie durch die Einlagen zweier neuer persönlich haftender Gesellschafter, Leonhard Horwitz und Georg Rogalski, retten und hat auch die Wirtschafts- und Bankenkrise im Jahr 1931 vergleichsweise gut überstanden, wobei anschließend einer der familienfremden Gesellschafter aus dem Bankhaus ausstieg. Die Bankenkrise 1931 hatte jedoch das wesentlich größere Privatbankhaus Schwarz, Goldschmidt & Co. in den Ruin getrieben, welches dann an die Dresdner Bank fiel. Diese beauftragte E. J. Meyer mit der Abwicklung von Schwarz, Goldschmidt & Co., wodurch E. J. Meyer einerseits für die folgenden Jahre relativ hohe Provisionseinnahmen für die Abwicklung erzielen konnte sowie andererseits eine stärkere Ausrichtung des Bankgeschäfts auf das Börsengeschäft anstrebte, die große Stärke von Schwarz, Goldschmidt & Co. Gleichzeitig und aufgrund dieses Geschäfts traten die Gesellschafter Julius Schwarz, Mitgründer von Schwarz, Goldschmidt & Co., sowie Walter Flörsheimer als Vertrauensperson der Dresdner Bank als persönlich haftende Gesellschafter in das

Bankhaus E. J. Meyer ein, so dass es nun vier persönlich haftende Gesellschafter gab. Jedoch starb Julius Schwarz in relativ jungen Jahren bereits 1934.

Die Banken- und Wirtschaftspolitik der Nationalsozialisten erlaubte nicht, dass sich die Bemühungen auf ein verstärktes Geschäft von E. J. Meyer in die Realität umsetzen ließen. Vielmehr hatten auch die drei jüdischen Bankiers von E. J. Meyer mit einem starken Rückgang der Geschäfte zu kämpfen, welcher aus den Bemühungen zur Verdrängung der Juden aus dem Wirtschafts- und Gesellschaftsleben resultierte. Durch den Verlust ihrer teilweise seit Generationen gehaltenen Aufsichtsratsmandate und Mitgliedschaften in wirtschaftlich-gesellschaftlichen Vereinigungen war ein Erstarken des Geschäfts nicht möglich, wie dies auch bei anderen, vornehmlich jüdischen Privatbanken der Fall war. Jedoch verhalfen die Provisionen aus der Abwicklung von Schwarz, Goldschmidt & Co. zu stabilen Gewinnen für E. J. Meyer, welche nach Beendigung der Einziehung der Forderungen von Schwarz, Goldschmidt & Co. bis Ende 1936 jedoch nochmals stark einbrachen. Dabei half auch die enge räumliche Nähe zur Reichsstelle Ribbentrop nichts, welche inzwischen die meisten Räume der Voßstraße 16 gemietet hatte.

Ende 1936 schied Walter Flörsheimer bei E. J. Meyer aus, weil er keine Zukunft mehr für sich in Deutschland sah. Auch die anderen Bankiers von E. J. Meyer hatten bereits teilweise ihre Kinder ins Ausland geschickt. Wann die bei E. J. Meyer verbliebenen Bankiers Adolf Meyer und Leonhard Horwitz angefangen haben, sich um die „Arisierung" ihres Bankhauses zu kümmern, ist nicht dokumentiert. Jedoch spricht viel dafür, dass sie bereits 1937 Kontakt zu Kurt Richter-Erdmann aufnahmen. Dessen Familie war zumindest Meyers seit Generationen bekannt, zählte doch sein Vater Max Richter-Erdmann ebenso zu den einflussreichsten Bankiers des Landes, den die Bankiers von E. J. Meyer aus diversen Gremien haben kennen müssen und der ebenfalls seine „Sommerfrische" in Wannsee unweit der Meyers hatte. Die Familie von Kurt Richter-Erdmann hatte zahlreiche jüdische Freunde, zu denen sie auch im Nationalsozialismus den Kontakt nicht abreißen ließ und welche sie unterstützte. Ebenso waren sie in der Bekennenden Kirche und verkehrten mit Personen aus dem Widerstand gegen Adolf Hitler (Solf-Kreises).

Kurt Richter-Erdmann übernahm Mitte 1938 das Bankhaus E. J. Meyer mit allen Aktiven und Passiven unter Zugrundelegung einer Bewertung durch die Veräußerer. Diese Bilanzen sind jedoch nicht mehr existent. Bei der „Arisierung" wurden verschiedene Aktiv- und Passivposten von der Übernahme ausgeklammert und verblieben bei den veräußernden jüdischen Bankiers. Ein Entgelt für die Übernahme des Bankhauses sowie der Firmenbezeichnung wurde nicht gewährt. Unklar ist, ob ein Goodwill, der inzwischen verboten war, offiziell bei „Arisierung" eines jüdischen Unternehmens zu zahlen, bei der Übernahme eingepreist wurde, wobei einige Hinweise davon ausgehen lassen, beispielsweise ein Beratervertrag mit Adolf Meyer bis Ende 1939 oder eine für Meyers sehr günstige Übernahme ihres Grundstückes in Wannsee als Befriedigung ihrer hohen Schulden beim Bankhaus E. J. Meyer. Die Analyse der „Arisierungsverhandlungen", des „Arisierungsvertrages" sowie weiterer Indizien ergibt, dass die Veräußerung des Bankhauses E. J. Meyer den rechtlichen, ökonomischen und sozialen Rahmenbedingungen des Bankhauses im Nationalsozialismus geschuldet war und es dabei zu keiner Übervorteilung der veräußernden jüdischen Bankiers durch den „Arisierer" Kurt Richter-Erdmann im Sinne eines sittenwidrigen „auffälligen Missverhältnisses" zwischen den Leistungen der Vertragsparteien gem. § 138 BGB gekommen ist. Dies bestätigt auch – teilweise sogar familieninterner – Schriftverkehr der Familie Meyer nach dem Krieg, worin sie das Verhalten Kurt Richter-Erdmanns bei der „Arisierung" ihres Bankhauses als besonders „fair" beschrieben.

Nachdem sich der Großteil ihrer Familien bereits im Ausland befand, sind die Bankiers selbst im Frühjahr 1939 ausgewandert. Während Leonhard Horwitz nach London floh, sind Meyers nach Amsterdam gegangen, wo ein Vetter Teilhaber des dortigen Bankhauses Warburg & Co. war. Nach dem Einmarsch der Deutschen in den Niederlanden wurde die „Arisierung" von Warburg & Co. mit der Gefangennahme seiner jüdischen Angestellten erpresst und erst nach erfolgter „Arisierung" sowie unter Zahlung diverser „Vermittlungsgebühren" konnten Meyers sowie die jüdischen Angestellten von Warburg & Co. 1940 in einem von SS-Leuten bewachten Zug über Frankreich und Spanien nach Portugal ausreisen, von wo sie in die USA auswanderten.

Kurt Richter-Erdmann, der zuvor Bankier bei Hardy & Co. gewesen war, bewies gutes Geschick mit E. J. Meyer, dessen Umsatz er deutlich steigern konnte. So akquirierte er beispielsweise die inzwischen ebenfalls „arisierte" Zigarettenfabrik Garbáty sowie Alois Miedl und mit diesem verbundene Gesellschaften als Kunden von E. J. Meyer. Hier zeigt sich die Ambivalenz vieler Akteure im Nationalsozialismus: während Kurt Richter-Erdmann extra nach Holland gereist war, um sich von den Meyers zu verabschieden als er hörte, dass diese in die USA ausreisen konnten, hatte er geschäftliche Beziehungen sowohl zu jüdischen Organisationen als auch in relevantem Umfang zu Alois Miedl, der die maßgebliche Figur beim Handel mit Beutekunst aus den Niederlanden gewesen ist und der insbesondere auch Hermann Göring mit zahlreichen Werken belieferte. So wurden auch im Tresor von E. J. Meyer in Berlin für Miedl Kunstwerke eingelagert.

Warum genau ist nicht zu ergründen, jedoch wurde Kurt Richter-Erdmann 1941 von der Gestapo verhaftet und in dem berüchtigten Gefängnis in der

Prinz-Albrecht Straße in Berlin inhaftiert, wo er sich eine Lungenentzündung zuzog, an der er Ende 1941 in jungen Jahren verstarb.

Die nicht im Bankgeschäft erfahrene Witwe von Kurt Richter-Erdmann fand in Hans Wilhelm von Tümpling und Albert von Metzler, die 1942 als persönlich haftende Gesellschafter bei E. J. Meyer eintraten, Nachfolger für ihren Mann. Sie selbst blieb als Kommanditistin mit nennenswerter Einlage beteiligt.

Über die Geschäfte im Einzelnen ist wenig bekannt, jedoch konnte sich E. J. Meyer unter der neuen Führung gut weiterentwickeln, wenn auch nicht so gut, wie vom Frankfurter Bankhaus B. Metzler seel. Sohn & Co. vor der Übernahme prognostiziert. Hans Wilhelm von Tümpling war sehr gut vernetzt, insbesondere in die Schweiz und sehr engagiert im Widerstand vom 20.07.1944 um General Hans Oster. Auch unterstützte er diverse jüdische Freunde auch ohne Rücksicht auf eigene Unannehmlichkeiten. Nach dem Attentat auf Hitler am 20.07.1944 wurde er für drei Monate von der Gestapo verhaftet und ebenfalls in der Prinz-Albrecht Straße in Berlin inhaftiert. Albert von Metzler war während des zweiten Weltkrieges einen Großteil der Zeit als Soldat im Einsatz und hatte dort enge Verbindungen zu Generaloberst Alexander Freiherr von Falkenhausen und Generalmajor Friedrich Olbricht, welche beide Paten der Metzler'schen Kinder wurden und beide ebenfalls in das Attentat vom 20.07.1944 verwickelt waren. Trotz dieser Verbindung hat E. J. Meyer bis zum Kriegsende mit Alois Miedl Geschäfte in nennenswertem Umfang getätigt.

Im Jahr 1943 wurde eine Filiale von E. J. Meyer in Hamburg gegründet, welche inklusive der Firmenbezeichnung E. J. Meyer kurz vor Kriegsende an Hans Wilhelm von Tümpling als alleinigen Inhaber übertragen wurde. Dieses fortan selbständige Bankhaus firmiert seit 1956 als Bankhaus Wölbern, welches sich als historischer Nachfolger von E. J. Meyer versteht und deshalb auch seit 2010 den Wilhelm Scherer-Preis, den Richard Moritz Meyer 1910 erstmals auslobte, wieder ins Leben gerufen hat.

Die Familien der Bankiers von E. J. Meyer haben nach dem Krieg Wiedergutmachungsverfahren angestrengt, jedoch hat die Familie Meyer kein Verfahren aufgrund der „Arisierung" des Bankhauses E. J. Meyer gegen die Erben von Kurt Richter-Erdmann oder die derzeitigen Inhaben angestrengt aufgrund des fairen Verhaltens von Kurt Richter-Erdmann bei der „Arisierung". Die Familie Horwitz, Leonhard Horwitz war bereits 1940 in London verstorben, strengte kurz ein Verfahren auf Restitution von E. J. Meyer an, ließ aber schnell davon ab, weil das Bankhaus E. J. Meyer in Berlin nach dem Krieg stark verschuldet war. Weiterhin haben die Familien der Bankiers von E. J. Meyer diverse Verfahren auf Entschädigung erfolgreich durchgeführt, welche jedoch teilweise bis Mitte der 1960er Jahre andauerten.

8 Annex: Kurzportraits der Hauptbeteiligten

Hier sollen zur leichteren Orientierung diejenigen Personen kurz dargestellt werden, welche in der vorliegenden Arbeit besonders oft thematisiert werden.

Fleming, Martita
Sie ist die noch lebende Enkelin von Adolf Ernst Joachim Meyer, des letzen Bankiers von E. J. Meyer und Tochter von Gisela Weil (geb. Meyer).

Flörsheimer, Walter
Er kam 1932 im Zuge der Abwicklung des Bankhauses Schwarz, Goldschmidt & Co. durch E. J. Meyer als Vertrauensperson der Dresdner Bank und persönlich haftender Gesellschafter zu E. J. Meyer. Nach der Abwicklung von Schwarz, Goldschmidt & Co. schied er Ende 1936 bei E. J. Meyer aus und emigrierte bereits 1937 erst in die Niederlande und dann in die USA.

Flotow, Hans von
Er war Geschäftsinhaber des Bankhauses Hardy & Co., Vetter des „Arisierers" von E. J. Meyer Kurt Richter-Erdmann und hat zusammen mit Hans Meyer die „Arisierung" von E. J. Meyer maßgeblich begleitet.

Horwitz, Leonhard
Er ist 1927 zeitgleich mit Georg Rogalski als persönlich haftender Gesellschafter bei E. J. Meyer eingetreten und blieb dies bis zur „Arisierung" 1938. Danach floh er mit Familie nach London, wo er kurz darauf verstarb.

Leising, Hermann
Er hat nach dem Zweiten Weltkrieg das Bankgeschäft E. J. Meyer operativ geführt und als Funktionsnachfolger des zum „ruhenden Bankhaus" verordneten Bankhauses E. J. Meyer in Berlin das Bankhaus Leising & Co. gegründet. Im Jahr 1952 übernahm Hermann Leising zusammen mit Max Richter-Erdmann, dem Sohn Kurt Richter-Erdmanns, das Geschäft des ruhenden Bankhauses E. J. Meyer in Berlin und gründete unter selbiger Firma ein neues Bankhaus als OHG. Nach dem plötzlichen Tod von Max Richter-Erdmann 1953 hat er das Bankhaus kurzzeitig als alleiniger Inhaber weitergeführt, ab 1954 als OHG mit Eva Richter-Erdmann, der Witwe Kurt Richter-Erdmanns. Aus dieser Gesellschaft ist er durch Tod 1964 ausgeschieden.

Metzler, Albert von
Er war Teilhaber des Bankhauses B. Metzler seel. Sohn & Co. in Frankfurt a. M. und trat 1942 nach dem plötzlichen Tod von Kurt Richter-Erdmann zusammen mit seinem Freund Hans Wilhelm von Tümpling als persönlich haftender Gesellschafter in das Bankhaus E. J. Meyer ein. Die Witwe Richter-Erdmann blieb Kommanditistin. Er trat 1952 mit der Auflösung der Kommanditgesellschaft E. J. Meyer in Berlin aus dem Bankhaus E. J. Meyer aus.

Meyer, Abraham (gen. Adolf)
Er ist mit seinem Bruder Friedrich die zweite Generation der Inhaberfamilie von E. J. Meyer. Er war ab 1842 als „Gehilfe" seines Vaters Ely Joachim Meyer im Bankhaus E. J. Meyer tätig und spätestens seit 1847 dort persönlich haftender Gesellschafter bis zu seinem Tod 1881. Seine Frau ist Betty (geb. Büding), sein Sohn ist Ernst Joachim Meyer und seine Tochter Jenny Goldschmidt (geb. Meyer).

Meyer, Adolf Ernst Joachim
Er ist die vierte Generation der Inhaberfamilie von E. J. Meyer. Er war seit 1913 persönlich haftender Gesellschafter des Bankhauses E. J. Meyer und hat es 1938 an den „Arisierer" Kurt Richter-Erdmann veräußert. Sein Vater ist Ernst Joachim Meyer, seine Frau Olga Meyer (geb. Melchior/ Warburg), sein Sohn Felix Meyer (später Mitchell) und seine Tochter Giesela Weil (geb. Meyer). Er ist erst 1939 mit Familie nach Amsterdam und 1940 in die USA geflohen.

Meyer, Elias („Ely") Joachim
Er hat das Bankhaus E. J. Meyer im Jahr 1816 in Berlin gegründet. Er führte das Bankhaus bis zu seinem Tod 1849. Sein Vater ist Joachim Meyer aus Körlin, seine Frau ist Betty (geb. Abraham), seine Kinder sind Rosalie, Abraham, Friedrich, Moritz und Feodore.

Meyer, Ernst Joachim
Er ist die dritte Generation der Inhaberfamilie von E. J. Meyer. Er hat das Bankhaus von 1881 bis zu seinem Tod 1928 als persönlich haftender Gesellschafter geführt. Sein Vater ist Abraham (gen. Adolf) Meyer, seine Frau ist Anna Meyer (geb. Herz), seine Sohn Adolf Ernst Joachim Meyer und seine Tochter Erna Meyer.

Meyer, Friedrich
Er war mit seinem Bruder Abraham die zweite Generation der Inhaberfamilie von E. J. Meyer und von 1847 bis zu seinem Tod 1881 persönlich haftender

Gesellschafter von E. J. Meyer. Seine Frau ist Elika (geb. Jacobsen), sein Sohn Richard Moritz Meyer.

Meyer, Hans
Er ist ein Vetter von Adolf Ernst Joachim Meyer, war Teilhaber des Bankhauses Warburg & Co. in Amsterdam und begleitete maßgeblich die „Arisierung" von E. J. Meyer durch Kurt Richter-Erdmann. Er ist 1940 mit Adolf Ernst Joachim Meyer und dessen Familie von Amsterdam in die USA geflohen.

Meyer, Reinhold
Er ist der Sohn von Richard Moritz Meyer und war ebenfalls nicht mehr im Bankhaus E. J. Meyer tätig. Seine Frau ist Lucie (geb. Bebronnek), sein Sohn Klaus Meyer und seine Tochter Dorothea Wilke (geb. Meyer).

Meyer, Richard Moritz
Er gehört zur dritten Generation der Meyers von E. J. Meyer, ist aber gleichzeitig die erste Generation, die nicht Bankier bei E. J. Meyer geworden ist. Er ist Sohn von Friedrich Meyer, seine Frau Meyer, sein einzig überlebender Sohn Reinhold Meyer.

Richter-Erdmann, Eva
Sie ist Frau von Kurt Richter-Erdmann, Mutter von Max Richter-Erdmann und Dorothee Schröder (geb. Richter-Erdmann). Sie ist nach dem plötzlichen Tod ihres Mannes 1942 als Kommanditistin in das von Albert von Metzler und Haus Wilhelm von Tümpling als persönlich haftende Gesellschafter geführte Bankhaus E. J. Meyer in Berlin eingetreten. Nach dem Zweiten Weltkrieg war sie bis 1952 Kommanditistin des ruhenden Bankhauses E. J. Meyer in Berlin, ist nach dem Tod ihres Sohnes Max Richter-Erdmann in die von ihrem Sohn Max und Hermann Leising gegründete OHG E. J. Meyer als persönlich haftende Gesellschafterin neben Hermann Leising eingetreten. Nach dem Tod Hermann Leisings 1964 war sie alleinige Inhaberin bis zu ihrem Tod 1973. Da die Erben das Erbe ausschlugen, wurde E. J. Meyer in Berlin 1975 von Amts wegen im Handelsregister gelöscht.

Richter-Erdmann, Kurt
Er ist Sohn von Max Richter welcher vormals Inhaber des Bankhauses Emil Ebeling gewesen war, Vetter von Hans von Flotow und hat nach seiner Tätigkeit als Inhaber des Bankhauses Hardy & Co. in München das Bankhaus E. J. Meyer

„arisiert". Er ist bereits 1941 in jungen Jahren verstorben. Seine Witwe ist Eva Richter-Erdmann (geb. Le Viseur), sein Sohn Max Richter-Erdmann und seine Tochter Dorothee Schröder (geb. Richter-Erdmann).

Richter-Erdmann, Max
Er ist der Sohn von Kurt und Eva Richter-Erdmann. Er hat mit Hermann Leising 1952 eine neue OHG gegründet, welche das Geschäft der ruhenden Kommanditgesellschaft E. J. Meyer in Berlin übernahm, starb jedoch bereits 1953 in sehr jungen Jahren. Seine Witwe ist Gertrud Richter-Erdmann (geb. Tannhäuser), sein Sohn heißt in Familientradition Kurt Richter-Erdmann.

Rogalski, Georg
Er war von 1927 bis 1931 persönlich haftender Gesellschafter von E. J. Meyer und damit der kürzeste Teilhaber dieses Bankhauses.

Schwarz, Julius
Er war Mitgründer des Bankhauses Schwarz, Goldschmidt & Co. und kam 1932 im Zuge der Abwicklung von Schwarz, Goldschmidt & Co. als persönlich haftender Gesellschafter zu E. J. Meyer, verstarb jedoch bereits 1934.

Stäckel, Albert
Er ist 1896 neben Ernst Joachim Meyer persönlich haftender Gesellschafter von E. J. Meyer geworden, war der erste familienfremde Inhaber von E. J. Meyer und schied durch Tod 1923 aus.

Treiber, Otto
Er kam 1939 unter Kurt Richter-Erdmann als Prokurist zu E. J. Meyer. Später wechselte er in die 1943 gegründete Geschäftsstelle von E. J. Meyer in Hamburg, in welche er 1949 – sie war 1945 von E. J. Meyer in Berlin an Hans Wilhelm von Tümpling veräußert worden – als persönlich haftender Gesellschafter eintrat und diese nach dem Ausscheiden von Hans Wilhelm von Tümpling 1951 allein weiterführte. Nach seinem Tode wurde das Geschäft der Gesellschaft auf eine von u. a. seiner Witwe als Kommanditistin und Ernst Wölbern als persönlich haftendem Gesellschafter neu gegründete Kommanditgesellschaft übertragen, welche noch heute als Bankhaus Wölbern & Co. firmiert.

Tümpling, Hans Wilhelm von
Er ist 1942 nach dem plötzlichen Tod Kurt Richter-Erdmanns zusammen mit seinem Freund Albert von Metzler als persönlich haftender Gesellschafter neben

der Witwe-Erdmann als Kommanditistin in das Bankhaus E. J. Meyer eingetreten und dort 1952 ausgeschieden. Im Jahr 1945 hat er von den Gesellschaftern der E. J. Meyer KG in Berlin die Geschäftsstelle von E. J. Meyer in Hamburg als alleiniger Inhaber unter Beibehaltung der Firma E. J. Meyer übernommen, aus welcher er 1951 ausgeschieden ist.

Wilke, Dorothea (geb. Meyer)
Sie ist die noch lebende Tochter von Reinhold Meyer und Enkelin von Richard Moritz Meyer.

Wölbern, Ernst
Er hat nach dem Tod von Otto Treiber als persönlich haftendem Gesellschafter unter kommanditistischer Beteiligung u. a. der Witwe Treiber das Geschäft des Bankhauses E. J. Meyer in Hamburg übernommen und als neue Gesellschaft unter dem Namen Bankhaus Wölbern & Co. weitergeführt.

9 Quellenverzeichnis

9.1. Ungedruckte Quellen

9.1.1 Bundesarchiv Berlin (BAB)

BAB, R 43 II, Nr. 397
BAB, R 43 II, Nr. 1051c
BAB, R 43 II, Nr. 1053
BAB, R 43 II, Nr. 1053a
BAB, R 43 II, Nr. 1195
BAB, R 2501, Nr. 1154
BAB, R 2501, Nr. 1169
BAB, R 2501, Nr. 1171
BAB, R 2501, Nr. 6790
BAB, R 2501, Nr. 6918
BAB, R 3101, Nr. 37
BAB, R 3103, Nr. 38
BAB, R 3101, Nr. 15514
BAB, R 3101, Nr. 15515
BAB, R 3101, Nr. 16912
BAB, R 3101, Nr. 16913
BAB, R 8119F, Nr. 10385
BAB, R 8119F, Nr. 24274
BAB, R 8119F, Nr. 24275
BAB, R 3200/X0042

9.1.2 Landesarchiv Berlin (LAB)

LAB, A Rep 200-01, Nr. 56
LAB, A Rep. 216, Nr. 1 - 23
LAB, A Rep. 250-04-09, Nr. 123
LAB, B Rep. 042, Nr. 46349
LAB, C Rep. 105, Nr. 3618
LAB, 7 WGA 423/51
LAB, 71 WGA 958/55
LAB, 7 WGA 2730/51
LAB, 73 WGA 4044/55
LAB, 73 WGA 15463/59

9.1.3 Brandenburgisches Landeshauptarchiv (BrandLHA)

Rep. 36A, Nr. D370
Rep. 36A, Nr. 1543
Rep. 36A II, Nr. 9472
Rep. 36A II, Nr. 26314
Rep. 36A II, Nr. 26331
Rep. 36A II, Nr. 16357
Rep. 36A II, Nr. 26404
Rep. 36A II, Nr. 26413
Rep. 36A II, Nr. 26420
Rep. 36A II, Nr. 26421
Rep. 36A II, Nr. 26636
Rep. 36A II, Nr. 33031

9.1.4 Hessisches Hauptstaatsarchiv (HHStA)

HHStA, Reg.-Nr. 520-F-AZ
HHStA, Reg.-Nr. 520-FZ-1705

9.1.5 Staatsarchiv Hamburg

Staatsarchiv Hamburg, HRA 51805, Bd. 236

9.1.6 Staatsarchiv Nürnberg

Staatsarchiv Nürnberg, KV Anklage, F. 52

9.1.7 Leo Baeck Institute New York

Gisela A. Weil Collection

9.1.8 Archiv Bundesverband deutscher Banken

Bestand „gelb", E. J. Meyer

9.1.9 Archiv Bankhaus Wölbern

Akte Garbáty
Akte Schwarz, Goldschmidt & Co.
Durchschrift zum Antrag auf Einteilung einer Genehmigung zur Einzahlung auf ein Sperrkonto durch E. J. Meyer
Kondolenzschreiben Schwarz, Goldschmidt & Co. an E. J. Meyer

Kondolenzschreiben der Mitteldeutschen Creditbank nach Ernst Joachim Meyer
Nachruf Max Richter
Schreiben E. J. Meyer an Oberfinanzpräsidenten Berlin-Brandenburg
Schreiben von Friedrich Meineke an den Oberfinanzpräsidenten Berlin-Brandenburg
Stammtafel II: Richard Moritz Meyer (männliche Linie)
Todesanzeige Kurt Richter-Erdmann
Zeichnungsliste des Bankhauses E. J. Meyer

9.1.10 Archiv Bankhaus Metzler

Niederschrift „Besprechung der Bilanz E. J. M. per 31.12.1940"
E. J. Meyer Jahresbilanz von Ende Dezember 1941

9.1.11 Stiftung Warburg Archiv

Dr. Hans Meyer, 5. Mappe
Dr. Hans Meyer, Notizen
E. J. Meyer, Berlin
EMW Korrespondenz, 01.07.1968 - 27.11.1972, Lasche Olga Meyer
M. M. Warburg & Co. Amsterdam, Prozess
Warburg & Co., Amsterdam, Korrespondenz K - O

9.1.12 Amtsgericht Hamburg - Handelsregister

Handelsregister Hamburg, HRA 51805

9.1.13 Amtsgericht Berlin-Schöneberg - Grundbuchamt

Grundstück Am kleinen Wannsee 13

9.1.14 Bundesamt für zentrale Dienste und offene Vermögensfragen (BADV)

BADV, 7 WGA 888/50
BADV, 7 WGA 889/50
BADV, 1 WGA 1739/50
BADV, 73 WGA 4044/55
BADV, 73 WGA 15461/59
BADV, 73 WGA 15462/59
BADV, 73 WGA 15463/59
BADV, 73 WGA 17072/59

BADV, 71 WGA JRSO 797/54
BADV, 72 WGA JRSO 1021/54

9.1.15 Landesamt für Bürger- und Ordnungsangelegenheiten - Entschädigungsamt in Berlin (LEA)

LEA, Reg.-Nr. 16178
LEA, Reg.-Nr. 67787
LEA, Reg.-Nr. 160830
LEA, Reg.-Nr. 161874
LEA, Reg.-Nr. 303536

9.1.16 Private Aufzeichnungen

Diverse Auskunftsschreiben
Unterlagen aus dem Besitz der Erben Adolf Ernst Joachim Meyers
Interview von Karin Eickhoff-Vigelahn mit Dorothee Schröder, Tochter von Kurt
-Erdmann im September 1998
Videoaufzeichnung der Princeton-University, Interview mit Gisela Weil vom 26.04.1992

9.2 Gedruckte Quellen

Berliner Börsen-Courier 1932
Berliner Börsen-Zeitung 1939, 1942
Berliner Tageblatt 1932
BZ am Mittag 1932, 1933
C.V. Zeitung 1934
Deutsche Allgemeine Zeitung 1942
Der Aufbau 1939, 1946
Film-Kurier 1934
Financial Times 1938
Frankfurter Zeitung 1932
Frankfurter Allgemeine Zeitung 2007
Handelsblatt 2009
New York Times 1989
Tempo 1932
Vorwärts 1932
Vossische Zeitung 1932

10 Literaturverzeichnis

Aalders, Gerald: Geraubt! Die Enteignung jüdischen Besitzes im Zweiten Weltkrieg, Köln 2000

Achterberg, Erich: Berliner Banken im Wandel der Zeit. Eine Schrift zum 75jährigen Jubiläum des Bankhauses Hardy & Co. GmbH, Darmstadt 1956

Achterberg, Erich: Berliner Hochfinanz: Kaiser, Fürsten Millionäre um 1900, Frankfurt a. M. 1965

Adam, Uwe Dietrich: Judenpolitik im Dritten Reich, Düsseldorf 1972

Ahrens, Ralf: Der Exempelkandidat: die Dresdner Bank und der Nürnberger Prozess gegen Karl Rasche, in: Vierteljahreshefte für Zeitgeschichte (VfZ) 2004, S. 637ff.

Albers, Willi (Hrsg.): Handwörterbuch der Wirtschaftswissenschaft (HdWW), Bd. 4: Handelsrechtliche Vertretung bis Kreditwesen in der Bundesrepublik Deutschland, Stuttgart 1978

Arends, Hans/ Mossner, Curt (Hrsg.): Adressbuch der Direktoren und Aufsichtsräte, Berlin, diverse Jahrgänge

Aufermann, Robert: Die verfassungsmäßigen Voraussetzungen des Gesetzes zur Behebung der Not von Volk und Reich vom 24. März 1933 (Ermächtigungsgesetz), Köln 1934

Bähr, Johannes: Die Dresdner Bank in der Wirtschaft des Dritten Reiches, Bd. 1 von: Henke, Hans-Dietmar (Hrsg.), Geschichte der Dresdner Bank im Dritten Reich, München 2006

Bähr, Johannes/ Drecoll, Axel/ Gotto, Bernhard: Der Flick-Konzern im Dritten Reich, München 2008

Bajohr, Frank: „Arisierung" in Hamburg. Die Verdrängung der jüdischen Unternehmer 1933 - 1945, 2. Aufl., Hamburg 1998

Bajohr, Frank: „Arisierung" als gesellschaftlicher Prozess. Verhalten, Strategien und Handlungsspielräume jüdischer Eigentümer und „arischer" Erwerber, in: Fritz Bauer Institut (Hrsg.), „Arisierung" im Nationalsozialismus. Volksgemeinschaft, Raub und Gedächtnis, Frankfurt a. M. 2000, S. 15ff.

Balz, Hanno: Verdrängung und Profit: die Geschichte der „Arisierung" jüdischen Eigentums in Lüneburg 1933 - 1943, Lüneburg 2011

Banken, Ralf: Das nationalsozialistische Devisenrecht als Steuerungs- und Diskriminierungsinstrument 1933 - 1945, in: Bähr, Johannes/ Banken, Ralf (Hrsg.), Wirtschaftssteuerung durch Recht im Nationalsozialismus: Studien zur Entwicklung des Wirtschaftsrechts im Interventionsstaat des „Dritten Reichs“, Frankfurt a. M. 2006, S. 121ff.

Barkai, Avraham: Wirtschaftliche Grundanschauungen und Ziele der NSDAP, in: Jahrbuch des Instituts für Deutsche Geschichte, Band 7, Tel Aviv 1978, S. 355ff.

Barkai, Avraham: Vom Boykott zur „Entjudung“. Der wirtschaftliche Existenzkampf der Juden im Dritten Reich 1933 - 1943, Frankfurt a. M. 1988

Barkai, Avraham: Das Wirtschaftssystem des Nationalsozialismus, Frankfurt a. M. 1988

Barkai, Avraham: „Schicksalsjahr 1938“ Kontinuität und Verschärfung der wirtschaftlichen Ausplünderung der Juden. in: Pehle, Walter H. (Hrsg.), Der Judenpogrom 1938. Von der „Reichskristallnacht“ zum Völkermord, Frankfurt a. M. 1988, S. 94ff.

Barkai, Avraham: Die deutschen Unternehmer und die Judenpolitik im „Dritten Reich“, in: Geschichte und Gesellschaft 1989, S. 227ff.

Barkai, Avraham: Etappen der Ausgrenzung und Verfolgung bis 1939, in: Meyer, Michael A./ Leo Baeck Institute (Hrsg.), Deutsch-jüdische Geschichte, Bd. 4, Aufbruch und Zerstörung 1918 - 1945, München 2000 S. 193ff.

Barkai, Avraham: Jüdisches Leben unter der Verfolgung, in: Meyer, Michael A./ Leo Baeck Institute (Hrsg.), Deutsch-jüdische Geschichte, Bd. 4, Aufbruch und Zerstörung 1918 - 1945, München 2000, S. 225ff.

Barkai, Avraham: Selbsthilfe im Dilemma „Gehen oder Bleiben“?, in: Meyer, Michael A./ Leo Baeck Institute (Hrsg.), Deutsch-jüdische Geschichte, Bd. 4, Aufbruch und Zerstörung 1918-1945, München 2000, S. 301ff.

Barkai, Avraham: Oscar Wassermann und die Deutsche Bank: Bankier in schwieriger Zeit, München 2005

Berlin, Jörg: Ro 19 – „Arisierung“ in Hamburg? Zum Streit um das Haus Rothenbaumchaussee 19 („Ro 19“); eine Kritik der Thesen von Bernhard Nette, Norderstedt 2011

Berliner Handels-Gesellschaft (Hrsg.): Die Berliner Handels-Gesellschaft in einem Jahrhundert deutscher Wirtschaft: 1856 - 1956, Berlin 1956

Berliner Handels-Gesellschaft und Frankfurter Bank (Hrsg.): Die Geschichte der BHF-Bank und ihrer Vorgängerinstitute, Frankfurt a. M. 2008

Bernstein, Daniel: Wirtschaft I: Finanzwesen, in: Kaznelson, Siegmund (Hrsg.), Juden im deutschen Kulturbereich. Ein Sammelwerk, 3. Aufl., Berlin 1962, S. 720ff.

Bezler, Reinhold: Das Gesetz zur Behebung der Not von Volk und Reich, Heidelberg 1934

Biggeleben, Christof: Kontinuität von Bürgerlichkeit im Berliner Unternehmertum: Der Verein Berliner Kaufleute und Industrieller (1879 - 1961), in: Berghahn, Volker/ Unger, Stefan/ Ziegler, Dieter (Hrsg.), Die deutsche Wirtschaftselite im 20. Jahrhundert. Kontinuität und Mentalität, Essen 2003, S. 241ff.

Biggeleben, Christof: Das „Bollwerk des Bürgertums": die Berliner Kaufmannschaft 1870 - 1920, München 2006

Biggeleben, Christof/ Schreiber, Beate/ Steiner, Kilian J. L. (Hrsg.): „Arisierung" in Berlin, Berlin 2007

Biggeleben, Christof: Die Verdrängung der Juden aus der Berliner Industrie- und Handelskammer und dem Verein Berliner Kaufleute und Industrieller, in: Biggeleben, Christof/ Schreiber, Beate/ Steiner, Kilian J. L. (Hrsg.), „Arisierung" in Berlin, Berlin 2007, S. 55ff.

Birkwald, Ilse: Die Steuerverwaltung im Dritten Reich, in: Leesch, Wolfgang/ Birkwald, Ilse/ Blumberg, Gerd, Geschichte der Finanzverfassung und -verwaltung in Westfalen seit 1815, Münster 1998, S. 239ff.

Blumberg, Gerd: Die Zollverwaltung und die Devisenstelle im Dritten Reich, in: Leesch, Wolfgang/ Birkwald, Ilse/ Blumberg, Gerd, Geschichte der Finanzverfassung und -verwaltung in Westfalen seit 1815, Münster 1998, S. 289ff.

Blumberg, Gerd: Etappen der Verfolgung und Ausraubung und ihre bürokratische Apparatur, in: Kenkmann, Alfons/ Rusinek, Bernd-A. (Hrsg.), Verfolgung und Verwaltung, Die wirtschaftliche Ausplünderung der Juden und die westfälischen Finanzbehörden, Münster 1999, S. 15ff.

Bopf, Britta: Zur „Arisierung" und Versuchen der Wiedergutmachung in Köln, in: Matzerath, Horst (Hrsg.), Versteckte Vergangenheit: Über den Umgang mit der NS-Zeit in Köln, Köln 1994, S. 163ff.

Borkenhagen, Erich: 125 Jahre Schultheiss-Brauerei: die Geschichte des Schultheiss-Bieres in Berlin von 1842 bis 1967, Berlin 1967

Born, Karl Erich: Die deutsche Bankenkrise 1931, Finanzen und Politik, München 1967

Born, Karl Erich: Geld und Banken im 19. und 20. Jahrhundert, Stuttgart 1977

Bräu, Ramona: Arisierung in Breslau: die „Entjudung“ einer deutschen Großstadt und deren Entdeckung im polnischen Erinnerungsdiskurs, Saarbrücken 2008

Brunn, Walter: Hinterbliebenenversorgung (Schaden am Leben), in: Schwarz, Walter (Hrsg.), Das Bundesentschädigungsgesetz, Erster Teil, München 1981, S. 117ff.

Burhop, Carsten: Die Kreditbanken in der Gründerzeit, Stuttgart 2004

Buxbaum, Carmen: Anlegerschutz zwischen Bankbedingungen und Rechtsnormen: eine Untersuchung zum Depotgesetz von 1896, Berlin 2002

Chernow, Ron: Die Warburgs. Odyssee einer Familie, Berlin 1994

Commerzbank (Hrsg.): 100 Jahre Commerzbank 1870 - 1970, Frankfurt a. M. 1970

Conze, Eckart/ Frei, Norbert/ Hayes, Peter/ Zimmermann, Moshe: Das Amt und die Vergangenheit. Deutsche Diplomaten im Dritten Reich und in der Bundesrepublik, München 2010

Degener, Herrmann (Hrsg.): Wer ist's? (zit. Wer ist's Jahrgang)

Delius, Walter: Georg Rogalski, in: Segelclub RHE e. V. (Hrsg.), Annalen, Hamburg 1972/ 1980, S. 71f.

DePew Snow, Chauncey: German Trade and the War: Commercial and Industrial Conditions in War Time and the Future Outlook, Reprint 2010 of Original 1918

Dorrmann, Michael: Eduard Arnhold (1849 - 1925). Eine biographische Studie zu Unternehmer- und Mäzenatentum im Deutschen Kaiserreich, Berlin, 2002

Drecoll, Axel: Der Fiskus als Verfolger: die steuerliche Diskriminierung der Juden in Bayern 1933 - 1941/42, München 2009

Dulles, Allen Welsh: Verschwörung in Deutschland – Germany's Underground, Kassel 1949

Eigner, Peter/ Köhler, Ingo (Hrsg.): Privatbankiers in Mitteleuropa zwischen den Weltkriegen, Stuttgart 2005

Elen, Albert J.: German Master Drawings from the Koenigs Collection: Return of a Lost Treasure, Rotterdam 2004

Escher, Otmar: Die Wirtschafts- und Finanzkrise in Bremen 1931 und der Fall Schröderbank, Frankfurt a. M. 1988

Féaux de la Croix, Ernst: Vom Unrecht zur Entschädigung: der Weg des Entschädigungsrechts, in: Schwarz, Walter (Hrsg.), Der Werdegang des Entschädigungsrechts, München 1985

Feilchenfeld, Werner/ Michaelis, Dolf/ Pinner, Ludwig: Haavara-Transfer nach Palästina und Einwanderung deutscher Juden 1933 - 1939, Tübingen 1972

Fehlemann, Sabine: Die von der Heydts: Bankiers, Christen, Mäzene, Wuppertal 2001

Feldman, Gerald: Die Deutsche Bank vom Ersten Weltkrieg bis zur Wirtschaftskrise 1914 - 1933, in: Gall, Lothar/ Feldman, Gerald D./ James, Harold/ Holtfrerich, Carl-Ludwig/ Büschgen, Hans E. (Hrsg.), Die Deutsche Bank 1870 - 1995, München 1995, S. 138ff.

Fiebig, Nils: Richard Moritz Meyer als Mäzen, in: Fiebig, Nils/ Waldmann, Friederike (Hrsg.), Richard M. Meyer – Germanist zwischen Goethe, Nietzsche und George, Göttingen 2009, S. 117ff.

Fiebig, Nils: Die Bibliothek von Richard M. Meyer, in: Fiebig, Nils/ Waldmann, Friederike (Hrsg.), Richard M. Meyer – Germanist zwischen Goethe, Nietzsche und George, Göttingen 2009, S. 293ff.

Fiebig, Nils: Richard Moritz Meyer, die Wilhelm Scherer-Stiftung und der Scherer-Preis, in: Peters, Brigitte/ Schütz, Erhard (Hrsg.), 200 Jahre Berliner Universität – 200 Jahre Berliner Germanistik 1810 - 2010, Bern 2011, S. 275ff.

Fiedler, Martin: Netzwerke des Vertrauens: Zwei Fallbeispiele aus der deutschen Wirtschaftselite, in: Ziegler, Dieter (Hrsg.), Großbürger und Unternehmer: die deutsche Wirtschaftselite im 20. Jahrhundert, Göttingen 2000, S. 93ff.

Fiedler, Martin: Die „Arisierung“ der Wirtschaftselite. Ausmaß und Verlauf der Verdrängung der jüdischen Vorstands- und Aufsichtsratsmitglieder in deutschen Aktiengesellschaften (1933 - 1939), in: Fritz Bauer Institut (Hrsg.) „Arisierung“ im Nationalsozialismus. Volksgemeinschaft, Raub und Gedächtnis, Frankfurt a. M. 2000, S. 59ff.

Fischer, Albert: Jüdische Privatbanken im „Dritten Reich“, in: Scripta Mercaturae 1994, Heft 1, S. 1ff.

Fischer, Albert: Hjalmar Schacht und Deutschlands „Judenfrage“. Der „Wirtschaftsdiktator“ und die Vertreibung der Juden aus der deutschen Wirtschaft, Köln 1995

Fleischhauer, Markus: Der NS-Gau Thüringen 1939 - 1945: eine Struktur- und Funktionsgeschichte, Köln 2010

Fleitner, Rüdiger: Die Verfolgung der Juden und die hannoversche Stadtverwaltung, in: Perels, Joachim (Hrsg.), Auschwitz in der deutschen Geschichte, Hannover 2010, S. 46ff.

Fliedner, Hans-Joachim: Die Judenverfolgung in Mannheim 1933 - 1945, Stuttgart 1971

Flörsheimer, Walter: Das Recht der Option bei Gebietsabtretungen unter besonderer Berücksichtigung des Vertrags von Versailles: Eine völkerrechtliche Studie, Würzburg 1921

Flotow, Hans von: Die verschiedene Rechtsstellung des Grundeigentümers, der eine auf seinem Grundstücke haftende Hypothek dem Gläubiger bezahlt hat, je nachdem er persönlicher Schuldner der gesicherten Forderung ist oder nicht nach dem Rechte des Bürgerlichen Gesetzbuches, Leipzig 1903

Franke, Christoph: Legalisiertes Unrecht: Devisenbewirtschaftung und Judenverfolgung am Beispiel des Oberfinanzpräsidiums Hannover 1931 - 1945, Hannover 2011

Frei, Norbert: Der Führerstaat: nationalsozialistische Herrschaft 1933 - 1945, 6. Aufl., München 2001

Friedländer, Saul: Das Dritte Reich und die Juden. Die Jahre der Verfolgung 1933 - 1939, 2. Aufl., München 2006

Frotscher, Werner/ Pieroth, Bodo: Verfassungsgeschichte, 6. Aufl., München 2007

Füllberg-Stolberg, Claus: „Wie mir bekannt geworden ist, beabsichtigen Sie auszuwandern…“: die Rolle der Oberfinanzdirektion Hannover bei der Vertreibung der Juden, in: Perels, Joachim (Hrsg.), Auschwitz in der deutschen Geschichte, Hannover 2010, S. 25ff.

Fürstenberg, Hans: Erinnerungen: mein Weg als Bankier und Carl Fürstenbergs Altersjahre, Frankfurt a. M. 1965

Gall, Lothar: Der Bankier Hermann Josef Abs: eine Biographie, München 2004

Garbe, Detlef: Absonderung, Strafkommandos und spezifischer Terror: Jüdische Gefangene in nationalsozialistischen Konzentrationslagern 1933 bis 1945, in: Herzig, Arno/ Lorenz, Ina (Hrsg.), Verdrängung und Vernichtung der Juden unter dem Nationalsozialismus, S. 173ff.

Genschel, Helmut: Die Verdrängung der Juden aus der Wirtschaft im Dritten Reich, Göttingen 1966

Gerstenmaier, Eugen: Der Kreisauer Kreis, in: Vierteljahreshefte für Zeitgeschichte (VfZ) 1967, S. 221ff.

Giese, Frank Paul: Abgabenordnung im Dritten Reich. Rechtsentwicklung und Entartung im Steuerverfahrens- und allgemeinen Steuerrecht, Frankfurt a. M. 1998

Giessler, Hans: Die Grundsatzbestimmungen des Entschädigungsrechts, in: Schwarz, Walter (Hrsg.), Das Bundesentschädigungsgesetz, Erster Teil, München 1981, S. 1ff.

Giessler, Hans: Schaden an Eigentum und Vermögen, in: Schwarz, Walter (Hrsg.), Das Bundesentschädigungsgesetz, Zweiter Teil, München 1983, S. 1ff.

Gillessen, Günther: Hugo Preuß – Studien zur Ideen- und Verfassungsgeschichte der Weimarer Republik, Berlin 2000

Glagau, Otto: Der Börsen- und Gründungsschwindel in Berlin - 10. Die Culturkämpfer, in: Die Gartenlaube 1875, S. 671ff.

Goschler, Constantin: Offene Fragen der Wiedergutmachung. Entschädigungsforderungen von Verfolgten des Nationalsozialismus als politischer Diskurs, in: König, Helmut/ Kohlstruck, Michael/ Wöll, Andreas (Hrsg.), Vergangenheitsbewältigung am Ende des 20. Jahrhunderts, Wiesbaden 1998, S. 38ff.

Goschler, Constantin: Schuld und Schulden, 2. Aufl., Göttingen 2005

Grosser, Alfred: Wirtschaft – Gesellschaft – Geschichte, Stuttgart 1974

Gruner, Wolf: Judenverfolgung in Berlin 1933 - 1945. Eine Chronologie der Behördenmaßnahmen der Reichshauptstadt, 2. Aufl., Berlin 2009

Haase, Günther: Kunstraub und Kunstschatz: eine Dokumentation, 2 Bde., Norderstedt 2008

Haase, Kurt: Die Deutsche Golddiskontbank. Ein Hilfsmittel der Kapitalimportpolitik der Reichsbank, Rostock 1935

Henke, Klaus-Dietmar (Hrsg.): Die Dresdner Bank im Dritten Reich, München 2006

Herbert, Ulrich: Von der Gegnerbekämpfung zur „rassischen Generalprävention". „Schutzhaft" und Konzentrationslager in der Konzeption der Gestapo-Führung 1933 - 1939, in: Herbert, Ulrich/ Orth, Karin/ Dieckmann, Christoph, Die nationalsozialistischen Konzentrationslager: Entwicklung und Struktur, Band 1, Frankfurt a. M. 2002, S. 60ff.

Herbst, Ludolf: Das nationalsozialistische Deutschland 1933 - 1945, Frankfurt a. M. 1996

Herbst, Ludolf: Banker in einem prekären Geschäft: Die Beteiligung der Commerzbank an der Vernichtung jüdischer Gewerbeunternehmen im Altreich

(1933 - 1940), in: ders./ Weihe, Thomas (Hrsg.), Die Commerzbank und die Juden 1933 - 1945, München 2004, S. 74ff.

Hertz, Thomas: Die Industrie- und Handelskammer zu Berlin: ein Beitrag zur Wirtschaftsgeschichte Berlins, Berlin 2008

Hessisches Statistisches Landesamt (Hrsg.): Hessen im Wandel der letzten 100 Jahre 1860 - 1960, Wiesbaden 1960

Heuss, Anja: Die Vernichtung jüdischer Sammlungen in Berlin, in: Frehner, Matthias (Hrsg.), Das Geschäft mit der Raubkunst. Fakten, Thesen, Hintergründe, Zürich 1998, S. 97ff.

Heuss, Anja: Der Fall Goudstikker: Die Niederlande und die Raubkunst, in: Frehner, Matthias (Hrsg.), Das Geschäft mit der Raubkunst. Fakten, Thesen, Hintergründe, Zürich 1998, S. 105ff.

Hilberg, Raul: Die Vernichtung der europäischen Juden, 3 Bde, 9. Aufl., Frankfurt a. M. 1999

Hilscher, Jean-Claude: Kurt Hilscher - Werbegrafik und Verlagsarbeiten 1925 - 1975, Berlin 2010

Hockerts, Hans Günter: Wiedergutmachung in Deutschland 1945 - 2000, in: Vierteljahreshefte für Zeitgeschichte (VfZ) 2001, S. 167ff.

Hockerts, Hans Günter: Wiedergutmachung. Ein umstrittener Begriff und ein weites Feld, in: Hockerts, Hans Günter/ Kuller, Christiane (Hrsg.), Nach der Verfolgung: Wiedergutmachung nationalsozialistischen Unrechts in Deutschland?, Göttingen 2003

Hoffmann, Gabriele: Max M. Warburg, Hamburg 2009

Hohorst, Gerd/ Kocka, Jürgen/ Ritter, Gerhard A.: Sozialgeschichtliches Arbeitsbuch, Bd. II – Materialien zur Statistik des Kaiserreiches 1870 - 1945, 2. Aufl., München 1978

Hollander, Pieter den: De Zaak Goudstikker, Amsterdam 2007

Holtfrerich, Carl-Ludwig: Finanzplatz Frankfurt: von der mittelalterlichen Messestadt zum europäischen Bankenzentrum, München 1999

Holtfrerich, Carl-Ludwig: Albert von Metzler, in: Pohl, Hans (Hrsg.), Deutsche Bankiers des 20. Jahrhunderts, Stuttgart 2008, S. 265ff.

Huber, Ernst Rudolf: Deutsche Verfassungsgeschichte seit 1789, Bd. 5: Weltkrieg, Revolution und Reichserneuerung 1914 - 1919, Stuttgart 1978, Bd. 6: Die Weimarer Reichsverfassung, Stuttgart 1981

Immig, Ernst: Der Begriff der Notverordnung, Marburg 1934

Industrie- und Handelskammer zu Berlin (Hrsg.): Die Industrie- und Handelskammer zu Berlin: 1902 - 1927, Berlin 1927

Jacobsen, Jacob (Hrsg.): Die Judenbürgerbücher der Stadt Berlin 1809 - 1851, Berlin 1962

James, Harold: Deutschland in der Weltwirtschaftskrise 1924 - 1936, Stuttgart 1988

James, Harold: Die Deutsche Bank und die Diktatur 1933 - 1945, in: Gall, Lothar/ Feldman, Gerald D./ James, Harold/ Holtfrerich, Carl-Ludwig/ Büschgen, Hans E., (Hrsg.) Die Deutsche Bank 1870 - 1995, München 1995, S. 315ff.

James, Harold: Die Rolle der Banken im Nationalsozialismus, in: Gall, Lothar/ Pohl, Manfred (Hrsg.), Unternehmen im Nationalsozialismus, München 1998, S. 25ff.

James, Harold: Verbandspolitik im Nationalsozialismus. Von der Interessenvertretung zur Wirtschaftsgruppe: Der Centralverband des Deutschen Bank- und Bankiersgewerbes 1932 - 1945, München 2001

Jančík, Drahomír/ Kubu, Eduard/ Šouša, Jiří: Arisierungsgewinnler: Die Rolle der deutschen Banken bei der „Arisierung“ und Konfiskation jüdischer Vermögen im Protektorat Böhmen und Mähren (1939 - 1945), Wiesbaden 2011

Janetzko, Maren: Haben Sie nicht das Bankhaus Kohn gesehen? Ein jüdisches Familienschicksal in Nürnberg 1850 - 1950, Nürnberg 1998

Jüdisches Museum (Hrsg.): Raub und Restitution: Kulturgut aus jüdischem Besitz von 1933 bis heute, Göttingen 2008

Jungfer, Gerhard/ König, Stefan: 125 Jahre Rechtsanwaltskammer Berlin: Jubiläumsschrift, Stuttgart 2006

Jungius, Martin: Der verwaltete Raub: die „Arisierung“ der Wirtschaft in Frankreich in den Jahren 1940 bis 1944, Ostfildern 2008

Jurk, Michael: Jakob Goldschmidt, in: Pohl, Hans (Hrsg.), Deutsche Bankiers des 20. Jahrhunderts, Stuttgart 2008, S. 153ff.

Kahmann, Henning: Die Bankiers von Jacquier & Securius 1933 - 1945, Frankfurt a. M. 2002

Kampe, Norbert: Villenkolonien in Wannsee 1870 - 1945: großbürgerliche Lebenswelt und Ort der Wannsee-Konferenz [Begleitbuch zur Ausstellung „Villenkolonien in Wannsee 1870 - 1945, Großbürgerliche Lebenswelt und Ort der Wannsee-Konferenz“ im Garten der Gedenk - und Bildungsstätte Haus der Wannsee-Konferenz ab 18. Juni 2000], Berlin 2000

Kießling, Erik: Das preußische Aktiengesetz von 1843, in: Habersack, Matthias (Hrsg.), Aktienrecht im Wandel, Bd. 1, Tübingen 2007, S. 193ff.

Kilbracken, John Raymond Godley: Fälscher oder Meister? Der Fall van Meegeren, Wien 1968

Kingreen, Monica: Die Stadtverwaltung Frankfurt am Main und ihre „Arisierung" der Stiftungen jüdischer Bürger: ein Beutezug, in: Ludwig, Andreas (Hrsg.), Jüdische Wohlfahrtsstiftungen: Initiativen jüdischer Stifterinnen und Stifter zwischen Wohltätigkeit und sozialer Reform, Frankfurt a. M. 2010, S. 241ff.

Kirchholtes, Hans-Dieter: Jüdische Privatbanken in Frankfurt am Main, 2. Aufl., Frankfurt a. M. 1989

Klee, Heinz: Die Entschädigung wegen Schadens an Freiheit, in: Schwarz, Walter (Hrsg.), Das Bundesentschädigungsgesetz, Erster Teil, München 1981, S. 445ff.

Kleining, Jochen: M. Kempinski & Co.: Die „Arisierung" eines Berliner Traditionsunternehmens, Hamburg 2008

Kleßmann, Eckart: M. M. Warburg & Co.: 1798 – 1998, Hamburg 1999

Knackmuß, Ariane: Willkommen im Club – die Geschichte des Clubs von Berlin und das Schicksal seiner jüdischen Mitglieder im Nationalsozialismus, Berlin 2007

Knipping, Ulrich: Die Geschichte der Juden in Dortmund während der Zeit des Dritten Reiches, Dortmund 1977

Kobrak, Christopher: National Cultures and International Competition, The Experience of Schering AG 1851 - 1950, Cambridge 2002

Köhler, Ingo: Wirtschaftsbürger und Unternehmer – Zum Heiratsverhalten deutscher Privatbankiers im Übergang zum 20. Jahrhundert, in: Ziegler, Dieter (Hrsg.), Großbürger und Unternehmer: die deutsche Wirtschaftselite im 20. Jahrhundert, Göttingen 2000, S. 116ff.

Köhler, Ingo: Die „Arisierung" der Privatbanken im Dritten Reich – Verdrängung, Ausschaltung und die Frage der Wiedergutmachung, München 2005

Köhler, Ingo: Die Verdrängung jüdischer Privatbankiers vom Finanzplatz Berlin, 1933 - 1938, in: Biggeleben, Christof/ Schreiber, Beate/ Steiner, Kilian J. L. (Hrsg.), „Arisierung" in Berlin, Berlin 2007, S. 201ff.

König, Mario: Interhandel: die schweizerische Holding der IG Farben und ihre Metamorphosen; eine Affäre um Eigentum und Interessen (1910 - 1999), Zürich 2001

Kohl, Christiane: Bilder eines Vaters. Die Kunst, die Nazis und das Geheimnis einer Familie, München 2008

Komander, Gerhild H. M.: 1881: Berlins erstes Telefonbuch – Verzeichnis der bei der Fernsprecheinrichtung Betheiligten, 2. Aufl., Berlin 2006

Kopper, Christopher: Zwischen Marktwirtschaft und Dirigismus. Bankenpolitik im „Dritten Reich" 1933 - 1939, Bonn 1995

Kopper, Christopher: Wirtschaftliche Selbstbehauptung im sozialen Ghetto. Jüdische Wirtschaftsbürger im „Dritten Reich", in Ziegler, Dieter (Hrsg.), Großbürger und Unternehmer: die deutsche Wirtschaftselite im 20. Jahrhundert, Göttingen 2000, S. 204ff.

Kopper, Christopher: Hjalmar Schacht: Aufstieg und Fall von Hitlers mächtigstem Bankier, München 2006

Kopper, Christopher: Bankiers unterm Hakenkreuz, München 2008

Korporation der Kaufmannschaft (Hrsg.): Berliner Jahrbuch für Handel und Industrie, Bericht der Ältesten der Kaufmannschaft von Berlin, diverse Jahrgänge

Kratzsch, Gerhard: Der Gauwirtschaftsapparat der NSDAP, Menschenführung – „Arisierung" – Wehrwirtschaft im Gau Westfalen-Süd, Eine Studie zur Herrschaftspraxis im totalitären Staat, Münster 1989

Krause, Detlef: Die Commerz- und Diskontobank 1870 - 1920/23: Bankgeschichte als Systemgeschichte, Stuttgart 2004

Kreutzmüller, Christoph: Händler und Handlungsgehilfen: der Finanzplatz Amsterdam und die deutschen Großbanken (1918 - 1945), Stuttgart 2005

Kuller, Christiane: Finanzverwaltung und Judenverfolgung: die Entziehung jüdischen Vermögens in Bayern während der NS-Zeit, München 2008

Lässig, Simone: Nationalsozialistische „Judenpolitik" und jüdische Selbstbehauptung vor dem Novemberpogrom: Das Beispiel der Dresdner Bankiersfamilie Arnhold, in: Pommerin, Reiner (Hrsg.), Dresden unterm Hakenkreuz, Köln 1998, S. 129ff.

Landeszentralbank in Berlin, Hauptverwaltung der Deutschen Bundesbank (Hrsg.): Währung, Wirtschaft und Banken in Berlin 1945 - 1959, Berlin 1959

Lehmann, Karin: Wandlungen der Industriefinanzierung mit Anleihen in Deutschland (1923/1924 - 1938/1939), Stuttgart 1996

Lerner, Franz/ Rössler, Hans: Die Mitteldeutsche Creditbank. Hundert Jahre im Dienste der deutschen Wirtschaft. Ein Rückblick zur Erinnerung an die

Gründung der Mitteldeutschen Creditbank am 29. Februar 1856, Frankfurt a. M. 1956

Lewy, Max: Die Nationalbank für Deutschland zu Berlin 1881 - 1909, Halle 1911

Lindner, Erik: Garbáty – eine Zigarettenfabrik in Pankow, in: Biggeleben, Christof/ Schreiber, Beate/ Steiner, Kilian J. L. (Hrsg.), „Arisierung“ in Berlin, Berlin 2007, S. 247ff.

Löhr, Hanns Christian: Das braune Haus der Kunst: „Hitler und der Sonderauftrag Linz“, Berlin 2005

Longerich, Peter: Politik der Vernichtung. Eine Gesamtdarstellung der nationalistischen Judenverfolgung, München 1998

Lorentz, Bernhard: Die Commerzbank und die „Arisierung“ im Altreich. Ein Vergleich der Netzwerkstrukturen und Handlungsspielräume von Großbanken in der NS-Zeit, in: Vierteljahreshefte für Zeitgeschichte (VfZ) 2002, S. 237ff.

Lowenthal, Ernst Gottfried: Juden in Preussen. Biographisches Verzeichnis. Ein repräsentativer Querschnitt, 2. Aufl., Berlin 1982

Ludwig, Johannes: Boykott, Enteignung, Mord: die „Entjudung“ der deutschen Wirtschaft, Hamburg 1989

Lückefahr, Walter: Sperrmark und Registermark. Ihre Entstehung, Verwendung und Liquidation, Quakenbrück 1958

Mahn, Kurt: Die Bilanzierungsfähigkeit immaterieller Firmenwerte nach Handels- und Steuerrecht, Berlin 1928

Markmann, Werner/ Enterlein, Paul: Die Entjudung der deutschen Wirtschaft: Arisierungsverordnungen vom 26. April und 12. November 1938, Berlin 1938

Medert, Henning: Die Verdrängung der Juden von der Berliner Börse: kleine und mittlere Unternehmen an der Wertpapier-, Produkten- und Metallbörse (1928 - 1938), Berlin 2012

Melchior, Carl: Ein Buch des Gedenkens und der Freundschaft, Tübingen 1967

B. Metzler seel. Sohn & Co. (Hrsg.): Metzler – die Bank mit unverwechselbarem Profil, Frankfurt a. M. 2008

Meyen, Hans G.: 120 Jahre Dresdner Bank. Unternehmens-Chronik 1872 - 1992, Frankfurt a. M. 1992

Meyer, Adolf Ernst Joachim: Die Pflicht zur Entgegennahme von Willenserklärungen, Berlin 1909

Meyer, Beate: „Arisiert“ und ausgeplündert: die jüdische Fabrikantenfamilie Garbáty, in: Meyer, Beate/ Simon, Hermann, Juden in Berlin 1933 - 1945, Begleitband zur gleichnamigen Ausstellung in der Stiftung „Neue Synagoge Berlin – Centrum Judaicum“ Mai bis August 2000, Berlin 2000, S. 77ff.

Meyer, Richard Moritz: Aus einem Berliner Bürgerhause, in: Verein für die Geschichte Berlins (Hrsg.), Erforschtes und Erlebtes aus dem alten Berlin. Festschrift zum 50jährigen Jubiläum des Vereins für die Geschichte Berlins, Berlin 1917, S. 167ff.

Moltke, Helmuth James Graf von: Briefe an Freya: 1939 - 1945, 1. Aufl., München 2007

Moltke, Helmuth James Graf von: Im Land der Gottlosen: Tagebuch und Briefe aus der Haft 1944/45, München 2009

Mommsen, Hans: Zur Frage des Einflusses deutscher Juden auf die deutsche Wirtschaft in der Weimarer Republik, in: Institut für Zeitgeschichte (Hrsg.), Gutachten des Instituts für Zeitgeschichte, Bd. 2, Stuttgart 1966, S. 350ff.

Mossner, Curt (Hrsg.): Adressbuch der Direktoren und Aufsichtsräte 1920, Berlin 1920

Mossner, Curt (Hrsg.): Adressbuch der Direktoren und Aufsichtsräte 1927/ 28, 2 Bde., Berlin 1927

Münzel, Martin: Die jüdischen Mitglieder der deutschen Wirtschaftselite 1927 - 1955. Verdrängung, Emigration, Rückkehr, Paderborn 2006

Münzel, Martin: Die Verdrängung jüdischer Vorstands- und Aufsichtsratsmitglieder aus Berliner Großunternehmen im NS-Staat, in: Biggeleben, Christof/ Schreiber, Beate/ Steiner, Kilian J. L. (Hrsg.), „Arisierung“ in Berlin, Berlin 2007, S. 95ff.

Mußgnug, Dorothee: Die Reichsfluchtsteuer 1931 - 1953, Berlin 1993

Narr, Willy: Das Problem des Firmenwertes, Würzburg 1937

Neubauer, Christoph: Stadtführer durch Hitlers Berlin – Gestern & Heute, Frankfürt/ Oder 2010

Nicolas, Lynn H.: A Long Odyssey: The Goudstikker Collection, in: Christie's (Hrsg.), Catalogue for Auction on 05.07.2007 „Important Old Master Paintings from the Collection of Jacques Goudstikker“, London 2007

Niewiarra, Manfred: Unternehmenskauf, 2. Aufl., Baden-Baden 2002

Okroy, Michael: Volksgemeinschaft, Erbkartei und Arisierung: Ein Stadtführer zur NS-Zeit in Wuppertal, 2. Aufl., Wuppertal 2008

Pagel, Julius: Biographisches Lexikon hervorragender Ärzte des neunzehnten Jahrhunderts, Berlin 1901

Panwitz, Sebastian: Die Gesellschaft der Freunde 1792 - 1935. Berliner Juden zwischen Aufklärung und Hochfinanz, Hildesheim 2007

Panwitz, Sebastian: Die Isolierung der Gesellschaft der Freunde 1933 - 1945, in: Biggeleben, Christof/ Schreiber, Beate/ Steiner, Kilian J. L. (Hrsg.), „Arisierung" in Berlin, Berlin 2007, S. 87ff.

Petzina, Dietmar/ Abelshauser, Werner/ Faust, Anselm: Sozialgeschichtliches Arbeitsbuch, Bd. III – Materialien zur Statistik des Deutschen Reiches 1914 - 1945, München 1978

Pfleiderer, Doris: Deutschland und der Youngplan: Die Rolle der Reichsregierung, Reichsbank und Wirtschaft bei der Entstehung des Youngplanes, Stuttgart 2002

Pohl, Hans: Geschichte des Finanzplatzes Berlin, Frankfurt a. M. 2002

Pohl, Manfred: Einführung in die deutsche Bankengeschichte: die Entwicklung des gesamten deutschen Kreditwesens, Frankfurt a. M. 1976

Pohl, Manfred: Philipp Holzmann. Geschichte eines Bauunternehmens. 1849 - 1999, München 1999

Priemel, Kim Christian: Flick. Eine Konzerngeschichte vom Kaiserreich bis zur Bundesrepublik, Göttingen 2007

Rachel, Hugo/ Wallich, Paul: Berliner Großkaufleute und Kapitalisten, Bd. 3, 1806 - 1856, Berlin 1967

Ray, Roland: Annäherung an Frankreich im Dienste Hitlers? Otto Abetz und die deutsche Frankreichpolitik 1930 - 1942, München 2000

Reichsbank (Hrsg.): Die Reichsbank 1876 - 1900, Berlin 1901

Reichsbank (Hrsg.): Verwaltungsbericht der Reichsbank, Berlin, diverse Jahrgänge

Reitmayer, Morten: Bankiers im Kaiserreich: Sozialprofil und Habitus der deutschen Hochfinanz, Göttingen 1999

Reitmayer, Morten: Der Strukturwandel im Bankwesen und seine Folgen für die Geschäftstätigkeit der Privatbankiers im Deutschen Reich bis 1914, in: Wissenschaftlicher Beirat des Instituts für bankhistorische Forschung (Hrsg.), Der Privatbankier. Nischenstrategien in Geschichte und Gegenwart (Bankhistorisches Archiv, Beiheft 41), Stuttgart 2003, S. 11ff.

Richter, Myriam: Voßstraße16 – Im Zentrum der (Ohn-)Macht, Köln 2011

Roden, Günter von: Die Geschichte der Duisburger Juden, Bd. 2, Duisburg 1986

Röder, Werner/ Strauss, Herbert (Hrsg.): Biographisches Handbuch der deutschsprachigen Emigration nach 1933, 3 Bde., München 1980

Rosenbaum, Eduard/ Sherman, Ari Joshua: Das Bankhaus M. M. Warburg & Co. 1789 - 1938, Hamburg 1976

Ruppel, Irmgard: Erinnerungen, München 2009

Schad, Martha: Frauen gegen Hitler. Schicksale im Nationalsozialismus, München 2001

Schmidt, Rainer F.: Die Außenpolitik des Dritten Reiches 1933 - 1939, Stuttgart 2002

Schreiber, Beate: „Arisierung" in Berlin 1933 - 1945, in: Biggeleben, Christof/ Schreiber, Beate/ Steiner, Kilian J. L. (Hrsg.), „Arisierung" in Berlin, Berlin 2007, S. 13ff.

Schulin, Ernst: Die Rathenaus – Zwei Generationen jüdischen Anteils an der industriellen Entwicklung Deutschlands, in: Mosse, Werner/ Paucker, Arnold, Juden im Wilhelminischen Deutschland 1890 - 1914, Tübingen 1976, S. 115ff.

Schwarz, Walter (Hrsg.): Rückerstattung nach den Gesetzen der Alliierten Mächte, München 1974

Schwarz, Walter: Die Wiedergutmachung nationalsozialistischen Unrechts durch die Bundesrepublik Deutschland – ein Überblick, in: Herbst, Ludolf/ Goschler, Constantin, Wiedergutmachung in der Bundesrepublik Deutschland, München 1989, S. 33ff.

Seidenzahl, Fritz: 100 Jahre Deutsche Bank 1870 - 1970, Frankfurt a. M. 1970

Selig, Wolfram: Vom Boykott zur „Arisierung". Die „Entjudung" der Wirtschaft in München, in: Mensing, Björn/ Prinz, Friedrich, Irrlicht im leuchtenden München? Der Nationalsozialismus in der „Hauptstadt der Bewegung", Regensburg 1991, S. 178ff.

Shirer, William L.: Berliner Tagebuch, Leipzig 1995

Simpson, Christopher: War crimes of the Deutsche Bank and the Dresdner Bank: Office of Military Government (US) reports, New York 2002

Spannuth, Jan Philipp: Rückerstattung Ost: Der Umgang der DDR mit dem „arisierten" und enteigneten Eigentum der Juden und die Gestaltung der Rückerstattung im wiedervereinigten Deutschland, Freiburg i. Br. 2001.

Sparkassen-Kulturstiftung Hessen-Thüringen (Hrsg.): „Arisierung" in Thüringen: Ausgegrenzt. Ausgeplündert. Ausgelöscht, Leipzig 2009

Spohr, Werner: Das Recht der Schutzhaft, Berlin 1937

Steinbach, Peter/ Tuchel, Johannes: Lexikon des Wiederstandes 1933 - 1945, München 1998

Straubel, Rolf: Kaufleute und Manufakturunternehmer. Eine empirische Untersuchung über die sozialen Träger von Handel und Großgewerbe in den mittleren preußischen Provinzen (1763 - 1815), Stuttgart 1995

Stuckart, Wilhelm/ Globke, Hans: Kommentare zur deutschen Rassengesetzgebung, Bd. 1: Reichsbürgergesetz vom 15. September 1935. Gesetz zum Schutze des deutschen Blutes und der deutschen Ehre vom 15. September 1935; Gesetz zum Schutze der Erbgesundheit des deutschen Volkes (Ehegesundheitsgesetz) vom 18. Oktober 1935; Nebst allen Ausführungsvorschriften und den einschlägigen Gesetzen und Verordnungen, München1936

Stürmer, Michael/ Teichmann, Gabriele/ Treue, Wilhelm: Wägen und Wagen: Sal. Oppenheim jr. & Cie. Geschichte einer Bank und einer Familie, 3. Aufl., München 1994

Tarrab-Maslaton, Martin: Rechtliche Strukturen der Diskriminierung der Juden im Dritten Reich, Berlin 1993

Treue, Wilhelm: Das Privatbankwesen im 19. Jahrhundert, in: Coing, Helmut/ Walter, Wilhelm, Wissenschaft und Kodifikation des Privatrechts im 19. Jahrhundert, Bd. 5, Frankfurt a. M. 1980, S. 94ff.

Treue, Wilhelm: Einige Kapitel aus der Geschichte der Kölner Bankiersfamilie Oppenheim, in: Bohnke-Kollwitz, Jutta (Hrsg.), Köln und das rheinische Judentum, Festschrift Germania Judaica 1959 - 1984, Köln 1984, S. 141ff.

Treue, Wilhelm: Preußens Wirtschaft vom Dreißigjährigen Krieg bis zum Nationalsozialismus, in: Büsch, Otto (Hrsg.), Handbuch der preußischen Geschichte, Bd. 2, Berlin 1992, S. 449ff.

Ullmann, Hans-Peter: Nobilitierte Bankiers in Deutschland 1770 - 1850, in: Fehrenbach, Elisabeth (Hrsg.), Adel und Bürgertum in Deutschland 1770 - 1848, München 1994, S. 83ff.

Ulrich, Keith: Aufstieg und Fall der Privatbankiers. Die wirtschaftliche Bedeutung von 1918 bis 1938, Frankfurt a. M. 1998

Unabhängige Expertenkommission Schweiz – Zweiter Weltkrieg (Hrsg.): Die Schweiz und die deutschen Lösegelderpressungen in den besetzten Niederlanden - Vermögensentziehung, Freikauf, Austausch 1940 - 1945. Beiheft zum Bericht Die Schweiz und die Flüchtlinge zur Zeit des Nationalsozialismus, Bern 1999

Verlag für Börsen- und Finanzliteratur (Hrsg.): Handbuch der deutschen Aktiengesellschaften, Berlin, diverse Jahrgänge

Volz, Robert/ Tönnies, Ferdinand: Reichshandbuch der deutschen Gesellschaft, Handbuch der Persönlichkeiten in Wort und Bild, 2 Bde., Berlin 1931

Voß, Reimer: Steuern im Dritten Reich, München 1995

Walk, Joseph; Kurzbiographien zur Geschichte der Juden 1918 - 1945, München 1988

Walk, Joseph; Das Sonderrecht der Juden im NS-Staat. Eine Sammlung der gesetzlichen Maßnahmen und Richtlinien. Inhalte und Bedeutungen, 2. Aufl., Heidelberg 1996

Walter, Rolf: Jüdische Bankiers in Deutschland bis 1932, in: Mosse, Werner/ Pohl, Hans (Hrsg.), Jüdische Unternehmer in Deutschland im 19. und 20. Jahrhundert, Stuttgart 1992, S. 78ff.

Warburg, Max M.: Aus meinen Aufzeichnungen, New York 1952

Weber-Fas, Rudolf: Deutschlands Verfassung, Bonn 1997

Weiss, Karl: Schaden an Körper oder Gesundheit aus rechtlicher Sicht, in: Schwarz, Walter (Hrsg.), Das Bundesentschädigungsgesetz, Erster Teil, München 1981, S. 185ff.

Wenzel, Georg: Deutscher Wirtschaftsführer. Lebensgänge deutscher Wirtschaftspersönlichkeiten. Ein Nachschlagebuch über 13000 Wirtschaftspersönlichkeiten unserer Zeit, Hamburg 1929

Weisberg, Richard H.: Vichy Law and the Holocaust in France, New York 1996

Weyhe, Ferdinand von: A. E. Wassermann. Eine rechtshistorische Fallstudie zur „Arisierung“ zweier Privatbanken, Frankfurt a. M. 2007

Willoweit, Dietmar: Deutsche Verfassungsgeschichte: vom Frankenreich bis zur Wiedervereinigung Deutschlands, München 2005

Wixforth, Harald/ Ziegler, Dieter: Deutsche Privatbanken und Privatbankiers im 20. Jahrhundert, in: Geschichte und Gesellschaft 1997, S. 205ff.

Wixforth, Harald: Die Expansion der Dresdner Bank in Europa, Bd. 3 von: Henke, Hans-Dietmar (Hrsg.), Geschichte der Dresdner Bank im Dritten Reich, München 2006

Wixforth, Harald: Die Gründung und Finanzierung von Kriegsgesellschaften während des Ersten Weltkrieges, in: Berghoff, Hartmut/ Kocka, Jürgen/ Ziegler, Dieter (Hrsg.), Wirtschaft im Zeitalter der Extreme, Beiträge zur

Unternehmensgeschichte Österreichs und Deutschlands. Im Gedenken an Gerald D. Feldman, München 2010, S. 81ff.

Wölbern, Bankhaus: Meilensteine, Hamburg 2009

Ziegler, Dieter: Die Verdrängung der Juden aus der Dresdner Bank 1933 - 1945, in: Vierteljahresheft für Zeitgeschichte (VfZ) 1999, S. 187ff.

Ziegler, Dieter: Die wirtschaftsbürgerliche Elite im 20. Jahrhundert: eine Bilanz, in: Ziegler, Dieter (Hrsg.), Großbürger und Unternehmer: die deutsche Wirtschaftselite im 20. Jahrhundert, Göttingen 2000, S. 7ff.

Ziegler, Dieter: Großbanken im „Altreich“ 1933 - 1939, in: Stiefel, Dieter (Hrsg.), Die politische Ökonomie des Holocaust. Zur wirtschaftlichen Logik von Verfolgung und „Wiedergutmachung“, Wien 2001, S. 117ff.

Ziegler, Dieter: Geschäftliche Spezialisierungen deutscher Privatbankiers in der Zwischenkriegszeit. Ein vergeblicher Überlebenskampf?, in: Wissenschaftlicher Beirat des Instituts für bankhistorische Forschung (Hrsg.), Der Privatbankier. Nischenstrategien in Geschichte und Gegenwart (Bankhistorisches Archiv, Beiheft 41), Stuttgart 2003, S. 27ff.

Ziegler, Dieter: Die Dresdner Bank und die deutschen Juden, Bd. 2 von: Henke, Hans-Dietmar (Hrsg.), Geschichte der Dresdner Bank im Dritten Reich, München 2006

Zielenziger, Kurt: Juden in der deutschen Wirtschaft, Berlin 1930

Zorn, Hermann: Existenz-, Ausbildungs- und Versorgungsschäden, in: Schwarz, Walter (Hrsg.), Das Bundesentschädigungsgesetz, Zweiter Teil, München 1983, S. 47ff.

Zschaler, Frank: Öffentliche Finanzen und Finanzpolitik in Berlin 1945 - 1961, Veröffentlichung der Historischen Kommission zu Berlin, Band 88, Berlin 1995, S. 235ff.

11 Namensregister

RECHTSHISTORISCHE REIHE

Die nachfolgende Liste führt die Titel der "Rechtshistorischen Reihe" ab Band 300 auf. Eine vollständige Übersicht aller bisher in der Reihe erschienenen Bücher finden Sie auf www.peterlang.com

Band 300 Jan Kohlmann: Der Marsch zu den Gräbern von Karl und Rosa. Geschichte eines Gedenktages. 2004.

Band 301 Christian Rainer Schlicht: Die kumulative Schuldübernahme in der Rechtsprechung des Reichsgerichts und in der zeitgenössischen Literatur. 2004.

Band 302 Hans Peter Glöckner: Positive Vertragsverletzung. Die Geburt eines Rechtsinstituts. 2006.

Band 303 João Manuel Azevedo Alexandrino Fernandes: Die Theorie der Interpretation des Gesetzes bei Francisco Suárez. 2005.

Band 304 René Funk: Die Wahlprüfung der volksgewählten Abgeordneten der Volksvertretungen im Frühkonstitutionalismus. Eine Untersuchung der Wahlprüfung in den Kammern der Abgeordneten des Großherzogtums Baden, des Königreichs Württemberg und des Großherzogtums Hessen. 2005.

Band 305 Carolin O'Sullivan. Die Ahndung von Rechtsbrüchen der Seeleute im mittelalterlichen hamburgischen und hansischen Seerecht (1301-1482). 2005.

Band 306 Martin Jürgens: Staat und Reich bei Ernst Rudolf Huber. Sein Leben und Werk bis 1945 aus rechtsgeschichtlicher Sicht. 2005.

Band 307 Florian G. Dürselen: Franz Beyerle (1885-1977). Leben, Ära und Werk eines Rechtshistorikers. 2005.

Band 308 Kai Bandilla: Urheberrecht im Kaiserreich. Der Weg zum Gesetz betreffend das Urheberrecht an Werken der Literatur und Tonkunst vom 19. Juni 1901. 2005.

Band 309 Stefan Mieth: Die Entwicklung des Denkmalrechts in Preußen 1701-1947. 2005.

Band 310 Catharina Lodemann: Die Geschichte des französischen *acte de gouvernement*. 2005.

Band 311 Christina Wicke: Kodifikationsbestrebungen und Wissenschaft in Hessen-Darmstadt im vorkonstitutionellen Zeitalter. Zu der Beteiligung der Gießener Rechtsprofessoren an den Gesetzgebungsarbeiten in Hessen-Darmstadt in der Zeit zwischen 1769 und 1820. 2005.

Band 312 Christiane Chlosta: Nur dem Gesetz unterworfen? Eine rechtsgeschichtliche Untersuchung zu Idee und Wirklichkeit richterlicher Gesetzestreue unter besonderer Berücksichtigung der Aufwertungsrechtsprechung und des richterlichen Prüfungsrechts. 2005.

Band 313 Kathrin Dirr: Hoheitsrechtliche Streitigkeiten zwischen den Kölner Erzbischöfen und der Stadt Köln auf Grundlage reichskammergerichtlicher Verfahren des 16. und 17. Jahrhunderts. 2005.

Band 314 Michael Racky: Die Diskussion über Gewaltenteilung und Gewaltentrennung im Vormärz. 2005.

Band 315 Petra Thiemrodt: Die Entstehung des Staatshaftungsgesetzes der DDR. Eine Untersuchung auf der Grundlage von Materialien der DDR-Gesetzgebungsorgane mit zeitgeschichtlichen Bezügen. 2005.

Band 316 Julius F. Reiter: Entstehung und staatsrechtliche Theorie der italienischen *Carta del Lavoro*. 2005.

Band 317 André Book: Die Justizreform in der Frühzeit der Bundesrepublik. Die Beratungen der Kommission zur Vorbereitung einer Reform der Zivilgerichtsbarkeit in den Jahren 1955 bis 1961. 2005.

Band 318 Frank Zentz: Das amerikanische Strafverfahren als Element der Besatzungspolitik in Deutschland. Erziehung zur Demokratie durch den *Court of Appeals* 1948-1955. 2005.

Band 319 Friederike Quaisser: Mietrecht im 19. Jahrhundert. Ein Vergleich der mietrechtlichen Konzeptionen im Allgemeinen Landrecht für die Preußischen Staaten von 1794 und dem gemeinen Recht. 2005.

Band 320 Stefan Burghard: Professor Dr. Wilhelm Kahl – Leben zwischen Wissenschaft und Politik. 2005.

Band 321 Günter Baranowski: Die *Russkaja Pravda* – ein mittelalterliches Rechtsdenkmal. 2005.

Band 322 Christina Schneider: Die SS und das „Recht". Eine Untersuchung anhand ausgewählter Beispiele. 2005.

Band 323 Werner Schubert (Hrsg.): Zivilprozessreform in der Weimarer Zeit. Quellen zur Emminger-Zivilprozessverordnung vom 13.2.1924 und zu den Arbeiten der Zivilprozesskommission des Reichsjustizministeriums (1922-1930). Eingeleitet und herausgegeben von Werner Schubert. 2005.

Band 324 Felix Gaul: Der Jurist Rudolf Isay (1886-1956). Ein verantwortungsbewusster Vermittler im Spannungsfeld zwischen dynamischer Rechtsschöpfung, ökonomischem Wandel und technischem Fortschritt. 2005.

Band 325 Konstanze Braun: Dr. Otto Georg Thierack (1889-1946). 2005.

Band 326 Eckart Klein / Stefan Chr. Saar / Carola Schulze (Hrsg.): Zwischen Rechtsstaat und Diktatur. Deutsche Juristen im 20. Jahrhundert. 2006.

Band 327 Stefan Botor: Das *Berliner Sühneverfahren* – Die letzte Phase der Entnazifizierung. 2006.

Band 328 Andreas Köhler: Die Sorgerechtsregelungen bei Ehescheidung seit 1945. Scheidungsstrafe und verordnete Gemeinsamkeit. 2006

Band 329 Lars Düwel: Die Nichtigkeit und Anfechtbarkeit der Ehe in der Rechtsprechung des Reichsgerichts zwischen 1900 und 1945. 2006.

Band 330 Katalin Polgar: Das Oberappellationsgericht der vier freien Städte Deutschlands (1820-1879) und seine Richterpersönlichkeiten. 2007.

Band 331 Julia Schweitzer: Schiffer und Schiffsmann in den Rôles d'Oléron und im Llibre del Consolat de Mar. Ein Vergleich zweier mittelalterlicher Seerechtsquellen. 2007.

Band 332 Diana-Catharina Kurtz: Das Institut der Adoption im preußischen Allgemeinen Landrecht und im französischen Code civil zwischen Rezeption römisch-rechtlicher Prinzipien und verändertem Familienverständnis. 2006.

Band 333 Dino Joakim Duderstadt: Spiel, Wette und Differenzgeschäft (§§ 762-764 BGB) in der Rechtsprechung des Reichsgerichts und in der zeitgenössischen Literatur. 2007.

Band 334 Ronald Hoffmann: Die Domänenfrage in Thüringen. Über die vermögensrechtlichen Auseinandersetzungen mit den ehemaligen Landesherren in Thüringen nach dem Ersten Weltkrieg. 2006.

Band 335 Joachim Windmüller: *Ohne Zwang kann der Humanismus nicht existieren...* – „Asoziale" in der DDR. 2006.

Band 336 Sven Christian Gläser: Die Mediatisierung der Grafschaft Wertheim. Der juristische Kampf eines kleinen Reichsstandes gegen den Verlust der Landesherrschaft und seine Folgen. 2006.

Band 337 Benjamin Schleyer: Friedrich Wilhelm Bornemann (1798-1864). Eine Juristenkarriere im Preußen des 19. Jahrhunderts. 2006.

Band 338 Die Reform des Ehescheidungsrechts von 1976. Quellen zum Ersten Gesetz vom 14.6.1976 zur Reform des Ehe- und Familienrechts (Parlamentarische Ausschussprotokolle – Anglikanische Denkschrift von 1966 zur Scheidungsrechtsreform – Schlussabstimmung 1969 in der Eherechtskommission des Bundesministeriums der Justiz). Eingeleitet und herausgegeben von Werner Schubert. 2006.

Band 339 Andreas Feld: Das Bayerische Gesetz zum Schutz des Eigentums an Erzeugnissen der Literatur und Kunst gegen Nachdruck vom 15.04.1840. Vorgeschichte und Zustandekommen. 2007.

Band 340 Bernd Wörner: Adelbert Düringers Einfluß als Richter am Reichsgericht in Leipzig auf dem Gebiet des Personengesellschaftsrechts. 2007.

Band 341 Jan Jelle Kähler: Französisches Zivilrecht und französische Justizverfassung in den Hansestädten Hamburg, Lübeck und Bremen (1806-1815). 2007.

Band 342 Jörn Eckert / Pia Letto-Vanamo / Kjell Modéer (Hrsg.): Juristen im Ostseeraum. Dritter Rechtshistorikertag im Ostseeraum 20.-22. Mai 2004. 2007.

Band 343 Ferdinand von Weyhe: A.E. Wassermann. Eine rechtshistorische Fallstudie zur „Arisierung" zweier Privatbanken. 2007.

Band 344 Martin Klaus Römermann: Kündigungen und Kündigungsschutz im Franquismus. 2007.

Band 345 Thomas Hoffmann: Der Landrechtsentwurf David Hilchens von 1599. Ein livländisches Rechtszeugnis polnischer Herrschaft. 2007.

Band 346 Ingo Ullmann: Die rechtliche Behandlung holsteinischer Leibeigener um die Mitte des 18. Jahrhunderts. Dargestellt unter besonderer Berücksichtigung der Schmoeler Leibeigenschaftsprozesse von 1738 bis 1743 sowie von 1767 bis 1777. 2007.

Band 347 Petra Fischer-Langosch: Die Entstehungsgeschichte des Familiengesetzbuches der DDR von 1965. 2007.

Band 348 Lasse O. Johannsen: Die rechtliche Behandlung ausreisewilliger Staatsbürger in der DDR. 2007.

Band 349 Ralf Schlottau: Deutsche Kolonialrechtspflege. Strafrecht und Strafmacht in den deutschen Schutzgebieten 1884 bis 1914. 2007.

Band 350 Hartwig Brandt / Ewald Grothe (Hrsg.): Rheinbündischer Konstitutionalismus. 2007.

Band 351 Nora Lutze: Der Verwandtenunterhalt nach den §§ 1601 bis 1603 und §§ 1610 bis 1612 BGB in der Rechtsprechung des Reichsgerichts. Unter Berücksichtigung der Entstehung des BGB. 2007.

Band 352 Frank Thiäner: Das Verhältnis von Aufsichtsrat und Abschlussprüfern in der rechtshistorischen Entwicklung bis 1937. 2007.

Band 353 Britta Heymann: Ernst Melsheimer (1897-1960). Eine juristische Karriere in verschiedenen staatlichen Systemen. Mitarbeiter im Preußischen Justizministerium in der Weimarer Republik, im Justizministerium Preußens und des Reiches sowie Richter am Kammergericht in der NS-Zeit und Erster Generalstaatsanwalt der Deutschen Demokratischen Republik. 2007.

Band 354 Susanne Adlberger: Wilhelm Kisch – Leben und Wirken (1874-1952). Von der Kaiser-Wilhelms-Universität Straßburg bis zur nationalsozialistischen Akademie für Deutsches Recht. 2007.

Band 355 Moritz Waibel: Josef Berchtold (1833-1894). Ein Leben gegen den Ultramontanismus. 2007.

Band 356 Aline Levin: Erinnerung? Verantwortung? Zukunft? Die Beweggründe für die gemeinsame Entschädigung durch den deutschen Staat und die deutsche Industrie für historisches Unrecht. 2007.

Band 357 Ferdinand Krause: Die hergebrachten Grundsätze des Berufsbeamtentums. Eine rechtshistorische Analyse. 2008.

Band 358 André Tiebel: Die Entstehung der Schutztruppengesetze für die deutschen Schutzgebiete Deutsch-Ostafrika, Deutsch-Südwestafrika und Kamerun (1884-1898). 2008.

Band 359 Holger Ruff: Sittenwidrige Rechtsgeschäfte in der späten Kaiserzeit. Die Entwicklung der reichsgerichtlichen Rechtsprechung zu § 138 BGB von 1900 bis 1914. 2007.

Band 360 Frank Rohrer: Strafjustiz im Dritten Reich und in der SBZ/DDR. Die personelle und organisatorische Neuordnung des Justizapparates in den totalitären Diktaturen (1933-1955) mit ihren Auswirkungen auf die Rechtsprechung zum politischen Strafrecht. 2007.

Band 361 Hans-Georg Knothe / Marc Liebmann (Hrsg.): Gerichtskultur im Ostseeraum. Vierter Rechtshistorikertag im Ostseeraum. 18.-20. Mai 2006 in Greifswald. 2007.

Band 362 Christina Meß: Das Vertragsrecht bei Adam Smith. 2008.

Band 363 Quellen zur dänischen Rechts- und Verfassungsgeschichte (12.-20. Jahrhundert). Herausgegeben von Ditlev Tamm, Werner Schubert und Jens Ulf Jørgensen. 2008.

Band 364 Günter Baranowski: Die Gerichtsurkunde von Pskov. 2008.

Band 365 Mark Spengler: Die Entstehung des Scheckgesetzes vom 11. März 1908. 2008.

Band 366 Ivan Biliarsky / Radu G. Păun (eds./éds.): The Biblical Models of Power and Law. Les modèles bibliques du pouvoir et du droit. Papers of the International Conference, Bucharest, New Europe College 2005. Actes du colloque international, Bucarest, New Europe College 2005. 2008.

Band 367 Thomas A. Roth: Ausgestaltungen der Rechtsfähigkeit im 19. und 20. Jahrhundert. Zur Rechtspersönlichkeit natürlicher Personen in den bedeutenden deutschen Zivilrechtsordnungen. 2008.

Band 368 Björn Alexander Rautenberg: Der Fiskal am Reichskammergericht. Überblick und exemplarische Untersuchungen vorwiegend zum 16. Jahrhundert. 2008.

Band 369 Thorsten Miederhoff: *Man erspare es mir, mein Juristenherz auszuschütten.* Dr. iur. Kurt Tucholsky (1890-1935). Sein juristischer Werdegang und seine Auseinandersetzung mit der Weimarer Strafrechtsreformdebatte am Beispiel der Rechtsprechung durch Laienrichter. 2008.

Band 370 Philipp Nordloh: Kölner Zunftprozesse vor dem Reichskammergericht. 2008.

Band 371 Judith Freund: Die Wechselverpflichtung im 19. Jahrhundert. 2008.

Band 372 Hans-Michael Empell: Gutenberg vor Gericht. Der Mainzer Prozess um die erste gedruckte Bibel. 2008.

Band 373 Rainer Schröder: Die DDR-Ziviljustiz im Gespräch – 26 Zeitzeugeninterviews. 2008.

Band 374 Christian Neschwara: Ein österreichischer Jurist im Vormärz. „Selbstbiographische Skizzen" des Freiherrn Karl Josef Pratobevera (1769-1853). 2009.

Band 375 Stefan Ullrich: Untersuchungen zum Einfluss des lübischen Rechts auf die Rechte von Bergen, Stockholm und Visby. 2008.

Band 376 Johanna Gertrude Schmitzberger: Das nationalsozialistische Nebenstrafrecht 1933 bis 1945. 2008.

Band 377 Christian Brom: Urteilsbegründungen im „Hoge Raad van Holland, Zeeland en West-Friesland" am Beispiel des Kaufrechts im Zeitraum 1704-1787. 2008.

Band 378 Christian Böse: Die Entstehung und Fortbildung des Reichserbhofgesetzes. 2008.

Band 379 Tobias Röhnelt: Timm Kröger. Leben und Werk. 2009.

Band 380 Andrea Elisabeth Sebald: Der Kriminalbiologe Franz Exner (1881-1947). Gratwanderung eines Wissenschaftlers durch die Zeit des Nationalsozialismus. 2008.

Band 381 Angela Kriebisch: Die Spruchkörper Juristenfakultät und Schöppenstuhl zu Jena. Strukturen, Tätigkeit, Bedeutung und eine Analyse ausgewählter Spruchakten. 2008.

Band 382 Nana Ozawa: Louis Adolphe Bridel – Ein Schweizer Professor an der juristischen Fakultät der Tokyo Imperial University. Die geschichtliche Bedeutung der Yatoi zur späten Meijizeit. 2010.

Band 383 Christian Weißhuhn: Alfred Hueck 1889-1975. Sein Leben, sein Wirken, seine Zeit. 2009.

Band 384 Andreas Hunkel: Eduard Dietz (1866-1940) – Richter, Rechtsanwalt und Verfassungsschöpfer. 2009.

Band 385 Meike Guskow: Entstehung und Geschichte der Europäischen Charta der Regional- oder Minderheitensprachen. 2009.

Band 386 Markus J. Jahnel: Das Bodenrecht in „Neudeutschland über See". Erwerb, Vergabe und Nutzung von Land in der Kolonie Deutsch-Südwestafrika 1884-1915. 2009.

Band 387 Matthias Günter Steiner: Die Klöster und ihr Wirken – eine der Wurzeln des Stiftungswesens? 2009.

Band 388 Cornelia Staats: Die Entstehung des Bundes-Immissionsschutzgesetzes vom 15. März 1974. 2009.

Band 389 Cai Niklaas E. Harders: Das Bundesjagdgesetz von 1952 sowie die Novellen von 1961 und 1976. Vorgeschichte, Entstehung des Gesetzes sowie Problemfelder. 2009.

Band 390 Matthias Pohlkamp: Die Entstehung des modernen Wucherrechts und die Wucherrechtsprechung des Reichsgerichts zwischen 1880 und 1933. 2009.

Band 391 Sebastian Baur: *Vor vier Höllenrichtern...* Die Lizentiats- und Doktorpromotionen an der Juristischen Fakultät der Universität Heidelberg. 2009.

Band 392 Christoph Salmen-Everinghoff: Zur *cautio damni infecti*: Die Rückkehr eines römischrechtlichen Rechtsinstituts in das moderne Zivilrecht. 2009.

Band 393 Till Meno Sellschopp: Der Weg zum Revokationsrecht der Ehegatten nach § 1368 BGB. Zugleich ein Beitrag zur Geschichte des ehelichen Güterrechts. 2009.

Band 394 Marc Biermann: Das Staatseigentum an öffentlichen Sachen im Gemeingebrauch in der ersten Hälfte des 19. Jahrhunderts. Die Theorie des reinen Hoheitsrechts an den öffentlichen Sachen von Rudolph von Jhering und Friedrich Ludwig Keller im Zusammenhang mit dem Baseler Schanzenstreit von 1859/62. 2009.

Band 395 Markus Tüxen: Kollegialprinzip oder Einzelrichter. Die Entwicklung des zivilrechtlichen Spruchkörpers bei den Landgerichten sowie den Oberlandesgerichten seit 1879 unter besonderer Berücksichtigung der Reformen von 1974 und 1976. 2009.

Band 396 Adam Polkowski: Die polnische Zivilprozessordnung von 1930/33. Unter Berücksichtigung des deutschen, österreichischen, russischen und französischen Rechts. 2009.

Band 397 Barbara Riedi: Die Porten der Unteren Strasse, ihr Ladungsrecht und der Strassenunterhalt. Rechtshistorische Betrachtungen zur Verkehrs- und Wirtschaftsgeschichte Graubündens. 2009.

Band 398 Stefanie Jessica Loroch: Zeitungsrubrik: Gerichtssaal. Strafprozessberichterstattung in Münster im 19. Jahrhundert (1848-1890). 2009.

Band 399 Dirk Henning Hofer: Karl Konrad Werner Wedemeyer (1870-1934). Ein Juristen- und Gelehrtenleben in drei Reichen. Eine Biographie. 2010.

Band 400 Thomas Simon (Hrsg.): Hundert Jahre allgemeines und gleiches Wahlrecht in Österreich. Modernes Wahlrecht unter den Bedingungen eines Vielvölkerstaates. 2010.

Band 401 Dörte Mentz: Die Beweislastumkehr in der Rechtsprechung des Reichsgerichts. 2010.

Band 402 Werner Schubert (Hrsg.): Oberster Gerichtshof für die Britische Zone (1948-1950). Nachschlagewerk Strafsachen – Nachschlagewerk Zivilsachen. Präjudizienbuch der Zivilsenate. Eingeleitet und herausgegeben von Werner Schubert. 2010.

Band 403 Yong Lei: Auf der Suche nach dem modernen Staat. Die Einflüsse der allgemeinen Staatslehre Johann Caspar Bluntschlis auf das Staatsdenken Liang Qichaos. 2010.

Band 404 Andreas Schwenk: Die Formbestimmung des § 313 BGB a. F. (§ 311 b Abs. 1 BGB n. F.) bei Verträgen über Grundstücke in der Rechtsprechung des Reichsgerichts. 2010

Band 405 René Schorsch: Eberhard Georg Otto Freiherr von Künßberg (1881-1941). Vom Wirken eines Rechtshistorikers. 2010.

Band 406 Ulrike Köbler: Werden, Wandel und Wesen des deutschen Privatrechtswortschatzes. 2010.

Band 407 Björn Florian Faulenbach: Rolle und Bedeutung der Lehre in der Rechtsprechung der Internationalen Gerichtshöfe im zwanzigsten Jahrhundert. 2010.

Band 408 Guangyu Fu: Das Causaproblem im deutschen Bereicherungsrecht. Eine rechtshistorische Untersuchung. 2010.

Band 409 Andreas Kimmelmann: Die Folter im Beweisverfahren der Leges Visigothorum. Chindasvinths Gesetzgebung im Spiegel der westgotischen Rechtsentwicklung. 2010.

Band 410 Jacqueline Schmaltz: Die Entwicklung der Industrie- und Handelskammern. Zwischen Pflicht und Kür. 2010.

Band 411 Hermann Nehlsen: Bayerische Rechtsgeschichte vom frühen Mittelalter bis zum 20. Jahrhundert. 2011.

Band 412 Kathrin Spoerr: Recht und Revolution. Deutsche Ökonomen und ihr Einfluss auf das Recht der Weimarer Republik – eine Zeitschriftenschau 1917-1920. 2011.

Band 413 Moritz von Köckritz: Die deutschen Oberlandesgerichtspräsidenten im Nationalsozialismus (1933-1945). 2011.

Band 414 Annika Lillemor Lara Rabaa: Die Ehe als Rechtsinstitut im Badischen Landrecht von 1810. Unter besonderer Berücksichtigung der gesellschaftlichen Entwicklungen im 19. Jahrhundert. 2011.

Band 415 Christian Hattenhauer / Klaus-Peter Schroeder (Hrsg.): 200 Jahre Badisches Landrecht von 1809/1810. Jubiläumssymposium des Instituts für geschichtliche Rechtswissenschaft der Ruprechts-Karls-Universität Heidelberg und der Heidelberger Rechtshistorischen Gesellschaft vom 23. bis 26. September 2009. 2011.

Band 416 Tobias Alexander Krammerbauer: Die Ministerverantwortlichkeit und die Vorformen sonstiger Verfassungsgerichtsbarkeit in Württemberg zwischen 1815 und 1918. 2011.

Band 417 Werner Schubert (Hrsg.): Quellen zur GmbH-Reform von 1958 bis zum GmbH-Änderungsgesetz von 1980. Eingeleitet und herausgegeben von Werner Schubert. 2011.

Band 418 Gisela Emling: Johannes Heckel. Leben und Wirken (1889-1963). 2011.

Band 419 Jochen Kirschbaum: Die Etablierung der Historischen Rechtsschule an der Ludoviciana (1814-1824). 2011.

Band 420 Sören Koch: Unaufgeforderte Hilfeleistung in Notsituationen. Eine rechtshistorische und rechtsvergleichende Studie zu den zivilrechtlichen Aspekten der Nothilfe mit besonderer Berücksichtigung des Rechts der Geschäftsführung ohne Auftrag. 2011.

Band 421 Friedrich Carl von Savigny: Die Prinzipienfragen in Beziehung auf eine neue Strafprozeß-Ordnung. Ausgearbeitet im Justizministerium für die Gesetzrevision. Eingeleitet und herausgeben von Werner Schubert. 2011.

Band 422 Stephan Faulwetter: Von der Zunft zur Handelskammer. Zur Entwicklung des Gewerberechts in thüringischen Staaten. 2011.

Band 423 Moritz Eisenhardt: Sanierung statt Liquidation. Die Geschichte des Vergleichs zur Abwendung des Konkurses unter besonderer Berücksichtigung der Vergleichsordnung von 1927 und 1935. 2011.

Band 424 Gerd Kleinheyer: Beiträge zur Strafrechtsgeschichte. Herausgeben von Franz Dorn, Mathias Schmoeckel und Jan Schröder. 2011.

Band 425 Ralf Maertens: Das Landgericht Altona (1879-1937) und die Anfänge des Landgerichts Itzehoe (1937-1945). Unter besonderer Berücksichtigung ihrer Tätigkeitsberichte und rechtspolitischen Stellungnahmen. 2011.

Band 426 Mark Friedrich: Ferdinand von Martitz (1839-1921). Rechtshistoriker, Staatsrechtler und Völkerrechtler zwischen dem Ende des Deutschen Bundes und dem Beginn der Weimarer Republik. 2012.

Band 427 Sebastian Krusche: Die Bundesrechtsanwaltsordnung vom 1. August 1959. Vorgeschichte und Entstehung. 2012.

Band 428 Marju Luts-Sootak / Sanita Osipova / Frank L. Schäfer (Hrsg./eds.): Einheit und Vielfalt in der Rechtsgeschichte im Ostseeraum. Unity and Plurality in the Legal History of the Baltic Sea Area. Sechster Rechtshistorikertag im Ostseeraum, 3.-5. Juni 2010 in Tartu (Estland) / Riga (Lettland). 6th Conference in Legal History in the Baltic Sea Area, 3rd-5rd June 2010 Tartu (Estonia) / Riga (Latvia). 2012.

Band 429 Margret R. I. Bootz: Die Hamburger Rechtsprechung zum Arbeitsrecht im Nationalsozialismus bis zum Beginn des 2. Weltkriegs. 2012.

Band 430 Heiko Zech: Die soziale Frage im Konkursrecht 1879-1900. 2012.

Band 431 Jan C. Lorenzen: Das Bundesnaturschutzgesetz vom 20. Dezember 1976. Die Entwicklung des Naturschutzrechtes in Deutschland von den Anfängen bis zur Neukodifikation des Bundesnaturschutzgesetzes von 1976. 2012.

Band 432 Ulrike Ingrid Bernhardt: Geschichte des Weinrechts im Deutschen Kaiserreich (1871-1918). Mit einem Überblick zur Vorgeschichte und Weiterentwicklung bis zur Gegenwart. 2012.

Band 433 Elisabeth Otto: Das Verwaltungsrecht in der SBZ / DDR bis zur Verwaltungsneugliederung im Jahr 1952. 2012.

Band 434 Werner Schubert: Zur Geschichte der Justizverfassung in Schleswig-Holstein im 19. und 20. Jahrhundert. Quellen und Studien. 2012.

Band 435 Stefan Ellenberg: Herrschaft und Reform. Zur Diskussion um die Aktienrechtsreform und den Konzern in der Weimarer Zeit. 2012.

Band 436 Jasmin Sonntag: Gesetzgebung und Verwaltung im Dalbergstaat 1802-1810. 2012.

Band 437 Martin Komusiewicz: Die Diskussion um das Verhältnis von Rechtsanwaltschaft und Notariat seit dem Ende des 18. Jahrhunderts bis zum Erlass der Bundesnotarordnung. 2012.

Band 438 Henriette von Breitenbuch: Karl Neumeyer – Leben und Werk (1869-1941). 2013.

Band 439 Günter Baranowski: Russische Rechtsgeschichte: Texte und Erläuterungen. Teil 1: Von den Anfängen bis 1612/13. 2013.

Band 440 Werner Schubert (Hrsg.): Staatsanwaltschaftsrecht (1934-1982). Quellen zu den Reformprojekten (Organisation – Innerer Dienstbetrieb – Ermittlungsverfahren – Verhältnis der Staatsanwaltschaft zur Polizei) und zur Anordnung über Organisation und Dienstbetrieb der Staatsanwaltschaft (OrgStA). Eingeleitet und herausgegeben von Werner Schubert. 2013.

Band 441 York Zieren: Das Schiedsverfahrensrecht der ZPO (1877-1933) unter Berücksichtigung der Genfer Übereinkommen von 1923 und 1927 sowie der Rechtsprechung des Reichsgerichts. 2013.

Band 442 Stefan Wolf: Das Jenaer Studium der Rechte im Dritten Reich. Zwischen Tradition und nationalsozialistischer Ideologie. 2013.

Band 443 Bernhard Klose: Das Verblassen eines Makels. Das Nichtehelichenrecht der DDR als Teil der gesamtdeutschen Entwicklung. 2013.

Band 444 Peter Opitz-von Bardeleben: Das Generalgouvernement Niederrhein. 2013.

Band 445 Nadine Göppner: Vorgeschichte und Entstehung des Atomgesetzes vom 23.12.1959. 2013.

Band 446 Frank L. Schäfer / Werner Schubert (Hrsg./eds.): Justiz und Justizverfassung / Judiciary and Judical System. Siebter Rechtshistorikertag im Ostseeraum, 3.-5. Mai 2012 Schleswig-Holstein / 7th Conference in Legal History in the Baltic Sea Area, 3rd-5th May 2012 Schleswig-Holstein. 2013.

Band 447 Sandy Schenker: Gegen Täuschungen und Gesundheitsgefährdungen durch schlechte Nahrung. Zur Entwicklung des Nahrungsmittelrechts durch Rechtsprechung und Gesetzgebung zwischen 1871 und 1927. 2013.

Band 448 Youn Seok Choi: Der Besitzerwerb des Erben. Historische Entwicklungen, die Lösung des § 857 BGB und ihre Anwendungsprobleme. 2013.

Band 449 Johannes Kalb: Die innerstädtische Auseinandersetzung in Regensburg am Ende der Reichsunmittelbarkeit. Eine historische und rechtliche Untersuchung. 2014.

Band 450 Thomas Habbe: Lastenausgleich. Die rechtliche Behandlung von Kriegsschäden in Deutschland seit dem 30jährigen Krieg. 2014.

Band 451 Günter Baranowski: Russische Rechtsgeschichte: Texte und Erläuterungen. Teil 2: Von 1613 bis 1682. 2015.

Band 452 Wilhelm Brauneder (Hrsg): Landrechtsentwurf für Österreich unter der Enns 1526. 2015.

Band 453 Maximilian Elsner von der Malsburg: „Arisierung“ von Privatbanken am Beispiel des Bankhauses E. J. Meyer in Berlin. 2015.

www.peterlang.com

www.ingramcontent.com/pod-product-compliance
Ingram Content Group UK Ltd.
Pitfield, Milton Keynes, MK11 3LW, UK
UKHW041827290926
8980IPUK00002B/124

9 783631 660409